奥尔夫音乐教学的理论与实践（上册）

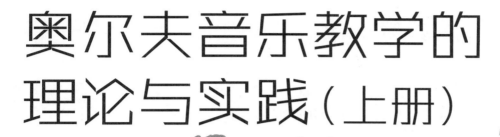

许卓娅 ◎ 编著

华东师范大学出版社
·上海·

图书在版编目（CIP）数据

奥尔夫音乐教学的理论与实践/许卓娅编著.—上海：华东师范大学出版社，2021
ISBN 978-7-5760-1625-3

Ⅰ.①奥… Ⅱ.①许… Ⅲ.①学前儿童—音乐教育—教学法 Ⅳ.①G613.5

中国版本图书馆CIP数据核字（2021）第104675号

奥尔夫音乐教学的理论与实践

编　　著　许卓娅
责任编辑　刘　雪　罗　彦
责任校对　时东明
插　　画　王延强
装帧设计　俞　越

出版发行　华东师范大学出版社
社　　址　上海市中山北路3663号 邮编 200062
网　　址　www.ecnupress.com.cn
电　　话　021-60821666　行政传真 021-62572105
客服电话　021-62865537　门市（邮购）电话 021-62869887
地　　址　上海市中山北路3663号华东师范大学校内先锋路口
网　　店　http://hdsdcbs.tmall.com

印 刷 者　上海商务联西印刷有限公司
开　　本　787毫米×1092毫米　1/16
印　　张　44
字　　数　982千字
版　　次　2021年8月第1版
印　　次　2025年6月第3次
书　　号　ISBN 978-7-5760-1625-3
定　　价　168.00元（上、下册）

出版人　王　焰

（如发现本版图书有印订质量问题，请寄回本社客服中心调换或电话021-62865537联系）

序 言
——本书的阅读指南

2016年我们在加拿大皇家音乐学院学习期间，几乎每一位授课老师都会首先告诉我们：奥尔夫音乐教育体系不是一种孤立的"天上掉下来的"体系。它的诞生和发展，是奥尔夫先生和他的合作伙伴们不断地学习各种相关理论、实践体系之后，再进行创造性发展与应用的结果。

我个人的各种相关学习经验也不断地提醒我：任何受欢迎的教育体系，其中的基本规律都是一样的。

以前，曾有人告诉我奥尔夫先生说过的一句话："假如你做的事情和我一样，你就不是奥尔夫。"当时我的理解仅仅是：奥尔夫音乐教育体系就是一种特别强调发展学生创造性的音乐教育体系。

而现在我的理解是：奥尔夫先生如果真的说过这句话，那么其中的含义应该并不如表面所示，即学习者不能拷贝他教材中的案例（许多西方留学归来的学者一直强调：奥尔夫音乐教育体系没有循序渐进的课程，没有教材……），而是如同孔子所说，学习者不能仅仅拷贝那些教师提供的范例、方法和流程，而必须去理解这些东西所蕴含的因果规律。当学习者真正把握了内在目的与外在的方法、流程之间相互作用的关系之后，那些教材（据说外国老师更喜欢称之为参考作品或案例）也就不再重要了。因为成熟的学习者已经可以自己另外寻找和创作能够达成同样目的的"教学材料"了。

所以，首先请读者不要站在"这是不是正宗的奥尔夫教材"的立场上来审读这本教学参考书，而只要认真体会书中的范例到底会给你带来什么样的、可以改进自身工作的"启发"就可以了。

其次，正如前文所说，奥尔夫音乐教育体系不是一个孤立的、从天上掉下来的教育体系，同样也不是当下唯一一种代表最先进教育思想和拥有最先进教学技术的教育体系。因此，对于奥尔夫音乐教育体系与其他教育体系的相互借鉴的关系以及各个不同教育体系之间"英雄所见略同"的关系，我们在此也尽力做了梳理。而且我们认为：这种梳理反而更加凸显了奥尔夫音乐教育体系作为当今世界最先进的教学体系之一的"理所当然"性，同时也能够丰富读者对当今世界各种先进教学体系所共同追求的教育境界的认识。

奥尔夫音乐教育体系作为被公认的特别强调培养学生创造性态度和能力的音乐教育体系之一，"模仿—理解—应用—创造"再加上适时、适当的分析，是该体系明确提倡的"教学流程"，同时也是教育心理学理论所明确提倡的"必经"教学流程。本书中不但列举了其他先进教学体系遵循此理论流程的实践范例，而且尽力让所有实践范例（无论是奥尔夫音乐教育体系教师提供的，还是我们自己根据此流程创作的）都凸显这一流程应用的样态，以便读者能够比较轻松自如地将理论和实践联系起来。

本书不仅为读者提供了音乐舞蹈教学所涉及的基本的生理学、心理学等理论方面的知识，提供了国外奥尔夫教师分享的教学方法、教学原则等方面的知识，还提供了国内外教师原创的150多个具体教学案例。这些案例全部都经过了实际教学操作的考验，被学习者和执教者高度认可。而且这些教案使用了统一的表达模式，非常有利于读者从中体验到教与学的核心价值、核心经验和重要且必要的"教育服务"细节。

本书的案例通过"注意""温馨提示""友情提问"等特别项目，为读者的学习、思考、迁移、应用提供了自我训练的思路。其中，关于教法细节的科学原理、游戏"微调变异"技巧的思路分析等特别知识，都能够在一定程度上帮助读者更好地学以致用、举一反三。另外，本书的案例，还特别提供了使用相同主题、相同作品，相同游戏、相同教法、相同流程的设计安排。这也是为了遵循"模仿范例是为了理解规律，理解规律是为了应用规律"的原则。因为孔子所说的"举一反三"原则，并不能够从字面"直解"。孔子自己补充说：如果学生不能理解，不要"往下"教新内容。现代心理学也告诉我们：仅仅举一个范例，学习者是无法从中抽象、提取出"普遍规律"的。

基于此，本书中的"使能目标阶梯"项目，为新手教师提供了明晰的"教学递进"设计思路。其中，左栏为教师工作目标，右栏为幼儿学习目标。撰写规范是省略主语，从由主体发出的动词开始。之所以特别强调这些范文的作用，是因为很少有人注意这些教育心理学教科书反复强调过的教与学"使能目标"的撰写规范，而这些规范都是非常重要的。如今，本书提供了大量格式统一的范文范例，读者只要认真阅读和思考这些范文，便能够轻易掌握，不再走弯路。

遵循学习心理学的原则和奥尔夫老师的常用培训工作方式，本书采取了在案例中针对具体教学行为"夹叙相应理论"的撰写方式，以便读者能随时随地地从"什么"（what）与"怎么"（how）直接衔接到"为什么"（why）。我们希望读者用心关注这些内容，慢慢"了解—理解—尝试应用—娴熟地、创造性地该用则用"。

本书中的内容，看起来是为在职幼儿教育工作者专门编写的。但是，其中的内容经过反复验证，不仅适用于已经在幼儿园工作的在职幼儿教师，以及准备去幼儿园工作的学前教育专业在校学生，还适用于在小学工作的专业音乐教师、兼职从事音乐教学的教师和中小学音乐教育专业的在校师范学生，同时也适用于独立开展线上、线下课外音乐兴趣学习课程的教师。

最后，我们还希望读者能够仔细关注本书在前两章中对相关理论问题的讨论，特别是对即兴创造性表现的生理、心理学知识的阐述。这些重要知识，很可能是其他奥尔夫相关教材或音乐教育类教材从未提供过的。另外，为了帮助读者更真切地体会我们的理解，承蒙出版社支持，我们还为读者提供了相应的教学实况视频。因为我们坚信"道术合一、道术相依"，才是本学科未来朝着"遵循教学的科学规律"不断发展的应然方向。

2021年4月　南京

南京师范大学　许卓娅

目 录（上 册）

案例索引 / 1

导语
——我学习奥尔夫音乐教育体系35年 / 1

第一章 奥尔夫与中外著名音乐舞蹈教育体系 / 7

第一节 奥尔夫音乐教育体系 / 9

第二节 达尔克罗兹体态律动体系 / 18

第三节 拉班律动理论体系 / 19

第四节 邓肯现代舞蹈体系 / 19

第五节 约翰·费尔拉班德早期儿童音乐教育体系 / 21

第六节 "高瞻课程"的律动目标体系 / 21

第七节 巴西战舞 / 22

第八节 王添强教育戏剧体系 / 24

第九节 现当代教育学者与孔子穿越时空的对话 / 26

第二章 从模仿到创造 / 33

第一节 重要观念辨析 / 35

第二节 即兴的源头 / 43

专题分析：

即兴与学以致用 / 49

第三章 教学法 / 51

第一节 表演与欣赏、游戏、创作一体化原则 / 53

第二节 小步距循序渐进原则 /58

第三节 "站上巨人肩膀"的原则 /63

第四节 "学以致用"的原则 /64

第四章　歌唱教学 /67

第一节 奥尔夫课程的基本内容及典型案例 /69

第二节 迁移应用的案例 /78

专题分析1：

歌唱配律动的传统小游戏 /239

专题分析2：

"从'一A到底'开始"模式的概念详解 /243

案例索引

图标说明：可扫码观看活动视频。

第四章　歌唱教学

一、适合小班幼儿使用的案例

案例1　小鸡小鸭 / 79

案例2　公鸡头母鸡头 / 83

案例3　数豆豆 / 86

案例4　拍手点头 / 89

案例5　可爱的太阳 / 92

案例6　我爱你 / 96

二、适合中班幼儿使用的案例

案例1　猪小弟变干净了 / 100

案例2　小猴真淘气 / 104

案例3　调皮的小鞋子 / 108

案例4　蚂蚁搬豆 / 112

案例5　我爱你 / 118

案例6　小雨点跳舞 / 123

三、适合大班幼儿使用的案例

案例1　三借芭蕉扇 / 127

案例2　何家公鸡何家猜 / 132

案例3　小鸟小鸟 / 136

案例4　我们都是好朋友 / 140

案例5　三只小蝌蚪 / 144

案例6　壳儿去旅行 / 150

四、适合教师自我培训使用的案例

案例1　闪烁的小星星 / 157

案例2-1　《女驸马》选段配古诗 / 164

案例2-2　"静夜思" / 167

案例3　甜蜜蜜和茉莉花 / 173

案例4-1　请饭歌 / 178

案例4-2　请饭歌 / 181

案例5　祝福歌（一、二、三）/ 185

案例6　小怪物来啦 / 188

案例7　猜谜对歌 / 193

案例8　对花歌 / 196

案例9　大野狼 / 200

案例10　我的家 / 203

案例11　打蚊子（一、二、三、四）/ 208

案例12　数字歌 / 212

案例13　踏雪寻梅 / 215

案例14　王老先生有块地 / 219

案例15　一只大野狼 / 222

案例16　春天和我捉迷藏 / 226

案例17　超级值日生 / 229

案例18　小老鼠捉迷藏 / 235

导 语
——我学习奥尔夫音乐教育体系 35 年

1985年，我在南京。那一年，我34岁，刚刚进入南京师范学院（1984年改名为南京师范大学）教育系攻读硕士学位，对追求成为一名专业音乐教育工作者充满热情。就在那时，南京师范学院的音乐系开始经常邀请国内外专家前来南京讲学。当时整个江苏省，甚至可以说是整个中国的普通学校音乐教育界，都已经掀起了学习奥尔夫音乐教育体系的热潮。

记得最早让我了解奥尔夫音乐教育体系的人，就是当时还在上海音乐学院工作的廖乃雄先生。我觉得中国音乐教育界，是应该记住他，感谢他的！

当时我所认识的这种音乐教育体系是怎样的呢？让我印象比较深刻的是：它是通过一些有趣的情境进行创造性学习的。如跟随一首叫作《雾》的小诗，经过团队研讨和共建后，即兴进行奏乐和形体表演。还有就是用即兴的奏乐和形体表演的方式，来讲述一个"小虱子和小跳蚤"的悲伤故事。因为这个故事的结局悲伤，当时跟随我学习的5岁女儿不但大哭了一场，而且事后还为此伤心了很久。这可能就是，至今我们一直"心有独钟"的"情境化"教学的最初启示吧。

记得当时为我们授课的，是来自奥地利奥尔夫学院的曼努艾拉（女）老师和彼得·库巴什（男）老师。至今仍旧在我们出版的教材中反复被使用的看图谱奏乐活动，就是来自彼得·库巴什老师当时教给我们的音乐活动"土耳其进行曲"。

1988年，我在开封。这一年我刚刚获得教育学硕士学位，成为南京师范大学教育系学前教育教研室里教学前儿童音乐教学法的老师。这年秋天，我获得了当时在中国音乐家学会音乐教育委员会工作的李妲娜老师的邀请，前往河南开封参与一个奥尔夫音乐教育体系的推广活动。在开封，我不但认识了李妲娜老师，而且还在李老师的鼓励下第一次和开封东棚板民族幼儿园的大班小朋友一起尝试了"土耳其进行曲"的教学实践。

因此，我还要感谢开封东棚板民族幼儿园的园长朱崇惠老师和该园那一届的大班小朋友。正是这次经历，让我真正开始了对奥尔夫教学方法的"学以致用"的实践研究。

当然，我还觉得：不但是我个人要感谢比我大整整10岁的李妲娜老师，而且整个中国音乐教育界都应感谢她！因为是她，在廖乃雄先生之后，一直坚持搭建和维护奥尔夫音乐教育体系在中国传播的"桥梁"，并为此辛勤耕耘30多年，从没有一丝懈怠。如今她已年满80岁了，仍旧还在亲自进行教师培训的教学和面对孩子们的教学。

1990年，我在北京。那时我参加了李妲娜老师和北京师范大学曹理老师在北京举办的奥尔夫音乐教育体系培训活动。在这个炎热的夏天，艰苦而充实的课程，每日课后4—5个小时的笔记整理，让我对奥尔夫音乐教育体系又有了一些新的体验。在课程结束的那天，来自奥地利奥尔夫学院的沃尔夫岗老师、曼努艾拉老师和彼得·库巴什老师三位专家坐在台上，邀请台下的学员提问和发表感想。作为胆小又慢热的我，虽然一直在思考"这次我到底学习到了什么"已经好几个晚上了，但在整个礼堂沉默许久的情况下，仍旧不知道到底应不应该讲出来……最终还是李妲娜老师走到我面前鼓励我，让我在极端紧张的情况下说出了我的学习体会：学生在老师的引导、鼓励、支持下，将老师交予的音乐作品的"种子"（元素）培育成大树。记得沃尔夫岗老师回复说："中国老师如果都有这样的认识，我们就可以高兴地回家了。"

这应该是我对奥尔夫音乐教育体系最早、最朴实、最基本的理性认识吧！所以，我觉得中国的音乐教育历史也应该记住并感谢这三位来自奥地利奥尔夫学院的沃尔夫岗老师、曼努艾拉老师和彼得·库巴什老师。

1996年，我在美国。那年我45岁。这年年初，我前往美国堪萨斯大学进修学前儿童音乐教育。该年年底，我便获得机会前往田纳西州的孟菲斯市，第一次去参加全美奥尔夫音乐教育年会。在年会上，我印象最深的是一位非常年轻的社区教堂儿童合唱团老师的分享：他通过教堂的合唱活动，改变了那个社区许多黑人孩子的课余生活，同时也改变了这些孩子对学校、学习和生活的态度和行为。

这让我第一次深切地体会到：奥尔夫音乐教育体系不仅仅是一种教儿童学习音乐的体系，更是通过音乐教育教儿童如何正确面对生活的教育体系。尽管在1986年前后，我就从去过奥尔夫学院进修的同事那里听到过一些"奇怪"的（被称为"不知道他们在教什么"）奥尔夫教学活动的描述，如："随时自由交换追、逃角色"的追捉游戏，"团队中随时产生和变换领舞、伴舞角色"的即兴舞蹈等。

2006年，我们在南京。那年我55岁。当时我们邀请到了来自澳大利亚的克利斯朵福·莫巴赫老师，他是一位在大学里专门研究和传播奥尔夫音乐教育体系的专家。让我印象深刻的教学活动是：老师给出一个情境，如'航海奇遇记'，让一些人用形体进行即兴表演，让另外一些人根据看到的表演用奥尔夫乐器即兴为其伴奏；然后请两个团队相互交换"主从关系"，即让乐器演奏的人进行即兴表演，让形体表演的人根据听到的音响为其伴舞。这种活动让我深刻地体会到：要达成一种共同的愿景，团队中的同伴必须相互关注、理解和相互支持。

记得当时，让许多前来学习的老师不能适应的是：克利斯朵福·莫巴赫老师授课的进度非常慢，他不但努力让更多人有机会表达创意，而且反复地复习已经学过的内容。以至于后来，我们不得不与翻译进行沟通：希望老师能够省略过多的个人表达和复习环节。两年以后我才有机会重新认识到：这种"慢进度和人人有机会发表创意"的做法是非常必要的。

2008年,我们从上海经转去奥地利。这年暑假之前,华东师范大学出版社举办了一次奥尔夫培训活动,被邀请前来讲学的是奥地利奥尔夫学院的古云娜老师。这次的活动,让我们前往学习的团队第一次共同理解了这样一个重要的问题:"循序渐进、小步距前进、关注并支持每一个学习者",是一位奥尔夫老师必须遵循的基本教学原则。一位老师只有做到了这些,参与学习的学生在当时才能够获得最佳的学习体验。更重要的是,学生在日后才能够获得最好的发展。

2003年到2015年的十多年间,我们团队经常前往美国参与全美幼教年会和奥尔夫年会。在这些学习的经验中,我们越来越强烈地体会到,凡是受欢迎的教学分享,无一例外都是遵循了"情境贯穿,循序渐进,老师引导,从模仿到创造"的教学原则。

每年的全美奥尔夫年会,我们团队最喜欢的活动之一,就是参加年会额外组织的舞会。舞会上,美国老师萨娜的"世界各国民间舞蹈"的教学,总是让人玩得不亦乐乎、欲罢不能。最初,作为容易紧张和反应迟钝的我来说,认为找一个熟悉的中国舞伴,会相对更有安全感。可萨娜老师总是要求我们去找不同的新舞伴,而且许多舞蹈的交换舞伴的队形变换规律,就是要让你必须不断去面对新的舞伴。这样的经历多了,我自然也就不再焦虑了。这种经历也自然成就了我在日后对社交舞蹈研究与交往焦虑治疗研究的关注。

在2015年的全美奥尔夫年会上,我们的团队第一次和与会的外国同行分享了我们中国的传统音乐游戏"丢手绢""切西瓜",以及根据"切西瓜"等传统的游戏规则创作的新音乐游戏"魔法师的徒弟""斗牛",还有根据中国音乐《喜洋洋》以及中国美食文化"包饺子"情境创作的音乐游戏"包饺子"。看到在场的外国同行和我们一起玩得"嗨到不行",我们内心还是非常快乐的:我们中国的团队终于也进入可以"与外国同行分享"的发展阶段了。

2016年,我们在加拿大。那年我65岁。当时我们为了追随美国著名奥尔夫老师古德金先生,一行10位中国教师在炎热的暑假来到了加拿大皇家音乐学院,参与了一个专门为中国学习者举办的奥尔夫培训班。据说按照学习的深度层次,这是一个最低层次的课程。

在这里,我们首先要郑重地感谢所有为我们安排这次学习的中介、导游、翻译以及全体为我们授课的老师。

我们的课程包括歌唱、舞蹈、奏乐(竖笛、音条琴)、作曲、指挥和教学法。每天的课程被安排得满满的,课后还有家庭作业。每天的作业至少要写到凌晨一两点钟。而每天两位教学法老师也都要花费整个上午的时间来批改我们10个人的书面作业。更让我们感动的是:作业中的亮点、不足、建议等,老师都在作业纸上表达得一丝不苟,还经常画上幽默的图画,这让我们的内心随时都充满了阳光。当然最后结业时,每一门功课

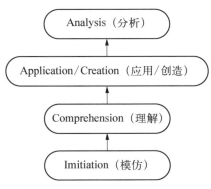

奥尔夫之经典"学习阶梯"说

的考试也是一丝不苟的。让我们几个五六十岁的学生，也觉得自己就像一个小学生一样：一会儿忐忑，一会儿欣喜。

更重要的是，我们在这里不仅体会到了非常精致的"循序渐进"小阶梯进阶教学设计，而且皇家音乐学院的奥尔夫老师用一张图表直接告诉我们奥尔夫学习的进阶大阶梯是："模仿—理解—应用/创造—分析"。

在本次学习的最后两天，我们仰慕很久的古德金老师终于走进了我们的课堂。他所执教的"巧克拉呔"节奏动作儿歌活动，简直就有"点石成金"的效果！一瞬间就让我在新的层次上再次领会到了："模仿—理解—应用/创造—分析"这个学习阶梯的精髓所在，并就此联想到了两个相关的原有经验：

一是美国教育心理学家布鲁姆理论体系中的教育目标分类阶梯和孔子在《论语》中论述的"举一隅不以三隅反，则不复也"之间的异曲同工之妙。

举 一 反 三

孔子（公元前551—公元前479）

举一隅不以三隅反，则不复也。

意译：如果学生不能够将教师的范例类推到类似的事物上，说明学生没有能够理解，教师就不能够再往下教了。

现代的理解：学生还没准备好（不在最近发展区内），
教师还没引导好（举例解释不够充分）。

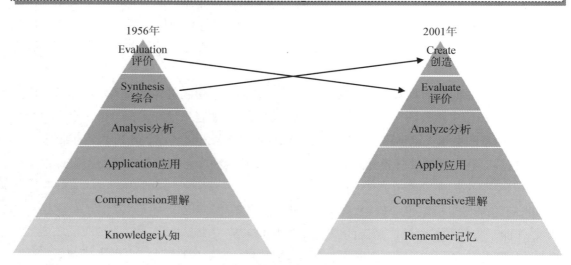

布鲁姆教育目标分类阶梯

二是在奥尔夫教学流程中，虽然也是从模仿开始的，但最终是一定要走向创造的！然而，在中国大多数的奥尔夫音乐教学中，却没能走向创造。如，这首在中国奥尔夫音乐课堂中影响了两代幼儿园老师的"土豆丝皮"节奏动作儿歌，40年来却遗憾地仅仅停留在了最初的基础范例"土豆丝皮"节奏动作儿歌作品之上。

千回百转……一直追求了将近40年，我也从30多岁的小青年追成了70岁的老青年。但仍旧是"衣带渐宽终不悔"，又谁知"暮然回首"，真理竟在眼前的"灯火阑珊处"。

这几年，在我国的香港、深圳、南京、成都、西安等地，我和我的同伴们到处学习，如达尔克罗兹律动、教育戏剧、巴西战舞，甚至认真学习研究了新疆维吾尔族和延边朝鲜族民间社交舞蹈的价值以及传承状况……最终我们仍旧发现：无论古今中外，凡是真正受欢迎的教学理论或实践体系，都在提倡同一种教学进阶模式："模仿—理解—应用—创造性应用"。

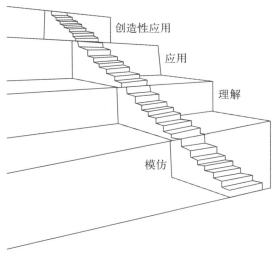

奥尔夫音乐教育体系经典学习阶梯

因此，从我个人的奥尔夫音乐教育体系学习经历和体验来讲，节奏语言、节奏动作、节奏乐器，仅仅是奥尔夫音乐教育理论与实践体系偏重使用的材料元素。如果说到原本，也就是奥尔夫最核心、最基本的价值观念和行动准则，这便是：以追求人的幸福福祉为终极目标；以尊重学习者自主成长的身心规律为基本理念；以"循序渐进—学以致用—继承发展"为基本教学原则。

有人说：奥尔夫音乐教学法没有循序渐进的体系，但又自然遵循了学习者学习发展的身心规律。这个定论看似有些玄妙。但仔细追究起来，还是金庸先生在《倚天屠龙记》的故事中所分析的那个道理：熟手、高手们一旦到了融会贯通的境界，也就"无招胜有招"了。

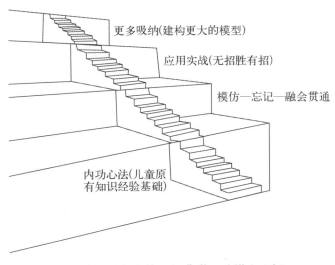

奥尔夫音乐教育体系经典学习阶梯之理解

但是，对于连必要的学习基础（内功心法）都拥有得"实在有限"甚至"一无所知"的初学者（新手、生手）们来说，还是要老老实实地遵循"模仿—理解—应用—创造性应用"的基本学习路径。

成人学习者在学习过程的每个环节中，更要不断进行理性分析（含反思）：为什么会这样？为什么必须这样？如果不这样会怎样？所以，本书的编写者也就必须在提供范例（请记住：不是作品，也不是榜样）的同时，提供必要的理性分析，以帮助初学者更好地理解范例中所包含的道理（规律）。

这也是本书的编写者所追求的编写原则和编写质量标准。

2021年4月　南京

南京师范大学　许卓娅

第一章
奥尔夫与中外著名音乐舞蹈教育体系

第一节　奥尔夫音乐教育体系

奥尔夫（1895—1982）先生早年曾经是德国著名的作曲家，他创作了大量的著名音乐作品，后期才逐渐开始转向儿童音乐教育。在创立自己的音乐教育体系的过程中，他吸收了大量他人的理论与实践经验，如：拉班律动理论体系、达尔克罗兹体态律动体系、柯达伊教学法的音高手势、原生态乐器、传统民间音乐、传统民间文学、传统民间舞蹈、传统民间游戏等。可见，他真正是一个特别擅长取人所长的"集大成者"。（又是一个"有中生有"的榜样）

奥尔夫先生

奥尔夫音乐教育体系的核心流程是："模仿—理解—应用/创造—分析"。这个流程是非常符合当代教育心理学所提倡的教育目标分类层级的，即"模仿—理解—应用—分析—创造"。下面我们来看两套"奥尔夫基础课程"教学流程实例：

8月24日，加拿大皇家音乐学院

第一课　律　　动

一、暖身活动

流程略。

二、基本节奏练习（全音符、二分音符、四分音符、八分音符）

（1）坐姿，倾听鼓声指令。学员在老师的引导下理解鼓声音响与音符所规定的时值长度的关系，要求学员能够说出相应的音符名称（分析）。

（2）坐姿，倾听鼓声指令。学员模仿老师对鼓声的上肢动作反应。

（3）站姿，倾听鼓声指令。学员模仿老师对鼓声的下肢动作反应。

（4）站姿—移动，倾听鼓声指令。学员模仿老师对鼓声的上肢动作反应（全音符），同时模仿对鼓声的下肢动作反应（四分音符）。

注意：以上都是学员模仿老师的范例。

（5）站姿—移动，倾听鼓声指令。学员自己选择上肢和下肢之间任何可能产生的节奏组合。

（6）站姿—移动，倾听鼓声指令。学员自选上肢和下肢之间任何可能产生的节奏组合。当听到鼓声节奏样式发生变化时，学员便要将正在表现的上下肢组合"变更为"新的上下肢组合。

（7）自由空间移动，增加同伴，学员要相互交流面部表情，其他同上。

（8）自由空间移动，学员见到同伴，除了要相互交流面部表情以外，还要增加身体的相互接触与相互配合，其他同上。

（9）音乐变为老师弹奏的钢琴即兴音乐，将以上（6）—（8）环节重复一遍。

（10）音乐变为器乐音乐录音，再将以上（6）—（8）环节重复一遍。

注意1：以上环节都是当音乐发生变化时，学员就要变化自己所创作的上下肢组合动作。
注意2：所谓的学员创作，只不过是将老师提供的原始材料进行自由拆分和重新组合而已。所以，自由拆分、选择、组合等都是非常重要的词语。

三、故事表演《睡美人》（一首简单的分节歌）

$1=C$ $\frac{2}{4}$

0 5 | 6 5 4 2 | 1 3 0 3 | 2 4 0 4 |
从　前有一个　城堡，好　城堡，好

3 5 0 5 | 6 5 4 2 | 1 3 0 3 | 5 5 | 1 — ‖
城堡。从　前有一个　城堡，很　久以　前。

（一共10段歌词：① 有一个城堡；② 有许多人；③ 有一个巫婆；④ 巫婆施魔法；⑤ 大家睡去；⑥ 树丛长起；⑦ 王子骑马；⑧ 王子砍树；⑨ 王子唤醒；⑩ 城堡舞会）

（1）坐姿，学员倾听、观察老师边唱边表演。

（2）坐姿，学员边听老师演唱，边用上肢模仿老师的表演。

（3）站姿，学员边听老师唱，边模仿老师的表演。

（4）一位学员志愿者扮演"王子"，其余学员继续模仿老师对①—⑩段歌词的表演，"王子"即兴表演⑦—⑩段。（表演到第⑥段树丛长起时，所有人都是自由长起的树；表演到第⑧段王子砍树时，所有人一一倒下变成睡觉的人；表演到第⑨段时，王子把大家一一唤醒；表演到第⑩段时，大家一起自由地表演城堡舞会的盛况）

（5）老师总结："把思想、情感、身体融为一个整体！"故事和动作模式给了学员一个"创作的框架"。在这个框架中，学员可以在强有力的支持下自由发挥；如若没有这个框架，学员就会很混乱，不能体会到作品的艺术之美。

注意："创作的框架"，在奥尔夫音乐教育体系中也是非常重要的概念。

四、物品联想与创作表演

（1）学员围坐成圆圈，老师出示鼓和鼓槌。

（2）学员分别联想：可能是生活中的什么物件，仅能用动作表现。

（3）学员志愿者轮流进入圆圈展示与分享，其余学员猜测表演者所表现的事物。

（4）老师引导学员关注"能量模式和动作性质"之间的关系。如学员提供的范例：绣花——柔和连贯，飞碟——爆发迅猛等。

（5）老师敲击鼓面：学员表现"因被人追杀而在森林中狂奔"。

（6）老师摩擦鼓面：学员表现"在山路上身心疲劳地挣扎前行"。

（7）老师轻击小铃：学员表现"在即将融化的冰面上小心移动"。

（8）老师引导学员理解什么是"能量"：上述（5）和（7）环节都是身心的"绷紧"，但两者是不同程度的绷紧；(6) 环节中没有能量，所以无法绷紧。

（9）老师提供直径大约4.5厘米的结实的纸棍，请学员尝试用任何可能的方法将其"弄"出声音，然后试着"奏乐"（奏出系列音响），以配合用动作表演以下内容（各由一段小诗描述事物的细节，此处略）：一个巨人、一个精灵、一只极小的老鼠、一只极大的球。

> 注意：因为纸棍无论怎样敲击都不会发出过于嘈杂的声音，所以可让许多学员在同一时间用纸棍进行探索。

（10）老师小结：

① 所有以上活动，都可以作为将来学习"使用乐器表达内在能量模式"的铺垫。

② 幼儿天生就能够表现各种不同的情感体验，但在后天被压抑了，教育仅仅是让其恢复天性而已。

③ 所有的动作都需要投入"生动的精神能量"，然后再转化成"生动的身体能量"输送出来。

五、哑剧游戏"魔法手套"

（1）老师用正常的音量从1数到10，边数边假装一个手指一个手指地将手套戴上，然后变成"哑巴"。

> 注意：可能是一种在情境中逐渐让儿童自然集中注意力的策略。

（2）在老师的引导下"只能做动作和表情"。

（3）老师用"气声"从1数到10，边数边假装一个手指一个手指地将手套摘下，然后恢复"嗓音"。

> 注意：可能是一种在富有神秘感和趣味性的氛围中让儿童自然控制情绪和行为的策略。

（4）在老师的引导下"同时发出声音，并做动作和表情"。

六、手指故事游戏"迪克和达克"

老师仅用双手表演"两家距离很远的一对好朋友迪克和达克相互拜访,但总是错过对方"的故事,学员纯粹模仿。

> 注意:单纯模仿也可以积累许多有趣的材料和思路。

七、对比形象表演游戏(略)

老师范例:大熊和松鼠。
学员迁移:水牛和小鸟。

> 注意:还是从模仿到理解再到迁移使用。

八、关节表演游戏(略)

> 注意:以上五、六、七、八环节主要的功能是让学员了解更多的游戏形式,因此,所用的时间很少。

九、乐器表演游戏"汤姆的鬼魂"

$1=^{\flat}E \quad \frac{4}{4}$

6̣ 5̣ 6̣ 1̣ 7̣	6̣ 5̣ 6̣ —	(上升)
1 7̣ 1 3 2	1 7̣ 6̣ 7̣ 1 2	(伸展)
3 5 3 6 5	3 2 3 —	(飘动并拓展)
3 3 2 2 1 1 7̣ 7̣	6̣ 5̣ 6̣ — ‖	(下降)

(1)老师一句一句地演唱,学员一句一句地模仿(回声)。
(2)学员加入音条琴和沙球伴奏。
(3)老师带领学员加入动作(见乐谱后括号内的文字)。
(4)老师退出,学员独立唱、奏、做动作。
(5)两个声部用"卡农"的方式唱、奏。
(6)两个声部用"卡农"的方式唱、奏、做动作。

> 注意:这一部分教学的阶梯感非常强。加了"卡农"之后,作品丰富的层次感越来越强烈。

第二课 教学法

一、理论介绍

(1)所有的歌曲教学游戏,都应该成为"教学法"工具箱中储存的"工具"。

> 注意：在这里特别强调了积累的重要性。

（2）三个"什么"：作品what（什么）；教学法how（怎么做）；教学理论why（为什么）。

二、声势即兴"卡农"（略）

> 注意：技术的东西必须每天练习，掌握才能应用。

三、教学实操

每个人将昨天老师布置的配器作业，按照老师讲义上规定的"19个教学步骤"（具体内容见本书第三章第二节）教授给自己小组（4人一组）的其他同学。

在实际的教学过程中达到以下效果：相互启发；自我反省；熟悉教学法流程；深入理解每一个步骤的重要性；发现新的问题和思考解决办法；不能解决的问题请教老师。

> 注意：更为复杂的技术流程，更是必须每天练习，这样才能达成熟练应用的目的。

四、新歌教学技巧"提问"——《三只瞎老鼠》

（1）老师介绍理论：最好不要"傻教"；最好能用不同手段对歌曲中重复或类似的句子进行分析；或对需要理解、记忆的重要问题进行处理。

> 提示：有实例，有实操。

（2）老师提供范例：《三只瞎老鼠》。

老师提问、引导学员理解和记忆——每范唱一遍之前提一个问题，结束后重复这个问题，以激励、检查儿童的有意记忆情况。

提问	回答	范唱内容
① 谁？	老鼠	三只瞎老鼠
② 几只？	三只	跟在农妇后面跑
③ 怎么跑？	跟在农妇后面跑	被割掉了尾巴还不知道
④ 发生了什么事情？	被割掉了尾巴	
⑤ 它们知道自己的尾巴被割掉了吗？	不知道	
⑥ 哪些词是押韵的呢？	wife（妻子），nife（刀子），life（生活）	

五、歌曲作法《我住长江头》

诗词—节奏—声势—"卡农"—谱曲。（略）

> 提示：有歌词，有框架。

六、配器《喷火龙丹丹》

> 提示：有故事，有框架。

$1=F$ $\frac{2}{4}$

$\underline{\dot 6\ \dot 6}$ $\dot 6$	3 3	3 2	$\underline{1\ 7}$ 6
喷火 龙	丹 丹	打 嗝	一 整 天，

$\underline{1\ 1}$ 1	2 2	3 2	3 —
为什 么	总 是	停 不	了？

6 6	3 3	$\underline{1\ 1}$ 2	3 —
可 怜	丹 丹	很 难 受	哟！

6 6	3 3	$\underline{1\ 1}$ 7	6 — ‖
可 怜	丹 丹	很 难 受	哟！

1. 教师引导学员建构出来的配器方案

（1）固定低音： 6 0 | 6 0 | 6 0 | 6 0 |
　　　　　　　　喝　　　水　　　憋　　　气

（2）色彩补丁：谁帮　它 0；吃点　糖 0；敲敲　背 0……
　　　　　（鼓）

（3）补充音型：陪 · 它 | 看医　生 | 吃 · 点 | 药　0 |

（4）尾　　奏：敲 — | 敲 — | 背 0 | 0 0 |
　　　　　　　呕吐声………////////// 青蛙跳出来
　　　　　　　（蛙鸣筒刮奏　钹一击保持延音）

（5）前　　奏：6 — | 6 — | $\underline{6\ 6}$ 6 | 6 — |
　　　　　　　丹　　　丹　　　生病 了　　吗？

2. 教学流程

（1）老师讲述绘本故事，学员用回声模仿的方法学会歌曲。

（2）引导学员加固定低音（根据节奏创编语言—选择乐器演奏创编出的语言节奏—用低音木琴和低音铝板琴演奏）。

（3）引导学员加色彩补丁（根据节奏创编语言—选择乐器演奏创编出的语言节奏—用高音钟琴演奏）。

（4）引导学员加补充音型（根据节奏创编语言—选择乐器演奏创编出的语言节奏—用无固定音高乐器"鼓"演奏）。

（5）引导学员加前奏和尾声。

（6）引导学员加即兴的8—16拍插部（学员原本手里拿了什么乐器，就用什么乐器即兴演奏）。

（7）老师带领学员完整表演。

> 注意：这是一个"一而再，再而三"结构的故事，因此采用了"回旋曲"的曲式结构：前奏；唱歌，大家按照预先设计好的配器为歌唱伴奏；学员一起"即兴演奏插部"，在"插部"伴奏声中老师继续讲故事（朋友给喷火龙丹丹出主意"敲敲背"止住打嗝）；尾奏，大家用语音重现朋友给丹丹出的主意，如"敲敲背"。因为没有止住打嗝，于是第二遍继续由第二个朋友出主意……以此类推，直到最后丹丹把青蛙吐出来为止。

七、家庭作业

自己作曲（当天，本课第五个环节教过方法，即寻找现成诗歌作为歌词，为之创作旋律）；为自己的歌曲作品配器（当天，本课第六环节刚刚又教过，前几天也教了）；明天还要继续复习老师所教的"19个教学步骤"，并将作品教授给同学演唱、演奏。

> 注意1：现成诗歌是歌曲创作的框架；创作出来的歌曲是配器的框架；创作好的配器是教学设计的框架，然后再配上教学流程"19个教学步骤"的框架。老师总是让学员自然遵照"有框架的工作"的原则在做。
>
> 注意2：老师总是严格遵照"学以致用"的原则在做。

8月25日，加拿大皇家音乐学院

第一课 教 学 法

一、教学实操

具体方式见8月24日第二课教学法中的"教学实操"。

> 注意：自从老师发放了"19个教学步骤"以后，天天都是如此！

二、理论介绍

1. 学习音乐应有"难度发展序列"

如"多声部的学习"：

（1）一层"固定音型"。

（2）多层"固定音型"。

（3）"复调"式多声部（如"朋友歌"：《两只老虎》和《划小船》）。

（4）"卡农"（是非常重要的多声部学习内容）。

（5）"回旋曲"（给了所有人在"插部"即兴表达的机会）。

（6）"恰空"（chaconne，也可译为"夏空"，是一种复调音乐形式，即在固定的主题或一连串固定的和声进行之上作多次变奏）。

（7）"柱式和声"式多声部。

注意：理论分析与实例相互结合，便于促进学员理解。

　　2. 老师小结

　　模仿是基础，没有人是天生的"贝多芬"。

第二课　唱　歌

一、老师用"各种游戏方法"教授儿歌

注意：老师提醒学员将这些游戏方法放入你自己的"工具箱"。这是老师在引导学员注意：这些游戏方案是可以在日后设计自己的教学方案时根据条件和需要自由使用的。

二、布置作业

　　回家自己设计歌唱教学游戏（请学员将这些方法拿出来使用，同时鼓励学员使用自己原先积累的游戏工具），下次上课时教授给大家（学员之间相互分享，老师检查理解、应用情况，有问题会及时指导纠正）。（略）

注意：老师在当天布置的家庭作业中就要求学员使用当天所学的内容啦！当然，老师还不忘提醒学员：你自己的"工具箱"里面也应该有一些可以使用的"游戏工具"！

第三课　竖　笛

一、即兴指挥吹奏（练习吹奏C调五声音阶）

　　（1）先是老师提供范例，用"柯达伊音高手势"即兴指挥大家吹奏竖笛。然后学员分组练习：两人一组，一人即兴指挥另一人吹奏，交换进行；四人一组，一人指挥三人，轮流进行；大组，一人指挥全体，轮流进行。

注意：双手动作相同，每摆出一个姿态可以停留一下。因为吹奏的都是"全音符"，所以达成这个入门的"起始目标"并不是太困难。

　　（2）老师引导学员用视谱法学习歌曲《砍树歌》，然后转换到竖笛上吹奏。

　　（3）全体演唱歌曲（作为主部），插部即兴用do、la（小调）两个音即兴吹奏一组"两个8拍（两句）"的插部。

　　（4）全体吹奏主部，插部以四人一组、每人轮流的方式即兴吹奏8拍（四句）。

二、编曲吹奏（练习指法和气息控制）

　　（1）老师给音名素材，如：A. do re mi sol；B. la sol mi re；C. sol mi re do；D. mi re do la 等。全体用竖笛即兴（随便排序）演奏。

注意：老师在这里提供了语汇和思路。

（2）老师给调式规则：第四句结束音必须是do（大调）或la（小调）（现在就只有C、D可以排最后了）。

（3）老师提供音高卡片，分小组排卡片"编曲"，然后进行练习（第一小组选择排序ABCD，即：do re mi sol；la sol mi re；sol mi re do；mi re do la，就是一个小调旋律。第二小组选择排序DBAC，即：mi re do la；la sol mi re；do re mi sol；sol mi re do，就是一个大调旋律）。

> **注意**：老师提供音高、节奏素材的卡片是一种重要的策略，因为视觉的材料非常稳定，不需要识记和回忆，随时可以使用。后面我们也会大量使用此种策略来支持学员的创意学习。

（4）大组展示，其他小组需用耳朵听出演奏小组的排序方式。然后，老师对此进行评价。

> **注意**：在这里，运用的还是老师给素材、框架、示例，给创作展示的机会、学员间相互学习支持的机会，以及给评价支持的细致入微、层层递进的教学组织模式。

这让我记起8月22日的课程中，老师给了 $\frac{6}{8}$ 拍的6个词（含词组），同样让我们使用这些词组创编一个以歌曲《渔歌》为主部的回旋曲的插部。这些词分别是：A."爱她就"；B."捕很多鱼"；C."朋友"；D."一起撒网"；E."造一艘船"；F."带她和你去"。老师给的示例为：AAAB，即"爱她就，爱她就，爱她就，捕很多鱼"；CADC，即"朋友，爱她就，一起撒网，朋友"。

同样是老师给了节奏基石，给了语词和语义，给了组织模式，给了创编的示例，给了分组创编、展示、学员相互学习和老师评价指导的机会。这也就是创作教学入门的模式！（有模式真好，特别适合低起点者进入专业领域）

三、即兴"问—答"吹奏

（1）两人一组合作创作一首8拍的"问句"，并吹熟。（预成）

（2）大组展示，两人吹自己创作并练熟的问句，集体即兴吹奏（生成）一个答句。

> **注意**：这个即兴教学还是"预成+生成"创作表达的经典教学模式。个人在集体中即兴创作会相对感觉放松，吹错了也不会太有压力。

四、即兴插部吹奏《我的小小歌》

1 = D $\frac{2}{4}$

| 1 1 1 2 | 3 5 5 | 3 5 5 | 3 5 5 |
| 我来奏支 | 好听歌 | 好听歌 | 好听歌， |

| 1 1 1 2 | 3 5 5 | 3 5 2 5 | 1 − ‖ |
| 我来奏支 | 好听歌 | 一支好听 | 歌。 |

（1）学会演唱——演奏主部。

（2）四人一组创作插部，一人一句，练熟。（老师用持续的低音伴奏）

（3）加入学员志愿者的音条琴和打击乐的8拍即兴插部。

（4）主部集体唱、奏（老师伴奏）；回旋插部由不同的四人小组轮流担任。

五、综合表演《银岸之地》（唱、竖笛、音条琴、舞蹈）

1 = F 2/4

（乐谱）

（1）老师介绍该歌曲是一首描述海滩美丽风光的作品。

（2）全体学员视唱乐谱。

（3）全体学员视奏竖笛。

（4）老师引导全体学员用音条琴和打击乐配器，为竖笛演奏伴奏。

（5）学员分工唱歌、吹竖笛、伴奏、即兴舞蹈。

六、布置作业

（1）结伴玩，即兴看手势指挥吹奏竖笛。

（2）结伴玩，即兴问答游戏。

（3）吹熟老师规定的"考试"曲目。

> **注意：** 我们当今的许多教师培训存在两类问题：一是只有理念和原则的语言宣讲报告，而没有使用实例和操作来帮助学习者理解理念和原则；二是没有培训后的"作业"实践和老师对作业实践中存在问题的反馈。这样的培训使受训者的理念更新和实操改进缺乏实际效率。所以，许多类似的教师培训费力不讨好的根源便在于此！

第二节　达尔克罗兹体态律动体系

达尔克罗兹（1865—1950）先生在20世纪初创立了达尔克罗兹体态律动体系。达尔克罗兹先生本人原先在瑞典皇家音乐学院教授和声、作曲，因发现学生需要直接通过随乐的身体动作实操，才能更好地感知音乐和用音乐进行表达，最终才发明了这种教授音乐的特殊方法。但这种方法最初并不为人们所理解和接受。他本人甚至还为了这一发明被迫离开皇家音乐学院，到社会上与友人自办了一所音乐学校。当然，这种教学法最终还是被广泛认可，成为当今世界最著名的音乐教育体系之一。

达尔克罗兹体态律动的最重要的特征在于：

（1）韵律体态和动作不是目标而是媒介，最终还是为了更好地感知和表现音乐，以及表达自己对音乐的感受。

（2）音乐中所有概念（如：速度、力度、节奏、节拍、旋律的运动形状或走向、句子和段落的结构模式等）都可以通过体态律动来形成、巩固和提升。

（3）指导老师必须在现场即兴演奏钢琴。根据音乐训练内容的不同，老师用演奏强调出要求学员感知和表达的既定的音乐概念特质。（这种教学方法对指导老师的钢琴即兴演奏技能要求很高，所以21世纪以来，许多学习使用该方法的老师创造性地放弃了对钢琴即兴演奏的追求和坚守，而改成使用自己能够更容易提供音乐的方法，如：弹奏吉他、吹奏竖笛，甚至歌唱等）

（4）学员对老师所提供的音乐进行的"动作反应"，被要求是完全即兴的，但仍旧要反映出教学内容的相关要求。如：现在要求用徒手动作（或下肢行进动作，或操作网球、纸带的动作）表现柔和的（或热烈的）三拍子音乐的"拍子特征"等。

该体系对其后创立的许多音乐教学体系都曾产生过很大的影响，包括奥尔夫音乐教育体系。

第三节　拉班律动理论体系

拉班（1879—1958）先生与达尔克罗兹先生不同，他的研究和贡献主要是在身体运动本身的表现力方面。拉班先生为此总结出了律动表现力的概念体系：力量（如上升或下降、收缩或扩张、紧张或松弛等）、空间（水平空间——高或低、空间方向、运动线路、运动幅度——大或小）、时间（动机、句子、段落的长短）、运动的流畅与阻滞，以及八种动作元素（砍、压、冲、扭、滑动、闪烁、点打、漂浮），形成了德国现代舞理论先行的倾向。

拉班的舞蹈教育理念坚持"内外合一，身心合一"，这与中国教育的"知行一致"有着异曲同工之妙。拉班先生的这项贡献影响了20世纪至今一百多年的音乐、舞蹈、体育（体操）教育，以及身心障碍运动治疗等相关领域。就连在音乐指挥专业的训练课程和研究中，我们也经常可以看到人们对拉班概念体系的应用。

第四节　邓肯现代舞蹈体系

邓肯（1878—1927）女士，美国舞蹈家，西方现代舞蹈创始人。随着音乐自由舞蹈，是邓肯女士的舞蹈最有个性的特质。但需要特别注意的是，这种自由舞蹈也绝对不是"无中生有"的。下面来看一系列事实：

一、动作积累

早年，邓肯女士曾经在大不列颠博物馆潜心研究过古希腊绘画和雕塑，并认定自己在这些古代艺术精品中找到了新的舞蹈表现形式。在最初的作品中，她总是依托古典音乐激发的灵感，身着薄纱轻衫赤脚起舞，像自然女神一样自由地表现天空、大海、森林等自然界的生命运动样态。

> **注意**：天空、大海、森林的主题也是一种框架，具体运动状态也是一种语汇元素。这些都是需要积累后才能够运用的。

二、音乐、故事积累

1913年以后，邓肯的创作转向悲壮、英雄的题材，如：著名作品《马赛曲》《国际歌》表现的是法国革命题材；将音乐作品《上帝保佑沙皇》反其道而行之，基于全新的俄国农民反抗沙皇暴政统治的故事创作《前进吧，奴隶》；《伊菲革涅亚在澳里斯》表现的是希腊古代神话中的一段悲壮的英雄献身故事。

> **注意**：神话、英雄史诗和现实主义革命等题材的故事及选用的音乐，也都是邓肯舞蹈创作所依据的框架。

三、将观众控制在自己用动作创设的氛围当中

据早年在邓肯舞团表演过的一位演员介绍：邓肯在表演《伊菲革涅亚在澳里斯》这个作品的时候，时而幸福安详，时而悲壮凄凉，令人无限神往。这个作品充分说明，邓肯并非像有些人想象的那样，仅仅是随着音乐兴之所至地即兴作舞，而是善于用优雅壮美的动作将观众全然控制在自己设定的艺术气氛之中。

在《马赛曲》和《前进吧，奴隶》中，她用"压抑—挣扎—号召战斗—挣脱桎梏"的一系列体态表现，以及舞动巨大的红色战袍和红旗等舞蹈样态，表现了被压迫的民众由追求自由的信念所产生的强大鼓励力量。

> **注意**：在邓肯的作品中，大到"追求自由的信念"，小到"旗帜和战袍"，没有一样是"无中生有"的，都是个人原有经验的重组。

四、传承：在俄、德、法办学

邓肯女士先后在俄、德、法等国家创办舞蹈学校，教授学生。她的舞蹈思想和舞蹈实践，不仅为美国现代舞的创立铺平了道路，而且还从精神上推动了德国现代舞的发展，更影响了后世许多著名的舞蹈家，如现代芭蕾之父麦克尔·福金等人。

> **注意**：从这一系列事实中我们又可以证明：即便是专业的即兴舞蹈，也必然是有素材、有框架的即兴组织。

第五节　约翰·费尔拉班德早期儿童音乐教育体系

约翰·费尔拉班德（1952—　）先生是拥有柯达伊体系背景的美国著名早期儿童音乐教育家。他最重要的贡献在于两个方面：一方面，是他花费了几十年的时间深入民间收集了大量的传统民间歌曲、舞蹈和游戏（特别是传统亲子音乐游戏），并将这些作品和素材应用到了早期儿童音乐教育的教材之中，使得这些包含了独特的游戏化教学方法的教材给早期儿童教学体系带来了更多朴实而又灵动的风气；另一方面，是他创造的由浅入深、从操作到体验再到概念的"视唱教学体系"，将音乐素材积累、乐理、视唱、多声部合唱、音乐即兴创作等多种音乐能力训练统合成为一体，且完全不失音乐学习活动的审美性体验，实属难得。

约翰先生和一位舞蹈造诣很高的同事在美国出版过一套经典音乐配律动游戏的视频教材，在我国有引进的中文版（由南京师范大学出版社出版）。这套教材是非常难得的幼儿园律动教学参考资料，同时更是幼儿园教师自我培训的重要资料，还是积累有用语汇和框架的特别好的教材。

第六节　"高瞻课程"的律动目标体系

产生于美国的"高瞻课程"是一种早期儿童全领域综合课程。该综合课程中的律动教学体系是由密西根大学人体运动学系名誉副教授菲里斯·卫卡特（1962—　）创建的。她的著作《动作教学——幼儿动作的核心经验》在国内也有中文版（由南京师范大学出版社出版）。在这部著作里，她提出了很有启发价值的教学目标分类概念体系：

（1）把动作转换成语言。
（2）把语言学转换成动作。
（3）非移动动作。
（4）移动动作。
（5）动作与音乐协调。
（6）动作与他人协调。
（7）动作与物品协调。
（8）创造性地做动作。

这套概念体系既可以帮助老师明确自己到底要教什么，也可以指导老师观察和评价自己教学的效果怎么样。它是确保教育教学质量的有用工具。

第七节　巴西战舞

一、文化及学习背景

巴西战舞是一种集武术与舞蹈为一体的巴西传统民间体育与娱乐活动。2016年我曾经两次在我国香港参与了一位澳大利亚老师的"巴西战舞"课程。

一起学习的学员绝大多数是只有二三十岁的年轻男性，其中许多人已经是拥有多年学习经验的老手，还有两三位看样子已经属于高手。除此而外，只有一男一女是刚去学习过几次的新手，但他们也都是只有二三十岁的年轻人。最后剩下的一个第一次接触此技艺的人就只有我，当时我的实足年龄是六十五岁。另外现场还有一个五岁男孩，他是老师的儿子。

二、主要教学的流程

活动开始之前，先来的老学员都在拉伸韧带。

（1）情绪的准备。

各人自选乐器演奏（巴西传统民族乐器），老师击大鼓伴奏。从老师自己开始，每位学员轮流领导大家唱相关民歌（巴西语言，老师提供标有拼音的歌词和歌曲音频，回家至少练习到能领唱一两首歌）。

（2）热身运动。

学员进行各种速度、力量、耐力、柔韧、平衡、协调、灵敏性的练习。从老师开始，每位学员轮流大声帮助大家数节拍，每种动作都要数八个八拍，有时还要重复。跑跳也要数。

（3）复习最基本的动作。

最基础的动作是：左右横向移动下肢的动作（左脚向左横移一步，右脚也向左横移，从左脚后面越过左脚踏于左脚斜后方；向右方做相反动作），然后再逐渐加入手臂自然摆动的动作。因为老师每次都会亲自带大家反复练习许多次，所以第一次学习的我也很轻易地就做到了。

注意：这个基础动作要求每天练习，老师、高手也不例外。

① 第一层"升级"：将手臂从自然摆动升级到将单臂提高到可以护住头部的位置，并逐步下降体位至"深蹲"低位，反复练习多次。对于第一次学习的我，也轻易地就做到了。

注意：这是扩大了"幅度"的基础动作，要求每天练习，老师、高手也不例外。

② 第二层"升级"：继续进行左右横移练习，但将前式中的动力腿"横后撤"改为"横前跨"，反复练习多次。我也觉得没有什么困难。

注意：这是"微调—变异"的基础动作，要求每天练习，老师、高手也不例外；也是对抗时"进攻—横扫动作"的准备练习。

（4）教授新动作。

老师教授新的"结伴对抗"技巧。我们新学员只能张大嘴巴目瞪口呆地看。老学员结伴练习时，老师来给我们三个新手"开小灶"，教授基本动作的"对抗层级"：

① 第三层"升级"：两个八拍的动作组合。一是，第一个八拍左右各交替移动两次，第二个八拍在喊到"七、八"的时候做"下蹲护头"动作；二是，在喊"七、八"时做前横跨动作。（三人同时跟随老师做相同的练习）

> **注意**：这是"拓展—变异"的基础动作，重点关注：对抗时的"自我保护动作"准备练习。

② 第四层"升级"：两人配合，面对面，向对称的方向移动，在第二个八拍喊"七、八"时，一人下蹲护头，一人做前横跨动作。（三人轮流相互配合练习）

③ 第五层"升级"：将前横跨改为从下蹲者头上横跨过去。因下蹲者体位非常低，见对方的腿横扫过来时，会更自然地弯腰低头，且双方都预知在第二个八拍的"七"字上对方要发动，所以也容易配合做到。（同上）

④ 第二次上课，老师要求不再喊拍子，而要尽量密切注意对方动作"起式"的意图，即要求将"预设配合"改成"即兴反应配合"。

> **注意**：由于之前有了很好的层层递进的准备性练习，这次的动作也比较容易达标。

（5）实战对抗练习。

围成圆圈，老师宣布：今天每人至少进圈与他人打斗三次。刚开始我以为自己既是老太又是新手，也许看看就可以了。谁知那些年轻的高手小伙子竟然也会邀我进圈和他们对打，并打得极认真，搞得我也不得不认真对待。战斗了一会儿之后，他们也会做出姿态欢送我归位，再邀请别人。最终我竟然也在不知不觉中完成了至少与人对打三次的任务。（"菜鸟"被高手认真对待的感觉真是好极了）

（6）第二次上课时，老师在基础练习时，加了侧手翻的动作。

> **注意**：我上初中时在体育课上翻过侧手翻，那时候是真的会翻。但50多年没有翻过，心想万一弄伤自己，恐怕还是不划算的。老师似乎看出我的犹豫，于是做了一个降级的示范：下肢带动身体向左平转一圈，上肢交替向左各画圆一圈。真好！这样做既安全又好看，且又与那标准动作模式类似，还满足了我不愿中断练习的自尊心。
>
> 那天，老师还教了用武器对抗。新手拿木棍，感觉就像跳民间舞蹈一样。每人两根不长不短的木棍，先按四拍节奏自己对敲，然后与伙伴对敲，再加敲空气、敲地。因规律简单，所以能轻松掌握，我还乐此不疲，感到很享受。老学员就不同，一般学员用木刀，高手学员用钢刀，已经没有拍子模式，即兴打得紧张而激烈，钢刀碰撞起来有时还能看到火星！

（7）结束课程。

大家再次奏乐和唱歌，然后共同整理课室。

老师五岁的儿子始终在教室中，想做就做，不想做就玩玩任何可玩的东西，或者躺在某角落自娱一会儿。但只要他有意参与，任何时候任何人都会认真接纳，绝不敷衍，就像对待我一样。

在休息闲聊的时候，另外的那位比我早去几次的新手女学员告诉我，她去了几个其他老师的课堂，感觉都不是太好，只有在这里感觉像在家里一样，所以就留了下来。

我曾问过老师，这么激烈的打斗会不会有人受伤？老师说：每一个进攻动作都一定会有与之相匹配的防守动作，一点一滴都是在练习互相配合。当慢慢达到高度熟练的程度后，即便是即兴对打，再快也是打配合，所以不会发生伤害事故。

三、小结与感悟

（一）任何层级都可以即兴

（1）原始直觉运动层。

（2）早期意识协调音乐层。

（3）故事想象情感表达层。

（4）人际"伴舞—逗舞—斗舞（竞技）"的互动配合层。

（5）动作操作物品（乐器、道具、武器、舞器）融合协调层。

（6）语言与动作相互表征的理性分析层。

之后螺旋上升，学一点用一点，层层递进。

（即兴，实际上就是即想即操作，并非是没有想，而是想和操作之间的联系更迅速、更紧密而已）

（二）道德教化都是不用说教的

（1）人人都是老师（互教、互学、互帮）。

（2）人人都要担责（发令、领唱、整理课室）。

（3）人人都会自主（自定挑战难度、自定学习进度）。

（4）人人都愿尽力。

（5）人人都能自律。

第八节　王添强教育戏剧体系

一、背景与案例

王添强老师是一位在我国香港工作的教育戏剧专业工作者。他长期专注于学习、研究和推广教育戏剧的理念与技术，并在香港创立了自己的剧团和教育戏剧专业人才培训体系，同时也常年在内地提供与教育戏剧相关的培训。他的教育戏剧体系包含大量从各国其他专业体系中吸收的知识与技能，也拥有大量他和他的团队独创的观点和案例。下面这个案例就是一个与创造性音乐舞蹈教学活动关系密切的案例。

使能目标阶梯

一首小歌开始的挑战

流程 8 教师鼓励学员将布景（如座椅）、道具（如扫把、头巾）融入自己的作品，然后再分享……

流程 7 教师鼓励学员将熟悉的游戏融入自己的作品，然后再展演……

流程 6 教师以范例和讲解激励学员使用左右对称、曲线运动、环绕和旋转等思路丰富原舞蹈动作，用与同伴身体接触等互动思路提升互动趣味，然后再展演……

流程 5 将歌表演动作替换成集体舞蹈动作，并加入队形变化，再展演……

流程 4 各组从组员们自己带来的各种绘本中选择一个故事，根据故事信息创编新歌词，换掉《两只老虎》中的原歌词（动作不换），再展演……之后，再根据新歌词重新创编适合的表演动作，再展演……

流程 3 培训教师将学员分成若干8—10人的学习小组，分组创编新的歌表演动作。排练、展演、分享、评价、完善，然后再展演。

流程 2 培训教师邀请学员示范一套自己原先就会做的《两只老虎》的歌表演动作。邀请全体学员模仿这位提供信息学员的歌表演动作。

流程 1 培训教师带领全体学员围成一个圆圈，邀请学员提议一首大家都熟悉的儿童歌曲，复习此歌曲。（如被推荐的歌曲是《两只老虎》）

注意：上述流程中省略号表示每次展示分享都包含评价、自我完善、相互学习等内容。

二、小结与感悟

从学习者熟悉的一颗小种子（原有经验）出发，在阳光雨露的滋润下（教师提供新的语汇和思路），不断"添枝加叶"，逐步成长为一棵"枝繁叶茂"的大树。这种"小种子成长流程"在奥尔夫老师的教学案例中屡见不鲜，已经成为相对稳定的教学范式（模式）。实际上它也就是一种学习者在教师的引导与扶持下自主自然成长的学习范式。

第九节　现当代教育学者与孔子穿越时空的对话

一、布鲁姆教育目标分类理论

布鲁姆（1913—1999）是美国当代著名的心理学家、教育家，芝加哥大学教育系教育学教授，曾担任美国教育研究学会会长，是国际教育评价协会评价和课程专家。他最大的贡献就是创立了"教育目标分类学"体系。1956年，他提出了思维的六种级别：识记、领会、应用、分析、综合、评价。从此之后，这六种思维级别被广泛接受和使用。2001年，布鲁姆的后继者对这个体系做了一些微调，把日益被重视的"创造"概念加进了这个层级体系，并将之置于层级金字塔的顶端，以表明他们对此种能力在难度层级和价值层级上的看法。

布鲁姆的另外一个重要贡献就是他所提出的"掌握学习理论"。在这个理论中，学习者若能真正达成掌握，不能缺少以下三个必要条件：第一，必要的认知结构（学习的基础）；第二，积极的情感态度（学习的心向）；第三，反馈—矫正系统。布鲁姆认为第三个条件是整个系统的核心：教师针对不同学习者、不同问题给予的必要支持，即反馈—矫正。当然，之后更新的理论表示：有些反馈—矫正，不一定非得是教师给予的，即在教师的引导下，学习团队的同伴也可以给予，学习者自己也可以自我觉悟、自我纠错。

二、孔子"举一反三"理论

孔子（公元前551—公元前479），春秋末期鲁国（今山东曲阜）人，是我国古代著名的思想家、教育家，儒家学派创始人。

孔子开创了私人讲学的风气，倡导仁、义、礼、智、信。他曾带领部分弟子周游列国前后达十三年。孔子晚年修订《诗》《书》《礼》《易》《乐》《春秋》六经。孔子去世后，其弟子和再传弟子把孔子及其弟子的言行语录和思想记录下来，整理编成儒家经典《论语》。

至今，孔子的时代已经过去2 000多年，我们尝试穿越时空的隧道，让当今的这些外国教育家和孔子先生来个"对话"，看看是否"英雄所见略同"？

子曰："不愤不启，不悱不发。举一隅不以三隅反，则不复也。"（出自《论语·第七章·述而篇》）

先来看看孔子上一段话的今译版：

教导学生，不到他冥思苦想仍不得其解的时候，不要去开导他；不到他心里明白却无法完善表达的时候，不要去启发他。如果给他指出一个方面，他不能由此推知其他类同的方面，就不要再教了，再教也是教不会的。（这里我们同样可以看到：学习的基础、学习的心向和老师提供"反馈—矫正支持"的重要作用）

再来看看我们可以怎样来理解这段话在早期儿童艺术教育中的含义：

首先，我们可能需要用一个有趣的任务来激发幼儿的参与热情，让他们经过努力（动脑、动手）来创造出他们能够引以为豪的成就（成果）。这个任务需要基于幼儿的生活经验，又不完全等同于他们的生活经验；基于幼儿当下的能力，又在其最近发展区，让他们能够感受到审美感动所带来的震撼和能力（知识技能）挑战所带来的激励。只有给予幼儿这样的任务，他们才有可能"愤"——在努力思考、探究、想象之后，进入一种不甚清晰、不甚完善，甚至迷惘、空白的状态，老师可在这时通过范例给予幼儿思路，因为此时幼儿的心智是最能主动吸收能量的。同理，当幼儿随后进一步产生不知怎样把自己的理解、思路、创意表达出来的困惑之时，便是"悱"的状态，老师可再通过范例给予导引，从而帮助幼儿顺利进入"豁然开朗"——自我认可的状态。

其次，我们不能仅仅从字面上来理解"举一反三"的含义，而应该深入理解"举一"，即"举例"对于学生（含幼儿）理解"概念""规则""高级规则"的重要性。我们知道："概念""规则"这些东西，都是抽象出来的具有普遍意义的认识对象，即便是成人，对于陌生内容的学习，也无法从一个具体事物的例子中抽象出"普遍"意义。比如，人们只有在认识了许多具体的动物以后，才了解什么是动物；在认识了许多具体的食物之后，才能在见到新的食物时，明白这个也是一种食物。当我们要求幼儿认识某一概念或规则时，如果没有提供数量充分的具体案例，或者虽有这一概念、规则，但幼儿对其的原有具体经验积累不足，以至于这个"学习任务"不在幼儿的"最近发展区"，那么无论老师再怎么努力地教，也是无法教会的。

这里面有两个关键点：第一，幼儿学不会，是教得不得法，如举例太少或举的例子没有能够凸显其所要呈现概念的关键特质。第二，幼儿学不会，是任务不在幼儿学习的"最近发展区"，即任务没有建构在幼儿原有知识经验的基础之上。

三、其他各种现代教育教学理论

2018年4月，经济合作与发展组织（OECD）发布了一份报告——《教师作为学习环境的设计者：创新教学法的重要性》。这份报告指出：教学法（Pedagogy）是教学与学习的核心，并通过来自世界范围内多所学校的案例表明：以下几种有别于传统的教学法正在全球范围内方兴未艾，将会深刻地改变未来的教育走向。

（一）游戏化教学（Gamification）

游戏和玩耍在儿童的学习中扮演着重要角色，有利于促进儿童的智力、情感与社会性发展。通过玩耍和游戏的教学能促进儿童的积极参与。这类教学上的创新正让学习变得有趣和吸引人。另外，这类教学实践是建立在游戏能够抓住儿童的兴趣点，从而促进其学习的基础上的。

游戏化教学有两个主要的教学要素：一是动机要素，即快速反馈、目标清晰、渐进的挑战和主动的参与。二是情感要素，即故事和身份、合作和竞争。

游戏化教学一直在不同年龄层中被有效使用，如：成人、大中小学生及幼儿，同时也在各种不同学科中被成功应用，如：科学、数学、语言、体育、历史、艺术及设计。游戏化教学可以促进游戏者在学习、合作、探索与创造方面的自我管理；也能向游戏者传授复杂的规则，向他们介绍他们所不熟悉的世界，吸引他们参与到不熟悉的任务与逻辑中。

游戏化教学的基本原则包括：每个人都是参与者，学习就像玩耍一样；从做中学；及时反馈；每个环节都相互关联，并有持续不断的挑战。基于这些原则，游戏化教学超越了游戏的设计，强调玩耍的基础作用和游戏融入正规教育的方式。

（二）混合学习（Blended Learning）

混合学习的主要目标是将技术与数字化资源的优势最大化，根据学生的需求促进差异化教学，并推动课堂互动。这一教学实践是建立在小组活动和密集的面对面互动的基础之上的，以促进学生积极参与。

在计算机提供相关信息后，教师就从常规工作中解放出来，有更多时间用于概念的应用，并提供要求更高、更复杂的问题任务，以促进学生对概念的深度理解，并推动同学之间的交流。

混合学习主要有三种形式：

（1）翻转课堂（Flipped Classroom）。学生先自学下节课的相关资料，课堂上在教师的帮助下实践、拓宽和加深对知识的理解。

（2）基于实验室的模式（Lab-based Model）。学生分组在学校实验室与课堂之间交替进行学习，通过与教师面对面的互动，对所学内容进行应用。

（3）线上线下混合学习模式（In-Class Blending）。每位学生遵循定制的课程表，通过在线与面对面交流交替进行的方式学习。

（三）计算思维教学（Computational Thinking）

通过逻辑促进问题解决、计算思维贯通数学，以及信息通信技术与数字化素养的培养，为我们提供了一个利用信息通信技术培养大量横向技能的统一框架。

计算思维教学实践的核心是"以计算机能够帮助我们解决"的方式来思考问题，然后再解决问题。计算思维教学的起点是计算机，但是这并不一定意味着要使用计算机，掌握编程或懂得代码。这类教学法明确将学习编程和代码作为一种新的素养进行培养，是学习信息通信技术的一种新方法。

计算思维教学法有五个基本要素：

（1）逻辑推理，包括分析、预测与推断结果。

（2）分解，将一个复杂的大问题分解成许多小问题。

（3）算法，甄别并描述规律，形成分步骤的教学。

（4）抽象，抓住问题的核心，排除不必要的细节。

（5）建立关联，对同样的问题用相同的解决方法。

（四）体验学习（Experiential Learning）

体验学习是指让学习者直接与正在学习的现实之间建立联系的教学法。学生通过积极的体验、探究和反思进行学习。这类教学实践包含一些最能代表学校创新的教学法：基于项目的学习、可持续发展教育、户外学习、基于服务的学习、不确定性能力教学等，旨在培养学生在应对真实、复杂的挑战时所需要具备的关键技能。

1. 体验学习的三种主要形式

（1）基于项目的学习（Project-based Learning）。其核心是真实世界的问题容易抓住学生的兴趣，能够引发学生认真思考，从而帮助他们获得并应用新知识。在教学中，教师需要减少对学生的指导，要让学生积极发言并发挥作用。教学过程通常包括挑选项目和确认开展方式。项目会围绕一个问题或挑战开展。学生可反复走进实验室，参与多样化的活动及开展研究，在真实的探究中合作、讨论，开展个性化学习。

（2）基于服务的学习（Service-based Learning）。在这一学习过程中，学生需要使用知识和技能来解决真实社区的需求问题。例如，从河流中捡起垃圾是一种服务，而研究水样本是一种学习。但是，当学生通过收集和分析水样本来用于开展当地污染情况的案例研究，并帮助权威机构改善水治理时，就是一种服务学习。基于服务的学习，是培养21世纪学生所需技能（如：批判思维、复杂阅读和写作技能、解决问题和冲突的能力）的一种重要的教学实践方式。

（3）不确定性能力教学（Teaching of Uncertainty Competence）。学会在一个复杂的世界中应对知识的不确定性，需要构建起一个将不确定性纳入学习过程的学习环境，以促进学生批判地思考世界，并做出合理的决策。不确定性能力包括应对不确定的信息和情境，它可以分为三类：学会评价、容忍不确定性和减少不确定性。比如：户外探险学习就是这类教学实践中的典型代表，它要求学生面对不熟悉的情境并走出舒适区，需要合作、讨论、反思并与社会联系。

2. 体验学习的四个要素

（1）一项任务的具体经验，是指个体或小组积极参与独立的任务，这些任务有可能会颠覆学习者的信念与想法。

（2）反思性发现，是指解决因假设与价值观之间的差异而形成的冲突的这一过程，它能不断促使学生反思。

（3）抽象概念化，通过创造、建模和形成新理念来理解经验与反思的意义。

（4）积极实验，将所学内容付诸行动，并将它置于与学生密切相关的环境中。

总之，体验学习不仅是一个发现的过程，其目的也不仅是复制科学发现的过程。准确来说，它是一个经过良好规划的学习过程，需要建立在学生参与合作性、反思性活动得到的有意义的体验的基础上。因此，教师通过搭建脚手架（Scaffolding）来为学生提供支持是非常重要的，如提供专家指导、组织复杂的任务并降低认知要求等。在体验学习的项目中，学生在体验发生之前、之后及接下来的活动都非常重要，它们是体验的教育性的重要体现。

（五）具身学习（Embodied Learning）

具身学习是指各种关注学习中的非智力因素的教学实践，它强调身体和情感的重要性。

为了促进知识获得，具身学习非常重视学生的社会性、创造性体验和积极参与的重要作用。具身学习有各种形式：基于学校的体育文化、艺术统整学习、创客文化等。

1. 具身学习的理念与教学原则

具身学习坚持的一个主要理念是：学生自觉地使用身体去学习，比坐在桌边或电脑前更有效。大脑尽管对于学习非常重要，但它并不是唯一的认知与行为源泉，情景化的认知需要学生将身体、情感与社会要素都纳入学习环境中。

具身教学法强调开发和利用年轻人的两大自然气质——创造与表达，有意识地应用创造性体验，加之学生的积极参与，能促进其知识的获得。这一教学实践使得许多传统上更偏向抽象思维、个体被动获得内容的教育系统开始发生重要改变。

具身学习的教学原则包括以下几项：

（1）身体与思维在学习中一起发挥作用，运动与概念相互联系。

（2）行动与思维同时发生。

（3）科学与艺术彼此影响并相互支持。

（4）身体与思想时刻处于对话中。

（5）现实与想象相互缠绕。

以上这些原则对于教学非常重要，因为儿童有两个自然的学习倾向——创造和表达，只有将这两个动力结合，具身学习才能促进其知识的获得。

2. 具身学习的教学实践

（1）具身学习有以下三种主要的教学实践：

一是基于学校的体育文化（School-based Physical Culture），强调体育在提高个人品质和思考技能方面的作用。

二是艺术统整学习（Arts-integrated Learning），通过将艺术与其他学科结合的方式来促进学生积极参与，旨在增强学生的投入程度、动机与毅力，从而培养学生的创造性、运动技能、自信心、高层次思维技能和批判思维技能。

三是创客文化（Maker Culture），通常发生在实验室或创客空间，学生在这里可以进行工具和人工制品的修补与建造。他们通过使用、探索、试验各种材料和工具，并在适当的支持与相互间的合作下进行深度学习，从而逐渐形成对科学的兴趣。

具身学习能够作为一个创新教学实践被单列，是因为它正转变着我们对人类认知的理解——从传统的抽象思维与被动的内容获得转向日益与情感、身体运动和创造性联系。具身学习特别适合对学生好奇心、灵敏度、多视角思考、冒险精神、隐喻思考及其他元认知技能和执行技能的培养，也有助于对学生社会情感技能的培养。同时，具身学生适合探讨一些跨学科的内容，因此，它与21世纪学生所需技能的培养高度相关。

（2）在学校中，具身学习可以在以下三个层面实施：

第一，体育与艺术课上的各种活动和体验，也可以将科学课上对光合作用的解释与舞蹈结合，帮助学生学习这一概念。

第二，工作坊或者项目，通过与校外的艺术家或专业人士建立合作来为学生反思从具身学习学到的课程和内容提供平台。

第三，将学生的身体运动、创造性培养和情感融入学校的核心学科中。现在有越来越多的学校、相关专业机构能提供这类实践的指导和工具箱。

（六）多元读写能力和基于讨论的教学（Multiliteracies and Discussing-based Teaching）

这类创新教学强调语言的多样性，以促进学生的批判思维与质疑精神。这类创新教学不是单一的教学法，而是涵盖了各种实践与教学原则。其本身就融合了两个相互联系的教学法：多元读写能力教学和基于讨论的教学。

多元读写能力和基于讨论的教学包含四大教学原则：

（1）情境化实践：用学生的生活体验创造有意义的课堂活动，教学中必须考虑所有学生的情感与社会文化需求。

（2）明确的指导：教师需要积极干预，支持学生的各种学习活动。

（3）批判建构：确保学生获得必要的理论指导，使其能应用知识解决问题。

（4）可迁移的实践：鼓励学生将学习体验与日常课堂任务结合，并应用到其他情境与文化背景中。

（七）STEAM课程

近年来在世界范围内还出现了另外一个非常热门的教育概念：STEAM。该课程是名副其实的跨学科整合性综合课程，五个单词的缩写分别代表：Science（科学）、Technology（科技）、Engineering（工程）、Art（艺术）和Mathematics（数学）。

STEAM课程是通过基于真实问题解决的探究学习（PBL，Problem-Based Learning）与基于设计的学习（DBL，Design-Based Learning）来开展的，强调让学生在学习情境中发展设计能力与问题解决能力。它最初仅仅是一种基于科学思维和工程设计的STEM课程。而近来，将艺术（Art简写为A）融入STEM中，即成为STEAM，这不仅仅是一个大胆的尝试，更是认知方式的一次突破。很多人将艺术与STEM视作对立面，其实不然。实际上，艺术和STEM并不是冲突的关系，反而是相得益彰的关系：科学建立逻辑的理性思维，而艺术则建立自觉、想象、顿悟的感性思维。

STEAM课程包含了丰富的学习材料和设备，比如模型、乐高、画笔、电路等充满创造力的工具，让学生运用多学科的知识来解决问题，帮助他们在实践中锻炼自己的多方面能力。该课程不但注重学习与生活的联系，也关注学习的整个过程，倡导学生在动手探索的过程中能提出问题、合作讨论、提出方案，尝试解决问题，继而迎接新的挑战。

（八）电子游戏设计原则

电子游戏自诞生以来，因其对玩家的巨大吸引力造成了许多社会问题而被不断诟病。但也有人从另外一个角度提出疑问："为什么有那么多孩子会对游戏上瘾却不喜欢上课呢？"

通过分析游戏设计原理不难发现，孩子不是喜欢打游戏，而是希望在游戏中寻找现实生活给不了的快乐。

世界顶级游戏研发总监简·麦戈尼格尔（美国）在《游戏改变世界》（浙江人民出版社）这本书中提出：游戏公司一般会用以下三招来让玩家入迷：① 目标（适宜，层层递进）；② 规则（清晰明了）；③ 反馈（及时明确）。

世界著名管理大师布莱恩·布鲁克（美国）在企业管理类专著《游戏化设计——真实趋势×陷阱规避，打造商业成功》一书中，也精辟地阐述了相同的观点：① 目标——向往自我完善（改变行为、获得技能、驱动创造……）；② 过程——克服非必要的阻碍，不断达成阶段性目标；③ 手段——持续的反馈激励。

（九）"预见学习"研究

这是一个美国的著名中学教育改革研究项目，其中"游戏化学习"是其达成提升学生学业成绩和学习素养的有效手段。这里的游戏化策略非常具体，也非常具有可操作性：

第一，借鉴已有的成熟游戏，将游戏或游戏中的某些元素直接运用到教学过程中，以便起到相应的提升教学效率的效果。

第二，不仅仅是对已有游戏的简单借鉴和应用，而是需要教师从实际教学内容和学生基础的角度出发，使设计能更契合教学任务和学生的学习能力本身，从而达到促进学习效率和提升学生基础素养的目的。

综上所述，如果将这些所谓的最"时尚"的教学法或更加上位课程中的教育教学设计、实施理念重新加以梳理，并围绕我们长期坚持的"游戏化"教学的核心理念重新建构，我们可以得到这样一个认识：所有能够让学生积极投入学习并获得有效成长的教学机理，其实都是一样的。具体如下：

（1）吸引学生投入的情境（无论是真实情境还是假想情境，都应该是一个让学生觉得有意义的情境）。

（2）清晰具体的和层层递进的学习任务。

（3）明确的（学生能够理解和追求的）学习达成标准。

（4）及时而富有激励性的反馈（必须让学生明了对错并主动追求自我完善，老师不但要承担主要的直接反馈义务，还要承担引导学生自我反思和鼓励学生相互反馈的义务）。

（5）老师引导的"建设性质疑"和"学以致用"。

（6）学习方法的最大程度整合与互补（将感性—理性学习，模仿—创造学习，独立—合作学习，线上—线下学习，校内—校外学习，道德、科学—审美学习，工作、生活—游戏学习等学习要素尽可能一体化）。

第二章
从模仿到创造

歌唱教学

律动教学

从模仿到创造

奥尔夫与中外著名音乐舞蹈教育体系

奏乐教学

教学法

第一节　重要观念辨析

一、文化继承和文化发展的关系应该是怎样的

问题：在20世纪80年代之前，我国的幼儿园教材实行的是"一纲一本"、全国统一的管理模式。幼儿园教师只需要拿着教材"照本宣科"就可以了。因此，教师也没有选择新音乐、开发创编新教学活动的需求。20世纪末以来，国家放开了全国统一的管理模式，新一代的幼儿园教师越来越关注"园本"甚至"班本"教材，以及课程的开发。在这样的背景下，受幼儿喜欢的新活动如雨后春笋般地生发出来。幼儿园音乐教学的"百花园"日益呈现出一片生机勃勃的喜人景象。

由于没有统一编写的教材（传统意义上音乐教材的内容主要是乐曲和歌曲作品），教师们发挥了最大的主观能动性和创造性，将自己的原有曲库自由地加以改编，或者从传统媒体与网络媒体上搜寻、选择一些中外经典音乐作品、新创作的音乐作品，然后将这些作品改编、设计成自己班级幼儿需要的音乐活动。这些工作本来应该是值得称赞和支持的好事情。但问题是：一些理论工作者、管理工作者依据自己手中掌握的、没有经过"研究、讨论和更新"的相关理论，对幼儿园教师的创造性工作提出了种种质疑。其中有以下几种主要的质疑：

（1）经典的音乐作品是不能够进行任何删减或改编的，甚至作品原有的歌词、名称或释义都不能有丝毫的变动。变动即表示不尊重原作者。

（2）如果一部作品原先描写的是轻盈、乖巧的小兔，那就无论如何也不能将其改编成描写笨拙或凶恶的狗熊，即作品的情绪风格永远是固定的，根本无法改变。

（3）如果这部作品最初描写的是比较低级趣味的内容，一旦选用了这样的作品，无论怎样改编，都消除不了口味低俗的烙印，并且必将会对幼儿产生严重的不良影响。

辨析：实际上，由于这些对一线教师的质疑直接来自理论工作者和管理工作者，他们被公认为是最具有权威性的行业理论专家，同时也是公认的行业管理和专业指导的权威力量。因此，他们的观点通常也被公认为是必定正确无误的观点。这样一来，幼儿园一线教师即便有继续申辩、讨论的理由和愿望，也往往无法正常表达自己的观点。所以，近40年

来，这些问题也从来没有得到机会被认真澄清过。

稍微了解一点世界音乐发展史的人都会知道：民歌、民间说唱、民间器乐、民间舞蹈音乐，主要是从劳动人民的生产和生活中经过一代又一代人传承积淀下来的，在传承积淀的过程中不但一直跟随民族迁徙、民族融合而发生变化，而且其中大部分从形式上就形成了"自由即兴""随性变化"的传统，同一部作品的动作、节奏、旋律、歌词、演奏的乐器都是自由的、变化的……世界文化发展史告诉我们，在远古时代，能够将大家熟知的作品稍加改变或者多加改变的人，是被族群高度尊重的人。请看实例：

古今中外、上下几千年

民歌填词——《东方红》
歌赋词牌——《沁园春·雪》
戏曲曲牌——西皮流水
《茉莉花》——《图兰朵》（歌剧）
《天堂与地狱》——康康舞——《草莓歌》
《约翰弟弟》——《国民革命歌》——《两只老虎》——《猎人的送葬行列》
《学生宿舍的旧吊桶》——《中国男儿》——《工农兵联合起来》

上面的实例已经再次清楚地表明：古今中外、上下几千年，无论是劳动人民、知识分子、专业音乐人、普通教师与学生，还是当代的革命志士，无一不是经常使用改编的方法来进行创作的。

这里需要特别说明的是：实例中的《天堂与地狱》是由法国作曲家雅克·奥芬巴赫创作的一首宗教题材的器乐曲，其中最为著名的部分是描写诸神狂欢场面的序曲，后来它被巴黎著名的"红磨坊"夜总会选用，作为表演康康舞时的伴奏音乐。

> **注意**：在此也需要为康康舞正名。它是早期流行于法国的一种民间舞蹈，最初都是由男性来表演的，后在洗衣妇、女裁缝、纺织女工等劳动妇女人群中传播，最后才进入夜总会等娱乐场所。在进入娱乐场所之前，它主要是一种人民群众自娱自乐的舞蹈，热情奔放，健康向上，没有任何暴露、色情的成分。

喜剧电影《河东狮吼》也选用了其中的重要旋律，并重新填词，如"来来我是一粒草莓"就是其中的一句，因此又被称为《草莓歌》。中国成千上万的听众也正是因为这部电影和后来被转换成的手机铃声而熟悉了这段旋律。而这段旋律本身，是无所谓高雅或低俗的。

有的幼儿园教师选择《草莓歌》的歌词模式，尝试在幼儿园引导幼儿即兴演唱，询问和回答名字、食物，如"来来你叫什么名字"或者"来来你吃什么早饭"。这样的改编是无可厚非的，根本谈不上有什么"低级趣味"。

再看实例：

当代著名流行音乐

歌曲：《I Love You》（电影《东成西就》插曲）
改编自：罗西尼《威廉·退尔》序曲

歌曲：《波斯猫》
改编自：科特比《波斯市场》

歌曲：《不想长大》
改编自：莫扎特《第40号交响曲》

《两只老虎》的前生后世

《约翰弟弟》（法国童谣，歌词内容：叫弟弟起床——情绪温柔，中等稍慢的速度）
《国民革命歌》（中国革命历史歌曲，歌词内容：打倒列强除军阀——情绪激昂，稍快的进行曲）
《两只老虎》（中国童谣，歌词内容：两只缺少某些器官的老虎——情绪欢快诙谐）
《猎人的送葬行列》（奥地利器乐曲，改成小调——慢速的葬礼进行曲，情绪哀伤，风格怪诞）

注意：奥地利作曲家马勒，在一次参观美术作品展览的时候偶然看到了一幅作品，作品展现的是一群动物正在悲痛地为躺在马车上的猎人送葬的场面。他突发奇想，想要创作一部音乐作品来表现这样一个他认为十分怪诞的场景。于是，他想到应该用一段人人皆知的熟悉旋律来进行改编，让人们能够产生一种似曾相识又似乎很陌生的奇妙感觉。最终，他采用了4种手段来改变原作品天真烂漫、活泼欢快的性质：① 将大调该成小调；② 主要使用大管、大号、大提琴等音区低沉且音色厚重的乐器；③ 使用了极其缓慢的速度；④ 将小号的号管用专门的橡皮塞子塞住，以便能够吹出一种"公鸭嗓"般刺耳的音色，并为这种"阻塞音"音色小号专门写了另外一段速度快一倍且在高音区位置的旋律，重叠在那个悲痛的葬礼主旋律上。这才最终成就了我们今天能够听到的马勒版《两只老虎》。

从上面的实例中我们也不难看出：虽然作品的旋律模式（上行、下行、级进、跳进等）也是情绪表达和形象描述的要素之一，但速度、力度、音区、调式、调性、音色、和声等要素以及这些要素的整合细节，比起单独的曲调样式更能够影响作品最终的形象描述和情绪表达。

下面大家可以亲自尝试做一做这个创意活动——"换衣游戏"：

闪烁的小星星

一闪一闪亮晶晶，满天都是小星星。
挂在天上放光明，好像许多小眼睛。
一闪一闪亮晶晶，满天都是小星星。

这是大家都非常熟悉的一首法国童谣，现在请尝试使用以下耳熟能详的中国民歌曲调并参照这些民歌原有歌词的情绪来演唱一下，看看你能够获得哪些新体验：

（1）《夫妻双双把家还》。
（2）《小白菜》。
（3）《咱们的领袖毛泽东》。
（4）《小河淌水》。

下面我们再换一种玩法，请把以下的大调歌曲换成小调并用慢速度重新演唱：

（1）《两只老虎》（将"do re mi do"换成"la si do la"）。
（2）《闪烁的小星星》（将"do do so so la la so"换成"la la mi mi fa fa mi"）。
（3）《铃儿响叮当》（将"mi mi mi, mi mi mi, mi so do re mi"换成"do do do, do do do, do mi la si do"）。
（4）《生日快乐歌》（将"so so la so do si"换成"mi mi fa mi la so"）。

实际上，许多著名的专业作曲家的知名作品也都是在民间音乐的曲调或别人创作的著名曲调的基础上创作出来的，如钢琴协奏曲《黄河》、小提琴协奏曲《梁祝》等。

最后，我们再来看舞蹈方面的实例。中央电视台《向经典致敬》栏目，在介绍著名舞蹈家贾作光先生对中国蒙古族舞蹈发展的贡献时，特别提供了这样一个重要的信息：我们现在所看到的许多蒙古族舞蹈的经典动作，其实并非原始的样式。其中大量动作都是由贾作光先生在蒙古族劳动人民的原始自娱动作，甚至是宗教祭祀动作的基础上改造发展出来的，之后先进入专业的舞台舞蹈表演和舞蹈教学领域，然后再通过这些专业表演和专业教学活动返回到民间，继而改造了原始的民间舞蹈动作。

综上所述，既然没有"为尊重原作者而不能修改原作品"之说，也没有"作品性质无法改变"之说，且"高雅"或"低俗"的表演完全取决于实际的表演操作，那么，只要我们一线教师自己把握住"积极健康"这一审美底线，也就没有任何问题了。

另外，还需再给大家一个善意的提醒：既然独立思维、创意思维、批判质疑思维及共同建构思维已经成为当今我国教育界乃至整个社会的共识，那么作为业务管理、业务指导、业务培训的专业人员，就应该更加关注学术疑问。如果碰到学术疑问就应该和一线教师一起研讨和学习，共同建构、共同提高。

二、观察模仿学习与探究创造学习的关系应该是怎样的

问题：自20世纪80年代以来，整个教育界在反思：为什么我们培养出来的许多学生比较缺乏独立思考、质疑批判及探究创造的能力？

> **提示**：这里要特别强调，不是所有学生都缺乏这些能力，因为在上下几千年间，中国曾经出现过无数对国家及对世界文化发展产生重大贡献的人才。

研究发现：我国的学校教育过度强调"教师示范、讲解，学生观察、模仿"的教学方式，这使得学生没有机会在教师的指导下锻炼独立思考、质疑批判的能力，也没有机会锻炼应用及创造性应用自己已经习得的知识与技能的能力。因此，这需要对学校教育中的课程内容、课程组织方式及教学法体系进行改革，而且这一切的改革还必须与教师的儿童观、教育观、知识观、教学观的改造同时并进。

基于以上发现，后来的改革意向、动向本身应该是没有问题的，但由于我们在理论和实践上一直没有认真澄清"观察模仿和探究创造"两种学习之间的复杂互动关系，因此，许多教育工作者对"观察模仿学习"产生了很大的误解，最终导致我们的教学工作陷入了另外一种误区，即过度否定观察模仿学习，否定一切观察模仿学习。甚至还有人不负责任地提出：观察模仿学习是扼杀学生创造意识和能力的罪魁祸首。

从20世纪80年代末期到现在的30多年间，最初是幼儿园老师被人反复批评说："你怎么又教了？！"然后，慢慢就演变成这些被"简单改造过"的幼儿园老师也去批评别人："你怎么还在教呀？！"这种简单的"改革实践"所带来的直接后果是：幼儿园老师的学科能力发展水平大幅度下降——不但国家大纲中规定应掌握的粗浅知识、技能被全盘抛弃，而且学科内的探究创造能力也没有完全有效地发展起来。

更严重的结果是：在这段时期成长起来的大批幼儿已经成人，其中一些人开始进入幼儿园教师的工作岗位。在他们学习的期间，幼儿师范专业的课程和教学同样受到这种"简单改革"实践的影响，国家大纲中原先规定幼儿必须掌握的粗浅知识、技能，如今许多在职教师也完全没有掌握。一个具体的例子是："随乐行进、随乐拍手、随乐边行进边拍手"这三种最粗浅的音乐舞蹈技能，原先是3—4岁幼儿应该掌握的基本技能，而我们通过观察近七年参与国家培训工作时所接触的上万名一线教师发现：除了少数真正的骨干教师以外，有相当一部分的教师也只能在反复提醒下才可以勉强合乐行走和拍手，也有相当一部分教师根本无法完成这种合乐运动。与此同时，我们从在全国各地因师资培训需要而大量借班上课的实践中发现：不仅是三、四线城市或农村乡镇幼儿园、私立幼儿园的幼儿无法做到以上所说的三种最粗浅的音乐舞蹈技能，就连一、二线城市的公立幼儿园及一些收费非常昂贵的私立幼儿园的幼儿也无法做到。

辨析：儿童心理学告诉我们，观察模仿学习是一切学习的基础。观察模仿学习是儿童的天性。

有效的"观察模仿学习"有三大主要价值：一是提升对观察模仿错误的警惕性和责任感；二是提升观察模仿的速度和准确性；三是不断积累与探究学习有关的各种有益经验、与创造学习有关的各种语汇及思路。

学习心理学告诉我们：不断通向深度掌握知识的路径是"观察模仿—了解理解—直接应用/迁移应用/创造性应用—综合分析/提炼为理性认识"（由美国著名心理学家布鲁姆提出）。

音乐教学心理学告诉我们：遵循音乐学习心理规律的教学流程是"模仿—理解—应用/创造—分析"（由德国作曲家、音乐教育家奥尔夫提出）。请看一看下面这张图，以使我们更容易了解和理解这两个观点的共同性。

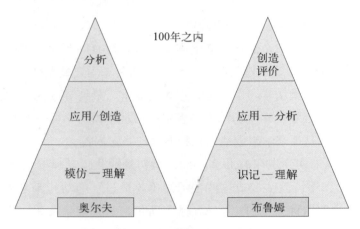

奥尔夫与布鲁姆的观点对比图

前文已介绍，其实早在2 000多年前，孔子就已经表达过类似的观点："举一隅不以三隅反，则不复也。"

这句话的意思是：如果学生不能够将老师的范例类推到类似的事物上，说明学生没有能够理解，老师就不能够再往下教了。

> **注意**：现代的理解可以是指学生还没准备好，即教师所教授的内容尚不在学生的"最近发展区"；或者还可以理解为，教师的举例解释不够充分，导致学生不能够理解掌握。因此，教师也就不应该继续教授后面更复杂的、需要前面的知识作为基础的内容。

下面我们再来看一个经典的奥尔夫音乐教学的教师培训案例。

意大利传统的儿童拍手游戏及儿歌：《巧克啦哒》（巧克力的意思）。

巧克　巧克　啦啦

巧克　巧克　哒哒

巧克啦　巧克哒

巧克　啦　哒

根据美国著名的奥尔夫体系老师古德金先生的教学流程，可将活动过程改编如下：

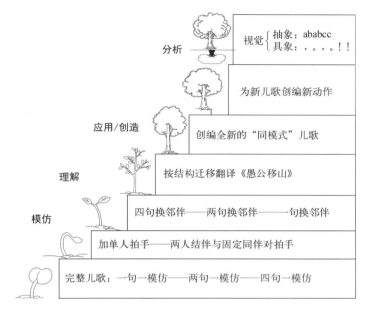

改编后的教学流程图

教师引导幼儿翻译出来的儿歌，如《愚公移山》：

愚公　愚公　移移

愚公　愚公　山山

愚公移　　愚公山

愚公　移　　山

学员结伴创编出来的儿歌，如《健康快乐》：

健康　健康　快快

健康　健康　乐乐

健康快　　健康乐

健康　快　　乐

具象分析的符号结构：

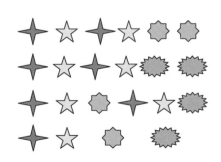

具象分析的符号结构图

抽象分析的符号结构：

$$ab\ ab\ cc$$
$$ab\ ab\ dd$$
$$abc\ abd$$
$$ab\ c\ d$$

下面我们再来看一首儿歌：

土豆　土豆　丝丝
土豆　土豆　皮皮
土豆丝　　土豆皮
土豆　　丝　　皮

这首儿歌在我国流行了至少已有30多年，而且一直被作为我国奥尔夫教学法体系中教师常年使用的经典奥尔夫作品。读者是否可以马上辨认出来，它和我们前面所举的例子《巧克啦呔》的结构是完全相同的呢？

让人觉得奇怪的事情是：几乎所有的中国奥尔夫体系老师在教完这首儿歌后也就结束了，最多会玩一下从普通话变成方言，或者改变一下节奏的游戏。然而，却没有人将前述古德金老师的教学流程"进行到底"。这也正像我国的许多父母和教师，只管叫孩子背诵古诗，孩子背完也就结束了，没有多少父母和教师会继续鼓励孩子根据自己的经验去写出类似格式的诗歌。所以，问题的关键根本不在于"观察模仿"，而在于我们"断裂"了从"观察模仿"到"探究创造"之间"经验迁移的桥梁"。

接下来，我们再来看看我国台湾学者周淑惠在她的专著《幼儿数学新论：教材教法》中一张专门用来说明模式概念教学的释义图：

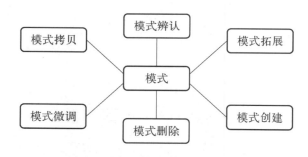

模式概念教学的释义图

这是一张用来说明模式教学渐进流程的释义图：模式辨认—模式拷贝—模式微调—模式删除—模式创建—模式拓展，是教学必须遵循的一种循序渐进的流程。

正如幼儿数学活动"穿串珠"：上小班的时候，最低水平的幼儿最初大约仅能顾得上将串绳穿过珠子的孔洞；慢慢发现同色或同形的珠子穿在一起会更有意思；有一天他发现邻座的幼儿使用了同形双色——间隔的排列方法，于是就模仿邻座幼儿的穿法；随后他自己发觉还可以有两两间隔或者三色——间隔等排列方法，于是他开始反复探索各种间隔方式。终于有一天，教师提出任务，要求幼儿在"三八妇女节"那天的家长开放日活动中，先为自己的妈妈串一串漂亮的项链，然后再为妈妈画一幅肖像，并把自己串的那串项链画进肖像送给妈妈。这时候，大班下学期的幼儿已经积累了大量不同的模式思路，即便不再刻意模仿或参照任何模式，也完全可以创造出属于自己的新样式了。虽然这是一个数学和美术相结合的例子，但所有的创造行为都是一样的：是一步一步从模仿走过来的。

所以我们可以说：对于模仿和创新的关系，现代国外的心理学家、教育学家，以及中国从古到今的哲学家、文学家、政治家、军事家，从理论到实践上都一致认为："模仿和创新"之间，不但不是"对立"的关系，而且还必然是"相辅相成、相互促进"的关系。因此，教育改革的关键不在于教或者不教，而在于教什么和怎样教。用一句古话概括这个关键的核心就是：学以致用！

第二节　即兴的源头

"即兴"这个词应该是艺术创作当中最有魅惑力的词了。它在百度中的释义为：在事先毫无准备的情况下，仅就当时的感受所进行的艺术创作的行为。在这里可以进一步理解为：即兴的艺术表达是没有事先设计、记录或排练等准备过程的，但表现出来的艺术成品却是完整和流畅的。

拥有丰富相关经验的人都应该知道：无论是在比较传统的奥尔夫音乐教育体系、达尔克罗兹体态律动体系中，还是在比较现代的起源于巴西的战舞，起源于美国黑人社群的街舞、饶舌说唱、爵士乐中；无论是在中国民间的传统武术、奏乐（如江南丝竹、广东音乐、河南吹打、湖南土家族打溜子等）、舞蹈、歌唱等自娱活动中，还是在西方传统的宫廷、学院、剧场歌舞乐的华彩展演中，乃至在起源于西方的现代歌舞乐表演（如独舞、斗舞等炫技、竞技活动）中，即兴一直都被公认为是一种最高水平的创作表演境界。

为了更好地理解"即兴"的价值及其在奥尔夫音乐教育体系中的重要作用，我们需要再次盘点一下人类"即兴"行为的源头和机制。

1894年，德国艺术史学家格罗塞出版了对后世影响很大的艺术史专著《艺术的起源》。该书力图通过大量原生态社会艺术生活的亲身调研材料，揭示原始艺术发生和变迁的原因，探索社会发展与艺术起源、艺术发展之间的内在联系。在此书中，我们看到：在人类文化发展的早期阶段，社群生活在互相隔绝的封闭空间中。在缺乏新鲜刺激的条件下，社群集体所能积累和传承的作品十分有限，那些有特殊才能的个体即兴产出的"新作品"，只有被社群认可且重复、稳定下来之后，才能最终被收纳到公共的积累当中。但由于创新者鲜有出现，因此，创新作品也鲜有产生，这使得文化艺术的作品、语汇和思路发展得相当缓慢。

随着人类社会的逐步发展，人类社群的迁徙、交流、融合，文化艺术的作品、语汇和思路相互碰撞的机会越来越多，这使得：新作品、新语汇和新思路产生的速度也随之越来越快；社群中创新者产生的速度也越来越快；社群对作品、语汇和思路创新的认可和接纳的速度也越来越快。这应该是人类文化艺术发展的一个总的规律。

实际上，自20世纪90年代开始，我们的团队利用各种可能的机会搜集文献资料、前往国内各地采风、拜访各类相关人士，已获得了大量佐证上述观点的证据。随着网络资讯手段的日益便利，更使我们充分认识到，一个能够即兴进行艺术表达的创作者一定会具备以下基本的态度和能力条件：第一，拥有大量作品、语汇和思路的积累；第二，前述积累不仅仅是知识性（知道）的，更是掌握性（做到）的；第三，有大量实践经验，能够将已经掌握的作品、语汇和思路随意拆分组合；第四，对这种"即兴"创新拥有追求、享受的心态和充分的自信。

当然，我们现在真正关心的是，在现代艺术教育教学的体系中，怎样让每一个学生都或多或少能够拥有这样一种"即兴"进行艺术表达的基本素养呢？下面我们来看看各种现实中仍然可以见到的范例：

一、国外现代音乐舞蹈教育体系之源头

（一）奥尔夫教学法——竖笛

（1）在新手入门时，教师先教吹响竖笛的方法，然后教吹一个乐音的指法。

（2）当学习者可以吹响这个乐音后，再开始交替进行长音和短音的即兴演奏。

（3）学习者学习第二个乐音的指法，然后开始交替进行音的高、低及长、短的即兴演奏。

（4）在学习了更多的乐音指法后，某学习者使用柯达伊指挥手势即兴指示（指挥）音的长、短及高、低，其他学习者跟随其指示进行即兴演奏。在这期间，团队成员必定轮流担任指挥者和吹奏者。

（5）当学习者学会了"节奏型"和"音型"等概念和技法后，便可以开始尝试即兴伴奏了……

（二）达尔克罗兹——体态律动

（1）新手入门时，教师先教坐姿状态：一拍一次地做上肢固定动作，然后依次变为两拍一次、四拍一次或半拍一次（每种节拍的动作各不相同，但都固定对应）。

（2）学习者根据教师的即兴动作指示（指挥）变换即兴反应。

（3）学习者在教师的指导下将对拍子的"变换反应"迁移到下肢动作，然后跟随教师进行即兴反应。

（4）学习者根据音乐性质的变化加入以同伴合作的方式进行的即兴相互模仿。

（5）学习者根据音乐性质的变化加入以同伴合作的方式进行的即兴相互配合。

（三）柯达伊——歌唱

（1）入门者先复习歌曲《闪烁的小星星》，然后学习演唱两声部卡农、四声部卡农。

> 提示：即兴和声的合唱要求学习者已经具有相当的音乐基础。

（2）教师讲解大调主和弦，学习者分声部练唱大调主和弦。

（3）学习者跟随教师指挥，在钢琴伴奏和教师演唱歌曲的同时用大调主和弦为主旋律伴唱（每两小节重新开始一次→每一小节重新开始一次）。

（4）学习者各人自选主和弦中任意一个音开始，每一小节重新开始一次，可以更换音高或不更换，为主旋律伴唱。

（5）教师依次逐步导入大调属和弦，然后再导入下属和弦……

（四）巴西战舞——刀术

（1）学习者每人两根木棍（直径大约为1.5厘米，长度为60厘米，一手一根），跪姿，空三拍，第四拍双棍同时敲击地面。

> 提示：已经具备最初步移动以及即兴结伴攻防基础的学习者。

（2）学习者姿势同上，空三拍，第四拍两根木棍互击。

（3）学习者两人结伴，立姿，空三拍，第四拍先练习右手持棍互击，然后练习左手持棍互击，之后慢慢过渡到根据同伴的"起势"即兴换手互击。

（4）学习者加入下肢移动动作，空间位置不固定，同伴固定。

（5）学习者加入下肢移动动作，空间位置和同伴都不固定。学习者逐步加入更多技巧，直至进入非常高级的阶段才从木棍过渡到木刀再过渡到钢刀。

（五）美国中学——铜管乐入门

> 提示：美国普通中学选修课，入门课，无须具备基础。

（1）每个学习者先学习吹响铜管，再学习吹奏一个乐音。

（2）学习者练习用这一个已学会的乐音即兴吹奏出不同拍子的长音、短音。

（3）全体学习者跟随教师播放的铜管乐乐曲，按照教师的要求（给出的节奏乐谱）吹奏那个自己已经学会的乐音。

（4）学习者逐步加入更多的乐音……

（六）街舞——入门

（1）最基本的上肢动作，卡准节奏。

（2）最基本的下肢动作，卡准节奏。

（3）最基本的上、下肢动作，卡准节奏。

（4）学习者不断练习，以能跟随不同的音乐卡准节奏（主要在老师的指导下学习）。

（5）学习者大量积累已编排好的成熟作品；初步尝试跟随自己所熟悉的不同音乐即兴做动作。

（6）学习者不断积累更多的动作语汇之间、动作组合之间相互连接、转换的技巧；慢慢尝试跟随不太熟悉的音乐即兴做动作（慢慢转为向"高手"借鉴或与高手一起探讨研究）。

从上面这些来源不同的范例中我们不难看出：在相对更加成熟的教学体系中，即使是新手，也可以依靠科学的课程梯级和教学支持策略，在刚刚入门不久的阶段就开始"即兴"。

二、中国民间歌舞传统之源头

（一）历史悠久的民间歌舞竞赛

我国各民族生活的不同地区都曾经长期存在自发的社区歌舞竞赛活动。这种从自娱活动中逐渐衍生出来的"竞技""炫技"活动，除了让人们觉悟到表演技巧上自我挑战的可能以外，还有更重要的价值取向，即挑战人的"即兴创造"能力。因此，凡是能够不断创造出新歌词、新曲调、新舞蹈动作和新乐器演奏方式的人，都会被人们尊称为"神""仙"或者"王"。事实上，虽然这些民间"高手"会告诉你："我能够三天三夜不重样地唱或跳。"但实际上，在大部分情况下，这只是他们即兴"微调或重组"各种不同的原有积累素材而已。例如：同一首歌词可以被填入不同的曲调来演唱，同一首曲调可以用来演唱不同的歌词；可以变换同一个舞蹈动作的速度、力度、幅度，可以不断变换同一种舞蹈中各单个动作的排列顺序和组合方式等。当然，有时候也会出现重大的突破性创新，只不过这种情况不会经常发生。

还有一种会产生新突破的情况就是，不同文化的歌、舞、乐之间因为"交流"而产生出的"新物种"。这些包含了新语汇与新思路的新作品，一旦被生产出来，且在被多数社群成员所认可时，就会得到效仿和传播。它可能先会成为一种新的娱乐"消费品"，还可能成为传承学习的"教材"，也可能成为未来创新的语汇和思路来源的"库存"，进而积淀为"新传统"。

（二）侗族、苗族多声部即兴歌唱

人类原生态的歌唱传承活动，通常在婴幼儿时期就开始了。母亲们在歌唱的时候就怀抱着她们的孩子，这些孩子们一直是在成人的歌声中长大的。

多声部的主旋律、柱式和声声部、复调和声声部，实际上是相对固定（从小学会的东西）的。歌词虽然即兴的成分会多一些，但内容既然来自生活，便是应景而歌——情境相同，歌词便相同。即使有变化也是大同小异，特别是歌曲中的一些助推情绪的衬词，往往是一成不变的。

> 提示：因为是合唱，所以即便主唱的独唱部分是即兴的，衬词变化也需提前协定。

（三）纳西族跳月、藏族锅庄

在我国中南、西南地区，大部分少数民族的原生态广场舞蹈，都属于"领袖模仿"性质的圆圈舞蹈或链状舞蹈。该舞蹈中，绝大部分的基本动作都是社群成员自小在社区旁观成人舞蹈活动的经历中自然习得的。其中，担任领袖的人即兴决定做什么动作或何时更换动作。有时候也会由奏乐的人来即兴决定节奏的风格，领袖再据此决定做哪些动作。该类舞蹈比较重要的特点是：所有人需要随时注意和领袖及其他社群成员保持一致。

（四）维吾尔族麦西来甫和纳孜尔库姆

新疆地区大部分的民间庭院舞蹈、广场舞蹈，都属于自由结伴的"邀请对舞"。该类舞蹈中，绝大部分的基本动作也同样是社群成员自小从社区成人舞蹈活动的旁观中自然习得的。任何人在舞蹈时做什么动作及何时变换动作，都可以自己根据音乐、舞伴、场地的具体情况即兴决定。即使是小孩子也可以自己决定何时加入舞蹈的人群及和谁一起对舞。该类舞蹈比较重要的特点是：舞伴之间需要随时相互关注、交流和配合。

> 提示：我国朝鲜族也有在家庭、社区进行自娱舞蹈的传统，同样是以舞蹈的即兴抒发和即兴交流为主的。

（五）江南丝竹与广东音乐

江南丝竹和广东音乐都是传统的汉民族器乐音乐，也都是我国的非物质文化遗产。其特点是三五好友或七八个志趣相投的人聚集在一起演奏丝竹乐器，以求共度愉悦的闲暇时光。它们虽然流行于江南和广东的不同地区，但都拥有各自的传承积淀下来的传统乐曲。而且在演奏时，每位演奏者总是可以任意地在主干旋律上即兴"加花"，以便能够与其他演奏者配合、交流，共同构成完美的整体音响效果。

（六）古代游戏与歌舞

中国古代许多的与休闲、宴饮相结合的体育或智力游戏，往往也都与即兴歌舞息息相关，如行酒令、投壶、射覆、藏钩、曲水流觞等。这些游戏往往都有这样的共同点：利用输赢或随机规则选定某个人，然后让这个人即兴吟诗（合乐而歌）、舞蹈或做某种即兴表演，以增加休闲娱乐的气氛。如果参与游戏活动的都是"高手"，便会即兴提出一些更"高级"的"即兴表演标准"，以提升游戏的即兴歌舞技巧水平。我本人在新疆支教时便曾与一名一岁幼童即兴共舞，并有意识地随她主导共舞动作，她总共只有前后交替伸缩和左右同时摆动两种手臂动作语汇，却和我即兴共舞大约半个小时。

> **注意**：从上面这些来源不同的范例中我们不难看出：在相对更加"原生态"的文化传承中，即便是幼小的儿童，也能依靠耳濡目染的文化"浸泡"，从刚刚入门不久的阶段就开始"即兴"了。而游戏高手们则会不断自我挑战即兴的原有水平。在当今交通便利、传播渠道发达的条件下，不同亚文化群体的相互交流越来越频繁。这种自我挑战和相互交流，在事实上推动了不同亚文化社群歌、舞、乐等不同种类的即兴表演创作水平和表现水平的飞速发展。

三、即兴表演技能获得的生理、心理学源头

歌、舞、乐的即兴创作技能，既包含了智慧技能，也更包含了身体运动技能。一般来说，智慧技能和身体运动技能，主要是由可操作的系列规则和高级规则构成的。

运动技能的高级程度，是由大脑、小脑和脊髓中枢分别控制的。它主要是通过发射生物电流来指挥骨骼、肌肉、韧带和软组织协同工作，一起完成主体发出的指令。指令从出发至到达间的通路越长，运动反应的速度越慢；反之，指令从出发至到达间的通路越短，运动反应的速度越快。一般可分为A通路（运动指令从大脑发出）、B通路（运动指令从小脑发出）、C通路（运动指令从脊髓中枢发出）。以上三种通路依次获得越来越高效的传递和反应。其中，大脑指令到达运动接收器的通路最长，中途受到的干扰最多，耗损的信息也最多，因此运动反应的效果也最差；脊髓中枢指令到达运动接收器的通路最短，中途受到的干扰最少，耗损的信息也最少，因此运动反应的效果也最好；小脑指令的反应相比前两者则居中。

一种运动技能的形成往往需要经过非常多的重复练习，而且经常需要克服"停滞不前"的"练习高原期"，这样才能够最终真正达到可以称之为"技能"的水平。在"技能"

水平层次上的运动反应，每个局部反应的精确性越高，整体完成的流畅性就越高，抗干扰性也越高。这就是脊髓中枢发出指令的C通路技能水平。新技能学习初期，基本上都是从A通路开始的，除了大脑需要使用各种辨别与记忆的"精加工策略"来保障动作认知的精确性以外，还需要小脑及脊髓中枢协同指挥相应的各个接收器协同工作。但由于此时绝大多数的神经联结都还没有形成，所以运动的状态一定是生涩、阻滞、笨拙和不协调的。然而，当动作技能初步形成后，一般都会进入长时记忆，储存在小脑和脊髓中枢中，所以与其他记忆相比，运动技能一般不容易被忘记。辨别与记忆的"精加工策略"本身亦有水平的高低，理性和感性高度统一的专家型学习者或领域熟手，其储存和提取信息的效率比一般人或新手高，这是因为他们所储存的信息的内在系统性水平比一般人更高。因此，他们进行触类旁通、融会贯通的"精加工"活动的能力就会比一般人更强。任何新的信息只要进入他们的记忆网络，触碰到任何一个结点，就能够迅速激活整个庞大复杂网络系统中的更多相关信息。而一般人或领域新手，除了记忆网络（库存）不够丰厚、不够有序之外，各信息之间相互联系的结点也相对比较缺乏。因而，当新信息进入一般人或领域新手的网络系统后能够激活的相关信息也相对有限。

因此，任何高水平即兴的创作表演行为，都需要具备以下条件：

（1）大量的库存。如：一个八拍，每拍做一个动作的舞蹈动作组合。

① 若舞者仅拥有1个动作语汇，便只有1种可能的组合样式。

② 若舞者拥有2个动作语汇，便可拥有256种可能的组合样式。

③ 若舞者拥有8个动作语汇，便可拥有16 777 216种可能的组合样式。

④ 若舞者拥有10个动作语汇，便可拥有1亿种可能的组合样式。

注意：由此可见，大量积累对自由、丰富、千变万化的随机表现的重要性。

（2）"精加工"策略——将信息进行意义化、系统化的整理加工。

（3）经常对库存信息进行提取和应用，并不断总结、提炼、应用"有效提取库存"的策略，以提升信息提取的速度。

（4）经常在库存信息之间进行新的联结，不断增加新的信息的联结点，以提升信息提取的质量。

专题分析：即兴与学以致用

一、即兴

无论唱歌、跳舞或奏乐，在较高境界水平上的即兴反应首先都是身体和心理的统一整体反应。有理论称之为：外部技巧（身体技巧）和内部技巧（心理技巧——想象、联想、情绪情感的通感转换技巧）的高度和谐统一。

不仅仅是任何单个身体部位的单个技巧的掌握，需要反复练习才能从A通路进入C通路，即"形成自动化"，而且需要更多身体部位、更多单个技巧参与的联合技巧，也都必须通过专门的反复练习才能至C通路水平，达到在即兴表现的时候可以自由提取、流畅使用的水平。

所以，尽管一个一岁的幼儿可以随乐进行一个或两三个动作的自由即兴转换，但这并不是高水平的即兴。真正被公认为较高水平的即兴，仍旧必须建立在大量积累的单个部位、单个技巧，以及单个技巧之间灵活联结、灵活转换的复合技巧的基础之上。可以说，任何"天才"都不可能避开"模仿积累和反复练习"。那些认为个体或群体（如非洲人或在其他原生态文化中成长起来的人）中的儿童"天生就是歌唱家、舞蹈家、艺术家"的说法，仅仅是一种"感慨性的说法"，而非科学性的描述。它不能作为教育教学设计的理论依据。

二、学以致用

奥尔夫教学体系所倡导的"模仿—理解—应用/创造—分析"的教学流程，实际上很好地遵循了科学心理学中"发现规律—利用规律—解决问题"的提升解决问题能力的教学规律，同时也较好地落实了我国传统教育长期以来一贯坚持的终极目标：学以致用。

我们学习奥尔夫教学体系的目的，绝不仅仅是通过模仿来"补充"一种外来的、我们所不具有的、新鲜的教学模式，而是应该伴随着认真观察、分析，进而达成"了解—理解—应用—创造性应用"的学习境界。天下大同，即天下的道理都是"万物归一"，是一样的。我们应该借用奥尔夫老师（本书主要是指美国著名奥尔夫老师、加拿大皇家音乐学院奥尔夫老师和奥地利莫扎特音乐学院奥尔夫学院的奥尔夫老师）教给我们的范例，分析清楚其中的道理（规则—效果—目标），按照孔子"举一反三"的教学目标，用我们自己的语言陈述出自己的例子，以表现出我们理解和应用的程度。这才是学习的根本所在。

接下来，在本书的第四、五、六章中，我们将从亲身接受过的来自奥地利莫扎特音乐学院奥尔夫学院的奥尔夫老师的范例和加拿大皇家音乐学院奥尔夫老师的范例（原始案例）中，提取出相关的案例进行陈述、分析，随后再链接上我们根据自己的分析、理解、实践应用及创造性转换所形成的案例（转换案例）。所有的原始案例和转换案例都将一以贯之地体现"模仿—理解—应用/创造—分析"的经典流程。

第三章
教学法

- 歌唱教学
- 律动教学
- 从模仿到创造
- 奥尔夫与中外著名音乐舞蹈教育体系
- 奏乐教学
- 教学法

第一节　表演与欣赏、游戏、创作一体化原则

30多年来，我国国内对奥尔夫音乐教育体系的普遍认识是：节奏语言、节奏动作、节奏乐器。因为，似乎这些形式特征是奥尔夫音乐教育体系所独有的。但我们经过多年不断的学习和实践，终于逐渐认识到：节奏语言、节奏动作、节奏乐器，仅仅只是奥尔夫音乐教育体系的外在特质。除此之外，奥尔夫音乐教育体系的第一层内在特质应该是：歌、舞、乐表演与欣赏、游戏、创作一体化。

在我国，直到20世纪80年代，幼儿园音乐教学大纲和幼儿园音乐教学法等重要文献还是将幼儿园的音乐教学内容分成唱歌、跳舞、奏乐、欣赏和音乐游戏五大类。实际上，国际上早就对此有了不同的讨论，并且有些问题也早已形成共识并重新定义了。

一、对于音乐欣赏的讨论

大约在1900年，也就是120多年之前，对于音乐欣赏的讨论最先应该是从瑞典皇家音乐学院理论作曲教授达尔克罗兹先生发起的一场音乐教学改革尝试开始的。也就是说，达尔克罗兹先生首创了"体态律动学"的理论与实践体系，他要求即便是音乐学院专业学习理论作曲的学生，也必须从跟随音乐的身体律动开始入门。

目前我们能够看到的音乐教育心理学的最早文献是美国音乐教育心理学家詹姆士·L.穆塞尔先生在1931年出版的《中小学音乐课教学法》一书。詹姆士·L.穆塞尔先生在此书中明确指出："没有大肌肉参与的音乐教学至少也是不完善的音乐教学。"

瑞士著名心理学家皮亚杰先生也反复强调："思维是从动作开始的，切断了动作和思维之间的联系，思维就得不到发展。"有许多错误的观点认为：在音乐活动领域里只有感知和表达。实际上，如果没有思维作为输入和输出的中介，人对音乐是完全不可能有所谓的认知和表达的。

另外，德国奥尔夫先生早在他1932年撰写的一篇文章中就曾经严肃地指出："非专业音乐教育的问题很多，也受到广泛的讨论，其实人们早已充分认识到，片面的、被动的音乐聆听和缺乏主动实际参与的教学会有损非专业人士的音乐经验。许多人的意见是，过多的被动聆听不仅会导致其亲身参与的失衡，还会养成消极被动、只听不做、空谈快

意的怪癖态度。"

我们还可以再来看看下面这张"世界著名音乐教育大师对动作参与的一致态度"清单：

世界著名音乐教育大师对动作参与的一致态度

- 达尔克罗兹（观点发表于1900年）　　　　　音乐学院学生
- 詹姆士·L.穆塞尔（观点发表于1921年）　　普通学校学生
- 柯达伊（生卒时间：1882—1967）　　　　　普通学校学生
- 奥尔夫（观点发表于1932年）　　　　　　　非专业学音乐的儿童
- 铃木镇一（生卒时间：1898—1998）　　　　非专业学音乐的儿童

从清单中我们不难看出，所有近现代的国际音乐教育大师无一例外地强调：必须要使用实际操作的方法，也就是用唱歌、跳舞、奏乐的方法来学习音乐。

当下许多幼儿园教师仍旧在一边践行从前规定的"先单纯地用耳朵安静地倾听音乐，然后再单纯地用语言谈论音乐"的"音乐欣赏教学"，一边又在困惑："似乎这不是孩子们喜欢的有效教学方式。"在此，我们需要郑重地提醒大家：这样自相矛盾的事情绝对不能够再继续下去了！正因为如此，这种"音乐欣赏教学"的内容就不应该继续被保留在幼儿园的音乐课程中。

早在20世纪80年代之前，美国夏威夷大学音乐教育教授格林博格先生就曾说过："所有的音乐教学在原则上都应该先是音乐欣赏教学，如果音乐教学不能够建立在让学生喜爱音乐、享受音乐、被音乐所感动的基础上，这种音乐教学就不能被称为好的音乐教学。"

因此，"欣赏"应该是"被吸引、被感动地持续自愿沉浸于欣喜玩赏的实际操作性活动中的状态"。这是本书教学法中的第一个教学原则。

二、对于音乐游戏的讨论

尽管前文已对相关问题讨论很多，但为了让读者能更清晰、深刻地理解音乐游戏，这里还是有必要再仔细地梳理一下。

首先，我们现在所谈论的是两种游戏，即"主体体验游戏"和"社会标签游戏"。"主体体验游戏"是指：玩游戏的人说"真好玩，我还要继续玩"的主体认可游戏。"社会标签游戏"是指：当这些具体的游戏被选择出来改进教科书时，就表示它们被贴上了一个社会认可的标签。在一定意义上，这类游戏是想告诉大家：它们是被特别称为"音乐游戏"的作品，与其他的唱歌、跳舞、奏乐作品是不一样的。

其次，我们先来看一下这些具体的"音乐游戏"作品，再对照下面的"全世界原生态规则游戏的基本类型"清单便可知道，几乎所有的"音乐游戏"都是在唱歌、跳舞、奏乐活动中加入清单上的某种游戏规则的。

全世界原生态规则游戏的基本类型

（体能—智能；模仿—创新；竞争—合作）
- 情境表演游戏（含局部运动的表演，如手指游戏）
- 领袖模仿游戏（镜像、跟随、后象〈递增再现〉）
- 输赢竞争游戏（追捉、争物/友、占位、比大、对攻）
- 控制游戏（造型、默唱、休止）
- 传递游戏（传物、传话、传位）
- 身体接触游戏（拍花掌）
- 队形变换游戏（换位、穿插、跳转）
- 猜谜游戏（猜谜对歌、猜领袖、猜音源、猜缺失物/人）
- 玩影子、玩东西游戏（乐器、道具……）

下面，我们将具体通过一些案例来澄清游戏作品和游戏化教学活动之间的区别：

案例 3-1

丢 手 绢

这是一个经典的传统音乐游戏作品，认真分析其结构我们会发现，其中包含歌曲作品、律动作品和一个带有竞争性规则的体育游戏——"同方向追逐跑"。在传统的儿童自然游戏情境中，年长儿童通常会在社区空地自然玩耍，而年幼儿童则通过一段时间的自然观察，慢慢了解、理解、熟悉游戏中的歌曲、律动和体育游戏规则，然后再经过年长儿童的邀请或同意，逐渐融入游戏群体的实践活动中……就这样如此循环往复，一代又一代的儿童将此游戏作品在"儿童社会"中传承下来。

当该活动模式作为一个音乐游戏作品，被重新定性为教材并进入幼儿园课程的教学流程后，它的学习过程实际上已经不知不觉地发生了本质性的变化：教师先行教授歌曲，待歌曲学习完毕，再单独使用"边示范、边讲解、边练习"的教学方法来教幼儿学习游戏的玩法。

美国哈特福德大学音乐学院的著名早期儿童音乐教育家约翰·费尔拉班德教授提醒我们："我们应该返回儿童的游戏场，认真观察儿童们到底是怎样进行游戏化的音乐学习的。"

认真对比"丢手绢"在儿童的游戏场和幼儿园教学活动中的两种不同学习过程的表现样式，我们不难看出：前者，儿童是整个过程都在游戏；而后者，儿童是先经过严肃的学习之后才可以游戏。两种学习过程中的儿童的学习体验和游戏体验是完全不同的。

下面我们再来看一个相关的经过"游戏化转换"的音乐教学案例：

案例 3-2

大班律动游戏：逗牛

（音乐《牛仔很忙》，周杰伦作品）

游戏玩法：全体幼儿围成一个大圆圈玩"丢手绢"的游戏。和传统"丢手绢"游戏不同的仅仅是换了一段音乐，加了一些舞蹈化的情境表演动作和队形，又将"丢手绢"的人命名为"和小牛一起玩耍的牛仔"而已。

教学流程：

（1）幼儿先取坐姿学习律动。

> 注意1：尽管律动中没有体育游戏，但表现了具体游戏的故事情节，因此包含了有趣的情境表演游戏。
> 注意2：因为所替换的音乐作品本身规模大、复杂程度高，不同于短小简单的《丢手绢》音乐，因此需要单独学习律动和音乐。
> 注意3：刚开始学习时，需避免因剧烈移动而引发的幼儿兴趣扩散。
> 注意4：幼儿园班级规模一般会达到30多人，不宜集体同时运动。

（2）若幼儿事先玩过"丢手绢"游戏，可在同一次活动中解决律动和游戏的衔接问题，即完整游戏。若幼儿先前没有类似经验，也可以在下次活动中解决。

> 注意：如果将律动难度继续降低，也可以一次解决两个问题。

案例 3-3

大班律动游戏：大王教我来巡山

与以上两个案例的思路基本一致，仅仅是更换了一段音乐，另外加了一些情境表演动作和队形，最后将手绢改成"令牌"，由教师在音乐将结束时临时颁发给邻近的两名幼儿（需间隔2—3人）。音乐结束后，拿到小妖令牌的幼儿开始逆时针方向追逐拿到孙悟空令牌的幼儿。

> 注意：必须以逆时针方向，先发小妖令牌，再发孙悟空令牌。

案例 3-4

抢 椅 子

这种游戏的基本玩法是：椅子的总数是参与者的总数减一。音乐开始，大家离开椅子自由走动或围成圆圈走动；音乐结束，大家迅速坐回到椅子上，最终会有一人没有椅子，此人为输家。

> **案例 3-5**
>
> **大班律动游戏：疯狂动物城运动会**
>
> （音乐《库企企》，外国儿童律动曲）
>
> 游戏玩法：音乐分为三段。第一段音乐，大家围着摆成圆圈的椅子外围，逆时针方向模仿动物的姿态行进；第二段音乐，抢椅子坐下；第三段音乐，大家做加油动作，没有椅子者自己临时创编好一个新的动物模仿动作备用。第二遍音乐开始，刚才没有椅子的人作为领袖带领大家边做新的动物模仿动作边以逆时针方向前行。以此循环往复，直至音乐结束。（教法与流程同上，因篇幅有限，不再赘述）

这样，问题就变得比较简单了：既然所有的教学都需要被"游戏化"了，即游戏已经成为一种必需的教育教学手段，那么，将传统的"音乐游戏"单独作为幼儿园的音乐教学内容就没有必要了。

最后，我们再来小结一下：合理的幼儿园音乐教学课程内容现在应该只包含唱歌、跳舞、奏乐，而欣赏和游戏则是鼓励和吸引幼儿参与活动的必要手段。因为若没有优质的唱歌、跳舞、奏乐作品所引发的审美感动与审美诱惑，没有优质的游戏活动所产生挑战和激励，就不会有真正优质的音乐教学活动。因此，"游戏化"是本书教学法中的第二个教学原则。

三、对于音乐创作的讨论

首先，加拿大皇家音乐学院的奥尔夫老师在教学过程中反复强调：能否使用老师教过的语汇、技能、思路进行创编，是学生是否真正掌握，即"能够应用所学"的直接证据。"学以致用—继承发展"实际上是奥尔夫音乐教育体系第二层次的内在特质。

其次，我们当下需要达成的共识是：目前在我国中、小、幼等普通教育阶段，教授专业的创作技法并不是集体音乐教学主要的目的，"通过创造性的学习过程培养学生的创造意识、创造热情、创造能力及创造习惯"，才是奥尔夫音乐教育体系中强调的重中之重。同时，我们团队几十年来的实践也反复证明：创造性的学习活动本身就是激励儿童投入音乐舞蹈学习的重要手段之一。

因此，"创造性表达"是本书教学法中的第三个教学原则。

最后，仍旧需要再次强调我们的认识：节奏语言、节奏动作、节奏乐器，仅仅只是奥尔夫音乐教育体系的外在特质。除此之外，奥尔夫音乐教育体系的内在特质应该是：歌、舞、乐表演与欣赏、游戏、创作一体化！

第二节 小步距循序渐进原则

奥尔夫音乐教育体系的第三层次，也就是更深的内在层次，其特质就是"小步距循序渐进"。但遗憾的是，目前我国国内大多声称使用奥尔夫音乐教育体系的教师并没有深切地认识到这一原则的重要性，能够科学践行这一原则的教师就更少了。

"循序渐进"一词，在我国有据可查的文献中应是起源于春秋末期著名大思想家、大教育家孔子的《论语·宪问》——"不怨天，不尤人，下学而上达，知我者其天乎"。后被宋朝著名的理学家、思想家、哲学家、教育家朱熹注为："此但自言其反己自修，循序渐进耳。"

"循序渐进"作为一个观点（what），虽然千百年来早已成为我国教育界在学理层面共同信奉的最重要的工作原则之一，但是在实践层面却从未真正奉行。究其深层原因是：大多数学生、家长和教师实际上是真的不知道"为什么"（why）和"怎样做"（how）。

于是，中外的现代脑科学家、心理科学家、教育科学家、计算机科学家、游戏专家们，纷纷从自身领域入手进行了大量的实证研究和实践研究，以帮助学生、家长和教师来解决相关的具体问题。下面来看看相关的信息：

一、关于"为什么"（why）

（1）皮亚杰、维果斯基等儿童发展心理学家的"儿童发展阶段理论"及"最近发展区理论"告诉我们：只有当学习者发展到可以使用某种特定方式学习某种特定学习内容时，才能够取得最好的学习效果。

（2）近年来许多外国学者已经多次证实：学习者在经过努力获得学习成功后，大脑会发射某种特殊的"神经递质"，让学习者感受到欢欣鼓舞的情绪，以激励学习者继续努力追求新的学习目标。

（3）我国脑科学家胡海岚也发现这一现象的另一生物学机制：生物大脑皮层中的某一"神经环路"在获得胜利之后，此神经环路的"突触连接程度"会显著加强，进而影响后续表现。当科学家们在实验室中人为地加强小白鼠相关组织的连接程度时，发现它们会更加积极地进入战斗。更为神奇的是：在"逆袭"六次之后，即使没有人为的外部激活，本身较弱的小白鼠也可以战胜强大的对手，在战斗中取得胜利。这个现象揭示出：胜利的经历可以改变身体的"内在机制"，从而形成更有利于再次获得胜利的状态。胡海岚研究团队将之命名为"胜利者效应"。这一研究实际上也为"设立小步距——可实现目标"的循序渐进原则提供了来自"生理心理学"领域的坚实科学依据。

（4）美国心理学家马丁·塞利格曼的研究告诉我们：使用学习者不能适应的速率，让学习者学习他们不能掌握的内容，将严重伤害学习者的自信心，会让他们实际获得一种"习得性自我无效感"。这种后天因为屡屡失败而产生的负面自我评价，以及伴随而来的负面情绪，经过长期积累会使学习者养成退缩性的学习态度。

（5）前文提到的《游戏改变世界》一书中指出：游戏公司一般会用四招来让玩家入迷。这四招分别是：目标、规则、反馈系统、自愿参与。具体来说，如下所示：

① 其目标设置的特点是：挑战适宜、层层递进，让玩家能够坚持追求"经过努力能'够得着'的小目标"。

② 其规则设置的特点是：规则浅显易懂，让玩家自愿"坚决执行"。

③ 其反馈系统设置的特点是：结果立即且明确显示，让玩家易于发现和总结自己的成就和不足。

④ 其自愿参与系统设置的特点是：故事具有对特定人群的特殊诱惑力；画面精美绚丽；音乐（含音效）匹配恰当、精致且动人心魄。

由此我们不难了解：循序渐进的原则，竟然是游戏公司设计大师的第一"制胜法宝"。

（6）加拿大皇家音乐学院奥尔夫老师说："对于教学内容难度提升速率的不同选择，会导致完全不同的结果——不适宜的选择会得到一群'不快乐'的孩子；适宜的选择会得到一群'快乐'的孩子。我们想让学生成功、自信、高效，成为未来有意愿并有能力改变自己、改变世界的有'影响力'的人。"

二、关于"怎样做"（how）

（1）在认定"学习者的学习速率各不相同"的学习心理学研究结果的基础上，计算机教学科学家在许多年前就发明了"小步距前进"的计算机自学教学模型，以方便学习者根据自身的学习速率进行学习。

（2）"任务分析"作为系统教学设计的一项专门技术，其最初的基础是行为主义心理学。如著名行为主义心理学家桑代克在其主持编写的小学语文、数学教材中，将词语掌握学习和计算技能学习"分成许多小步子，尽量避免遗漏必要的步骤"。在那之后，许多心理学家投入大量精力进行了相关研究，直到20世纪末，相关理论和实践才以"任务分析"的名称固定下来。在广义的教学设计中，"任务分析"包括"目标分析"和目标的"下位子技能分析"。我们在这里特别介绍目标的"下位子技能分析"。

"下位子技能分析"实际上就是学习的"先决条件分析"。这样"下位子技能"便成为实现终点目标的"使能目标"。"下位子技能分析"的"倒推法"指出："使能目标退层分析"应从教学的阶段性终极目标开始，逐层下降，以确定最近的下一层"使能目标"，一直要分析到学生已有的"起点能力"为止。

下面，我们首先来看加拿大皇家音乐学院奥尔夫老师提供给受训学员的一个包含19个教学步骤的"奏乐教学方案"流程：

① 学生学唱歌曲。（经常采用：动作、回声、接龙等方式教唱）

②学生唱歌曲，教师唱"音型"。（有歌词）

③学生分两组分别唱歌曲和"音型"。

④两组学生之间相互交换声部。

⑤用行走或拍腿的方式表现"音型"。（为演奏做准备）

⑥学生模仿音条琴的演奏动作表现"音型"，教师唱歌曲。（进一步为演奏做准备）

⑦学生将"音型"真正转移到音条琴上演奏。

⑧学生分两组，分别唱歌曲和在音条琴上演奏"音型"。

⑨两组学生之间相互交换声部。

⑩学生唱歌，教师演唱色彩"补丁"声部的语言，并做声势动作。

⑪学生做色彩"补丁"声部的声势，教师唱"补丁"的旋律。

⑫学生将色彩"补丁"转移到乐器上演奏。

⑬学生尝试分成三个声部，分别表现歌曲、音型和"色彩补丁"。

⑭学生各组之间相互交换任务，轮流尝试各个不同声部。

⑮学生唱歌，教师加入补充性节奏部分（即无音高打击乐器声部节奏的词语或声势动作）。

⑯学生做补充性节奏部分（即无音高打击乐器的词语或声势动作），教师唱歌。

⑰学生分成四个声部，分别表现歌曲、音型、"色彩补丁"和无音高补充性节奏的词语或声势动作。

⑱学生将无音高补充节奏的词语或声势动作转换到乐器演奏。

⑲学生进行四个声部的尝试：歌曲、音型、"色彩补丁"和无音高乐器补充性节奏。各组之间相互交换任务，轮流尝试各个不同声部。

> 注意1："音型"即"固定旋律音型"，常见的国外文献中称之为"波尔动"。
> 注意2："色彩补丁"也是一种有音高的重复出现的旋律，通常短小，出现在主旋律比较疏松处，出现次数也较少，所以称"色彩补丁"。
> 注意3：补充性节奏，功能类似色彩性音型，是为丰富音型而添加的元素，但通常用无音高打击乐器来演奏。

从此例中我们可以体验到：奥尔夫体系的"教学法"在教学流程设计方面是相当细致严谨的，对学习者在学习中可能需要的指导也是相当细致入微的。

三、案例分析

下面再来看我们自己理解和应用的例子：本章第一节所举的案例，即新编"丢手绢"游戏——"大王叫我来巡山"。

如若该大班幼儿从未玩过此类游戏，那么可暂时先放下音乐、律动、队形、创编等学习目标，而单就最终的"情境化体育游戏"规则进行学习。这可能需要一一完成以下认知和技能的学习子目标：

（1）必须等音乐和动作全部结束以后，拿到"令牌"的两位幼儿才可以查看"令牌"里面的内容。

注意：幼儿通常很难控制住自己"不提前偷看"。

（2）查看"令牌"后，两位幼儿必须先弄清楚自己的角色：是"妖怪"还是"孙悟空"？

注意：许多幼儿往往会还没有看清楚自己是什么角色就开始乱跑。

（3）弄清楚自己的角色后，两位幼儿必须先向右转，再横跨一大步，离开大圆圈。

注意1：因为此时全体幼儿是处于面对圆心的空间状态，所以要在右转后才能将身体转向逆时针方向。
注意2：即使到了大班阶段，也往往会有许多幼儿弄不清楚"左、右"和"顺时针、逆时针"方向，特别是在比较兴奋的比赛活动中。

（4）妖怪开始从逆时针方向追逐孙悟空。（在前两次尝试游戏时，教师往往需要用身体直接控制住两位准备追跑的幼儿，喊过"预备——跑"后，再松开幼儿）

注意：没有玩过类似游戏的幼儿，或者是认知能力、自控能力发展迟缓的幼儿，不是会提前抢跑，就是不知道自己该不该跑，甚至不知道自己下面要干什么。

（5）如若孙悟空在跑完一圈回到自己原先的位置之前，仍然没有被妖怪抓住，则为胜利。随后孙悟空还要继续从自己的位置走进圆圈，对坐在圆圈中心的"唐僧"单膝下跪，抱拳行礼并说："师傅，俺老孙来救你啦！"（教师在开始追跑游戏前，就要单独让全体幼儿练习几次。在最初几次的游戏尝试中，教师还往往需要随时提醒能力不足的幼儿）

注意：即便是提前示范讲解练习过几次，在真实游戏时，仍旧会有幼儿忘记位置、姿势、话语等游戏规则的细节。

因此，在实际的幼儿园教学中，有经验的教师会非常从容、细致地使用"边讲解、边示范、边练习"的流程，并且随时根据幼儿的实际反应情况逐步减少控制和提醒，加快游戏进展的速度，最后再加入创造性表达的内容。

任务分析范例："大王叫我来巡山"游戏部分的使能目标阶梯

| 挑战 7 | 教师事先强调新的规则：① 仍然坚持妖怪追捉孙悟空的规则，但不再规定追、捉、跑的方向（孙悟空可能在妖怪左侧，也可能在右侧，由孙悟空自己判断：应该向顺或逆时针方向跑）。② 教师不再发出"跑"的指令，幼儿弄清楚角色和方向后便可以自己开始追、捉、跑。③ 鼓励孙悟空自创其他自己喜欢的各种相关动作和语言。（以下同前） |

| 挑战 6 | 教师发放"令牌"（教师站在圈内面对幼儿，左手孙悟空，右手妖怪），拿到"令牌"的两位幼儿自己打开令牌查看内容。教师事先提醒幼儿新的规则：不再发出"跑！"的指令，弄清楚角色便可以自己开始追、捉、跑。（以下同前） |

| 挑战 5 | 教师发放"令牌"（教师站在圈内面对幼儿，左手孙悟空，右手妖怪），拿到"令牌"的两位幼儿自己打开令牌查看内容。教师等待两位幼儿自己站到圈外面对逆时针方向，然后（省略了预令）直接发出指令："跑！"（以下同前） |

| 挑战 4 | 教师发放"令牌"（教师站在圈内面对幼儿，左手孙悟空，右手妖怪），拿到"令牌"的两位幼儿自己打开令牌查看内容（此时令牌已经改成对折状态，需打开才能看见内容）。教师等待两位幼儿自己站到圈外面对逆时针方向，必要时教师还要提醒幼儿。（以下同前） |

| 挑战 3 | 教师发放"令牌"（教师站在圈内面对幼儿，左手孙悟空，右手妖怪），拿到"令牌"的两位幼儿自己查看内容（省略了自己明确角色的环节）。教师提示并等待两位幼儿自己站到圈外面对逆时针方向，然后教师举起一手臂表示"预备"，随后发出指令："跑！"（以下同前） |

| 挑战 2 | 教师发放"令牌"（教师站在圈内面对幼儿，左手孙悟空，右手妖怪），拿到"令牌"的两位幼儿自己查看内容。教师提问：谁是孙悟空？请举手！谁是妖怪？请举手！（要求并等待相关幼儿举手）。教师提示并等待两位幼儿自己站到圈外面对逆时针方向，然后教师举起一手臂表示"预备"，随后发出指令："跑！"若孙悟空没有被捉住，则继续教授进圈、跪拜、台词。 |

| 挑战 1 | 教师直接指定两个角色的人选，提示并等待两位幼儿自己站到圈外面对逆时针方向，教师站在两人中间用双手示意"预备"，然后发出指令："跑！"同时教师让开，避免影响幼儿奔跑。（以下同前） |

| 基础级 | 教师直接指定妖怪和孙悟空人选（中间隔开2—3人）；明确妖怪追捉孙悟空的规则。两位尝试游戏的幼儿在听指令正确地向右转后，再听指令正确地向圆圈外横跨一大步。教师用双手控制住两位幼儿，同时发出指令："预备——跑！"教师松手，两人追跑（必要时，教师还需特别提醒孙悟空跑回自己原先所站的位置便要停下来）。若孙悟空没有被捉住，则继续教授进圈、跪拜、台词。 |

注意：请自下而上阅读。教师需带领全体幼儿一起练习跪拜和台词。

没有幼儿园教学经验的老师，可能会觉得这个流程太繁琐。但是，有经验的老师一定能够体会到，只有做好了这样详尽的任务分析准备，在真实的教学情境中才可能做到游刃有余。

因此，"小步距循序渐进"，应是本书教学法中的第四个教学原则。

第三节 "站上巨人肩膀"的原则

2016年暑假，我们在加拿大皇家音乐学院参加奥尔夫教学法体系培训班学习的时候，培训的老师告诉我们："作品把思想、情感、身体融为一个整体（可作为审美对象的范例）。故事、音乐、动作所包含的'模式'，给了学生一个'创作的框架'，即一个可进行'近迁移'改编的'底版'。在这个框架中，学生可以'在强有力的支持下'自由发挥。如若没有这个框架，学生就会很混乱，不能体会到作品的艺术之美。"

20世纪80年代以来，我本人曾多次在美国、奥地利和国内参加各种相关的学习，隐约感觉到老师总是"给了我们点什么"，让我们可以在那个基础上进行创造性的学习和表达。这一次，终于从奥尔夫老师那里得到了一个"清晰的理论阐述"。

我们顺着这个思路梳理古今中外各种艺术活动和艺术教育活动后发现：其实这种思路不仅仅是奥尔夫体系的，同时也是中国的和世界的。只要是广泛得到继承和传播的艺术传承体系，无一不是自然贯彻了"站上巨人肩膀"这一学习原则的。

从隋唐开始，我国古代的文化人就开始借用现成的民歌或其他"流行曲调"的形式框架进行诗歌创作。这种创作的手法愈演愈烈，到宋朝达到鼎盛，形成宋词创作的基本风气。民间歌曲的类似创作手法的起源暂时无从考证，但我们近年在民间采风时遇到的多位国家级或省级"非物质文化遗产传承人"都一致认为：依着现成的曲调，重新编填新的歌词，或者将现成的歌词填入不同的现成曲调，使之变成一首新的歌曲，是民间歌者经常使用的创新手段。

我们发现在现当代的文艺创作中，将现成的作品进行改编的方式有：为歌曲或器乐曲编填新的歌词；在歌曲中间插入节奏念白，或在单声部的歌曲中加入念或唱的其他声部，从而将其改编成多声部歌曲；将两首现成的歌曲直接相互叠加；将原歌曲的调性进行改变（大调变成小调，小调变成大调……）等，各种类似思路的技巧，可以说是层出不穷。

更有甚者，他们直接将歌剧《卡门》、芭蕾舞剧《天鹅湖》的整部音乐换上新的故事，将其改编成另外两部现代音乐剧；将20世纪70年代欧洲某著名乐队的若干首大受欢迎的流行歌曲加上一个故事而重组成一部新的更受欢迎的现代音乐剧《妈妈咪呀》；将法国作曲家奥芬·巴赫的《天堂与地狱》（序曲）加进了电影《河东狮吼》，最后又变成了我国国内流行一时的手机铃声；而充满了萌萌童趣的法国儿歌《约翰弟弟》在我国土地革命时期被改编成了铿锵有力的《国民革命歌》，在和平建设时期又变成了诙谐幽默的《两只老虎》，不知何时又被奥地利作曲家马勒换成小调，改编成了阴沉哀伤且充满不可思议的怪诞氛围的《猎人的送葬行列》……

另外，有许多20年前风靡我国的流行歌曲，也是从著名的器乐曲片段改编而来的。如：将莫扎特的《第40号交响乐第一乐章》改编为歌曲《不想长大》；将科特比的《波斯市场》改编为歌曲《波斯猫》；将埃尔加的《爱的礼赞》改编为歌曲《庆祝》；将帕格尼尼的《第24随想曲》改编为歌曲《灵魂的共鸣》……到了现今，一些流行于网络的游戏App，更是成为普通大众改编某一小作品（或局部）的"自我娱乐与自我实现"的平台。

由此可见，对于缺乏专业学习经验的普通大众，特别是对幼儿来说，在歌、舞、乐的创造性学习活动中，教师不仅需要给予语汇、思路，还需要给予一个可以依托的具有审美感染力、吸引力的作品，这样才可以让这些学习者热情地投入且安全地进行"继承和发展"。

因此，"站上巨人肩膀"，应是本书教学法中的第五个教学原则。

第四节 "学以致用"的原则

在皇家音乐学院奥尔夫教师培训课程中，"学以致用"（尽管是外国体系里的外国老师）同样是最为重要的教学原则，并且已经成为这些奥尔夫老师的行为习惯。在我们受训的15天中，无论是歌唱、律动、奏乐、创作还是教学法课，执教老师都会遵循以下五大工作流程：

（1）举例。（执教老师教，学员们做。对于所教的各种具体的知识技能，基本上也都是运用"模仿—理解—应用—创造性应用"四个小教学流程）

（2）分析。（执教老师不断重复讲解或者补充各种相关理论）

（3）引导应用。（执教老师在当天下课之前，一定会布置课后作业，并使用从大组示例到小组尝试及老师轮组辅导的组织方式进行。这种"模仿体验—尝试讨论—大组分享—总结反馈—引导提问—补充解惑"的流程，能让我们尽可能明确课后独立或结伴作业的具体要点，即我们当天应该掌握的学习内容）

（4）布置课后的独立或结伴作业。（学员们每天都会努力工作到后半夜）

（5）审阅作业和反馈补偿。（第二天，各执教老师几乎都要花费将近半天的时间来审阅我们的作业文本，或组织我们相互观摩从文本到实操的过程，然后再根据具体情况给予我们"掌握情况的反馈"，以帮助我们进一步理解那些尚未掌握的内容）

注意：甚至有一次，教学法老师还当众向我们全体学员致歉，因为她原先设计的内容难度过高，导致我们虽尽到了努力却没有在相应的时间内达到掌握的水准。

执教老师在我们15天的课程培训过程中反复重申："学员能否使用教师教授过的知识技能进行'创造性'的工作，是检查教师工作效率的重要指标。"

因此，"学以致用"，应是本书教学法中的第六个教学原则。

在本章结束的时刻，我们还要在此再次重申："欣赏""游戏化""创造性表达""小步距循序渐进""站上巨人肩膀""学以致用"这六个教学原则，既是奥尔夫音乐教育体系的教学原则，亦是全世界千百年来被事实证明的科学可靠的教学原则。

接下来，在本书后面的三个章节（第四章、第五章、第六章）中，我们将按照本章提供的六个教学原则，继续呈现奥尔夫老师的原始案例，以及我们团队根据这些原始案例的思路创造性发展出的新案例。

需要说明的是，我们之所以大量提供国外奥尔夫体系老师的原始案例以及我们团队的原创案例，是希望读者自己通过操作案例、研究案例，最终发现其"关键结构"（what）、"关键原理"（why）、"关键操作模式"（how）。

只有真正了解、理解、掌握了这些关键要素科学合理的组合过程，才能够真正实现我们所希望的学生发展状态的目标。

第四章
歌唱教学

- 歌唱教学
- 律动教学
- 从模仿到创造
- 奥尔夫与中外著名音乐舞蹈教育体系
- 奏乐教学
- 教学法

第一节　奥尔夫课程的基本内容及典型案例

一、歌唱的基本知识、技能学习

皇家音乐学院的初级奥尔夫培训课程，一般都是从最基础的知识与技能内容开始的。知识主要包括：声母和韵母、音高和唱名（含音符和五线谱知识）、柯达伊体系的表示音高的手势等。技能主要包括：发音位置、咬字吐字和气息控制三大部分。由于这些内容在国内师范院校的其他相关课程中都会包括，因此不再赘述。

需要特别指出的是：奥尔夫老师在面对我们这些成年教师受训者时，也必然会使用各种游戏的方式来传递学习内容，以便一以贯之地体现其"游戏化"教学的基本原则。如：让学员使使用模仿动物叫声的方式来感受发声的位置，练习腹式呼吸和气息控制；用吹气球或比赛"谁（吐气）能坚持到最后"等游戏来提升肺活量和气息控制能力等。奥尔夫老师还在各种相关活动中反复强调：我们要静心、从容、仔细地体验内心和随时关注同伴。这些同样也是孔子所强调的"从容淡定、进退有据"音乐教育的育人目标。

二、歌唱的指挥技能学习

指挥技能包含两个不同的内容。一是使用普通的表示拍子的手势，见下图：

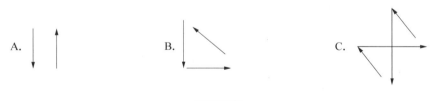

普通手势

二是使用来自柯达伊体系的表示音高的手势——柯尔文手势，见下图：

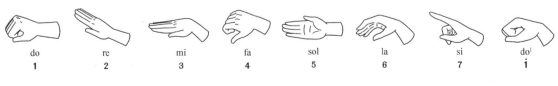

柯尔文手势

> **注意**：这个音高手势体系的原创者是牧师柯尔文，最初在柯达伊体系中使用，是奥尔夫体系从柯达伊体系中借用的。

作为教师培训的课程体系，或者作为小学高年级及中学的课程，在歌曲的学习、练习、表演的时候学习使用这两种手势，对学生掌握拍子、音高，甚至速度、力度的变化和情绪情感的表达，以及利用这两种手势帮助学生学习歌曲、乐曲的创作或即兴创作，都是非常好的辅助工具。但在幼儿园的集体教学活动中，并非必要。因为这毕竟是比较枯燥的，需要"死记硬背"、反复练习的技能，弄得不好反而会加重幼儿的学习负担，减少幼儿学习的乐趣。

三、歌唱与其他表演活动的结合

奥尔夫教学法中的一项重要的教学流程，就是"各种不同表达媒材之间的不断转换"。无论是唱歌、律动、奏乐中的哪一种课程，无论教学活动的主要学习内容是歌曲、动作还是乐器，在整个学习过程中，都必然要使用歌、舞、乐三种媒介，从而达到使用歌、舞、乐综合一体的方式来表现作品的目的。请参见第一章中奥尔夫老师的原始案例"喷火龙丹丹"。

四、多声部歌唱技能学习

（一）由"轮唱"形成的多声部

多声部歌唱也是奥尔夫课程中的一项重要内容。但在奥尔夫老师的实践中，最常用的合唱形式是"轮唱"。

1. 外国奥尔夫老师在教师培训课程中使用的教学模式

（1）老师先教授一首儿歌的歌词。

（2）然后加上曲调，教学员学会唱这首歌曲。

（3）然后再加上声势动作（拍手、跺脚、捻指等单纯的身体有声动作）或表演动作（表现歌词含义的动作）。

（4）将学员分组，从两声部轮唱逐步增加到八声部轮唱。（单纯唱）

（5）从两声部轮唱逐步增加到八声部轮唱。（边唱边做动作）

（6）加入打击乐器伴奏。

（7）加入可以看出各声部起止、起伏的队形。完整表演，自我欣赏。

2. 一位美国奥尔夫老师汤姆先生的独特模式

（1）老师先教授一首儿歌的歌词（内容来自一个绘本的主题）。

（2）然后加上曲调，教学员学会唱这首歌曲。

（3）然后再加上舞蹈动作（通常是民间社交舞蹈中具有人际互动可能的那些动作，也可能包含拍手、跺脚、捻指等），可能是自唱伴舞，也可能是跟随播放的录音音乐，边唱边舞。

（4）将学员分组，从两声部轮唱逐步增加到八声部轮唱。（单纯唱）

（5）从两声部轮唱逐步增加到八声部轮唱。（边唱边做动作）

（6）老师一一展现绘本故事的主要情节，学员在老师的引导和指导下进行各种结伴或分组的即兴表演（通常包含规划、排练、展演分享、相互评价和学习等更为细致的流程）。

（7）加入队形，将"唱熟的歌曲及练熟的舞蹈"作为一个回旋曲作品的"主部"A（不再使用轮唱的表演方式），将"老师以旁白的形式描述绘本故事各主要情节，学员跟随讲述"的即兴表演作为这个回旋曲作品的"插部"BCDEF，构成ABACADAEAF模式，完整表演并自我欣赏。

（二）由"朋友歌"叠加形成的多声部

"朋友歌"这种形式的合唱，虽然不能算是奥尔夫音乐教育体系专有的，但在奥尔夫老师的课程中也会经常使用。这种复调性的合唱相比和声性的合唱，更容易被一般人掌握，也更容易被一般人创造性地应用。

下面是经常被人认可的两首"朋友歌"：

两只老虎/划小船

1 = C 4/4

外国传统儿歌

下面是由加拿大皇家音乐学院奥尔夫老师提供的"朋友歌"：

银岸之地/划船歌

1 = E 2/4

这种"朋友歌"的特点：一是节奏方面拥有"疏密"对比；二是旋律方面拥有"高低"穿插；三是和声方面"没有过多的不和谐"音程。所以一般人也都能根据这些原则自己去寻找可以叠加在一起唱的"朋友歌"。

（三）加入"念白"形成的多声部

金发少年

1 = C 2/4

5 | 1 2 | 3. 1 | 3 4 | 5 0 1 | 5 4 | 3. 1 | 3 2 | 1 0 5 |
青　青的草　地上　有位　金发少年　他在　歌唱，　哦

1 1 2 2 | 3 3 5 | 3 3 2 2 | 1 1 5 | 1 1 2 2 | 3 3 5 | 3 3 2 2 | 1 1 ‖
嗨呀嗨呀　嗨呀呀，小溪缓缓　流淌哦，嗨呀嗨呀　嗨呀呀，他在轻轻　歌唱。

加入节奏念白1：

远远 | 看见 | 一个 | 少年, | 原来 | 他是 | 金发 | 的少年 ‖

加入同节奏木琴音型：

1 5 | 1 5 | 1 5 | 1 5 | 1 5 | 1 5 | 1 5 | 1 5 1 0 ‖
远远　看见　一个　少年，原来　他是　金发　的少年。

加入节奏念白2：

0 多可 | 爱 0 ‖

加入同节奏高音钢片琴色彩音型：

0 5 5 | 5 0 ‖
　多可　爱！

加入节奏念白3：

x x | x - ‖
美 如 　画！

在奥尔夫教学流程中最后的作品展演部分，这些念白可以保留，可以转成有音高的演唱声部，也可以转成有音高或无音高的乐器演奏声部。

五、歌唱教学的游戏化设计

目前歌唱教学的游戏化设计实际上早已成为一种世界性教学设计的潮流。其功能是为

了让学习者能够更加自主自愿地投入和享受学习。

音乐人类学的研究告诉我们：千百年来，人们打发闲暇的主要方式就是游戏，艺术实践活动本身就是一种游戏活动。在我国历史上，无论是在皇室还是在民间，无论是统治阶级、中产阶级还是普通劳动群体，在闲暇时间都会将智能游戏、体能游戏、工艺制作游戏、社交游戏与歌、舞、乐游戏很好地结合起来，以达到娱悦身心、增进个人健康和促进社会和谐发展的目的。我国晋代著名书法家王羲之的书法作品《兰亭集序》，就是为当年修禊（春沐、祈福、嬉游）时节，一群著名文人在会稽山下玩"曲水流觞"游戏时创作的即兴诗集所作的序。

美国一个中学的"预见学习项目研究"告诉我们："借鉴已有的成熟游戏，将游戏或游戏中的某些元素直接运用到教学过程中，以便起到相应的提升教学效率的结果。这不仅仅是已有游戏的简单借鉴和应用，而更需要教师从实际教学内容和学生基础的角度出发，使设计更能契合教学任务和学生的学习能力本身，更容易达到促进学习效率和提升学生基础素养的目的。"

在加拿大皇家音乐学院的奥尔夫课程中，游戏化的设计无处不在，而且能够让人深切地感受到。美国著名奥尔夫老师古德金先生这样说过：要让活动拥有"有诱惑力的开始、流畅的过程感和完满的结束感"，这也是需要由游戏融入教学过程的质量来决定的。

下面我们来看三个加拿大奥尔夫老师原版案例中的歌唱游戏：

谁在敲我窗和门

$1 = D$ $\frac{2}{4}$

| 1 — | 5 — | 2 2 2 3 | 2 1 | 1 — | 5 — | 2 2 2 3 | 1 — ‖

谁　　在　　轻轻敲我　窗户? 谁　　在　　轻轻敲我　门?
我　　在　　轻轻敲我　窗户, 我　　在　　轻轻敲我　门。

小小兔子

$1 = E$ $\frac{2}{4}$

| 1 1 3 3 | 2 2 3 | 1 1 3 3 | 2 3 | 1 1 3 3 | 2 2 3 | 1 1 3 3 | 2 3 ‖

小小兔子　在哪里, 它在我的　菜园, 小小兔子　在哪里, 它在我的　菜园。

以上两个案例属于"智能游戏"大类中的"猜谜游戏"亚类。其中前者又属于"猜谜游戏"中再下一层类型中的"声音听辨游戏"（即猜谜者在看不见被猜者的条件下，仅凭被猜者的声音音色或发出声音的空间位置，来断定发出声音者是谁）。而后者属于"猜谜游戏"中再下一层类型中"藏东西和找东西"的"智慧对抗游戏"（在大家一起唱歌的过程中，寻找东西的人在接近藏东西的位置时，大家"提高"音量；在远离藏东西的位置时，大家"压低"音量，以暗示寻找者寻找的方向和距离）。

在深深的海洋里

1 = G 4/4

```
5.  4  3  4 | 5  3  1 - | 2.  1  7  6 | 5 -  3 - |
在  那 深 深  海 洋 里    小    鱼 游 来   游    去。

5  3  5  3 | 5  3  1 - | 2.  1  7  6  7 | 1  1  1 - ‖
哪 里 哪 里  在 哪 里？   哦    朋 友 我  爱  你！
```

这个游戏类似我们熟悉的"邀请舞",属于一种"社会交往游戏"。具体玩法为:参与游戏者围坐成圆圈或在自由空间状态下找一空地。每个人都把自己想象成一种海洋生物,坐在固定的位置上运动身体上任何可以运动的部位。大家一起唱歌,同时邀请者也要假装成某种海洋生物在场地中自由移动,在歌曲的结束句,大家齐唱"我爱你"的同时,邀请者选择一人或者两人,被邀请者起立跟随邀请者(像幼儿园玩"开火车"游戏一样,一个跟着一个)在下一次歌声中重复前面的动作,循环往复……

在奥尔夫的教学体系中,"问候歌""告别歌""感谢歌""祝福歌"等,也都往往伴随着各种互动的动作游戏,这些也都属于"社会交往游戏"。

另外,在奥尔夫体系的歌唱教学中,无论是认识音高、唱名、音符,还是练习发音、气息、节奏,也都会通过各种游戏来完成。这里不再赘述。

六、创造性的歌唱学习

创造性的学习一直是人们认为奥尔夫体系有别于其他音乐舞蹈教育体系的重要特质。在奥尔夫体系的歌唱教学中,我们认识到的相关做法主要有以下几种类型:

(一)借用教师提供的歌曲,对歌词进行局部替换

"借用"在加拿大皇家音乐学院课程的教学法中,是一个非常重要的概念,也就是我们在本书第三章"教学法"中已经专门提炼出的"站上巨人肩膀"的原则。我国哲学也这样强调:"一生万物,万物归一。"

> 提示:适合较多使用"问答结构"的歌曲。

这里的创造性表达所借用的就是"现成歌曲的大框架和主要内容",对于幼儿和初学者来说,这也是最容易掌握的一种创造性表达方式。

1. 社交歌唱游戏

《欢迎歌》中大家唱:"欢迎欢迎,欢迎×××",×××唱:"谢谢大家,大家早上好!"

《我们都出生啦》中问:"一月出生的在哪里?"答:"在这里,在这里,我是一月出生的!"(一直唱到十二月)最后一起唱:"现在我们都出生啦!"

2. 认知歌唱游戏

《今天星期几》中问:"今天星期几?谁知道?"答:"我知道,我知道,今天星期×!"

《胡说歌》中问:"你把袜子套在耳朵上吗?你把袜子套在耳朵上吗?袜子套在耳朵上吗?袜子套在耳朵上吗?你把袜子套在耳朵上吗?"

注意：从幼儿的认知水平上来说，他必须知道什么是正确的，才能够"胡说"；替换两个词，比替换一个词难度高。

（二）借用教师提供的"材料基石"进行组合创作

1. 借用教师提供的"节奏基石"

（1）从语言（谚语）节奏中提取"节奏基石"，如：

① 一日一苹果让医生远离我：| X X X X X X | X X X X X· |
　　　　　　　　　　　　　　一 日 一 苹 果 让　医 生 远 离 我

② 划你自己的船：| X　X　X X | X·　X· |
　　　　　　　　　划 你 自 己 的　船

③ 你不做你就永远不会知道：| X X X X X X | X X X X· |
　　　　　　　　　　　　　　你 不 做 你 就 永 远　不 会 知 道

（2）主要教学流程如下：

① 教师出示谚语，示范如何抽取句子的节奏。
② 教师示范，如何对应转换成 $\frac{6}{8}$ 拍"节奏基石"构成的乐谱。
③ 学员将节奏基石排成两小节的节奏乐谱卡片。
④ 学员分成三组（每组3—4人），根据节奏乐谱创编声势动作。
⑤ 三组学员依次（1组—2组—3组）展示练习过的"语言+声势动作"（重复2遍或者4遍），其他观察小组判断这是哪种节奏卡片（所有排好的卡片事先都摆在地上供观察小组观看）上的节奏。
⑥ 三组学员同时叠加（三声部）展示自己创编的"语言+声势动作"（重复4遍）。
⑦ 全部"默念"语言做声势动作。
⑧ 恢复既念又做动作的方式。

2. 借用教师提供的"唱名基石"

（1）前期经验：已经学习过5（sol）、3（mi）两个音符和唱名。
（2）即将学习的内容：6（la）、1（do）两个音符和唱名。
（3）主要教学流程如下：

① 模仿老师，学唱歌曲《泰迪熊》：

1 = C　$\frac{2}{4}$

| 5 5　3 | 5 5　3 | 5 6 5 | 5 5　3 | 5 5　3 | 5 6 5 | 3 |
泰 迪 熊　泰 迪 熊　摸 摸 头，　泰 迪 熊　泰 迪 熊　摸 摸 地，

| 5 5　3 | 5 5　3 | 5 6 5 | 5 5　3 | 5 5　3 | 5 3 | 1　—‖
泰 迪 熊　泰 迪 熊　转 一 圈，　泰 迪 熊　泰 迪 熊　跳 跳 跳。

② 模仿老师视唱乐谱，同时做以下身体动作：唱5摸头、唱3摸肩、唱6高举双臂、唱1摸脚等。

③ 教师提供歌词和节奏：

亲一 亲， 抱一 抱， 小娃 娃呀， 睡觉 觉。

④ 学员四人一组集体创编，分组展示。

⑤ 学员两人一组集体创编，分组展示。

⑥ 学员独立创编，围成圆圈依次展示。

⑦ 加入新音符2（re），用"回声游戏法"学习新歌《谁在敲我窗和门》。（歌谱在本章找）

　　a. 老师唱一句，学员模仿一句。

　　b. 集体唱问句，一人唱答句。

　　c. 一人唱问句，一人唱答句。（游戏：唱问句者需猜出唱答句的人是谁）

（4）继续熟悉新音符2（re），用"通过音量强弱暗示被藏东西"的游戏学习新歌《小小兔子》。

（5）模仿老师视唱乐谱，分析歌谱中的相同、相似与不同之处。

（6）在学员已经掌握5（sol）、3（mi）、6（la）、1（do）、2（re）五个音符和它们的唱名后，开始玩"即兴回声"游戏：

① 老师即兴用这五个音唱8拍旋律，学员集体唱"回声"。（教师示例）

② 老师即兴用音条琴奏8拍旋律，学员集体奏"回声"。（教师示例）

③ 学员志愿者即兴唱8拍旋律，学员集体唱"回声"。（学员迁移）

④ 学员志愿者即兴奏8拍旋律，学员集体奏"回声"。（学员迁移）

⑤ 两两结伴唱，一人即兴演唱，一人回声，交换。（学员迁移）

⑥ 两两结伴奏，一人即兴演奏，一人回声，交换。（学员迁移）

（7）继续巩固新音符2（re），学习新歌《农夫在山谷》。

$1 = C$ $\frac{2}{4}$

| 1.1 1 1 | 1 0 | 3.3 3 3 | 3 0 | 5 5 5 6 | 5 3 1 2 | 3.3 2 2 | 1 - ‖

农 夫 在 山 谷， 农 夫 在 山 谷， 快 快 乐 乐 快 快 乐 乐 农 夫 在 山 谷。

> 注意：这三首歌曲的曲调中都包含了新音符2（re）。

3. 借用教师提供的节奏基石、情境基石、结构基石

（1）借用教师提供的节奏基石。

$\frac{6}{8}$拍：

　　　　X· 　X· ； X X X　 X X X ； X 　X 　X 　X ；

　　　　X· 　X X X ； X X X 　X· ； X 　X 　X ； X 　X·

（2）借用教师提供的情境基石（歌词）。

① X· X·　　　　　　② X· X X
　 朋 友　　　　　　　　爱 她 就

③ X X X X　　　　　　④ X X X·
　 一 起 撒 网　　　　　　造 艘 船

⑤ X X X X·　　　　　⑥ X X X X X
　 捕 很 多 鱼　　　　　　带 她 和 你 去

（3）借用教师提供的结构基石。

如：ABAB、ABCA、AAAB、ABBA、AABA等。

示例：

任选A为：X X X X
　　　　 一 起 撒 网

任选B为：X· X·
　　　　 朋 友

ABAB的结构即为：

X X X X ｜ X· X· ｜ X X X X ｜ X· X· ｜
一 起 撒 网　朋 友，一 起 撒 网　朋 友。

加上任选C：X· X X
　　　　　 爱 她 就

ABCA的结构即为：

X X X X ｜ X· X· ｜ X· X X ｜ X X X X ｜
一 起 撒 网　朋 友，爱 她 就　 一 起 撒 网。

（4）主要教学流程：

① 教师提供素材基石（节奏基石、情境基石、结构基石），引导学员认识这些素材基石。
② 学员分成小组，选择不少于两个，不多于四个的短句作为素材。
③ 教师发放结构卡片，学员选择其中一种。
④ 学员按照自选卡片规定的结构，组织自己的作品，并念熟。
⑤ 各小组之间展示分享。所有卡片排在地上，玩"快速反应"游戏：
　a. 展示小组将自己的作品连续展示两遍。
　b. 观察小组通过听辨来判断展示小组使用了哪一种结构卡片，先举手示意且判断正确的为赢家。

（三）借用教师提供的"主部"为回旋曲创作"插部"

1. 主部歌曲《渔歌》

1 = G 6/8
新西兰民歌

3 3 3 3. | 2. 5. | 3 3 3 3. | 4. 5. |

（歌词略）

3 3 3 3 3 | 2 7 5. | 5 7 2 7 | 1 1 1. ‖

2. 主要教学流程

（1）学习歌曲。

（2）用轮唱的方式演唱歌曲。

（3）分小组为歌曲编配伴奏或者表演动作。

（4）合作表演回旋曲《渔歌》。

① 围成一个大的圆圈，各小组学员坐在一起，自选乐器。

② 从"主部"开始。学员表演"主部"的时候可以齐唱，也可以轮唱；可以自选歌、舞、乐中的一种表演，也可以事先组织安排好配合的方式。

③ 所有小组按照顺时针或逆时针方向，依次在各重复"主部"中间插入自己创编的"插部"。（也可以事先协商好表演"插部"的先后顺序）

> **注意**：创编"插部"借用的材料和流程，可参见上一范例"借用教师提供的节奏基石、情境基石、结构基石"。

（四）为现成歌曲编配舞蹈动作、队形或情境表演动作、场景

过程略。

（五）为现成单声部歌曲编配合唱声部或乐器伴奏声部

过程略。

> **提示**：（四）、（五）两点将在本书后面的"律动教学"和"奏乐教学"中举例，在此不再赘述。

第二节 迁移应用的案例

本节案例都是我们研究团队这些年在幼儿园的真实实践中研发和验证过的，而且也已经反复在大学本、专科学前教育专业课程以及在职教师在岗培训课程中使用。因此，这些案例不但适合职前的准教师和在职教师了解、理解奥尔夫教学法的理念、技巧和工作模式，同时也可以直接应用到幼儿园的集体音乐教学的实际工作中。

我们在研发这些案例时，并非严格照搬奥尔夫老师所开展的教师培训课程中的内容和方法，而是努力在每个案例中综合性地体现奥尔夫教学法体系内在的、最根本性的工作原则：创造性（含"学以致用"）、渐进性（含"站上巨人肩膀""借用"）、游戏性、审美性和综合性。

一、适合小班幼儿使用的案例

 案例1 小鸡小鸭

使能目标阶梯

挑战5	支持幼儿独立唱歌和游戏。	创造性应用	完整跟随琴声边独立演唱新歌边继续做游戏,教师鼓励幼儿自由地加入表演动作,以及人际互动的动作。
挑战4	带领幼儿练习,直到能够完整、流畅地唱新歌。	巩固、完善	完整跟随教师和琴声专门练习演唱新歌,全体幼儿继续练习说:"叽叽叽,我在这儿!"
挑战3	帮助幼儿发现声音的"方向"。	发现	在前面的基础上,教师引导幼儿发现声音方向的秘密。
挑战2	邀请两位幼儿分别担任猜者和被猜者。	模仿	继续倾听主班教师范唱歌曲,观察、感知、理解、记忆歌曲和游戏的各个要素及顺序。一位幼儿学说:"叽叽叽,我在这儿!"(幼儿猜幼儿)
挑战1	邀请一位幼儿尝试独立发出小鸡的声音。	模仿	继续倾听主班教师范唱歌曲,观察、感知、理解、记忆歌曲和游戏的各个要素及顺序。一位幼儿学说:"叽叽叽,我在这儿!"(配班教师猜幼儿)
游戏	主、配班教师合作随乐示范游戏玩法。	观察	倾听主班教师范唱歌曲,观察、感知、理解、记忆歌曲和游戏的各个要素及顺序。全体幼儿练习说:"叽叽叽,我在这儿!"(主班教师猜配班教师)
故事	简述"小鸡和小鸭玩游戏"的故事情境。	理解	情境理解,产生兴趣,明确任务。

第四章 歌唱教学 | 79

小鸡小鸭

传统儿歌
佚名 词曲

$1=C$ $\frac{2}{4}$

| 1 2 3 | 3 - | 2 3 5 | 5 - | 1 2 3 | 3 3 |
| 小鸡 小 鸭， | 碰在 | 一 起， | | 小鸡 叽 | 叽 叽， |

| 2 3 5 | 5 5 | 3 3 3 | 5 5 5 | 3 3 3 | 5 5 5 |
| 小鸭 嘎 嘎 嘎， | 叽叽 叽 | 嘎嘎嘎 | 叽叽叽 | 嘎嘎嘎 | |

| 1 2 3 | 3 - | 2 3 5 | 1 - ‖
| 一同 唱 歌， | | 一同 游 | 戏。 |

活动目标

（1）初步学会唱新歌。

（2）在教师的引导下积极提议其他小动物的名称和叫声。

（3）愿意和大家一起说出被猜同伴的姓名；愿意尝试独立大声地模仿小动物的叫声；享受听同伴喊出自己名字时的愉悦；愿意接受与同伴之间的身体接触。

活动准备

（1）物质准备：准备若干成对的小动物卡片，如小狗、小猫、小羊、小牛等。

（2）经验准备：

① 已经了解一些常见的小动物的名称和叫声。

② 已经初步熟悉同班其他幼儿的名字。

③ 已经愿意在集体中发表意见。

（3）空间准备：全体围坐成大的半圆。

活动过程

1. 初步倾听范唱，了解游戏的流程及规则

（1）简单导入活动（可用毛绒玩具或手偶）。

（2）教师一边范唱一边操作教具。唱到最后说："小鸡小鸭它们现在要玩捉迷藏游戏啦！"（第1遍范唱）

（3）主班教师假装自己是小鸭，坐在全体幼儿对面的中间位置，自己用手捂住自己的眼睛。配班教师假装自己是小鸡，站在幼儿背后，示范"点兵点将游戏"：从右向左，两拍一次，一个一个摸幼儿的头（摸到队伍尽头再反向摸回去），一遍歌曲唱完，摸到哪位幼儿的头，就站在其背后说："叽叽叽，我在这儿！"（第2遍范唱）

（4）主班教师用一只手捂住眼睛，用另外一只手指向配班教师所站的方向说："在这里！对不对？"

（5）配班教师热情地带动全班幼儿鼓掌说："对！"配班教师和主班教师热情拥抱。

（6）以上（3）、（4）、（5）环节，重复一次。（第3遍范唱）

2. 进一步初步熟悉歌曲，尝试参与游戏

（1）主班教师交代：现在小鸡来找小鸭啦！我来看看哪位小朋友这次会当小鸭。

（2）配班教师假装自己是小鸡，坐在全体幼儿对面的中间位置，自己用手捂住自己的眼睛。主班教师站在幼儿背后，从右向左，两拍一次，一个一个摸幼儿的头（摸到队伍尽头再反向摸回去），一遍歌曲唱完，用认真的表情对全体幼儿示意不要作声，然后对摸到头的幼儿说："嘘！现在你就是小鸭，你对小鸡说——叽叽叽，我在这儿！"（等待、鼓励、提醒）在幼儿做出正确的反应后，主班教师对配班教师说："小鸡，请你用手指一指，小鸭在哪里？"（第4遍范唱）

（3）配班教师用一只手捂住眼睛，用另外一只手指向该幼儿及主班教师所在的方向说："在这里！"主班教师问全体幼儿："对不对？"

（4）主班教师热情地带动全班幼儿鼓掌说："对！"配班教师与猜测的幼儿热情拥抱。

（5）以上（2）、（3）、（4）环节，重复一次。这次换成：配班教师坐在全体幼儿对面，幼儿志愿者担任猜测者小鸭，面对配班教师并站在配班教师前面。（第5遍范唱）

（6）在"对不对？对！"后面，主班教师还要鼓励大家猜测："他叫什么名字？"全班回答说："×××！"最后，主班、配班教师和两位参与的幼儿一起热情拥抱。

3. 初步尝试练唱歌曲，进一步熟悉歌曲的演唱

（1）现在所有的小鸡和小鸭一起来唱歌好吗？（教师小声带唱，倾听并观察大部分幼儿是否已经初步能够唱出所有内容，连续练习至少2遍）

（2）你们唱得真不错，还有好多小动物也听到了我们好听的歌声，也想和我们一起来做游戏了。它们还有谁和谁呢？（先等待幼儿的建议，如有困难再出示动物卡片，让幼儿说出卡片上的动物名称并模仿叫声）

（3）我们和小X、小Y一起来唱歌好吗？（出示新动物卡片小X、小Y，连续练习新内容至少2遍）

4. 在教师的支持下，比较流畅地边唱歌边玩游戏

（1）主班教师：这次大家愿意谁和谁一起来玩捉迷藏游戏呢？（鼓励幼儿自己提出新的建议）

（2）鼓励幼儿选择好动物之后，配班教师带领一位幼儿担任"选择者"（摸头的人），主班教师担任猜测者的"依靠"（保证幼儿不向后看，并提醒和鼓励其用手指出方向）。边唱边游戏一次。（练唱新歌5遍以上）

第四章 歌唱教学 | 81

（3）主班教师：他们为什么每次都能够猜对呢？（最好能够等待和鼓励幼儿先说）是因为他们仔细辨听了声音的方向。

（4）以上（1）、（2）环节可以再重复1—2次。（练唱新歌7遍以上）

（5）重点鼓励幼儿边唱歌边做自己喜欢的表演动作（若有幼儿自发做动作，可鼓励大家向其学习；若无幼儿自发做动作，教师也应该自己带头做示范）。猜测结束后，教师也应该鼓励幼儿用不同的身体接触方式庆祝"合作成功"。

温馨提示

（1）小班上学期的幼儿只要能够指出大概的方向即可。

（2）有的"被猜"幼儿可能会不愿意独立模仿小动物叫，配班教师可以鼓励、提醒和等待，万一有幼儿实在不愿意就不要勉强，可寻找幼儿志愿者代替，或直接由教师在该幼儿的位置上代替其发出叫声。在小班时期，最好不要直接蒙住"猜测"幼儿的眼睛，主班教师可以取坐姿，把幼儿轻轻夹在两腿中间，双臂环抱其身体，让其以舒适的姿势保持不向后看即可。

（3）在猜测结果公布之后，不论对错，教师都要热情鼓励全班幼儿参与情感互动，特别是每次教师都要问："他叫什么名字？"（让被猜的幼儿听到全班幼儿热情呼喊自己的名字）

（4）教师最好能够引导猜测和被猜测的两名幼儿拉拉手或抱一抱，若两名幼儿都实在无法主动，教师也可以把两名幼儿一起搂在自己怀里。关键的问题是：教师自己一定要热情，给幼儿做好榜样！

友情提问

（1）你觉得教师一般需要范唱多少遍，才能让幼儿在开口跟唱时错误较少？本教案中教师范唱了多少次？

（2）你觉得在游戏前需要全体幼儿练习一下说"叽叽叽，我在这儿"吗？为什么呢？

（3）为什么要提出"温馨提示"（2）中的各种建议？

（4）为什么要提出"温馨提示"（3）、（4）中的各种建议？（请用自己的话对同事或同学或同伴讲清楚）

案例2　公鸡头母鸡头　（合肥　孔令香）

使能目标阶梯

挑战5	鼓励幼儿边唱歌边游戏。	创造性应用	完整跟随琴声边独立演唱新歌边继续游戏（随机两只手有豆或没豆，或有两颗以上的小豆）。教师鼓励幼儿自由地加入表演动作，以及人际互动的动作。
挑战4	鼓励、支持幼儿练习，以完整、流畅地演唱新歌。	巩固、完善	完整跟随教师和琴声专门练习演唱新歌。教师同时示范和鼓励幼儿边唱边有节奏地拍手或做自己喜欢的表演动作。
挑战3	继续邀请个别幼儿尝试猜测。	应用	在前面的基础上，教师鼓励幼儿"不怕失败"，只要坚持一定会成功！
挑战2	邀请个别幼儿志愿者猜测小豆在哪头。	应用	继续倾听主班教师范唱歌曲，观察、感知、理解、记忆歌曲和游戏的各个要素及顺序。一位幼儿猜测。第一次没有猜到（主班教师两只手都没有小豆）；第二次猜到，教师奖励其喂鸡。
挑战1	邀请全体幼儿猜测小豆在哪头。	模仿	继续倾听主班教师范唱歌曲，观察、感知、理解、记忆歌曲和游戏的各个要素及顺序。全体幼儿猜测。第一次没有猜到（主班教师两只手都没有小豆）；第二次猜到，教师示范喂鸡。邀请一位幼儿尝试喂鸡。
游戏	主、配班教师合作随乐示范游戏玩法。配班教师第一次没有猜到；第二次猜到，示范喂鸡。	观察	倾听主班教师范唱歌曲，观察、感知、理解、记忆歌曲和游戏的各个要素及顺序。
故事	简述"为公鸡、母鸡寻找食物"的故事。	理解	情境理解，产生兴趣，明确任务。

公鸡头母鸡头

传统儿歌
佚名　词曲

1 = C　2/4

| 1 1　3 | 2 2　1 | 3 3　5 5 | 4 4 3 |
| 公鸡　头 | 母鸡　头， | 公鸡　母鸡 | 吃小豆。 |

| 6 6　5 3 | 4 5　3 | 6 6　5 3 | 2 2 1 ‖ |
| 这一　头 | 那一　头， | 猜猜　小豆 | 在哪头。 |

活动目标

（1）初步学会演唱新歌。

（2）通过在游戏中反复倾听和练习，自然理解歌词和学习歌曲。

（3）体验公鸡母鸡需要关怀的情感和帮助别人的快乐；体验坚持不懈地努力会获得成功。

活动准备

（1）物质准备：

①教具：两个比较大的透明饮料瓶，瓶口分别装饰成公鸡和母鸡的头部，嘴巴大张，可容幼儿将小豆从此口放进瓶里。两个比较小的透明饮料瓶，瓶口分别装饰成小鸡的头部，同样嘴巴大张。

②将足够大的"泪滴"装饰在公鸡母鸡的眼睛下方（可移除）。

③学具：若干体形比较大的豆粒（如：芸豆、蚕豆或彩色串珠粒）。

（2）经验准备：已经认识公鸡和母鸡在形象上的区别。

（3）空间准备：全体围坐成大的半圆。

活动过程

1. 初步倾听范唱，了解游戏的流程及规则

（1）出示公鸡母鸡教具，引导幼儿关注它们眼睛下方的"泪滴"和空空的"肚皮"，让幼儿产生同情心和帮助它们的愿望。

（2）主班、配班教师边唱歌边示范游戏玩法。歌曲唱完后，配班教师若能够正确指出主班教师藏有小豆的手，配班教师便可以用这颗小豆去"喂"一只鸡。配班教师尝试两次，第二次才能成功，因为第一次主班教师两手都没有小豆。（范唱2遍）

（3）主班和配班教师交换角色，重复环节（2）的内容。（范唱4遍）

2. 进一步熟悉歌曲，尝试参与游戏

（1）主班教师对幼儿强调公鸡母鸡都还感觉很饿，需要幼儿的帮助。依次激励幼儿参与，尝试游戏。

（2）幼儿志愿者轮流尝试参与游戏，大约重复2—3次。（范唱6—7遍）

3. 初步尝试练唱歌曲，进一步熟悉歌曲的演唱

（1）主班教师：让我们一起来对公鸡母鸡唱这首歌吧。告诉它们，我们一定会找到更多的小豆给它们吃的。

（2）伴随琴声，教师带领幼儿练唱。（教师逐渐降低带唱的音量，倾听并观察大部分幼儿是否已经初步能够唱出所有内容；连续练习至少2遍）

4. 在教师的支持下比较流畅地边唱歌边玩游戏

（1）主班教师：大家看，公鸡母鸡已经不哭了，但是，它们说还是没有吃饱，我们努力加油给它们找到更多的小豆好吗？教师继续边唱边游戏。这时教师可以邀请两位幼儿同时猜测，可以增加手里小豆的数量，以及有时两手都有、有时两手都没有等规律的变化。连续游戏至少2次。（完整练唱已达4遍）

（2）出示两只"小鸡"教具，继续鼓励幼儿参与歌唱和游戏。配班教师也参与藏小豆。连续游戏至少2—3次。（完整练唱已达7—8遍）

（3）展示四只鸡的"肚子"，热情激励幼儿体验努力后获得成功和帮助他人的快乐。

温馨提示

（1）公鸡母鸡教具的头部必须足够大，以便幼儿看清楚眼泪。鸡的嘴部及张开的尺度足够大，而且需要向斜上方张开，以便于幼儿将小豆投入。

（2）刚开始游戏时，只能让一位幼儿投喂，然后根据幼儿自控水平的实际情况逐步增加参与猜测和投喂的幼儿人数。当幼儿人数超过4人时，教师需要提醒幼儿排队和轮流，避免现场产生混乱和养成不良的拥挤、争抢习惯。

（3）教师自始至终都要让幼儿感受到公鸡母鸡的需要，以及它们被满足后的喜悦和感恩之情。但需要注意的是，当幼儿已经兴奋过度时，教师需要十分注意自己情绪表达的尺度。

注意： 教师的情绪表达是幼儿保持适当兴奋水平的"调节剂"。教师使用情绪是一种教学策略而不是教学目的。

案例3　数豆豆

（西安　张　娜）

扫码看活动视频

使能目标阶梯

阶段	内容	类型	说明
挑战5	鼓励幼儿边唱歌边游戏。	创造性应用	完整跟随琴声边独立演唱新歌边继续游戏。（随机两只手有豆或没豆，或有两个以上数量的小豆）最后主、配班教师和幼儿一起迁移玩"伦敦桥"游戏，将幼儿当成小豆来"装"、来数。
挑战4	鼓励幼儿练习完整流畅地演唱新歌。	巩固、完善	完整跟随教师和琴声专门练习演唱新歌。教师同时示范和鼓励幼儿边唱边有节奏地拍手或做自己喜欢的表演动作。
挑战3	继续邀请个别幼儿猜测小豆的数量。	应用	在前面的基础上，教师鼓励幼儿：专心细致，相互检查验证，一定能成功。
挑战2	邀请个别幼儿志愿者猜测小豆的数量。	应用	继续倾听主班教师范唱歌曲，观察、感知、理解、记忆歌曲和游戏的各个要素及顺序。一位幼儿猜测。第一次没有猜到（主班教师两只口袋没有小豆）；第二次猜到，教师奖励其数数，全体幼儿重新数数验证。
挑战1	邀请全体幼儿猜测小豆的数量。	模仿	继续倾听主班教师范唱歌曲，观察、感知、理解、记忆歌曲和游戏的各个要素及顺序。全体幼儿猜测。第一次没有猜到（主班教师两只口袋没有小豆）；第二次猜到，教师邀请一幼儿数数，全体幼儿重新数数验证。
游戏	主、配班教师合作随乐示范游戏玩法。配班教师第一次没有猜到；第二次猜到，示范数数。	观察	倾听主班教师范唱歌曲，观察、感知、理解、记忆歌曲和游戏的各个要素及顺序。
故事	简述"豆豆和幼儿玩捉迷藏游戏"的情境。	理解	情境理解，产生兴趣，明确任务。

数豆豆

传统儿歌
佚名 词曲

1 = C 4/4

1 2 3 5 | 6 i 6 5 - | i 6 5 3 | 2 5 1 2 - |
一、二、三、四 数 豆 豆，   豆 豆 豆 豆 圆 溜 溜。

1 2 3 5 | 6 i 6 6 - | i 6 5 3 | 2 3 1 - ||
五、六、七、八 唉 呦 呦，   装 进 我 的 小 裤 兜。

活动目标

（1）初步学会演唱新歌。
（2）在音乐游戏中应用并巩固点数7以内数字的技能。
（3）在迁移应用"伦敦桥"游戏的过程中体验师幼与同伴之间情绪共鸣及身体亲密接触的快乐。

活动准备

（1）物质准备：
　　① 彩色小珠（豆豆），其大小以幼儿小手一把能抓住3—4粒为宜。
　　② 透明密封袋，其大小为底部一排能够同时展示7个彩珠为宜。
　　③ 透明塑料盒，其大小以一半空间可盛放20以内的彩珠为宜。
　　④ 教师外穿特定的拥有两只大裤袋的裤装。
（2）经验准备：
　　① 玩过"伦敦桥的游戏"。
　　② 学习过——点数7以内数字的技能。
（3）空间准备：全体围坐成大的半圆。

活动过程

1. 初步倾听范唱，了解游戏的流程及规则

（1）教师简述豆豆与幼儿玩捉迷藏游戏时的情境。
（2）教师出示盛有彩珠的塑料盒，边范唱歌曲边假装点数，在歌曲唱到第三句时，用手假装在其中抓取彩珠；唱到第四句时，将抓取彩珠的手放进自己的裤装口袋。两只口袋各假装放一次。（第1遍范唱）
（3）请全体幼儿猜测哪个裤兜里面有豆豆，有几个豆豆。
（4）教师再次出示装有彩珠的塑料盒，边范唱歌曲边假装点数，在歌曲唱到第三句时，用手在其中抓取三个以内的彩珠；唱到第四句时，将抓取彩珠的手放进自己的裤装口袋。一只口袋假装放一次，另一只口袋真的放进去。（第2遍范唱）

（5）请全体幼儿猜测哪个裤兜里面有豆豆，有几个豆豆。最后将彩珠拿出放进透明密封袋，用手指袋的下方引导幼儿点数。（第3遍范唱）

2. 进一步熟悉歌曲，尝试独立参与游戏

（1）继续倾听范唱，游戏改为由一位幼儿来猜测。

（2）重复游戏3次，将彩珠的数量增加至7个以内，并不再假抓、假放。将游戏改为：邀请一位幼儿数数、报数，集体重新数数验证。（第4—6遍范唱）

3. 初步尝试练唱歌曲，进一步熟悉歌曲的演唱

（1）重复游戏3次，继续游戏。将游戏改为：邀请一位幼儿上去抓豆豆、藏豆豆，集体点数报数。（鼓励幼儿轻声跟唱3遍）

（2）在不玩游戏的情况下鼓励幼儿轻声跟琴独立演唱歌曲，鼓励幼儿表达：觉得自己会唱，并唱得好。（鼓励幼儿跟琴独立演唱共6遍）

4. **在教师的支持下比较流畅地边唱歌边玩改编的"伦敦桥"游戏**

（1）主班教师边鼓励幼儿一起唱歌，边假装点数幼儿，唱完歌曲，用手环抱几个幼儿，说他们就是"豆豆"，然后请大家一起点数"豆豆"的数量。

（2）主班和配班教师手拉手，边鼓励幼儿一起唱歌，边假装点数幼儿，唱完歌曲，两人用手环抱更多幼儿，说他们就是"豆豆"，然后请大家一起点数"豆豆"的数量。

（3）迁移"伦敦桥"游戏：幼儿起立，离开椅子，拉前面人的衣摆，连成一列，依次边唱歌边从两位教师搭好的桥洞下钻过。歌曲结束时，两位教师用手臂合成的圈去"网"幼儿，然后请大家一起点数"豆豆"的数量。（鼓励幼儿在教师"起音"的条件下独立清唱共3—4遍，大约共唱10遍）

温馨提示

（1）教师引导幼儿点数密封袋中的彩珠时，注意手指放在彩珠下方，不要挡住彩珠。

（2）教师数数的时候速度一定不要太快。

（3）彩珠增加的速度也不要太快。

（4）最后玩"伦敦桥"游戏时，幼儿一般容易过度兴奋。因此，教师应特别注意：自己在态度上要从容，不要过度煽动幼儿的情绪；注意歌曲起音速度要慢、力度要轻，避免激发幼儿的不当行为；随时准备提醒幼儿，以防止、制止幼儿因相互拖拽、拥挤而摔倒。

友情提问

（1）在以上《小鸡小鸭》《公鸡头母鸡头》《数豆豆》三首歌曲的学习流程中，教师一般至少都范唱了几遍？幼儿一般至少都练唱了几遍？

（2）在游戏挑战方面，教师使用的一般流程是什么？为什么要这样设计？

案例4　拍手点头　　（南京　汪爱丽、黄爱玲）

使能目标阶梯

挑战4	引导幼儿创编上下句有逻辑关系的歌词及动作。	创造性应用	在教师的引导下，初步学习在两个乐句中间建立逻辑关系。
挑战3	引导幼儿创编同类中的歌词及动作。	创造性应用	在教师的引导下，初步学习为歌词内容分类，每段演唱同一类内容的歌词。
挑战2	累加2—4种不同歌词及动作。	创造性应用	在教师的组织与引导下，从一段歌曲演唱同一句相同的歌词，逐渐过渡到两句不同、三句不同、四句不同。
挑战1	邀请幼儿创编—分享新歌词新动作。	创造性应用	积极地不断提供新歌词、新动作给集体分享、学习。
动作	邀请幼儿模仿练习相关动作。	模仿	进一步感知歌词的内容及句式结构。
动作	随乐示范歌词中的动作。	观察	感知歌词的内容及句式结构。
故事	借助手偶小兔，导入幼儿园做早操的情境。	理解	情境理解，产生兴趣，明确任务。

拍手点头

1 = C 4/4

佚名 词曲

| 5̣ 1 1· 2 | 3 5 1 — | 3 5 1· 3 | 2 2 2 — |
| 拍 拍 小 手 点 点 头， 拍 拍 小 手 点 点 头。 |

| 6̣ 1 2· 3 | 5 5 3 — | 2 3 5· 6 | 1 1 1 — ‖
| 拍 拍 小 手 点 点 头， 拍 拍 小 手 点 点 头。 |

原歌词：

拍拍小手点点头，拍拍小手叉好腰。拍拍小手拍拍腿，拍拍小手跳跳跳。

活动目标

（1）初步学会演唱新歌。

（2）学习为歌曲编填新歌词，学习迁移分类的经验，并进一步体验事物之间逻辑关系。

（3）积极为集体贡献新的歌词和动作表演内容，在教师的引导下体验相互学习、相互支持的快乐。

活动准备

（1）经验准备：

①幼儿已经具备一些常用身体运动的经验。

②幼儿已经具备比较丰富的生活、游戏经验。

③幼儿已经具备两个或以上的上述动作经验。

（2）空间准备：全体围坐成大的半圆。

活动过程

1. 初步倾听范唱，了解新歌歌词的内容和句式结构

（1）教师出示手偶，导入幼儿园早操锻炼的情境。

（2）教师范唱，并邀请幼儿仔细倾听和观察。（第1遍范唱）

（3）教师邀请幼儿说出歌词中的两种动作及先后关系，并引导幼儿正确复述歌词。

（4）教师邀请幼儿跟随范唱模仿自己所做的表演动作。（第2遍范唱）

2. 进一步熟悉歌曲的曲调，尝试参与新歌词及新动作的创编

（1）教师：小白兔说做早操总是点点头，没有意思。它想请小朋友为它创编一些新的动作。我们现在来想一想，拍拍小手，除了可以点点头以外，还可以做什么动作呢？（开始引导创编）

（2）教师将个别幼儿提供的歌词和动作代入歌曲继续范唱，并带领全体幼儿分享、学习新创编的内容。（该环节可以重复5—6次，第3—8遍范唱）

> 注意：幼儿在此过程中若轻声跟唱，教师应接纳。但教师不要鼓励幼儿大声跟唱，因为有可能影响幼儿感知和再现时的准确性。

3. 逐步尝试增加歌词的难度，进一步熟悉歌曲的演唱

（1）教师：我们大家真是了不起，已经帮助小白兔创编了这么多新的动作了。小白兔还想请问小朋友，可不可以唱一遍歌曲做两个动作呢？要是这样的话，歌曲应该怎么唱呢？

（2）教师组织引导幼儿用AABB的旧结构演唱新歌词。（先选唱幼儿在前面已经创编出的歌词。但如果出现A是拍拍小手点点头，B是拍拍小手搭积木，教师就需要引导幼儿进行分类。如：搭积木是做游戏，我们最好和拍皮球唱在一起；我们可以选叉叉腰，这个是动作）这个环节根据幼儿学习的具体情况可以重复若干次（可能会需要唱5—6遍）。

> 注意：重点鼓励和帮助幼儿把歌词唱对、唱清楚。

（3）教师进一步鼓励幼儿挑战新结构：AABC或ABCD。

> 注意：这些任务通常对小班幼儿可能太多、太难。可在集体教学以外的其他游戏时间继续进行。

（4）教师小结创编成果，引导幼儿注意大家一直在相互学习；代表小白兔对幼儿的贡献表示感谢；并请幼儿相互拥抱并说："谢谢！"

4. 在教师的支持下，挑战创编上下句有逻辑关系的歌词

如：拍拍小手搭积木，拍拍小手收积木；拍拍小手洗苹果，拍拍小手吃苹果。

> 注意：这些任务通常对小班幼儿确实是太多、太难。但可在集体教学以外的其他游戏时间继续进行，也可以建议家长在家中和幼儿一起创编。

温馨提示

（1）这个活动的两位原创者，一位是汪爱丽老师（南京师范大学教授），她是在1986年提出小班幼儿创编新歌词的活动设计的。在创编过程中顺带进行"分类教育"和"逻辑关系教育"也是汪老师提出的。另外一位是黄爱玲老师（南京市北京东路小学附属幼儿园的教师），她是在1992年提出小班幼儿创编新歌词活动设计的，她将歌曲曲谱及教师的第一次展示改成：从头到尾四句歌词完全相同，使歌曲本身变成了幼儿学习创编的一个特定"支架"，这样的设计思路也是黄老师提出的。

（2）尽管创编活动会使幼儿感受到创造性工作的成就感，但对于低龄幼儿来讲，在活动过程中还是需要情境创设激励与教师随时随地的热情激励。

（3）前文中已经反复提醒，相关任务流程绝对不能够在一次活动中完成，教师需要根据幼儿学习的实际情况慢慢进行。

案例5　可爱的太阳　　（南京　许玲红）

使能目标阶梯

阶段	内容	类型	描述
挑战4	鼓励幼儿尝试边玩游戏边即兴歌唱。	创造性应用	在教师的引导和支持下，尝试边游戏边即兴歌唱。
挑战3	示范领头人游戏。	观察	观察教师示范的游戏玩法和流程。
挑战2	鼓励幼儿不断尝试更多创编方案。	创造性应用	不断选择建议图片中提示的事物，甚至图片以外的新事物进行编唱。
挑战1	带领幼儿模仿练习第一种创编方案。	模仿	在教师的组织带领和范唱伴唱中，模仿教师最终组织起来的第一种表演动作。
动作	边继续范唱边展示自己组织起来的幼儿创编的动作。	观察、创造	在教师的组织与引导下，为全部歌词创编表演动作，并在教师的体态表情激励下观察教师的范唱和动作表演。
音乐	展示幻灯图片，并根据幼儿选择的内容范唱歌曲。	观察、创造	观察图片，选择图片内容中的具体事物，提供表现具体事物的身体造型，供教师范唱。
故事	利用幻灯图片简述"大家盼望已久的太阳终于出来"的故事。	理解	情境理解，产生兴趣，明确任务。

可爱的太阳

1 = C 4/4

四川民歌

| 6 5̲ 3̲ 6 6 | 6̲ 6̲ 5̲ 3̲ 6 6 | 3̲ 6̲ 5 3̲ 2̲ 2 | 3̲ 2̲ 5 3̲ 2̲ 2̲ 2̲ ‖

可爱的太阳， 高高挂在天上， 放出许多光芒， 照得大地多漂亮。

原歌词：

可爱的太阳高高挂在天上，放出万丈光芒，照得大地亮堂堂。

活动目标

（1）初步学会演唱新歌，初步学习即兴演唱新歌词。

（2）学习根据图片的提示自主选择编唱的内容。

（3）体验相互分享、相互支持的快乐，以及参与快速反应游戏的快乐和不断创新的快乐。

活动准备

（1）物质准备：

① 幻灯片或图片。

　　a. 整体图片1，缺少阳光的大地，动物、植物都缺少精气神。

　　b. 整体图片2，太阳出来了，动物、植物都恢复了精气神。

　　c. 图片3，更多幼儿熟悉的动物、植物，许多事物聚集在同一张图片上。

② 一个装饰着太阳形象的头箍（头饰或帽子，最好可以师幼共用，也可以准备供成人和幼儿使用的各一个）。

③ 六张独立的动物、植物过塑图片，可以分别固定在幼儿椅子的椅背上。

（2）空间准备：全体围坐成大的半圆。

活动过程

1. 了解、体验、进入情境，感知、理解创编的"支架"作品

（1）教师提供有关太阳的两种情境来渲染氛围，为"可爱"的太阳出场创造情绪准备。

（2）教师范唱歌曲，使用歌谱上提供的歌词。（第1遍范唱）

（3）教师引导并鼓励幼儿提出建议：可爱的太阳出来啦，大地上有那么多动物、植物，它们是不是很高兴呢？它们有没有变得很漂亮呢？你们都看见了谁？它们变漂亮了吗？

（4）教师快速将最先提出建议的第一位幼儿选择的事物（如大树）编唱到歌曲中。

（5）教师鼓励幼儿：大家看看，我唱了大树以后，大树是不是变得更漂亮呢？谁能够用一个动作来表示大树变得更漂亮了呢？（开始引导创编）

（6）教师鼓励幼儿：这棵"大树"的动作是不是很漂亮呢？我们大家一起跟"大树"学一学吧！（引导相互学习）

2. 整首歌曲的创编和模仿练习

（1）教师引导并组织幼儿为整首新编歌曲创编表演动作。

> 提示：一共4个动作：太阳、天上、放光、大树，两拍一次摇动。

（2）教师示范这套新编动作。（第2遍范唱）

（3）教师带领全体幼儿练习这套新编动作。重复2—3次。（第3—5遍范唱）

3. 不断尝试更多的新编方案

教师鼓励幼儿不断尝试创编图片中没有的新事物，同时鼓励幼儿边唱边表演。

4. 教师导入新游戏

（1）教师创设情境：太阳照进了我们的教室，美丽的动物、植物也来迎接太阳的光芒。教师将事先准备好的幼儿椅子搬出来在幼儿面前摆成一横排，然后戴上太阳头箍。

（2）教师帮助幼儿了解、理解游戏规则：我现在站在大树后面，大树就变得更漂亮啦！现在我又站在小花后面，现在是……变得更漂亮啦！

（3）教师带领全体幼儿专门练习"快速反应最后一句歌词"。

教师：现在我们一起来唱歌，我站在谁的后面，大家就唱谁漂亮，可以做到吗？

（4）教师站在拥有大树图片的幼儿椅子后面，带领幼儿完整地演唱："照得大树多漂亮！"同时，教师提醒、鼓励幼儿在最后一个大树造型上坚持时间稍微长一点，以展示自己有"多漂亮"。

（5）教师延迟站位：唱到最后一句开始时才开始走位，然后在事物的名词（如小花）出现前，稍微提前一点站定，以便幼儿及时唱出"小花多漂亮"。（跟唱5遍左右）

5. 幼儿尝试新游戏

（1）教师引导并鼓励幼儿：我看见××的小花开得很漂亮哦！现在奖励你来当一回太阳吧！

教师将头箍给该幼儿戴上，然后说："你想把谁照得更漂亮呢？自己走到他（她）的后面去吧！"

（2）教师继续带领幼儿玩这种"领头人"游戏。可根据幼儿实际情况重复若干次。教师应随时观察与支持需要支持的幼儿，并注意随时鼓励全体幼儿边唱边做动作表演，具体赞扬有创新动作表现的幼儿。（练唱5遍左右）

温馨提示

（1）教师给幼儿提供的动物、植物图片，最好都是能够拥有两个音节的名称。但如果是幼儿熟悉并喜爱的事物，偶尔是三个音节也可以。

（2）教师将原歌词中的"万丈"和"亮堂堂"改掉，是为了更适合小班幼儿理解、表现。

（3）第一次集体教学活动之后，教师可以将该活动地点转移到音乐区角：

　① 提供更多事物的小图片和活动图谱板（上有透明插袋），供幼儿自行替换新歌词；提供各种不同形象的太阳小图片和月亮小图片（引导幼儿设法将描述太阳的"许多光芒"替换成适合描述月亮的词，如"一点光芒"），引导幼儿学习替换可在晚上出现的事物。

　② 邀请大班哥哥姐姐前来协同游戏：向弟弟妹妹学习歌曲，帮弟弟妹妹画出他们想要唱但教师又没有提供图片的事物。

（4）教师还可以吸引家长参与活动。

　① 家长在家与幼儿共同创编、歌唱、游戏。

　② 在幼儿园的家长开放日，参与集体创编、歌唱、游戏。

案例6 我爱你　　（南京　周海燕）

使能目标阶梯

挑战4	鼓励幼儿尝试填唱同伴的名字，继续游戏。	创造性应用	幼儿尝试填唱同伴的名字。每次结束时，大家一起练习说："×××……我爱你！"继续游戏。
挑战3	辅导幼儿操作"点兵点将"，认真倾听教师填唱幼儿名字。结束时说："小朋友，我爱你们！"继续游戏。	观察应用	继续操作"点兵点将"，同时观察教师：点到谁，就即兴唱出谁的名字。结束时大家说："小朋友们，我爱你们！"继续游戏。
挑战2	指导幼儿操作"点兵点将"，继续填唱新词、游戏。	应用	在教师的引导与支持下，幼儿开始尝试操作"点兵点将"，并继续编填、演唱新词，继续游戏。
挑战1	引导幼儿集体创编新歌词练习，继续游戏。	创造性应用	在教师的组织与引导下，开始尝试创编新歌词：我爱的"具体对象"，边唱边游戏。
游戏	边范唱边依次操作"点兵点将"，教师指导、领导游戏。	模仿	被点到的幼儿前往黑板处，任意选择一片树叶翻转过来。教师引领该幼儿依次走过每位幼儿，请其辨认是谁的父母。
音乐	操作幻灯片，演示大树上一片落叶翻过来是教师妈妈的照片。教师对着树叶范唱歌曲。	观察	感知歌曲和游戏要素。
故事	简述关于"爱"的大树的故事。	理解	情境理解，产生兴趣，明确任务。

我爱你

1 = D 4/4

央视《智慧树》歌曲

| 3 3 1 5 3 — | 3 3 1 5 2 — | 3 3 1 5 4 — | 3 1 2 7 1 — |

我 爱 你 妈 妈，　　我 爱 你 妈 妈，　　我 爱 你 妈 妈，　　我 爱 你 妈 妈。
我 爱 你 XX，　　　我 爱 你 XX，　　　我 爱 你 XX，　　　我 爱 你 XX。
我 爱 你 孩 子，　　我 爱 你 孩 子，　　我 爱 你 孩 子，　　我 爱 你 孩 子。

| 3 3 3 4 4 4 | 3 3 2 1 5 2 2 2 | 3 3 3 4 4 4 | 3 3 1 2 7 1 1 1 ‖

我 爱 你 好 妈 妈，我 爱 你 我 的 好 妈 妈，我 爱 你 好 妈 妈，我 爱 你 我 的 好 妈 妈。
我 爱 你 好 朋 友，我 爱 你 我 的 好 朋 友，我 爱 你 好 朋 友，我 爱 你 我 的 好 朋 友。
我 爱 你 好 孩 子，我 爱 你 我 的 好 孩 子，我 爱 你 好 孩 子，我 爱 你 我 的 好 孩 子。

原歌词：

我爱你爸爸，我爱你妈妈。

我爱你大树，我爱你小花。

我爱你小嘟嘟，我爱你小小智慧树。

我爱你小嘟嘟，我爱你小小智慧树。

活动目标

（1）初步学会演唱新歌。

（2）学习为新歌创编新的歌词，学习分享和相互学习。

（3）学习理解、体验和表达爱的情感。

活动准备

（1）物质准备：

①黑板上画有一棵大树树干和树枝，上面贴满树叶。树叶的形状由教师准备，树叶一面的颜色由幼儿自己涂染，另外一面贴上本班幼儿父母的照片。最初出示的时候，有照片的一面对着黑板固定（注意只粘贴照片角落处的一点点），以便取下和翻看。

②幻灯片或实物：大树叶，背面是教师妈妈的照片。

（2）经验准备：

①参与提供父母的照片。

注意：因可能有特殊家庭，任何家庭成员或幼儿喜欢的照看人员照片都鼓励提交。

②参与涂染教具中的树叶。

（3）空间准备：全体围坐成大的半圆。

活动过程

1. 了解、体验、进入情境，感知、理解创编的"支架"作品

（1）教师：我们每个家里都有爸爸妈妈、爷爷奶奶、外公外婆，还有其他爱我们的人，他们不但非常非常爱我们小朋友，而且也都非常非常热爱我们的家。就像这棵大树，到了冬天，树叶落下来，都要把树根保护好。你们看，有一片树叶落下来了，那是我妈妈给我的照片呢。你们看，我妈妈多温柔，多好看！我要唱一首好听的歌给她听。

（2）教师对着妈妈的照片唱歌。（第1遍范唱）

（3）教师询问幼儿听到自己唱了什么。

（4）教师：妈妈说，她也要唱歌给我听，请你们听听看，我妈妈唱了什么？（第2遍范唱）

（5）教师引导幼儿：我妈妈对我唱了什么呢？谁听清楚了？……对呀，你们喊我老师，我妈妈喊我好孩子。（第3遍范唱）

2. 尝试玩游戏

（1）教师：这棵大树的树叶背后，藏着我们全班小朋友的爸爸妈妈的照片，现在听老师的歌声会把谁的爸爸妈妈请出来好吗？

（2）教师范唱（"妈妈"歌词），同时两拍一次"点兵点将"。歌声结束后，带领全体幼儿对点中的幼儿说："×××，我们爱你！"（第4遍范唱）

（3）教师：我们现在拜托×××小朋友去请爸爸妈妈出来吧！该幼儿在教师的指导下选摘一片树叶，翻转过来仔细观察。

（4）教师：×××，这是你的妈妈（或爸爸妈妈，或爸爸，或……）吗？（幼儿回答是或不是。若是，教师号召全体幼儿鼓掌祝贺。若不是，教师引领该幼儿沿着半圆走一圈，让每个幼儿辨认，对认出照片上是谁的幼儿鼓掌祝贺）

（5）同样环节再重复进行2次。（第5—6遍范唱）

3. 尝试创编，继续游戏

（1）教师：刚才，老师一直在对妈妈说"我爱你"，我们小朋友还想对谁说"我爱你"呢？

> **注意：** 接纳幼儿的任何合理意见。

（2）教师迅速接纳第一位幼儿的意见，然后邀请幼儿尝试一起参与演唱新歌词，同时继续玩游戏。

> **注意：** 不要忘记，每次都要对"点兵点将"选中的幼儿说："×××，我们爱你！"

（3）同样的练唱和游戏重复3—4次。（练唱3—4遍）

4. 幼儿尝试操作"点兵点将"，继续游戏

在教师的引导与支持下（教师跟随操作"点兵点将"的幼儿，用适合该幼儿的方法引导他

两拍一次依次点数),幼儿练唱和游戏重复4次。(练唱7—8遍)

5. 教师示范演唱幼儿名字

仍旧是幼儿操作"点兵点将",点到哪位幼儿,教师就唱该幼儿的名字(最好唱两个字的小名,或只唱名字中的两个字),继续游戏,重复2次。最后在说完所有幼儿的名字后,再说"我们爱你"。(范唱5—6遍)

6. 幼儿尝试唱同伴的名字

(1)教师组织邀请4位幼儿志愿者站在大家的前面成一横排,先明确4位幼儿的名字,全体幼儿在教师手势的指引下一一唱出4位幼儿的名字。最后在说完所有4位幼儿的名字后,再说"我们爱你"。然后4位幼儿同时去摘树叶。同样的游戏重复2次。(练唱9—10遍)

(2)教师让全体幼儿手拿贴着自己家人照片的树叶,面对大树连说3遍:爸爸妈妈我们爱你!

温馨提示

(1)教师妈妈的照片:可以是照片也可以是图片,照片上可以只有妈妈,也可以是亲子照。

(2)幼儿父母的照片:可以是只有父亲或母亲,也可以同时有父母亲,也可以是亲子照或全家福,或幼儿自己喜欢的其他家庭成员或照看人的照片。照片应该是幼儿自己在家里挑选后带来的。

(3)全班幼儿基本上已经非常熟悉同伴的名字和小名。

(4)教师需要非常热情地带动幼儿体验爱和表达爱。

(5)全体围坐成比较大的半圆,便于活动开展。

友情提问

(1)为什么要使用现场参与活动的师幼自己家人的照片?而且要让幼儿自己挑选,自己提供?

(2)为什么在活动过程2中的环节(4)要特别提出让教师引领并鼓励幼儿鼓掌?有鼓掌和没有鼓掌行为会有什么不同?

二、适合中班幼儿使用的案例

 案例1 猪小弟变干净了 （杭州 沈颖洁）

使能目标阶梯

阶段	教师行为	类别	幼儿行为
挑战5	鼓励幼儿独立地边唱歌边游戏。	创造性应用	在琴声的伴奏下，创编新歌词，并基本独立地边唱歌边游戏。
挑战4	带领幼儿专门进行新歌练习。	巩固、完善	在教师的引导下进行新歌的反思、评价，继续完善学习。
挑战3	逐步退出，让幼儿逐步独立进行传递和猜谜游戏。	应用	在教师带领下边唱歌边进行传递和猜谜游戏。
挑战2	引导幼儿尝试传递和猜谜游戏。	模仿	在教师伴唱的同时，开始尝试随乐传递和猜谜游戏。
挑战1	带领全体幼儿练习念白。	模仿	继续感知、记忆歌曲的内容、游戏要素、流程及角色之间的互动行为。全体练习说："快来，让我帮你洗洗吧！"
游戏	主、配班教师合作随乐示范游戏玩法。	观察	感知、记忆歌曲的内容、游戏要素、流程及角色之间的互动行为。
故事	简述"猪小弟变干净"的故事。	理解	情境理解，产生兴趣，明确任务。

猪小弟变干净了

1 = C 2/4

佚名 词曲

| i 3 5 | i. i i 3 | 5 6 5 | 5 3 2 | 2. 3 6 5 | 2 3 1 ‖

猪小弟　去找小羊　玩游戏，小羊说　你的脸上　全是泥！
（念白）：快来，让我帮你洗洗吧！

原歌词：

猪小弟去找小羊（小猴）玩游戏，小羊说你的脸上全是泥（身上脏兮兮）。

（念白）：脏死了！走开，走开！

猪小弟，哭哭啼啼回家去，妈妈说，快洗干净再出去。

猪小弟，干干净净出门去，朋友们，一起唱歌做游戏。

活动目标

（1）初步学会演唱新歌。

（2）学习边唱歌边传递沐浴球。初步感受随乐传递的游戏形式，初步理解并注意到：随乐时需要将传递动作与歌唱的节奏相匹配。

（3）了解规则，并尽力在传递的过程中控制情绪和行为，不让沐浴球掉落地面。努力学会大声说出念白："快来，让我帮你洗洗吧！"进行角色单独互动时，学会说"谢谢"和"不客气"，并能够自发与同伴进行亲切的身体互动。

活动准备

（1）物质准备。

① 一张稍微大一点的过塑的小猪图片，图片上的小猪身上画着多处大小脏痕（可以用抹布擦掉的"脏痕"）。

② 一个沐浴球。

（2）经验准备：如果幼儿有玩过传递游戏的经验更好。

（3）空间准备：全体围坐成大半圆，配班教师坐在幼儿当中。

活动过程

1. 了解情境，进入活动，初听范唱

（1）主班教师出示小猪图片，简述小猪弄脏了身体，不知道怎样才能弄干净，并提出需要大家帮忙。

（2）主班教师出示沐浴球：小羊说愿意第一个来帮助小猪，谁是那只小羊呢？沐浴球会把它找出来。

2. 演示游戏玩法，重点演示传递和最后的互动部分

（1）主班教师边范唱边按照节奏依次触碰幼儿的手，最后歌曲唱完沐浴球正好碰到配班教师的手。（第1遍范唱）

（2）主班教师：××老师就是那只小羊。如果我是小猪，看××老师会怎么做。

（3）配班教师：快来，让我帮你洗洗吧！

（4）主班教师将沐浴球交给配班教师，配班教师假装为主班教师洗脸。主、配班教师相互说"谢谢你"和"不客气"，然后相互拥抱。

（5）主班教师询问幼儿，两位老师都做了什么。

3. 再次演示游戏玩法，增加"猜谜游戏"部分（第2遍范唱）

（1）配班教师扮演小猪，坐在幼儿对面，用小猪面具或眼罩挡住眼睛。主班教师再次开始范唱和传递沐浴球（从上次配班教师旁边的幼儿开始）。

（2）传递歌曲唱完，主班教师先号召全体幼儿一起说3遍："快来，让我帮你洗洗吧！"

（3）主班教师邀请被"点中"的最后一位幼儿独立说这句话。随后再由配班教师猜测这位"新小羊"的名字。

> **注意**：不管猜对还是猜错，都会进行洗脸、致谢、拥抱等后续的活动环节。

4. 幼儿尝试全面参与游戏

同样的方式继续游戏，重复进行4—5次。游戏方法相同，传递指导的程度不同：

（1）第1次游戏，教师边范唱边用沐浴球触碰幼儿的手。

（2）第2次与第3次游戏，教师边范唱边用手引导幼儿依次传递。

（3）第4次与第5次游戏，教师边范唱边用点头或眼神来提醒幼儿依次传递。（第3—4遍范唱）

> **注意**：教师在第3—4遍范唱时，若有幼儿轻声跟唱，教师应该接纳。

5. 专门练唱歌曲（大约完整练唱4—5遍）

（1）教师鼓励幼儿轻声独立再现歌曲，同时评估幼儿掌握的情况。

（2）教师引导鼓励幼儿反思、评价掌握的效果如何：会唱了吗？每一句都会唱了吗？每一个人都会唱了吗？谁有困难？是哪一句有困难？（如果幼儿不清楚，教师可以进一步暗示或明确指出实际存在的问题）

（3）教师帮助有困难的幼儿解决问题。（澄清问题、重新示范、练习巩固）

6. 创造性地游戏

（1）主班教师：这一次，又是哪位小动物自愿帮助小猪呢？小猪身上又是哪里很脏需要洗呢？

（2）引导幼儿确定新的小动物和新的需要清洗的部位，明确新歌词的内容，重新开始

游戏。

（3）重复上述（1）、（2）环节2—3次。（大约一共练唱8—9遍）

（4）教师出示被完全擦干净的小猪图片，邀请全体幼儿为小猪鼓掌。教师带头随乐鼓掌并演唱新词：猪小弟，干干净净出门去，朋友们，一起唱歌做游戏。

（5）全体幼儿起立手拉手围成圆圈，配班教师手拿小猪图片站在圆圈中间，主班教师边演唱新词边带领圆圈向内缩小和向外扩大。歌曲唱完后主班教师向天空抛出沐浴球，并带头欢呼。配班教师大声热情致谢说："谢谢大家帮我洗干净！"

温馨提示

（1）本案例的原创老师在歌曲的立意上做了很大的改进，这一点需要特别注意。

（2）图片上的小猪应该画得非常脏，因为"每次洗过"主班教师都要擦掉一点脏，并让幼儿看得出"自己努力的成效"。

注意：这是"立即反馈"的教学技术的实际应用。

（3）这个活动中包含两个游戏："传递游戏"和"猜音源游戏"。

（4）中班幼儿已经可以学习"伪装音色"，因此，教师可以在这方面给予引导。

（5）对于特别羞涩、与同伴互动有困难的幼儿，教师还需要注意引导和鼓励。

友情提问

（1）在活动过程5中的环节（2）中，教师为什么要提出那么具体的问题如："会唱了吗？每一句都会唱了吗？每一个人都会唱了吗？谁有困难？是哪一句有困难呢？"

（2）原歌词结束时的对白是："脏死了，走开，走开！"现在改成了什么？这样修改的价值有哪些？

（3）你觉得猜测活动结束时，猜测者与被猜幼儿需要相互握手和拥抱一下吗？扮演小猪的幼儿需要致谢吗？

案例2 小猴真淘气 (南京 乔桦)

使能目标阶梯

挑战5	鼓励幼儿独立地边唱歌边游戏。	创造性应用	在琴声的伴奏下，继续创编新的滑倒造型，并基本独立地边唱歌边游戏。
挑战4	带领幼儿专门进行新歌练习。	巩固、完善	在教师的引导下，进行新歌的反思、评价，继续完善学习。
挑战3	带领幼儿完整随乐游戏。	应用	尝试完整随乐游戏，学习重点在于：传递质量和最后的造型质量。
挑战2	帮助幼儿逐渐掌握随乐传递的技能。	练习	练习进程：弄清传递方向—徒手练习—传递玩具—尽力合乐。
挑战1	引导幼儿尝试创编、交流"摔跤"造型。	创造模仿	初步尝试游戏，并在教师的引导与鼓励下学习创编、交流。教师指导的重点在于：如何使"摔跤造型"与别人不同。
游戏	主、配班教师合作随乐示范游戏玩法。	观察	感知、记忆歌曲的内容、游戏要素、流程及规则。
故事	简述"小猴摔跤"的故事。	理解	情境理解，产生兴趣，明确任务。

小猴真淘气

新中 词
一笑 曲
乔桦 改编

1 = D 2/4

| 1 | 1 2 | 3 - | 5 5 6 3 | 2 - | 3 3 5 5 | 1 1 2 | 6 2 1 6 | 5 - |

小　小　猴　真呀真淘　气，　吃完西瓜　乱扔皮　乱呀乱扔　皮。

| 1 1 1 2 | 3 - | 5 5 6 3 | 2 - | 3 3 5 5 | 1 1 2 | 6 2 1 6 | 1 - |

滑倒熊大伯　滑倒鹿阿姨，　小猴到底　是谁呀　小猴是谁　呀？

| X X X X | X - | X X X X | X - | （1 2 1 2 | 1 2 1 2 | 1 2 1 2 | 1 - ）‖

小猴是谁　呀？　小猴就是　他！

活动目标

（1）初步学会演唱新歌；尽努力按照歌唱的节奏传递。

（2）学习创编各种地面水平空间的"狼狈滑倒后"的身体造型（含表情）。

（3）了解规则：滑倒后的"小猴"尽力将造型控制4拍不动；其他幼儿尽力控制不笑。在教师的引导下体验和表达对小猴的既批评又同情的情感。

活动准备

（1）物质准备：

① 一个小猴绒布玩具，大约宽20厘米、高30厘米比较适宜。

② 建议用幻灯展示故事的主要情景：小猴吃西瓜；小猴扔西瓜皮；熊大伯滑倒；鹿阿姨滑倒；小猴滑倒。

（2）经验准备：无须特别准备。

（3）空间准备：全体围坐成一个大圆圈。

活动过程

1. 了解情境，进入活动，初听范唱

（1）教师简述故事，并简要与幼儿讨论是谁的对错。

（2）教师播放幻灯片，同时配合画面范唱歌曲。（第1遍范唱）

2. 了解游戏要素、流程和规则

（1）配班教师扮演小猴，主班教师用小猴绒布玩具"点兵点将"，同时范唱歌曲。（第2遍范唱）

（2）配班教师拿到小猴玩具，起立走到圆圈正中间，开始跟随尾奏音乐转圆圈，听到最后的结束音群时假装摔倒，做出狼狈造型并坚持4拍不动。

（3）主班教师简要引导幼儿讨论：小猴为什么会摔倒？小猴在什么地方做得不对？我们大家该不该笑小猴？这时候大家面对小猴应该使用怎样的表情和姿态？

3. 创编滑倒造型

（1）主班教师手拿玩具小猴依次触碰各个幼儿的手心（"点兵点将"），最后被点到者起立走到圆圈正中间，开始跟随尾奏音乐转圆圈，听到最后的结束音群时假装摔倒，做出狼狈造型并坚持4拍不动。（进程需要比较缓慢，教师应注意随时等待和指导有需要帮助的幼儿；游戏重复玩2次，第3—4遍范唱）

（2）主班教师再次强调小猴滑倒后大家应有的态度和行为表现。（造型，也是坚持4拍不动）

（3）主班教师用手势引导幼儿按照正确的方向和节奏传递。（游戏再玩2次，第5—6遍范唱）

> 注意：教师应接纳轻声跟唱的幼儿。

（4）教师重点指导不同造型的思路：

①我们看到这位小猴滑倒以后身体是朝上、朝下还是朝旁边倒呢？

②这位小猴的身体、手臂、腿都是伸直的还是弯曲的？

③这位小猴的手臂和腿是平放在地上的还是上翘起来的？

④你们看见小猴的表情了吗？他的眼睛和嘴巴是闭起来的还是睁开来的？是正常的还是歪斜的？你们觉得这样表情是什么意思呢？

> 注意：教师不要一次提示太多思路，以免幼儿"不消化"。

4. 练习高质量地传递小猴玩具

根据实际情况，让幼儿挑战在教师伴唱的条件支持下，练习专门提升传递质量。（速度不能太快，估计需要重复3—4遍）

5. 专门练习演唱新歌（大约会完整练唱4—5遍）

（1）教师鼓励幼儿轻声独立再现歌曲，同时评估幼儿掌握的情况。

（2）教师引导与鼓励幼儿反思、评价掌握的效果如何。如：会唱了吗？每一句都会唱了吗？每一个人都会唱了吗？谁有困难？是哪一句有困难？

> 注意：如果幼儿不清楚，教师可以进一步暗示或明确指出实际存在的问题。

（3）教师帮助有困难的幼儿解决问题。（澄清问题、重新示范、练习巩固；大多数幼儿估计能练习唱新歌至少6遍以上）

6. 独立、完整且创造性地游戏

（1）跟随琴声独立、完整且创造性地游戏。（游戏玩2—3次）

（2）最后主班教师简单征求意见：如果你们是小猴，会怎样向大家承认错误呢？
（3）主班教师借用玩具小猴再次重复幼儿建议的"认错话语"。

温馨提示

（1）对于"创编不同滑倒造型"思路的指导非常重要。
（2）对"小猴滑倒后"持什么态度，以及怎样表达正确态度的指导非常重要。
（3）对于中班幼儿来说，"反思、评价、自我完善"的态度和技能的"入门指导"非常重要。
（4）对于兴奋抑制困难的中班幼儿，自我克制的行为养成指导更为重要。比如：

① 在"指导传递"时，教师自己要沉着、冷静，严格按照歌曲演唱的节奏来传递，并应不断提示幼儿注意：要很认真地将小猴放到同伴手中，确认同伴拿好了，才能放手；一定注意不能将小猴掉在地上。

② "小猴"滑倒了，其他幼儿要克制住不要笑。因为别人笑话你，你也会难过的。

> **友情提问**
> （1）你觉得在引导"小猴"创编滑倒造型时需要提醒幼儿注意安全吗？
> （2）为什么要沉着、冷静地严格按照歌曲演唱的节奏来传递？是为了流畅地进行游戏？为了卡准节奏？为了培养幼儿的节奏感？还是为了让幼儿养成沉着、冷静和严格要求自我管理的习惯呢？
> （3）为什么要对"滑倒"之后小猴及其他人的表情进行引导？

案例3　调皮的小鞋子 （长沙　陈相江）

扫码看活动视频

使能目标阶梯

阶段	内容	类型	说明
挑战5	鼓励、支持幼儿独立完整创造性地边唱新歌边玩游戏。	创造性应用	跟随琴声独立、完整、流畅、创造性地游戏。
挑战4	组织幼儿专门练习演唱新歌。	巩固、完善	在教师的引导下，进行新歌的反思、评价，继续完善学习。
挑战3	鼓励幼儿尝试在约翰、朋友、爷爷来了三种情境下游戏。	应用	迁移"快速上位"的游戏经验和其他前述经验，再次提升游戏的挑战性。
挑战2	鼓励幼儿尝试在朋友和约翰来了两种情境下游戏。	应用	迁移应用"木头人"游戏和先坐、后站、再走的经验，提升游戏的挑战性。
挑战1	鼓励幼儿尝试在朋友情景下随乐游戏。	模仿	按照先坐、后站、再走的顺序随乐游戏。
游戏	随乐讲解、示范游戏（朋友情境）。	观察	感知、记忆歌曲、游戏要素、流程及规则。
故事	简述"小鞋子找朋友"的故事。	理解	情境理解，产生兴趣，明确任务。

调皮的小鞋子

鲍贤琨 曲
陈相江 填词

1=C 2/4

```
5 5 3 3 | 5 5 3 3 | 6 i 7 6 | 5 - | 5 3 | 5 3 | 1 2 4 3 | 2 - |
小 小 鞋 子  小 小 鞋 子  跑 来 又 跑 去，   竖 起 耳 朵 仔 细    听。

1 2 3 4 | 5 - | 4 5 6 7 | i - | 1 6 0 | 5 4 3 2 | 1 - ||
踢 踢 踢 踢 踏    踢 踢 踢 踢 踏，  啊 呀！ 谁 来   啦？
```

注意：更换角色的时候，应根据新角色将"踢踏"声更换成适宜的声音。

活动目标

（1）初步学会演唱新歌。

（2）学习自由地即兴乐表演。

（3）体验和表现对鞋匠爷爷的理解和关心，努力克制自己的歌唱和表演。从容、冷静地倾听不同信号，并随即进行快速反应，享受"自己能够快速且成功地应对环境变化"的乐趣。

活动准备

（1）物质准备：情境图片。

（2）经验准备：

① 拥有听信号"快速上位"、停信号立即"造型不动"等游戏经验。

② 也许有些班级已经会唱原创歌曲《谁来了》，这也挺好。如果幼儿不会唱也没有关系。

③ 事先阅读过绘本故事。

（3）空间准备：全体围坐成大的半圆。

活动过程

1. 了解情境，进入活动，初听范唱

（1）主班教师出示情境图片：鞋匠爷爷工作了一整天，已经累得睡着了。半夜，爷爷睡得很香很香，鞋柜里的小鞋子们却睡醒了。他们想出来做游戏，又不想吵醒辛苦了一天的鞋匠爷爷。于是，他们唱歌、作游戏的时候，都努力尽量保持发出最小最小的声音。（第1遍范唱）

（2）主班教师：看小鞋子们静悄悄地出来，看见自己的小鞋子好朋友，还互相打招呼呢！教师范唱的同时用双手在自己的大腿上做出假装小鞋子在走路的动作。（第2遍范唱）

（3）歌唱完后，教师先说"好朋友来啦"，然后教师再带头示范并鼓励幼儿与自己、与同伴相互打招呼。说"嗨"、说"你好"都可以。

（4）主班教师：现在，我们都变成小鞋子，在准备去鞋匠爷爷的工作室之前，先在我们的小腿上走一走吧！教师带头使劲伸了一个大懒腰，然后听前奏开始带领幼儿一起用双手在大腿上假装走动。（第3遍范唱）

（5）观察幼儿的手是否能够基本跟上演唱歌曲的节奏。教师提出要求，再做一遍。（第4遍范唱）

2. 尝试一种反应的游戏

（1）主班教师：现在，让我们一起站起来，在自己的鞋柜门口再练习一下，这次我们的小脚也一定要跟着节奏轻轻走哦。（第5遍范唱）

（2）主班教师：这次，我们真的可以去爷爷的工作室玩一玩啦。每一遍结束后教师都需要先说"好朋友来啦"，然后再引导幼儿轻轻地相互打招呼。（第6遍范唱）

> 注意：此时教师可以鼓励觉得自己会唱的幼儿轻轻跟唱。

（3）主班教师：嘘！好像有人来啦。爷爷可能会被吵醒，我们先回到鞋柜去休息一下吧！

3. 尝试两种反应的游戏

（1）主班教师：原来是小鞋子的大朋友，男孩子约翰来啦。嗨！约翰哥哥，我们一起来玩捉迷藏好吗？幼儿要学会轻轻的，不要把爷爷吵醒。这回如果听见我说约翰哥哥来了，我们就用手捂住脸藏起来；听见我说：好朋友来了，大家还是要……（等待幼儿主动相互打招呼）教师注意随时提醒幼儿要轻轻的。

（2）尝试两种反应的游戏，重复2—3次，直到幼儿基本能够快速正确反应为止。

（3）主班教师：嘘！好像有人来啦。爷爷可能会被吵醒，我们先回到鞋柜去休息一下吧！

4. 尝试三种反应的游戏

（1）主班教师：哦，虚惊一场。虽然我们已经非常小心，但是爷爷还是有可能自己醒来。如果爷爷醒来看见鞋柜里是空的，爷爷一定会担心我们。所以，如果爷爷醒来，我们一定要快快回到鞋柜去坐坐好，就像我们从来都没有出去过一样，好吗？

（2）尝试三种反应的游戏，重复2—3次，直到幼儿基本能够快速正确反应为止。（前面可重复3—4遍两种反应的游戏，最后一次游戏时，教师才说"爷爷来啦"，以方便组织幼儿上位坐好）

5. 评价、反思新歌掌握的情况，继续练习、巩固、提高

大约会练唱10遍左右。（同前，不赘述）

6. 享受最后的游戏快乐

（同前，不赘述）

温馨提示

（1）教师要特别注意：在说"××来啦"的快速反应口令时，要努力带上那种"玩游戏"的特殊口吻。

（2）这个游戏属于那种可以根据歌词内容自由表现的游戏，教师需要随时引导、鼓励幼儿使用不同的走、听、打招呼的动作，以及在鞋柜摆出不同的鞋子造型。

（3）因为已经是中班幼儿，所以最初可用手在大腿上假装行走，在椅子前用脚行走（鞋柜门口），到活动过程4为止还是尽量提醒幼儿按照歌曲的节奏运动下肢。

（4）教师应该尽力渲染关心爷爷，努力克制要轻轻的情绪氛围，让幼儿能够持续体验这种关心、体贴他人的情感。

友情提问

（1）为什么案例从头到尾一直强调不要吵醒爷爷？是因为小鞋子害怕爷爷批评吗？

（2）"木头人"游戏是一种非常受幼儿喜欢的传统体育游戏，在这个案例中，该游戏的使用对这个活动起到了什么作用？经常玩类似游戏，对中班阶段幼儿哪方面的发展作用较大？对幼儿的长远发展又有什么作用？

（3）温馨提示（3）中为什么要提示幼儿先坐到椅子前再到移动的流程？还要求尽量提醒幼儿按照歌曲的节奏运动下肢？是仅仅为了乐感吗？还有什么教育价值？

案例4 蚂蚁搬豆 （南京 唐莉芳、陈昱含）

使能目标阶梯

挑战5	鼓励幼儿尝试将新词填入并唱出。	创造性应用	尝试独立填唱新故事。
挑战4	引导继续编填关于绘本《井底之蛙》的新歌词。	应用	按照原歌词图谱的结构，一一对应编填新歌词。
挑战3	挑战幼儿参与黄、圆认知游戏。	应用	迁移应用原有关于"既黄又圆"的经验，挑战认知游戏。
挑战2	鼓励幼儿尝试将新词填入并唱出。	创造性应用	尝试独立填唱新故事。
挑战1	引导幼儿编填关于绘本《猴子捞月》的新歌词。	创造性应用	按照原歌词图谱的结构，一一对应编填新歌词。
复习	引导幼儿回忆学过的歌曲《蚂蚁搬豆》。	回顾、分析	对照歌词图片复习歌曲《蚂蚁搬豆》，理解歌词结构。
故事	引导幼儿简述绘本故事《蚂蚁搬豆》。	理解	情境理解，产生兴趣，明确任务。

蚂蚁搬豆

传统儿歌
佚名 词曲

1 = D 2/4

| 1 2 3 3 | 2 3 5 | 6 5 3 6 | 5 - | 5. 6 5 3 | 1 2 3 | 5. 3 2 3 | 1 - ‖

一只蚂蚁 在洞口 看见一粒 豆， 用力搬也 搬不动，急得直摇 头。
小小蚂蚁 想一想 想出好办 法， 回洞请来 好朋友，抬着一起 走。

活动目标

（1）学习为《蚂蚁搬豆》创编新歌词：《猴子捞月》和《井底之蛙》。
（2）利用歌词图谱结构的支架与一一对应的策略，编填新歌词。
（3）积极参与向集体提供意见，享受共同建构作品的快乐。

活动准备

（1）物质准备：准备相关的幻灯片（或图片）若干张。
（2）经验准备：
　①经过一个阶段的综合阅读学习，对《猴子捞月》和《井底之蛙》两个绘本的内容、含义等拥有了比较丰富且深入的了解和理解。
　②学习过《蚂蚁搬豆》的歌曲，已经基本达到独立、熟练演唱的程度。
　③在学习《蚂蚁搬豆》的过程中，经教师的引导，集体共建了歌曲（歌词）的图谱。对图谱和歌词的结构关联，拥有一定的感性经验。
（3）空间准备：全体围坐成大的半圆。

图谱样式的参考建议：

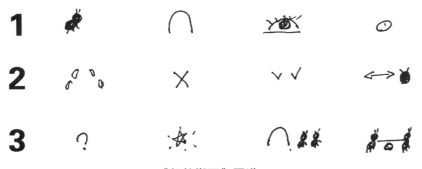

《蚂蚁搬豆》图谱

图谱符号说明：

这是某中班幼儿建构出的前书写符号图谱。

第一行：一只蚂蚁，"拱形"表示洞口，"眼睛"表示看见，一粒豆。

第二行："汗滴"表示用力，"×"表示失败，"皱眉"表示着急，"左右箭头"表示摇来摇去。

第三行："?"表示想办法，"闪光星星"表示好办法。（其余不用另外解释）

注意：按照第一行与第二行表示第一段的结构，应该用第三行表示第二段。

活动过程

1. 对照图谱复习歌曲《蚂蚁搬豆》

（1）教师引导幼儿简述绘本《蚂蚁搬豆》的故事。

（2）教师出示图谱，引导幼儿跟随琴声复习蚂蚁搬豆。

2. 创编《猴子捞月》的新歌词

（1）主班教师：上次我们学习《蚂蚁搬豆》的时候，大家已经为歌曲设计了图谱。今天我们会按照这张图谱，为《猴子捞月》的故事创编一首新歌。大家愿意接受这个挑战吗？

（2）主班教师：《蚂蚁搬豆》的歌曲，第一句唱的是：一只蚂蚁在洞口。在图谱上，（教师用手指出相应的位置），先是"一只蚂蚁"，然后是"一个洞"。

（3）主班教师：今天我们要唱《猴子捞月》的歌曲，故事里说的是谁？（猴子）它在哪里呢？（井里，要具体看幼儿怎样说）

（4）主班教师：想一想，绘本故事里的猴子到底是在井的什么地方看见月亮的呢？是在井的里边，还是在井的外边？是在离井口很远的地方，还是很近的地方呢？那月亮又是在哪里呢？（可以选择：井里、井边、井口，具体看幼儿怎样理解、选择）

（5）主班教师：故事里说的是一只猴子还是一群猴子呢？

（6）主班教师：猴子们在井里看见了什么？（幼儿：月亮）

（7）主班教师：你们可以加一个字来说说月亮是什么样子的吗？（可以选择圆月亮或黄月亮，具体看幼儿怎样选择）

（8）主班教师：看到月亮以后，猴子对月亮做了什么事情呢？（这对幼儿来说，可能会有点困难）

（9）主班教师：我们来看《蚂蚁搬豆》的歌在这里（用手指图）唱的是"用力搬也搬不动"，我们可以怎样说猴子呢？（可以选择：用力或使劲，捞也捞不到。幼儿：后面不用变）

（10）主班教师：对呀！蚂蚁着急，猴子也着急。真是个聪明的想法！

（11）（幼儿：后面也不用变，一样的）主班教师：对！猴子们也想出了自己认为的好办法，而且它们相信一定能成功。

（12）主班教师将新编歌词符号——对应地摆在原歌词符号的下面。

(13) 主班教师引导幼儿把新歌唱出来。（尝试演唱2—3遍）

3. 挑战黄、圆认知游戏

（1）主班教师：最后猴子们成功了吗？（幼儿：没有）

（2）主班教师：现在我们来看一看，新《猴子捞月》的故事里发生了什么事情。教师播放音效"噗通"的同时出示幻灯画面：天上乌云遮住了月亮，而井里真的有个黄黄的、圆圆的形象。小猴子说：你们看，天上的月亮真的掉到井里面去了！

（3）主班教师：井里的东西真的是月亮吗？（幼儿：不是）

（4）主班教师：你们怎么能肯定不是月亮呢？

（5）主班教师出示拴了绳子的塑料小桶：谁愿意去把它捞上来看看。（教师把绳子交给幼儿志愿者，把桶交给配班教师，配班教师在幼儿看不见的地方，放进一个黄球）当幼儿将桶拽出时，幻灯中井里的"月亮"随即消失。

（6）主班教师：原来只是一个黄色的球呀！

（7）主班教师再次播放音效"噗通"的同时出示幻灯画面：而井里再次出现了一个黄黄的、圆圆的形象。

（8）主班教师：你们看，月亮还真是井里面呢！（幼儿：不是）

（9）主班教师出示一张系着绳子的网：我们一起把它捞出来看看吧！（教师把网上的绳子交给幼儿志愿者，把网交给配班教师，配班教师在幼儿看不见的地方，放进一个大的黄色塑料盆或大的黄色健身球）当幼儿将桶拽出时，幻灯中井里的"月亮"随即消失。

（10）主班教师：哈哈，原来是……

（11）主班教师再次播放幻灯：乌云散去，月亮高挂。

（12）主班教师：你们说得对。月亮是不会真的掉到井里面去的。但不管怎样，好心的猴子们还是尽到了它们的努力。我们一起再来唱唱我们为猴子们创编的新歌吧！（继续演唱1—2遍）

4. 后续任务的挑战

主班教师：最近我们也学习了绘本故事《井底之蛙》，你可以去区角试试看，画一画你的图谱，编一编你的新歌；你也可以回家和爸爸妈妈一起编。如果你需要《蚂蚁搬豆》和《猴子捞月》图谱做参考，老师可以拍照发给你的爸爸妈妈。不管是谁编好了、唱好了，请告诉老师，老师找机会让你唱给大家听。

附：参考歌词：

猴子捞月

一群猴子在井口（边，里），看见圆月亮。

用力捞也捞不到，急得直摇头。

小小猴子想一想，想出好办法。

回洞请来好朋友，一定能成功。

井底之蛙
一只青蛙在井里（底），看见一片天。
用力够也够不到，急得直摇头。
小小青蛙想一想，想出好办法。
请来小鸟帮助它，飞上了天空。

温馨提示

（1）这是一个与前面完全不同的活动，幼儿从活动中学习的主要内容，不再是那首歌曲，而是"利用原歌曲的结构框架"，学习创编既有完整意义又有完整形式结构的歌曲作品。原歌曲在此的价值，更好像是幼儿学习创作的一个"支架"。

（2）这里所提供的许多教师具体引导幼儿的内容，是根据实际施教班级幼儿的真实反应组织的。教师在实际使用这个教案时，还是需要根据本班施教幼儿的实际反应进行对应。

（3）在这里，两首新编的歌词，都已经具有新编故事的新含义，而并没有拘泥于传统故事中的批评含义。

（4）如果幼儿的建议多于原歌词的字数，教师可以用以下两种思路引导幼儿：一是先点数并对比新、旧两句歌词的字数，再设法让新歌词的字数匹配原词；二是增加曲调节奏的密集性，以匹配新歌词更多的字数。

（6）大家都知道中国传统戏剧有"曲牌"概念。专业作家在为新戏创编唱段的时候，都是先根据人物的行当、性格、剧情选择适合的曲牌，再在曲牌的词曲框架的基础上填词和对曲调的行腔进行微调的。在专业创作中，这种"支架"的作用也是非常重要的。具体看以下范例：

现代京剧《智取威虎山》中李勇奇的唱段'早也盼，晚也盼"，由陶雄、李桐森作词。在2020年全国抗击"新冠病毒肺炎"疫情期间，曾经扮演过李勇奇的武汉京剧表演艺术家刘宾华不幸染病住院，康复出院那天，他将自己重新填词的"早也盼，晚也盼"深情唱出，献给医院的工作人员表达心意。

原白（无）。

新白：王大夫，我真的能出院啦？！

（二黄碰板）

原词：早也盼，晚也盼，望穿我的双眼。

新词：早也盼，晚也盼，望穿我的双眼。

原词：谁知道，今日里，打土匪，进深山，

新词：谁知道，今日里，病房中，喜讯传，

原词：救穷人，脱苦难，自己的队伍来到面前。

新词：抱亲人，热泪滚，述说不尽的万语千言。

（二黄原板）

原词：亲人呐……

新词：亲人呐……

原词：我不该，青红不分，皂白不辩。

新词：入院来，昼夜不分，心惊胆颤。

原词：我不该，将亲人，当仇敌，羞愧难言。

新词：多少回，噩梦中，来到了，生死边缘。

原词：三十年，做牛马，天日不见。

新词：一天天，病榻上，家人难见。

原词：抚着这条条伤痕处处疮疤，我强压怒火，挣扎在无底深渊。

新词：我把那不是亲人胜似亲人的一桩桩一件件铭刻在颤抖心田。

原词：乡亲们悲愤难诉仇和怨，乡亲们切齿怒向威虎山。

新词：亲人们不怕病毒来感染，亲人们日夜守护在眼前。

原词：只说是苦岁月无边无岸，谁料想铁树开花枯枝发芽竟在今天。

新词：只说是染病毒身遭劫难，谁料想走出阴霾家人团聚就在今天。

（二黄垛板）

原词：从此后我跟定共产党把虎狼斩，

新词：这都是英明共产党似明灯一盏，

原词：不管是水里走火里钻粉身碎骨也心甘。

新词：担使命守初心共奋战万民吉祥永平安。

原词：纵有千难与万险，扫平那威虎山，我一马当先。

新词：征程何惧路遥远，建华夏巍巍大厦我加瓦添砖。

我们提倡的音乐教育核心价值观，就是源于生活，回归生活，丰富生活，改善生活。所以，不要小看幼儿园老师的这次《蚂蚁搬豆》的填词活动设计，这是在用行动来践行"音乐教育是为了生活"的重要理念。

案例5　我爱你

使能目标阶梯

挑战4	鼓励幼儿尝试用ABCD结构演唱自己的改编作品。	创造性应用	跟随琴声尝试独立用ABCD结构试唱自己的改编作品。初步掌握歌曲的曲调、意义和歌词的形式结构。
挑战3	用AABC结构带唱幼儿的改编建议。	应用练习	在教师的带领下，用AABC结构试唱自己的替换方案。进一步感知、理解歌曲的曲调、意义和歌词的形式结构。
挑战2	用AABB结构带唱幼儿的改编建议。	应用练习	在教师的带领下，用AABB结构试唱自己的替换方案。进一步感知、理解歌曲的曲调、意义和歌词的形式结构。
挑战1	用AAAA结构带唱幼儿的改编建议。	模仿练习	在教师的带领下，用AAAA结构试唱自己的替换方案。进一步感知、理解歌曲的曲调、意义和歌词的形式结构。
歌曲2	即兴演唱幼儿的改编建议。	观察理解	在教师的引导和图谱的暗示下，提供歌词的替换词。进一步感知歌曲的曲调、内容和歌词的形式结构。
歌曲1	清唱歌曲。	观察	感知歌曲的曲调、内容和歌词的形式结构。
故事	简述青蛙的"奇遇"故事。	理解	情境理解，产生兴趣，明确任务。

我爱你

1=D 4/4   央视《智慧树》歌曲

```
5̲ 1   1̲ 2   4̲ 3̲·  1  | 1   6̲· 5̲   5  —  |
青 蛙  对 着  池 塘   说   我   爱   你,

6̲ 1   1̲ 5   5̲ 3̲·  1  | 1   3̲· 2̲   2  —  |
青 蛙  对 着  池 塘   说   我   爱   你,

5̲ 1   1̲ 2   4̲ 3̲·  1  | 1   6̲· 5̲   5  —  |
青 蛙  对 着  池 塘   说   我   爱   你,

6̲ 1   1̲ 5   5̲ 3̲·  1  | 1   2̲· 1̲   1·  3̲ 4̲ |
青 蛙  对 着  池 塘   说   我   爱   你, 我 要

5̲ 5̲   5̲ 1̲   6̲· 5̲   1  | 1   2    3·  3̲ 4̲ |
大 声  对 着  你 呼    喊   我   爱   你, 我 要

5̲ 5̲   5̲ 1̲   6̲· 5̲   1  | 1   2̲· 1̲   1  —  ||
大 声  对 着  你 呼    喊   我   爱   你!
```

原歌词：

蜜蜂亲吻鲜花说我爱你，青蛙守着池塘说我爱你。
星星守着月亮说我爱你，葵花对着太阳说我爱你。
你的爱给了我温暖和快乐，你的爱给了我勇气和力量。
我要对你大声地呼喊我爱你，我要对你大声地呼喊
I love you！

我是蜜蜂你是滋养我的鲜花，我是青蛙你是收留我的池塘。
我是星星你是陪伴我的月亮，我是葵花你是照耀我的太阳。
你的爱给了我温暖和快乐，你的爱给了我勇气和力量。
我要对你大声地呼喊我爱你，我要对你大声地呼喊
I love you！

活动目标

（1）初步学会演唱新歌的曲调，初步学习用新学曲调演唱当场创编的新歌词。

（2）学习理解新歌的歌词内容、意义及结构，在图片形象的提示下为新歌续编歌词。

（3）进一步理解和体验"爱"的情感；继续体验相互学习与相互支持的乐趣，以及其中包含的"爱"。

活动准备

（1）物质准备：

①一张"夜晚池塘图"。下图仅供参考：

夜晚池塘图

②另外一张"青蛙飞翔图"：一只小鸟拖一根小树枝，一只青蛙吊挂在树枝上，在蓝天上飞翔。青蛙的表情非常惊讶，也非常快乐。

（2）经验准备：拥有相关事物和事物所在环境的一般经验。

（3）空间准备：全体围坐成大的半圆。

活动过程

1. 进入情境，初步感知

（1）主班教师出示"青蛙飞翔图"：上次我们在新编的《井底之蛙》故事里面讲到，小鸟帮助青蛙离开井底，飞上蓝天。天空真是好高好高、好大好大、好蓝好蓝，还有火红火红的太阳和雪白雪白的云朵。青蛙高兴地大叫：小鸟，我爱你！结果，青蛙一张嘴，咻——噗通！你们猜后来怎样了呢？

> **注意**：此处开始暗示歌词情境、内容和歌词结构。

（2）教师与幼儿简单讨论。

（3）教师出示"夜晚池塘图"：结果，青蛙掉进了一个美丽的池塘。
（4）教师开始范唱："青蛙对着池塘说"版本的歌曲。（第1遍范唱）

2. 尝试迁移应用规则，进一步感知歌词的结构
（1）教师：在刚才老师唱的新歌曲中青蛙对谁说"我爱你"了呢？
（2）教师：你们觉得在这个美丽的夜晚，青蛙可能还会想对谁说"我爱你"呢？（教师用手在图片画面来回慢慢划动，引导幼儿观察选择）
（3）教师迅速接纳第一位幼儿的合理建议，开始范唱幼儿建议的版本。（第2遍范唱）
（4）将上述环节（3）连续重复4—5次。（第6—7遍范唱）

3. 幼儿挑战即兴选择演唱自己的新编版本
（1）在教师的带唱支持下，幼儿尝试跟唱AAAA结构的不同版本2—3次。（练唱2—3遍）
（2）主班教师：我们现在可以挑战一次对唱两个人说"我爱你"吗？在教师的带唱支持下，幼儿尝试跟唱AABB结构的不同版本2次。（练唱4—5遍）
（3）主班教师：我们现在可以挑战一次对唱三个人说"我爱你"吗？在教师的带唱支持下，幼儿尝试跟唱AABC结构的不同版本2次。（练唱6—7遍）

4. 独立跟琴即兴选择演唱ABCD结构的版本
（1）主班教师：我们现在可以挑战一次对唱三个人说"我爱你"吗？而且，这次我不帮助你们，你们可以自己唱吗？在教师的带唱支持下，幼儿尝试跟唱ABCD结构的不同版本1次。（练唱7—8遍）
（2）主班教师：你们觉得自己唱出了青蛙对美丽夜晚的"爱"吗？我们怎样唱才能让大家感受到我们的爱呢？让我们再来用充满浓浓的爱的声音把刚唱过的新歌词再唱一遍吧！
（3）主班教师：你们唱得太动听了，我真的感受到你们的爱好温暖，好有力量啊！小朋友，我爱你们！你们爱我吗？（幼儿：爱！）你们会不会说：××老师，我们爱你！
（4）主班教师：好，我们一起来再表达一次。小朋友，我爱你们！
（5）全体幼儿：××老师，我们爱你！

温馨提示

（1）这种教学设计的立意在于：向幼儿提供创编所依据的框架结构，应以清晰简明且适合中班幼儿理解和使用的难度为改编的标准。
（2）鉴于感性积累也是重要的学习途径，教师可以在平日的空闲时间播放《智慧树》节目的视频给幼儿观看。
（3）若要将此歌曲移动到小班教学，教师可考虑将歌词改为唱小班幼儿更为熟悉的人和物，也应考虑暂时不要求幼儿学唱最后两句，而仅由教师唱给幼儿听，日后慢慢让幼儿自然学会。同时，教师还需要考虑给幼儿提供形象资源的支持，也可以请本班幼儿提供全家福照片。如下图：

小班幼儿教学图片参考

（4）但若将此歌曲移动到大班进行教学，教师也可以在创编教学完成后，将原歌曲重新教授给幼儿。教师还可以考虑使用"分组集体创编"的教学组织形式。如4人一组，选择教师提供的主语，幼儿每人用图画的方式贡献一句歌词，组成完整的歌词作品；或者每组自选主语和对象，先各自用图画方式为班级贡献一句歌词，再由全班共同组成完整的歌词作品。教师也可以先组织幼儿绘画，如国旗我爱你等。

（5）尽管我们的设计侧重于"利用学习支架"学习"即兴创造新表达"，但音乐学习永远拥有人文学科"陶冶性情"的任务。在这种任务的引导下，在这样的歌曲学习情境和创作主题中，教师自身的情感渲染力、激发表现力的充分发挥还是非常重要的。

> **友情提问**
> （1）如果将这首歌曲移至小班教学，你觉得可以怎样用同样的创造性思路来教？
> （2）在中班教学时，如果不用具体形象提示，你认为这首歌曲还可以怎样教？
> （3）如果将这首歌曲移至大班教学，你觉得可以怎样用同样的创造性思路来教？

提示：参考答案在本节中找。

案例6　小雨点跳舞　　（南京　吴　艳、郑珊珊）

扫码看活动视频

使能目标阶梯

挑战4	鼓励幼儿跟琴试唱ABCD结构的新版歌曲。	创造性应用	跟随琴声尝试独立用ABCD结构试唱自己的改编作品。初步掌握歌曲的曲调、意义和歌词的形式结构。
挑战3	用AABC结构带唱幼儿的改编建议。	应用练习	在教师的带领下，用AABC结构试唱自己的替换方案。进一步感知、理解歌曲的曲调、意义和歌词的形式结构。
挑战2	用AABB结构带唱幼儿的改编建议。	应用练习	在教师的带领下，用AABB结构试唱自己的替换方案。进一步感知、理解歌曲的曲调、意义和歌词的形式结构。
挑战1	用AAAA结构带唱幼儿的改编建议。	模仿练习	在教师的带领下，用AAAA结构试唱自己的替换方案。进一步感知、理解歌曲的曲调、意义和歌词的形式结构。
歌曲2	即兴演唱幼儿的改编建议。	观察理解	将画面转换成词语，提供给教师即兴演唱。
歌曲1	反复清唱"提问"版歌词的歌曲。	观察创想	感知歌曲的曲调、内容和歌词的形式结构，同时应用已有经验想象和绘画出相关画面。
故事	简述"小雨点到处找地方跳舞"的故事。	理解	情境理解，产生兴趣，明确任务。

小雨点跳舞

吴艳 词
郑珊珊 曲

1=C 3/4

3 5 5· 5 | 6 5· 1 | 2 1 0 | 3 1 0 |
小 雨 点 在 哪 里 跳 舞？ 嘀 嗒！

3 5 5· 5 | 6 5· 1 | 4 2 0 | 4 2 0 |
小 雨 点 在 哪 里 跳 舞？ 嘀 嗒！

3 5 5· 5 | 6 5· 1 | i 6 0 | i 6 0 |
小 雨 点 在 哪 里 跳 舞？ 嘀 嗒！

3 5 5· 5 | 6 5· 1 | 2 1 0 | 3 1 0 |
小 雨 点 在 哪 里 跳 舞？ 嘀 嗒！

4 6 6· 6 | 4 6 6 — | 3 5 5· 5 | 3 5 5 — |
啦 啦 啦 啦 啦 啦 啦， 啦 啦 啦 啦 啦 啦 啦！

6 4 6 4 6 4 | 5 3 5 3 5 3 | 4 2 4 2 4 2 | 3 1 0 | 3 1 0 ‖
嘀 嗒 嘀 嗒 嘀 嗒 嘀 嗒 嘀 嗒 嘀 嗒 嘀 嗒 嘀 嗒 嘀 嗒 嘀 嗒 嘀 嗒！

原歌词：

小雨点在草地上跳舞，嘀嗒，
小雨点在屋顶上跳舞，嘀嗒，
小雨点在荷叶上跳舞，嘀嗒，
小雨点在池塘里跳舞，嘀嗒。

啦啦啦啦啦啦啦，啦啦啦啦啦啦啦。
嘀嗒嘀嗒嘀嗒嘀嗒，嘀嗒嘀嗒嘀嗒嘀嗒，
嘀嗒嘀嗒嘀嗒嘀嗒，嘀嗒！嗒嘀！

活动目标

（1）初步学会新歌的曲调，初步学习用新学曲调演唱当场创编的新歌词。
（2）尝试运用已有经验想象和绘画出相关画面，再转换成新的歌词。
（3）体验演唱轻快风格歌曲的趣味；享受创作和分享的快乐。

活动准备

（1）物质准备：
　①教师设计制作好的原歌曲图谱一张。
　②两块黑板，一块贴"提问"版的歌曲图谱．另一块准备贴幼儿的答案作品。

③ 准备提供给幼儿绘画的纸（A4纸的1/4大小），每位幼儿2张。
④ 彩色画笔，每位幼儿一套。
⑤ 单面胶带纸或小磁铁若干。

（2）经验准备：一般相关事物和其环境的经验。

（3）空间准备：全体围坐成大半圆。

图谱样式的参考建议：

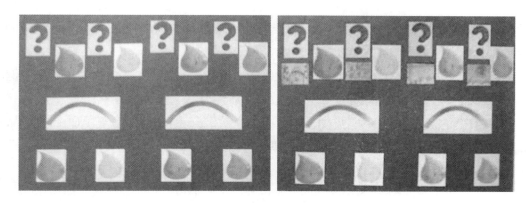

《小雨点跳舞》图谱样式参考

图谱使用说明：

（1）左图为教师第一次范唱所用的图谱。
（2）右图为最后一次幼儿用ABCD结构演唱时所用的图谱，其中的问号是幼儿所绘的创想情境（含歌词）。

活动过程

1. 进入情境，倾听范唱、创想绘画

（1）教师用简单的话语将幼儿引入"小雨点寻找舞台"的情境。
（2）教师出示图谱，用手势引导幼儿观察图谱，同时清唱歌曲的"提问"版本。（第1遍范唱）
（3）教师简单引导幼儿利用原有经验开展"小雨点会在哪里跳舞"的想象。
（4）教师发放纸笔，请幼儿将自己的想象画出来。在幼儿绘画期间，教师反复范唱"提问"版歌曲，范唱2遍之后轻轻加入钢琴伴奏。（第2—6遍范唱）

2. 反复倾听、感知歌曲和歌词的结构

（1）教师将幼儿的作品全部展示在第二块黑板上。
（2）教师询问幼儿作品的作者和内容（小雨点跳舞的地点），快速选取最先发言的幼儿的答案（也可以有意地选择比较特别的答案）。

（3）教师将幼儿作品拿在手里展示给大家看，并一一演唱各个不同"答案"版的歌曲。幼儿继续感知歌曲和歌词的结构。（将幼儿每个人的意见各唱一遍，约范唱4—5遍）

3. 幼儿挑战即兴选择演唱自己的新编版本

（1）在教师的带唱支持下，幼儿尝试跟唱AAAA结构的不同版本2—3次。（练唱2—3遍）

（2）主班教师：我们现在可以挑战一次对唱两个不一样的"小雨点跳舞的地方"吗？在教师的带唱支持下，幼儿尝试跟唱AABB结构的不同版本2次。（练唱4—5遍）

（3）主班教师：我们现在可以挑战一次对唱三个不一样的"小雨点跳舞的地方"吗？在教师的带唱支持下，幼儿尝试跟唱AABC结构的不同版本2次。（练唱6—7遍）

4. 独立跟琴即兴选择演唱ABCD结构的版本

（1）主班教师：现在你们觉得自己可以挑战唱四个不一样的舞台了吗？而且这次只有钢琴帮助你们了。

（2）教师组织幼儿选择图片，引导幼儿进行分类，做出更合理的选择。教师再帮助作品被选中的幼儿按顺序将作品分别贴在四个问号的下面。

（3）教师请幼儿独立试唱自己的最终作品。

（4）教师赞扬幼儿的演唱并提出具体的完善要求，鼓励幼儿再次试唱一遍，以追求唱得更加完美。

（5）教师代表小雨点感谢幼儿为它们提供了这么美好的舞台。

温馨提示

（1）两位词曲作者都是一线幼儿园老师。歌曲创作和活动设计的理念之一本来就是为幼儿提供即兴创作的"学习支架"。在最新的活动设计思路中，教师仅仅是再次降低了导入学习阶段的难度，同时也将更大的创作空间还给了幼儿而已。

（2）在幼儿绘画期间，教师的范唱应先清唱后加伴奏，速度应先慢后快，力度应逐步上升。在最后一遍范唱之前，教师还应该提醒幼儿加快绘画的速度。

（3）如果参与学习的幼儿相对缺少想象的经验，教师在引导的时候可以为幼儿提供一些具体场所的提示：如天空、大地、公园、幼儿园、街道等。必要时，教师也可以进一步提供这些场所和场所中更为具体的事物，如天空中有云朵、彩虹；大地上有池塘小溪、花草树木；公园、幼儿园里有各种户外玩具；街道上有汽车、打着雨伞的人等。如果幼儿说小雨点在我们身上跳舞，教师可以进一步引导幼儿：在我们身上的什么地方呢？是头发、脸蛋、肩膀、手掌，还是手指尖呢？

三、适合大班幼儿使用的案例

 案例1　三借芭蕉扇

使能目标阶梯

挑战3	鼓励、支持幼儿独立唱回声、传递、猜谜，再加体能追逐游戏。	创造性应用	迁移"追逐跑"的经验，玩"牛魔王追孙悟空"的游戏，同时完整流畅地边歌唱边游戏。
挑战2	组织幼儿练习完善两种版本的歌词。	应用	用反思、评价、自我完善的流程提升新歌的掌握质量。
挑战1	幼儿挑战尝试随乐唱回声"提问"版，传递扇子和玩幼儿猜同伴的猜音源游戏。	应用	尝试随乐唱回声"提问"版，并参与传递扇子和玩幼儿猜同伴的猜音源游戏。
游戏	指导幼儿尝试随乐念回声"提问"版，传递扇子和观察猜音源游戏的玩法。	应用	尝试随乐念回声"提问"版，并在教师的指导下独立练习传递"芭蕉扇"，同时观察主班教师猜配班教师的猜音源游戏玩法。
动作	指导幼儿随乐按节奏练习在"回声"处向右做传递动作。	模仿	在教师的指导下，独立练习徒手传递：在歌声部分拍自己的腿，在回声部分拍身体右侧同伴的腿。
歌曲	用念白的方式示范作品的"提问"版。	观察模仿	感知歌曲的内容及结构，用"回声"的方式进行"局部模仿"。
故事	简述"孙悟空三借芭蕉扇"与"鸡找狐狸"的故事，提供幻灯片或图片帮助幼儿理解歌词。	理解	情境理解，产生兴趣，明确任务。

第四章　歌唱教学 | 127

杏花红

传统京剧曲目

提问版：

清早起来什么镜子照？梳一个油头什么花儿香？

脸上擦的是什么花儿粉？口点的胭脂是什么花儿红？

回答版：

清早起来菱花镜子照！梳一个油头桂花儿香！

脸上擦的是桃花儿粉！口点的胭脂是杏花儿红！

演唱版：1 = C 2/4

| i 6 5 | 3 6 5 | 6 5 3 5 | 6 - |
| 清   早   起 来   什么   镜子   照？

| i 5 6 | i 6 5 | 3 5 6 1 | 5 - |
| 梳   一个   油 头   什么 花儿   香？

| 3 5 6 | i 6 i | 5 6 i | 6 - |
| 脸   上   擦 的是   什么 花儿   粉？

| 3 5 6 | 1 6 5 | 6 0 1 | 5. i 6 5 | 6 i 5 | 5 - ‖
| 口   点的   胭   脂   是 什么 花儿   红？

> 提示：原作品表演时，通常是唱问、念答。

游戏伴奏旋律：

| 1 6 2 | 1 0 | 1 6 2 | 1 0 | 1 6 2 | 1 3 | 2 1 6 2 | 1 0 ‖

活动目标

（1）初步学会唱、念这个新作品。

（2）学习用"回声"的方法学习和表演；进一步提升按节奏稳定传递的技能；模仿并体验京腔京韵的特殊发音风格及趣味。

（3）了解和理解必须严格遵守游戏规则游戏才能"好玩"。

活动准备

（1）物质准备：

① 一把普通团扇大小的"芭蕉扇"道具。

② 一个没有开"眼洞"的"牛魔王"面具。

③ 一套让幼儿可以很直观地理解菱花镜、桂花油、桃花粉、杏花红颜色的胭脂（现在的口红）等歌词内容的图片。

④ 一张图谱的结构图。

⑤ 一套"火焰山的火焰燃烧"的幻灯片：前三张是火焰的图片，且下一张图片上的火焰比上一张的火焰少一些，一共三张。第四张是师徒四人顺利前往西天取经的图片。幻灯片同时播放电影主题曲的配乐。

（2）经验准备：了解一些经典的《西游记》故事。

（3）空间准备：全体围坐成大圆圈。

图谱样式的参考建议：

"提问"版图谱

"回答"版图谱

（1）左图为"提问"版图谱。
（2）右图为"回答"版图谱。

活动过程

1. **了解和学习理解歌曲中所用到的相关间接信息**

（1）教师简述"孙悟空三借芭蕉扇"的故事。故事的逻辑重点是：铁扇公主和小妖练习"暗语"（真正的牛魔王才会知道"杏花红"歌曲中问题的答案），为的是不再上孙悟空的当。因为他们已经被孙悟空捉弄了两次。

（2）教师提供图片，以帮助幼儿理解歌词中的词语。

2. 学习歌曲的"提问"版

（1）进入情境，教师扮演铁扇公主，幼儿扮演小妖，练习"暗语"，防备孙悟空来借扇子。

（2）教师指导幼儿用局部回声的方法学习念"提问"版歌词。如教师问："清早起来什么镜子照？"幼儿答："什么镜子照？"……以此类推。（这个设计很重要，因为此时幼儿仅需重复刚刚听到的最后几个字；练习大约2—3遍）

3. 学习按节奏在念回声处做出徒手传递动作

（1）教师示范讲解：教师念"清早起来什么镜子照"时，所有人按节奏拍自己的大腿；幼儿念"什么镜子照"时，所有人拍自己右侧同伴的大腿一次……以此类推。

（2）所有人一起边念边做反复练习。（练习大约2—3遍或根据实际需要练习，总共练习4—6遍）

4. 了解"猜音源"游戏玩法

（1）所有人一起边念一边尝试传递"芭蕉扇"道具。

（2）主班教师扮演牛魔王，用面具挡住整个脸，也挡住了眼睛。配班教师扮演孙悟空，扇子最后一定要传到配班教师手中（从哪里开始传，教师事先要计算好）。配班教师用扇子做挡脸状，用京腔独自说："杏花红！"（"红"字要拖长腔）主班教师说出配班教师是孙悟空。

（3）全体幼儿用京腔模仿说："杏花红！"并同时假装做用扇子挡脸状。

（4）以上（3）环节再进行一次，这次配班教师辅导拿到扇子的幼儿假装做用扇子挡脸状，同时模仿用京腔独自说："杏花红！"主班教师假装不知道哪位幼儿是刚刚说话的孙悟空。（大约练习8遍）

5. 挑战唱"提问版"歌词，尝试参与猜谜游戏

教师将念改成唱，幼儿的回声也改成唱。游戏改成"幼儿猜同伴"（由幼儿志愿者轮流扮演"牛魔王"），反复游戏2—3次。（大约练习10遍左右）

6. 专门练习，以提高演唱水平

问（唱）、答（念）两版连起来完整练习2次。（大约练习12遍左右）

7. 累加追逐游戏

游戏规则：

（1）若孙悟空被牛魔王猜出，则需要走出圈外逆时针跑一圈；若孙悟空在回座位之前被牛魔王捉住，则需要归还"芭蕉扇"。

（2）若孙悟空没有被牛魔王猜出或孙悟空在回位之前没有被牛魔王捉住，则孙悟空可用"芭蕉扇"去扇灭火焰山的大火。

（3）孙悟空每成功"扇风"一次，幻灯上的火焰都会减少一些。最后出现师徒四人顺利前往西天取经的图片并同时播放电影主题音乐。反复游戏2—3次。（大约练习14遍左右）

注意：让幼儿直接在幻灯片中看见自己行为的效果，也是电脑游戏最吸引玩家的重要设计策略之一。

温馨提示

（1）建议在活动过程6"专门练习，以提高演唱水平"环节，教师可以组织幼儿玩一些诸如填充、改错、连线的游戏，以增加反思评价学习的趣味性。

（2）"猜音源游戏"是一种传统的非常受欢迎的音源游戏。

① 我们比较熟悉的早期游戏作品有《小兔子乖乖》《是谁在敲门》《什么乐曲在响啦》。只看这些歌曲名称，就知道是一种特定的猜音源游戏作品。

② 还有一种"变异玩法"，如《猫虎歌》，可以将幼儿分成猫组和虎组两组，每组手持不同音色的乐器，在唱衬词的部分由某一组单独或两组同时演奏。猫组和虎组派出的代表"打擂台"。两人背对演奏者，谁能更快、更正确地指出演奏的乐器组是猫组、虎组，还是猫虎组，谁就赢了。

附歌词：小猫遇见大老虎耶耶耶耶，摇头摆尾装师傅耶耶耶耶，狮子豹子都是猫耶，森林大王你服不服！耶耶耶耶！（念白）承让承让！

> **注意**：三次演奏相同，比较容易辨认；三次演奏不同比较难于辨认和记忆。

③ 还有一种听觉辨认游戏为藏起东西或指定某人为寻找对象，猜测者根据其他参与游戏者的奏乐、律动、歌唱声音的大小来进行判断与寻找。比如：音量变小则为离远目标，音量变大则为接近目标。

④ 我们的团队已经设计好的、大受幼儿欢迎的作品还有以下几个：

a.《春天和我捉迷藏》。

> **注意**：辨认难度递增阶梯为：先猜"喊声"，学会歌曲后猜"歌声"；先取圆圈坐姿，音源方位固定，学会歌曲后圆圈移动，音源方位也移动。案例见本章适合教师自我培训使用的案例"春天和我捉迷藏"。

b.《京剧猜谜歌》。

> **注意**：我们设计在教师刚开始范唱时就玩"猜谜游戏"，以吸引幼儿多次倾听。因为是京剧风格的猜谜歌曲，所以喊的是花脸的"叫板"。

c.《超级值日生》。

> **注意**：因为设计猜的是"歌声"，所以在歌曲初步学会之后才开始玩猜谜游戏，以激励幼儿多次练习。

d.《小狼训练营》。

> **注意**：因为设计猜的是"狼嚎"，所以设计了在教师刚开始范唱时就玩"猜谜游戏"，以吸引幼儿多次倾听。

（3）本书提供的教案中还有这样的游戏设计，请你找出来。你自己也可以尝试找适宜的作品来设计一个游戏。

案例2　何家公鸡何家猜

使能目标阶梯

挑战4	组织、支持全体幼儿结伴创意游戏。	创造性应用	全体幼儿两两结伴完整游戏，学习变化造型的姿态和身体的高度水平。
挑战3	组织多对幼儿两两结伴尝试，完整游戏。	应用	多对幼儿两两结伴尝试完整示范、游戏。
挑战2	与幼儿共同完整游戏。	应用	一一对抗教师。改为在"何"字上出拳，出拳分出输赢后立即在间奏处做出规定的动作反应。赢家：公鸡；平家：小鸡；输家：母鸡。
挑战1	引导幼儿创编并快速确定公鸡、小鸡、母鸡的造型动作。	创造	在教师的引导下创编公鸡、小鸡、母鸡的造型动作。
游戏	范唱完整歌曲，继续随乐出拳。一一与个别幼儿对抗。	观察模仿	一一对抗教师。从第三句开始先做"绕线手"，后出拳，每个"猜"字出拳一次，一共出拳四次。
游戏	随乐示范"猜拳"游戏动作，范唱歌曲第三、四句，感知歌唱与动作的对应结构。	观察模仿	全体对抗教师。从第三句开始先做"绕线手"，后出拳，每个"猜"字出拳一次，一共出拳四次。
故事	简述"去公园找鸡"的故事。	理解	情境理解，产生兴趣，明确任务。

何家公鸡何家猜

1=C 2/4

广东童谣

A段

| 3 1 1.2 | 3 5 5.1 | 6 6 1 6 | 5. 5 | 4 4 4 6 | 5 3 3.3 |

真奇怪呀，真奇怪你望望公园里，有　四百只鸡鸡咯咯咯是

| 2 5 5 3 2 | 1 - | 5. 3 3 3 | 5. 3 3 | (5 6 5 6 3) |

谁家的　不知道。　何家公鸡　何家猜，

B段

| 5. 2 2 2 | 5. 2 2 | (2 3 2 3 2) | 5. 3 3 3 | 5. 3 3 |

何家小鸡　何家猜，　　　　　　　何家公鸡　何家猜，

| (5 6 5 6 3) | 5. 3 2 3 | 5 2 1 ‖

　　　　　　何家母鸡　何家猜。

活动目标

（1）初步感知歌曲的内容和广东话发音的趣味；感知歌曲的句末、句首和间奏，尽量按照节奏做动作、做游戏。

> 提示：并没有要求幼儿在本次活动中学会演唱歌曲。

（2）在教师的引导下集体创编公鸡、小鸡、母鸡的造型动作；自由即兴变换造型的姿态和身体的高度水平。

（3）严格遵守游戏规则：一定要同时出拳；理解公平对游戏快乐体验的重要性。

活动准备

（1）物质准备：无须特别准备。

（2）经验准备：

① 玩过猜拳游戏。

② 对公鸡、母鸡、小鸡的形象区别有经验。

③ 具备即兴造型的经验。

（3）空间准备：全体围坐成一个大圆圈。

活动过程

1. **进入情境，回顾"猜拳游戏"的玩法**
（1）教师简述故事，导入寻鸡情境。（内容可自编，逻辑合理即可）
（2）回顾"猜拳游戏"的玩法。

2. **感知歌曲的B段，感知歌曲的"句首"和"句末"**
（1）倾听教师范唱歌曲的后两句，观察教师示范：从"句首"开始做"绕线手"，在"句末"的"猜"字上出拳。（第1遍范唱B段）
（2）教师与全体幼儿"对抗出拳"：从"句首"开始做"绕线手"，在"句末"的"猜"字上出拳。重复3次。（第2—4遍范唱B段）

3. **创编母鸡、小鸡、母鸡的造型动作，感知"间奏"**
（1）教师引导幼儿创编并快速确定母鸡、小鸡、母鸡的造型动作。
（2）倾听教师范唱歌曲的B段，跟随教师的示范：从"句首"开始做"绕线手"，在"句末"的"猜"字上出拳，在间奏期间做公鸡、小鸡、母鸡的造型动作。重复3次。（第5—7遍范唱B段）

> **注意**：造型时不能全身都静止不动，而应随节奏颤动或摇动身体。

4. **感知整首歌曲**
（1）改动作规则为：取消"绕线手"，在"何"字上直接出拳（以便幼儿更从容地对猜拳结构做出正确反应）。反复2次。（第8—9遍范唱B段，可以鼓励幼儿轻声跟唱）
（2）教师完整范唱。（第1次完整范唱）
（3）询问幼儿是否了解、理解歌中所唱内容。
（4）介绍广东话发音"ji"应念成"gei"，带领幼儿一一推理三种不同的鸡应该如何正确发音，并一一反复练习相应的句子。
（5）带领幼儿跟教师伴唱，并模仿教师完整练习游戏动作。（教师对抗全体幼儿，造型动作按照歌词顺序进行练习）

5. **个别幼儿志愿者成对尝试完整示范游戏**
教师轮流邀请三对左右的幼儿尝试完整示范游戏。教师演唱完整歌曲伴唱。

> **注意**：歌曲A段的表演动作可由幼儿模仿教师或自创。教师可对有创造行为的幼儿予以肯定或赞扬。

6. **全体幼儿两两结伴尝试完整游戏**
教师邀请全体幼儿在圆圈上就近两两结伴，尝试完整示范游戏。教师演唱完整歌曲伴唱。

注意1：教师观察幼儿自发参与歌唱的情况，肯定或鼓励自发参与试唱的幼儿。有必要时也可以提醒幼儿纠正错误的反应。

注意2：教师一定要密切关注幼儿对待"公平"出拳的态度和行为。若有幼儿提出"有人"违反规则的"指控"，教师一定要认真处理，但处理的方式需要避免产生"负能量"。

温馨提示

（1）猜拳游戏对于大班幼儿来说一般都有熟悉的经验，不用特别练习。

（2）但"随乐"游戏却不是一般大班幼儿能够掌握的。幼儿若不能自觉"随乐"，便毫无乐感而言；不能轻松或下意识地自然随乐，也谈不上拥有"好乐感"。

（3）句首、句末、间奏都属于音乐的结构元素，幼儿对这些元素是否能够有认识和表现，全看幼儿能否用动作反映出这些元素的存在。所以，这些感觉需要慢慢练习巩固，使之成为习惯，即内在的能够做出直觉反应的感觉。

（4）教师对广东话发音的介绍和练习，不仅可以让幼儿获得"新奇感"和"趣味感"，同时也能够让幼儿获得中华文化生态具有丰富性的初步认识。

（5）由于该活动比较容易兴奋，幼儿对广东话"三鸡"的发音也比较陌生，因此，并不一定要求所有幼儿第一次学习活动结束后都能够独立熟练演唱。日后教师可以通过其他时间玩，让幼儿自然巩固其经验。教师可以观察，并在必要时予以辅导。

（6）游戏学习有一定负担，歌曲本身也有一定难度。因此，本次活动目标中并未提出"初步学会演唱新歌"的要求，但应在日后的游戏中，让幼儿慢慢自然学会边玩边唱。

友情提问

（1）此活动看似简单，但要完成几个层次的猜拳反应还是相当有挑战性的。设想一下：第一次活动若重在熟悉曲调和熟悉游戏，把四句歌词都改成统一的"何家公鸡何家猪"，结果会怎样呢？

（2）在活动过程6的注意2中，为什么要密切关注幼儿对待公平公正出拳的态度与行为？为什么还要提示教师认真处理和注意避免产生负能量？

案例3　小鸟小鸟　　（南京　倪　琳、胡　青、陈一平）

使能目标阶梯

挑战4	播放原版录音，参与的幼儿自由结伴起舞。	创造性应用	在原版歌曲录音伴随下，自由结伴（不限几人）起舞。
挑战3	辅导幼儿试唱其他创编方案。	创造性应用	在教师带领下，完整跟随琴声尝试各种"答案"版新歌。
挑战2	辅导幼儿练习指图技巧。	模仿应用	模仿、应用指图技巧，练习演唱第一首"答案"版新歌。
歌曲	边指图、画图边继续范唱。	观察感知	重点观察教师展示的随乐"指图"技巧，同时感知歌曲"$\frac{3}{8}$拍起弱"节奏的特征。
歌曲	即兴演唱幼儿的一种改编建议。	观察理解	将画面转换成歌词，提供给教师即兴演唱。
歌曲	提出问题，反复清唱"提问"版歌词的歌曲。	观察创想	感知歌曲的曲调、内容和歌词的形式结构，同时应用已有经验想象和绘画出相关画面。
故事	简述"小鸟寻找阳光和花香"的故事。	理解	情境理解，产生兴趣，明确任务。

小鸟小鸟

金波 词
刘庄 曲

1 = E 3/8

（乐谱略）

原歌词：

蓝天里有阳光，树林里有花香，小鸟小鸟自由地飞翔。
在湖边在草地，在田野在山岗，小鸟小鸟自由地飞翔。
啦啦啦啦……

活动目标

（1）初步学会新歌的曲调；初步学习用新学曲调演唱当场创编的新歌词；初步感知 $\frac{3}{8}$ 拍弱起节奏的特征及趣味。

（2）应用已有经验想象和绘画出相关画面，再转换成新的歌词。

（3）体验演唱轻快风格歌曲的魅力；享受创作和分享的快乐。

活动准备

（1）物质准备：

① 教师设计制作好的"提问"版歌曲图谱一张。（图上仅有问号、太阳、鲜花。太阳应有光芒，鲜花应有象征花香的曲线）

② 两块黑板，一块贴"提问"版歌曲图谱；另一块准备贴幼儿的答案作品。

③ 提供给幼儿绘画的A4大小纸，每位幼儿一张。

④ 彩色画笔每位幼儿一套。

⑤ 单面胶带纸或小磁铁若干。

⑥ 原版歌曲的录音。（最好能够连续不间断地重复3遍）

（2）经验准备：具有相关事物及其环境的一般经验。

（3）空间准备：全体围坐成大的半圆。

图谱样式的参考建议：

《小鸟小鸟》图谱参考

活动过程

1. 进入情境，理解任务

（1）教师简述"小鸟寻找阳光和花香"的故事。

（2）教师出示问题图谱，先念问题，后转为唱问题："在哪里有阳光？在哪里有花香？"教师邀请幼儿讨论可能的答案。

2. 倾听范唱、创想绘画

（1）教师简单引导幼儿利用原有经验开展"在哪里会有阳光和花香"的想象。

（2）教师发放纸笔，请幼儿将自己的想象画出来。

> **注意：** 可提醒幼儿将画纸对折或利用正反面画出有阳光和花香的不同地点，也鼓励幼儿画同一地点，那里既有阳光又有花香。

（3）在幼儿绘画期间，教师反复范唱"提问"版歌曲，唱过2遍之后轻轻加入钢琴伴奏。（第1—5遍范唱）

3. 分享绘画作品

（1）教师手持小鸟教具在幼儿面前"飞过"，以选择合适的作品。

（2）教师将选中的两幅图画贴在图谱上原来是问号的位置。

（3）将其余幼儿的作品全部展示在第二块黑板上。

（4）询问幼儿作品的作者和内容。（此环节重在分享不同意见）

（5）教师完整范唱"答案"版新歌，并边唱边将歌曲后半部分唱"啦"歌词处随乐一一画出。

（此环节重在展示乐句、动机等结构特征，及 $\frac{3}{8}$ 拍弱起节奏的特征；第6遍范唱）

4. 学习随乐指图技巧，尝试轻声跟唱

（1）教师继续范唱前面选中的"答案"版新歌，并随乐"指图"，引导幼儿的认知和感受。范唱2—3次，同时鼓励幼儿轻声跟唱。（第1—3遍练唱）

（2）教师继续带领幼儿练习唱歌，同时鼓励幼儿志愿者模仿练习"指图"。（第4—6遍练唱）

5. 幼儿挑战即兴选择演唱自己的新编版本

在教师的带唱支持下，幼儿尝跟唱其他幼儿的不同版本2—3次。此时，不再继续练习指图，教师在唱"啦"时改用模仿鸟飞手势，以帮助幼儿感受 $\frac{3}{8}$ 拍弱起节奏。（第7—9遍练唱）

6. 自由结伴舞蹈，跟随播放的原版录音音乐自由结伴舞蹈

（1）主班教师：你们帮助小鸟找到了那么多既有阳光又有花香的美好地方，小鸟非常感谢大家，现在小鸟邀请我们和它们一起去阳光下的花园跳舞啦！

（2）跟随播放的原版录音音乐自由结伴舞蹈。

（3）愉快的舞会结束啦！让我们与舞伴热情拥抱，并说"谢谢！""再见！"

温馨提示

（1）这是2014年三所不同幼儿园的骨干老师在福州市召开的全国第四届幼儿园音乐舞蹈观摩研讨大会上合作展示的原创教案。

（2）幼儿对这种指图活动一般是没有经验的。所以邀请幼儿志愿者之后，教师需要根据实际情况特别咨询每一位幼儿志愿者：

① 你需要我帮助吗？

② 你需要我怎么帮助你呢？

③ 你需要我们大家帮你一起唱歌吗？

④ 你需要我托着你的手和你一起指图，还是只需要我的手在旁边和你一起动？

（3）在幼儿志愿者尝试独立指图的时候，教师应站在其身后，保证指图幼儿和自己的身体始终都不会遮挡住尚未展示的图谱。

案例4　我们都是好朋友

使能目标阶梯

挑战4	鼓励幼儿尝试用ABCD结构演唱自己的改编作品。	创造性应用	跟随琴声尝试独立用ABCD结构试唱自己的改编作品。初步掌握歌曲的曲调、意义和歌词的形式结构。
挑战3	用AABC结构带唱幼儿的改编建议。	应用练习	在教师的带领下,用AABC结构试唱自己的替换方案。进一步感知、理解歌曲的曲调、意义和歌词的形式结构。
挑战2	用AABB结构带唱幼儿的改编建议。	应用练习	在教师的带领下,用AABB结构试唱自己的替换方案。进一步感知、理解歌曲的曲调、意义和歌词的形式结构。
挑战1	用AAAA结构带唱幼儿的改编建议。	模仿练习	在教师的带领下,用AAAA结构试唱自己的替换方案。进一步感知、理解歌曲的曲调、意义和歌词的形式结构。
歌曲	即兴演唱幼儿的改编建议。	观察理解	在教师的引导和图谱的暗示下,提供歌词的替换词。进一步感知歌曲的曲调、内容和歌词的形式结构。
歌曲	清唱歌曲。	观察	感知歌曲的曲调、内容和歌词的形式结构。
故事	简述小鸟请求"拯救蓝天"故事。	理解	情境理解,产生兴趣,明确任务。

我们都是好朋友

张世楷 词
任秀玲 曲

1=E 4/4

5 5 3 6 5 3 | 1. 6 5 — | 6 6 5 6 1 2 | 5. 1 2 — |
送 一 片 蓝 天 给 小 鸟， 送 一 片 蓝 天 给 小 鸟，

3 3 5 6 6. | 5. 2 3 — | 5 6 5 6 5 3 | 5 6 5 6 1 — |
送 一 片 蓝 天 给 小 鸟， 送 一 片 蓝 天 给 小 鸟。

2. 1 2 3 | 5 5 6 5 — | 3 3 2 3 5 6 5 6 | 1 — — 0 ‖
我 们 都 是 好 朋 友， 世 界 变 得 更 美 好。

原歌词：

留一片绿草给小兔，留一片蓝天给小鸟。

留一片清泉给小鱼，留一片山林给熊猫。

我们都是好朋友，世界变得更美好。

活动目标

（1）初步学会演唱新歌；了解、理解歌词结构及其中各要素的位置和意义。

（2）初步感受排比句的特殊性质，学习用一一对应的策略为歌曲创编新歌词。

（3）进一步理解环保的意义，产生付诸环保行动的愿望。

活动准备

（1）经验准备：已经学习过幼儿园各种环保课程，具备一定的环保知识和情感倾向。

（2）物质准备：相应的幻灯或图片。（可参考下图）

（3）空间准备：全体围坐成大的半圆。

图片内容的参考建议：

天空与小鸟

天空污染

土地污染

海洋污染

爱护地球，保护环境

活动过程

1. 进入情境，倾听范唱

（1）教师出示天空污染的图片，同时"阅读"小鸟给幼儿写来的"求援信"。

（2）组织幼儿简单讨论可以怎样做才能还给小鸟一片蓝天。

（3）教师感谢幼儿和全国人民的努力。

（4）教师出示天空与小鸟图片，同时范唱新歌。（第1遍范唱）

2. 教师引导创编新歌词

（1）教师出示其他污染图片，引导幼儿联想受到环境污染影响的小动物，然后帮助幼儿使用一一对应的策略创编新歌词。

① 数词：在这个环节中尚不用改变数词，所以"送一"可不变。

② 量词：一"片"蓝天、绿草、山林、翠竹都是适宜的。如果是送给小鱼的水，也许用"一股"清泉、"一池"碧水会更好，尽管对于大班幼儿来说，这些词汇属于"低频词"。但大班年龄幼儿已经可以有意识地接触并积累一些更具有文学意味的低频词汇了。

③ 颜色形容词：翠、碧、青都是绿，按类积累同义词也是一种有效积累的策略。

④ 名词：在这个环节中可以替换的名词，主要是幼儿经验之内的会受污染环境影响的各种动物的名称。

（2）创编出一句新歌词后，教师便用AAAA结构即兴演唱给幼儿听。重复4次。（一共范唱5遍）

3. 试唱新编歌词。

（1）教师用AAAA结构带领幼儿试唱。

（2）教师用AABB结构带领幼儿试唱。

（3）教师用ABCC结构带领幼儿试唱。

（4）教师用ABCD结构带领幼儿试唱。

4. 尝试用ABCD结构独立跟琴演唱

（1）教师组织与引导幼儿选择四个乐句及顺序。

（2）挑战幼儿独立跟琴试唱。

（3）告诉幼儿会将他们演唱的录音放在网上宣传环保理念。感谢幼儿在这次创编和演唱活动中做出的实际努力。

温馨提示

（1）这是一首表达环保主题的歌曲，最好不要随便改变这个主题。

（2）教师可以将创编活动延伸到区角和家庭，最好能够给幼儿的新创编提供练习支持和展示成果的机会。

（3）教师还可以提供以下思路：

① 微调过的新思路：将蓝天、草原、清泉、山林作为"直接获得帮助"的对象。

② 较为具体的思路：白天可以送给蓝天什么礼物，晚上可以送给蓝天什么礼物，才能让天空变得又漂亮、又热闹？

③ 更为具体的思路：白天送彩虹，量词就应该是"一道"彩虹；送太阳，名词最好是"红日"，量词就应该是"一轮"；送白云，数词用"几朵"会更生动；晚上送清风，量词应该是"一缕"；送月牙，量词最好用"一弯"；送一只会唱歌的小鸟，名词就应该是"夜莺"……

友情提问

（1）什么叫作"从'一A到底'开始"？

（2）这种模式有哪些独特的教育价值？

（3）加拿大皇家音乐学院的奥尔夫老师对此有什么"高见"？

提示：答案在本章中找。

案例5　三只小蝌蚪　　（南京　唐小洁等）

使能目标阶梯

挑战4	累加"抱抱好数字"游戏。请幼儿欣赏两位教师演唱的两声部歌唱。	创造性应用	欣赏教师的两声部合唱，进一步产生学习两声部合唱的愿望。最后跟随琴声边唱边玩，规则改为掷色子通报数字，迅速结伴抱团。
挑战3	激励幼儿提高对新歌的掌握水平。	反思完善	完整跟随教师演唱新歌，并通过反思与评价，努力提高熟练、流畅地演唱新歌的水平。
挑战2	邀请幼儿志愿者担任领袖。	应用	幼儿志愿者轮流尝试担任领袖，做出表示数字的手势。
挑战1	累加最后一句的认知反应游戏。	应用	继续倾听全曲，通过敏锐观察教师手势，用即兴反应的方法演唱最后的答句。
歌曲	用"旋律回声法"学唱最后的答句。	观察模仿	继续倾听全曲，仅需用"回声法"模仿最后的答句。
歌曲	范唱歌曲，提问内容。	观察记忆	仅需关注教师范唱之前所提的一个问题。
故事	邀请幼儿寻找歌曲的主人公。	了解	情境理解，产生兴趣，明确任务。

三只小蝌蚪[①]

1=D 4/4　　　　　　　　　　　　　　　　　　　　　　　佚名　词曲

(5 5 5 5 5 5 | 5 5 5　5 3 1 | 5 5 5　5 5 5 | 5 5 5 5 3 1)

5 5 5 5 5 5 | 5 5 5　5 3 1 | 5 5 5　5 5 5 | 5 5 5 5 3 1
丢几球丢几球　丢几球　丢几球　丢几球丢几球　丢几球丢几球？

5 5 5 5 5 5 | 5 5 5　5 3 1 | 5 5 5　5 5 5 | 5 5 5 5 3 1
丢几球丢几球　丢几球　丢几球　丢几球丢几球　丢几球丢几球？

5　5　3 5 1 | 3 3 5 5 3 5 1 | 3 3 5 5 5 3 1 | 5　5 5　— |
三　只　小蝌蚪，水草上面翻跟头，水泡拿来丢篮球。丢　几球？

5 5 5 5 5 5 | 5 5 5　5 3 1 | 5　5　— | 5　3 1　— ‖
丢几球丢几球　丢几球　丢几球丢　几　球？　丢　三球！

主部：

5　5　3 5 1 | 3 3 5 5 3 5 1 | 3 3 5 5 5 3 1 | 5　5　5　— | 5　3　1　— ‖
三　只　小蝌蚪，水草上面翻跟头，水泡拿来丢篮球。丢　几　球？　丢　三　球！

二声部：

5 5 5 5 5 5 | 5 5 5 5 3 1 | 5 5 5 5 5 5 | 5 5 5 5 3 1 | 5 3 1 — ‖
丢几球丢几球　丢几球丢几球　丢几球丢几球　丢几球丢几球？丢三球！

游戏玩法1：在唱"丢几球"的同时，看领袖用手指出示的数字，快速做出反应并唱出"丢X球"。

游戏玩法2：在唱"丢几球"的同时，看领袖用骰子投出的数字指示，快速做出反应并唱出"丢X球"的同时，迅速按照数字指示的人数抱成一团。

活动目标

（1）初步学会演唱新歌，初步产生学唱两声部合唱的愿望。

（2）学习用迁移回声的方法将教师演唱的问句"丢几球"，唱成答句"丢X球"。

（3）学习用快速反应的方法对数字符号做出游戏反应；大胆尝试"领袖"的角色，承担提供"游戏反应数字"的责任；体验进行快速反应时的紧张和成功游戏的快乐。

[①] 转引自中国台湾奥尔夫教材（曾铮 编著）。

活动准备

（1）物质准备：

①准备各种相应的教学幻灯片或图片，可参考下图：

讲故事

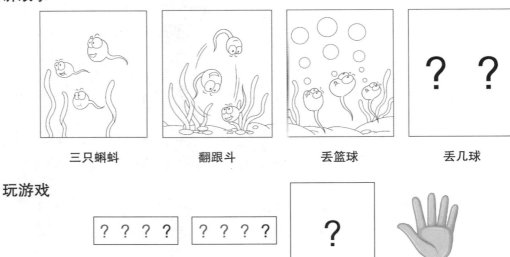

玩游戏

学唱"音型"性二声部

学唱歌 1

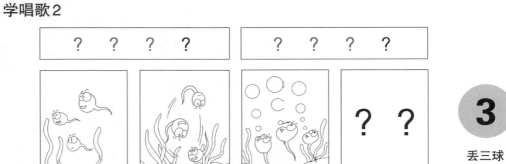

学唱"旋律性"一声部

学唱歌 2

学唱一、二声部先后横向连接的唱法

学唱歌3

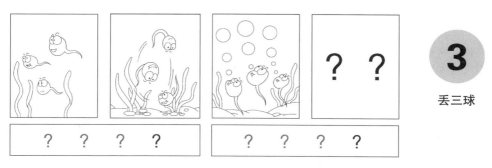

学唱一、二声部同时纵向叠加的唱法

② 准备一个骰子，符号可以是点子或数字，对于快速反应游戏来说，点数决定难度。

玩游戏

自制骰子

提示：如果活动要在中班开展，骰子上的数字应不超过3，以便幼儿顺利玩游戏。

（2）经验准备：
  ① 具备有关小蝌蚪的粗浅知识与经验。
  ② 知道什么是水泡、篮球、翻跟头。

（3）空间准备：全体围坐成大的半圆。

活动过程

1. 进入情境，带着问题倾听范唱，了解歌词内容及顺序

（1）教师：今天老师带了一些动物朋友，请你们注意听，从老师唱的新歌里把它们找出来。（第1遍范唱主部5小节）

　　幼儿：小蝌蚪。

（2）教师：那么，一共有多少只小蝌蚪呢？（第2遍范唱主部5小节）

　　幼儿：三只。

（3）教师：它们在水草上面玩什么游戏呢？（也可以分两次提问：它们在哪里？在干什么呢？第3、4遍范唱主部5小节）

　　幼儿：在水草上面翻跟头。

注意：这句不容易听出来，也不容易理解，所以可能需要再次倾听、讨论或教师直接给予解释。

（4）教师：小蝌蚪是会吹泡泡的，它们拿水泡当作什么球来丢呢？（第5遍范唱主部5小节）

幼儿：篮球。

注意：这句不容易听出来，也不容易理解，所以可能需要提前更明确地引导幼儿提取原有经验。

2. 用"旋律回声法"学唱最后的"答句"

（1）教师演唱前5小节，邀请幼儿用"旋律回声法"学唱最后事先规定的"答句"，反复4次左右。（第1—4遍练唱主部5小节）

（2）进入"快反幼儿"：教师演唱前5小节，邀请幼儿用"旋律回声法"练唱，教师在最后稍稍提前用数字手势提示"答句"歌词中的具体数量，反复4次左右。（第5—8遍练唱主部5小节）

（3）幼儿志愿者尝试"担任领袖"：教师演唱全曲，邀请幼儿用"旋律回声法"练唱，幼儿志愿者在最后稍稍提前用数字手势提供"答句"歌词中的具体数量，反复4次左右。（第9—12遍练唱主部5小节）

3. 专门练唱整首歌曲、完善歌曲的演唱

（1）专门练唱第二声部。

（2）将第二声部加在主部前面作为"前奏"来演唱。

4. 尝试演唱二声部歌曲

（1）欣赏主、配班教师的合唱版本。

（2）幼儿和主班教师唱主部，配班教师唱第二声部。

（3）配班教师唱主部，幼儿和主班教师唱第二声部。

（4）幼儿分成两组，一组随主班教师演唱主部，另一组随配班教师演唱第二声部。

（5）两组交换演唱内容。

注意1：第一课时，不能进行以上（2）、（3）、（4）、（5）环节。
注意2：此处游戏为"看手势信号快速反应游戏"。

5. 边唱边玩游戏

游戏玩法改为：根据骰子提供的数字快速结伴抱团。

注意1：如果这种游戏被提前到活动过程2，可能会让幼儿过度兴奋而无法专心学习唱歌了。
注意2：可能有些班级也不能在第一课时玩这种游戏。

温馨提示

（1）逐句提问，让幼儿带着探究的兴趣，有目的地聚焦观察对象。这也是奥尔夫传授给我

们的重要教学策略之一。(前文中介绍过的《三只瞎老鼠》就是使用了这样的策略)

(2) 在活动过程3,有基础的班级可以在欣赏完教师的合唱版本之后,尝试演唱第一声部与教师合唱;有更好基础的班级也可以在日后尝试演唱第二声部。

友情提问

(1) 为什么游戏只能在最后玩呢?
(2) 传统游戏都有哪些主要规则类型?都包含哪些潜在的教育功能?
(3) 为什么第一课时不能进行活动过程4中的(2)、(3)、(4)、(5)环节?
(4) 你觉得如果不唱二声部,该活动能移至中班进行吗?
(5) 若移到中班,骰子的数量应该调整一下吗?大班可以是多少合适呢?
(6) 这个游戏的最简单玩法是怎样的?属于一种什么游戏?

提示:答案在本章中找。

案例6　壳儿去旅行　　（南京石杨路幼儿园）

使能目标阶梯

挑战4	引导幼儿关注、欣赏教师叠加的第三声部，产生学习的愿望。	创造性应用	在教师的引导下，边继续演唱两声部歌曲，边关注、欣赏教师叠加的第三声部，产生学习的愿望。
挑战3	引导幼儿使用反思、评价、自我完善的策略，努力提高二声部歌曲演唱的质量。	应用	分成两组，使用反思、评价、自我完善的策略，相互帮助，共同努力提高二声部歌曲演唱的质量。
挑战2	引导全体幼儿尝试在A段歌曲叠加8拍节奏念白。	应用	分成两组，各自从创编好的语言材料库中自选两个材料加入节奏，转换成8拍节奏念白，加入单声部A段歌曲，尝试演唱。
挑战1	引导全体幼儿尝试在A段歌曲叠加4拍节奏念白。	应用	从创编好的语言材料库中自选一个材料加入节奏，转换成4拍节奏念白，加入单声部A段歌曲，尝试演唱。
歌曲	辅导幼儿专门练习不断提高单声部歌曲的演唱质量。	模仿	在教师的引导下，反复练习不断提高单声部演唱的质量。
歌曲	利用"乌龟后悔到处寻找龟壳"的系列情境幻灯片吸引幼儿反复倾听。	观察	在系列情境幻灯片的吸引下，反复感知、记忆歌曲。
故事	围绕歌词内容简单引导幼儿回忆"被遗弃的乌龟壳独自去旅行"的故事。	理解	情境引入，引发兴趣，明确任务。

壳儿去旅行

薛海峰 南波 词曲

1=D 2/4

A段

| 1 1 3 | 5 5. 5 3 | 1 1 3 | 4 4. 4 1 | 6 6 1 |
| 啦啦嘿 | 我 要 旅行， | 啦啦嘿 | 我 要 旅行， | 啦啦嘿， |

| 1 1 6 | 4 5 6 | 5 3 2 1 | 1 — | 1 1 |
| 我 要 旅行 | 我 是 | 快乐 壳儿。 | | 滚 过 |

B段

| 5 5 | 5 1 1 | 5 5 | 5 1 1 | 5 3 |
| 山 坡， | 滚过 树 林， | 美丽 风 景 |

今 天 | 阳光 灿烂 | 今 天 | 阳光 灿烂 | 今 天 |

壳儿带着 指南针 去旅行 指南针 用处大 （8拍语言节奏基石；重复9遍）

指南针 用处大 帮助小鸟 找到了家 （8拍语言节奏基石；重复4遍）

今 天 阳光灿烂 壳儿带着指南针去旅行 帮助小鸟

| 4 4 5 | 4 3 2 3 | 3 — | 3 | 1 1 |
| 我 要 慢慢 欣赏。 | | | 滚 过 |

阳光 灿烂 | 今 天 | 阳光 灿烂 | 今 天 |

（略）

（略）

找到了 家 团结 友爱 力量大 （16拍语言节奏基石；重复2遍）

| 5 5 | 5 1 1 | 5 5 | 5 1 1 | 5 3 |
| 小 河， | 滚过 草 地， | 美丽 风 景 |

阳光 灿烂 | 今 天 | 阳光 灿烂 | 今 天 | 阳光 灿烂 |

（略）

（略）

（略）

```
| 4  4̆5 | 4̆3  2̆1 | 1 — | 1 — |
  我要    慢慢  欣赏。
  今 天  | 阳光  灿烂 | 今 天  | 阳光  灿烂 |
  (略……最后休止2拍)
  (略……最后休止2拍)
  (略……最后休止2拍)
```

B段

```
| 1  1  3 | 5̆  5.  5̆3 | 1  1  3 | 4̆  4.  4̆1 | 6̆·6̆  1 |
  啦啦嘿    我要 旅行，   啦啦嘿    我要 旅行，  啦啦嘿，
| 1  1  1̆6̇ | 4  5̆6 | 5̆3̆2̆1 | 1 — | 1 — |
  我要旅行  我  是   快乐壳儿。
```

> **注意：** 第一行为歌词，其余各行为节奏念诵建议。

原歌词：《宇宙护卫队》主题歌

啦啦嘿，闹钟在响，啦啦嘿，快快起床，啦啦嘿，伙伴在身旁，一起度过快乐时光。

啦啦嘿，警报在响，啦啦嘿，炫酷变装，啦啦嘿，飞船闪亮，我们是宇宙护卫。

越过高山，越过海洋，美好故事与你一起分享。迎着阳光，徽章闪亮，梦想正起航。

（节奏念白）广阔的天空让我翱翔，辽阔的大地任我闯荡。风暴、闪电，绚丽的彩虹，无所畏惧，勇闯前方。

啦啦嘿，警报在响，啦啦嘿，炫酷变装，啦啦嘿，飞船闪亮，我们是宇宙护卫。

活动目标

（1）在学会基本熟练地演唱新歌的前提下，学习为新歌叠加念白的二声部，并初步感知三声部的演唱效果。

（2）学习探索和使用合唱配合的基本标准，自主选择二声部的内容，并在教师的帮助下转换成4拍或8拍的念白。

（3）努力按照合唱的标准调整与保持自己所唱声部的速度、力度和准确度，体验合作和谐的美好和愉悦。

活动准备

（1）物质准备：

① 准备相关系列情境的幻灯片：

    a. 在风景美丽的地方，这里是乌龟的家，乌龟正在睡觉，梦见乌龟壳在向自己告别。

    b. 山坡下，没有壳的乌龟做寻找状，表情难过。山坡上有一些石头和花草，有一处特别像隐藏起来的乌龟壳，但实际上并不是。

    c. 树林里，没有壳的乌龟做寻找状，表情难过。山树林里有一些石头和花草，有一处特别像隐藏起来的乌龟壳，但实际上并不是。

    d. 小河边，没有壳的乌龟做寻找状，表情难过。河床上有一些石头和蚌壳，有一处特别像隐藏起来的乌龟壳，但实际上并不是。

    e. 草地上，没有壳的乌龟做寻找状，表情难过。山坡上有一些石头和花草，有一处特别像隐藏起来的乌龟壳，但实际上并不是。

    f. 寻人启事幻灯片：亲爱的壳儿（图：一个爱心，一个龟壳，一个冒号）快回来吧，我想你（做招手状的手，一个在云朵里的爱心，一个感叹号）！落款为：爱你的乌龟（一个爱心，一个乌龟）。

    g. 第一张幻灯片展示出回到家的乌龟正抱着乌龟壳在大哭。

注意：类似的内容，最好是教师和幼儿讨论出来，再由幼儿自己画出来。

② 准备有转换成二声部图谱潜力的歌曲图谱，一共两份。

    a. 以下是师幼在学习过程中共建的具有二声部转换潜力的歌曲图谱，仅供参考：

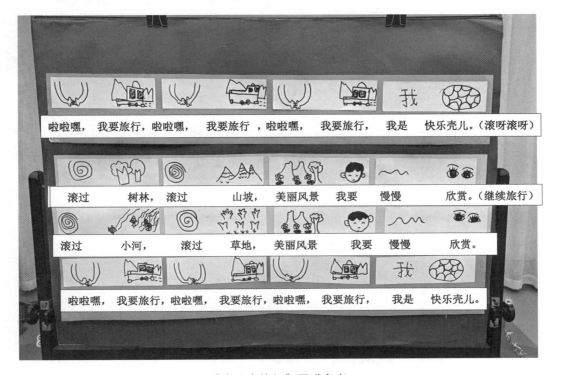

《壳儿去旅行》图谱参考

b. 右图是师幼在学习过程中共建的"节奏念白内容图库",仅供参考。

因片释义为:今天阳光灿烂,壳儿带着指南针去旅行。有一只小鸟找不到家,指南针用处大,帮助小鸟找到了家;有一只蜜蜂找不到家,指南针用处大,帮助小鸟找到了家。唱起歌儿真高兴,团结友爱真高兴。

c. 下图左边是第一次"4拍"念白叠加二声部时幼儿的第一次选择:

节奏念白内容图库

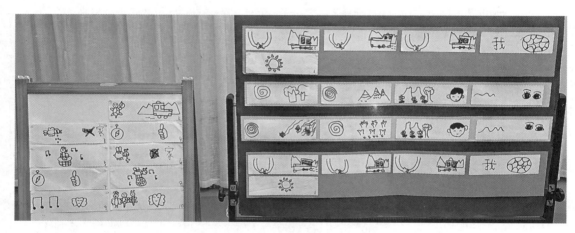

幼儿念白叠加二声部

> **注意**:由于欣赏A段和再现A段都需要图片提醒,因此每张图片需要准备两份。

③ 两块大黑板、一块小黑板。

(2)经验准备:

① 已经熟悉故事。

② 已经创编表述故事主要内容的语句。

> **注意**:这是由教师和幼儿在大课程背景下主部创造出来的"语言情境基石"——你还记得奥尔夫案例"渔歌"吗?

③ 已经将创编的语句转换成"前书写"的图示。

(3)空间准备:全体围坐成大的半圆。

活动过程

1. 进入熟悉的故事情境
2. 在系列情境幻灯片的吸引下反复感知、记忆歌曲
   （1）教师出示第一张幻灯片：乌龟邀请幼儿帮助乌龟寻找它的壳（原绘本故事中，乌龟把自己的壳赶走了）。（第1遍范唱）
   （2）教师出示第二张幻灯片：乌龟继续邀请幼儿帮助乌龟寻找它的壳（没有找到）。（第2遍范唱）
   （3）教师出示第三张幻灯片：乌龟继续请求幼儿帮助乌龟寻找它的壳（没有找到）。（第3遍范唱）
   （4）教师出示第四张幻灯片：乌龟继续请求幼儿帮助乌龟寻找它的壳（没有找到）。（第4遍范唱）
   （5）教师出示第五张幻灯片：乌龟继续请求幼儿帮助乌龟寻找它的壳（没有找到）。（第5遍范唱）
   （6）教师：我们代表乌龟在网上发个寻人启事吧！
   （7）教师：我们再帮乌龟唱一次歌，再等等看，也许它的壳就回来了。（第1遍试唱）
   （8）教师出示第六张幻灯片：感谢大家的帮助。
3. 反复练唱、反思评价，逐渐达到初步熟练（大约练唱9—10遍）
   （1）教师出示共建的歌曲图谱。
   （2）帮助幼儿在图谱的支持下练唱。
   （3）用撤去图谱的方法帮助幼儿检验熟练程度，让幼儿逐步摆脱对图谱的依赖。

> **注意1**：一首新歌的学习过程，一般需要倾听范唱5遍以上才能够形成清晰、准确的"听觉表象"。此时开始模唱，估计一半的幼儿不大容易发生错误。大约需要练唱10遍及以上，幼儿才能基本达到正确、流畅地独立演唱水平。
>
> **注意2**：以上内容至少需要1个课时完成，以下活动过程也至少需要1个课时来完成。

4. 叠加4拍节奏念白

   （1）教师出示幼儿在前期活动中创编绘制的故事节奏念白内容图库，供幼儿选择其中一张，贴到歌词图谱上，再帮助幼儿转换成4拍的节奏念白。　如：今　天｜阳光　灿烂｜。

   > 提示：记得前述案例，"从语言中抽取节奏基石"的奥尔夫创作教法策略吗？

   （2）主班教师和幼儿演唱歌曲，配班教师念白。
   （3）两组交换。
   （4）幼儿分成两组，一组歌曲，一组念白。
   （5）两组交换。
   （6）教师引导幼儿学习第一个评价标准：两个声部的声音要一样大，幼儿相互之间都能够听见对方。

5. 两组各自叠加4拍节奏念白

（1）幼儿分成两组，各选择总图库中的一张，贴到歌词图谱上，教师再帮助幼儿转换成4拍的节奏念白。

（2）两组幼儿分别转换、练习。（主、配班老师各辅导一组）

（3）展示、交流、评价。

（4）教师引导幼儿学习第二个评价标准：两个声部每一个幼儿都必须完全正确、熟练，才能保证整齐。若有幼儿因为不会而不唱，声音会变小；有幼儿唱错，就会不整齐。

6. 尝试8拍节奏念白

（1）两组幼儿各选择总图库中的两张，贴到歌词图谱上，教师再帮助幼儿转换成8拍的节奏念白。

（2）各组分别转换、练习。（主、配班老师各辅导一组）

（3）展示、交流、评价。

> **注意**：如果再拓展成16拍的节奏语言念诵，不就是大家今天所熟悉的时尚音乐表演形式"随乐rap（说唱）"了吗？

（4）教师引导幼儿慢慢学习使用以上两个评价标准来提升演唱质量。

7. 欣赏A段累加二声部的合唱

（1）幼儿分成两个声部跟随配班教师的琴声演唱已经比较熟练的环节4所唱的版本。主班教师演唱A段第二声部。

（2）主班教师允诺下次再和幼儿一起尝试全曲二声部的演唱。

温馨提示

（1）该活动完全是由南京石杨路幼儿园的老师和大班幼儿在2019秋季上学期逐渐建构而成。所以说，它是经过实践检验切实可行的。

（2）原歌曲是一部动画片主题曲。转换情境并调整歌词，是这所幼儿园经常使用的设计策略。中班活动"蚂蚁搬豆"也是这所幼儿园原创的。除此之外，还有更多原创活动，因篇幅所限，不一一介绍。

（3）这所幼儿园长期进行"前书写"教学和"从绘本到班本戏剧"的建构性课程。所以说尽管该活动切实可行，也是需要幼儿有相应经验基础的。

（4）一般来讲，创编描述故事情境的句子和将其转换成前书写符号，需要在绘本学习整体课程中慢慢建构。歌曲学到演唱到两个声部，甚至三个声部的水平，也需要慢慢建构，不可能一蹴而就。因此，这个方案一般需要2—4个集体教学活动来完成。

（5）在本章开头介绍奥尔夫创造性歌唱教学等内容中，我们可以看到"借用教师提供的材料基石"的具体做法。而在这个案例中，除了绘本和歌曲是教师提供的创作"背景（支架或框架）"之外，所有创造所用的"材料基石"，都是在教师引导下由幼儿参与集体建构出来的。

四、适合教师自我培训使用的案例

学习提示：

建议以下这些活动在幼儿园集体业务学习期间进行，或在师范院校的集体课堂教学中进行。

以下这些活动方案除了少数个别以外，都可以在幼儿园大班的集体教学中实行。

由于相关的教学技术细节，我们在前面的范例中都具体描述过了，下面的案例中，非必要的细节和新的问题，不再反复提示。

案例1　闪烁的小星星

使能目标阶梯

阶段	内容	类型	说明
挑战 4	鼓励学员继续迁移到自选曲调。	创造性迁移应用	分小组在同伴互助的条件下，自选歌曲尝试独立迁移。
挑战 3	引导学员迁移到各指定曲调。	指定迁移应用	在教师的带领下，继续迁移到教师指定可一一对应的熟悉歌曲的曲调。
挑战 2	引导学员迁移应用刚学过的技巧替换《玛丽有只小羊羔》的曲调。	迁移应用	在教师的引导下独立迁移应用刚学过的"挑战技巧"。
挑战 1	指导学员学习重复技巧：替换《粉刷匠》的曲调。	拓展	歌词拓展技巧：重复和添加衬词。在教师的引导下迁移到《粉刷匠》。（稍远的迁移）
替换	鼓励学员选择七字相同结构一一对应。	探究	一一对应替换：A曲B词；B曲A词。（近迁移）
歌曲	邀请学员回顾歌曲B《我爱我的幼儿园》。	回忆	回顾单声部。
歌曲	邀请学员回顾歌曲A《闪烁的小星星》。	回忆、拓展	回顾单声部，拓展卡农—同声二声部—同声三声部。

闪烁的小星星

法国童谣

1 = D 4/4

| 1 1 5 5 | 6 6 5 - | 4 4 3 3 | 2 2 1 - |

一闪一闪 亮晶晶， 满天都是 小星星。

| 5 5 4 4 | 3 3 2 - | 5 5 4 4 | 3 3 2 - |

挂在天上 放光明， 好像许多 小眼睛。

| 1 1 5 5 | 6 6 5 - | 4 4 3 3 | 2 2 1 - ‖

一闪一闪 亮晶晶， 满天都是 小星星。

替换1　我爱我的幼儿园

佚名　词曲

1 = C 4/4

| 1 2 3 4 | 5 5 5 - | 5 5 3 1 | 2 3 2 - |

我爱我的 幼儿园， 幼儿园里 朋友多。
一闪一闪 亮晶晶， 满天都是 小星星。

| 1 2 3 4 | 5 5 5 - | 5 5 3 1 | 2 3 1 - ‖

又唱歌来 又跳舞， 大家一起 真快乐。
挂在天上 放光明， 好像许多 小眼睛。

替换2　粉刷匠

外国童谣

1 = C 2/4

| 5 3 | 5 3 | 5 3 | 1 | 2 4 | 3 2 | 5 - |

我是 一个 粉刷 匠， 粉刷 本领 强，
一闪 一闪 亮晶 晶， **亮呀 亮晶 晶，**

| 5 3 | 5 3 | 5 3 | 1 | 2 4 | 3 2 | 1 - |

我要 把那 新房 子， 刷得 更漂 亮。
满天 都是 小星 星， **小呀 小星 星。**

| 2 2 | 4 4 | 3 1 | 5 | 2 4 | 3 2 | 5 - |

刷了 房顶 又刷 墙， 刷子 飞舞 忙，
挂在 天上 放光 明， **放呀 放光 明。**

| 5 3 | 5 3 | 5 3 | 1 | 2 4 | 3 2 | 1 - ‖

哎呀 我的 小鼻 子， 变呀 变了 样。
好像 许多 小眼 睛， **小呀 小眼 睛。**

替换3　玛丽有只小羊羔

1 = C　2/4

外国童谣

| 3. 2 | 1 2 | 3 3 | 3 | 2 2 | 2 | 3 5 | 5 |
玛　丽　　有　只　　小　羊　　羔，　小　羊　　羔，　小　羊　　羔，
一　闪　　一　闪　　亮　晶　　晶，　**亮　晶　　晶，**　**亮　晶　　晶，**

| 3. 2 | 1 2 | 3 3 | 3 | 2 2 | 3 2 | 1 | — |
玛　丽　　有　只　　小　羊　　羔，　雪　白　　的　羊　　毛。
满　天　　都　是　　小　星　　星，　**小　呀**　　**小　星**　　**星。**

| 3. 2 | 1 2 2 | 3 3 | 3 | 2 2 | 2 | 3 5 | 5 |
玛　丽　　爱　她　的　　小　羊　　羔，　小　羊　　羔，　小　羊　　羔，
挂　在　　天　上　　放　光　　明，　**放　光　　明，**　**放　光　　明，**

| 3. 2 | 1 2 2 | 3 3 | 3 | 2 2 | 3 2 | 1 | — |
玛　丽　　爱　她　的　　小　羊　　羔，　雪　白　　的　羊　　毛。
好　像　　许　多　　小　眼　　睛。　**小　呀**　　**小　眼**　　**睛。**

替换4　柳树姑娘

1 = ♭E　3/4

罗晓航　词
夏晓红　曲

| 6. 3 | 3 2 | 3 — — | 5. 1 | 2 3 | 3 — — |
柳　树　　姑　娘，　辫　子　长　长，
一　闪　　一　闪　　亮　晶　晶，

| 6. 6 | 5 6 | 5 3 — | 6. 6 | 5 3 | 2 — — |
风　儿　一　　吹，　甩　进　池　塘。
满　天　都　是　　小　星　星。

| 1 6 2 2 | 3 6 1 2 2 | 5 3 5 6 | 5 3 5 6 |
洗　洗　干　净　　多　么　漂　亮，　洗　洗　干　净　　多　么　漂　亮。
挂　在　天　上　　放　光　明，　挂　在　天　上　　放　光　明，

| 1 — 3 | 1. 3 1 6 | 6 — — | 5 6 6 0 ‖
多　么　　漂　　　　亮。　　　　啊　哩　啰！
好　像　许　多　小　眼　睛，　　**小　眼　睛！**

替换5　郊游

中国台湾校园歌曲

1 = C　2/4

```
 5        5     | 5 3     5    | 5. 3    1 3  | 2 1    5    |
 走        走     走 走    走，   我 们    小 手    拉 小    手，
 一        闪     一 闪    闪，   一 闪    一 闪    亮 晶    晶，

 6        1     | 5 1     3    | 5 1 2   3 2  | 1      -    ‖
 走        走     走 走    走，   一 同    去 郊    游。
 满        天     都       是    小 呀 么  小 星    星。

 5        5     | 3 5 6 5 3    | 2       2    | 1 2 3 1  6  |
 白        云     悠       悠    阳 光    柔    柔，
 挂        在     天       上    放 光    明        哟，

 1 6 1    5 5   | 5 3 5   6 3  | 5       -    | 5      -    ‖
 青 山    绿 水   一 片    锦    绣。                        D.C.
 好 像    许 多   小 呀 么  小 眼  睛。
```

替换6　我的祖国

乔羽　词
刘炽　曲

1 = C　4/4

```
 1 2    6. 5    5. 6    | 3 5 6    1 7 6    5    -   |
 一 条   大 河   波 浪      宽，
 一 闪   一 闪   亮 晶      晶，

 5      6 5     3 2    3 | 5 3      6. 1     2    -   |
 风 吹   稻 花   香      两 岸。
 满 天   都 是   小      星 星。

 2 5    3 1     6. 5. 6  | 2 6      5 6 5    3.   2   |
 我 家   就 在   岸        上  住，
 挂 在   天 上   放        光     明，

 1 2 2 3 5 6 1 7 6    5  | 5 6 1 2 4. 6 6   5 6 3 2 1  -  ‖
 听 惯 了 艄 公 的 号    子   看 惯 了 船 上 的    白        帆。
 好 像 许 多 小 眼      睛，  小 眼 睛，        小 眼      睛。
```

替换8　我和我的祖国

张藜　词
秦咏诚　曲

1=C　6/8

| 5 6 5 | 4 3 2 | 1. | 5. | 1 3 1 | 7 6.3 | 5. — | 5. — |

我和　我的　　祖　　　　国，　一刻也　不能分　割！
一闪　一闪　　一　　　　闪　　亮　晶　　晶　，

| 6 7 6 | 5 4 3 | 2. | 6. | 7 6 5 | 5 1.2 | 3. — | 3. — |

无论我　走到　　哪　　　　里，　都留下　一首赞　歌。
满天　都是　　都　　　　是　　小　星　　星　。

| 5 6 5 | 4 3 2 | 1. | 5. | 1 3 1 | 7 2.1 | 6. — | 6. — |

我歌唱　每一座　　高　　　　山，　我歌唱　每一条　河。
满天　都是　　都　　　　是　　小　星　　星。

| 1 7 6 | 5. | 6 5 4 | 3. | 7 6 | 5 2 | 1. — | 1. — |

袅袅炊　烟，　小小村　落，　路上　一道　辙。
挂在天　上　放光　明，　放　光　明。

| 1 2 3 | 2 1 6 | 7 6.3 | 5. | 1 2 3 | 2 1 6 | 7 5.3 | 6. |

我最　亲爱的　祖　　　　国，　我永远　紧依着　您的心　窝，
挂在　天上放　光　　　　明，　**好像　许多　小眼　睛**，

| 5 4 3 | 2. | 7 6 5 | 3. | 4. | 2 1 | 1. — | 1. — |

你用你那　　母亲的　脉搏　和　我诉　说。
挂在天上　　放光　明！　放　光　明！

注意：加粗部分是"拓展微调"的部分，主要采用两种策略：重复和添加衬词。

活动目标

（1）学习使用最初步的歌词拓展策略：简单重复、局部重复、换序（位）重复以及简单"衬词模式"。
（2）从一一对应开始，由易渐难，通过实践逐渐熟悉曲调替换的技巧。
（3）利用团队的相互帮助、相互促进的策略提升锻炼的趣味和效率。

活动准备

（1）物质准备：可以准备一些网上直接可以下载播放的歌曲音频。
（2）经验准备：

①尽可能会唱更多歌曲。如果过去较少唱歌，教师可以寻找一些歌曲集。

②师范院校用歌唱教材、幼儿用歌唱教材。

③幼儿园如果有可以即兴弹琴伴奏的教师会更好。

（3）空间准备：无须特殊布置。

活动过程

1. 复习歌曲《闪烁的小星星》

（1）尽量唱准、唱好：词曲没有错误，而且可以比较好地控制声音表达感情。

（2）练习用轮唱（卡农）的方式演唱歌曲。主持教师指挥提示小技巧：面对一声部带唱"一闪一闪"，面对二声部带唱"一闪一闪"……持续到结束前，先面对第一声部带唱"小星星"，再同时面对两个声部带唱"小星星"。

> 注意：每一句只提示开头两拍，后面的两拍，歌者自己自然会接下去唱。

（3）练习用"同声异词"的方式演唱歌曲。如：第一声部演唱歌曲，第二声部使用相同旋律演唱连贯的"鸣"音（表现云遮雾盖），或跳跃的"叮"音、"沙"音（表现隐约的光亮）。

（4）练习叠加念白的演唱方式。如：第一声部演唱歌曲，第二声部用同样节奏念歌词；或者加一个节奏不同的念白：小星星 0 0｜亮晶晶 0 0｜……

（5）分组将（3）、（4）环节的演唱方法叠加在一起，形成三个声部的合唱效果。

2. 尝试替换歌词演唱

（1）尝试将《闪烁的小星星》的歌词替换到《我爱我的幼儿园》的曲调下面来演唱。

> 注意：先做这个替换练习，是因为4句歌词的字数、结构完全一样，且都是一一对应的，最容易适应。

（2）尝试将《闪烁的小星星》的歌词替换到《粉刷匠》的曲调下面来演唱。

> 注意：接着再做这个练习，是因为后者歌词的字数、结构是7，5；7，5；7，5；7，5。单句都是7，可一一对应的；双句可做一种简单拓展：局部重复加衬词。4句同为7，5结构，也比较容易适应。

（3）尝试将《闪烁的小星星》的歌词替换到《玛丽有只小羊羔》的曲调下面来演唱。

> 注意：再接着做这个替换练习，是因为单句直接提供了"局部重复"的模式，双句可直接迁移应用刚刚学习过的7，5结构"局部重复加衬词"。且两大句歌词的字数、结构也完全一样，很容易在教师的引导下迁移应用。

（4）尝试将《闪烁的小星星》的歌词替换到《柳树姑娘》的曲调下面来演唱。

> 注意：虽然这是一首三拍子的歌曲，但只要前面的试唱拥有了经验，一般不会太困难。需要注意的是：中间第三大句中的两个短句"洗洗干净多么漂亮"原是同歌词的重复结构，就看练习者是否发现了这种结构，并能够对应这种结构，将"挂在天上放光明"也重复2遍。

（5）尝试将《闪烁的小星星》的歌词替换到《郊游》的曲调下面来演唱。

> 提示：这首歌，困难就在第一句，第一句解决了，后面就容易了。

（6）尝试将《闪烁的小星星》的歌词替换到两首推荐的"歌唱祖国"的歌曲曲调来唱。然后自选全国各地的著名民歌进行练习。（如：东北民歌《摇篮曲》、西北民歌《咱们的领袖毛泽东》、云南民歌《小河淌水》、河南民歌《编花篮》、湖南民歌《龙船调》、福建民歌《天乌乌》……）

（7）尝试将《闪烁的小星星》的歌词替换到著名的外国民歌曲调下面来练习。（如：《新年好》《生日歌》《勃拉姆斯摇篮曲》《铃儿响叮当》……）

（8）尝试将《闪烁的小星星》的歌词替换到当下大家熟悉的"儿童歌曲"曲调下面来唱。

（9）尝试将《闪烁的小星星》的歌词替到换当下大家熟悉的"流行歌曲"曲调下面来唱。

温馨提示

（1）邀请幼儿用熟悉的歌曲相互交换词曲是可行的。但在这个系列中，部分建议不适合幼儿。

（2）替换练习的时候，教师最好不要事先或同时提供歌谱，而是需要学习者先根据自己的感觉来进行探究性的试唱，等产生错误后，再来进行反思和互帮互学。这样做，会使学习者的学习效果更好。

（3）这些活动不需要一次都做完，也不可能都做完。幼儿园的教研团队或师范院校班级的学习团队，可以用各种游戏、娱乐、竞赛的方式来"玩"这些替换曲调或歌词的游戏，以不断发现各种有趣的词曲创作模式（思路、策略或技巧）。

友情提问

（1）你觉得还可以尝试哪些种类的曲调？民歌？流行歌曲？外国的古典歌曲、儿童歌曲或流行歌曲？器乐曲中的简单"如歌的行板"？

（2）如果唱熟三百首歌，再尝试把每一曲调都换某一歌词唱一遍，或把每一歌词都换某一曲调唱一遍，你会唱出多少首歌曲呢？计算一下？

案例2-1 《女驸马》选段配古诗

使能目标阶梯

挑战4	引导学员为指定或自选的歌词制作"拼拼"曲。	创造性应用	分小组在同伴互助的条件下，自选歌词尝试创作。
挑战3	指定主题，教学员玩"唱蹿了"游戏。	指定迁移应用	在教师的带领下，继续迁移到教师指定可一一对应的熟悉歌曲的曲调。
挑战2	引导学员自选七言古诗及适合七言的民歌或戏曲的曲调，逐一演唱。	迁移应用	在教师的引导下，独立迁移应用刚学过的"挑战技巧"。
挑战1	引导学员自选其他七言古诗尝试填入曲调演唱。	迁移应用	自选古诗，自选人物身份、心情、表情进行演唱，展示、分享、评价。（稍远的迁移）
替换	引导学员回顾古诗《望庐山瀑布》填入曲调演唱。	探究	将《望庐山瀑布》填入曲调，用中年男性游客的心情和表情来演唱。
古诗	引导学员回顾古诗《咏柳》，填入下面的曲调演唱。	迁移应用	将《咏柳》词填入《为救李郎离家园》曲调，用少女春游的心情和表情来演唱。
歌曲	引导学员回顾戏曲《为救李郎离家园》。	回忆、拓展	基本能够熟练流畅地演唱。

为救李郎离家园

1 = C 2/4

黄梅戏《女驸马》选段

| 6 5 | 6 | 1 1 | 6 5 | 3. 1 | 6 5 | 6. 1 | 6 5 |
| 为 | 救 | 李 郎 | | 离 | 家 | | 园， |

| 3. 2 | 3 5 | 1 1 | 6 5 | 1. 2 | 5 3 | 2 | — |
| 谁 料 | 皇 榜 | | | 中 | 状 | 元。 | |

| 6 5 | 6 1 | 1 6 5 | 3 | 3. 5 | 6 5 | 5 3 | 3 2 |
| 中 状 | 元， | 着 红 | 袍， | 帽 插 | 宫 花 | 好 | （哇） |

| 0 3 | 5 2 | 5 6 5 | 3. 2 | 1 | — |
| 好 新 | 鲜 | | 哪。 | | |

咏 柳（唐 贺知章）

碧玉妆成一树高，万条垂下绿丝绦，
不知细叶谁裁出，二月春风似剪刀。

望庐山瀑布（唐 李 白）

日照香炉生紫烟，遥看瀑布挂前川。
飞流直下三千尺，疑是银河落九天。

题都城南庄（唐 崔 护）

去年今日此门中，人面桃花相映红。
人面不知何处去，桃花依旧笑春风。

活动目标

（1）主要学习使用同一曲调不断更换歌词的技能，尝试使用"打散重组"的创作技能。
（2）进一步提升在团队中互帮互学的态度和技能。
（3）进一步锻炼"锲而不舍"的做事精神。

活动准备

（1）物质准备：无须特别准备。
（2）经验准备：

①最好能够有大量的诗词、歌词和曲调的积累。

②缺少积累的团队应搜集相关的文字、乐谱、音像资料。

③最好能够有一个组织良好的共同学习团队。

④团队里最好能够有一个"德艺双馨"的"平等中的首席"。（幼儿园中的"教研组长"；院校中班级的学习委员、课代表、学习小组长组长；幼儿园的业务园长，园外专家顾问；音乐或音乐教学法等专业老师介入会更好）

（3）空间准备：无须特别准备。

活动过程

1. 复习或学习《女驸马》
2. 尝试用《女驸马》的曲调演唱各种指定的七言古诗词
3. 尝试用《女驸马》的曲调演唱自己熟悉的七言古诗词
4. 尝试用《女驸马》的曲调演唱自己熟悉的其他歌曲的歌词
5. 小组合作，自选熟悉的歌词，为之创编新的曲调
6. 展示分享与评价

温馨提示

（1）你可以尝试列出一张幼儿通常会比较喜欢的七言古诗清单，尝试选择合适的儿童歌曲、民歌或戏曲的曲调演唱一下。

（2）如果有一个团队，大家可以分享各自的尝试和体会。

（3）如果在幼儿园的中、大班尝试类似的活动，可以先邀请幼儿提议古诗和歌曲。

案例2-2 "静夜思"

（南京　周海燕、魏　云　福州　游万玲等）

使能目标阶梯

挑战4	引导学员为指定或自选主题制作五言"拼拼"诗词，填入适宜的曲调演唱。	创造性应用	分小组在同伴互助的条件下，自选难度尝试创作。
挑战3	引导学员背诵十首与花字有关的"飞花令"游戏的著名作品。	模仿	上网搜集相关资料，完成规定数量的背诵任务。
挑战2	引导学员将五言古诗《春晓》填入古诗歌曲《苔》的曲调演唱；选择其他适合五言的民歌或戏曲的曲调，演唱《苔》和《春晓》。	迁移应用	在教师的引导下，独立迁移应用刚学过的"挑战技巧"。（更远的迁移）
挑战1	引导学员将《静夜思》的歌词填入《一只哈巴狗》《小兔子乖乖》《柳树姑娘》演唱。	迁移应用	将《静夜思》的诗词填入《一只哈巴狗》《小兔子乖乖》《柳树姑娘》演唱，尽力唱出诗词的意境人物的心情、表情。（稍远的迁移）
替换	引导学员回忆其他大家都熟悉的五言古诗，填入演唱。	迁移应用	将其他自选五言古诗填入曲调，自编动作边演边唱。
古诗	引导学员回忆古诗《悯农》和《春晓》，填入下面的曲调演唱。	迁移应用	将《悯农》和《春晓》的词填入《静夜思》的曲调。
歌曲	邀请学员复习歌曲《静夜思》。	回忆	基本能够熟练、流畅，有感情地演唱。

静夜思

李白 词
佚名 曲

1=C 2/4

床前 明月 光， 疑是 地上 霜，

举 头 望明 月， 低头 思故 乡。

床前 明月 光， 疑是 地上 霜，

举 头 望明 月， 低头 思故 乡。

柳树姑娘

罗晓航 词
夏晓红 曲

1=E 3/4

柳树 姑 娘 辫子 长 长，

风儿 一 吹 甩进 池 塘。

洗洗干 净 多么漂亮 洗洗干 净 多么漂 亮。

多 么 漂 亮。 啊哩啰！

一只哈巴狗

传统儿歌
佚名 词曲

1 = C 4/4

3 3	2 3	1 —	3 2	3 6	5 —
一只	哈巴	狗	蹲在	大门	口，

6 6	5 3	2 —	5 5	2 3	1 —
两眼	黑黝	黝	想吃	肉骨	头。

小兔子乖乖

传统儿歌
佚名 词曲

1 = C 2/4

3 5	1̇ 6	5	5	3 5	1̇ 6	5	5
小	兔子	乖	乖，	把	门儿	开	开，

6	5 3	2	2	3	5̲ 3̲	2̲ 3̲	1
快	点儿	开	开，	我	要	进	来。

6 5	6 5	3 5	5	5 5	3 2	1 —	6· 1	2 3	1 —
不开	不开	不能 开		妈妈	没回	来，	谁来	也不	开！

春　晓（唐　孟浩然）

春眠不觉晓，处处闻啼鸟。
夜来风雨声，花落知多少。

悯　农（唐　李　绅）

锄禾日当午，汗滴禾下土。
谁知盘中餐，粒粒皆辛苦。

苔（清　袁　枚）

白日不到处，青春恰自来。
苔花如米小，也学牡丹开。

登鹳雀楼（唐　王之涣）

白日依山尽，黄河入海流。
欲穷千里目，更上一层楼。

"飞花令"的玩法：

主持人说出一个中国古诗中的常见字，参与游戏者说出带这个字的诗句就算答对。

变通的玩法：

参与者事先共同商定一个主题和结构（简单如：五言或七言），后面的人接龙，在此规则中说出一个诗句即可。

即兴作诗游戏：

"飞花令"是中国古代的一种即兴作诗游戏，"飞花"一词出自唐代诗人韩翃的《寒食》一诗中的"春城无处不飞花"一句。

该游戏通常在许多嬉游、娱乐、餐饮活动中进行，有时是依次即兴展示创作的结果，有时先通过输赢游戏（"猜拳""射覆""投壶""藏钩"等）或者随机游戏（如"点兵点将""击鼓传花""曲水流觞"等）来决定由何人进行展示。

"飞花令"诗句范例，以"花"为主题（常用主题有：春晓、秋冬、风花雪夜等）。

注意：（1）该游戏既可以采用难度较高的玩法：规定"花"字在诗句出现的位置应从第一个字到最后一个字中间任何一个位置；也可以采用较低难度的玩法："花"字随便出现在何处都可以。

（2）"花"字表现的方式："花"字必须直接出现的诗句中；"花"字必须用其他词语来替代。

① 出现"花"字（实咏）。

夜来风雨声，花落知多少。（唐 孟浩然 《春晓》）
感时花溅泪，恨别鸟惊心。（唐 杜 甫 《春望》）
春花秋月何时了？往事知多少。（五代 李 煜 《虞美人》）
花开堪折直须折，莫待无花空折枝。（唐 杜秋娘 《金缕衣》）
忽如一夜春风来，千树万树梨花开。（唐 岑 参 《白雪歌送武判官归京》）
莫道不销魂，帘卷西风，人比黄花瘦。（宋 李清照 《醉花阴》）
人闲桂花落，夜静春山空。（唐 王 维 《鸟鸣涧》）
花谢花飞花满天，红消香断有谁怜？（清 曹雪芹 《葬花吟》）
去年今日此门中，人面桃花相映红。人面不知何处去，桃花依旧笑春风。（唐 崔 护 《题都城南庄》）

② 无"花"字出现（非实咏）。

霏微小雨初晴处，暗数青梅立树阴。（元 方 回 《春晚杂兴》）
千里莺啼绿映红，水村山郭酒旗风。南朝四百八十寺，多少楼台烟雨中。（唐 杜 牧 《江南春》）
等闲识得东风面，万紫千红总是春。（宋 朱 熹 《春日》）

活动目标

（1）学习使用同一曲调不断更换歌词的技能，尝试使用"打散重组"的创作技能创编歌词。

（2）体验积累对创新的重要支撑作用，并能主动寻找更多的学习材料。

（3）乐于共同创造，乐于展示分享。

活动准备

（1）物质准备：

①集体学习时自带手机，以便随时上网查找资料。

②若让幼儿用此教案，可制作具有相关提示内容的幻灯片：《静夜思》《悯农》《春晓》《一只哈巴狗》《小兔子乖乖》《柳树姑娘》等。

（2）经验准备：事先已经学习过歌曲《静夜思》《苔》《一只哈巴狗》《小兔子乖乖》《柳树姑娘》和相关的五言古诗。

（3）空间准备：围坐成大的半圆。

活动过程

1. 复习《静夜思》，努力唱出歌曲的意境

（1）出示《静夜思》幻灯片，教师：让我们一起来演唱这首古诗吧，如果我们唱得好，就会得到新的任务挑战。

（2）教师：我们还会许多古诗，对吗？这是哪一首古诗？出示《悯农》幻灯片，教师：我们可以用《静夜思》的曲调来唱《悯农》吗？教师带领幼儿试唱。（可能需要重复2—3遍）

（3）重复上面的环节（2），试唱《春晓》。

（4）教师鼓励幼儿自由结伴，自选《悯农》或《春晓》，自编动作进行练习、展示、评价。（大班1次集体教学做到此即可）

2. 尝试用推荐的儿童歌曲的曲调演唱《静夜思》

（1）出示《一只哈巴狗》图片，教师：这是什么歌？我们会唱吗？我们会用这首歌的音乐来演唱《静夜思》吗？如果我们唱得好，还会得到新的任务挑战。

（2）教师带领幼儿尝试演唱。（可能需要重复2—3遍）

（3）重复（1）、（2）环节，用《小兔子乖乖》和《柳树姑娘》的曲调试唱《静夜思》。（大班1次集体教学做到此即可）

3. 用古诗歌曲《苔》的曲调试唱古诗《春晓》

（1）复习古诗歌曲《苔》。

（2）引导幼儿将古诗《春晓》填入歌曲《苔》的曲调试唱。

（3）教师当场引导幼儿创编四句咏春小诗。

（4）用ABA结构，即《春晓》——小诗——《春晓》的结构展示并欣赏集体创作的新作品。（大班1次集体教学做到此即可）

4. 选择其他适合五言的民歌或戏曲的曲调演唱《苔》和《春晓》

（1）分成小组。

（2）寻找选择其他适合五言的民歌或戏曲的曲调，试唱《苔》和《春晓》，加动作表演后进行练习。

（3）展示、分享、评价。

5. 学玩"飞花令"游戏

（1）上网观看央视电视节目《中国诗词大会》"飞花令"的视频。

（2）上网搜寻相关古诗词。

（3）选择背诵十首相关古诗。

（4）以"咏花"为题学玩游戏。

6. 为指定或自选的主题制作五言"拼拼"诗词，填入适宜的曲调演唱

（1）分成小组。

（2）为指定或自选的主题制作五言或七言"拼拼"仿古诗词。

（3）寻找选择其他适合五言或七言的民歌或戏曲的曲调，试唱自创新歌，加动作表演后进行练习。

（4）展示、分享、评价。

温馨提示

（1）以上4、5、6活动过程不适用于幼儿。

（2）同样的方法，也适用于曲调的创编尝试：

① 选择十首调式、风格接近中国民歌，唱到烂熟于心。

② 尝试玩4拍或8拍一句的旋律即兴接龙游戏。

③ 指定或自选一首歌词或小诗。

④ 为小诗创编曲调，先试唱，再修改完善。

（3）在尝试拼接和创作的过程，教师可能经常需要认真思考诗词的词意和情绪，在填词、换词、演唱的过程中进一步思考和选择演唱时所用的速度、力度、咬字、吐字、气息断连方面的处理。千万不要唱成没有感情的状态。在引导幼儿做这些尝试的时候，教师也要注意：真正的审美活动是不可以没有情感体验和表达的。

案例3 甜蜜蜜和茉莉花[①]

使能目标阶梯

挑战4	引导学员将《茉莉花》和《甜蜜蜜》加上自创动作、队形，排练成可表演的演出节目。	创造性应用	分组将《茉莉花》和《甜蜜蜜》加上自创动作、队形，排练成可表演的演出节目。分组排练、展示、分享、评价后再改进完善、展示分享。
挑战3	让学员自主学习《火车》和《坚决不动摇》，用"朋友歌"方式叠加演唱。	应用	自主学习《火车》和《坚决不动摇》，用"朋友歌"的方式叠加演唱，并交流因节奏音高对比而产生的惊奇体验。
挑战2	邀请学员先复习《两只老虎》和《划船歌》，再用"朋友歌"方式叠加演唱。	应用	复习《两只老虎》和《划船歌》，用"朋友歌"的方式叠加演唱，并交流因节奏音高对比而产生的惊奇体验。
挑战1	邀请学员用轮唱唱法演唱新歌。	应用	尝试用二声部、三声部甚至四声部方式轮唱。
学习	指定教材中的轮唱歌曲。	模仿	自学教材提供的轮唱歌曲，尝试用二声部、三声部甚至四声部方式轮唱。
歌曲2	邀请学员自选其他熟悉歌曲，用轮唱唱法演唱。	迁移	自选其他熟悉歌曲如《两只老虎》《保卫黄河》《我是一个兵》等，尝试使用轮唱法演唱，看看是否所有歌曲都适合用相同的方式进行轮唱。
歌曲1	指定复习《闪烁的小星星》，用轮唱唱法演唱。	回顾	情境理解，产生兴趣，明确任务。

[①] "朋友歌"二声部合唱。

甜蜜蜜

印度尼西亚民谣
庄奴　词
佚名　曲

1 = D 4/4

| 3 5 6 3. 1 | 2. 1 2 3 5 3 — |
甜　蜜　蜜　你　　笑得　多甜　蜜，

| 2 2 2 3 2 1 6 5 | 1. 2 3. 2 3 2 3 5 | 2 — — — |
好像　花儿　开在　春风　里　开在　春　风　里。

| 3 5 6 3. 1 | 2. 1 2 3 5 3 — |
在　哪　里　在　　哪里　见过　你，

| 2 2 2 3 2 1 6 5 | 1. 3 2 1 6 5 6 | 1 — — — ‖
你的　笑容　这样　熟　悉，我　一时　想不　起。

茉莉花

中国民歌

1 = D 4/4

| 3 3 5 6 1 i 6 | 5 5 6 5 — | 3 3 5 6 1 i 6 | 5 5 6 5 — |
好　一朵　美丽　的茉　莉　花，好　一朵　美丽　的茉　莉　花，

| 5　5　5　3 5 | 6 6 5 — | 3 2 3 5 | 3 2 1 2 1 — |
芳　香　美　丽　满枝　桠，又白　又香　人人　夸。

| 3 2 1 3 2. 3 | 5 6 1 5. 3 | 2 3 5 2 3 1 6 | 5 — — — |
我　有　心　将　你摘　下，又怕　别人　骂。

| 6 1 2. 3 | 1 2 1 6 5 — ‖
茉　莉　花　呀　茉　莉　花。

火车

美国传统歌曲

1=E 4/4

1. 5 1.5 1.2 | 3 - 1 - | 4.4 1 2 | 3 - - - |
啦……

1. 5 1.5 1.2 | 3 - 1 33 | 2.1 2.1 23 | 2 - - - |
啦……

2. 1 2.1 23 | 1 - 5 - | 4.4 1 2 | 3 - - - |
啦……

6.7 1.7 16 | 5 - 1 - | 3.4 3 2 | 1 - - - ‖
啦……

坚决不动摇

[美国] R.勃洛契 改编
巫铭、祖芳 译配

1=E 4/4

3 - 4 3 | 3.3 21 3 - | 2 - 32 | 2.2 1 7 1.3 2.1 |
我　们 要　坚 决 不 动 摇， 我　们 要 坚 决 不 动 摇，就 像 那

6.7 1 2 1 6 | 5 1 3 - | 3. 1 32 1 - - - ‖
大 树 挺　立 在 河 岸 旁， 坚 决 不 动 摇！

轮唱歌曲：
1.《篝火燃起》(洪寒冰　编译)

1=F 3/4

6 6 6 | 3. 2 17 | 6 7 12 3 | 1. 7 6 |
当 夜 幕 降　临 点 起 了 篝 火，

6 6 6 | 3. 2 17 | 6 7 12 3 | 6 - ‖
用 歌 声 赞　美 幸 福 生 活。

2.《啊,小鸟》(洪寒冰 编译)

1 = E 2/4

| 6· 7 | 1 — | 1 2 | 3 — |
啊 小 鸟   展 翅 飞,

| 3 6 6 5 | 6 3 2 | 1 7 | 6 — ||
你 何 时 才 能 够 回 归。

3.《哦,夜晚多美好》(洪寒冰 编译)

1 = D 6/8

| 1 2 3 1 | 4 3 3 3 2 1 | 4 3 3 3 2 1 |
看 那 夜 色 美 丽 的 夜 色 美 丽 的 夜 色。

| 3 4 5 3 | 6 5 5 5 4 3 | 6 5 5 5 4 3 |
听 那 钟 声 美 妙 的 钟 声 美 妙 的 钟 声。

| 1· 1· | 1· 1· | 1· 1· ||
叮 咚   叮 咚   叮 咚……

4.《噢!多甜美》(洪寒冰 编译)

1 = G 2/4

| 1 2 | 3 4 | 3 1 7 2 | 1 5 ||
听 我 们 唱 歌 歌 声 多 么 甜 美,
一 起 来 唱 歌 歌 声 多 么 甜 美。

注意:无论是"轮唱"还是"朋友歌",都属于复调音乐,同一旋律和不同旋律都讲究"和谐就好"。

活动目标

(1)了解并掌握更多可以用复调方式表现的歌曲。

(2)初步学习理解配置复调歌曲的效果,尝试在团队工作条件下配置新的复调歌曲(轮唱或"朋友歌"模式)。

(3)在反复进行合唱实践的过程,进一步了解、理解、体验、享受人际和谐的愉悦感。

活动准备

经验准备：最好能够多积累一些相关的歌曲曲谱。

活动过程

请见"使能目标阶梯"内容。不再赘述。

温馨提示

（1）二声部复调音乐的典型样式为：两个声部都具有相对独立完整的音乐形象。

（2）对于幼儿来说，比较更容易掌握的形式为如下几种：

①第二声部演唱旋律完全相同的简单的无意义音节或衬词。

②第二声部演唱独立音型构成的无意义音节、衬词或重复第一声部比较重要或有趣的字、词、词组。

③第二声部念一个意义相关的朗诵作品。

④第二声部念第一声部中的重要或有趣的字、词、词组

⑤第二声部念独立节奏型构成的无意义音节、衬词

（3）有条件的幼儿园大班幼儿可以尝试简单轮唱像《两只老虎》与《划小船》、《火车》与《坚决不动摇》这样的"朋友歌"配合演唱模式。

案例 4-1　请饭歌[①]

使能目标阶梯

挑战 4	加入呼喊、移动、舞蹈动作，完整边唱边表演。	创造性应用	在教师的指导下，加入呼喊、移动、舞蹈动作，完整边唱边表演。
挑战 3	引导幼儿完善新歌演唱。	模仿创造	在教师的引导下，反思、评价、提高新歌演唱水平。
挑战 2	鼓励幼儿继续提供美食、味道、客气话等三字歌词素材，逐步丰富歌曲内容，逐步邀请幼儿跟唱。	模仿创造	继续提供关于前一种美食味道的三字描述，增加三字客气话的素材，逐步丰富歌曲内容，逐步跟唱新歌。
挑战 1	鼓励幼儿继续提供美食、味道、客气话等三字歌词素材，逐步丰富歌曲内容。	创造观察	继续倾听教师范唱新歌，依次继续提供更多美食三字歌词，增加关于前一种美食味道的三字描述。
歌词	鼓励幼儿继续提供更多美食三字歌词素材，继续范唱新歌。	创造观察	继续倾听教师范唱新歌，依次继续提供更多美食三字歌词素材供教师范唱。
歌曲	邀请幼儿提供一种三字美食的名称，随乐示范新歌。	创造观察	感知歌曲的曲调以及歌词的结构（重复变换规律），思考并提供已有经验中的一种三字美食的名称。
故事	提供图片、视频，简介"百家宴"的传统习俗。	理解	情境理解，产生兴趣，明确任务。

[①] 湖南侗族民歌。

请饭歌

1 = E 2/4

湖南侗族民歌

```
5  5̣ 6  1  1 6 | 5̣ 6  5  | 2· 3    5  | 5  2̣ 3  5 3̣ 2 |
红 烧 肉 那 么 腾 那 腾,    唉 嗨    哟,    红 烧 肉 那 么
红 烧 肉 那 么 腾 那 腾,    唉 嗨    哟,    真 好 吃 那 么

1· 2  3  | 1 3 2̣ 1 6 | 5̣ 6   5·   | 6̣· 1  2  |
腾   腾。   红 烧 肉 那 么 腾 那  腾,     唉 嗨 哟,
腾   腾。   多 吃 点 那 么 腾 那  腾,     唉 嗨 哟,

2 6̣  1 1 6 | 5̣   5  ‖: x x x x x x x x | x   x :‖
红 烧 肉 那 么 腾   腾!
别 客 气 那 么 腾   腾!   吃 吧 吃 吧 吃 吧 吃 吧 嚯   嗨!
```

原歌词大意：

远道来的客人呀，辛苦啦，欢迎大家来做客！
茶饭简单心意浓，别客气，一起先干迎客酒！
许久不见很想念，真高兴，祝福大家都康健！

> **注意**：此歌通常作为迎客宴席上主人向客人表达欢迎之情以及活跃气氛的歌曲。一般都是由主持人或志愿者自发演唱的，客人也可以自发回应。该歌没有固定歌词，通常表达的意思见"原歌词大意"。

活动目标

（1）初步学会演唱这首侗族民歌；了解、理解歌词的重复变化结构规律；了解、积累衬词并体验使用衬词的趣味。

（2）学习使用一一对应的策略填词，即兴歌唱。

（3）学习在假想聚餐场合即兴填唱歌舞来表达情感，以及享受与朋友亲切聚会的乐趣。

活动准备

（1）物质准备：

① 关于"百家宴"吃饭、歌舞的图片或视频。

② 各种美食的聚合图片。

（2）经验准备：

① 幼儿：请客、做客的餐饮经验。

② 成人：上网收集百家宴的相关信息。

（3）空间准备：围坐成大的半圆。

活动过程

1. 提供情境进入活动
2. 征求一种三字美食名称导入范唱（第1遍范唱）
3. 继续征求三字美食名称继续范唱；征求第二至五种三字美食名称继续范唱（第2—6遍范唱）
4. 征求其他内容的三字歌词

（1）征求描述味道的三字歌词（如：真好吃、甜又香等）。第五种美食名称重复演唱2遍，"真好吃"重复演唱2遍。（第7遍范唱）

（2）征求三字"客气话"歌词（如：多吃点、别客气等）。第五种美食名称重复演唱2遍，"真好吃""多吃点"各演唱一遍。此时已经可以引导幼儿慢慢进入跟唱环节。（第8遍范唱）

（3）再次征求一种"客气话"歌词。第五种美食名称、"真好吃""多吃点""别客气"各演唱一遍。（第9遍范唱）

5. 不断完善歌曲的演唱
6. 在教师的指导下，加入呼喊、移动、舞蹈动作，完整边唱边表演

温馨提示

（1）对于各方面发展正常的大班幼儿，三字歌词的提供一般没有任何问题。

（2）歌词中最后的呼喊"嚯嗨"可以是其他二字词语。原歌词为："饮那饮那饮那饮那嚯——嗨！"这应该是古语"劝酒"的呼喊声。

（3）习俗：无论是圆桌还是长桌，舞蹈时大家应先起立按顺时针或逆时针方向边舞边移动，然后再反方向移动回到自己的位置。(真实的宴席上，应从自己使用过的餐具位置出发，再回到自己所用餐具的位置)

（4）呼喊时通常应当面对同伴，激发其快乐情绪的共鸣。

（5）"依次提供歌词"即教师按顺时针或逆时针方向，一个挨着一个地征求幼儿对于新歌词的建议。

案例 4-2 请饭歌[①]

使能目标阶梯

挑战 4	播放舞蹈视频,学习和创编新疆舞的动作,完整边唱边跳。	创造性应用	观看新疆婚宴的歌舞视频,学习和选择新疆舞动作,完整边唱边跳。
挑战 3	引导幼儿将"美食"以外的歌词增加完毕。	模仿	在教师的引导下,逐步填充第一、二句和第五、六句。
挑战 2	加入"看信号快反游戏",继续增加新歌词。	创造模仿	继续提供新的美食歌词,逐步进入跟唱阶段,先采用"听歌词做动作",后逐步过渡到"看动作即兴演唱歌词"。
挑战 1	引导幼儿创编"美食"新歌词及表演动作。	创造观察	向教师提供三字美食名称,同时提供享用美食的特定动作,由教师填入第三、四句重复曲调演唱。随乐模仿享用美食的动作。
歌曲	随乐示范所有句子都是"我爱你"歌词版本的歌曲。	观察	感知歌曲的曲调和重复变化的结构。
故事	引导幼儿借助图片交流和了解新疆的美食及名称。	观察了解	在教师的引导下,分享已有经验和图片中的各种新疆三字美食的名称。
故事	简述维吾尔族婚礼情境,简述"爱"与"婚礼"的关系。	理解	情境理解,产生兴趣,明确任务。

[①] 新疆维吾尔族民歌。

请饭歌

根据新疆维吾尔族民歌《小白兔》改编

1 = E 2/4

| 2 2 | 2 2 3 | 1 1 | 1 7 6 | 7 7 2 | 1 7 | 6 — |

爱你　爱你　爱你　爱你　爱你　我爱　你。
爱你　爱你　爱你　爱你　爱你就　抱抱　你。

| 2 2 | 2 2 3 | 1 1 | 1 7 6 | 7 7 2 | 1 7 | 6 — |

爱你　爱你　爱你　爱你　爱你　我爱　你。
爱你　爱你　爱你　爱你　爱你就　抱抱　你。

| 6 6 7 | 1 3 2 | 2 — | 6 6 7 | 1 3 2 | 2 — |

爱你　我爱　你，　　　爱你　我爱　你。
请吃　哈密　瓜，　　　请吃　哈密　瓜。

| 6 7 1 1 | 6 7 1 2 3 | 4 3 2 1 | 7 1 7 | 6 — |

爱你我爱你，　爱你我爱你，　爱你　我爱　你。
亚克亚克西，　亚克亚克西，　爱你　我爱　你。

| 6 7 1 1 | 6 7 1 2 3 | 4 3 2 1 | 7 1 7 | 6 — ‖

爱你我爱你。　爱你我爱你。　爱你　我爱　你。
亚克亚克西，　亚克亚克西，　爱你　我爱　你。

原歌词大意：

小白兔在草原上玩耍，真是可爱
我的新娘长长的辫子，黑黑的眉毛，真是漂亮。

活动目标

（1）初步学会演唱这首维吾尔族民歌；了解、理解歌词的重复变化结构规律；了解、积累衬词并体验使用衬词的趣味。

（2）学习使用一一对应的策略填词，即兴歌唱。

（3）学习在假想的聚餐场合即兴填唱歌舞来表达情感，以及享受与朋友亲切聚会的乐趣。

活动准备

（1）物质准备：

① 维吾尔族婚礼的幻灯片或视频。

② 维吾尔族美食（应包含常见水果、主食、副食等）的幻灯片。

（2）经验准备：

① 学过一些简单的"新疆舞"动作，如"手腕转动"、垫步、进退步。

② 通过大课程，已经拥有一些关于新疆舞的经验。

（3）空间准备：围坐成大的半圆。

活动过程

1. 进入情境，丰富相关经验

（1）教师组织幼儿观看维吾尔族的婚礼图片和美食图片。

（2）组织幼儿简单交流"爱"的含义。

> 注意：不仅仅是新郎与新娘之间的爱。

（3）教师组织幼儿观看维吾尔族的婚礼及美食图片。

（4）组织引导幼儿分享相关经验，必要时也可随时纠正或补充相关经验。（三个字的名称比较好唱，比较普遍被大家了解的新疆水果有哈密瓜、葡萄干；比较被大家熟悉的美食有大盘鸡、羊肉串、手抓饭等）

2. 感知与创编

（1）教师用全部"爱你我爱你"歌词的版本范唱两遍。（第1—2遍范唱）

（2）教师邀请幼儿提供一种水果名称，如哈密瓜（婚宴前先请大家一起吃水果），同时提供吃该种水果时的动作（不需要由一位幼儿提出，即可以引导幼儿讨论）。

（3）教师将新歌词填入第三、四句，边唱边带幼儿做动作。（第3遍范唱）

（4）重复上述（2）、（3）环节，创编第二种水果（如葡萄干）的名称和吃法动作。（第4遍范唱）

3. 模仿与创编

（1）重复活动过程2中的（2）、（3）环节，创编美食（如羊肉串），这次开始邀请幼儿跟唱。

（2）重复活动过程2中的（2）、（3）环节，创编美食（如手抓饭），这次继续邀请幼儿跟唱。（第1—2遍练唱）

4. 加入"快速反应游戏"

（1）教师做什么动作，幼儿就唱吃什么东西。第1遍唱同一种食物，第2遍唱两种不同的食物，各重复演唱2次。（第4遍练唱）

（2）挑战：唱一遍歌曲唱两种不同食物，内容教师即兴即可。游戏重复2次。（第6遍练唱）

5. 加入"亚克西"

（1）介绍"亚克西"（好得很）的发音和含义。

（2）引导幼儿创编动作，加入歌唱，并支持幼儿试唱和表演；继续玩快速反应游戏，重复

2次。(第8遍练唱)

6. 即兴歌舞

(1) 观看维吾尔族婚礼舞蹈视频。

(2) 简单交流各自喜欢的舞蹈动作以及人际互动方式。

(3) 教师演唱最终版本为幼儿伴唱,并带领幼儿随乐即兴舞蹈。

温馨提示

(1) 这是一首新疆维吾尔族中非常流行的传统婚礼歌曲,名为《小白兔》,歌词大意是赞美新娘的性格和容貌。

(2) 教师从第一遍范唱的时候开始,就可以做一些带有新疆舞蹈风格的小动作。如将右手放在"心口"低头行礼或保持姿势随乐轻轻摇动身体等。

(3) 这个活动也可以与维族舞蹈的教学结合或与一个系列介绍维族文化的活动结合。

① 在早操中间加维族舞蹈的各种方向、姿态的手腕转动动作组合。(方向姿态可和幼儿一起创编)

② 在早操变换队形中加垫步的各种方向行进。(如前进、后退、横移、自转、双人对转等,应引导幼儿探索)

③ 使用简单普通的歌曲(如《春天》),引导幼儿根据歌词创编歌表演。

④ 换成简单维族幼儿歌曲《娃哈哈》的旋律将歌表演加上手腕转动动作。

⑤ 用维族歌曲《娃哈哈》的歌词创编歌表演加手腕转动动作,再加下肢垫步。

⑥ 两人结伴跳舞,再加移动、高低等配合。

注意: 不要一次性完成活动,要慢慢来!

案例5　祝福歌（一、二、三）[①]

使能目标阶梯

挑战4	拓展其他自选主题的新歌。	创造性应用	自选其他主题，分组重新创编歌曲，然后展示、分享、评价。（成人学习者轮流担任领袖）
挑战3	导入《告别歌》的歌词创编。	应用	以《告别歌》为主题，分组重新创编歌曲，然后展示、分享、评价。（成人学习者轮流担任领袖）
挑战2	导入《礼貌歌》的歌词创编。	应用	以《礼貌歌》为主题，分组重新创编歌曲，然后展示、分享、评价。（成人学习者轮流担任领袖）
挑战1	带领幼儿玩"领袖指令快反"游戏。	应用	教师作为领袖，做出某祝福语的动作造型，幼儿迅速反应唱出该祝福语。挑战从AAAA—AABB—ABCC—ABCD结构，难度逐步上升或由幼儿选择难度。（成人学习者轮流担任领袖）
创编	引导幼儿反复创编新歌词，逐步学会歌曲。	模仿	不断向教师提供二字祝福语以及对应的动作造型，反复倾听范唱，逐步学会用AAAA结构演唱新歌。
歌曲	随乐示范四句相同歌词版本的歌曲。	观察	初步感知歌曲的曲调及结构。
背景	创设诸如"庆祝生日"之类的学习情境。	理解	情境理解，产生兴趣，明确任务。

[①] 海南黎族民歌。

祝福歌

海南黎族民歌

1 = D 2/4

原歌词一：

你要想健康你就喝一杯呀，你要想快乐你就喝俩杯。
你要想平安你就喝三杯呀，你要想幸福你就喝匹杯。

原歌词二：

客人他来了你就端张凳呀，客人他来了你就倒杯茶。
客人他来了你就问声好呀，客人他来了你就唱首歌。

原歌词三：

你要是爱我你就回回头呀，你要是爱我你就挥挥手。
你要是爱我你就留下来呀，你要是爱我你就跟我走。

═══════════ 活动目标 ═══════════

（1）继续学习用"从'一A到底'开始"的方法学习新歌。
（2）学习在创编新词的同时为新词创编动作符号。
（3）学习实事求是地选择自己能够胜任的"快速反应"游戏的难度。

═══════════ 活动准备 ═══════════

经验准备：除了幼儿需要拥有一定的相关祝福语词积累以外，成人无须特别准备。

活动过程

1. **进入"同伴庆生"情境**
（1）进入庆生情境，理解小朋友庆生时需要用水、牛奶、果汁等来"干杯"。
（2）简单交流与祝福语言相关的原有经验。幼儿尝试为教师提出的祝福语"健康"创编动作表征符号。
（3）倾听教师用"健康"版歌词范唱的歌曲，同时创编动作表征。（第1遍范唱）

2. **反复倾听范唱**
（1）向教师提供新的祝福语，同时创编该祝福语的动作表征符号。
（2）反复倾听教师用新版歌词范唱的歌曲和观察教师创编的动作。重复6—7次。（第2—8遍范唱）

3. **尝试跟唱**
（1）教师从第6遍范唱开始，就可以接纳甚至鼓励幼儿跟唱。
（2）专门带领幼儿跟唱2次。（大约试唱4遍）

4. **玩"看信号快速反应"唱歌游戏**
（1）挑战层级一：看教师提前一拍出示的动作符号，即兴演唱四句相同的歌词版本。重复2—3次。（第6—7遍练唱）
（2）挑战层级二：看教师提前一拍出示的动作符号，即兴演唱两句相同的歌词版本。
（3）挑战层级三：看教师提前一拍出示的动作符号，即兴演唱三句或者四句不同的歌词版本。（第10遍左右练唱）

5. **任务挑战**
（1）进入"家中来客"情境，继续创编《礼貌歌》。
（2）衔接"家中来客"情境，继续创编《告别歌》。
（3）自选情境，继续创编其他内容的新歌曲。

> 提示："任务挑战"可作为教师培训的内容，或幼儿在另外的时间慢慢逐步学习。

温馨提示

（1）大班幼儿学习活动止于"使能目标阶梯"中的"挑战1"。
（2）大班幼儿已经拥有一定的高频"祝福语"积累。
（3）大班幼儿已经可以学习积累一定的低频"祝福语"。
（4）除了可以引导幼儿学说幸福、快乐、健康、平安等祝福语词以外，还应该引导幼儿认识到勇敢、善良、聪明、强壮、诚实、勤劳等这些优秀品质，也是可以作为祝福语来使用的。
（5）但注意不要引导鼓励幼儿说发财、有钱等"三观不正"的词语。

案例6　小怪物来啦

扫码看活动视频

使能目标阶梯

挑战4	引导幼儿修改结语部分，范唱A段歌曲，带唱B、C段歌曲，完整边唱边游戏。	创造性应用	在教师的引导下，修改A段歌曲的歌词，在教师的带唱支持下完整游戏。
挑战3	带领幼儿跟唱B段歌曲，加入C段歌曲（即再现A段歌曲）做互动表演游戏。	应用	完整跟唱B段歌曲，玩"歌表演"游戏。
挑战2	带领幼儿模唱B段歌曲。	模仿	在教师的带领下学习演唱B段歌曲，从AAA逐渐过渡到ABC。
挑战1	导入"点兵点将"加"抽签"游戏，反复范唱B段歌曲；邀请幼儿绘出的小怪物的想象形象。	应用	通过抽签游戏轮流提供有关"小怪物"长相的歌词给教师演唱，同时感知B段歌曲的曲调。
歌曲	反复演唱A段歌曲，幼儿绘画小怪物的想象形象。	观察创造	使用无意注意反复感知A段歌曲，并同时想象和画出"小怪物"的形象。
歌曲	随乐范唱A段歌曲。	观察	初步感知A段歌曲的曲调，了解歌词的内容和情境。
故事	简述"小怪物来拜访小朋友"的故事。	理解	情境理解，产生兴趣，明确任务。

小怪物来啦

周合 词
嘉斯汀 曲

1=D 2/4

A段

5· | 6 6̇5̇ | 6 6̇5̇ | 6̇5̇ 6̇3̇ | 3 2̇1̇ |
你　　想　没想　过，来了　一只小怪　物，它来

2 2̇1̇ | 2 2̇1̇ | 2̇3̇ 1̇1̇ | 7̇ 6̇5̇ | 6 6̇5̇ |
到　你门　外，正不　停地舔嘴　巴。它长　得什么

6 6̇5̇ | 6̇5̇ 6̇5̇ | 5 0̇1̇ | 2 2̇2̇ | 2̇2̇ 1̇2̇ |
样，会不　会是很　可　怕？难道　它是　要把我们

3 2 | 3 3 | 5 3 | 5̇6̇ 6̇6̇ | 0̇5̇ 5̇3̇ |
当　晚　餐？小　怪　物　来了来了，小怪物

5̇6̇ 6̇6̇ | 0̇3̇ 2̇1̇ | 2 1̇2̇ | 3̇3̇ 3̇5̇ |
来了　来了，　遇到了　小　怪物　你会害怕

5 — | 5 — | 2̇3̇ 5̇3̇ | 2̇3̇ 6̇ 0̇ ‖
吗？　　　　　　　你会不会　害怕呀？

B段

5· | 6 — | 0 6̇ 6̇7̇ | 1 1 7̇1̇ | 6· 5̇ |
哦　它，　　它长着　长长的犄　角，哦

6 — | 0 6̇ 1̇6̇ | 2̇2̇ 2̇1̇ | 3· 5̇ |
它，　　它张着　大大的嘴　巴，哦

6 — | 0 6̇ 6̇7̇ | 1 1 7̇1̇ | 6̇ 6̇ |
它，　　它露出　尖尖的牙　齿，它

C段

```
2 2    2   | 1 2   2   | 3 3 3 2 | 3  0  |
推 开   门    靠 近  我    撅 起 了 嘴   巴。

0    0 3  | 5 5  5 6 | 5  -  | 5    3  |
     它 亲 了 我  一 下！           小

5   3  | 5 6  6 6 | 0 5  5 3 | 5 6  6 6 |
怪  物   来 了 来 了，  小 怪  物   来 了 来 了，

0 3   2 1 | 2   1 2 | 3 3   3 5 | 5  -  | 5  -  |
遇 到  了 小  怪  物   你 会   害 怕    吗？

2 3   5 3 | 2 3  6 0 ‖
你 会  不 会   害 怕 呀？
```

原歌词：

想没想过来了一只小怪物，它来到你的家，正不停地舔嘴巴。

它长得什么样，会不会是很可怕？难道它是想要把我当晚餐？

小怪物来了来了，小怪物来了来了，

遇到了小怪物你会害怕吗？你会不会害怕呀？

哦，它，它长着长长的犄角，

哦，它，它瞪着圆圆的眼睛，

哦，它，它露出尖尖的牙齿，

它推开门，靠近我，撅起了嘴巴。

小怪物来了来了，小怪物来了来了，

遇到了小怪物你会害怕吗？也许它很可爱呀！

活动目标

（1）继续学习用"从'一A到底'开始"的方法学习新歌。

（2）继续学习使用想象绘画的媒介创编新歌词。

（3）体验、理解"点兵点将"游戏和"抽签"的公平公正原则，学习等待和分享，并能从欣赏同伴和向同伴学习的过程中获得快乐。

活动准备

（1）物质准备：
　　①活动现场也可以设计在开头（引发）或结尾（拓展）提供与"怪物"有关的图像。
　　②1/2大小的A4纸，每人至少一张。
　　③彩色水笔或蜡笔两人一套。
（2）经验准备：最好能够事先观看一些与"怪物"有关的动画片和绘本。
（3）空间准备：围坐成大的半圆。

图片建议参考：

"怪物"图片参考

活动过程

1. 进入情境，倾听A段歌曲范唱

（1）如果幼儿缺少有关怪物故事和形象的经验，教师就可以在此提供一张图片。
（2）教师范唱A段歌曲导入情境，渲染氛围。（A段歌曲第1遍范唱）
（3）了解是否有幼儿害怕，有多少幼儿害怕，以及害怕的理由；引导不害怕的幼儿分享不害怕的理由。

2. 绘制想象形象，反复倾听范唱

（1）发放纸笔，邀请幼儿画出心目中的怪物形象。

（2）教师在幼儿作画期间反复范唱A段歌曲。（A段歌曲第2—6遍范唱）

3. 随机游戏选择形象创编新歌词，反复倾听B段歌曲的歌词

（1）收取幼儿的作品，将作品组织成"扇形"，准备供幼儿"抽取"。

（2）教师利用幼儿画作提供的信息用AAA结构反复范唱B段歌曲。（B段歌曲第1—5遍范唱）

4. 加入"扮演游戏"，反复练习跟唱B段歌曲

提示：此环节仅唱、演B、C段歌曲两部分。

（1）用ABC结构带领幼儿反复跟唱B段歌曲。（B段歌曲1—5遍跟唱）

（2）加入C段歌曲进行即兴"表演游戏"。小怪物的行为可以随便即兴替换。如：伸出了手指，弹了我一下……反复进行2—3次。

5. 再现A段歌曲，修改歌词结束语，并总结学习心得

（1）再次简单讨论分享"害怕不害怕"的理由。

（2）教师引导幼儿修改再现A段歌曲的结束语，将"你会不会害怕呀"修改成"也许它很可爱呀"。

（3）完整歌唱和表演。

温馨提示

（1）如果大班幼儿缺少关于"小怪物"的经验，教师可以提供相关图片进行补充和渲染气氛。

（2）大班幼儿一般不应该"害怕"假想怪物，教师可以稍微渲染一下"恐怖气氛"以增加游戏的乐趣。但也不乏仍旧"害怕"的幼儿，教师可用"幽默"的方法处理。

（3）每段歌曲最初范唱时最好清唱。教师应用慢速度和稍稍强调口齿力度的发音，以便幼儿听清楚歌词，然后逐步加入单旋律，最后才是两手伴奏。

（4）关于小怪物的长相，教师可以从上到下引导幼儿想象描述其身体各部位的形状、颜色、体积；也可以鼓励幼儿使用形容词如锋利、粗糙、冰凉、恐怖、恶心、可笑、滑稽等。短语的结构为描述词在前，身体部位词在后，如"锋利的牙齿（或爪子）"。

（5）在活动过程4后期和活动过程5也可以请配班老师或幼儿轮流装扮成各色小怪物，从"推开门"时出现，与其他幼儿互动玩游戏。

（6）一次集体教学一般不可能学会演唱这样难度的歌曲，教师应该安排幼儿日后再复习，可在游戏活动中逐步学会演唱。

案例7 猜谜对歌　　（福州　林媛媛）

使能目标阶梯

阶段	内容	类型	说明
挑战5	指导幼儿领唱齐唱。	创造性应用	在教师的组织与指导下，继续学习在领唱齐唱的条件下的唱问—唱答。
挑战4	组织幼儿分组进行集体唱问—唱答。	应用	在教师的组织与指导下，学习集体即兴唱问—唱答。
挑战3	用带唱支持幼儿的试唱"应和"句。	应用	在教师的组织与指导下，学习用"应和"的方式演唱歌曲中相应的部分。（初步了解"领唱齐唱"的演唱形式）
挑战2	更换答案"范围"：答案不能是"动物类"。	应用	被点中者思考、提供"动物"以外的能够飞行的植物、玩具、交通工具等事物的名称；其他人审查、评判其答案是否正确。
挑战1	缩小答案"范围"：答案不能是"鸟类"。	模仿	被点中者思考、提供"鸟类"以外的能够飞行的动物名称；其他人审查、评判其答案是否正确。
歌曲	随乐范唱，同时"点兵点将"选择回答问题者。	观察应用	感知歌曲，被点中者思考问题，应用相关知识回答问题；其他人审查、评判其答案是否正确。
故事	简述新的"猜谜游戏"的规则。	理解	情境理解，产生兴趣，明确任务。

猜谜对歌

广西壮族民歌
乔羽 词
雷振邦 编曲

1=E 2/4

```
3 2.  | 2 -  |
唉!

3 2 3 2 1 | 6 1  2 3 2 | 2.   5  | 3 1  2  |
什么 动物   天上  飞 咪    嗨       了了 啰?

3. 3 2 3 | 2 1 6  1 6 5 | 5.  1  | 6 3  5  |
什么 动物   天上   飞 咪    嗨     了了 啰?

6 1 2 3 | 2 1  2 1 6 | 6 1  2 3 | 2 1 6  1 2 1 |
什么 动物  天上  飞 咪  什么 动物  天上  飞 咪!

1. 3   | 3 2 3 2 1 | 2 1 6  1 6 5 | 6 1  2 3 |
 唉     什么 动物   天   上 飞 咪    什么  动物

2 1 6 5 | 6  5.  | 5 - ||
天 上 飞  咪?
```

原歌词：

唉!

什么水面打跟斗咪嗨了了啰? 什么水面起高楼咪嗨了了啰?

什么水面撑阳伞咪? 什么水面共白头咪?

唉什么水面撑阳伞咪? 什么水面共白头咪?

唉!

鸭子水面打跟斗咪嗨了了啰! 大船水面起高楼咪嗨了了啰!

荷叶水面撑阳伞咪! 鸳鸯水面共白头咪!

唉荷叶水面撑阳伞咪! 鸳鸯水面共白头咪!

活动目标

（1）初步学会演唱新歌，并学习用新歌的曲调即兴"唱答"。

（2）学习将生活中的各种相关经验唱入新歌；学习在集体学习活动中相互审查和印证。

（3）积极发表意见，在教师的引导下理解"不计胜败对错"，体验只要"参与了、了解了"就有价值，就会有快乐。

活动准备

（1）物质准备：有些班级可能需要图片来引发经验。
（2）经验准备：大班幼儿应该具有一定的动物、植物、交通工具等经验，成人无须特别准备。
（3）空间准备：围坐成大的半圆。

活动过程

1. 进入新的"猜谜任务"情境
（1）提出新挑战，教师将用唱歌的方式提供谜面。
（2）教师用提问版本的歌词范唱。（第1遍范唱）
（3）按照歌曲的节奏用"点兵点将"或"传物游戏"确定回答问题者。
（4）引导全体幼儿关注答案以及答案的正确性。
（5）教师用获得的答案作为新歌词范唱。（第2遍范唱）
（6）反复进行（3）、（4）、（5）环节4—5次。（第3—7遍范唱）

> 提示：必须是为了养成倾听和验证的好习惯。

2. 进入"限定答案范围"挑战任务情境
（1）提出新挑战：不允许使用所有属于"鸟类动物"的答案。
（2）继续按照歌曲的节奏用"点兵点将"或"传物游戏"来确定回答问题者。
（3）引导全体幼儿关注答案以及答案的正确性。
（4）教师用获得的答案作为新歌词带唱。（第1遍试唱）
（5）反复进行（2）、（3）、（4）环节7—8次。（第2—9遍尝试练习演唱）

> 提示：必须是为了养成倾听和验证的好习惯。

3. 任务挑战
（1）进入"领唱齐唱"任务情境。
（2）进入即兴"唱问唱答"任务情境。
（3）进入即兴"领唱齐唱"加"唱问唱答"任务情境。

> 提示：任务挑战，若是幼儿学习，可留到日后慢慢完成；若是教师培训，则可一次也可多次完成。

温馨提示

（1）教师需要特别注意观察幼儿原有知识的清晰正确程度，利用游戏帮助幼儿提升相关知识储备的质量水平。
（2）大班幼儿不能在一次集体教学中完成。第一次集体教学只能止于"使能目标阶梯"的"挑战3"。
（3）其余任务可在第一次集体教学之后逐渐完成。
（4）可在晨会、娱乐或游戏时间鼓励幼儿"独立"（一个人即兴独唱，当然需要长期实践积累）"唱问和唱答"，鼓励、协助幼儿邀请同伴帮助自己唱"应和"。
（5）可鼓励幼儿在家庭中与家长玩这种游戏。
（6）可在"家长开放日"活动中，组织亲子共同玩这种游戏。

案例8　对花歌　　　　　　　　（太原　刘　勇）

使能目标阶梯

挑战4	将前面的"换椅子"游戏，提升为"抢椅子"游戏。	创造性应用	在教师的组织与引导下，从第五句开始玩"抢椅子"游戏。椅子数比幼儿数少一。没有椅子者根据实际情况独自即兴唱问或唱答歌曲的前半部分，后半部分齐唱。
挑战3	加入"换椅子"游戏。	应用	在教师的组织与引导下，从第五句开始玩"换椅子"游戏。椅子数与幼儿数仍旧匹配。
挑战2	继续组织编唱答句，用带唱的方式支持幼儿跟唱歌曲的答句。	应用	跟随教师在第五句开始加入原位起立并在椅子前做下肢动作，同时做与"绕线手"类似的动作，以准备新的动作挑战，进一步感知歌曲前后部分的结构。
挑战1	继续编唱，导入上肢动作。	观察模仿	跟随教师在第五句开始加入"绕线手"类型的动作，以进一步感知歌曲前后部分的结构。
歌曲	使用"点兵点将"游戏组织幼儿回答问题，提供花卉名称（最好是两个字或三个字）。	创造观察	感知歌曲；被点中者思考问题，应用相关知识回答问题；其他人审查、评判其答案是否正确。
歌曲	范唱"一'A'到底"版唱问歌词。	观察	感知歌曲的曲调及重复变化的结构。
故事	创设"开花店"或"举办花卉博览会"等类似情境，导入花卉研究的主题。	理解	情境理解，产生兴趣，明确任务。

对花歌

河北民歌

1=C 2/4

唱问唱答:

(乐谱)
春季里来什么花儿开?
春季里来什么花儿开?

副歌:

(乐谱)
七不隆咚 呛咚呛 什么花儿开?
八不隆咚 呛咚呛 什么花儿开?

嘚儿采 嘚儿采 嘚儿采咚 采咚采,

春季里来什么花儿开?

原歌词:

春季里来什么花儿开?春季里来迎春花儿开。

迎春花开什么人来戴?劳动模范(战斗英雄)戴起来。

七不隆咚隆咚仓戴起来,八不隆咚隆咚呛戴起来,

嘚儿采得儿采嘚儿采咚采咚采,劳动模范(战斗英雄)戴起来。

活动目标

(1) 初步学会演唱新歌;感知歌曲整段重复的结构特征;学习用新歌的曲调即兴唱问唱答。

(2) 学习将大课程中积累的各种与花卉相关的经验唱入新歌;学习在集体教学中相互审查和印证。

(3) 积极发表意见,在教师的引导下理解"不计胜败对错",体验只要"参与了、了解了"就有价值,就会有快乐。

活动准备

(1) 物质准备:可以根据实际情况使用幼儿提供的各种花卉的实物、图片、绘画作品,或由幼儿建构出的相关场景。

（2）经验准备：最好能够在一段时间内持续为了某种建构任务如开花店、开花园，设计私人定制工作坊而举办花卉展览会、举办花卉邮票设计大奖赛等，以便使花卉研究成为一个STEAM课程，使幼儿学习花卉知识成为实现其自身建构愿景的过程性目标。

（3）空间准备：全体围坐成一个大圆圈。

活动过程

1. 进入花卉研究任务情境

（1）假设将活动安排在大课程的中间，先帮助幼儿回顾大课程中积累的各种相关经验。

（2）教师提出进入"提问—回答"的挑战环节。

（3）教师范唱。（第1遍范唱）

（4）回顾教师范唱中所问的内容。

2. "点兵点将"游戏导入新歌词提供任务

（1）教师用某种传递游戏来确定回答者。

（2）教师引导全体幼儿关注答案以及答案的正确性。

（3）教师范唱幼儿提供的"答案"歌词。

（4）反复进行上述（1）、（2）、（3）环节4次。（第2—5遍范唱）

3. 进入"局部试唱"任务情境

（1）继续提供"唱答"歌词游戏。教师开始带唱整段歌曲的重复部分。（初始部分倾听，重复部分跟唱）

> 提示：不再提示练唱遍数。

（2）专门练习演唱副歌部分，自我完善到能初步独立演唱，同时边唱边按节奏做上肢简单重复动作，如拍手、摇手、"绕线手"等。

4. 逐步进入"换椅子"即兴问答任务情境

（1）衔接上一流程，起立在椅子前做上肢动作加踏步。在唱最后一个字的同时坐下。

（2）衔接上一流程，边唱边走动，并做上肢动作，同时寻找另外一张椅子。在唱最后一个字的同时坐下。

（3）衔接上一流程，边唱边走动，并做上肢动作，同时寻找另外一张椅子。在唱最后一个字的同时坐下。

> 注意：此时，教师已经抽掉一张椅子，会有一人没有椅子。

5. "抢椅子"确定"唱问—唱答"者

（1）"抢椅子"确定"唱答"者。"唱答"者仅仅需要说出歌词答案，全体从头开始唱，副歌部分玩"抢椅子"游戏。

> 注意：每次都必须从坐姿开始。

（2）衔接上一环节："唱答"者需要唱出歌词答案（必要时教师伴唱支持），全体从重复乐句开始唱。

（3）将"唱问"和"唱答"间隔交替（"唱问"可以即兴问不同季节），尽可能鼓励幼儿"问答"者独立歌唱。

温馨提示

（1）按照最新的研究观点和教学模式，该活动应该是系列主题课程中一个分支的系列活动。该活动可以作为大课程的兴趣导入，安排在大课程的开始；可以作为大课程的具体过程，安排在大课程的中间；也可以作为大课程的成果检验，安排在大课程的结尾。

（2）活动主题可以是科学课程——花卉种植研究；社会课程——开花店；STEAM课程——举办花卉博览会；美术活动——花卉邮票设计大奖赛等。我们可以把这种教学设计思路称为"大课程"视野下的设计思路。

（3）"大课程"区别于传统分领域课程（学科课程）的特质主要在于：

① 幼儿相关的学习经验是持续建构的。

② 集体教学、区角游戏、一日生活、家园共建等所有活动给了幼儿相互联系、相互渗透的整体经验。

③ 幼儿自主探究、听讲模仿、创造建构等学习经验也是相互联系、相互渗透的。

友情提问

（1）你觉得如果你突然"空降"一个类似活动到班上，和你将这类活动放置在一个大主题活动中有什么不同吗？

（2）你若将此活动安放在大主题活动的开始、中间和结尾处，幼儿的反应会有什么不同？放置在不同的地方，对幼儿的促进作用和对大主题活动的推进作用又有什么不同？

案例9 大野狼 　　（南京 成 媛）

使能目标阶梯

挑战5	领导幼儿边唱边玩。	创造性应用	在教师的组织与支持下，完整流畅地游戏。
挑战4	加入追逐游戏。	应用	在歌曲结束时，被点到的"大野狼"逆时针追逐间隔一位置上的"小绵羊"。输家简单即兴表达所扮演角色的"心得体会"。
挑战3	带唱支持幼儿逐步加入试唱歌曲。	应用	在教师的指导下，逐步学会演唱歌曲。
挑战2	辅导幼儿替换或拓展新的台词。	应用拓展	在教师的辅导下，用戏剧化、创造性的语言替换"救命呀"的台词，或拓展为含"道歉""保证不再犯错"意思的台词。
挑战1	辅导幼儿用戏剧化的嗓音表现"救命呀"的台词，同时激励幼儿反复倾听范唱。	模仿创造	在"点兵点将"游戏中，在教师的榜样示范和语言引导下，轮流尝试用戏剧化的嗓音表现"救命呀"的台词，同时继续反复倾听范唱。
歌曲	教师随乐示范歌曲，引导幼儿了解、理解歌词内容。	观察	感知歌曲的曲调、歌词和结构。
故事	简述"狼来了"的故事。	理解	情境理解，产生兴趣，明确任务。

大野狼

柱子 词曲

1 = C 2/4

[乐谱]

一呀 一呀 一只大野狼,住 在 高 山 上。
肚子 饿呀 饿呀饿得慌,想要下山逛一 逛。
放羊的孩子 爱说 谎,放羊的孩子 爱说 谎,
没有大人来帮 忙, 我要吃掉小绵 羊。

原歌词:

一呀一呀一只大野狼,住在高山上,

肚子饿呀饿呀饿得慌,想要下山逛一逛。

推不倒小猪的红砖房,吃不到戴红帽的可爱小姑娘,

放羊的孩子爱说谎,没有大人来帮忙,

我要吃掉小绵羊!

活动目标

(1)初步学会演唱新歌;学习用更戏剧化的音色说"台词"。

(2)学习在歌唱表演过程中进行即兴语言表达。

(3)逐步学会克服恐惧与羞涩,学会享受"戏剧化"表演游戏的快乐。

活动准备

(1)物质准备:可以无须特别准备。

(2)经验准备:已经了解《三只小猪》《小红帽》《狼来了》的故事内容。

(3)空间准备:围坐成一个大圆圈。

活动过程

1. 进入故事情境

(1)教师导入《狼来了》的故事情境。

（2）教师范唱。（第1遍范唱）

（3）教师引导幼儿了解、理解歌词内容的情况。

（4）教师再次范唱。（第2遍范唱）

2. 学习一个人单独大声喊"救命"

（1）创造情境：大家都假扮成"放羊娃"，如果看见狼来了，就要喊"救命"。

（2）全体跟随教师练习喊"救命呀"。

（3）幼儿志愿者单独表演喊"救命呀"。

（4）教师组织幼儿讨论好表演的标准要求。

（5）再次集体练习喊"救命呀"。

（6）传递游戏（点兵点将，或传一个"狼"的替代物），用歌曲结束音来确定单独喊"救命呀"者。重复4次。（第3—6遍范唱）

> 提示：每次都组织幼儿评价，鼓励有困难的幼儿接着再连续喊1—2次。

3. 学习一个人单独用更戏剧化的嗓音喊"救命呀"

（1）加入戏剧游戏：教师扮演大野狼，假装吃掉"放羊娃"旁边的"小绵羊"。加入跟唱挑战。（第1遍试唱）

（2）重复上一个流程，引导鼓励幼儿用更戏剧化（哭腔、嘶哑嗓音……）的嗓音效果喊"救命呀"。重复4次。（第2—5遍练唱）

4. 学习一个人单独用更个人化的语言请求帮助

（1）鼓励幼儿加入更多的语言，如：狼来了；狼真的来了；快来救救我呀；小羊我们快跑呀等。

（2）鼓励幼儿同时做身体表演动作。（可以再练唱5遍左右）

5. 加入追逐游戏

（1）游戏规则1：教师是假扮的狼，去追逐被确定者"放羊娃"。（教师一定捉住幼儿，然后邀请幼儿说："我下次再也不说谎了！"教师再说自己不是真正的狼）

（2）游戏规则2：被传递游戏确定者为"放羊娃"，去追逐"假狼"（其位置在圆圈顺时针方向的第三个人）。重复3—4次。（总共练唱14遍左右）

6. 小结

教师引导并鼓励当过放羊娃和小羊的幼儿，以角色身份简单谈谈应该接受的"教训"。

━━━━━━━ 温馨提示 ━━━━━━━

（1）此歌曲在提供给幼儿之前，教师为了给幼儿留出更大空间而做了缩编，日后还是可以组织幼儿学唱原版歌曲。

（2）教师也可以组织幼儿或教师学习团队使用《三只小猪》《小红帽》来创编新的教学活动。

案例10 我的家　　（南京第一幼儿园奥体分园）

使能目标阶梯

挑战4	组织幼儿观摩、评价、提炼教师组的"作品"。	交流拓展	在教师组织与引导下，观摩、评价、提炼教师组创编的"高级榜样"合唱作品中的更多策略。
挑战3	组织幼儿展示、交流、相互学习。	交流拓展	在教师的引导下，展示、分享、相互评价、相互学习。
挑战2	主、配班教师分成两组，辅导幼儿将原歌曲改编成合唱。	创造性应用	在教师的协助与辅导下，分组将原歌曲改编成合唱曲并进行排练。
挑战1	提供各种合唱改编的创作思路的视频，引导幼儿观察、讨论、提炼。	了解理解	在教师的引导下，从提供的视频中提炼出相应改编策略。
歌曲	组织、辅导幼儿学会并能熟练演唱新歌。	模仿	在教师的组织与辅导下，学会并能熟练演唱新歌。
信息	提供各种歌词改编的创作思路，利用幼儿的建议反复范唱新歌。	了解创造	反复感知歌曲，同时在教师的引导下提供新歌词。
故事	热情介绍自己"美好"的家园景色。	理解	情境理解，产生兴趣，明确任务。

我的家

小娟 词曲

1 = E 2/4

A段

5 6̲ 5̲ | 2̲ 3̲ 2 | 6̣̲ 1̲ 3̲ 6̣̲ | 2 0 | 5 6̲ 5̲ | 2̲ 3̲ 2 | 6̣̲ 1̲ 3̲ 6̣̲ | 5 0 |
多 大 多 呆 迪 呆 大 多 迪 大 呆， 多 大 多 呆 迪 呆 大 多 迪 大 多，

5 6̲ 5̲ | 2̲ 3̲ 2 | 6̣̲ 1̲ 3̲ 6̣̲ | 2 0 | 5 6̲ 5̲ | 2̲ 3̲ 2 | 6̣̲ 1̲ 3̲ 6̣̲ | 1 6̲ 5̲ |
多 大 多 呆 迪 呆 大 多 迪 大 呆， 多 大 多 呆 迪 呆 大 多 迪 大 多。我 的

B段

5 — | 5 6̲ 5̲ | 5 1̲ 6̲ | 6̣̲ 1̲ 2̲ 3̲ | 3 3· | 3̲ 2̲ 2̲ 1̲ | 2̲ 1̲ 6̣· |
家， 是 那 圈 起 的 一 块 小 地 方 哟。 到 处 都 是 绿 草

3̲ 3̲ 5̲ 2̲ 1̲ | 2 6̣̲ 5̲ | 5 — | 5 6̲ 5̲ | 5 1̲ 6̲ | 1̲ 6̲ 1̲ 2̲ 3̲ | 3 3· |
全 部 是 绿 的。我 的 家， 是 那 圈 起 的 一 块 小 地 方 哟。

3̲ 2̲ 2̲ 1̲ | 2̲ 1̲ 6̣· | 3̲ 3̲ 5̲ 2̲ 2̲ 3̲ | 1 0 | 5 6̲ 5̲ | 2̲ 3̲ 2 | 6̣̲ 1̲ 3̲ 6̣̲ | 2 0 |
到 处 都 是 绿 草 全 部 是 绿 的。 多 大 多 呆 迪 呆 大 多 迪 大 呆，

A段

5 6̲ 5̲ | 2̲ 3̲ 2 | 6̣̲ 1̲ 3̲ 6̣̲ | 5 0 | 5 6̲ 5̲ | 2̲ 3̲ 2 | 6̣̲ 1̲ 3̲ 6̣̲ | 2 0 |
多 大 多 呆 迪 呆 大 多 迪 大 多， 多 大 多 呆 迪 呆 大 多 迪 大 呆，

5 6̲ 5̲ | 2̲ 3̲ 2 | 6̣̲ 1̲ 3̲ 6̣̲ | 1̲ 2̲ 1 | 0 2 | 1 0 2 | 1̲ 2̲ 1̲ 2̲ | 1̲ 2̲ 1̲ 2̲ |
多 大 多 呆 迪 呆 大 多 迪 大 多。呆 多 呆 多 呆 多 呆 多 呆 多 呆

1 1 | 1 1 | 1 — | 1 — | 1 — | 1 — ‖
多 多 多 多 多。

活动目标

（1）学会熟练地演唱新歌；学习用唱名演唱A段歌曲的曲调。

（2）学习将熟悉的歌曲改编成合唱表演的简单思路，并参与合唱改编的实践。

（3）积极和谐地与同伴合作共建小组作品，体验各种合作演唱的特殊乐趣。

活动准备

（1）物质准备：

① 美丽乡村视频或幻灯片。

② 提供给幼儿学习的包含合唱改编思路的视频。

③ 提供给师资培训专用的合唱改编思路的文本。

（2）经验准备：参训教师都会唱音高的唱名，都熟悉拼音字母的读音体系。

（3）空间准备：围坐成大的半圆。

活动过程

1. 进入家乡美景情境

（1）教师以家乡美景分享为题，播放美丽乡村的视频或图片。

（2）导入范唱。（第1次范唱）

（3）回顾歌词内容，解释两个奇怪的A段歌曲是模仿奏乐的声音。

（4）再次范唱。（第2次范唱）

（5）专门学习演唱A段歌曲的奇怪歌词。（教师用"回声法"教唱，然后是"接龙法练唱"，大致唱熟为止）

（6）专门谈论B段歌曲的歌词，教师专门范唱B段歌曲，澄清歌词的内容。

2. 创编新歌词，加熟悉歌曲的曲调和结构

（1）不断学习创编新的歌词（改换地点：山上、山下、山里、河边、海边等），专门倾听B段歌曲。（倾听4遍左右）

（2）不断学习创编新的歌词（改换颜色：都是红的、都是黄的、五彩缤纷、五颜六色等），专门学习演唱B段歌曲。（练唱4遍左右）

3. 不断完善新歌演唱

提示：具体做法不再赘述。

4. 学习合唱，梳理改编思路

（1）教师提供三个视频，包含：领唱齐唱；按乐句一个声部一个声部递增或递减；加声势动作。

（2）教师先组织引导幼儿观看和交流，从中获得改编合唱的三种具体思路，然后再集体讨论将思路转换成前书写符号。

5. 改编实践与排练

（1）幼儿分成两大组，主、配班教师各负责一组；当天参加教研的教师组成一组。

（2）三个组同时开始改编和排练。幼儿组内各有一位教师参与协调和支持。

6. 分享交流

（1）幼儿分组展示。

（2）教师引导幼儿以小组为单位，相互评价、相互学习。

7. 高级榜样的分析与提炼

（1）教师组展示。

（2）教师引导幼儿提炼出教师独特的新思路。

> **注意：**原创教师上课当天，教师组除了应用了前述三种思路以外，还增加了乐器伴奏、队形变化，还特别在A段歌曲的句末增加了羊高声和牛低声的间隔叫声，全曲结束处还增加了马的嘶鸣声，很好地展示了美丽的乡村有声有色的景致。

温馨提示

（1）真正幼儿园的教学至需要少两个课时。在不考虑课时的情况下，至少让幼儿达到熟练演唱歌曲后，教师才可以开展后面的合唱改编活动。

（2）这首歌曲的A部分和再现A部分的歌词，实际上是曲调唱名的"发音"去掉声母后统一改换成声母为"d"的发音。在教师培训及幼儿日后的复习中，教师可以尝试替换任何拼音的声母，并将其作为一种有趣的创意游戏来玩。

（3）拆拼唱名音阶游戏（园本教师培训个人游戏）：

　①熟练演唱上行下行音阶的"唱名"：Do-re-mi-fa-so-la-si-do-si-la-so-fa-mi-re-do。

　②将音阶唱名中的"声母"去掉仅唱"韵母"：o-e-i-a-o-a-i-o-i-a-o-a-i-e-o。

　③各人随便抽取拼音中的"声母"，使用统一的某一声母"拼唱"上一行中，上下行音阶中的韵母，如：d，do-de-di-da-do-da-di-d()-di-da-do-da-di-de-do。

　④各人随便抽取拼音的"声母"，使用统一的某一声母"拼唱"《我的家》歌曲中A段和再现A段乐谱中的唱名。

（4）其他各种编配参考思路（园本教师培训小组合作游戏）：

　①使用传统锣鼓和胡琴的拟声发音，演唱《我的家》歌曲中A段和再现A段的旋律。

　②在歌曲合适的部位插入各种动物叫声的模仿声音或者喊声。

　③在歌曲合适的部位插入声势动作。

　④在歌曲合适的部位插入乐器演奏。

　⑤加入适合的道具或装扮。

（5）请读者参考使用下面各种思路变化歌曲的表演方式。

附：丰富合唱表演编配的相关要素和思路

（1）独唱。

（2）对唱。

（3）齐唱。

（4）领唱齐唱。

（5）声部递增与递减。

（6）加伴奏。

　①动作。（歌表演动作、声势动作、集体舞动作、奏乐模仿动作、早操韵律操动作）

　②无音高嗓音。（有意义或无意义）

　③乐器或替代乐器声音。

④有音高嗓音。(唱唱名、改声母、锣鼓经等)

（7）创编新歌词。(改地点、改风景、改色彩、改主语……)

（8）创编新无意义音节。

（9）合唱。

　　①轮唱。(唱或念)

　　②支声。(唱或念；有意义或无意义)

　　③同声。(二声部可唱可念另外一个固定音节，旋律与一声部相同)

　　④和声。

　　⑤持续低音。(唱或念；有意义或无意义)

　　⑥固定音型。(唱或念；有意义或无意义)

另外还可以加队形、服装、道具、舞台背景（幻灯片）等。

友情提问

（1）如果把一首关于珍惜粮食的歌曲，加一首念白的古诗，你觉得可以吗？加哪一首呢？怎么念呢？你可以找一首相关歌曲试一下吗？

（2）如果你找不到歌词完全相配的，你可以自己创编或改编一首歌词吗？

案例11　打蚊子（一、二、三、四）

使能目标阶梯

挑战4	组织全体幼儿尝试游戏，游戏升级挑战。	交流拓展	在教师的组织与引导下，边唱新歌边两两结伴游戏。有条件便尝试更高级的挑战。
挑战3	引导幼儿反思评价，并自我完善歌曲演唱的水平。	交流拓展	在教师的引导下，反思歌曲掌握的程度，自我完善练习。
挑战2	从一位教师与一位幼儿示范玩法，到两位幼儿示范玩法。	创造性应用	在教师的协助与辅导下，分组将原歌曲改编成合唱曲并排练。
挑战1	两位教师示范两人合作的玩法。	了解理解	在教师的引导下，从提供的视频中提炼出相应改编策略。
歌曲	边范唱边带领幼儿练习。	模仿	反复练习动作和倾听新歌。（自己玩自己）
动作	边示范边讲解动作和游戏的细节。	了解创造	在教师的引导下，了解、理解动作和游戏的细节。
故事	用说故事的方式和语言介绍游戏的动作和规则。	了解	情境理解，产生兴趣，明确任务。

游戏玩法

（1）准备玩法：双手手心向下叠在一起，边唱歌边按节奏持续将在下面的手移动到上面。歌词唱到"快快快快爬上来"的时候，在下面的手做飞翔状（五指快速自由运动），同时手掌从最下面慢慢移动到侧上方。

① "啦啦啦啦啦啦"的歌词唱到最后一个音时，自己拍手一次，同时说"啪"。

② "啦啦啦啦啦啦"的歌词唱到最后一个音时，突然"俯冲"下来，轻轻用拇指和食指"掐"一下上面手的手背，同时打一下响舌。

（2）正式玩法：该游戏可以是两人或更多人一起玩。所有人都将双手加入叠成一摞（两人玩时最好不要让自己的双手靠在一起，即两人的手要间隔叠加）。游戏最初可以同上准备玩法，慢慢可以像下面这样玩：

① 唱到最后一音时，用最下面移动上来的手，轻轻抽打在最上面的手一下。

② "将要被抽打的手"要快速"逃离"。

③ 歌曲唱完，由发令人说"打"，才能抽打和逃离。如果发令人不说"打"，或一直说其他的字词，都不能抽打和逃离。

④ 反复游戏，直到所有"失利者"（包括被打中者、没有打中者、提前"发动追逃"者）都被淘汰，最后留下唯一的胜利者为止。

> 提示：最初学习时，有些玩法不适合幼儿。

打蚊子

1=D 2/4

外国儿歌

```
5 3  5 | 5 3  5 | 6 5 4 3 | 2 3  4 |
哎哟 喂，  咋地 啦，  一只 蚊子  咬我 了。
```
动作：两手交替上移

```
5 1 1 1 | 1 2 3 4  5 | 5 2 2 4 | 3 2  1 ‖
快 快 快 快  爬  上   来，  啦啦 啦啦  啦啦 啦。
```
一手慢慢"飞"向侧上方　　　　静止等待　　拍手

活动目标

（1）初步学会演唱歌曲；学习按照音乐的节奏和结构做律动和玩游戏。

（2）学习在反思环节自我检验和自我完善歌唱的准确与熟练水平。

（3）锻炼公平公正地自觉遵守游戏规则的习惯和能力；体验无论输赢，只要参与共同游戏就会拥有快乐。

活动准备

（1）成人无须特别准备。
（2）幼儿学习此游戏可能安排在中班下学期期末会比较合适。

活动过程

1. 了解情节

教师：夏天到了，讨厌的蚊子总是缠住人不放。看它又悄悄地停在我这只手的手背上吸血了。看我打死它，啪！蚊子的妈妈又来叮我这只手了，看我打死它，啪！嘿，这回，蚊子的姥姥又来了，看我打死它，啪！蚊子家族可真厉害，一起来帮我打蚊子吧！

2. 澄清细节

主要澄清两点：一是两手交替向上移动；二是必须在最后一拍上拍手说"啪"。

3. 反复跟随教师学习"自己玩自己"的模式
4. 两位教师（T1—T2）示范两两结伴的玩法
5. 一师一幼（T1—S1）示范两两结伴玩法
6. 多对幼儿（S1—S2）尝试两两结伴玩法

提示：刚开始幼儿可以两拍一次，熟练后改为一拍一次。

7. 反思评价自我完善环节

检验在无意注意的状态下，歌曲学习的情况，并练习完善。

8. 全体采用多种方式进行两两结伴的游戏

（1）改成一拍移动一次的两两结伴游戏。
（2）改成打手的两两结伴游戏。
（3）改成听指令发动"追逃"的两两结伴游戏。
（4）改成三人以上结伴的游戏。
（5）增加游戏的淘汰规则。

温馨提示

（1）玩法（1）是一个使用无意注意策略学习歌曲的活动，同时也是一个"合作的快速反应"律动游戏活动。

> 注意：一般情况下，如果游戏歌曲的词曲都比较简单，就比较适合在游戏过程中，使用无意注意边玩边学。如"丢手绢""切西瓜"等。

（2）玩法（2）是一个单纯的韵律活动。音乐包含三个段落，在A段歌曲中每个乐句的最后一拍打一次蚊子，击打之前可以表演"眼睁睁地看着蚊子在自己周围绕着飞行，就是不好打它"的情境。B、C两段歌曲可以自己创编符合逻辑的情境进行表演。

（3）玩法（3）可将其拓展成创造性律动活动：此乐曲曾有过回旋曲（ABACA）的演奏版

本，大班幼儿和成人都可以在熟悉乐曲的基础上自己或集体创编新的结构情境进行表演。

（4）玩法（4）可将其拓展成奏乐活动：只需加上复合情境乐曲的特定音色，就变成了奏乐活动。

注意：这样的拓展是完全符合奥尔夫老师的教学流程的。读者可以自己是试试看！

附音乐：

单簧管波尔卡

[波兰] 普罗修斯卡 曲

案例12　数字歌　　　（南京　王　捷）

使能目标阶梯

挑战4	组织全体幼儿尝试游戏，游戏升级挑战——大数者追捉小数者。	创造性应用	在教师的组织与引导下，边演唱新歌边游戏。
挑战3	引导幼儿反思、评价、完善新歌演唱。	自我完善	在教师的引导下，反思歌曲学会的程度，自我完善练习。
挑战2	继续边范唱边带领幼儿玩"点兵点将"游戏和"比大小"游戏。	感知创造	进一步熟悉新歌，同时玩玩"点兵点将"游戏和"比大小"游戏，比出大小后各自做创意造型。
挑战1	引导幼儿回忆、澄清歌词。	了解理解	在教师的引导下，回忆、澄清歌词。
歌曲	边范唱边带领幼儿玩"点兵点将"游戏和"比大小"游戏。	感知创造	倾听并熟悉新歌，同时玩"点兵点将"游戏和"比大小"游戏，比出大小后各自做创意造型。
动作	引导幼儿创编各种表示大和小的造型动作。	创造	在教师的引导下，创编各种分别表示大和小的造型动作。
故事（意义）	引导幼儿复习数字1—9的含义，记忆在该数字后加0的含义。组织幼儿分组。	了解	情境理解，产生兴趣，在教师的组织与引导下分成两组。

游戏玩法

（1）教师将大班幼儿分成两组，围成一个大的半圆。从幼儿中间开始每人获得一次从1到9的数字，成为数字小小孩。

（2）教师手持一个网球表示"0"，边唱歌边玩"点兵点将"游戏，歌曲唱完网球"点到"谁（如2），这位"2小孩"，就变成"20小孩"，与他对应的另外一组的"2小孩"就比他小。

（3）游戏之初，两位幼儿仅需共同造型，分别表示大和小。最后的游戏："2小孩"应站起来向逆时针方向围绕所有幼儿跑一圈后回到自己原先的座位上坐下。"20小孩"应站起来向逆时针方向围绕所有幼儿跑一圈去追捉"2小孩"。活动最后两位幼儿抱拳行礼说："承让承让！"

数字歌

徐兴增 词
李如 曲

1 = C 4/4

（ 1 1 1 1 1 1 1 1 | 2 3 3 3 3 0 | 1 1 1 1 1 1 1 1 | 2 3 3 3 3 0 ）

1 1 2 3 3 0 | 1 2 3 4 4 3 | 1 2 3 4 5 0 |
数字 小小 孩， 你 来自 阿拉 伯。 一、二、三、四、五，

5 4 3 2 1 0 | 2 3 4 5 6 0 | 6 5 4 3 2 0 |
前面 排成 行， 六、七、八和 九， 后面 跟着 来。

3 3 3 4 5 | 6 6 5 4 3 0 | 1 2 3 4 5 0 | 5 5 5 5 1 0 ‖
还有 一个 零 真呀 真厉 害， 站在 谁后 面， 谁就 大起 来！

活动目标

（1）初步学会演唱新歌。
（2）学习创编表现大和小的身体造型。
（3）学习造型时相互配合，不管输赢都愿意与对手诚心交流。

活动准备

（1）物质准备：①黑板、粉笔。②网球一个。
（2）经验准备：大班幼儿对相关数字的含义基本理解。
（3）空间准备：围坐成大的半圆。

活动过程

1. 复习数字概念

（1）教师邀请幼儿轮流到黑板上书写1—9的数字。

（2）教师请幼儿自左向右从1开始报数到9，然后再请每个获得数字的幼儿到没有数字的幼儿中去结交一个朋友，告诉他自己的数字，并将这个数字赠送给对方。

（3）教师请先获得数字的幼儿坐回自己的座位，再请后获得数字的幼儿从中间开始，依次向外从9排到1。请幼儿自己报数检查排序是否正确。

2. 创编表现大和小的造型

过程略。

3. 倾听范唱1

教师边范唱边按节奏依次用网球在幼儿头顶"点兵点将"，先从左点到右，然后再从右到左点回来。歌曲唱完时，被点到的幼儿起立，报数（如是数字2，要报20），另外一组的数字2也要起立，报数2。两人到大家对面的中间各自配大与小的造型。（范唱和游戏5遍）

> 提示：教师在用网球点幼儿的时候，可以用网球"逗弄"地触碰幼儿身体，并与幼儿进行表情交流。

4. 澄清歌词内容

教师一句一句帮助幼儿澄清歌词内容。（略）

5. 倾听范唱2

继续流程3"倾听范唱1"的内容。（范唱和游戏3遍）

> 提示：根据实际情况决定练唱的遍数。

6. 完善歌曲的演唱

过程略。

7. 挑战终极游戏

（1）第一次追跑前，教师要从容地邀请两位幼儿都站起来，先让幼儿身体转向逆时针方向，再发出起跑的口令。注意提醒"跑"的幼儿及时归位。追跑结束后，不论输赢，教师都要引导双方互相行礼，并说"承让承让"。

> 注意：这样提醒细节的指导是因为有的幼儿反应比较慢，两人都做好准备再起跑，会比较"公平"。有的被追的幼儿在紧张时往往会跑"过"，甚至连续跑好几圈都不知道要停下来"归位"。

（2）随后的游戏中，教师可以根据实际情况逐步减少提醒，让幼儿独立完成游戏。

温馨提示

（1）该活动需要18位幼儿参与学习。

（2）活动中数字排序的活动需要认真对待，有些幼儿可能不会一次就能弄清自己的数字以及和两侧幼儿数字的关系。

（3）等幼儿学会该游戏以后，在平时玩时可以让幼儿志愿者来担任"点兵点将"的任务。

案例13　踏雪寻梅　　（南京　王淑芳）

使能目标阶梯

挑战4	组织全体幼儿尝试游戏，升级游戏挑战。引导幼儿总结成功规律。	交流、拓展	在教师的组织与引导下，边唱新歌边游戏，并发现游戏里的"单双数规律"。
挑战3	引导幼儿反思评价、自我完善歌曲演唱水平。	反思完善	在教师的引导下，反思歌曲掌握的程度，自我完善练习。
挑战2	从一位教师与一位幼儿示范玩法，到两位幼儿示范玩法。	应用	在教师的组织与引导下参与游戏，进一步熟悉歌曲。
挑战1	介绍游戏规则。指导被点中者"骑驴"（下肢参与移动）到长桌前选择纸杯。	了解理解	了解并理解游戏规则，继续熟悉歌曲。
歌曲	边范唱边带领幼儿练习上肢基础动作模式。	模仿	反复练习动作和倾听新歌。
动作	边范唱边做上肢基础游戏动作，然后与幼儿回忆、讨论每句歌词、每个动作的含义。	了解理解	在教师的引导下，了解并理解动作和游戏的细节：拍腿—静止倾听观察—骑驴。
故事	用说故事的方式和语言简单介绍"小精灵雪后骑驴过桥去摘腊梅"的歌词大意。	了解	情境理解，产生兴趣，明确任务。

游戏玩法

（1）18位幼儿分成两组围坐成一个圆圈。

（2）圆圈的旁边摆一张长桌，桌上反扣20个纸杯，一共两行，每行10个，横竖对齐。纸杯杯底写上从1到20的数字。所有双数纸杯中有梅花（用黄色小纸团装饰在小树枝上），单数纸杯中有其他种类的花卉图案。

（3）"仙女姐姐"用"仙棒"按照节奏"点兵点将"，被点到的"小精灵""骑驴"离开圆圈走到长桌前，指定一个纸杯（每次只可选一个纸杯）。纸杯里若有梅花，"小精灵"便将其取出插入自己小组的"花瓶"（纸杯）。最后数一数，看看哪个"小精灵"组摘得的梅花多。

动作建议：（参见歌谱）

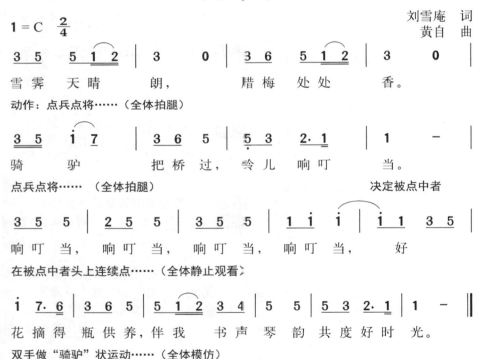

活动目标

（1）初步学习歌曲。

（2）寻找并发现游戏中的单双数规律。

（3）熟悉游戏的规则：知道规律迅速选择；不知道规律迅速随机选择；知道规律的人不能告诉其他人，要让每个人都有机会自己找出规律。

提示：歌曲有点难，所以并不要求当堂学会。

活动准备

（1）物质准备：

　　①布置好的长桌。

　　②桌上反扣20个纸杯，一共两行，每行10个，横竖对齐。纸杯杯底写上从1到20的数字。所有双数纸杯中有梅花（用黄色小纸团装饰在小树枝上），单数纸杯中有其他种类的花卉图案。

　　③仙女姐姐的"魔法棒"一根。

（2）经验准备：初步学习过单双数的概念。

（3）空间准备：

　　①全体围坐成一个大圆圈。

　　②幼儿分成两组，每组人数相等，每人明确自己的团队，同一小组的人坐在一起。

活动过程

1. 了解歌曲歌词的含义和游戏的上肢基础动作

重点了解以下歌词："雪霁""好花摘得瓶供养""伴我书声琴韵共度好时光"。

2. 随乐熟悉游戏的上肢基础动作

过程略。（倾听与模仿练习2遍）

3. 随乐尝试玩游戏

具体玩法如下：

（1）教师作为"仙女姐姐"，边范唱边两拍一次按照顺时针或逆时针的方向依次轻点幼儿的头顶。唱到"响叮当"时，三个字点3次，一共点击12次，最后一次点过后便高举魔法棒。

（2）教师邀请被点中的幼儿起立，走出圆圈准备出发。

（3）教师重新开始唱"好花……"，给用"骑驴"动作走向长桌的幼儿伴唱到结束。

（4）歌曲结束后，教师再指导被点中的幼儿选择纸杯。纸杯中如有梅花，教师应引导幼儿将其取出，并插到自己小组的花瓶中。（倾听与模仿练习4遍）

> 注意：4次游戏，A、B两组幼儿中需各点中两位幼儿。

4. 反思评价、自我完善歌曲演唱

过程略。（根据情况练唱3—4遍）

5. 尝试边唱边游戏

过程略。（根据情况练唱和游戏2—3遍）

> 注意：每次游戏后，教师都要引导幼儿思考是否有什么规律，但不要予以肯定或否定。教师需将20个纸杯全部翻出，最后再让幼儿自己证实前面的猜测是否正确。

温馨提示

（1）与"随机结果"的猜谜游戏完全不同，这是一个有规律可循的，即寻找规律的游戏。所以，教师不但要引导幼儿发现规律，还要引导并辅导幼儿去创造新规律。

（2）当幼儿对游戏和歌曲熟悉之后，教师可以组织并辅导幼儿创造新的数字规律：A组布置纸杯，挑战B组；然后交换游戏，看哪组能够用最少的游戏遍数找到更多的梅花。仍旧是全体参与游戏，A、B两组人员一个一个间隔围坐成圆圈。A组布置纸杯，A组代表主持"点兵点将"游戏，专门点B组的人。反之亦然。

（3）如果幼儿对单双数概念掌握得很好，很快就能找到规律，教师也需要做到公平对待：
①对幼儿答案不置可否，引导幼儿继续游戏，继续证实。
②假装移动杯子，告诉幼儿规律改变了，再试着找一找。
③真实移动杯子，换成新的规律，并鼓励幼儿进一步探索。

友情提问

如果有这样一个歌唱活动，是讲猫捉老鼠的故事的。故事情境中一群小老鼠在房间里玩"捉迷藏"游戏。"东摸摸西摸摸"，结果很有可能摸到一只猫。老师采用了自己"蒙眼猜名字"的游戏方法引导幼儿多次倾听歌曲。老师每唱一句摸一个坐在圆圈上的幼儿的头，依次摸过去，歌曲一共有四句，四句一共可以触摸4位幼儿的头。

（1）你觉得老师能够准确地说出最后一句唱完所摸到的幼儿的名字吗？
（2）你觉得大班幼儿中有人能够发现"猜中"名字的秘密吗？

案例14　王老先生有块地

使能目标阶梯

挑战4	组织全体幼儿继续游戏，小结游戏中的数字规律与音乐结构的关系。	应用分析	在教师的引导下，边唱新歌边继续游戏，小结游戏中的数字规律与音乐结构的关系。
挑战3	辅导幼儿学唱两声部歌曲。	模仿练习	在教师的辅导下，尝试演唱两个声部的歌曲。
挑战2	学习歌曲的第二声部。	模仿练习	在教师的帮助下，学习歌曲的第二声部。
挑战1	引导幼儿反思评价、自我完善。	反思完善	在教师的引导下，提高演唱歌曲的水平。
歌曲	边范唱边带领幼儿游戏。（用点击幼儿头顶的方法，"点兵点将"选择"找小鸡"的人）	了解理解	反复观察教师的动作和倾听新歌，参与猜测游戏。
动作	边范唱边依次在每个纸杯底部点击。	了解理解	在教师范唱和游戏动作的引导下，感知歌曲的结构和纸杯结构的关系。
故事	用说故事的方式和语言介绍"王老先生丢了小鸡，请幼儿帮助找回"的情境。	了解	情境理解，产生兴趣，明确任务。

游戏玩法

（1）在长桌或地板上倒扣排列8个纸杯。其中，第2、4、8个纸杯中有小鸡贴画或小鸡玩具，其他纸杯中什么也没有。

（2）教师在范唱期间，同时用手指每两小节在同一个纸杯底上点动2次，歌曲唱完时8个纸杯都点完。

（3）在开始游戏后，教师改为依次点击幼儿的头顶（"点兵点将"），被点中的幼儿去找小鸡，每次只可选一个纸杯。

（4）若幼儿发现规律，每次游戏结束时，教师都须假装调换了纸杯的位置。

王老先生有块地

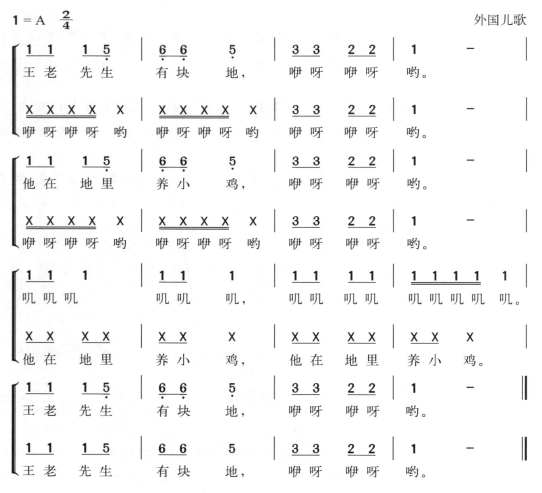

外国儿歌

活动目标

（1）学会演唱新歌，初步尝试演唱两个声部的新歌。

（2）尝试找出单双数数字和歌曲单双句之间的关系。

（3）积极面对两个声部演唱的挑战；努力用适当的音量唱歌；理解只有当两个声部之间互相都能听到对方时才能叫作"和谐"。

活动准备

（1）物质准备：长桌或地板上倒扣排列8个纸杯。在第2、4、8个纸杯中有小鸡贴画或小鸡玩具；其他纸杯中什么也没有。

（2）经验准备：有初步的单双数概念。

（3）空间准备：围坐成一个大的半圆。

活动过程

1. 了解故事梗概和任务

过程略。

2. 倾听范唱和了解游戏规则

教师一边范唱一边依次指点每个纸杯的杯底，请全体幼儿尝试猜测小鸡藏在哪个杯子里面。（第1—4遍范唱）

3. 倾听范唱和加入"点兵点将"游戏

教师"点兵点将"，被"点中"的幼儿独立猜测小鸡藏在哪里。每次游戏完毕，教师假装移动纸杯的位置。

4. 反思评价并完善歌曲演唱

过程略。（大约演唱4遍）

5. 学习两声部歌曲的演唱方法

（1）幼儿唱一声部，教师示范第二声部。

（2）幼儿模仿学习第二声部。

（3）幼儿演唱第二声部，教师演唱第一声部。

（4）幼儿分成两组，各演唱一个声部。

6. 继续边唱歌边游戏

7. 小结"单双数规律"和音乐的关系

过程略。

> 提示：游戏时恢复一个声部的演唱。

温馨提示

（1）与"随机结果"的猜谜游戏完全不同，这也是一个有规律可循的寻找规律的游戏。所以，教师必须坚持引导幼儿去发现其中的规律。

（2）如果幼儿有困难，第一次集体教学不用进行两个声部演唱的学习。

案例15　一只大野狼　　（南京　周宁娜）

使能目标阶梯

挑战4	组织全体幼儿尝试边唱歌曲边游戏。鼓励幼儿创意表现"狼狼相遇"，提升游戏情趣。	应用	在教师的组织与引导下，边唱新歌边游戏。创意表现"狼狼相遇"。
挑战3	引导幼儿反思评价、自我完善歌曲的演唱水平。	反思完善	在教师的引导下，反思歌曲掌握的程度，自我完善练习。
挑战2	导入游戏规则2，幼儿志愿者根据转盘出现的结果即兴对结尾演唱的歌词进行动作反应。	了解应用	在教师的协助与辅导下，分组将原歌曲改编成合唱曲并排练。
挑战1	导入游戏规则1，引导全体幼儿练习根据转盘出现的结果即兴演唱结尾处的歌词。	了解应用	在教师的引导下，从提供的视频中提炼出相应的改编策略。
歌曲	边范唱边带领幼儿练习上肢基础动作模式。	模仿	反复练习动作和倾听新歌。
动作	引导幼儿根据歌词大意创编表演动作。	创造	在教师的引导下，创编歌表演动作，重点是羊、狼、枪。
故事	用说故事的方式和语言介绍歌词大意，并引出游戏的规则含义。	了解	情境理解，产生兴趣，明确任务。

游戏玩法

（1）玩法：幼儿志愿者转动"羊、枪、狼的轮盘"，最后隔窗显示什么事物，集体便演唱什么歌词。参与游戏的"狼"（一名幼儿）随机选择另外一名幼儿，这位被抓的幼儿根据隔窗显示事物随机做出或羊或狼或枪的反应。如隔窗显示为"枪"，被抓的幼儿做"枪"的动作，"狼"倒下或逃跑（"枪"追击）；如隔窗显示"狼"，两名幼儿做自创的亲热动作；如隔窗显示为"羊"，被抓的幼儿装死或逃跑（"狼"追击）。

（2）说明：这是一种不同于前面两个案例的游戏。游戏结果完全随机，幼儿的反应也完全即兴，根据隔窗显示的结果而定。该游戏锻炼的是幼儿的快速判断、快速反应的能力。

一只狼

1 = D 2/4

外国儿歌

（乐谱）

一只 狼　　下山 进村 庄。　东张 西望
东张 西望，想要 吃羊　想要 吃羊。看见 了，
那是 什么 呀？看见 了，那是 什么 呀？
　　　　　　　　　　　　　　那是 一只 羊。
　　　　　　　　　　　　　　那是 一只 狼。
　　　　　　　　　　　　　　那是 一把 枪。

活动目标

（1）初步学会唱新歌。

（2）为新歌创编歌表演动作，并借助创编动作的过程理解和记忆歌词。

（3）学习听、看信号快速反应的游戏，锻炼集中注意，在短时间内对三个可能出现的信号进行反应的能力。

活动准备

（1）物质准备：

①羊、枪、狼的图片各一张。

②黑板上画有羊、枪、狼的转盘。

提示：转动转盘的外层视窗，每次只能出现一种图样。也可以在圆盘图的下端设置一符号，以图样对准符号即为选中。还可以使用特定的多媒体软件来呈现该效果。

（2）经验准备：对于大班幼儿来说，无须特别准备。

（3）空间准备：围坐成大的半圆。

羊、枪、狼的图片　　　　　　　　　　羊、枪、狼的转盘

活动过程

1. 了解歌词（故事内容）

（1）教师范唱歌曲。

（2）幼儿了解歌词。（第1遍范唱）

2. 创编歌表演动作

（1）教师一句一句提供范唱歌词，引导幼儿创编歌表演的基本动作。

（2）教师将创编的动作连起来，边唱边做给幼儿欣赏刚刚完成的成果。（第2遍范唱）

3. 跟随教师的示范，模仿练习歌表演的基本动作

过程略。（第3—5遍范唱）

注意：在第5遍范唱时，教师可鼓励幼儿尝试跟随，因为此歌对于大班幼儿的难度较低。

4. 练习根据信号快速做出反应，并演唱不同的最后一句歌词

注意：教师可以用引导幼儿续编故事结尾的方法引出后面的练习。

教师：歌曲唱到最后一句（第13、14小节）"看见了"每次轮流出示狼、羊、枪三张图片中的一张，引导幼儿通过快速反应唱出"那是××"。

注意：若幼儿有困难，可专门练习第9—16小节，然后再连起来练唱。

5. 练习根据信号快速做出反应，并表演不同的最后一句歌词

（1）配班教师扮演进村庄的狼，主班教师带领幼儿了解游戏规则并操作转盘。

> 注意1：所有幼儿面对挂有转盘的黑板，狼的扮演者面对大家，背对黑板，所以狼是看不见黑板上的图样的。
>
> 注意2：游戏的重要规则是，狼不可以转身偷看转盘旋转后视窗显示的结果。

（2）换一名幼儿扮演狼。配班教师操作转盘，主班教师专门指导狼和被狼选中的"未知名目"对象，同时负责指挥与带领幼儿唱歌。

（3）再换一名幼儿扮演狼。前一名扮演狼的幼儿，作为奖励来操作转盘，配班教师在旁边支持。主班教师专门指导狼和被狼选中的"未知名目"对象，同时负责指挥带领幼儿唱歌。（跟随示范练唱3遍）

> 注意：为了避免幼儿过度兴奋忘记练唱，这三遍游戏导入，不提倡追跑，羊遇狼或狼遇枪倒在座位上"装死"即可。若狼遇狼，可以先握握手。

6. 完善歌曲演唱

过程略。（大约会再练唱3—4遍）

7. 完整游戏

过程略。（一共练唱7—8遍左右）

> 注意：在这个环节可以追跑或"装死"，教师还可以鼓励狼遇狼时尽力做出不同的相互亲热的动作。

温馨提示

等幼儿对游戏熟悉后，教师可放弃使用转盘，转由一名发指令的幼儿面对大家站在狼的背后，对着大家即兴做出相应的或羊或狼或枪的动作。

> 注意：这样的空间安排，大家都可以看见发指令者的手势"规定"，但"狼"是看不见的。

案例16　春天和我捉迷藏　（南京市太平巷幼儿园）

使能目标阶梯

挑战 4	组织全体幼儿尝试边唱歌边行走边游戏。（升级挑战一人演唱回声）	完善	在教师的组织与引导下，边唱新歌边行走边游戏。唱回声：挑战一人独唱；猜音源：挑战猜"移动音源"。
挑战 3	指导幼儿分成两组，分别唱歌和唱回声。	完善	在教师的引导下，分组演唱歌曲的回声，为升级游戏做准备。
挑战 2	指导幼儿完善歌曲演唱。	完善	在教师的指导下，逐步熟练演唱歌曲。
挑战 1	邀请幼儿参与在间奏部分演唱"回声"。继续游戏。	模仿	在教师的支持下，参与演唱"回声"。继续游戏。
歌曲	边范唱边带领幼儿进行猜谜游戏。	感知	反复倾听新歌，参与猜谜游戏。
呼喊	指导所有幼儿练习呼喊："唉，春姑娘，我在这儿呢！"	模仿	在教师的指导下放松情绪练习，达到可以一个人独立大声呼喊。（成人可以用自己独创方式及内容呼喊）
故事	用说故事的状态和语言介绍游戏规则。	了解	情境理解，产生兴趣，明确任务。

游戏玩法

（1）初级玩法：全体围坐成一个大的圆圈。猜谜者头戴眼罩，坐在圆圈中间。教师唱歌，唱完指定志愿者呼喊："唉，春姑娘，我在这儿呢！"然后由猜谜者指出呼喊者是谁。

（2）中级玩法：全体手拉手围成一个大的圆圈，两三位猜谜者头戴眼罩，坐在圆圈中间。大家一起唱歌，指定志愿者一人独唱"回声"，唱完之后猜谜者指出唱回声者是谁。

（3）高级玩法：全体手拉手围成一个大的圆圈，一位猜谜者头戴眼罩，坐在圆圈中间。大家一起唱歌，指定两位志愿者在圆圈的不同位置一起唱"回声"，唱完之后猜谜者指出两位唱回声者分别是谁。

春天和我捉迷藏

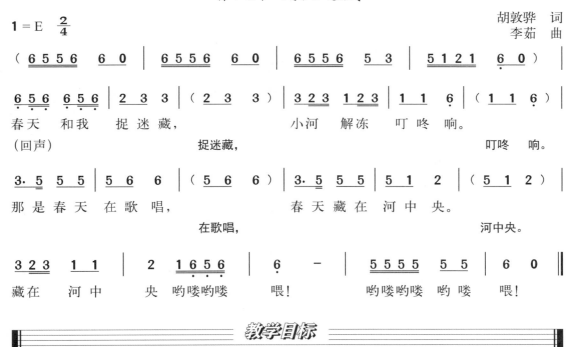

教学目标

（1）初步学会唱新歌；学会和谐地演唱歌曲和回声。

（2）用自己的语言解释什么是"解冻"；在教师的引导下澄清容易弄错的歌词或曲调。
（如："河中央"容易被误认为是"水中央"等）

（3）练习到能够大胆自信、口齿清晰地独自呼喊和独自演唱回声，大胆自信地积极要求担任"猜测者"。在教师和同伴的鼓励下，即便尝试猜测"失败"也能够坦然面对。同时，猜测者一定保持诚信态度：坚决不能够"偷看"。

教学准备

（1）物质准备：

① 可以准备相关图片。（并非必须）

② 至少三到四个适合幼儿使用的眼罩，没有眼洞的面具也可以。

（2）经验准备：能够理解结冰和解冻。（并非必须）

（3）空间准备：围坐成一个大的圆圈，圆圈中间需要摆三张空椅子。

教学过程

1. 教师介绍情境，指导幼儿练习呼喊

2. 教师开始范唱并同时指导幼儿进行"猜固定音源"游戏

过程略。（重复倾听3—4遍）

3. 教师邀请全体幼儿参与演唱回声部分，同时指导幼儿继续游戏

过程略。（再重复倾听第5—8遍，练唱回声部分4遍）

4. 反思完善歌曲演唱

（1）教师询问幼儿：如若请幼儿唱歌，自己来唱回声，是否会有困难？

> 提示：幼儿通常会说"记不住歌词"。

（2）教师一句一句按照歌词的顺序帮助幼儿回忆澄清，若有争议，指导幼儿可以邀请教师再次范唱予以确定"正误"。

（3）教师带领幼儿反复练唱歌曲。

（4）教师指导幼儿分成两组，练习歌唱与唱回声相互配合衔接。

5. 边唱歌边完整进行"猜移动音源"游戏

（1）全体走圆圈唱歌曲（其中一人唱回声），三人坐在圆圈内猜音源。

注意：参与猜测的人多可以减少紧张感，每个人答案不同也没有关系。

（2）全体走圆圈唱歌曲（其中一人唱回声），两人坐在圆圈内猜音源。

（3）全体走圆圈唱歌曲（其中两人唱回声），一人坐在圆圈内猜音源。

注意：提升游戏难度一定要是幼儿自己的意愿才行。

温馨提示

（1）这是一个"先用无意注意，后用有意注意""游戏贯穿始终且不断升级"的教学设计。

（2）这首歌曲比较特殊，间奏本身即歌曲前句的"回声"。

> 提示：类似结构的歌曲都可以采用这样渐进的教学设计。

（3）教师也可以鼓励大班幼儿改变音色，对猜谜者进行"干扰"。

（4）若幼儿能力比较强（在幼儿园三年，大班幼儿之间也比较熟悉）且愿意，也可以挑战：三人在三个不同位置上一起唱"回声"。

（5）幼儿在围成大圆圈行走时，一定要踩着节奏轻巧自然地行走，切记不要使劲踏地。

（6）对于基础较好的班级，无论是在课上还是课后，教师都可以引导幼儿分享猜测的策略或心得。

案例17　超级值日生　　（南京　曹　岚）

使能目标阶梯

挑战4	组织全体幼儿继续游戏和歌唱。领头人鼓励幼儿创新擦洗动作。	创造性应用	在教师的引导与鼓励下，新领袖努力尝试替换动作"擦"，创编新的擦洗动作，带领大家进行表演。初步尝试迁移生活经验替换动词"擦"。
挑战3	指导幼儿加入"猜音源游戏"（领头人独唱B段歌曲并带头做动作）。猜对领头人，奖励"找不同游戏"。	创造性应用	在教师的指导下，尝试"三重游戏"："点兵点将"找出领头人—猜音源（领头人）—找不同。"音源制造者——领头人"挑战独唱和带领大家做动作的任务。
挑战2	邀请幼儿集体进行"找不同游戏"。其他同前。	创造性应用	在教师的引导下，集体参与"找不同"游戏。
挑战1	引导幼儿反思完善B段歌曲的演唱。教师总是完整范唱，邀请幼儿从B段歌曲加入模仿。	反思完善	教师用"点兵点将"游戏选中领头人，再由领头人带领大家做自己创编的B段歌曲的擦洗动作。
歌曲	边完整范唱边同时在B段歌曲带领幼儿练习创编好的上肢基础动作模式。	模仿	反复练习B段歌曲的动作和完整倾听新歌。
动作	引导幼儿为B段歌曲创编从不同方向"擦"不同物体的动作。	创造	在教师的引导下，为B段歌曲创编动作。同时重点熟悉B段歌曲的旋律。
故事	用说故事的方式和语言告诉幼儿要代替老师打扫教室。	了解	情境理解，产生兴趣，明确任务。

游戏玩法

超级值日生

1=C 2/4   曾世诗 词曲

A段

1 1 1 1 | 1 0 | 3 5 5 5 | 5. 3 |
你 拿 小 抹　布，　　我 拿 大 扫　把，马

4. 3 | 4. 3 | 3 1 2 3 | 2 0 |
上　　把　　教　　室　　打 扫 一 下　吧，

1 1 1 1 | 1 0 | 3 5 5 5 | 5. 3 |
今 天 我 们　是　　　　超 级 值 日　生，今

4. 3 | 4. 3 | 3 1 1 1 | 1 0 |
天　　让　　老　　师　　休 息 一 下　吧。

B段

‖: 1 1 1 1 | 1 1 2 3 | 4 4 4 4 | 4 4 5 6 |
　 擦呀擦呀　擦呀擦呀　擦呀擦呀　擦呀擦呀，
（齐唱）

♭7 7 6 | 5 4 3 4 | 1. 5 6 | 5 0 :‖ 2. 5 i | i 0 ‖
到 处 都　焕 然 一 新　真 干　净，　　真 干　净！
（独唱）

活动目标

（1）熟悉歌曲旋律，理解歌词内容，用领唱、齐唱的方式演唱歌曲。

（2）在"猜音源"游戏难度层层累加的基础上，在B段歌曲大胆尝试领唱和领做。

（3）自觉遵守猜谜游戏规则，感受玩"找不同"游戏的快乐，体验做"超级值日生"的成就感。

活动准备

（1）物质准备：

①眼罩一个。

②用于"找不同"游戏的图片若干。

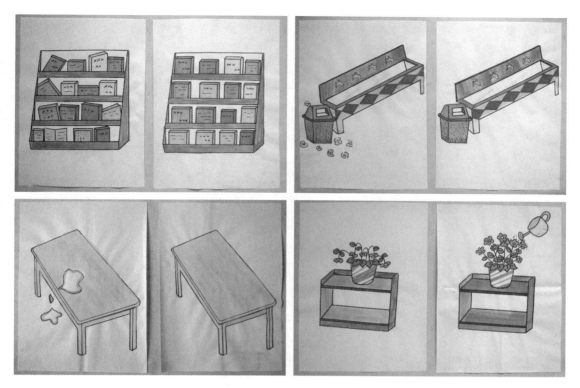

"找不同"图片参考

（2）经验准备：幼儿已玩过"请你猜猜我是谁""领头人""找不同"的游戏。
（3）空间准备：围坐成大的半圆。

活动过程

1. 故事导入

教师：每天早上值日生都会早早地来幼儿园。他们有的拿抹布，有的拿扫把，准备打扫教室，让老师们休息一下。他们擦呀擦呀，教室里被他们打扫得焕然一新，真干净，而且他们还准备争做超级值日生呢！

2. 熟悉B段歌曲的旋律，并通过变式练习学唱B段歌曲

教师：你们当过值日生吗？如果请你用抹布来打扫，你会擦哪里？

幼儿：擦……

教师：怎么擦？

幼儿：这样擦。（做动作示范）

教师：你是这样……（教师根据幼儿的动作及时地用语言提升，帮助幼儿归纳总结）那我们一起来擦……吧！（教师边完整范唱，边带幼儿在B段音源处有节奏地做某种"擦"的动作，倾听范唱4遍）

> **注意**：教师范唱速度要慢。此环节教师可引导幼儿创编擦不同物体及方位的各种身体模仿动作4次，以帮助幼儿熟悉B段歌曲。

3. 累加"点兵点将"的游戏，选出"超级值日生"，进一步熟悉B段歌曲

（1）教师在歌唱游戏中与幼儿共同感受游戏规则。

　　教师：谁想做超级值日生？

　　部分幼儿举手。

　　教师：这么多人？那我来"点兵点将"吧！现在你得先想想：如果你是超级值日生你会带领大家一边唱歌一边擦哪里？（教师边唱A段歌曲边"点兵点将"，唱到最后一个字"吧"的时候选出超级值日生）

> **注意**：教师在点的时候注意亲和力，与幼儿进行眼神交流及身体的接触。当幼儿敢于大胆参与唱B段歌曲时，教师应及时地给予鼓励，如竖大拇指。

　　教师：你擦的是什么地方？

　　幼儿：……

　　教师：他的声音怎么样？动作呢？（引导大家评价，教师在认同大家评价的基础上给予幼儿积极的引导，并进一步鼓励大家大胆做动作）

（2）反思、理解游戏规则，并引导个别幼儿敢于单独演唱B段歌曲的最后一句。可视幼儿表现状况，进行2遍左右。（尝试唱B段歌曲2遍）

　　教师：我刚才是在唱到哪个字的时候选出超级值日生的？那这次看看谁是超级值日生。（教师再次边唱A段歌曲边"点兵点将"选出下一位超级值日生，并在幼儿单独唱完B段歌曲的最后部分时进行声音的评价）

（3）激励幼儿再次进行游戏，"超级值日生"单独尝试演唱B段歌曲，并带领大家做身体模仿动作。（教师可视幼儿情况提供支持或适当退出）

　　教师：谁觉得自己可以一个人边唱边带领大家做动作了？

　　部分幼儿举手。

　　教师：那这次选到的超级值日生，他一个人唱，大家跟着他学动作。

　　教师：谁唱？

　　幼儿：超级值日生唱！

　　教师：其他人呢？做什么？

　　幼儿：只做动作。

> **注意**：教师边唱A段歌曲边随机点选一名有意愿的幼儿领唱B段歌曲并做动作示范。选择这样的幼儿是为了大家可以更加从容地开始歌唱游戏，减少胆怯心理。在歌唱游戏后，应及时为该幼儿的勇气鼓掌。

　　教师：还有谁觉得自己可以一个人带领大家边唱边做动作？（再次游戏1—2遍）

4. 反思评价

师幼共同歌唱一遍，请大家反思自己歌唱的情况：是否会唱？在哪里有困难？

教师：现在我们一起来试着完整唱一遍这首歌曲。你们可以吗？

幼儿：……

教师：可以怎么办？（针对幼儿的反思进行提问和再练习，尝试唱B段歌曲第3—6遍）

5. **教师引导幼儿玩猜谜游戏，并在游戏后累加"找不同"游戏**

（1）集体猜谜歌唱游戏两遍。

教师：现在我们来玩个游戏，大家都蒙上眼睛，请你抬头的时候再抬头哦，不许偷看！看看你能不能用耳朵听出来超级值日生是谁？准备开始！谁想挑战一个人唱？

> 提示：观察有意愿的都是哪些幼儿。

游戏玩法：幼儿全部用手蒙住眼睛，教师用"点兵点将"的方式选出超级值日生，请他单独演唱B段歌曲的最后一句。唱完后请其他幼儿松开蒙住眼睛的手，从音源、音色

> 提示：故意点选有意愿的幼儿。

等方面猜猜谁是超级值日生。最后请猜的幼儿找找看超级值日生打扫完之后，教室里发生了哪些变化（引导幼儿在图片1—5里随机翻1张），共重复2次。（尝试演唱B段歌曲第7—8遍）

（2）一人单独猜谜，进行一遍游戏。

教师：刚才这么多人猜，谁想挑战一个人来猜？

游戏玩法：一个幼儿戴眼罩站到前面，教师继续用"点兵点将"的方式选出超级值日生，请他单独演唱B段歌曲并做身体模仿动作。唱完后，戴眼罩的猜谜者猜测谁是超级值日生。如猜中，就奖励其玩一次"找不同"游戏（引导幼儿在图片1—5里随机翻剩余3张中的1张），共重复2次。（演唱B段歌曲第9—10遍）

（3）仿编歌曲，玩一遍猜谜歌唱游戏。

6. **引导幼儿迁移经验，尝试仿编歌曲，替换歌词中的动词"擦"**

教师：除了用抹布来打扫教室，还可以用什么工具来打扫教室呢？

幼儿：扫帚/拖把……

教师：那我们后面打扫的时候怎么唱？

幼儿自然创编唱B段歌曲，并再次进行一遍单人猜谜游戏。（用最后剩余的一张图片进行游戏，演唱B段歌曲第11遍）

> 注意1：前面仅提供了4张"找不同"的范例图样，教师需要自己制作5张图样。
> 注意2：在此过程中，有幼儿自动参与从头开始完整演唱，教师应该予以鼓励。

教师：你们今天的表现都很棒，每个人都达到了超级值日生的标准。现在我们就一起真的去打扫一下幼儿园的公共×××吧！

温馨提示

（1）这首歌曲A段的旋律有一定的难度，但B段最后一句还是可以学会演唱的。教师设计将幼儿独唱的部分放在B段的最后一句，并将B段演唱作为教学重点。同时又选择了"难点前置"的方法设计了教学的流程。

（2）在"难点前置"环节的教学过程中，教师通过引导幼儿创编擦不同物体及方位的模仿动作，并在教师范唱B段歌曲中一下一下地做律动模仿动作，这样可以潜移默化地引导幼儿先学会该部分的词曲，为后面一位幼儿尝试独唱最后一句做好铺垫。

（3）在"加入领唱"环节，教师先引导被点到的"领头人"边带领大家齐唱B段歌曲边做动作。待两遍游戏后幼儿熟悉了规则、巩固了歌曲B段部分演唱后，再过渡到引导被点到的领头人单独演唱B段歌曲的最后一句，其他幼儿只跟着做动作。

（4）这其中一共进行多次"找不同"游戏。"点兵点将"游戏也是有一定的先后顺序和小技巧的：前两次"点兵点将"分别从左右两侧开始点，这样幼儿获得的机会相对均等，而当出现有幼儿举手表示愿意单独领唱B段歌曲的最后一句时，教师点的方式可以从"依次点"调整为"随机点"，以有针对性地点举过手的幼儿。这样的点法不但可以增加举手幼儿的自信心，也能够激发其他幼儿的好胜心。

（5）这首歌曲从总体上说有一定的难度。因此，在第一次教学设计中，教师将重点放在了后半段歌曲的学唱过程。这样的设计，使幼儿的学习难度相对降低，更较容易激发幼儿参与游戏的兴趣和积极性。

友情提问

（1）"点兵点将"游戏是幼儿园歌唱游戏口常用的一种，你还知道其他类似的"随机游戏"吗？

（2）"点兵点将"游戏一般更适合放在活动的前半部分，为什么？

提示：（1）传递游戏、抢椅子游戏。

（2）相比传递游戏和抢椅子游戏，"点兵点将"游戏更稳定，因此更适合安排需要幼儿情绪稳定的前半部分。

案例18 小老鼠捉迷藏　　（南京　徐文文）

使能目标阶梯

挑战4	示范游戏规则3，加入猫的角色。组织全体幼儿尝试面对完整游戏挑战。	应用	全体幼儿尝试面对"加入猫角色"后的完整游戏挑战。
挑战3	引导幼儿反思，并完善歌曲演唱。	反思完善	在教师的引导下，反思歌曲学会的程度，自我完善练习。
挑战2	戴眼罩示范游戏规则2。	了解理解	在教师的协助与辅导下，分组将原歌曲改编成合唱并排练。
挑战1	示范游戏规则1，引导幼儿练习对话，以及最终结束时两人间的互动。	了解理解	观看示范了解游戏玩法，练习对话，创编身体的互动方式。
歌曲	边范唱边带领幼儿练习。	模仿	反复练习动作和倾听新歌。
动作	用歌词引导幼儿创编歌表演动作。	创造理解	在教师的引导下，创编表演动作，增强对歌词的理解和记忆，培养创造性表达的习惯。
故事	用说故事的状态和语言介绍游戏情境。	了解	情境理解，产生兴趣，明确任务。即兴用小老鼠动作引导自己进入情境。

游戏玩法

（1）全体围坐成一个大的圆圈，面对圆心。

（2）扮演"盲鼠"的人头戴眼罩在圆圈外围依次逆时针方向摸每个人的头。当歌曲唱完时，"盲鼠"去摸这个人手，若是"食指"（细尾巴）便是"盲鼠"的朋友；若是"手掌"（粗尾巴），便是"猫"。

（3）"盲鼠"问："你是我的朋友吗?"或答："是，吱吱。"或答："不是，喵！"

（4）"盲鼠"听到"喵"声后，要赶紧向逆时针方向跑，被"猫"追逐。（如果"盲鼠"在回到自己座位前没有被捉住，即为赢）

小老鼠捉迷藏

罗晓航 词曲

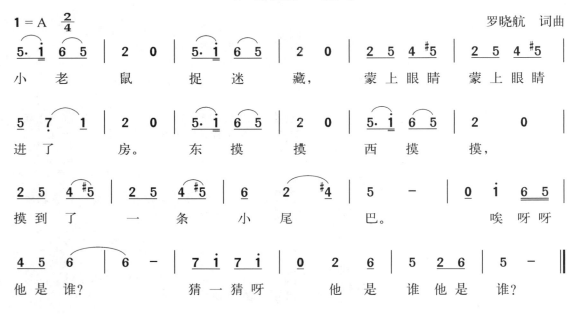

活动目标

（1）初步学会演唱歌曲。

（2）参与创编歌表演动作。

（3）遵守"不偷看"的游戏规则，努力参与"快速反应"竞争，从容面对输赢结果。

活动准备

（1）物质准备：眼罩一个。

（2）经验准备：玩过类似"丢手绢"的游戏。

（3）空间准备：全体围坐成一个大的圆圈。

活动过程

1. 进入情境

过程略。

2. 倾听范唱

（1）教师与幼儿同坐在圆圈上，范唱（清唱）歌曲。

（2）教师一句一句用歌词引导幼儿创编基础的歌表演动作。

> 注意：将歌词转换成动作的过程，是思维、表征符号相互转换的过程，也是使用通感思维方式打通不同符号思维界限的过程。这种做法不但在当时就能够帮助幼儿记忆和理解歌词，而且长此以往，还能够不断提升幼儿思维的速度和质量。

（3）教师带领幼儿边听范唱，边模仿练习刚刚创编的上肢基础歌表演动作。重复2次。

（4）教师在圆圈外围逆时针方向移动的同时范唱歌曲，引导幼儿继续做歌表演动作。

（5）教师在圆圈外围逆时针方向移动，同时边范唱边依次摸幼儿的头（一句一个人），幼儿继续做歌表演动作。（第5遍范唱）

3. 了解游戏规则

（1）其他同上，在歌曲唱完时，教师和最后一位幼儿示范两人之间表示亲热的动作。

（2）其他同上，教师带领一位幼儿一起移动，在歌曲唱完时，该幼儿和最后一位幼儿示范两人之间表示亲热的动作。重复1次。（第6—7遍范唱）

4. 反思完善歌曲演唱

过程略。（大约练唱4—5遍）

5. 完整游戏

（1）教师戴眼罩完整游戏，加入猜测幼儿姓名的游戏，以此引发幼儿的好奇心。

（2）教师跟随一位幼儿戴眼罩完整游戏，加入猜测同伴姓名的游戏。

> 注意：若幼儿有困难，教师可依次提示：男女，头发，眼睛，服饰……

（3）一位幼儿戴眼罩独立完整游戏，后加入猜测同伴姓名的游戏。重复3次。

（4）加入猫，加入追逃游戏。重复3次。（再完整练唱8遍）

> 注意1：每次玩游戏前，教师指定几位有意愿的幼儿担任猫，其他幼儿担任老鼠。最后盲鼠摸手时，猫竖手掌，鼠竖食指。猫必须"喵"完才可以追逐，盲鼠必须听到"喵"声，才能够跑。
>
> 注意2：教师第一次可以选择4只猫，第二次可选8只猫，第三次全体都是猫，以提高盲鼠摸到猫的机会。

（5）教师引导幼儿交流猜测姓名游戏的"窍门"。

温馨提示

（1）这是一个游戏贯穿始终的教学设计。因为歌词就是故事和游戏规则的描述，实施起来不是太困难。不过，教师使用这种游戏教学的方法时，还是需要补充"反思—完善"理性学习环节的。

（2）教师示范时每唱一句摸一个人，最后能够根据位置的推测准确说出每一位最终摸到的幼儿的名字。教师可以问幼儿：相信不相信自己有特异功能，以此引发幼儿对时空规律探究的好奇心。

（3）为什么在活动过程2要设计让幼儿根据歌词创编表演动作呢？

注意： 学习心理学告诉我们，将内心思考的内容转换成语言文字，即将缄默的知识转换成"可以陈述"的知识以后，知识本身的质量和主体的思维系统能力，都将更上一层楼。

友情提问

（1）看到这个案例，你觉得自己现在怎样理解"教无定法"呢？无定法就是"无法"吗？

（2）如果"法"是规律，在这一章里，你找到了哪些相对比较稳定的"法"？这些"法"与幼儿学习的规律有什么关系？自己或团队独立思考，最好能够与同伴交流并写出心得。

（3）通常在幼儿开口跟唱之前，需要倾听教师范唱多少遍，才能确保开口之前能够获得清晰稳定的听觉表象呢？

（4）通常幼儿练唱多少遍，才能确保幼儿能够形成演唱歌曲的动力定型呢？

（5）在游戏化的情境中，倾听和练习需要增加遍数吗？为什么？

（6）你知道"听觉表象"和"动力定型"是什么意思吗？

提示：（1）、（2）答案在本节中找。
（3）至少倾听5遍。
（4）至少练唱8遍。
（5）至少倾听8遍练唱10遍。
（6）"听觉表象"是对声音形象记忆的一种形式。"动力定型"在此指一种自动化的操作反应。

专题分析1：歌唱配律动的传统小游戏

1. 大西瓜（广东）

1 = B 2/4

3̲ 6̲ 6 | 1̇ 7̲ 6 | 4̲ 4̲ 6̲ 6̲ | 3 — |
大 西 瓜 真 好 啊， 个 个 都 想 吃。

3̲ 6̲ 6 | #5̲ 7̲ 7 | 3̲ 3̲ 1̲ 7̲ | 6 — ‖
大 家 分， 切 开 它， 味 道 顶 呱 呱。

【游戏动作与进阶流程】

（1）动作一级的进阶流程：

边唱歌边做动作。自己和自己玩。

A 双手掌心向前竖起，左右摇摆表示两片西瓜。每拍摇一次。

B 双手五指向前，做抓东西的动作表示两张嘴巴。每拍抓一次。

团体律动游戏范例之一：大西瓜 1

每8拍转换1次；共转换1次；独立；双手同

规模：16拍；速度：84拍/分钟

团体律动游戏范例之一：大西瓜 2

每4拍转换1次；共转换3次；独立；双手同

规模：16拍；速度：84拍/分钟

团体律动游戏范例之一：大西瓜 3

每2拍转换1次；共转换7次；独立；双手同

规模：16拍；速度：84拍/分钟

团体律动游戏范例之一：大西瓜 4

每1拍转换1次；共转换15次；独立；双手同

规模：16拍；速度：84拍/分钟

> **团体律动游戏范例之一：大西瓜5**
>
> 每半拍转换1次；共转换31次；独立；双手同
>
> ▮▮▮▮▮▮▮▮▮▮▮▮▮▮▮▮▮▮▮▮▮▮▮▮▮▮▮▮▮▮▮▮
>
> 规模：16拍；速度：84拍/分钟

（2）动作二级的进阶流程：

与同伴一起玩，一人双手表示西瓜，一人双手表示嘴巴。嘴巴要触碰到西瓜的手掌心。一拍一次。西瓜不再左右摇摆，一拍一次回碰嘴巴。

> **注意**：学习者能力强，进度可以加快；重复练习次数可减少或"跳级"。

（3）动作三级的进阶流程：

与同伴一起玩，每人都是一只手表示西瓜，一只手表示嘴巴。但各人的嘴巴都要对应同伴的西瓜。

> **注意**：还记得下面这张图吗，即便是模仿学习，也是需要分成若干小台阶，一级一级慢慢往上的。

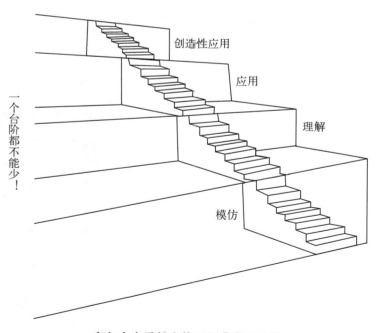

奥尔夫音乐教育体系经典学习阶梯

2. 做月饼

【游戏动作与进阶流程】

　　A 左手握拳，拳心向上，右手成掌。先自上而下拍击拳心，再自下而上拍击拳心。

　　B 右手握拳，拳心向上，左手成掌。自上而下拍击拳心，再自下而上拍击拳心。

> 注意：动作由日本老师提供，可以选用音乐《爷爷为我打月饼》，乐谱略。

　　进阶流程可参见上例"大西瓜"。

　　（1）进阶流程一级（换上下频率加快）：

　　右手自上而下连续拍8次，换自下而上连续拍8次。（改成：连续拍4次换；连续拍2次换；拍1次就换）

　　换成左手拍右手。（流程同上）

　　（2）进阶流程二级（换手频率加快）：

　　右手拍左手上4下4，换成左手拍右手。

　　右手拍左手上2下2，换成左手拍右手。

　　右手拍左手上1下1，换成左手拍右手。

　　（3）进阶流程三级（换上下，换手，换节奏）：

节奏改成：	X	X	X　　X	X
动作改成：	右手上拍	右手下拍	左手上拍　左手下拍	右手上拍

节奏改成：	X	X	X　　X	X
动作改成：	右手下拍	左手上拍	左手下拍　右手上拍	右手下拍

3. 煎麻薯（台湾老师提供）

【游戏动作】

　　一人是锅，一只手手心向上为锅，一只手手心向下是锅盖。"锅盖"手有节奏地打开、盖上。

　　一人是厨师，在"锅盖"打开时，将手伸到"锅里"；在"锅盖"盖上时，将手从"锅里"抽出来。

　　在说"上下左右"的时候，两人协商创编花式对拍模式，合作对拍即可。

　　附儿歌：

　　　　　　抹点油，抹点油，抹点抹点抹点油，
　　　　　　洒点水，洒点水，洒点洒点洒点水，
　　　　　　上上下下左左右右，麻薯麻薯煎好了。

4. 一枪四鸟

运用歌曲《这是小兵》。

> 提示：歌谱参见第六章"奏乐教学"中的小班案例"这是小兵"。

【游戏动作与进阶流程】

右手做一枪（伸出拇指与食指）；左手做四鸟（收起拇指，伸出其余四指）。

换成左手做一枪；右手做四鸟。

（1）唱第一句歌词，右手枪左手鸟，保持造型，一拍一次轻轻点动，共点动8拍。停下不唱，从容地慢慢换成左手枪右手鸟，换好以后再开始唱新的乐句，点动8拍。（逐渐争取在最后一拍内完成换手动作。）

（2）4拍一换。

（3）2拍一换。

（4）1拍一换。

（5）半拍一换。

（6）改用 x   x | x x   x |（有一拍也有半拍）。

（7）改成一枪六鸟。

（8）……

> 注意：了解了进阶的基本流程之后，教师就可以自己设计类似的动作教学进阶流程啦！

友情提问

（1）为什么要设计这种转换频律逐渐加快的教学流程呢？这与培养幼儿从容稳健的性格有什么关系呢？

（2）你觉得需要并且可能在流程的某阶段引导幼儿推理后序的转换规律吗？如果真做了，会对幼儿有什么好处呢？

专题分析2:"从'一A到底'开始" 模式的概念详解

概念、价值、分类、历史沿革 概念之一:
(1) A是一个抽象的"模式范例"。
(2) A可能包含更多可容拆分的更小单位。
(3) "一A到底"表示持续重复某个模式。
(4) "从……开始"表示此建构式学习遵循:范例模仿—范例模式理解—利用范例模式进行创造的流程。

概念、价值、分类、历史沿革 概念之二:
(1) 更低的学习起点。
(2) 更宜的学习阶梯。
(3) 更繁的人际互动。
(4) 更大的创造空间。
(5) 更丰的共建成果。

概念、价值、分类、历史沿革 概念之三:
(1) 类比句式,原结构或改结构(a1a2a3a4-aaaa)。
　① 最终A可由若干小a(a1a2a3a4)平行复合组成。
　② 内容会在形象上逐渐丰富,情感也会逐渐增强。
(2) 非类比句式,原结构或改结构(abcd-aaaa)。
　① 最终A渐进返回abcd的逐步深化丰富模式。
　② 内容会在逻辑上层层深入,情感也会逐渐增强。

概念、价值、分类、历史沿革 概念之四：
（1）2 500多年前：孔子提出了"举一反三"的教学原则。
（2）150多年：哈佛大学医学院、法学院在博士课程中提出了"案创研究教学"。
（3）30多年前，汪爱丽老师在幼儿园歌唱教学法中提出了引导幼儿创编歌词的"创编建议"。
（4）20多年前，黄爱玲老师将原歌曲的歌词直接改编为"同句重复到底"的样式，并同时提供了"循序渐进的歌词创编挑战流程"。
（5）2018年，南京幼儿园同音教研究团队更进一步提出"从'一A到底'开始"的特殊替换教学模式。

加拿大皇家音乐学院老师的教育观点：
（1）把思想、情感、身体融为一个整体！（可作为审美对象的案例）
（2）故事和动作模式给了学生一个"创作的框架"！（可进行"近迁移"的改编"底版"）
（3）在这个框架中，学生可以"在强有力的支持下"自由发挥！
（4）如若没有这个框架，"学生就会很混乱，不能体会到作品的艺术之美！"

奥尔夫音乐教学的理论与实践(下册)

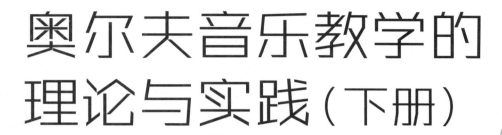

许卓娅 编著

华东师范大学出版社
·上海·

目 录（下 册）

案例索引 / 1

第五章　律动教学 / 1

第一节　奥尔夫课程基本内容及典型案例 / 3

第二节　迁移应用案例 / 17

专题分析：

律动教学的基本流程 / 218

第六章　奏乐教学 / 221

第一节　奥尔夫课程的基本内容及典型案例 / 223

第二节　迁移应用案例 / 238

专题分析1：

幼儿园奏乐教学法30年发展简述 / 430

专题分析2：

奏乐教学空间安排参考 / 437

结　语
——海纳百川，兼收并蓄 / 440

附　录
——奥尔夫音乐常用乐器 / 441

鸣　谢 / 443

案例索引

图标说明：可扫码观看活动视频。

第五章　律动教学

一、适合小班幼儿使用的案例

- 案例1　和艾玛捉迷藏 / 19
- 案例2　狗熊吃面包 / 27
- 案例3　小老鼠找朋友 / 33
- 案例4　晚安抱抱 / 39
- 案例5　毛毛虫变蝴蝶 / 44
- 案例6　小动物和大石头 / 49

二、适合中班幼儿使用的案例

- 案例1　兔子开火车 / 53
- 案例2　饼干和酸奶炮 / 62
- 案例3　章鱼和小鱼 / 70
- 案例4　捉泥鳅 / 76
- 案例5　小精灵的魔法汤 / 81
- 案例6　调皮的小鞋子 / 87

三、适合大班幼儿使用的案例

- 案例1　小猴坐沙发 / 93
- 案例2　小小特工 / 99
- 案例3　外星人和地球人 / 104
- 案例4　野蜂飞舞 / 110
- 案例5　彩虹色的花 / 115
- 案例6　大魔法师 / 121

四、适合教师自我培训使用的案例

- 案例1-1　山狗和臭鼬 / 125
- 案例1-2　三只小猪 / 130
- 案例2　爱的浪漫曲 / 133
- 案例3　逗牛 / 136
- 案例4　司马光砸缸 / 140
- 案例5　神秘花园 / 145
- 案例6　魔法师的徒弟 / 150
- 案例7-1　狡猾的狐狸在哪里 / 153
- 案例7-2　狡猾的狐狸在哪里 / 159
- 案例8　快乐的拉面 / 164
- 案例9　愉快的按摩 / 168
- 案例10　酸酸的葡萄 / 173
- 案例11　匹诺曹要做真孩子 / 178
- 案例12　猫和老鼠 / 183
- 案例13　帽子恰恰恰 / 189

案例 14　小鸡舞 / 194
案例 15　海草舞 / 198
案例 16　神奇巴士 / 203
案例 17　萨沙 / 210
案例 18　特瑞卡 / 214

第六章　奏乐教学

♪ 一、适合小班幼儿使用的案例

案例 1　这是小兵 / 239
案例 2　耗子大爷在家吗 / 244
案例 3　勇斗蛀牙虫 / 248
🎬 案例 4　小小魔法师 / 255
🎬 案例 5　老鼠三明治 / 260
案例 6　大象和小蚊子 / 265

♪ 二、适合中班幼儿使用的案例

🎬 案例 1　藏起淘气蛋去舞会 / 269
🎬 案例 2　蜜蜂斗强哥 / 274
🎬 案例 3　水果摇摇杯 / 279
🎬 案例 4　勇敢的小鸟 / 284
案例 5　老鼠娶亲 / 290
案例 6　梦中的烤牛排 / 297

♪ 三、适合大班幼儿使用的案例

案例 1-1　雷神 / 302
案例 1-2　师兄不好啦 / 308
案例 2　三打白骨精 / 314
案例 3　苗鼓 / 320
🎬 案例 4　嘻哈农场 / 324
案例 5-1　赛马 1 / 329
案例 5-2　赛马 2 / 334
案例 6　大中国 / 341

♪ 四、适合教师自我培训使用的案例

案例 1　狮王进行曲 / 349
案例 2　土耳其进行曲 / 355
案例 3-1　担鲜藕 / 360
🎬 案例 3-2　拔根芦柴花 / 366
案例 4　送我一朵玫瑰花 / 371
案例 5　卡门序曲 / 377
案例 6　年的故事 / 383
案例 7　母鸡萝丝去散步 / 388
案例 8　海盗与船长 / 394
案例 9　拉德斯基进行曲 / 403
案例 10　划龙船 / 408
案例 11　神勇小镖师 / 415
案例 12　欢乐的鼓 / 420
案例 13　吹气球 / 425

第五章
律动教学

第一节　奥尔夫课程基本内容及典型案例

一、律动的基本知识和技能学习

我们根据奥尔夫培训老师的讲述以及对大量所积累案例的分析，梳理出奥尔夫音乐教育体系中的身体律动技能体系的建构，应该有以下几个方面的形式。

（一）原生态文化中的身体节律运动

1. 来源

奥尔夫音乐教育体系中有一种叫作"声势"（有声音的身体姿势）的身体律动分支，长期以来一直被普遍认为是奥尔夫音乐教育体系专有的动作技能体系。这个动作技能体系的主要特点是先将一些简单的有声身体动作组合成动作的短句，再根据一定的规律来重复或变化这些短句，然后进一步将这些短句模式组织成更大结构的身体律动作品。其中最基础的四种动作分别是：跺脚、拍大腿、拍手和拧响指。这四种动作通常也可以分别代表由低到高的四种声音。这四种动作一般并没有象征性的含义。由这些动作（势）和声音（声）共同组成的声音和姿势的形式结构（作品），通常也没有特别的象征意义。尽管后来也发展出许多新的有声或无声的纯粹的身体动作，但这四种动作仍旧一直被公认为是最基本的声势动作。

这种纯粹由声势动作组织作品的表演方式，其实并不是奥尔夫音乐教育体系所专有的，就连奥尔夫老师本人也反复强调：这些都是从更加"原生态"的人类历史文化长河中借鉴来的。稍稍具备一点世界音乐舞蹈发展历史知识的人都应该很清楚这些与之相关的事实：在非洲大陆和美国黑人传统音乐舞蹈文化中，美国西部开发时期兴起的牛仔舞蹈文化中，澳洲及南太平洋岛国的所谓"原住民"（如"毛利人"）文化中，南美洲的所谓"原住民"（如"印第安人"）文化中，我们中国大陆农业文化时期甚至更早的采集、渔猎文化时期的传统民间舞蹈（如福建泉州的"拍胸舞"和西南地区的许多民族舞蹈）文化中，都大量存在这种"以拍手、顿足和击打肩、胸、腹、臀及其他各个身体部位，甚至敲击额头、脸颊、嘴唇、牙齿，进而产生独特的姿势和发出有节律音响的方式"进行的自娱自乐的活动。

然而，我们这样说并没有否认"声势"是奥尔夫音乐教育体系重要外显特征的意思，而是实事求是地让读者明了：奥尔夫音乐教育体系的形成，也是一种继承和发展的结果。

2. 应用

我们的确需要承认：奥尔夫音乐教育体系在教学模式上充分利用了"声势"的语汇，建构出了"声势语汇"的独特体系，并在教学法中应用了"声势语汇"的独特体系。从奥尔夫老师提供的各种教学案例中，我们都可以看到：

（1）从口头语言节奏抽取开始，随后必定要先转换到声势动作上，最后再转换到乐器演奏动作上。

（2）用简单的声势动作来帮助入门者学习与"速度、力度、节奏、节拍，以及旋律的运动形态或走向，句子和段落的结构模式"等概念有关的音乐知识和技能。

（3）在声势短句"回声性模仿"的基础上，进一步学习"声势短句"的即兴对话。

注意：大家不觉得有点像"声势短句"的斗舞吗？

（二）传统民族民间舞蹈

在奥尔夫音乐教育体系的律动课程中，来自全世界的传统民间舞蹈也是教学内容的重要组成部分之一。

通过对这些民间舞蹈的学习，学生不仅得以大量积累和提升关于音乐和舞蹈的感性经验，了解和体验世界不同民族文化的丰富性和趣味性，而且还可以大大增进自身与他人自然亲切地交往和分享的能力。

我们在加拿大皇家音乐学院学习期间，奥尔夫老师用我国台湾民歌《渔歌》教我们跳了流行于海南、广西、云贵地区的"竹竿舞"。这起码也是奥尔夫音乐教育体系平等看待所有文化的一种态度。

（三）达尔克罗兹体态律动

达尔克罗兹体态律动体系创建于1900年，是大家所熟悉的世界著名音乐舞蹈教育的理论与实践体系。奥尔夫老师不止一次地强调：奥尔夫律动教学体系与达尔克罗兹体态律动体系之间存在着直接和间接的、学术与实践的渊源联系。

大家也都知道，传统的达尔克罗兹体系，最初是为了提升音乐学院学生的基本音乐素养而创设的。所以其最原初的目的，不是为了发展学生应用身体本身进行艺术表现的能力，而是为了更有效地提升学生对音乐要素的感知和表现能力。

达尔克罗兹体系教学法中的一个相当特殊的模式就是：教师必须即兴用钢琴弹奏出将要让学生用身体动作反映出的节奏、拍子、速度、力度、乐句，甚至呼吸等要素。学生也正是通过这样的即兴反应训练，才能够对音乐的这些要素越来越敏感。

一个多世纪以来，达尔克罗兹体系的教学也有了很大的变化，许多继承该体系的教学机构早已经不再拘泥于用钢琴即兴伴奏（过去如要获得达尔克罗兹教师资格认证，就必须先过"钢琴即兴伴奏"这一关），而是改用各种更容易得到和掌握的乐器进行伴奏，如吉他、竖笛、鼓等，甚至可以用人声。

> 提示：请参见本节案例"8月25日律动课程（三）"中的流程2"基本节奏入门"。在这个案例中，我们可以非常清楚地看到达尔克罗兹教学模式的痕迹。

（四）拉班身体运动理论

拉班先生的研究和贡献主要是在身体运动本身的表现力方面。为此，他总结出了律动表现力的概念体系：力量（上升或下降、收缩或扩张、紧张或松弛等）、空间（水平空间的高或低、空间方向、运动线路、运动幅度的大或小）、时间（动机、句子、段落的长短）、运动的流畅与阻滞，以及八种基本动作语汇（砍、压、冲、扭、滑动、闪烁、点打、漂浮）。

奥尔夫老师在课上也不止一次地强调了拉班身体律动理论对奥尔夫的律动教学体系的学术影响。

> 提示：请参见本节案例"8月24日律动课程（二）"中的相关内容。

二、律动与其他表现活动的结合

（一）律动与音乐基本理论学习

请参见本节案例"8月25日律动课程（三）"中的流程2"基本节奏入门"。

（二）律动与歌唱

请参见本节案例"8月23日律动课程（一）"中的"圈圈舞"、"8月24日律动课程（二）"中的"非移动"动作、"8月25日律动课程（三）"中的唤醒游戏等内容。

（三）律动与奏乐

请参见本节案例"8月25日律动课程（三）"中的流程6"器具声音"性质的联想与创造性表演、"纸棍演奏"。

三、律动教学的游戏化设计

美国一所中学已经完成的名为"预知学习"的教改研究项目，为我们提供了一种"直接应用传统游戏"的简单教学转换模式：

"借鉴已有的成熟游戏，将游戏或游戏中的某些元素直接运用到教学过程中，以便起到相应的提升教学效率的作用。"

"不仅仅是已有游戏的简单借鉴和应用，而是更需要教师从实际教学内容和学生基础的角度出发，使设计更能契合教学任务和学生的学习能力本身，更容易达到促进学习效率和提升学生基础素养的目的。"

在本书第三章"教学法"中，我们为大家提供了一个清单，上面列出了全世界传统游戏的各种规则类型：

> **全世界原生态规则游戏的基本类型**
> - 情境表演游戏（含局部运动的表演，如手指游戏）
> - 领袖模仿游戏（镜像、跟随、后象〈递增再现〉）
> - 输赢竞争游戏（追捉、争物/友、占位、比大、对攻）
> - 控制游戏（造型、默唱、休止）
> - 传递游戏（传物、传话、传位）
> - 身体接触游戏（拍花掌）
> - 队形变换游戏（换位、穿插、跳转）
> - 猜谜游戏（猜谜对歌、猜领袖、猜音源、猜缺失物/人）
> - 玩影子、玩东西游戏（乐器、道具……）

在下面提供的三个奥尔夫原版律动教学的案例中，我们可以清楚地看到在教学过程中直接应用传统游戏规则的痕迹：

第一，"情境表演游戏"几乎是无处不在的。因为"故事"（对于学生来说既有情境理解意义，又有情感体验意义）是学生学习，特别是创造性学习的有力支持框架。奥尔夫老师不但要求自己在教学中须使"情境无处不在"，同时也反复告诫受训学员必须使"情境无处不在"。

第二，奥尔夫老师大量直接地使用原生态的传统音乐游戏。原因在于：奥尔夫老师认定自己所希望达成的各种音乐舞蹈、智能体能、社会道德、身心健康的目标，本身就包含在这些传统游戏之中。

1997年我在美国进修期间，有一次与美国教堂专职音乐教师茱莉以及她的只有小学二年级学历的75岁老母亲一起观看了美国著名心理学家加德纳先生的讲座录像（这是美国著名儿童音乐教育大师、美国前柯达伊学会主席约翰·费尔拉班德先生，要求我们作为家庭作业必须观看的），讲座的内容就是"音乐游戏的价值"。结果，这位75岁的睿智美国老人一针见血地指出："这些道理我们没有念过什么书的人也都知道，事情本来就是这个样子的，为什么到你们读书人那里，就变成叫作'科学'的东西了呢？"也许，"游戏性"也正是奥尔夫先生一直强调的儿童音乐学习的"原本性精华之一"吧！

在本节后面所谈的案例"8月24日律动课程（二）"流程7中的四个"情境化圆圈移动"游戏：如"邮递员""皇帝在山中""威利威利""猫捉老鼠"，以及本节中的"四方舞""跳转舞""邀请舞""我的圈圈""过来坐在我身边"等，都属于直接应用的案例，这里不再赘述。

四、创作技法与即兴律动学习

与歌唱活动一样，奥尔夫的律动创意或即兴创造性表达教学，从大模式的角度讲也是依照"模仿—理解—应用—创造"流程的。几乎在所有的教学方案中，在教授新内容的流程中，无一例外地都是如此。（请参看紧接在下面的案例"8月23日律动课程（一）"中的流程2"邀请舞"，这里不再赘述）

下面请看另外的案例，即"8月16日教法课程（二）"中的流程3——情境表演游戏"海里的鱼"。

8月16日教法课程（二）之流程3

（1）教师邀请学员用一句话描述一种海里的鱼。

> 提示：这是遵循"从用语言表达已有经验开始"的基本原则。

（2）教师先示范，然后让学员"思考—创编—分享"，如多春鱼、三文鱼、鲸鱼、章鱼……
（3）教师要求学员将自己普通的语言描述，转换成8拍的节奏朗诵和表演动作。
（4）教师先示范，然后让学员以4—5人为一组结伴创作并排练。
（5）各组之间展示分享，教师引导评价和相互学习。
最终结果如下所示。

① 第一种：

X. X	X 0	X X X X 0	X 0 X 0
多 春 鱼		肚 子 大 嗯	嗯 嗯。

② 第二种：

X X X	X X X X 0	X X X	X X X X 0
三 文 鱼	好 吃 好 吃	三 文 鱼	好 吃 好 吃！

③ 第三种：

X X	X X	X —	X —
鲸 鱼	巨 大	喷 —	水！—

④ 第四种：

X X. X	X X. X	X —	X X
章鱼 嘘！章鱼	嘘！嘘！	—	吐 墨。

（6）教师加入指挥手势和低音音条琴，用稳定拍支持学员的朗诵和动作表演。
（7）教师组织与支持学员一组一组地进入叠加，逐步形成四个声部的"朋友歌"形式，再一组一组地逐步退出，形成渐强和渐弱的表演效果。教师用这种效果来表征：海洋里的一天，从宁静开始变得越来越热闹，再逐渐地恢复宁静……

如果说这个活动中还有许多内容不是纯粹的即兴表演的话，那么下面的另外一个例子"睡美人"中的即兴将会更多一些。在这个案例中，尽管已经使用了歌曲，有了一定的对表现内容的限制，但每个人的表演都是在限定内容中随意进行的。具体的过程和方法请参见本书第一章第一节8月24日"第一课　律动"中的流程三"故事表演《睡美人》"。

奥尔夫教学法的基本原则之一就是："学生需要框架的支持。没有框架的支持学生容易混乱，而且也不容易达到审美的境界。"下面我们来看奥尔夫老师的原版律动课程案例：

8月23日律动课程（一）

1. 理论——教学目标

（1）学习如何全身心地体验音乐；改善肌肉动作的感觉和音乐感。

（2）知道如何通过律动学习或教授音乐元素和结构；学习如何品味音乐在你心中的全部感受。

（3）了解奥尔夫音乐教育体系中的歌、舞、乐教学所必须遵循的"从模仿到即兴创作"的建构性流程。

2. "邀请舞"

（1）教师教授"邀请舞"，示范如何与舞伴"打招呼"。（示例）

> 提示：紧密衔接教学目标中（3）中的理论观点：体验"从模仿到即兴创作"。

（2）学员边熟悉舞蹈边即兴更换与舞伴打招呼的方式（打招呼的语言和动作）。（应用"近迁移"）

（3）学员分组选用新歌曲，创编新游戏。

> 注意：如果仍旧选用类似的结伴打招呼这一内容和形式的歌曲和游戏，则为"近迁移"。如果选用完全不同内容的歌曲和完全不同的游戏，而且只是应用了"歌曲加游戏"的思路，则为"远迁移"，也就是"创造性应用"。

3. 理论——身心力度性质

（1）"身心力度性质"是拉班体系的重要概念。

（2）我们要认真区分三种具体的身心力度性质，它们分别是：① 放松状态；② 准备状态；③ 表达状态。

4. "体验—理解"游戏

（1）游戏1"请问你去哪？"——行走与对话（角色扮演游戏）。

> 提示：紧密衔接"理论——身心力度性质"中的体验拉班理论。

① 角色三对：灰姑娘与坏姐姐；小杰克与大巨人；白雪公主与猎人。

② 过程：学员想象并扮演各种不同角色，用不同的力度性质行走，用不同的力度性质问话和回答。

③ 体验与交流：

a. 引导性问题一：在内心、身体和嗓音方面，你感受到了什么区别？

b. 引导性问题二：如何通过律动让你或你将来的学生了解音高、音强、音色、速度这些音乐元素呢？

　　c. 引导性问题三：这些音乐元素之间的逻辑结构关系是怎样的呢？

（2）游戏2"数数"（角色扮演游戏）。

① 角色三种：

　　a. 银行职员在数钱。（谨慎）

　　b. 摔跤比赛、拳击比赛的观众在"倒数"。（疯狂）

　　c. 小孩在数流星。（惊喜）

② 过程：略。

③ 小结：所有的音乐作品都有故事，都有感情，而不是只有形式。

（3）游戏3"倾听音乐与动作反应"（即兴假想角色扮演游戏、领袖模仿游戏）。

① 进入"乐句对乐句"的反应：教师作为领袖先做某种4拍重复性动作，学员"回声"模仿。

② 学员4人一组，轮流担任领袖，领袖即兴先做某种4拍重复性动作，其他学员"回声"模仿。

③ 进入"乐段"的反应：A段一拍一次动作（表现四分音符），B段半拍一次动作（表现八分音符），教师提供示例。（伴奏音乐：类似动画片《狮子王》主题的非洲风格音乐）

④ 学员分小组依次进行"创编—排练—展示—分享—评价"。

（4）游戏4"四方舞"（方向认知游戏）。

　　配合一首童谣跳简单的舞蹈，每跳完一遍就右转，顺时针换一个方向跳，当一圈四个方向都跳完后，再逆时针（反方向）依次跳。

（5）游戏5"照镜子"——即兴表演（领袖模仿游戏、方向认知游戏）。

　　两两结伴轮流扮演镜子和照镜子的人，相互模仿即兴表演动作。动作模仿者必须"镜面模仿"。

（6）游戏6"纱巾"（玩具、道具游戏和角色扮演游戏）。

　　故事为《风和太阳》（著名的寓言故事），主要内容是：风和太阳比赛，看谁能够让道路上的行人把衣服脱下来。

> 提示：这是借助纱巾道具来进行的戏剧表演游戏。学员可以将纱巾当成风、阳光和衣服等。

（7）游戏7"圈圈舞"——邀请舞（身体部位认知与方向认知游戏）。

歌曲《我的圈圈》：

$1=C$　$\frac{4}{4}$

| 3 5　5.5　6 5 0 | 1 5　5.5　6 5 0 |

走走　我的　圈圈，　　跑跑　我的　圈圈，

```
3 3  3·3  2 1 0 | 3 3  3·3  2 1 0 |
面对  面的  圈圈，   肩对  肩的  圈圈，

3 3  3·3  2 1 0 | 3 1  1·6  1 1 0 ‖
背对  背的  圈圈，   再见  我的  圈圈。
```

① 游戏玩法1：全体站成一个圆圈，一边拍手一边唱歌；刚开始时，一人在圈外逆时针移动，并按歌词指示找到一个人与之进行面对面、肩对肩、背对背的互动；被邀请者参与圈外行走，继续与被选中的人按歌词互动；游戏继续，反复进行，直到所有人都被邀请完。缺少被邀请人的时候，自由结伴互动。

② 游戏玩法2：全体平均分成两组，站成一内一外的两个同心圆；内圈一边拍手一边唱歌；外圈按逆时针方向移动，并找朋友互动。当唱到"再见"时，内外圈相互交换；游戏继续，反复进行。

（8）游戏8"跳转舞"——持续换伴的集体舞蹈（方向认知游戏）

① 音乐：略。

② 游戏玩法：全体舞者结伴面对面站成一个圆圈（单圆双圈），自然形成一个顺时针圆圈和一个逆时针圆圈。两舞伴手拉手，面对面，相互交换位置，然后同时依圈外方向向正后方跳转180度，这时两组舞者各自会见到一个新的舞伴。学员在音乐声中持续舞蹈和结交新舞伴。

③ 教学法：

> **注意：** 以下这个"循序渐进"的教学流程极其重要！

  a. 教师先邀请一位学员与自己共同示范。

  b. 当二人最终转向成背对背时，各自再邀请一位学员与自己面对面（现在已经形成两对舞伴）。

  c. 再以同样的方式邀请新的舞伴（现在已经形成三对舞伴）。

  d. 按此模式反复进行，直到所有学员全部进入圆圈为止。

> **注意：** 此种教学流程的高明之处就在于：学习者可以头脑冷静、从容不迫地逐步通过反复观察来了解"比较复杂"的队形变化的空间逻辑。

> **提示：** 因为今天最后一节课是教法和创作课，教法老师会留创作作业，这项作业每天都需要做到午夜之后才能完成。因此，考虑到不能让学员负担过重，今天的律动不留作业。

8月24日律动课程（二）

1. 理论——"拉班体系"

（1）金句1：知识永远都是工具而不是目标。

（2）金句2：音乐感永远与情感体验和表达有关。

（3）来自拉班的动作元素：

① 时间：拍子（稳定拍）、节拍（重音组织规律）、节奏（长短组织规律）、句长等。

② 空间：方向、形状、高度水平、运动轨迹（路线）、团队（人际）的空间关系等。

③ 能量（力度的特质）：轻/重、断/连、阻滞/流畅等。

> 提示：以上元素的组合应用模式，将直接影响到动作表现的独特性质。

2. 体验与理解

> 注意：紧密衔接上面环节中的"拉班的动作元素"来自拉班的动作元素理论。

（1）听音"移动与停止"。（入门阶）

① 听教师的口头指令行走或停下。（逐步将听口令而自然停止，改成有意识的"静止造型"）

② 听教师的鼓声指令行走或摆出静止造型。

（2）听音乐改变"移动—停止"的运动方式和造型姿态。（初步进阶）

① 使用类似《狮子王》的音乐（有点疯狂的非洲舞蹈风格），学员自行选择合适的行走力度模式。音乐开始就移动，音乐停止便摆出静止造型。

② 音乐突然换成《胡桃夹子》中的《士兵进行曲》（有点严肃的进行曲风格），学员应立即重新选择更为合适的行走力度模式。音乐开始便移动，音乐停止便摆出静止造型，音乐更换便更换移动的动作力度模式。

（3）金句3：教小孩子的时候，总是要从他们已经熟悉的事情开始。

3. 理论——"基本移动"

（1）金句1：在一个教案中，通常最好选择2—3种拉班的基本移动动作，让学生通过跟随音乐的移动来感知音乐元素的概念。

（2）金句2：奥尔夫先生运用了达尔克罗兹先生的音乐教育哲学与方法和拉班先生的动作元素概念体系来教授音乐元素。

（3）来自拉班的基本移动动作体系：

① 该体系的"行走"移动体系概念包含：脚尖走、行军走、跺脚走和普通走等。

② 该体系的"跑和跳"移动体系概念包含：单脚跳、双脚跳、跑跳和踏跳等。

③ 更高级的移动还包括：滚动、拖行、爬行、各种体位的旋转移动和空中飞跃移动等。

注意1： 在低龄幼儿阶段，一般不轻易使用跑动、滚动等，以免幼儿因控制不住兴奋而导致情绪和行为失控。

注意2： 移动的基本原则是不跟人，不撞人，能够在自由空间中自由"穿行"。

4. "非移动"动作——概念感知与理解（游戏化的体验练习）

歌曲《我们应该干什么》：

$1 = {}^{\flat}E \quad \dfrac{2}{4}$

‖: 5 5 3 | 4 4 2 | 3 3 1 1 | 2 2 5 :‖
星期 一　　星期 一，我们 应该　干什 么？

1. 3　2 2 | 3 3 4 | 3. 1　2 7 | 1　0 ‖
我们 应该　这样 做　这呀 这样　做。

注意： 每次从星期一唱到星期天；领袖的即兴指令是做某种上肢或躯干的动作，没有身体移动。

5. "移动与非移动"动作——概念感知与理解

音乐：

$1 = C \quad \dfrac{2}{4}$

0 5 6 5 | 1 0 0 | 0 5 6 5 | 1 0 0 |

0 5 6 5 | 1　1 6 | 1 1 3 0 |

0 5 6 5 | 7 0 0 | 0 5 6 5 | 7 0 0 |

0 5 6 5 | 7　7 5 | 6 5 1 0 ‖

注意： 句子开始便行走，句末休止的时候，须停止在造型上。教师不断用学员中的范例榜样和概念语词，鼓励和引导学员去做出"不同水平高度"的造型。

6. "移动练习的情境化"

（1）教师示例：如遛狗、行军、巨人行走、散步看星星等。

（2）学员迁移：先近迁移教师提供的情境，然后自行想象情境。

① 每组自选两种不同的情境和不同的移动方式；自己匹配两首不同的音乐或儿歌。

② 组内自己排练。

③ 组间展示、分享和评价。（含自评和互评）
7."情境化圆圈移动"游戏
（1）邮递员：类似我们的传统游戏"丢手绢"——同向追逐跑。
（2）皇帝在山中：类似我们的传统游戏"开火车"——邀请舞。
（3）威利威利：类似我们的传统游戏"找朋友"——遇见和告别。
（4）猫捉老鼠：类似我们的传统游戏"猫捉老鼠"——表演、四散追逐跑、上位安全。

附作业：
1.当堂小组实操作业（教师当场辅导，澄清纠偏）

注意：每天布置课外作业之时，教师都会先辅导一次集体作业，再辅导一次小组作业，以免学员对当日所学进行独自作业迁移时有过多记忆或理解方面的问题。

（1）自选基本移动动作。
（2）自选儿歌。
（3）创设完整游戏。
（4）尝试教授其他学员或同伴。
2.家庭个人书面作业（第二天交作业，教师在下一次上课时进行反馈）

8月25日律动课程（三）

1.唤醒游戏："过来坐在我身边"——各种"移动动作"复习
（1）歌曲曲谱（略）。
（2）玩法：
① ×××（学员同伴的名字），请"走"过来坐在我身边！移动到我身边坐下。

注意：发出邀请者A可以即兴说出任何被邀请者B可能做到的移动动作。

② 来了！

注意：B必须遵照A的要求执行。

（3）流程：
① 教师先示范几次。
② 学员轮流担任A（刚刚完成指令的B担任新的A）。

2. 基本节奏入门

基本节奏入门包括全音符、二分音符、四分音符、八分音符。

挑战 2	动作要求同"挑战1",伴奏先改为教师即兴钢琴伴奏,后再改为录音音乐。当音乐变化时,自创动作模式就要变化。
挑战 1	运用鼓声音乐伴奏,在自由空间中移动,上下肢不同的自创动作模式要求不变,增加遇见同伴须进行表情交流,进而再进行身体接触性交流的要求。
概念应用 2	站姿—移动,倾听多种音符节奏组成的节奏型指令,当节奏型变化时,须自创另一种新的上下肢对应模式。
概念应用 1	站姿—移动,倾听鼓声的四分音符均匀节奏,自创一种上下肢不同的对应模式。
概念理解 3	站姿—移动,倾听鼓声的四分音符均匀节奏,模仿老师上肢全音符,下肢动作与音符的对应模式。
概念理解 2	站姿,倾听鼓声指令,模仿老师将下肢动作与音符表示的长短一一对应。
概念理解 1	坐姿,倾听鼓声指令,模仿老师将上肢动作与音符表示的长短意义对应。
基本概念	从倾听鼓声入手,将音符(全音符、二分音符、四分音符、八分音符)名称与鼓声长短一一对应。

基本节奏入门阶梯

3. 戏剧表演"睡美人"(参见第一章第一节中的案例)

(1)歌曲(略)。

(2)玩法(略)。

(3)流程(略)。

(4)理论提炼:

① 随时随地要把思想、情感、身体融为一体。

② 故事和动作模式给了学员一个创作的框架。

③ 在这个框架中,学员可以在强有力的支持下自由发挥。

④若没有这个框架,学员便很可能混乱,不能体验作品的艺术美。

4."器具外形"的联想与创造性表演

(1)教师分别出示鼓和鼓槌。

(2)引导学员联想:它们分别可能是生活中的什么物件。

(3)学员中的志愿者轮流用动作展示、分享自己的想法。例如,鼓槌代表绣花针;鼓代表飞碟等。

(4)教师引导学员关注动作的能量模式(力度特质)。例如,绣花是弧线运动,是柔和、连贯、优美的;掷飞碟是直线运动,是干脆、爆发、酷帅的等。

5."器具声音"性质的联想与创造性表演

(1)用鼓敲击鼓面,表现在森林中被人追杀。

(2)用鼓摩擦鼓面,表现在山路上疲劳地挣扎前行。

(3)用铃轻击,表现在将要化冻的冰面上小心移动。

(4)理性指导:

①每次表演结束,学员必须以一个造型完美结束。在不同情境的移动后,应该做什么样的造型?表情应该是怎样的?

②被"追杀"和"害怕冰面碎裂"情境下的移动,都是身心"绷紧"的。但这两种"绷紧"之间有什么不同呢?

③在"疲劳地挣扎前行"时,身体完全无法"绷紧",因为没有能量;但内心仍旧"绷紧",因为仍旧"怀有求生的期望"。

> **注意:**仍旧是"移动"动作,但已经是情境化、戏剧化的移动了。

6."纸棍演奏"与动作表演相互配合

> **注意:**类似将整本杂志卷起形成的"纸棍",在相互敲击、敲击身体、敲击地面时都能够发出声音,但声音比较柔和,且在许多人一起敲击时也不会产生很大的噪音。

(1)老师提供了四首小诗,分别表现一个巨人、一个精灵、一个极大的圆球和一只极小的老鼠。

> **注意:**这是奥尔夫的经典课例故事《老鼠精灵找朋友》中的角色。小老鼠用耳朵仔细听,听听是不是自己的朋友来拜访。大桥的桥面上传来了巨人"咚咚"的脚步声,大球"沙沙"的脚步声……都不是,终于,远处传来了轻轻的"嘀哆嘀哆"的脚步声……

(2)学员分组,在各组内分工合作创编和排练。

(3)各组展示分享与相互评价。

（4）理论总结：

① 所有的动作都需要在"生动、谨慎的能量投入"后，再转化成"生动的身体能量"输送出来。

② 所有以上活动也都可以被看作是未来使用乐器表达"内在能量模式"的铺垫。

③ 所有的小宝宝天生都能够表达各种不同的情感体验，但后天都被压抑了。因此，教育仅仅是让其恢复天性。

7. "魔法手套"——有声与无声（哑剧）表演

（1）假装一个手指一个手指地"戴手套"，同时出声地从一数到十。（变成哑巴）

（2）在教师的引导下，无声地做动作和表情。（表现某个场景中的事件）

（3）假装一个手指一个手指地"脱手套"，同时出声地从一数到十。（恢复正常）

（4）做有声音的动作和表情。（表现与之前相同场景中的事件）

8. "迪克和达克"——只用"手指"讲的故事

（1）动作：晚上，回家（握拳、竖大拇指）；开门（立掌、竖大拇指）；进门（立掌、收大拇指）；关门（收四指成握拳）。早上，开门（立掌、伸出四指留住大拇指）；出门（立掌、竖起大拇指）；关门（收起四指、保留大拇指）。

（2）故事与表演：说到相关的词语时，变化手的姿态。

① 迪克（右手）：回家—开门—进门—关门—睡觉（拳头横放）。

② 达克（左手）：回家—开门—进门—关门—睡觉（拳头横放）。

③ 迪克（右手）：起床（拳头竖起）—开门—出门—关门—上山，下山，上山，下山，上山，下山；去找达克，敲门（用拳头）；达克不在家，只好回家；上山，下山，上山，下山，上山，下山；回家—开门—进门—关门—睡觉（拳头横放）。

④ 达克（左手）：（同上，略）。

⑤ 迪克和达克（左、右手）：一起……在路上遇到，愉快交谈，然后一起各自回家。（略）

（3）流程：

① 教师示范。

② 学员模仿。

③ 学员练习。

> **注意**：教师讲故事的时候，声音、动作、表情都要非常生动。上山，下山，见面，对话的表演要很形象、很自由。

9."汤姆的鬼魂"——只用"手臂"讲的故事

（1）动作与音乐：

| 6̣ 5̣ 6̣ 1̣ 7̣ | 6̣ 5̣ 6̣ - ‖ 手臂上升

1 7̣ 1 3 2 | 1 7̣ 6̣ 7̣ 1 2 ‖ 手臂伸展

3 5 3 6 5 | 3 2 3 - ‖ 手臂移动并伸展

3 3 2 2 1 1 7̣ 7̣ | 6̣ 5̣ 6̣ - ‖ 手臂下降

> 提示：该音乐片段没有记录歌词，读者使用时可用"哼鸣"或用其他合适的无意义音节来演唱。

（2）流程：

① 教师示范唱歌，学员回声式逐句模仿。
② 加入音条琴和沙球的伴奏（教师和个别学员）。
③ 教师加入动作的示范，学员回声式模仿。
④ 学员边唱边做动作。
⑤ 学员分成两组，用轮唱方式边唱边做。
⑥ 学员分成四组，两组唱和做、两组伴奏，形成唱、做、奏两声部"卡农"。
⑦ 教师提示学员体验和反思：手臂飘动张力（能量模式）在上升、扩展和下降的过程中的变化。

第二节　迁移应用案例

本节介绍的案例都是我们研究团队这些年在幼儿园实践的过程中研发且被验证过的，而且也已经反复在大学本、专科学前教育专业课程，以及在职教师的在岗培训课程中使用。因此，这些案例不但适合在职教师和师范院校的学生用来了解、理解奥尔夫音乐教学法的理念、技巧和工作模式，而且也可以直接应用到幼儿园的集体音乐教学的实际工作中。

我们研发这些案例，并非严格照搬奥尔夫老师的"教师培训课程内容和方法"，而是努力在每个案例中综合性地体现奥尔夫音乐教学法体系最根本性的工作原则：创造性（含"学以致用"）、渐进性（含"站上巨人肩膀""借用"）、游戏性、审美性和综合性。

以下活动在实施的时候，有几个要点还是需要再次提醒读者特别留意：

（1）一般情况下，所有活动进入时都应该拥有一个儿童会感兴趣的情境。教师也应该使用音频、视频、图片、实物，以及自身的体态语言和口头语言等手段引领儿童进入情境。

（2）一般情况下，音乐作品在最初几次与儿童接触时，都应该是完整的作品。如果没有特殊需求，不要轻易把音乐切割成"碎片"。

（3）一般情况下，教师的讲解示范与儿童的观察模仿还是需要安排在流程的前端。有时候，在作品规模较大、结构较为复杂，活动内容比较多、难度比较大的时候，一次教学活动不能够完成，创造性的流程课例需要安排到第二、三次，甚至第四次教学活动中慢慢进行。教师不要因为害怕别人说"活动没有安排创意表达流程"就随意取消必要的观察模仿学习流程，因为这个流程是教师给儿童提供语汇和思路，以及提供新学习支架的流程。

（4）律动的音乐一般需要使用音响效果良好的录音音频。除非教师自己有比较"高超"的即兴声乐演唱技能或器乐演奏技能，同时又拥有边表演边观察判断边指导儿童进行学习或练习的能力。

（5）由于版权处理难度比较大的原因，本书不能给读者提供音频资源，读者需要自行合法地获取音频资源。在学校情境中将这些音频资源用于教学是合法的，但注意不能够使用这些音频资源去谋求经济利益。

（6）所有律动活动都必须在"听前奏"后才开始。儿童在刚接触时还必须同时倾听教师配合前奏给出的"预令"。我们也尽量在乐谱中为读者提供这些信息。这一点，本章"律动教学"和下一章"奏乐教学"的原则相同。上一章"歌唱活动"，一般要求教师应该自己弹琴来解决前奏问题。

一、适合小班幼儿使用的案例

案例1　和艾玛捉迷藏　　（南京　周瑾）

扫码看活动视频

使能目标阶梯

挑战4	指导幼儿在散点站立、自由移动的条件下随乐玩游戏。	创造性应用	在教师的提醒下，学习合拍运动（克制过度兴奋）；学习用语言清楚地表述"在哪里发现了艾玛"。
挑战3	组织幼儿在椅子前面保持站立姿态随乐玩游戏。	应用迁移	将手在大腿上"行走"的动作替换成真实的下肢行走动作，并注意努力合拍行走；在教师的帮助下，学习用语言表述"此种替换"。
挑战2	引导幼儿即兴创编不同方向的喷水动作。	创造性拓展	在创意动作表现的基础上，学习用语言表述可以"向哪些方向"喷水，可以对着朋友的"哪些身体部位"喷水。
挑战1	出示幻灯片，引导幼儿边随乐做动作边玩游戏。	模仿练习	在做游戏动作时力争合乎音乐的节奏；努力做出各种相关的表情变化；学习用语言表述出对"艾玛"躲在哪里的猜测。
音乐	再次示范，鼓励并带领幼儿尝试模仿，独立用语言描述动作。	感知模仿	继续倾听、观察、感知、理解；努力尝试记忆乐曲和游戏动作的各个要素及顺序；学习用语言帮助自己理解和记忆（走、喷水和打招呼，重复2次；蒙眼睛—打开—寻找—询问"找到没有"）。
动作	随乐示范游戏动作。	观察	重点观察游戏。理解动作的意义和顺序（走、喷水、打招呼、玩"捉迷藏"的游戏）；进一步感知乐曲和游戏动作各要素之间的匹配关系及顺序。
故事	用将要学习的律动动作配合简述"小象艾玛与其他小象（小朋友）玩捉迷藏游戏"的故事情境。	观察理解	情境理解，产生兴趣，明确任务：初步了解音乐及情境动作在形式结构和力度模式上具有一一匹配的关系。

游戏玩法

（1）线索推理：从幻灯片画面中根据"彩格"线索寻找艾玛。
（2）在活动场地中，根据现有经验寻找被藏起来的小象"艾玛"的图片。

【动作建议】（参见乐谱）

夸大妄想

[日本]加藤达也　曲

$1=D$　$\frac{4}{4}$

前奏　　　　　　　　　　　　A段

口令：　　　　　　出去玩喽！　　　走！
动作：双手做呼喊状放在嘴巴的前面　　双手轮流在腿上拍

　　　　　　　　　　　准备喷水！吸　　喷　　吸　　喷
　　　　　　　　　　　双手在胸前相握　张开手臂向上伸（同前）

吸　　喷　　吸　　喷　　扬起鼻子　　　　打个招呼
（同前）　　（同前）　　双手相握把手甩向右边　双手相握把手甩向左边

一起玩　　　　真开心！再来次喷水！吸　　喷　　吸　　喷
双手相握把手甩向右边　双手相握把手甩向左边（同前）

吸　　喷　　吸　　喷　　扬起鼻子　　　　打个招呼
　　　　　　　　　　　　　　　　　　　　（同前）

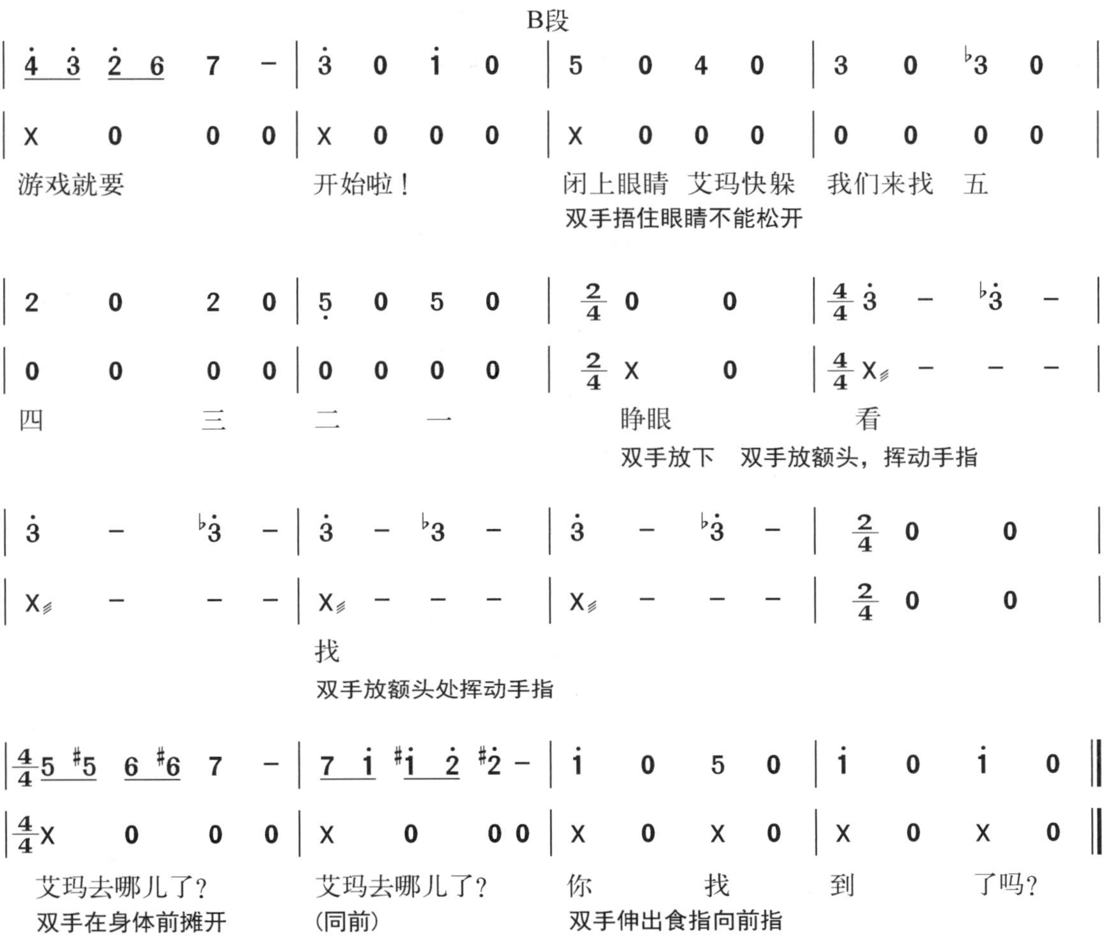

活动目标

（1）初步感知乐曲的旋律和结构，随音乐A段做小象走、喷水、打招呼的动作，随B段音乐玩捉迷藏等游戏动作。

（2）迁移已有经验，尝试创编不同方向的喷水动作。

（3）向同伴身上喷水的时候，注意不要碰到同伴的身体；了解在音乐和动作全部结束以后再玩“找艾玛”的游戏；游戏中努力遵守闭上眼睛后就“不能偷看”的游戏规则。

活动准备

（1）物质准备：

①智力游戏“艾玛捉迷藏”的幻灯片（具体内容，请参考绘本《花格子大象艾玛》）。

②三种大小不同的“艾玛”图片（分别为15厘米×10厘米、10厘米×7厘米、5厘米×4厘米；图片背面有胶纸）。

③录音音乐。

（2）经验准备：玩过捉迷藏的游戏，了解相关游戏规则：有人躲，有人找；找的人闭上眼睛数数，躲的人在数数结束前躲好；在数数过程中，找的人不能偷看；躲的人被找到就要出来，没有被找到的，要在最终宣布游戏结束后才能出来等。

（3）空间准备：围坐成大的半圆。

活动过程

1. 了解故事，进入情境

教师用幻灯片出示第一张图片，然后随乐边做动作边讲故事：艾玛和一群小象走进了森林，它们相互喷水、打招呼，再喷水、再打招呼，一起玩得正开心。艾玛说："嗨，我们来玩捉迷藏吧！""闭上眼睛，我躲起来，你们来找。"五、四、三、二、一，睁开眼睛看，找一找艾玛躲哪儿了？艾玛躲哪儿了？你找到了吗？（第1遍示范）

> 提示：教师的讲述和动作需要全部随乐。

2. 引导幼儿重点观察游戏的动作部分

（1）教师第二次完整示范整个随乐动作模型。

教师：你们来看一看，艾玛和小象们玩的是什么游戏？它们是怎么玩的？（第2遍示范）

幼儿：捉迷藏。

教师：怎么玩呢？

幼儿：要闭上眼睛。

> 提示：游戏玩法是这个活动的核心内容，目前采用了"重、难点前置"的教学策略。

教师：对，要闭上眼睛。等数完数以后，老师说睁开眼睛的时候再睁开。我们一起来试试看吧！

教师：闭上眼睛，艾玛快快躲，我们来找，五、四、三、二、一，睁开眼睛。

> 注意：在这里，教师一定要用与音乐相匹配的语音、语速及节奏来说这段游戏指导语。

（2）教师第三次随乐示范动作模型，并用表情和体态引导幼儿进一步细致观察整套动作的顺序和重复变化的规律。（第3遍示范）

教师：小象们在睁开眼睛之后还做了哪些事情呢？

幼儿：看。

教师：它们看什么呢？

幼儿：看艾玛。

教师：对，看艾玛躲在哪里。教师边说边示范看的动作（将双手放在眉毛处，震动手指，身体慢慢地自左向右移动，然后再返回原处）。我们一起来看一看。

> 注意：教师在指导幼儿学习时，要把话说完整，把动作做到位。

教师：很好，你们都看得很仔细，一定能够把艾玛找出来。

教师：那么，小象们做游戏之前又做了哪些事情呢？它们走进森林……

幼儿：……

教师：记不得了吧，没有关系，请你们再看我表演一次。它们走进森林……（第4遍示范）

注意：教师必须边说边做，如同第1遍示范。

教师：小象是怎样走进森林的呢？

幼儿模仿教师用双手轮流点击大腿。

教师：这是什么意思呢？

幼儿：走。

教师：对。我们现在用小手在腿上做动作，假装是小象在走。

教师：走到森林里以后又做了什么事情呢？

幼儿：吸水和喷水玩。

幼儿：还有打招呼。

教师：对！吸水的时候，小象的鼻子要向里卷起来；喷水的时候，小象的鼻子要向外甩出去。打招呼的时候呢，小象的鼻子要高高举起，先甩到左边，再甩到右边，就像是在说：你好你好！（边做边说）

注意：教师的语言应清晰、精练、准确，以便能够为提升幼儿用语言描述动作的能力做出好的榜样。语言和动作相互"翻译"，是一种重要的智慧能力。

（3）教师带领幼儿尝试学做完整律动，并开始玩智力游戏。（第1遍随乐练习）

教师：艾玛说，你们准备好和我一起玩了吗？请你们在音乐结束以后再来找我哦！

注意：幼儿年龄小，控制力弱，因此教师一定要随时提醒幼儿"动作一定要做到音乐结束"。教师也要在音乐结束以后再点开下一张具有迷惑性的幻灯片——即根本没有艾玛，而仅有类似干扰信息的图片。

教师：（在完整带幼儿做完动作之后，教师点开第一张幻灯片）再来找找看，艾玛躲在哪里呢？

众幼儿：那里！（同时都用手指向幻灯片上艾玛躲藏的方向）

教师：那里是哪里呀？谁能够说清楚？我就请他过来找。

注意：教师一直在坚持延续"用语言澄清"细节的要求。

幼儿：在狮子的头顶上。

教师：你说得真清楚。请你过来，点一下狮子的头顶，看看是不是艾玛。（幼儿点击

鼠标打开幻灯片，不是艾玛）

（4）继续跟随教师练习随乐动作表演，继续游戏。

　　教师：原来不是艾玛呀，不过没有关系，下次也许就能找到啦。小象们和艾玛一起玩游戏是一件很高兴的事情，你们可以高兴地来做游戏吗？

　　幼儿：能！

　　教师：这次艾玛会邀请一位最高兴的"小象"来找它哦。（第2遍随乐练习）

　　教师：（在律动全部结束以后点开下一张幻灯）你们来找找看，艾玛躲在哪里呢？

　　众幼儿：树的旁边。

　　教师：哪棵树？这里有许多树。

　　众幼儿：蓝色的那棵。

　　教师：你们说得非常清楚了。刚才艾玛要请一位最高兴的"小象"来找它。我看这只"小象"刚才从头到尾都在微笑，笑容真灿烂，就请你吧。（该幼儿点开幻灯片，还不是艾玛）

3. 教师引导并鼓励幼儿创编不同方向的喷水动作

（1）创编不同方向的喷水动作。

　　教师：原来还不是艾玛呀！不过没有关系，下次也许就能找到它啦。小象们和艾玛一起玩喷水游戏也是一件很高兴的事情，你们可以向不同的地方喷水吗？我们刚才都是向前面喷水的，还可以向……

　　幼儿：向上喷。

　　幼儿：向下喷。

　　教师：好，我们一起来喷一次水。吸——喷——摆好不要动，我来看你们是怎么喷的。我看到你们有向上喷的，向下喷的，有向两边喷的，（教师对着一名幼儿）你这是向哪里喷的呢？

　　幼儿：向后喷。

　　教师：非常好！这一次，你们都可以选自己喜欢的方向喷水，也可以每次都喷不一样的方向。

> **注意**：教师在此处千万不要限定方向，而应该引导和鼓励幼儿自己选择适合他们自己的方向。教师第三次带幼儿随乐练习。

　　教师：（在律动结束后点开下一张幻灯片）找找看，艾玛躲在哪里呢？

　　众幼儿：在那棵紫色的树后面。

　　教师：是不是呢？这次艾玛说要请一位换了好多方向喷水的"小象"来找它，就请你吧。（幼儿点开幻灯片，真的是艾玛）

　　众幼儿：是艾玛。

　　教师：原来真的是艾玛呀，我们终于把艾玛找出来啦！

（2）将用手假装走路的动作换成用脚走。

教师：现在艾玛要躲到更远的地方去了，这次我们也要真的用小脚来走一走了。谁会用小脚在自己的椅子前面慢慢地走呢？谁来试试看？

教师请一位幼儿尝试模仿大象走路。

教师：他走得像不像小象呀？我们一起来学学他的走路姿势吧！你们要一步一步跟着音乐慢慢走哟！（教师唱谱，幼儿练习）

> **注意**：幼儿需要先将手的"假走"动作转换成脚的"原地走"动作，然后再换成自由散点走。这样循序渐进的设计，既有利于教师的指导，也有利于幼儿的稳健学习和自我管理。

教师：（出示最大的那张艾玛信箱卡片）这次艾玛真的要出来和你们玩喽！它会在你们蒙住眼睛的时候悄悄地藏在你们旁边，你们一定要在音乐结束以后再去找它哟！

教师：（在幼儿蒙住眼睛的律动过程中，教师将艾玛卡片贴在黑板或电视机比较显眼的部位。等律动结束后，请幼儿找艾玛）你们找找看，艾玛躲在哪里呢？

幼儿在原地张望……（第4遍随乐练习）

教师：（挥臂划过空间，也顺势划过卡片所在处）到底在哪儿呢？

众幼儿：在那里，在电视（黑板）上。

（3）幼儿在散点状态下自由行走，随乐游戏。

教师出示中等大小的艾玛卡片，带领幼儿随乐游戏。（这次教师可将卡片贴在自己的背上，幼儿若找不出，教师可以在幼儿面前慢慢旋转……第5遍随乐练习）

> **注意**：这次教师应该带头用"向幼儿身上喷水"的示范，为幼儿提供互动的榜样。

教师：艾玛，你可真调皮，什么时候藏到我背后了呢？看来，这次还是没有难倒你们。这次艾玛吃了一颗缩小丸，你们看！艾玛变得这么小，你们能不能找到它？

教师：（出示最小的艾玛卡片，带领幼儿随乐游戏）向朋友身上喷水是很好玩的，我是喜欢你才喷你的。你们觉得可以喷哪里呢？

幼儿各种意见。

教师：注意不要将"鼻子"真的碰到你的小伙伴哟！（这次教师可以将艾玛卡片贴在一位幼儿的背上，第6遍随乐练习）

> **注意**：这时幼儿已经基本上可以比较流畅、自由、完整地进行游戏了。

教师：今天艾玛和你们玩得真高兴。艾玛说你们真棒，下次还要跟你们一起玩，好不好？

第五章 律动教学 | 25

众幼儿：好！

温馨提示

（1）该活动比较适合在小班下学期开展，如果要在中班上学期开展也可以。

（2）该活动也可以转换为亲子活动，在家长开放日时大家一起玩。既可以将图片藏在幼儿身上让家长找，也可以藏在家长身上让幼儿找。在亲子活动中，家长和幼儿相互假装喷水玩，也会特别有趣。

（3）该活动还可以拓展为：请幼儿随乐玩真实的"捉迷藏"游戏。扮演艾玛的幼儿真实地藏起来，让同伴或家长来找。

友情提问

（1）你觉得在这个活动中，寻找艾玛的情境和游戏起到的作用是什么？

（2）除了音乐方面的学习以外，此活动对幼儿其他方面的发展有什么推进作用？

（3）为什么教师需要使用许多的口令？口令在幼儿律动学习的过程中起到了什么样的作用？

（4）为什么教师的口令不是"预备齐"这种类型，而是"出去玩喽"这种类型？

提示：答案在本案例中找。

案例2　狗熊吃面包　　（南京　陈　雪等）

扫码看活动视频

使能目标阶梯

挑战4	指导幼儿在自由交换座位和散点站立的条件下，继续随乐玩游戏，巩固新的成功游戏策略。	创造性应用	继续随乐游戏，自由交换座位之后，在教师的提醒下，迁移前面的游戏经验，在快速上位时，保持头脑冷静，快速观察、记忆自己周围邻近的同伴。
挑战3	指导幼儿玩"大熊来啦"的游戏，学习成功游戏的策略。	应用迁移	迁移"猜猜什么不见了"的游戏经验，在律动结束之后，猜测"哪只小面包被大熊拿走了"。在教师的引导下，了解并理解快速判断的策略：记住坐在自己左右的同伴和他们的名字。
挑战2	引导幼儿探索、创编不同面包的造型。	创造性拓展	在用创意动作表现面包制作过程的基础上，继续随乐做动作，增加探索：想要把面包做成什么样的熟悉"动物"或"事物"的造型。
挑战1	引导幼儿探索在身体不同部位制作面包的动作。	探究练习	在教师的引导下，尝试随乐探索：可以把身体的哪些部位当作面包制作加工的"对象"。
音乐	随乐完整示范，鼓励并带领幼儿尝试模仿。	感知模仿	继续倾听、观察、感知、理解，并努力尝试记忆乐曲和游戏动作的顺序和细节；学习用语言帮助自己理解和记忆：揉面、刷黄油、撒果粒、进烤箱……慢慢变大。
动作	结合图片或视频简述：揉面、刷黄油、撒果粒、进烤箱等制作面包的流程。然后出示玩具面包模型或真实面包，再展示把做好的面包藏起来的情境动作。	观察	重点观察、理解、记忆动作的意义和顺序：揉面、刷黄油、撒果粒、进烤箱。
故事	打扮成厨师模样导入做面包的情境。	观察理解	情境理解，产生兴趣，明确任务：初步了解音乐及情境动作在形式结构和力度模式上一一匹配的关系。

第五章　律动教学　| 27

游戏玩法

（1）A段音乐：幼儿坐在椅子上做制作面包的动作：揉面、刷黄油、撒果粒、进烤箱。最后一拍双手抱住头趴在膝盖上藏好。

（2）B段音乐：大熊出来，在小面包群中行走并带走一到两个面包藏好。其他小面包到音乐的最后抬起头，猜出是谁被大熊带走后，大家一起解救它。

【动作建议】（参见乐谱）

狗熊吃面包

汪爱丽 曲

1 = C 2/4

前奏
（ 1̇ 3 | 2 1 2 3 1 ）|

预令：准 备 揉 面 团

A段
1̇ 3 | 5 5 6 5 | 1̇ 3 | 2 1 2 3 2 | 1̇ 3 | 5 5 6 5 | 1 3 | 2 1 2 3 1 |

　　　　　　　　　　　　　　　　　　　　　　　准 备 刷 黄 油

口令：
动作：双手做揉面团的动作，一拍动一下，共两个八拍（可以在身体的任意一个部位揉面团）

5 5 6 5 3 | 5 5 6 5 | 3 5 6 5 3 | 2 1 2 3 2 | 5 5 6 5 3 | 5 5 6 5 | 3 5 6 5 3 | 2 1 2 3 1 |

　　　　　　　　　　　　　　　　　　　　　　　　　　　　准 备 撒 果 粒

一只手在另一只手臂上做刷黄油动作，一拍一刷，第一个八拍刷左臂，第二个八拍交换刷右臂

1̇ 3 | 5 5 6 5 | 1̇ 3 | 2 1 2 3 2 | 1̇ 3 | 5 5 6 5 | 1 3 | 2 1 2 3 1 |

　　　　　　　　　　　　　　　　　　　　　　　准 备 进 烤 箱

双手做撒果粒的动作，一拍动一下，共两个八拍

5 5 6　 5 3 | 5 5 6　 5 | 3 5 6　 5 3 | 2 1 2 3　 2 | 5 5 6 5 3 |
5 5 6　 5 | 3 5 6 5 3 | 2 1 2 3 1 | 1̇ 5 | 1̇ - |

　　　　　　　　　　　　　　　大 熊 来 了 躲

双手心相对，一拍动一下，由小面团的动作慢慢变大，变成大面包，共两个八拍，最后一拍停住不动（后期调整为摆一个小动物的造型），然后低头做躲猫猫游戏

B段
1 7̣ | 1 7̣ | 1 7̣ | 1 7̣ | 1 2 | 3 1 | 2 3 | 1 | 3 #2 | 3 - | 2 #2 | 3 - |
1 2 | 3 1 | 3 #2 | 3 - | 3 #2 | 3 - | 1̇ 5 0 | 1̇ 5 0 | 1 2 3 4 5 6 7 | 1̇ - ‖

小面包躲好不动，大熊带走一个面包藏起来（躲在窗帘后面等隐蔽的地方），直到音乐结束

活动目标

（1）感受乐曲轻松、愉快的风格。在A段音乐做面包，在B段音乐玩游戏。
（2）学习创编在身体不同部位做面包的动作和不同的面包造型。迁移已有的游戏经验，通过有意记忆，快速判断"哪只面包不见了"。
（3）享受成功猜测和获得新策略的快乐；享受把"面包同伴"从大熊家中成功"救"出的快乐。

活动准备

（1）物质准备：
　①实物或模型面包，面包制作流程的图片或视频。
　②黑板或相关设备。
　③录音音乐。
（2）经验准备：玩过类似"猜猜什么（是谁）不见了"的游戏。
（3）空间准备：全体围坐成大的半圆。

活动过程

1. 进入情境，了解做面包的过程
（1）教师：我是一名会做面包的大厨师。瞧，我戴上了厨师帽，穿上了厨师的围裙，现在我准备要去做面包了。

注意：对于小班幼儿来说，教师穿戴起来，就像是真的厨师一样，这样幼儿会比较容易进入角色、进入情境，利于集中注意力。

（2）教师：面包怎么做呢？我们要先揉面团，揉揉揉；接着要刷黄油，刷刷刷；再撒一点好吃的果粒吧，撒撒撒，放进烤箱，变大变大变大！哇……香喷喷的面包出炉啦，真好吃呀！哎呀，香喷喷的面包把大狗熊都引来了，快带着面包藏起来！（教师每讲一步，就在黑板上出示一张相关的流程图片）

注意：教师讲述之前要先出示图片，讲述时语速要慢，讲述的同时要配合讲述做相关的动作。因为小班幼儿相关经验比较缺乏，详细的讲述加直观的图片操作，能更容易让他们理解。

2. 感知动作模式和音乐结构，创编揉面动作
（1）教师提供范例，幼儿模仿学习。
　　教师：我们一起跟着音乐来做面包吧！你们看看我是在身体的哪个地方揉面团的？
　（第1遍带领幼儿随乐练习）

教师：面包做好了。我来闻一闻，真香呀！

注意：教师要一个一个地闻幼儿手上假想的面包。因为对于小班幼儿说，这种互动很重要。

教师：你们谁还记得，刚刚我是在身体的哪个地方揉面团的呢？

幼儿：腿上。

教师：对，我是在大腿上揉面团的。

（2）幼儿提供"替换"意见，继续练习，不断熟悉音乐和动作。

教师：我们再来做一块新面包吧！这次你们想在身体的哪个地方揉面团呢？

幼儿：肚子上。

教师：好的，我们就一起在肚子上揉面团吧！（第2遍带领幼儿随乐练习）

教师：面包做好啦，闻一闻，香不香？

注意：教师还是要一个一个地闻幼儿手上假想的面包，同时可以引导幼儿闻闻自己手上的假想面包。

（3）继续创编，继续练习。

教师：你们还想在身体的哪些地方揉面团呢？

幼儿：脚、头、脸……（根据幼儿意见替换，再随乐练习2—3遍，第3—5遍带领幼儿随乐自由练习）

3. 加入游戏

（1）如果大熊来了，面包要躲好。

教师：哎呀，好香的面包，可能会把大熊引来哦。大熊要是来了，小面包要怎么办？

幼儿：躲起来。

教师：对，小面包们赶快都藏起来。小面包们，赶快抱住小脑袋，千万不要抬头哦！不然，就要被大熊带走了。

（幼儿在教师的指导下练习：双手抱臂，脸靠近膝盖，表示藏起来）

（2）大熊真的来了。

（配班教师随乐扮演大熊出来巡视一番）

教师：大熊真的来了哦！面包是不是都藏好了？（教师注意指导幼儿保持正确的姿势）

注意：这是第一次大熊出来，但不能带走幼儿的"面包"。这次的重点在于帮助幼儿迁移与巩固"躲猫猫"游戏的经验。主班教师的工作重点是：在此过程中制止、教导"偷看"的幼儿，安抚、鼓励"害怕"的幼儿以保证所有幼儿的躲藏姿势正确。

4. 完整游戏，创编不同的面包造型

（1）教师提供范例。

教师：大熊走了，它一只面包也没有拿走。好像是它觉得我们做的面包不太可爱。这次，我们来做可爱的动物面包怎么样？看，我做的这是什么动物面包呢？（教师做一个模仿兔子的动作）

幼儿：兔子面包。

（2）教师引导幼儿替换。

教师：除了小兔面包，你们还想做什么样子的面包呢？

幼儿：小猫、小狗、小猪……

教师根据幼儿的意见，带领幼儿随乐做动物面包2次。（第6—7遍带领幼儿随乐练习）

> 注意：教师在第6—7遍带领幼儿随乐练习时，应该根据实际情况逐步"退出"——减少动作和语言提示的成分。所以在以后的提示中将没有"带领幼儿"几个字了。

（3）狗熊又来拿面包了。

（教师和幼儿完整玩2遍游戏。狗熊每次拿走一只幼儿面包，幼儿便进入"是谁不见了"的判断游戏）

教师：这次你们又准备做什么面包呢？

幼儿提供建议。（第8—9遍随乐练习）

教师：（配班教师扮演的大熊带走一名幼儿）你们看看，是哪只面包不见了呢？

幼儿：×××（幼儿姓名）。

教师：你是怎么知道的呢？

幼儿提供理由。

教师：我们喊他一下吧！如果他答应我们，他就被我们救回来啦！

全体：×××（幼儿姓名）。

被带走的幼儿：哎！（从隐藏处出来）

众幼儿在教师的带领下欢迎×××幼儿。

5. 交换座位，挑战迁移判断策略的能力

再玩2次游戏。（第10—11遍随乐练习）

（1）每次开始做面包之前换座位。

> 注意：幼儿有较多时间观察、记忆邻近的同伴是谁，比较容易。

（2）每次面包做好之后换座位。

> 注意：幼儿只有较少时间观察、记忆邻近的同伴是谁，比较困难。

再玩一次游戏。

（3）一开始幼儿就选择自由空间站立做面包，原地蹲下躲藏。

> 注意1：幼儿虽然有较多时间观察、记忆邻近的同伴是谁，但因为空间条件复杂，还是不太容易。
> 注意2："你是怎么知道的？"这是教师在引导幼儿反思并用语言表述自己所使用的策略。教师应该鼓励幼儿提供更多不同的理由。幼儿的回答越多元，内容越丰富，幼儿之间相互学习的可能性就越大。
> 注意3：另外，幼儿一开始也可能判断正确，但说不出理由，教师可以引导：是不是因为他坐在你旁边，你记住他了，他不见了，你就发现了呢？

温馨提示

（1）最好在小班上学期的期末或下学期进行本活动。

（2）扮演大熊的配班教师语调要尽可能温柔，避免幼儿害怕。

（3）幼儿对游戏熟悉后，可在平时重复游戏，也可改变玩法，如：让被带走的幼儿呼唤同伴去救他，而同伴则根据音色判断他是谁；或者增加被带走的幼儿人数，看谁能更快说出更多"失踪"幼儿的姓名。

友情提问

（1）有时候，有些小班幼儿可能会对此游戏情境产生恐惧，教师可以对相关情境和活动进行哪些调整呢？

（2）如果将带走某幼儿改成用大的头巾将其盖起来，会怎样？

（3）如果事先征求幼儿意见："谁愿意假装跟狗熊回家去了？"，会怎样呢？

（4）如果将情境改成狗熊和面包玩躲猫猫游戏，会怎样呢？

案例3 小老鼠找朋友   （南京 朱玛丽）

使能目标阶梯

挑战4	累加"卧底""猫捉老鼠"的游戏。	应用	挑战更大难度的游戏，尝试独立扮演猫；继续尝试独立扮演"卧底猫"；尝试在需快速判断"猫叫信号来源"的条件下，快速安全上位。
挑战3	累加"猫捉老鼠"的游戏。	模仿	尝试边唱歌边玩"邀请舞"游戏，迁移"猫捉老鼠"游戏的经验，游戏结束前快速上位。
挑战2	引导、组织幼儿逐步加入"邀请舞"的邀请行列。	应用	在教师的带领和指导下，尝试随乐参与玩"邀请舞"的游戏。
挑战1	教师用"邀请舞"模式反复示范动作模式并与幼儿互动。	模仿	感知、理解、记忆"邀请舞"的玩法，以及动作、音乐、游戏三者之间的联系。
音乐	随乐示范表演动作。	模仿	感知、记忆动作结构与音乐结构，以及二者之间的联系。
动作	与幼儿共同建构表演故事的动作。	创造	在教师的引导和鼓励下，利用对歌词含义的理解，与同伴共建表演动作模型。
故事	简述《小老鼠找朋友》的故事。	理解	情境理解，产生兴趣，明确任务。

游戏玩法

这是一个包含了"变异追逃"游戏的歌表演游戏,游戏的玩法请参见活动过程。

【动作建议】(参见乐谱中歌词内容自由表现)

小老鼠找朋友

外国传统儿歌
佚名 词曲

1 = D 4/4

```
3  3  3.2  ͡6  | 5  -  1.  1 | 2.1 2 3 2 1 2 | 3  3 2  1  0 |
一 楼 住着   小   老    鼠,它  真 的 很 孤 单 想 要  找 好 朋 友。
五 楼 住着   一只  老    猫,它  真 的 肚 子 饿 想 要  吃 小 老 鼠。

5  -  5  -  | 5  -  -  3.2 | 1  -  -  - ‖
来    来    来       好 朋   友。
听    听    听       它 在   哪?
看    看    看       它 在   哪?
```

活动目标

(1)初步熟悉歌曲和"邀请舞"的游戏规则,并尝试随乐玩"邀请舞"的游戏。

(2)在教师的引导和指导下,学习与同伴一起共建歌曲的"表演动作";了解、理解"卧底猫"游戏的情境含义。

(3)迁移"猫捉老鼠"游戏的经验,学习玩"卧底猫"游戏:扮演"卧底猫"时,努力克制不暴露自己;扮演老鼠时,努力克制"不偷看",并克服不必要的恐惧情绪,享受紧张游戏的乐趣。

活动准备

(1)物质准备:无特殊需要。

(2)经验准备:最好玩过类似"猫捉老鼠"的游戏。

(3)空间准备:全体幼儿围坐成大的半圆。

(4)补充说明:教师全程通过自己演唱歌曲来伴随游戏过程;可以加入轻声的钢琴伴奏,跟随教师的歌唱。

活动过程

1. 了解故事情境,创编表演动作

教师:今天我是老鼠妈妈,你们是老鼠宝宝。我们住在一栋很高很高的大楼里的一楼。宝宝们，我们的家在几楼呢？

幼儿：一楼！

教师：我们用动作怎么表现一楼呢？

幼儿伸出一根手指。

教师：伸出一根手指就表示是一楼。（教师边唱该句歌词边带领全体幼儿模仿）

教师：以前因为你们还小，所以妈妈一直没有敢带你们出去玩，天天待在家里。你们没有朋友，心里觉得……真的很孤单！所以想要去找朋友一起玩！

> **注意**：这里教师是在展示歌词中的难点，所以语气要非常认真地突出"真的很孤单"这几个字。

教师：心里"真的很孤单"就是因为没有朋友，心里很难过的意思。我们应该做什么动作呢？

幼儿抱臂做难过状。

教师：他这个样子真的很孤单很难过，我们来跟他学一学。（教师边唱该句歌词边带领全体幼儿模仿）

教师：想要去找好朋友，怎么做？

幼儿打开双臂做想要拥抱的样子。

教师：这个样子就像是要找好朋友的样子，我们来跟他学一学。（教师边唱该句歌词边带领全体幼儿模仿）

教师：我们对好朋友说"来来来"，应该怎么做呢？

幼儿做招手状。

教师：这是非常好的邀请好朋友的动作哦！我们来跟他学一学。（教师边唱该句歌词边带领全体幼儿模仿）

> **注意**：这里又采用了一句一句为歌词创编动作的策略。在第三章"歌唱教学"中，我们已经介绍过这种策略的原理和价值了。如果不记得，最好再看一下。

教师：现在老鼠妈妈我已经准备好出门啦。宝宝们！

幼儿：唉！

教师：我们一起去邻居家里玩一玩好不好呀！

幼儿：好！

教师：今天我们到楼上去拜访我们的邻居，现在妈妈就来带我的宝宝们去乘电梯。电梯是怎么乘坐的呢？谁知道？

幼儿：这样！（幼儿做按按钮的动作）

教师：要先按按钮对吧！好，我们按按钮。（带领幼儿做动作）

幼儿：呜——（手自下而上滑动）

教师：你是说电梯就往上跑了，对吧！好，我们一起上楼。（带领幼儿做动作，还发出呜——的声音）

幼儿：叮咚，五楼到了。

教师：对！你真棒，记得那么多事情。我们先去二楼，大家一起来上楼。（带领幼儿做动作：按按钮，手动模仿电梯上升，呜——叮咚，二楼到了）

> **注意**：教师只需要耐心细致地引导幼儿将相关经验语言化、动作化，而不要轻易包办代替。如果教师急于求成，越俎代庖，幼儿就会失去自我表达的意识和发展相关能力的机会。

2. 熟悉音乐和动作

（1）教师随乐示范。

教师：现在外面还是不太安全，所以我们要练好本领再出门。现在请宝宝们跟着妈妈一起来练本领。先看妈妈是怎么做的。（第1遍示范）

（2）教师：宝宝们一起跟妈妈学一学吧。（第2遍示范）

（3）"邀请舞"游戏第一阶。（每次邀请一人，不累加）

教师：现在我来带一个宝宝去乘电梯。（第3遍示范）

> **提示**：教师在唱玩"找好朋友"时走到一位幼儿面前，对他招手，继续唱完整首歌曲后，拉着他走到大家面前的中间位置，做乘电梯流程的动作表演。这次在做表现电梯上升的动作时，要先蹲下，再随手臂上划动作逐渐站起。电梯到达时要说"二楼到了"。

教师：谁想跟我去三楼？

幼儿：我！

教师：就选你吧！（第4遍示范）

> **提示**：把前面的流程完整重复一遍，只是乘电梯时，改说"三楼到了"。

（4）将以上流程再重复两次。（第5、6遍示范）

> **提示**：只是乘电梯时，改说"四楼到了""五楼到了"。

3. 学习随乐玩"猫捉老鼠"游戏

教师：五楼住着一只老猫，他真的肚子饿，想要吃小老鼠。

> **注意**：教师正在展示新歌词。

我们到五楼的时候要非常小心，仔细听，仔细看，发现老猫来，要赶快跑回家才安全哦！

> **注意**：教师正在帮助幼儿回忆和迁移"猫捉老鼠"的游戏规则。

教师：现在，妈妈已经侦察过了，老猫出门见它的朋友去了。我们一起出去玩吧！但是因为电梯太小，每次只能请几个宝宝一起出去，其他的宝宝在家里帮我们唱歌吧。

（1）"邀请舞"游戏第二阶。（每次邀请一人，累加一人）

重复上面的流程，一直到五楼，一共邀请四人。

注意：此时，五楼的老猫应该不在家。

（2）"邀请舞"游戏第二阶。（第一次邀请一人，第二次每人各邀请一人）

重复上面的流程，一直到五楼，第一次一共邀请四人，第二次一共邀请八人。

教师：（到达五楼后）这次妈妈也不知道老猫在不在家，我们要小心哦！

> **提示**：配班教师扮演老猫先出现一次，告诉幼儿它出门去了，第二次在"它在哪"唱完后再出现，出现前要叫一声"喵"再开始追捉。但最后要让幼儿都成功"回家"。

（3）重复完整游戏一次。配班教师邀请一位幼儿一起扮演老猫。（也许有小老鼠会被同伴扮演的猫捉住，教师应根据具体情况给予反馈）

4. 学习玩"卧底猫"游戏

（1）配班教师扮演"卧底猫"，主班教师讲解相关玩法和含义。（主班教师这次自己扮演"卧底猫"）

教师：今天妈妈不在家，我们自己去楼上玩一玩吧。（最后主班教师出来追捉，不要真的捉到）小老鼠们真聪明，跑得真快，我老猫还是老了，跑得没有你们快。哼，气死我了！

注意：这里需要如此表达情绪，因为我们是面对小班幼儿。

（2）听说老猫已经装扮成小老鼠混到了我们中间，所以这次出去我们要特别小心哦！也许是他，也许是她，也许是我，也许是X老师……不过，勇敢的小老鼠也不用害怕，只要到了五楼以后，自己注意谁会喵喵叫就可以了。（再完整玩一次游戏，这一次是配班教师当"卧底猫"）

（3）再玩一次游戏，教师需要注意选择玩得熟练的幼儿来担任"卧底猫"，并一直和该幼儿待在一起，支持、提醒该幼儿。（可根据实际情况重复1—2次，大约总共完整游戏6遍左右）

温馨提示

（1）最好在小班上学期期末或中班上学期进行此活动。

（2）教师应通过大量的游戏实践让幼儿通过真实体验来感受紧张类游戏的乐趣，而不是空洞地鼓励幼儿要"勇敢"。

（3）"卧底猫"游戏挑战的不仅是幼儿的胆量，而且还有智慧。年龄幼小的儿童往往会因为不理解以下问题而造成困扰和恐惧：

① 游戏是假装的情境，没有人或角色真的会伤害自己。

② 扮演"卧底猫"时，自己表面上还是小老鼠，只有到了"出击"的那一刻才变回猫的角色。

③ 大年龄幼儿能够较充分地理解这里面的"狡黠"智慧，小年龄幼儿需要通过实践慢慢理解，教师千万不能着急。刚开始，当幼儿"出错"时，教师一定要使用幽默的方式来反馈，而不能批评或嘲笑幼儿。

④ 常见错误：

    a. 幼儿很诚实地宣告自己就是"卧底猫"。

    b. 游戏结束时，"卧底猫"不出来，因为幼儿忘记了自己就是那只卧底"猫"。

⑤ 教师还可以让全体幼儿一起来练习怎样忍住不暴露：教师先邀请全体幼儿都扮演"假扮成小老鼠的猫"。教师连续问三次："谁是那只猫呢？"全体幼儿都要回答："不是我！"

案例4　晚安抱抱　　（南京小天鹅幼儿园　杨　静）

使能目标阶梯

挑战4	加入温馨睡觉场景，鼓励幼儿自由创编自己喜欢且有趣的睡觉姿态。	创造性应用	完整跟随A、B段音乐，玩故事表演游戏，最终反复用"晚安抱抱"的语言与教师告别，然后用自己喜欢的姿态假装睡觉。
挑战3	在自由空间状态下引导、组织幼儿跟在自己身后"悄悄行走"，提醒幼儿在B段音乐做静止不动的造型躲藏。	创造性应用	完整跟随A、B段音乐，玩故事表演游戏，自由做出各种高低不同的植物造型，同时尽力做出躲藏的表情。
挑战2	将手在腿上的"行走"动作改成原地踏步。引导幼儿在站姿下做出各种不同高低的躲藏造型。	创造性应用	在教师的引导与鼓励下，为B段音乐创编各种不同高低的植物模仿造型动作。
挑战1	继续带领幼儿做全套动作。在B段音乐处，采用幼儿的意见生成新的躲藏造型。	创造性应用	继续感知音乐和记忆动作的顺序，在教师的组织与引导下，积极向集体提供新的躲藏造型的建议。
音乐	边讲解边随乐带领幼儿做全套动作。手在大腿上"悄悄行走"，变成小花造型静止不动。	模仿	使用上肢模仿动作感知音乐和记忆动作的顺序。
动作	引导幼儿讨论：怎样用造型动作来"伪装"成某种熟悉的植物。	创造	在教师的引导下，积极为集体提供躲藏造型建议。
故事	展示图片或幻灯片，感情充沛地引导幼儿回忆故事的主要情节。	理解	情境理解，产生兴趣，明确任务。

游戏玩法

这是一个包含了"木头人游戏"的律动表演游戏,具体玩法参见活动过程。

【动作建议】(参见乐谱)

惊愕交响曲(片段)

1=D 4/4

[奥地利]约瑟夫·海顿 曲

(1 - 5̣ - | 1 - 5̣ -)

A pp

1 1 3 3 5 5 3 | 4 4 2 2 7̣ 7̣ 5̣ - |

动作:行走……

1 1 3 3 5 5 3 | 1 1 4 4 5 5̇ |

　　　　　　　　　　　　　　sf

B mp

4 5 0 3 5 0 2 2 2 3 4 5 | 6 5 4 3 2 2 2·2 |

造型不动……

3 3 5 5 1̇ 1̇ 3̇ | 2̇ 2̇ 1̇ 7 6 7 1̇ 1̇ 1̇ ‖

活动目标

(1)初步熟悉音乐,理解音乐的A、B段结构。按照音乐的节奏走路;按照音乐的结构表现"出门""躲藏";音乐结束后回家。

(2)自由创编各种假装成植物的造型。

(3)假装成植物后,能够在规定的音乐中坚持不动。亲切地与教师扮演的"动物管理员"互动,体验睡前告别的美好情感。

活动准备

(1)经验准备:最好事先比较深入地阅读过绘本《晚安,抱抱》。

(2)物质准备:与故事情节相关的图片或幻灯片。

(3)空间准备:全体幼儿围坐成大的半圆。

(4)补充说明:可以使用录音,也可以用钢琴演奏旋律伴奏。

活动过程

1. 进入故事情境，创编模仿植物造型的动作

（1）教师出示图片或幻灯片，引导幼儿回忆绘本故事。

　　教师：动物园的夜晚来到了，管理员走到每一个动物的笼子前，对他们说晚安。管理员工作了一整天，现在也要回家睡觉了。（图片1场景：动物园的兽笼前，管理员在道晚安）

　　教师：可动物们舍不得和管理员分开，它们打开笼子，悄悄地跟在管理员的身后，想跟他一起回家。可是，还没有走多远，就被管理员发现了。（图片2场景：管理员发现动物们跟在自己的身后）

　　教师：管理员把它们一个一个地都送回了自己的笼子，又一次一次地对它们说了晚安。（图片1场景：动物园的兽笼前，管理员在道晚安）

　　教师：大猩猩问大家，我们怎样才能不被管理员发现呢？兔子说：管理员回头看的时候，我们可以变成一棵植物。（图片3场景：有许多植物，每棵植物中都有一个动物做出和该植物类似的动作造型）

注意：这就是教师在为幼儿的创编提供思路。

（2）教师引导幼儿创编植物造型。

　　教师：现在我就是管理员，你们就是可爱的动物们。你是什么动物？
　　幼儿：我是小兔子。
　　教师：你想变成什么植物呢？
　　幼儿：我想变成小花。
　　教师：哦，那你就变成一朵漂亮的小花给大家看看吧！
　　幼儿做出花朵的姿态。
　　教师：这朵小花真漂亮。看不出来是小兔子变的呢！
　　教师：你的个子很高大，你觉得自己是什么动物呢？
　　幼儿：我是长颈鹿。
　　教师：是呀，长颈鹿就是很高大的，你想变成高大的植物吗？什么植物高大呢？
　　幼儿：大树！
　　教师：对呀！你要是变成大树我就不会发现你啦！

注意：这是教师通过个别具体范例来引导幼儿创编不同的植物。

　　教师：我现在转过身，数一、二、三，我回过头看的时候，你们都变成植物，我就不会发现你们跟着我了。（教师转身慢速数数，再回头）
　　众幼儿做造型。

> **注意**：刚开始，幼儿的造型很可能不太丰富，教师不必太介意。

　　教师：你们真的很棒，我看到的都是植物，没有一只动物。你是什么植物？

> **注意1**：教师不必先问你是什么动物，再问你变的是什么植物。因为，这对小班幼儿来说太难了。
> **注意2**：教师询问和反馈几位幼儿即可。否则时间太长，幼儿会疲劳。

2. 运用坐姿熟悉音乐和动作顺序

（1）教师带领幼儿用上肢动作完整感知音乐。
　　A段音乐：小心翼翼地用双手轮流在大腿上假装行走。
　　教师：管理员走了，动物们悄悄地跟在他身后。
　　B段音乐：模仿前面幼儿的动作假装变成一朵小花。
　　教师：变成小花，管理员就看不见我们了。

> **注意**：教师的态度和表情要像真的在"躲藏"的情境中，而且自信、得意。

（2）重复一次，做造型时模仿前述幼儿假装变成大树的动作。
（3）再重复两次，每次开始前向幼儿征求一种新的造型建议。
　　（目前一共完整感知了4遍）
　　教师：不对，如果我们都变成一样的植物，一定会被管理员发现的。你们看管理员回家的路上，到处都是各种各样的植物。（图片3场景：有许多植物，每棵植物中都有一个动物做出和该植物类似的动作造型）

> **注意**：这是教师再次在为幼儿创编提供思路。

　　教师：现在我再转过身，数一、二、三，我回过头看的时候，你们都要变成不同的植物，我就不会发现你们跟着我了。（教师转身慢速数数，再回头）
　　众幼儿做造型。

> **注意**：这一次幼儿的造型很可能还是不太丰富，教师需要通过引导支持幼儿创编出更多不同的造型。

　　教师：你们看这两朵小花开在一起，一朵大一朵小。这棵大树的树干很直，那棵树的树干是弯的。你是一棵小草吗？你真的很小很小哦……好，我们再来变一次，要变成各种各样的植物，管理员才不会发现我们哦！（教师重复"转身—数数—回头"；幼儿重复"造型—静止"）

教师：变成植物就不能乱动，也不能发出声音哦，不然又会被管理员发现了。这次，我们再跟着音乐来表演一次。（教师带领幼儿随乐用上肢再练习一次，第5遍随乐完整练习）

注意：这是教师在提醒幼儿学会克制。

3. 运用站姿熟悉音乐和动作顺序

教师：我们明天晚上一定要跟着管理员去他家和他一起睡觉，所以现在我们还是需要再练习一下变植物。这次，请大家站起来，在小椅子前面再练习一次。我们可以做更多"高高矮矮"不一样的植物了。

注意：教师提示幼儿使用不同的空间高度水平来丰富造型的可能性。

4. 在教师身后跟随移动，同时玩"木头人"游戏

主班教师：我觉得我们已经练习得很棒啦。等一会儿管理员来说完晚安，我们就真的悄悄地跟着他回家。嘘，他来了……

配班教师：你们以为我没有发现你们吗？大家还是乖乖地回去睡觉吧！（大约完整随乐玩2遍游戏）

提示：配班教师扮演的管理员出来，一个一个地跟动物们说晚安。可以说：大象，晚安，抱抱；狮子，晚安，抱抱；长颈鹿，晚安，抱抱……A段音乐："管理员"——配班教师转身离开，主班教师带领全体幼儿悄悄跟在其身后；B段音乐：配班教师回头看，大家摆出造型不动，音乐结束。

5. 共建温馨睡前告别场景（最后一次完整随乐游戏）

主班教师：看来我们还是装得不够像。这次管理员再来说晚安，我们一定要装得更像一点，而且一定要一动不动，没有声音，能做到吗？

众幼儿：能！

配班教师：我好困啊，今天家里怎么那么挤呢？（假装要睡觉）晚安，抱抱……（表现出很困乏的样子）

主班教师：嘘……我们也轻轻地对管理员说晚安，抱抱吧！

配班教师：（假装睡意朦胧的样子）晚安……抱抱……（停顿至少4秒钟再做结束过程）

提示：主班教师把所有幼儿送回小椅子上坐好。配班教师说晚安，抱抱，然后离开。

提示：配班教师再次出来说晚安……大家再次跟随。这次"成功"了。

提示：组织幼儿一个一个轻轻走到管理员身边说晚安，抱抱，轻轻抱一下管理员，再组织幼儿找空的地方做出假装睡觉的不同姿势。

温馨提示

（1）这是一个非常温馨的睡前告别故事。教师需要全身心地引导幼儿一起实践和体验。

（2）教师也可以引导幼儿迁移这个活动的经验，询问幼儿在家中是否有与父母睡前告别的习惯，鼓励幼儿在家中也能睡前与父母道晚安。

案例5　毛毛虫变蝴蝶　（南京晨光幼儿园）

使能目标阶梯

挑战4	累加双角色互动。增加熟悉的结伴舞蹈。	创造性应用	完整跟随A、B段音乐，在教师的语言提示下，玩与"道具"互动的表演游戏。体验游戏的丰富性。
挑战3	累加道具和在自由空间中移动飞行。教师重点引导幼儿不断创编新的飞翔动作。	应用	完整跟随A、B段音乐，在教师的语言和必要的动作提示下，不断创编新的飞行动作，玩与"道具"互动的表演游戏。
挑战2	累加站立表演。教师重点引导幼儿不断即兴创编新的看花和闻花香动作。	应用	在站立条件下继续练习随意做动作，并不断即兴创编新的看花、闻花香动作。
挑战1	不断鼓励幼儿提供新的替换造型动作。	应用	在教师的引导鼓励下，不断向集体提供新的造型动作。继续感知音乐，记忆动作及其顺序。
音乐	带领幼儿用动作感知音乐。	模仿	在教师的带领下随乐做动作，感知音乐的结构和动作间的关系，记忆动作和动作的顺序。
动作	引导幼儿提供游戏中的造型动作。	创造	在教师的引导下，向集体提供不同的"变蝴蝶"造型动作。
故事	简述《毛毛虫变蝴蝶》的故事。	理解	情境理解，产生兴趣，明确任务。

游戏玩法

这是一个单纯的律动表演游戏,具体参见活动过程。

【动作建议】(参见乐谱中歌词内容自由表现)

毛毛虫和蝴蝶①

1 = A 2/4　　　　　　　　　　　　　　　　　　佚名　词曲

A段

6̇ 1 | 6̇ 6̇ 1 | 6̇ 1 | 3 - | 6̇ 1 | 6̇ 1 | 6̇ 1 | 7̇ - |
一 只　毛 毛 虫　软 绵　绵，　　一 伸　一 缩　慢 慢　爬。

动作:睡觉

6̇ 1 | 6̇ 6̇ 1 | 6̇ 1 | 3 - | 2 1 | 7̇ 7̇ | 1 7̇ | 6̇ - |
一 只　毛 毛 虫　软 绵　绵，　　不 吃　不 喝　不 唱　歌。

(1234567i | 234567i2 | 3456i234 | 45671234 | 56712345 | x - |
破壳而出　　　　　　　　　　　　　　　　　　　　　　变蝴蝶

B段

3/8 (3 6 6 | 6 7 6 | 3 7 7 | 7 i 7 | 6 7 i | 7 6 #5 | 6 1 3̇ | 6̇ 0) |
　　飞翔

3 6 6 | 6 #5 6 | 7. | 3. | 3 7 7 | 7 6 7 | i. | 6. |
小 蝴 蝶　飞 来 又　飞　　去，　唱 歌 又　跳 舞 采　花　　蜜，

2̇ 2̇ 2̇ | 2̇ i 7 | i i i | i 7 6 | 7 7 7 | 3 #4 #5 | 6̇. ⌒ | 6̇. ‖
美 丽 的　花 翅 膀，美 丽 的　小 花 朵，猜 一 猜　谁 最 美　丽。

---

① 转引自中国台湾奥尔夫教材,编著者为曾铮。

结伴舞蹈范例

找朋友

1=C 4/4　　　　　　　　　　　　　　　　　　　　　　　　　　　佚名 词曲

| 1　1　1.　2 | 3　5　5　— | 5　6　5　3 | 2　3　2　— |
| 找　找　找　找 | 朋　友， | 找　到　一　个 | 好　朋　友。 |

动作：边拍手行走边找朋友，　　　　　　　　　　找到朋友面对面。

| 3　1　1.　2 | 5　3　2　— | 1　2　3　5 | 2　3　1　— |
| 敬　个　礼 | 握　握　手， | 你　是　我　的 | 好　朋　友。 |

敬礼　　　　　　　握手　　　　　　　拥抱

X　—　X　—　‖
再　　　见！

活动目标

（1）初步熟悉音乐，了解、理解音乐的A、B段结构。在教师的引导下感知和表现出A、B两段音乐和间奏的三种不同的力度模式：安详、紧张、轻快。

（2）在教师的引导与鼓励下创编不同的"变蝴蝶"造型；即兴创编不同的飞翔、看花、闻花香动作。

（3）不管是与假想对象、道具对象还是同伴对象互动，都能尽力表达和体验情感的因素，学习使用"眼睛"表达感情。

活动准备

（1）物质准备：

　①相关的图片或幻灯片。（最好来自著名的相关绘本）

　②在椅子背后贴上花卉图片。

　③花卉头饰（数量为幼儿人数的二分之一或三分之一），或有弹力、会自动张开的纱巾。

　④录音音乐。

（2）经验准备：

　①最好有关于毛毛虫变蝴蝶的经验，可以来自绘本故事、文学活动、科学活动或日常参观游览活动。

　②熟悉结伴舞蹈。

（3）空间准备：全体幼儿围坐成大的半圆。

活动过程

1. 结合图片回忆故事，创编"变蝴蝶"造型
（1）结合图片回忆故事。故事重点：睡觉，破壳而出，在花园里自由飞翔。

> 注意：这是最基本的结构。

（2）教师引导幼儿创编各种变成蝴蝶的造型。

2. 创编整个故事的基本动作
（1）自由创编各种睡觉姿态。
（2）自由创编各种飞翔动作。
（3）自由创编各种看花、闻花香姿态。

3. 随乐感知音乐与动作的关系
（1）教师选择幼儿所提建议中的某些内容，将其即兴组合成一套动作，带领幼儿感知音乐。

> 注意：教师需要尽力使自己的动作合乎节奏，以及音乐的乐句。

（2）教师在音乐开始前加一前奏，并在前奏中加："孩子们，该起床啦！"反复3—4次。在第3、4次时，可邀请幼儿担任"父母"来说这句话。

> 注意：因为幼儿很喜欢担任"父母"说这句话，所以在之后的每次重复时都需要换新的"爸爸""妈妈"来呼唤大家起床。

教师应在不断重复的过程中反馈（用语言描述的同时，用动作模仿幼儿的造型）幼儿自发的新造型。教师还要用自己和幼儿中的榜样鼓励幼儿做出表情，如：睡觉很安详，出壳很努力，变成蝴蝶很得意，遇见花很开心等。

4. 挑战站立、移动和与道具互动的表演
（1）站立在椅子前随乐做动作。教师重点引导并鼓励幼儿即兴做出不同的看花和闻花香的动作，重复2次。
（2）将部分椅子移动到中间的空位置上并分散摆开，引导幼儿绕行飞翔，并对着椅子背上的花卉图片做表情，重复2次。（一共约完整随乐练习9遍）

5. 挑战与同伴互动的表演
（1）部分女孩坐到场地中间（椅背上有花卉图片）的小椅子上，教师发给她们纱巾（捏在手上成团，慢慢松手让纱巾自己"绽放"）或花卉头饰。
（2）男孩扮演蝴蝶继续游戏。
（3）互相交换道具游戏。

6. 享受加入熟悉舞蹈的丰富感

教师在新游戏结束时建议幼儿加入例如找朋友之类的，他们所熟悉的结伴舞蹈。情境是：蝴蝶和花朵在花园里召开盛大舞会，大家幸福地在一起唱歌跳舞。

教师稍稍强调：加上这个我们都会跳的舞蹈，花园就更热闹了，游戏也就更好玩啦！

温馨提示

（1）与上一个活动一样，情感的体验与情感的表达是此活动需要强调的重点，教师需要通过各种适宜的手段突出这一点。

（2）幼儿所熟悉的结伴舞蹈可以有各种不同范例，这里提供的仅供参考。

（3）本活动中的造型动作时间短暂，但还是要求幼儿努力定住动作，保持两拍。

友情提问

（1）情境的最基本结构是什么？

（2）为什么要有这个基本情境结构？

（3）这个结构与对此音乐的认识体验有什么关系？

（4）教师在此活动中特意设计安排了一个什么情境任务？这个情境任务对激发幼儿继续保持参与活动的热情起到了什么作用？

提示：答案在本案例中找。

案例6　小动物和大石头 （南京游府西街幼儿园　杨　静）

使能目标阶梯

挑战4	将熟悉的结伴舞蹈加入游戏中。	创造性应用	将熟悉的结伴舞蹈加入游戏，体验"拼接熟悉因素"后游戏的丰富性。
挑战3	挑战结伴行走和结伴造型。	应用	完整跟随音乐，玩"结伴—木头人"的游戏。
挑战2	在移动条件下，引导幼儿不断地变换造型动作。	应用	在自由移动的条件下，不断自由变换全身的造型动作。
挑战1	在站立条件下，引导幼儿即兴变换全身造型动作。	应用	在教师的引导与鼓励下，在站立条件下，不断即兴变换全身造型动作。
动作	不断引导幼儿即兴变换上肢的造型动作。	模仿	在教师的鼓励下，不断即兴变换上肢的造型动作。
音乐	随乐带领幼儿感知音乐。	观察	感知音乐的结构和基本节奏。理解故事、音乐与动作的关系。
故事	简述《小动物和大石头》的故事	理解	情境理解，产生兴趣，明确任务。

游戏玩法

这是一个包含了"木头人"游戏的单纯律动表演游戏。

【动作建议】（参见乐谱）

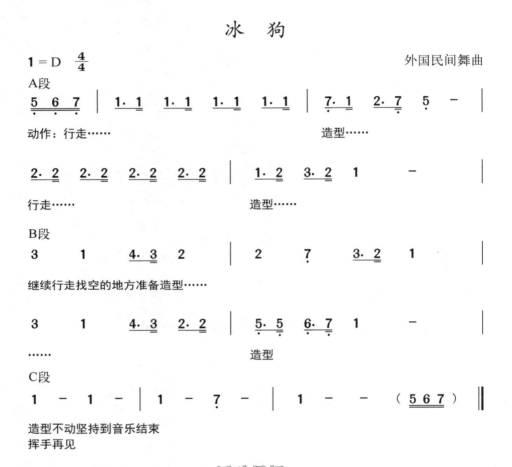

活动目标

（1）初步熟悉音乐，跟随音乐的节奏和结构进行行走和造型的转换。

（2）学习即兴变换行走的方向和造型的姿态。

（3）造型时坚持较长时间不动；结伴时乐于接纳任何同伴，愿意与同伴进行眼神交流。

活动准备

（1）物质准备：

① 相关情境图片。

② 录音音乐。

（2）经验准备：

　　①有"木头人"游戏经验。

　　②有结伴活动经验。

　　③有熟悉、简单的结伴舞蹈。

（3）空间准备：幼儿围坐成大的半圆。

活动过程

1. 了解故事情境

教师：小狐狸和动物小伙伴在花园里玩捉迷藏游戏，这一次，小动物一致同意变成"大石头"。小狐狸挠挠这块石头，吹吹那块石头，不管小狐狸怎么折腾，这些石头都一动也不动。最后，小狐狸只好认输：唉，我真的找不到你们啦，大家都出来吧！

2. 感知并理解故事、音乐、动作的关系

（1）教师带领幼儿用动作感知音乐：双手拍大腿（表示行走）；拍一下手并静止（表示造型）。（随乐练习3遍左右）

（2）教师扮演小狐狸。在幼儿拍大腿时，教师蒙住双眼；在幼儿拍手时，教师放下双手，监督幼儿是否静止不动。

（3）在幼儿拍大腿时，教师背过身不看；教师转回观察时，幼儿将拍手动作换成自己喜欢的动作造型，静止不动。（随乐练习3遍左右）教师在随乐练习的第2、3遍时，可以去挠幼儿的痒痒或吹幼儿的眼睫毛，挑战幼儿的"定力"。

3. 即兴移动与造型

（1）改成在椅子前面游戏。

（2）改成在自由空间中散点移动并游戏。

4. 即兴结伴移动与造型

改成两人结伴行走和造型。

5. 感受"拼接熟悉因素"的丰富效果

在结束前的最后一次游戏之后，加入一个幼儿熟悉的情绪愉快的结伴舞蹈。

温馨提示

（1）以上活动过程5的设计很重要。教师应该经常性地做这样的设计。最终目的是使幼儿理解："拆拆拼拼"是一种重要的创造新产品的思路，并逐步养成自主地去追求做这样的事情的习惯。上一个活动中的设计也是同样的目的。

（2）由于幼儿的年龄比较小，不容易做到在行进过程中突然静止，教师应该给予提示，并告知提示的信号："看见我停下来不走了，就是我马上要回头看了。所以你们一定要注意我什么时候停下来！"对于大班幼儿，教师可以引导幼儿去发现教师的提示："你们怎样才能知道我什么时候会回头呢？实际上我已经悄悄告诉你们了呀！"

> **注意：** 教师的动作模式实际上是：走四步，每拍走一步，在第四步也就是第四拍上停住，第五拍回头。换一种说法，音乐和动作匹配的模式也就是：一小节行走，一小节造型，行走和静止都是从每小节的第一拍开始的。

（3）这个活动中的造型要求控制很长时间。教师还可以用游戏的方法激发、挑战幼儿的克制力，如挠幼儿的痒痒、吹幼儿的眼睫毛等。

（4）后面的流程说明将会越来越简单，教师需要根据前面的案例来"填充"必要的指导细节。

（5）因为这个活动内没有对立角色出现，幼儿不会产生恐惧的体验。因此教师可以用带有一点点"假装威胁"的态度，稍稍强调游戏规则，以增加幼儿反应的紧张程度。但小班幼儿在玩类似"木头人"游戏的时候，一般不主张使用"犯规惩罚"的方式。

（6）此活动可以移到中、大班进行，也可以在教师培训中使用。对于大龄儿童及成人，可以拓展玩法和提高挑战难度。具体做法有：

① 逐渐增加结伴造型的人数：从两人结伴，到更多人结伴。

② 逐渐增加结伴造型的难度：如两个人只能有三条腿落地，逐步到无论多少人都不能够有任何一条腿落地。

③ 逐步减少结伴造型的反应时间：从活动开始前告知结伴人数，逐步到B段音乐最后一小节再给出结伴人数信息。

④ 逐步提升"淘汰判断"的严苛水平：从能够停止造型就行，逐步到只要"小狐狸"回头看（直到音乐结束前），如果"石头"有任何一点点动，哪怕动一下眼睫毛，都算失败（被发现），而且"被发现者"要立刻退出游戏。音乐反复连续播放，游戏反复连续进行，最后一个留下来的人才是最终真正的"胜利者"。

友情提问

（1）教师为什么在第五拍上回头之前，即在第四拍上停住？这对幼儿卡准节奏有什么帮助？

（2）教师为什么可以在游戏中使用带有一点点"假装威胁"的态度？

提示：答案在本案例中找。

二、适合中班幼儿使用的案例

 案例1　兔子开火车　　（南京师范大学附属幼儿园）

使能目标阶梯

挑战4	引导、支持四位幼儿带头玩三重规则组合游戏。	迁移应用	四位幼儿带头完整地玩游戏，全体幼儿参与尝试、体验游戏的新经验和新乐趣。
挑战3	辅导两位幼儿带头玩"邀请舞"游戏，加"开火车"与"猜拳"游戏。	迁移应用	两位幼儿尝试带头完整地进行游戏。没有参与游戏的幼儿继续观察，以理解游戏规则。
挑战2	带头累加"邀请舞"游戏。	迁移应用	迁移"邀请舞"游戏经验，在教师的带领下，了解新的规则：输家站到队伍最后去。没有参与游戏的幼儿通过观察理解游戏规则。
挑战1	累加"猜拳"游戏，引导幼儿提供"输、赢、平"反应动作。	模仿练习	迁移"猜拳"游戏经验，提供输、赢、平的反应动作。
音乐	随乐示范刚刚组织幼儿共创的完整动作模式，然后带领幼儿练习。	模仿	随乐模仿练习，感知故事、音乐、动作之间的关系。
动作	引导幼儿提供邀请动作、开火车动作、吃萝卜动作和"赞扬"动作。	创造	在教师的引导下，根据故事情节提供相关表演动作。
故事	简述《兔子开火车找萝卜》的故事情节。	理解	情境理解，产生兴趣，明确任务。

游戏玩法

这是一种"邀请舞"加"开火车"和"猜拳"游戏的三重组合的游戏模式。

（1）前奏准备：兔子起床，伸懒腰，发现肚子饿了，准备出发找萝卜。

（2）A段音乐：每两小节为一个单位，前一小节兔子跳着去找朋友，后一小节邀请朋友上火车。一共重复4次，邀请4人上火车，每列火车由5人组成。

（3）B段音乐第1遍：开火车行进。在最后一小节找到猜拳对象并与之面对面。

（4）B段音乐第2遍：每两小节为一个单位，前一小节猜拳，后一小节根据结果做输、赢、平的反应动作。（赢家做胜利状，输家排到队伍的最后面，平了双方击掌）

（5）尾奏：开火车回家，倒数第二小节做"吃萝卜"动作，最后一小节做表示"真好吃"的动作。

【动作建议】（参见乐谱）

兔子跳跳跳

1 = C 4/4   佚名 曲

（3 0 3 0 2 2 2 0 | 4 0 4 0 3 3 3 0 | 5 0 5 0 4 4 3 1 1 | 2 4 3 2 1 0 0）

A段

3· 1 2 3 5 5 3 0 | 2· 2 2 3 2 3 2 7 5 0 | 3· 1 2 3 5 5 3 1 1 | 2 4 3 2 1 0 0

动作：找朋友　　　　　请上车　　　　　　找朋友　　　　　　　请上车

3· 1 2 3 5 5 3 0 | 2· 2 2 3 2 3 2 7 5 0 | 3· 1 2 3 5 5 3 1 1 | 2 4 3 2 1 0 0

找朋友　　　　　　请上车　　　　　　　找朋友　　　　　　　请上车

B段

3 0 3 0 2 2 2 0 | 4 0 4 0 3 3 3 0 | 5 0 5 0 4 4 3 1 1 | 2 4 3 2 1 0 0

开火车……

3 0 3 0 2 2 2 0 | 4 0 4 0 3 3 3 0 | 5 0 5 0 4 4 3 1 1 | 2 4 3 2 1 0 0

　　　　　　　　　　　　　　　　　　找到对手面对面

3 0 3 0 2 2 2 0 | 4 0 4 0 3 3 3 0 | 5 0 5 0 4 4 3 1 1 | 2 4 3 2 1 0 0

石　头　剪刀布　　　　　　　　　　　石　头　剪刀布

手臂绕圈　　　　　输、赢、平动作反应　手臂绕圈　　　　　输、赢、平动作反应

| **3 0 3 0 2 2 2 0** | **4 0 4 0 3 3 3 0** | **5 0 5 0 4 4 3 1 1** | **2 4 3 2 1 0 0** |

石　头　剪刀布　　　　　　　　　　　　　　石　头　剪刀布
　手臂绕圈　　　　　输、赢、平动作反应　　　　手臂绕圈　　　　　输、赢、平动作反应

尾奏

| **3　4 3 1 2 3 4 5 4 3** | **4　5 4 2 3 4 5 6 5 4** | **5 0 6 0 1 2　7** | **i　6 7 1 5　i** ‖

　　　　　　　　　　　　　　　　　　　　　　　　　啊呜啊呜 真好 吃！
开火车回家……　　　　　　　　　　　　　　　　　啃　啃　拍手竖拇指

情境歌词建议：

一只兔子跳跳跳，肚子饿了萝卜没有了，

两只兔子跳跳跳，萝卜没了出去找。

三只兔子跳跳跳，找来找去萝卜找不到，

四只兔子跳跳跳，找到萝卜哈哈笑。

一、二，跳跳跳，三、四，跳跳跳，

五、六，跳跳跳，七、八、九、十，跳跳跳。

活动目标

（1）感知乐曲的情绪和结构；能按照节奏和乐句的结构做动作和游戏。

（2）通过故事情节理解记忆游戏的顺序和规则；积极参与创编各种表演动作。

（3）享受竞争性游戏的刺激感、成功感；学习克服因失败带来的负面情绪。

活动准备

（1）物质准备：

　　①可以使用图片辅助教学，也可以不用。

　　②录音音乐（也可以使用钢琴伴奏）。

（2）经验准备：

　　①玩过"邀请舞"游戏。

　　②玩过"开火车"游戏。

　　③玩过"猜拳"游戏。

（3）空间准备：幼儿围坐成大的半圆。

活动过程

1. 了解故事梗概，创编"邀请"动作

（1）了解故事。

教师：有一只兔子，早上起床，伸了个大大的懒腰！嗯，怎么肚子好饿呀！我的萝卜呢？哪里都没有。哦，一定是都吃光啦！没关系，马上开着小火车，找朋友一起去拔萝卜吧！

（2）创编动作。

教师：谁知道兔子是怎么跳的呢？

众幼儿回答。

教师：邀请朋友要做什么动作呢？

众幼儿回答。

教师：开火车的动作应该怎么做呢？

众幼儿回答。

教师：怎么来表示吃萝卜？

众幼儿回答。

教师：夸奖萝卜好吃可以做什么动作？

众幼儿回答。

2. 感知故事、动作、音乐之间的关系

教师迅速从幼儿提供的意见中归纳出合适的动作模式，然后带领幼儿随乐练习。

注意：因为目前全体取坐姿，所以教师需要声明先用小手在大腿上做动作假装兔子跳。

教师：让我们一起听着音乐去找好朋友，然后和朋友一起开火车、拔萝卜、玩游戏吧！（第1遍感知音乐以及音乐和动作的关系）

注意：在最终玩猜拳游戏的音乐部分，前三拍绕臂，第四拍拍一下手。此处暂时不要让幼儿创编。

教师：大家有没有注意到，大兔子出门找了几个好朋友呢？

众幼儿回答。

注意：幼儿此时通常不会注意到数量的问题，需要任务明确的有意注意。

教师：那我们再出去玩一次，这次老师会用一种神秘的方法告诉你们哦！看谁最聪明，能够发现老师的小秘密。（第2遍感知音乐以及音乐和动作的关系）

教师：大兔子邀请了几位好朋友呢？

众幼儿七嘴八舌……

教师：有没有人发现老师的小秘密呢？

幼儿：你伸了手指头。

教师：我最后伸出几个手指头？

众幼儿：是四个！

教师：是吗？你确定？

幼儿：……

> 注意：这是非常重要的培养幼儿自我证实意识的教学策略。

教师：我们怎样才能够知道他说的对不对呢？

幼儿：老师，你再做一遍。

教师：这真是一个非常好的主意！好，这次大家一定都要仔细看，和我一起伸出手指数一数，看看他说的对不对。（第3遍感知音乐以及音乐和动作的关系）

教师：看看我们自己的手指头，这是几呀？

众幼儿：四！

教师：你们真厉害，都发现了老师的小秘密。真的就是四。大兔子一共邀请了四位好朋友坐上了他开的小火车。

> 注意：即便一开始就有个别幼儿说出是"四"，教师也一定不要"高兴接纳、肯定，然后继续下去"，而一定要引导和鼓励幼儿再次验证。

3. 在整体动作中加入"猜拳"动作

（1）回忆"猜拳"游戏的玩法。

　　教师：我们再出去玩一次，看看这次老师又加了一点什么新东西。

　　教师带领幼儿再做一次律动练习。（第4遍感知音乐以及音乐和动作的关系）

> 注意：教师加入"石头剪刀布"的念白，并将拍手动作与"布"念白对应。

教师：大兔子这次和小兔子好朋友玩了一个什么游戏？

众幼儿：石头剪刀布！

教师：对！我们大家一起玩一下，看看谁能够赢了我。（一次猜拳）现在我赢了××，你们觉得我应该做一个什么动作呢？

幼儿回答。

教师：这个动作好，谢谢你！

教师：现在我输给了××，你们觉得我应该做一个什么动作呢？

幼儿回答。

教师：这个建议也好，谢谢你！

教师：现在我和××打平了，你们觉得我们应该一起做一个什么动作呢？

幼儿回答。

教师：非常好！就这样做，谢谢你！

教师：现在我来唱出伴奏旋律，我们一起来玩一次猜拳游戏吧！

注意：此处是"抽取难点，单独解决问题"。

教师：（观察并判断幼儿发生的问题）大家有什么困难吗？

注意：一定会发生各种问题，教师必须根据具体情况，引导幼儿通过相互帮助来解决困难，可能需要反复几次。

教师：现在，我邀请两位好朋友单独来做一次，看看你们是否真的能跟着新音乐一起玩了！

教师：现在请全体两两结伴试着再做一次。

> **提示**：可以重复必要的次数。

教师：非常好！现在我们把这个新游戏加到兔子的故事里，完整地表演一次吧！（第5遍整体感知音乐以及音乐和动作的关系）

4. 观察两名教师示范并带领幼儿完整地进行游戏

教师：现在，我们真的可以开着火车出门拔萝卜、玩游戏啦！先请看我和××老师这两只大兔子是怎样带小兔子好朋友一起出去玩的。

注意：指导的重点在：A段音乐结束时要面对面；猜拳后输家要站到队伍的最后面去。为了让示范与观察的过程更加"从容"，教师应该自己演唱歌曲的歌词，自己念白，这样可以控制速度的快慢，自由停顿、穿插讲解和行为指导。

5. 两名幼儿尝试带领全班幼儿完整地进行游戏

过程略。

6. 四名幼儿尝试带领全班幼儿完整地进行游戏

过程略。

注意1：可根据幼儿学习的具体情况决定何时加入录音音乐伴奏。
注意2：如果幼儿有困难，可以取消此环节。
注意3：教师要注意引导幼儿邀请者去邀请那些没有机会参与游戏的幼儿，也可请那些没有机会参与的幼儿举手示意，以保证邀请过程能够公平。

温馨提示

（1）务必重视邀请开火车环节中的邀请者"逐步变换增加"的设计策略，这是加拿大奥尔夫律动老师特别强调的一种"教授集体舞蹈队形变化"的循序渐进的策略。

（2）"三重规则累加"游戏设计应该被看成是一种游戏设计模式。在全世界各个国家和地区的传统游戏中，不乏如下先例：

① 美国儿歌《蓝鸟》。

    a. "开火车"游戏：全体手拉手围成大圆圈，歌曲前三句，邀请者自由地在圆圈上任何两人之间的"门洞"中钻进钻出。唱到第四句时，在圈外双手搭任何选中者的肩膀，将其推出圆圈，使之成为被邀请的新火车头，开始下一遍的钻进与钻出。因其被推出圆圈而形成的缺口，则由原先其左右两侧的人重新拉手补好。游戏反复进行，直到"笼子"圆圈上的人全部加入火车。

    b. 这种类型的圆圈还可以玩"老鼠笼"游戏，将老鼠替换成蓝鸟，飞进飞出，在歌曲最后一拍时，圆圈上的所有人同时将手放下，意为"笼子关门"，在笼内的鸟意为"被逮住"。

    c. 还可以"两种规则相加重组"进行游戏，即火车照开，笼子照关，之后由笼外或者笼内的"鸟"继续开火车。究竟谁开火车，可由参与游戏者协商决定。

蓝 鸟

1 = C 2/4

外国传统儿歌

5 3 | 5 3 | 5 5 1 1 | 5 3 | 4 2 | 2 | 4 4 6 6 | 5 3 |
蓝 鸟 蓝 鸟 飞 进 我 的 窗 口， 蓝 鸟 蓝 鸟 飞 出 我 的 窗 口。

5 3 | 5 3 | 5 5 1 1 | 5 3 | 1 — | 1 2 3 1 | 2 — | 1 0 ‖
蓝 鸟 蓝 鸟 飞 进 我 的 窗 口， 哦， 宝 贝 我 已 累 了。

② 美国儿歌《农夫在山谷》。

    人物：农夫（爸爸）、老婆（妈妈）、儿子（哥哥）、女儿（姐姐）、小弟、小猫。

    玩法：全体幼儿围成大圆圈，顺时针边唱歌边拍手边行走。从爸爸开始，在圈内逆时针行走。当歌词唱到"爸爸带妈妈"时，爸爸随机从圈上拉出一人；当唱到"妈妈带哥哥"时，妈妈同样随机从圈上拉出一人……组成火车状。直到大家开始唱"我们不带小猫去，你不捉老鼠就不带你去"时，"小猫"从圈上指定一人，所有人开始用手指着他并对他唱。当唱完最后一个"去"字时，"小猫"说："我现在就去捉老鼠！喵——。"圈内"一家人"快速返回圆圈上自己原先所站的位置（即原先自己所处的两人中间）。

> **注意**：这是一种"邀请舞"加"开火车"再加"快速反应"的三重规则组合游戏。

农夫在山谷

外国传统儿歌
中国版本歌词

1 = C 2/4

| 0 5 | 1. 1 1 1 | 1 0 5 | 3. 3 3 3 | 3 0 |

看　爸爸　逛公　园，　看　爸爸　逛公　园。
　　爸爸　带妈　妈，　　　爸爸　带妈　妈。
　　妈妈　带哥　哥，　　　妈妈　带哥　哥。
　　哥哥　带姐　姐，　　　哥哥　带姐　姐。
　　姐姐　带小　弟，　　　姐姐　带小　弟。
　　不带　小猫　去，　　　不带　小猫　去，

| 5 5 6 | 5 3 1 2 | 3 3 2 2 | 1 0 5 |

快　乐呀　快　乐呀　爸爸　逛公　园。　看
快　乐呀　快　乐呀　妈妈　带哥　哥，　看
快　乐呀　快　乐呀　哥哥　带姐　姐，　看
快　乐呀　快　乐呀　姐姐　带小　弟，　我们
你　不捉　老　鼠　　就不　带你　去！

③ 韩国。（如《找朋友》《苹果丰收》等都可以）

玩法：全体在自由状态下各自开火车。第1遍歌曲结束前两两结伴面对面，玩猜拳游戏："输家"站到"赢家"背后组成火车，"平家"相互挥手告别。第2遍歌曲开始继续不断重复，直到所有人都被接纳进入火车行列。

> **注意**：其实，这也是一种"邀请舞"加"开火车"再加"快速反应"的三重规则组合游戏模式。只不过邀请的方式变成了"猜拳"，而"猜拳"本身又是另外一种竞争性的游戏种类，有不同随机结果，需按结果快速反应。

苹果丰收

佚名 曲

1 = C 2/4

| 5. 6 5 3 | 6 5 3 | 2 2 3 1 6 | 5 - |

动作：开火车……

| 6. 1 6 5 | 6 1 3 | 5 5 6 5 3 | 2 - |

……

| 5. 6 5 3 | 1 6 5 | 3 3 5 6 1 | 6 - |

……

| 5. 6　　i 6 | 5 6 5　　3 | 2 2 1　　5̣. 6̣ | 1　　— |

……

| 3. 4　　5 | 5　　— | 6. 3　　5 | 5　　— | 6. i　　6 | 6 5 3　　5　　— | 5　　— |

……

| 5. 6　　6 5 | 1 1 2　　3 6 | 5 5 3　　2 3 | 1　　0 ‖

双手在胸前交替向外绕圈　　　　　　　　石头　　剪刀　　布！

（3）建议读者在此做些自我训练：看看将这样的游戏规则微调、拓展、拆拼之后，还可以创编出什么新的多重规则重组游戏。

```
友情提问
（1）多重规则组合游戏的益处有哪些？
（2）本案例使用了哪些不同规则游戏？
（3）每一种规则游戏的规则认识和遵守对幼儿发展有什么作用？
（4）你可以列出一些熟悉的规则游戏，并把这些游戏组织起来替换到上面所推荐的
　　音乐中去吗？
```

提示：部分答案在本案例中找。

案例2　饼干和酸奶炮　　（南京　陈静奋）

扫码看活动视频

使能目标阶梯

挑战4	累加反向赛跑体育游戏。	创造性应用	迁移体育游戏"反向赛跑"的经验，玩"看谁先归位"游戏，锻炼幼儿的快速追逃能力。
挑战3	引导幼儿特别关注最终游戏的"严格"的规则细节。	应用	仔细观察、了解、理解最终游戏信号的特殊细节。
挑战2	引导幼儿探索向不同方式"软倒"的即兴运动方式。	应用	在教师的引导下，探索向不同方式"软倒"的即兴运动方式。
挑战1	引导幼儿特别关注游戏信号。	应用	仔细观察、了解、理解信号的特征和意义。
音乐	带领幼儿随乐做动作。	模仿	感知动作要素、顺序及重复规律，理解故事、音乐与动作之间的关系。
动作	引导幼儿创编"捏"和"刷"的动作。	创编	在教师的引导下，提供相关动作的建议。
故事	简单讲述饼干王国里发生的故事。	理解	情境理解，产生兴趣，明确任务。

游戏玩法

（1）在单圈上玩，所有幼儿面向圆心。

（2）第一声炮响，所有幼儿做饼干"软掉"的动作造型，但不能够倒在地上。

（3）第二声炮响，"开炮人"（教师或幼儿）用"炮筒"（用手做成炮的样子）对准"一块饼干"（一名幼儿）"发射"，该幼儿要慢慢地"软倒"在地上。当这位幼儿真正倒地的一瞬间，就代表发出了赛跑的指令：该幼儿左右两侧的两名幼儿要开始"反向赛跑"。

【动作建议】（参见乐谱）

惊愕交响曲

1 = D 2/4

[奥地利]约瑟夫·海顿 曲

♩ = 60 A段

| 1 1 3 3 | 5 5 5 3 | 4 4 2 2 | 7̣ 7̣ 5 | 1 1 3 3 | 5 5 5 3 |

口令：捏 饼 干， 捏 饼 干， 捏 出 一 块 ××饼干。 捏 饼 干， 捏 饼 干，

动作：双手在身体上"捏"，一拍一下，做出具体动物的造型　　　同上

| 1̇ 1̇ 4 #4 | 5 5̣ 0 | 1 1 3 3 | 5 5 3 | 4 4 2 2 | 7̣ 7̣ 5 |

捏 出 一 块 ××饼干。 刷 油 刷 油， 闻 一 闻， 好 香 啊！

双手在身体上"刷"，两拍一下；双手手心向上放在鼻子下方"闻"

B段

| 1 1 3 3 | 5 5 3 | 1̇ 1̇ 4 #4 | 5 5̣ 0 | 4 5̣ 0 3 5̣ 0 | 2 2 2 3 4 5 |

刷 油 刷 油， 闻 一 闻， 好 香 啊！ 　　　　　　　　　

同上。　　　　　　　　　 尾音双手打开，自由创编"饼干"软掉的动作

嘭啊

| 6 5 4 3 | 2 2 2.#2 | 3 3 5 5 | 1̇ 1̇ 3 | 2̇ 2̇ 1̇7 6 7 | 1̇ 1̇ 1̇ 0 ‖

同上　　　　　　　　　　　　　　　　　　尾音处坐回座位

活动目标

（1）初步熟悉音乐的旋律，了解音乐的结构。特别是A、B两段音乐的结束音，尽量在结束音上做出相关的游戏反应动作。

（2）创编各种饼干的造型动作，即兴用动作表现饼干"逐渐变软"的有趣过程。

（3）锻炼心理和生理两方面的自我克制能力。

①"信号饼干"必须尽可能慢地"倒地"。

②只有等"信号饼干"身体碰到地面时，两侧的人才可以"起跑"。

第五章 律动教学

活动准备

（1）物质准备：录音音乐。（可以事先在录音中加入炮声）
（2）经验准备：
  ① 吃过泡牛奶（或酸奶）饼干。
  ② 最好玩过"切西瓜""开锁"等类型的"圆圈上反向赛跑"游戏。
  ③ 建议活动前最好阅读过绘本《饼干警长》。
（3）空间准备：围坐成一个大的圆圈。

活动过程

1. 了解故事，参与创编制作饼干的动作

（1）故事回忆。

教师：前几天，我们讲了《饼干警长》的绘本故事，大家还记得饼干王国里那个女王叫什么名字吗？

众幼儿：娇滴滴女王。

教师：今天娇滴滴女王想邀请我们一起去饼干王国做客，你们愿意去吗？

众幼儿：愿意。

（2）创编动作。

教师：可是，饼干王国里都是饼干，所以我们必须把自己变成一块饼干才可以去哦！现在，我想把自己变成一块硬饼干！做饼干的时候，要先把软软的面团捏成饼干的样子。怎么捏，谁会做？

众幼儿尝试做捏的动作。

教师：我看见××小朋友用双手在自己的大腿上捏，我们来向他学一学。捏饼干，捏饼干，捏成一块什么饼干呢？

幼儿：兔子。（任何建议都可考虑接纳）

教师：好，就兔子饼干。兔子饼干是什么样子的呢？

幼儿给出上肢造型的样式。

教师：就这个样子吧！（重复带领幼儿做这个局部动作）捏饼干，捏饼干，捏成一块兔子饼干（捏两次，用上肢做一个兔子造型）。然后，我们要刷油，不刷油的饼干不好吃。怎么在腿上刷呢？

幼儿给出上肢动作的建议。

众幼儿尝试在腿上做"刷油"的动作。

教师：刷好了，闻一闻，香不香？

众幼儿：香！

2. 故事、动作与音乐相匹配

（1）随乐模仿教师做动作，关注第一个重要信号"嘭"。

教师：现在我跟着音乐来做一次兔子饼干。但是，音乐里会有一个奇怪的声音，请大家注意听！在这个奇怪的声音响了以后，看看老师这块饼干发生了什么事情。

教师念儿歌，带领幼儿随A段音乐做制作饼干的动作，在第2遍结尾处的最后两拍大叫一声"啊"，然后随B段音乐即兴表现饼干逐渐变软的样子，音乐结束时是什么状态就在什么状态上做造型。（第1遍随乐练习）

教师：你们听见什么奇怪的声音了吗？

幼儿：开炮，嘭！

幼儿：你叫"啊"！

教师：我这块饼干叫"啊"了以后，是变硬了还是变软了呢？

注意：如果教师不引导幼儿，在多数情况下，幼儿不会理解教师表演的含义。

幼儿：变软了。

（2）自由探索饼干变软的动作。

教师：原来是娇滴滴女王为了欢迎我们，向天上放了一次"酸奶炮"。那些好看又好吃的酸奶撒到我身上了，于是，我这块硬饼干就慢慢变成软饼干了。如果你们身上也被撒上了酸奶，你们这些小饼干，会怎样慢慢地变软呢？我们一起来试试看吧！

教师再次演唱旋律，引导幼儿随B段音乐表现饼干变软的过程。

注意：在这里教师可以自由展示上下、左右、前后摇摆躯干和双臂的范例，幼儿也可以随意扭动，最后结束在任意状态时，需要稍稍停顿保持最后的姿态。

（3）创编不同动物饼干的造型。

教师：我们再去一次饼干王国吧，这次你们想变成什么动物造型的硬饼干呢？

幼儿：老虎饼干。

教师：老虎饼干是什么样子的呢？

幼儿摆出老虎造型。

教师：真像一只威风的老虎呀，我跟他学一学。捏饼干，捏饼干，捏出一块老虎饼干。（教师边念边带领幼儿做）这次我们跟着音乐来做老虎饼干吧！（第2遍随乐练习）

（4）重复上述（3）环节，替换掉捏和刷的身体部位（如头、脸、肩、肚子），以及饼干的动物造型（只要是动物就行），教师鼓励幼儿提出建议，并予以接纳。（第3遍随乐练习）

教师：刚才我喊了一声"啊"对吧，我为什么要喊呢？原来是酸奶炮的声音太大了，我被吓了……

幼儿：一大跳！

教师：对！我被吓了一大跳，然后酸奶撒到我身上，我就变软了。我们大家一起来试试被吓了一大跳的样子吧！（带领幼儿练习时，需要喊预备，然后再接"啊"，可以多练几次）

教师：我们这次再换个地方做饼干，而且要做个不一样的动物饼干，还要把这个"啊"也加进去。（第4遍随乐练习）

（5）站立练习。（第5遍随乐练习）

注意1：要站立在椅子前练习；要求一定要在音乐的最后一小节时坐下。
注意2：坐下能够使幼儿保持情绪的稳定。凡是要求幼儿站立活动后，都必须请幼儿返回坐姿。

3. 面对游戏挑战

（1）关注体态信号。

　　① 全体探索。

　　教师：娇滴滴女王现在要放第二次礼炮啦！我们小饼干第一次被撒了酸奶，就开始变软，再被撒一次就会变得更软，软呀软，软得站不住了。谁会表演软到最后就倒下去的动作？我们一起来试试看吧！

　　幼儿自由探索。（第6遍随乐练习）

注意：幼儿自由探索后，一定很兴奋，必须要求他们全部坐好，安定情绪后再继续。

　　② 个别展示分享，相互学习。

　　教师请几位幼儿轮流展示，引导幼儿相互评价和相互学习。

注意：重点评价"变软"的运动模式和"倒地"姿态的不同思路。在以后每次活动中，教师还可以展示两侧手臂或身体交替运动或旋转式的运动模式，帮助幼儿开阔思路。

　　教师：我们再来玩一次，这次我们都要变得很软，然后倒地。（第7遍随乐练习）

注意1：自此以后，每次活动之前，都必须先邀请幼儿更换做饼干的身体部位和动物饼干的造型，然后再开始。
注意2：最后可能还是需要教师提醒幼儿慢慢变软和倒地。

（2）明确跑的人员和跑的方向。

　　教师：我现在变成了娇滴滴女王，想要对准一块小饼干发射酸奶礼炮，如果我对准××发射了酸奶炮，谁应该倒地？

　　众幼儿：××。

教师：其他人能不能倒地？

众幼儿：不能！

教师：好，我们再玩一次，看看大家能不能记住这个新规则。（第8遍随乐练习）

（3）明确输赢原则和随后的分工责任。

注意：以下流程非常细致，这对于年龄幼小、经验有限的幼儿来说非常必要。如果一个问题弄不清楚，就会造成他们的困扰和混乱。只有教师教得细致、从容，幼儿才能学得流畅、舒适、愉快。

（4）明确新信号和赛跑的人选。

教师：刚才是××一个人倒地，其他人都没有倒地，大家都表现得很棒！先给自己拍拍手吧！

众幼儿鼓掌。

注意：凡是在用此方法肯定、鼓励幼儿时，教师都必须表现出真诚和热情，而且一定要引导并激励出幼儿的热情，否则会养成"敷衍"行事的坏习惯。

教师：××，请你举起你的手，请举高。大家看到了吧，这是刚才倒地的小饼干。××请你将手放下。那么，坐在他旁边的是谁呢？请举手，请举高！大家说对不对？

注意：不举手，幼儿往往弄不清楚人选和方位。

众幼儿：对！

教师：现在请这两个小饼干站起来，站到圆圈外边去，面对圆心。待会儿，他们两个需要通过赛跑来竞争下一次发射礼炮的机会，我们玩过"切西瓜"的游戏，他们两个人各自应该往那个方向跑呢？

注意：每一个步骤都要从容、清晰。

众幼儿七嘴八舌……

教师：（分别对两位幼儿）你（"信号发出者"右侧A幼儿）往哪跑？

A幼儿用手指出方向。（逆时针方向为正确）

教师：你（"信号发出者"右侧B幼儿）往哪跑？

B幼儿用手指出方向。（顺时针方向为正确）

注意：这些地方都是幼儿经常会犯"糊涂"的地方。

教师：（用手拉住两位幼儿，说）预备——跑！（需要观察与等待，关注先到的幼儿，提示他回原位，阻止他跑第二圈，并拉起先回到原位的幼儿的手）胜利！

> **注意**：这些地方都是幼儿经常会犯"错误"的地方，如抢跑、跑错方向、跑更多圈、不知道要回原位……

  教师：你们再比赛一次，这一次我不喊"预备——跑"，你们看我的手，我的手放下来你们就跑。（再重复比赛一次，其他同上环节）
  教师：这次，不是我发信号。你们要看××小饼干，他软呀软，只要看见他的身体碰到地面，你们就开始跑。（再重复比赛一次，其他同上环节）

> **注意**：教师需要引导全体幼儿关注扮演"信号饼干"幼儿的身体是否真正"碰到"地面。

（5）逐步增加对新规则的熟悉程度。
  重复上一环节的尝试，至少换2—3组幼儿尝试，其他幼儿认真观察，评判尝试小组反应行为的对和错。
（6）完整随乐游戏。
  教师：现在我给三位参赛者发奖。发信号棒棒奖，获得红色奖牌；赛跑第一名，获得黄色奖牌；赛跑第二名，获得绿色奖牌。

> **注意**：这里没有惩罚，人人都有奖励。因为是中班幼儿，需要以鼓励为主。

（7）交代输赢之后的奖励。
  教师：得到红色奖牌的人，表示他已经完成发信号的任务；得到黄色奖牌的人，下一次游戏可以发射礼炮，选择新的发信号的小饼干；得到绿色奖牌的人，可以建议新的做饼干的地方和做什么动物饼干。
  教师：现在就来兑现我们的奖励。你是第一名，你想对谁发射礼炮？你怎样让大家都知道，你对谁发射了礼炮？

> **注意**：教师要帮助幼儿明确，发射的目标要清晰，发射动作的方向也要明确。

  教师：你是第二名，你打算带领我们大家在哪里做饼干？变成什么动物饼干？这次不用先告诉大家，到时候直接做动作就行，我们看好他的动作，然后立刻跟他学就行。

> **注意**：已经转换成"领袖模仿"游戏啦！

  教师：请你注意，为了公平、公正，胸前贴了红色奖牌的小饼干，就不要再对他发射礼炮啦。如果再对着他撒酸奶，他就会变得稀巴烂，再也变不回又干又硬的漂亮小饼干啦。

教师：现在我们用最高级的规则再来玩这个游戏吧！重复2—3次。（第9—11随乐练习，完整游戏）

> **温馨提示**

（1）建议：考虑到游戏的可循环性，建议赛跑的赢家（即先回到原位的幼儿）担任下次游戏的"礼炮兵"，输家（即后回到原位的幼儿），担任下一次游戏创编新饼干造型的"教练官"。

（2）这也是一种有着多重规则的综合游戏：第一种是"圆圈上的反向赛跑"，传统游戏中的代表是"切西瓜"和"开锁"，这种游戏与"丢手绢"不同，"丢手绢"是"圆圈上的同向追逐跑"。第二种是"领袖模仿游戏"，传统游戏中的代表是"请你像我这样做"。

友情提问

（1）到目前为止，在本书提供的教案中，你有没有发现"相同的音乐在不同的故事情境中被重复使用"？在不同情境中，动作表现的力度特质有没有变化？如果有，它是什么样的变化？

（2）你知道"切西瓜"和"开锁"和"丢手绢"的游戏怎么玩吗？

开锁

1 = C 2/4   佚名 词曲

| i 6 | i - | 3 5 | 3 - | i 6 | i 6 | 3 5 | 3 - | 1 3 | 2. 3 |
  金 锁锁   银 锁锁，   一 把 钥 匙 开 一 把 锁。 哪 一

| 5 6 | 5 3 | 2 - | 3 i | 6 5 0 | 2 6 5 0 | 2. 5 3 2 | 1 - ‖
  哪 一 把？ 请 你 快 快 来 开 锁， 来 呀 来 开 锁。

丢手绢

1 = C 2/4   佚名 词曲

| 5 3 | 2 3 | 5 - | 5 3 | 2 3 | 5 - | 5 3 | 6 5 | 3. 5 | 3 2 | 1 2 | 3 5 |
  丢 手 绢   丢 手 绢。 轻 轻 地 放 在 小 朋 友 的 后 面，大 家

| 3 2 | 1 2 | 3 - | 6 5 | 6 5 | 2 3 | 5 | 6 5 | 6 5 | 2 3 | 1 - | 1 - ‖
  不 要 告 诉 他， 快 点 快 点 捉 住 他，快 点 快 点 捉 住 他。

提示：答案在本章中找。

案例3 章鱼和小鱼 （南京 郑姗姗）

使能目标阶梯

挑战4	引导与组织幼儿交换玩伴。	创造性应用	连续游戏，在游泳处自由交换玩伴。
挑战3	引导幼儿替换吹泡泡和游泳的动作。	应用	在教师的引导和组织下，替换吹泡泡和游泳动作。
挑战2	组织幼儿两两结伴完整地进行随乐游戏。	应用	两两结伴完整地进行随乐游戏。
挑战1	从教师示范过渡到师幼示范随乐游戏玩法。	观察	多次观察示范，了解、理解游戏规则。
音乐	教师带领幼儿随乐完整练习。	模仿	感知、理解、记忆音乐和动作；感知故事、动作和音乐三者之间的对应关系。
动作	引导幼儿创编吹泡泡、游泳两个动作的基本模式。	创编	在教师的启发下，创编吹泡泡和游泳的基本动作。
故事	简述章鱼先生和小鱼多丽"吹泡泡—游泳—玩'顶锅盖'游戏"的温馨故事。	理解	情境理解，产生兴趣，明确任务。

游戏玩法

这是一个传统经典的民间游戏，许多地区称之为"顶锅盖"（上面的手掌类似"锅盖"，下面的食指类似"筷子"）。一人双手掌心向下，一人双手食指向上顶住他人的掌心，随着向上、向下、转圈、原地等指令一起运动。在儿歌结束的最后一个"跑"字上发起"追逃"活动。

在这个活动中，可将"顶锅盖"游戏迁移改编成章鱼和小鱼玩追逃游戏。

【动作建议】（参见乐谱）

紫色激情

1 = F 4/4

[保加利亚]戴安娜·柏启华 曲

A1段
动作说明：章鱼和小鱼一起一个一个地吹泡泡。

| 0 | 0 | 0．3 | 4 3 #2 3 | 1̇．3 | 4 3 #2 3 | 7．3 | 4 3 #2 3 |

动作：　　　　　　　　　　　　　　　　　　　　吹　　　　　　　　收

7．3　4 3 #5 6　7 6 3　3 3　｜　1̇．3　4 3 #2 3　7．3　4 3 #2 3
吹　　　收　　　　　　吹　　　　　　　收

7．3　4 3 #5 6　7 1̇ 6　6 5 6　｜　5．6　7 6 #5 6　4．5　6 5 #4 5
吹　　收　　　吹　　收　　　　　吹　　　收　　　吹　　　收

4．5　6 5 #4 5　3．3　3 3 #2 3　｜　1̇．3　4 3 #2 3　7．2　3 2 #1 #2
吹　　　收　　　吹　　　收　　　　　　　　　　　　　吹　　　收

A2段
动作说明：章鱼和小鱼一起上上下下地游泳。

|　　7．2　3 2 #1 #2　6．3　｜　1̇．3　4 3 #2 3　7．3　4 3 #2 3 |

吹　　　收　　上　　　　下

7．3　4 3 #5 6　7 6 3　3 3　｜　1̇．3　4 3 #2 3　7．3　4 3 #2 3
上　　下　　　　上　　　　　下　　　　　　上

7．3　4 3 #5 6　7 1̇ 6　6 5 6　｜　5．6　7 6 #5 6　4．5　6 5 #4 5
上　　下　　　上　　下　　　　　下　　　　　　上　　　下

4．5　6 5 #4 5　3．3　3 3 #2 3　｜　1̇．3　4 3 #2 3　7．2　3 2 #1 #2
上　　　下　　　上　　　下　　　　　　　　　　　　上　　　下

6．7　1 6 7 1　7 1 2 3　3 ‖
上　　　下

B1段

动作说明：章鱼和小鱼一起说"顶锅盖"游戏的准备部分。

| 3̣ 1 3̣ 1 | 3̣ 1 1 2̇ | 1̇ 7 6 | 7 | 7 2̇ 7 2̇ | 7 2̇ 7 2̇ | 1̇ 1̇ 2̇ | 3̇ 1̇ 2̇ |

小　　鱼　　小　　鱼　　上　　　面　　　游，

向上运动

| 3̣. 4 | 5 5 6 | 5 4 3 | 4 | #2̣ #4 1 2̇ | 4 1 3 2 | 1̇ 7 6 | 7 |

小　　鱼　　小　　鱼　　下　　　面　　　游。

向下运动

| 3̣ 1 3̣ 1 | 3̣ 1 1 2̇ | 1̇ 7 6 | 7 | 7 2̇ 7 2̇ | 7 2̇ 7 2̇ | 1̇ 1̇ 2̇ | 3̇ 1̇ 2̇ |

小　　鱼　　小　　鱼　　转　　圈　　游，

转圈运动

| 3̣. 4 | 5 6 5 | 5̣. 4 3 | 2 | 3 1 4 2̇ | 1̇ 3̇ 5̇ 7̇ | 1̇ 7 6 | 7 |

小　　鱼　　小　　鱼　　游　　　游　　　游。

原地运动

B2段

动作说明：章鱼和小鱼一起继续说"顶锅盖"游戏的准备部分。

| 3̣ 1 3̣ 1 | 3̣ 1 1 2̇ | 1̇ 7 6 | 7 | 7 2̇ 7 2̇ | 7 2̇ 7 2̇ | 1̇ 1̇ 2̇ | 3̇ 1̇ 2̇ |

小　　鱼　　小　　鱼　　上　　　面　　　游，

向上运动

| 3̣. 4 | 5 5 6 | 5 4 3 | 4 | #2̣ #4 1 2̇ | 4 1 3 2 | 1̇ 7 6 | 7 |

小　　鱼　　小　　鱼　　下　　　面　　　游。

向下运动

| 3̣ 1 3̣ 1 | 3̣ 1 1 2̇ | 1̇ 7 6 | 7 | 7 2̇ 7 2̇ | 7 2̇ 7 2̇ | 1̇ 1̇ 2̇ | 3̇ 1̇ 2̇ |

小　　鱼　　小　　鱼　　转　　圈　　游，

转圈运动

| 3̣. 4 | 5 6 5 | 5̣. 4 3 | 2 | 3 1 4 2̇ | 1̇ 3̇ 5̇ 7̇ | 1̇ 2̇ 1̇ | 6 |

小　　鱼　　小　　鱼　　快　　　快　　　跑[①]！

原地运动……　　　　　　　　　　　　追逃

| 6　—　—　— | 1̇　—　—　— ‖

　　　　　　　　　　　　耶！

　　　　　　　　　　　　造型

[①] 当儿歌念到"跑"字时发起"追逃"活动，然后立即做静止造型，直到音乐完全结束。

活动目标

（1）初步熟悉音乐，了解音乐结构，按照节奏和AB结构随乐做动作和玩游戏。

（2）有意识地利用原有经验，创编更多不同的游泳和吹泡泡的动作。

（3）玩"顶锅盖"游戏时，努力克制一味追求"追逃成功"的冲动，坚持在"跑"字上发动"追逃"行为；学习在自由换玩伴时利用小策略，力争做到"迅速安静"地结交新玩伴；在教师的引导与鼓励下，乐于接受所有的"潜在玩伴"。

活动准备

（1）物质准备：

① 最好有相关情节的幻灯片。（最好是原动画片中的截图）

② 用各种工具吹泡泡的图片。（可以集中在一张幻灯片上，也可以是一系列不同的吹泡泡的短视频）

③ 海洋动物的图片。（有相关视频更好）

④ 录音音乐。

（2）经验准备：

① 最好玩过"顶锅盖"游戏。（没有玩过也不是很要紧）

② 拥有自由结伴、换伴的经验。

③ 拥有玩真实的吹泡泡游戏的经验。

④ 拥有一定的海洋生物的知识。

（3）空间准备：

① 最好让男女幼儿间隔着坐。

② 全体幼儿围坐成大的半圆。

活动过程

1. 了解故事，创编动作

（1）了解故事的情境与结构。

教师：（伴随音乐讲述故事）章鱼哥哥和小鱼妹妹终于幸福地生活在一起，他们每天在一起吹泡泡（幻灯片），还一会儿上一会儿下地游泳（幻灯片），休息的时候还一起玩"顶锅盖"的游戏。像这样（教师做动作）：章鱼在上面（左手张开，手心向下，五指自由运动），小鱼在下面（右手食指顶住左手手心）。小鱼小鱼上面游（双手一起向上移动），小鱼小鱼下面游（双手一起向下移动），小鱼小鱼转圈游（双手一起划一个大圈），小鱼小鱼游游游（双手一起停在胸前，注意左手五个指头要一直不停地像章鱼的触手一样自由运动）。再玩一次，小鱼小鱼上面游，小鱼小鱼下面游，小鱼小鱼转圈游，小鱼小鱼快快跑！（在念到"跑"字时，左手的手指快速合拢并抓住右手的食指）哎呀抓住了！哈哈哈！

（2）创编基础动作。

教师：下面我们一起来表演这个故事。大家说，两个好朋友是怎样吹泡泡的呢？

众幼儿各自做出自己的动作，教师选择一个最容易模仿的动作。

教师：那他们又是怎样游泳的呢？

众幼儿各自做出自己的动作，教师选择一个最容易模仿的动作。

> 注意：教师需要先照顾中等及其以下水平的幼儿，选择最易于大家共同模仿的动作，个性化的创编和即兴表演是需要安排在后面"更高级的挑战"流程中的。

2. 感知故事、动作、音乐之间的关系

（1）教师带做。（一般应重复练习3—4遍）

（2）教师逐渐退出。（一共练习约5—6遍）

> 注意：教师需要密切观察幼儿掌握的情况，大约在第3遍练习的时候可根据情况逐步改成用语言提醒动作改编和动作节奏：如吹、收；上、下等。后面的动作和节奏用儿歌来提醒。鼓励幼儿跟念，但不鼓励其大声念。教师退出后还需用暗示的策略支持幼儿再练习2遍左右。

3. 了解（迁移）游戏规则

> 注意：这是"难点专攻"的设计，仅仅只做B段音乐部分的游戏动作。

（1）观察教师示范。两位教师示范B段音乐的游戏：一人当章鱼，一人当小鱼，都使用两只手，先一起运动，最后章鱼捉、小鱼逃。

（2）观察教师和一位幼儿同伴示范。（可根据情况重复）

> 注意：需要示范"角色协商"的部分。

（3）观察两位幼儿同伴示范。（可根据情况重复）

> 注意：教师重点指导幼儿，一定要在"跑"字上发动"追逃"。需要邀请全体幼儿监督规则执行的水平。

4. 尝试结伴完整地进行游戏

过程略。

5. 做基础动作玩游戏

教师组织幼儿两两结伴，完整地随乐进行游戏。（完整随乐游戏2遍）

（1）澄清、丰富相关经验。

教师提供各种吹泡泡和海洋动物的图片或视频，引导幼儿提供吹泡泡和不同海洋动物游泳的动作。

> **注意：** 幼儿的相关经验不是非常清晰熟练，且提取不易，所以教师最好还是要给他们的想象创造提供一些实际的支持。

（2）替换动作玩游戏。

教师将幼儿提供的新的吹泡泡和游泳的动作替换掉刚开始时选择的基础动作。每次完整游戏前，吹泡泡和游泳各替换成一种统一的新动作。（完整随乐游戏第4—6遍）

> **注意：** 这是帮助中等及其以下的幼儿积累动作语汇和提高动作自信的一种必要策略。

6. 面对更高级的挑战

（1）从集体替换到各自即兴。继续游戏，教师此时可以鼓励幼儿各自选择自己喜欢的动作来吹泡泡和游泳。

（2）开始引导高级交流。教师此时也可以通过榜样引导，鼓励幼儿注意表现两人之间的情感交流和动作配合。

（3）从固定同伴到自由结伴。连续游戏，音乐不断，在A2段的音乐中，边游泳，边寻找到新的玩伴。

> **提示：** 教师可告知一些小策略，如：尽早用眼神预定新朋友；早一点游到新朋友面前确定结伴关系；没有伴时，可以高举手臂示意，方便别人了解到哪里还有"结伴机会"。

温馨提示

（1）这个游戏改编自传统游戏"顶锅盖"。它是在中国传承多年的游戏，在家庭中往往以亲子游戏的形式出现：成人大手手心向下，儿童小手（也可能是多名儿童）用食指顶住成人的手心，当儿歌结束的瞬间，大手追抓小手，小手迅速逃脱。该游戏能增进亲情且很有乐趣。在儿童游戏场合，儿童之间也会玩此游戏，锻炼反应的速度，体验胜利的成就感。流传比较广泛的儿歌有："顶锅盖，油炒菜，辣椒多了不要怪！"同更小年龄的幼儿玩，也许会念："点虫虫，虫虫飞！"

（2）上述活动过程6对幼儿能力基础的要求比较高，一般会在另外的集体教学中再进行。若将本次活动移到基础更好的大班阶段甚至大班下学期进行，则无障碍。

案例4　捉泥鳅　　（南京晨光幼儿园）

使能目标阶梯

挑战4	组织全体幼儿拉成一个"大网"玩游戏。	创造性应用	完整跟随A、B段音乐，玩多人结伴游戏。幼儿逐渐参与歌唱。
挑战3	组织全体幼儿三人结伴尝试随乐游戏。	应用	完整跟随A、B段音乐，玩三人结伴游戏。幼儿逐渐尝试歌唱。
挑战2	辅导三位幼儿尝试示范玩法。	观察模仿	继续深入了解三人结伴游戏的玩法。
挑战1	两位教师和一位幼儿示范"钻渔网"游戏的玩法。	观察模仿	了解三人结伴游戏的玩法。
音乐	带领幼儿完整地用规定动作感知音乐。	模仿	在教师的带领下，完整感知故事、动作、音乐三者之间的关系；理解和表现节奏、结构。
动作	随乐示范花式拍手游戏的基础动作。	观察模仿	学习基础花式拍手动作：从个人拍手动作开始，逐渐到结伴对拍。教师唱曲调伴随。
故事	通过图片简述相关知识和情境。	理解	情境理解，产生兴趣，明确任务。

游戏玩法

（1）玩法一：三人一组，两人面对面双手相握，高举过头，作为网兜；一人作为泥鳅在中间钻进钻出，其间可以围绕某人或两人转圆圈。在歌曲结束时，两人将网兜"扣下"，网兜力争捉住泥鳅，泥鳅力争不被捉住。

（2）玩法二：大部分幼儿手拉手围成大圆圈，双手高举过头，作为网兜；小部分幼儿作为泥鳅在中间钻进钻出，其间可以围绕某人或两人转圆圈。当歌曲结束在"鳅"字时，大网兜"一起扣下"，网兜力争捉住泥鳅，泥鳅力争逃脱离开而不被捉住。

【动作建议】（参见乐谱）

捉泥鳅

1 = D 4/4

侯德健　词曲

A段

动作说明：全体幼儿做结伴花式拍手游戏，也可以做其他自己创造的有趣律动动作，如一人拍、两人拍、三人拍、多人拍等。

| 6 6.5 6 5 3 | 5 3 3 2 3 — | 2 2.2 2 2 5 | 5 3 3 2 3 — |
| 池塘里水满了雨也停了， | | 田边的稀泥里到处是泥鳅。 | |

| 6 6.5 6 5 3 | 4 4 3 2 3 — | 5 5.5 5 5 7 | 6 6 6 6 5 6 — |
| 天天都等着你等你捉泥鳅， | | 大哥哥好不好带我去捉泥鳅！ | |

B段

动作说明：玩"捉泥鳅"游戏，在感知音乐环节中，可做"绕线手"动作，也可以做其他简单的声势动作，如拍腿。

‖: 1 1.1 7 5 | 6 6 6 6 5 6 5 3 | 5 5.5 5 5 7 | 6 6 6 6 5 6 — :‖
小牛的哥哥带他去捉泥鳅！　大哥哥好不好带我去捉泥鳅！

活动目标

（1）初步熟悉音乐，合着音乐节拍进行两人对拍和大圆圈上的多人对拍。

（2）自由地探索从"渔网"里钻进钻出和走绕行路线，在教师的引导与鼓励下，迅速通过观察他人，积累新的绕行思路，并及时应用到自己的游戏实践中。

（3）无论是否被"渔网"捉住，都能体会到与他人一起"游戏"的乐趣。

活动准备

（1）物质准备：

　　① 泥鳅的图片。

　　② 捉泥鳅的图片。（最好是有情趣的绘画作品）

　　③ 录音音乐。（钢琴现场伴奏，教师现场演唱也可以）

（2）经验准备：

　　① 最好玩过类似"老鼠笼"的游戏。

　　② 有过与同伴对拍的经验则更好。

（3）空间准备：幼儿围坐成一个大的半圆。

活动过程

1. 感知、理解歌词大意与活动情境

（1）教师出示图片，与幼儿谈论与分享对相关事物、情境的了解和理解。

（2）教师唱歌，再次与幼儿谈论与分享对相关事物、情境的了解和理解。

（3）教师邀请大家进入情境，首先告知情境中的幼儿要会玩花式拍手游戏，哥哥姐姐才会带大家出去玩，以此激发幼儿的学习动机。

2. 学习、练习两人对拍动作

（1）教师示范基础拍手模式：拍腿4次，拍手4次。（两拍一次）教师伴唱完整歌曲。（第1遍观察示范）

（2）幼儿跟着教师模仿练习2次。（练习第1—2遍）

（3）教师可以要跟哥哥姐姐做得一样好才会被接纳为理由来挑战幼儿：动作模式改成一拍一次动作，重复2次。（练习第3—4遍）

3. 完整感知音乐和动作的结构同步关系

（1）教师以练习布网为理由，将B段动作改为"绕线手"，A段仍旧同上一环节的模式，重复2次。（做完整随乐模式练习第1—2遍）

（2）幼儿就近两两结伴去探索：如何将自己拍自己的手，改变成拍同伴的手。教师选择最简单的方式，统一练习2次。（做完整随乐模式练习第3—4遍）

4. 观察示范，学习三人游戏

（1）两位教师邀请一位幼儿共同示范。玩法：三人围成小圆，拍击动作改为先拍腿，再向中间拍击，尽量能够触碰到同伴的手。

（2）重复上一环节，换一位幼儿示范。（第2—3遍观察示范）

（3）换成三位幼儿尝试示范。

（4）重复上一环节，换三位幼儿示范。（第4—5遍观察示范）

（5）邀请班级一半的幼儿三人一组尝试。鼓励剩下的一半幼儿跟随教师尝试唱歌伴随，同时观察幼儿同伴的操作"是否存在问题"。
（6）邀请另外一半的幼儿三人一组尝试。前一半幼儿伴唱和寻找问题的任务同上。（大约第6遍。既有观察，又有练习）

> **注意：** 教师必须认真观察幼儿在活动中出现的问题，及时引导全体幼儿讨论和尝试解决问题。

5. 迁移经验，学习多人游戏

（1）准备圆圈拍击。
教师和幼儿全体站成一个大圆。A段音乐时，练习两手拍击两侧同伴的手，B段音乐时，做绕线手。
（2）教师带领一位幼儿扮演泥鳅，示范各种钻圈思路。
（3）教师邀请2—3位幼儿尝试扮演泥鳅。
（4）教师邀请5—6位幼儿扮演泥鳅。

> **注意：** 指导重点是在"鳅"字上"扣下渔网"；按照节奏做动作；能唱歌的尽量跟着录音唱；无论是否被捉住都能够感到和朋友一起游戏的快乐。

温馨提示

（1）这个活动的设计有三个创意：一是在歌曲的A段增加了传统的"花式拍手"游戏；二是"捉泥鳅"游戏迁移了传统的"老鼠笼"游戏；三是将传统的多人合作游戏改编成了三人合作游戏，增加三人之间更亲密的互动。
（2）此活动是一种二重综合游戏，也可以使用那种"改改弄弄，拆拆拼拼"的创意思路。
（3）如果在最后环节，幼儿在"练习两手拍击两侧同伴的手"上有困难，可改为：
① 取消"拍腿—拍手"交替模式，改为仅做拍手动作。
② 仍旧保持"拍腿—拍手"交替模式，但改为两拍做一次动作。
③ 使用自己唱歌伴随，整体放慢唱歌的速度。

> **注意：** 以上都是降低难度的策略。

（4）等幼儿已经玩得比较熟练时，教师可以逐步引导幼儿尝试设计、改编花式拍手的模式，包括两人对拍，以及小圆圈上的三人和大圆圈上的多人花式拍手。

> **注意：** 以上是提升难度挑战的策略。

（5）同样嫁接"老鼠笼"游戏，创设有趣的情境。

注意：以下这些也都是传统"老鼠笼"游戏的迁移应用案例。

① 搜集雨滴：歌曲《小云朵》。按照乐句网笼起落4次，每人每次只能收集一滴雨滴。网笼打开时才能进出，关闭时只能等待。两人比赛，在规定时间内看谁从圆圈外面收集进来的雨滴更多。这一设计增加了紧张的追求胜利的竞赛，已经超越了传统游戏的玩法。

② 比赛钓鱼：歌曲《小猫钓鱼》。按照乐句网笼起落4次，每人每次只能捉拿一条小鱼。网笼打开时才能进出，关闭时只能等待。两人比赛，在规定时间内看谁从圆圈里面捉出去的小鱼更多。这一设计增加了紧张的追求胜利的竞赛，已经超越了传统游戏的玩法。

③ 追捉大火鸡：歌曲《稻草堆里的大火鸡》。火鸡进入网笼捣乱，扎起篱笆捉住它们。歌曲开始，火鸡开始进出，歌曲结束网笼关闭，看看能够捉到哪些火鸡。这一设计更类似传统游戏的玩法。

④ 网小鱼：歌曲《江南》。歌曲A段小鱼和荷花跳舞嬉戏。歌曲B段开始拉网，小鱼亦开始进出，歌曲结束网笼关闭，看看能够捉到哪些小鱼。这一设计也类似传统游戏的玩法。

> **友情提问**
> （1）你知道传统体育游戏"老鼠笼"是怎么玩的吗？
> （2）在本活动中，教师对传统的"玩法"做了什么改变？
> （3）这种改变起到了什么特殊的作用？
> （4）你可以想出另外的适合玩"老鼠笼"游戏的情境吗？

案例5 小精灵的魔法汤 （杭州 沈颖洁）

使能目标阶梯

挑战4	引导幼儿绘制自己的魔法流程。	创造性应用	初步学习用图谱的方式表现音乐结构和力量模式的特质。
挑战3	引导幼儿即兴改编抓握"彩色小魔星"的方向。	探究创造	继续巩固对律动和音乐的掌握。"改变方向实验"：在教师的引导下探究"问题的症结2"。
挑战2	引导幼儿用彩色小串珠做实验。	探究	进一步巩固对律动和音乐的掌握。"串珠实验"：在教师的引导下探究"问题的症结2"。
挑战1	引导幼儿用彩色小纸团做实验。	探究	巩固对律动和音乐的掌握。"纸团实验"：在教师的引导下探究"问题的症结1"。
音乐	带领幼儿徒手尝试魔法汤的制作过程。	模仿	深化体验——理解故事、音乐与动作之间的关系。
动作	随乐示范魔法汤的制作过程。	观察	进一步感知动作要素、顺序及重复规律，理解故事、音乐与动作之间的关系。
故事	随乐使用图谱介绍魔法汤的制作过程。	理解	情境理解，产生兴趣，明确任务。学习使用图谱，初步感知故事的结构。

游戏玩法

（1）教师示范：在矿泉水瓶的瓶盖内侧涂容易溶解于水的颜料，教师随乐晃动矿泉水瓶，瓶内的清水便逐渐被染上了颜色。

（2）教师最初几次提供给幼儿的矿泉水瓶的瓶盖内侧没有颜料，所以无论幼儿怎么晃动，瓶内的清水都不会变色。

（3）投放三次材料：第一次，配班教师给少数幼儿的矿泉水瓶换上内侧涂有颜料的瓶盖；第二次，给多数幼儿的矿泉水瓶换上内侧涂有颜料的瓶盖；第三次，给全体幼儿的矿泉水瓶换上内侧涂有颜料的瓶盖。这样做是为了激励幼儿更加认真、努力地做"施魔法"的动作，也是为了激励幼儿思考、探究清水变色的原因。

（4）说明：该游戏最好在中班下学期或大班上学期进行。如果幼儿年龄过大，相关经验过于丰富，很容易识破此中"机关"，游戏便不好玩了。

【动作建议】（参见乐谱）

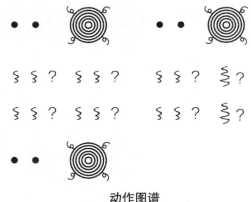

动作图谱

加速度圆舞曲（片段）

1 = C 3/4　　　　　　　　　　　　　　　　　　　　　[奥地利] 约翰·施特劳斯
圆舞曲速度

A段
动作说明：前八小节，用右手食指指着地上的瓶子画圆圈（参见动作图谱中的涡旋线）；后八小节，两小节为一个单位先向空中假装抓握什么东西，再假装放入瓶内（参见动作图谱中旋涡四周的4条螺旋线）；同样动作重复4次。（音乐是反复的，一共2遍）

（前奏）
动作说明：用手指对着瓶子点两下（参见动作图谱中的两个小圆点）。

(0 1 0 1 0) ‖: #1 2　1 2　1 2 | #1 2　1 2　1 2 | #2 3　2 3　2 3 | #2 3　2 3　2 3 |
　　　　　　　　 p 渐快、渐强

B段

动作说明：双手握住瓶子，前两小节，一边用力摇动一边左右大幅度摇摆手臂（最好能够按照三拍子节奏运动）；后两小节，掀开布角观察瓶内之水。（重复3次）最后四小节掀开盖住瓶子的布角"偷看"摇动的最终结果。（音乐是反复的，一共2遍）

（再现A段）

动作说明：动作同A段音乐。音乐全部结束后拿掉盖布，展示结果。

活动目标

（1）初步熟悉音乐，能跟随音乐节奏和结构表现律动的情境及变化。

（2）对"清水"变色保持好奇心和探究动机，不断努力尝试各种解决问题的方式；学习用图谱的方式表现音乐的结构和力量模式的特质。

（3）享受探究的乐趣，积极分享自己的问题和假设；尽力表现情境中需要感受和表现的各种情绪，如好奇、努力、失望、欣喜等。

活动准备

（1）物质准备：

①魔法流程图。（实际上是教师事先绘制好的音乐结构图谱）

②A4纸每人一张，彩色水笔每人一套。

③灌注了半瓶清水的透明饮料瓶，每位幼儿一个。

④准备同等数量的瓶盖，瓶盖内预先涂上易于溶于水的颜料。

⑤教师自己准备6个灌注了半瓶清水的透明饮料瓶，每个瓶盖内都预先涂上了不同的颜料。

⑥教师和幼儿每人都有一块可以完全盖住饮料瓶的不透明的布。

⑦一些不会掉色的彩色纸团，一些彩色小串珠（数量应保证每位幼儿至少可以拥有两三粒）。

⑧录音音乐。

（2）经验准备：无须特别准备。

（3）空间准备：幼儿围坐成大的半圆。

活动过程

1. 了解故事情境，学习"做汤"的流程

（1）了解做汤流程。

教师：我是魔法学校里最会做彩色精灵能量汤的女巫老师，今天你们都是来向我学习怎样做彩色能量汤的小精灵。想不想学习怎样做彩色能量汤呢？

众幼儿：想！

（2）观察做汤流程的动作。

教师：（出示做汤魔法流程图）这是我的做汤秘笈，我现在要跟着音乐来告诉你们做汤要经过哪些步骤。

教师跟随音乐指图操作，然后和幼儿交流每个步骤和图意的关系。

> **注意：** 现在增加了一种表征方式——图谱。以后参与对应和相互转换的符号系列中就会变成：故事—图解—动作—音乐，四者——对应。

教师用动作和语言解释动作图谱（见前述"动作图谱"）的含义：

①两个小圆点表示食指指点瓶口两次：我要开始施魔法了哦！

②涡旋线表示手指在瓶口上方旋转：念咒，施魔法。

③四角螺旋线表示在空中一下一下抓握：抓捕"彩色小魔星"，并放进瓶子里。

④竖波浪线表示用力摇晃瓶子：将"彩色小魔星"与清水混合。

⑤问号表示掀开盖布观察水色：看看有无变化。

（3）学习做汤流程的动作。

    教师：带领幼儿跟随音乐练习2—3次。（前3遍徒手随乐练习）

    教师：这一次我用手指着魔法步骤图，你们自己做动作，可以吗？

    众幼儿：可以！（练习2次；第4、5遍徒手随乐练习）

    教师：这次我们要真的来做魔法汤啦！（发放瓶子，练习2—3次；前3遍实物操作随乐练习）

> **注意**：教师使用可以变色的瓶子，幼儿使用无法变色的瓶子。教师以幼儿动作不够规范、不够努力、不够合拍等理由激励其更认真地练习。

2. 挑战1——用彩色小纸团做实验

在瓶中放入彩色小纸团后进行操作。（第4遍实物操作随乐练习）

3. 挑战2——用彩色小串珠做实验

在瓶中放入彩色小串珠后进行操作。（第5遍实物操作随乐练习）

> **注意**：教师要提示与引导幼儿尽力做出应该具有的表情，并激励幼儿思考：为什么他们的汤总是做不成。

4. 挑战3——即兴改编空中抓握的方向和路线

教师以可能需要更多失败才能成功为理由激励幼儿继续努力，然后以瓶子需要冰镇一下为理由收走幼儿使用的瓶子，可以换成内有颜料的盖子，也可以直接换成盖内涂有颜料的瓶子。

教师：我觉得可能是我们在空中抓捕的彩色小魔星不够多，所以这次我们要尝试从前后左右、四面八方、远远近近各个地方去抓捕更多的小魔星。应该怎样做呢？谁会做？教教大家！

教师引导幼儿积极提供自创的动作样式，并努力相互学习。（第2次算成功。教师引导幼儿即兴创编带有表情的"成功造型"，静止展示4秒钟）

> **注意**：可以操作2次，让颜色充分溶化，让瓶子里的水颜色变深。

5. 挑战4——绘制魔法流程

（1）学习绘画图谱。

    教师：经过艰苦的努力，我们终于还是成功了！现在女巫老师要请你们把做汤的心得画下来，以后别的小精灵来学习的时候，还要提供给他们学习呢。能不能画出来呢？不要和老师画成一样的哦！我自己也来重新画一张不一样的。

    教师发放纸笔，在幼儿绘画的时候，教师也可以同时画。（应与最先提供给幼儿的不同）

（2）展示交流。

教师：现在请小精灵们把你们的心得都放到黑板上来相互学习一下吧！（展示交流，相互学习）

> **注意：** 幼儿展示他们的作品期间，教师需要努力引导和支持幼儿说出他们的想法：为什么要这样画，为什么要那样画，并从结构和力量模式特质对应的角度帮助他们提升。

（3）整理现场。

教师：不要忘记把做好的魔法汤收拾好，回去给今天没有来学习的小精灵增加能量哦！（指导幼儿有序收拾瓶子，整理现场）

> **注意：** 最后两个环节也是非常重要的，教师千万不能敷衍了事。此处因篇幅有限，不再赘述。

温馨提示

（1）韵律活动的教学流程是有一定规律的。在前面我们已经提供的范例中，都可以轻易总结出韵律活动的流程，即："故事—动作—音乐—新挑战"，不论韵律活动的流程怎样千变万化，都离不开这一关键流程。

（2）我们在前几章和本章提供的奥尔夫老师原版案例和理论要点中都可以看到对此流程"科学性"的注解：

① 故事：是指创设了具有意义和情感的情境，有利于吸引幼儿投入和帮助幼儿理解、体验、想象和发挥创意。

② 动作：是用来感知音乐的节奏、结构和音乐的内在力量特质的重要工具，也是用来表征或表现音乐的节奏、结构和内在力量特质的必要工具。

③ 音乐：当前面的两个要素在音乐环节与音乐一一对应之后，幼儿对音乐的深入感知、理解、体验和表达才能够初步完成。

④ 新挑战：进一步深入地感知、体验和表现，不但需要有一定量的反复，而且还需要通过加入"新挑战"来激发幼儿深入探究的动机和自我实现的追求心向。

友情提问

律动教学流程有什么规律？它与奥尔夫老师提供的范例有什么关系？

案例6 调皮的小鞋子 （南京 黄 悦）

使能目标阶梯

挑战 4	组织全体幼儿尝试并加入"爷爷出来检查"的情节。	创造性应用	在教师的组织与指导下，全体尝试完整随乐游戏并与"爷爷"暖心俏皮互动，即造型配合表情。
挑战 3	邀请两位幼儿尝试示范前述的配合表演模式。	应用	继续了解、记忆两人结伴配合表演的模式。少数人开始尝试表现这个模式。
挑战 2	带领一位幼儿示范两只小鞋向后跑出鞋柜的配合表演模式。	观察	观察、理解两人结伴配合表演的模式：后出来者"镜面"对称模仿先出来者。
挑战 1	引导幼儿创编各种奇异的小鞋子造型。	创造	在教师的引导下，创编各种奇异的小鞋在"自我展示"时的造型，并学习立即模仿同伴的造型。
音乐	带领幼儿随乐练习全套律动的基础动作。	模仿	感知故事、动作、音乐三者之间关系，记忆动作，熟悉音乐的节奏、结构和力量特质的变化。
动作	引导幼儿讨论全套律动的基础动作。	创造	在教师的引导下，讨论创编"跑出—造型""拍手—打招呼""跑回—坐好"等基础律动动作。
故事	配合音乐的结构简述"小鞋子偷偷开舞会"的几个情节。	理解	情境理解，产生兴趣，明确任务。

游戏玩法

在最后几次活动中，配班教师在音乐结束后装扮成鞋匠爷爷"出来检查"，以增加游戏的紧张气氛。

【动作建议】（参见乐谱）

闲聊波尔卡
（调皮的鞋子）

[奥地利] 约翰·施特劳斯 曲

$1 = A$ $\frac{2}{4}$

前奏　　　　　　A段
动作说明：前4小节，第一只小鞋出，后4小节造型；下一个8小节，第二只小鞋出，造型。

转 $1 = E$（前 2 = 后 5）

B段
动作说明：走走走走，拍拍手；打个招呼，打个招呼。（按照节奏做相应动作，重复1次）

C段　渐强
动作说明：前4小节，做倾听状；从第5小节开始到结束，跑回"鞋柜"坐坐好。

转 $1 = A$（前 $\dot{1}$ = 后 5）

尾声

教师预令：爷爷　没醒　再来　一次！

活动目标

（1）初步熟悉音乐，感知音乐的节奏、结构和情绪的力量模式特质；按音乐的节奏、结构和情绪模式进行律动和游戏。

（2）创编鞋子造型动作并做"镜面"领袖模仿游戏。

（3）理解"悄悄溜出来跳舞"是因为不想打扰爷爷休息，也不想让爷爷担心。当爷爷出来检查时，能认真地做出"我是好乖乖，一直坐在鞋柜里，啥事也没干"的俏皮表情。

活动准备

（1）物质准备：

① 以各种奇异的鞋子造型汇集成的大图片（可以是幻灯片）。

② 一张小鞋子开舞会的场景图画，最好有一点浪漫情调。

（2）经验准备：

① 最好阅读过绘本《米格爷爷鞋匠店》。

② 最好有一些"镜面领袖模仿"游戏或对称的感性经验。

（3）空间准备：幼儿围坐成大半圆。

活动过程

1. 了解故事情境，初步感知音乐

教师用与音乐完全匹配的速度、力度及结构讲述故事，帮助幼儿理解动作线索和游戏情境。

教师：（出示图片）这是米格爷爷的鞋匠店，这是店里制作的各种奇异的鞋子。请你们仔细听听，米格爷爷的鞋匠铺里藏着什么秘密？（放完整背景音乐）

教师：在城市的巷子里有一家"米格爷爷鞋匠铺"，里面住着修鞋子的米格老爷爷和他漂亮的小鞋子们。米格爷爷的手艺很好，人也很善良，所以大家都喜欢上他这里来做鞋。这里有穿在高贵小姐脚上的黑美人；有穿在活泼小男孩脚上的小叮叮；还有许多许多你想象不到的特别的鞋子。鞋匠铺里有个秘密：那就是每天到午夜12点，米格爷爷睡着的时候，小鞋子们都会活起来。调皮可爱的小鞋子不仅会摆出各种有趣的造型，还会一起跳舞呢！这天，鞋柜里的小鞋子们正在商量一起跳个有趣的舞蹈，给辛勤工作的米格老爷爷一个惊喜呢！

2. 创编基础动作，进一步了解故事情境的结构

（1）创编A段音乐中的小鞋子从鞋柜跑出然后造型的基本模型。

教师：鞋匠铺里有个什么秘密？

幼儿1：小鞋子会从鞋柜里跑出来做漂亮造型。

幼儿2：每到午夜12点，米格爷爷睡着的时候，小鞋子们都会从鞋柜里跑出来做漂亮造型。

教师：请你们仔细想一想，两只小鞋子是一起出来的吗？

幼儿：不是一起出来的。

教师：你们看清楚它们是怎样出来的吗？

幼儿：一只小鞋子先出来，另一只小鞋子后出来。

教师：小鞋子跑出来做一个漂亮的造型，是什么样子的呢？

幼儿：做小花状。

教师：漂亮，小花鞋子。我们跑出来变小花鞋子，跑回家还变小花鞋子吧！我们一起来试一试。（教师唱A段和C段音乐，幼儿集体坐在椅子上练习1遍动作，站起来在椅子前原地跳1遍）

（2）创编B段音乐中的跳舞动作的基本模型。

教师：小鞋子出来以后做了什么事情呢？

幼儿：小鞋子会跳舞。

教师：接下来请你们一边听老师唱歌，一边想一想：小鞋子是怎样跳舞的？

幼儿七嘴八舌，一边做动作一边描述："走一走，拍拍手，打个招呼。"

教师：我们一起来试一试。（教师唱B段音乐，练习B段音乐的集体伴随动作——"走一走，拍拍手，打个招呼"。坐在椅子上做1遍，站起来在椅子前原地跳1遍）

教师：这次请你们和我一起用小手来试一试。（随完整乐曲在座位上用上肢做1遍）

> 注意：有动作可用便需接纳，此时仅仅只是创编基础动作，后续会逐步丰富和深入。

3. 随乐进行整套基础律动的模仿练习

教师用基础动作模型，带领幼儿练习3—4遍。（第4遍随乐练习）

> 注意：教师双手的五指快速运动，表示跑；可以每次从身体的不同部位，如头顶、耳朵、脸颊、嘴唇等出发表示从鞋柜的不同隔层跑出来，最后都统一停在大腿上，然后再做小花造型。

4. 不断替换新的小鞋子造型动作，并继续反复熟悉音乐和动作模型

教师不断用幼儿建议的新造型替换掉原先的鞋子造型，继续带领幼儿完整地进行随乐练习3—4遍。（第5—8遍随乐练习）

> 注意：在音乐的时值内并且按照音乐节奏进行即兴创编，对幼儿来说是一种挑战。"我数一、二、三，大家把你想到的动作准备好"是活动中常用的组织方法，目的在于给予幼儿充分的准备时间，同时又让幼儿明白要在一定的时间内完成动作的创编。教师引导幼儿在短时间内做出不同的造型，并让幼儿可以用语言描述自己的动作，升级已有的造型经验。

5. 学习两人配合的表演游戏

（1）教师与一名幼儿分角色示范游戏玩法。（"T—S1"即教师和一位幼儿示范游戏动作）

教师：我想做一只和你一样的鞋子，一会儿跳舞的时候，我们俩就是一双鞋子，我可以怎么做呢？

幼儿：要和我的动作一样，但是动作的方向不一样，比如我动左手你就动右手。

教师：我们刚才听音乐的时候，两只小鞋子是一前一后出来的，我想请我的伙伴做先出来的那只小鞋子，我来和他一起表演。请你看一看我们是怎样做的。

（2）两名幼儿分角色再次示范游戏玩法。（"S1—S2"即两位幼儿尝试游戏动作）

教师：这次请我刚才的合作伙伴从你们中间找一位同伴来一起表演，我们看一看他们能不能完成所有的动作。（请两位幼儿合作示范，尝试共同游戏，第1—2遍观察示范）

教师：刚才这两位小老师做得好不好？

众幼儿：好！

（3）全体幼儿两两结伴尝试。

① 男孩子先做造型。

> 提示：此为"领袖模仿游戏"镜面造型。

教师：接下来请所有的男孩子当第一只小鞋子，把你们的椅子搬到舞台上排成一排，变成我们的小鞋柜。女孩子当第二只小鞋子，站在男孩子的小鞋柜后面做准备。

> 注意：如果在第一次幼儿两两合作的过程中有问题，教师需要帮助全体幼儿澄清，如"需要在音乐的时值内做相应的动作""两只小鞋子的造型动作需对称""听到'回家'的音乐时要退回鞋柜并保持不动"等。

② 女孩子先做造型。（重复游戏同上，第1、2遍升级为完整随乐合作游戏）

> 注意：重点解决有些扮演第二只鞋子的幼儿会"抢跑"的问题和第二只鞋子不能做出"对称"动作的问题。

6. 完整游戏，体验与爷爷温馨互动的乐趣

继续游戏，可以鼓励更换同伴，重点启发幼儿回到鞋柜后坐好，并同时做出"正经八百"的"我没有出去过，我啥也没干过"的表情，以便让爷爷放心。

教师：（假装成爷爷）刚才我好像听到了什么声音，有发生不安全的事情吗？

众幼儿：没有！

教师：你们有从鞋柜里出去吗？

众幼儿：没有！

教师：（做犯困状）你们真是可爱的好孩子！

众幼儿：做忍住偷笑状。

教师：我要去休息了，再见。（游戏可以重复2次，第3、4遍升级游戏）

温馨提示

（1）这个活动最好安排在中班下学期或大班上学期进行。

（2）如果幼儿在"对称"方面的认识和反应能力不足，大致原样模仿或近似模仿也可以接纳。

（3）在创编鞋子造型时，幼儿可能会有两种反应：

① 幼儿完全不知道怎么做。这时教师可以用生活中的事物做一两个范例，启发幼儿，如大鲸鱼鞋子、黑老猫鞋子、小蚂蚁鞋子等。

② 幼儿有比较丰富的相关经验。这时教师可以说："大家先想好想要做的造型，我数一、二、三，大家一起造型。"再引导大家分享比较新颖的造型思路，如交通工具、乐器、武器、动画片中的人物、食物、植物等。

（4）最好组织班级的一半幼儿参与活动。

（5）活动的场地最好大一些，以便幼儿有充分的活动空间。

（6）教师的预令带有动词和语气处理很重要，具体要注意以下几点：

① 开始学习时，需要冷静、平淡的语气。

② 待幼儿已经比较熟练后，再逐渐加入情感的要求。

③ 切不可刚开始学习时就刺激幼儿，避免幼儿在最需要冷静的时候情绪失控。

（7）教学变式：该游戏的元素动作是各种各样的小鞋子造型，然而在游戏的过程中，小鞋子造型动作不停地被新的动作所替换，这就需要教师关注以下几点：

① 教师提示幼儿将原有动作产生的"动力定型"（下意识习惯）进行有效的阻断，提醒幼儿记住自己新创编的动作，并适时地做出表达。

② 教师一方面要提示幼儿避免别人的动作干扰；另一方面又可以鼓励幼儿在别人创造动作的基础上，微调变化出自己的动作。

③ 在活动过程中，教师还可以通过加入不同的想象新思路，提高幼儿参与游戏的趣味性。

（8）家园共育：建议家长与幼儿在家中利用各种材料进行手工游戏，通过添画的方式制作各种各样的小鞋子模型。

（9）活动延伸：在户外运动时，教师鼓励幼儿之间进行组合，模仿绘本中的小鞋子并与自己同一组的同伴相互配合，引导幼儿发现两只鞋子做的是对称的动作，并将对称的身体造型经验进行拓展，创编出更多合作造型的动作。

（10）教师还可以将最后的成果加入完整的戏剧故事表演中，使之成为中间的一幕。

三、适合大班幼儿使用的案例

案例1 小猴坐沙发 （南京游府西街幼儿园 杨 静）

扫码看活动视频

使能目标阶梯

挑战4	组织、引导幼儿在自由空间中随乐结伴游戏。	创造性应用	在教师的组织与引导下，尝试将用整个身体创编的变沙发和坐沙发的配合动作加入整体模型，随乐游戏。
挑战3	引导幼儿用整个身体创编和尝试练习变沙发和坐沙发的配合动作。	探究创造	在教师的组织与引导下，尝试用整个身体创编和尝试变沙发和坐沙发的配合动作。
挑战2	引导幼儿尝试用手变沙发的二人合作方式。继续随乐游戏。	迁移	在教师的组织与引导下，保持坐姿，两两结伴合作进行变沙发的游戏。
挑战1	引导幼儿创编不同的用于替换的挠痒痒部位。继续随乐练习。	迁移	用替换微调的方法反复感知音乐，熟悉律动的整体模式。
音乐	带领幼儿随乐练习。	模仿	理解故事、音乐与动作之间的关系。
动作	按照主要情节引导幼儿创编基础律动模式。	创编	创编动作，进一步熟悉游戏的动作语汇及顺序。
故事	随乐简述"小猴变沙发"游戏的主要情节：起床—出门找朋友—相互挠痒痒—相互变沙发给对方坐——起摇摆。	理解	情境理解，产生兴趣，明确任务。

第五章 律动教学 | 93

游戏玩法

1. 故事梗概

猴哥猴妹出门找朋友，找到朋友相互挠痒痒玩。猴哥先变沙发给猴妹坐，然后再相互交换。

2. 挠痒痒的游戏进程

（1）先挠自己的脸。

（2）再按"脸—手—腋下—肚子"的顺序挠自己。

（3）接下来自由按音乐结构更换挠的身体部位。

（4）最后再自由地与朋友相互挠。

> 注意：教师按照顺序给幼儿提建议，既可避免有些幼儿因不知道可以怎样挠、挠哪里而无法顺利进行游戏，又可以避免幼儿在游戏尚未深入到高级阶段，便因为过度兴奋而"无法继续深入"下去了。

3. 变沙发的游戏进程

（1）教师示范最初学习的模式"坐姿，自己玩自己"：先将自己的左手当作沙发，右手叠加上去表示坐沙发，双手一起摇表示是高级按摩椅，按了按钮会自动摇摆。

（2）结伴游戏时，分为三个阶段。

　①"坐姿，各人玩同伴"：一人出两只手，其他同上。

　②"站姿，各人玩同伴"：一人出两只手，其他同上。

　③"站姿，各人玩同伴"：一人先用双手变沙发给同伴坐，两人一起摇。

> 注意：坐沙发时一定要小心，不能真的坐上去。

（3）"站姿，各人玩同伴"：一人再设法用身体的其他部位变沙发给同伴坐，两人一起摇。

【动作建议】（参见乐谱）

甩葱歌

$1=C$　$\frac{2}{4}$　　　　　　　　　　　　　　[芬兰] 埃诺·凯蒂尼　曲

(6 1　3 1 | 6 1　3 1 | 6 1　3 1 | 6 0　0)

动作：做表现起床的各种动作

3 6　6· 7 | 1 6　6· 1 | 7 5　5· 5 | 7 6　6

按节奏自由行走

| $\underline{3\ 6}$ $\underline{6\cdot\ \underline{7}}$ | $1\ \dot{6}$ $\underline{\dot{6}\cdot\ \underline{1}}$ | $\underline{3\ \underline{3\ 2}}$ $1\ \underline{7}$ | $1\ \underline{\dot{6}}$ $\dot{6}$ |

东张西望

| $\underline{3\ 3}$ $\underline{2\ 1}$ | $\underline{\underline{7}\ \underline{5}}$ $\underline{\underline{5}\ \underline{\underline{5}\ \underline{7}}}$ | $\underline{2\ 2}$ $1\ \underline{7}$ | $1\ \underline{\dot{6}}$ $\dot{6}$ |

按节奏自由行走   两人结伴面对面

| $\underline{3\ 3}$ $\underline{2\ 1}$ | $\underline{\underline{7}\ \underline{5}}$ $\underline{\underline{5}\ \underline{\underline{5}\ \underline{7}}}$ | $\underline{2\ 2}$ $1\ \underline{7}$ | $1\ \underline{\dot{6}}$ $\dot{6}$ |

东张西望   用手对指认定朋友

| $\underline{3\ 6}$ $\underline{6\cdot\ \underline{7}}$ | $1\ \dot{6}$ $\underline{\dot{6}\cdot\ \underline{1}}$ | $\underline{\underline{7}\ \underline{5}}$ $\underline{\underline{5}\cdot\ \underline{5}}$ | $\underline{7\ \underline{6}}$ $\dot{6}$ |

挠对方的痒痒   做自我护痒状

| $\underline{3\ 6}$ $\underline{6\cdot\ \underline{7}}$ | $1\ \dot{6}$ $\underline{\dot{6}\cdot\ \underline{1}}$ | $\underline{3\ \underline{3\ 2}}$ $1\ \underline{7}$ | $1\ \underline{\dot{6}}$ $\dot{6}$ |

挠对方的痒痒   做自我护痒状

| $\underline{3\ 3}$ $\underline{2\ 1}$ | $\underline{\underline{7}\ \underline{5}}$ $\underline{\underline{5}\ \underline{\underline{5}\ \underline{7}}}$ | $\underline{2\ 2}$ $1\ \underline{7}$ | $1\ \underline{\dot{6}}$ $\dot{6}$ |

挠对方的痒痒   做自我护痒状

| $\underline{3\ 3}$ $\underline{2\ 1}$ | $\underline{\underline{7}\ \underline{5}}$ $\underline{\underline{5}\ \underline{\underline{5}\ \underline{7}}}$ | $\underline{2\ 2}$ $1\ \underline{7}$ | $1\ \underline{\dot{6}}$ $\dot{6}$ |

挠对方的痒痒   做自我护痒状

口令：变！

‖: $\underline{3\ 6}$ $\underline{6\cdot\ \underline{7}}$ | $1\ \dot{6}$ $\underline{\dot{6}\cdot\ \underline{1}}$ | $\underline{\underline{7}\ \underline{5}}$ $\underline{\underline{5}\cdot\ \underline{5}}$ | $\underline{7\ \underline{6}}$ $\dot{6}$ |

A变沙发

口令：坐！

| $\underline{3\ 6}$ $\underline{6\cdot\ \underline{7}}$ | $1\ \dot{6}$ $\underline{\dot{6}\cdot\ \underline{1}}$ | $\underline{3\ \underline{3\ 2}}$ $1\ \underline{7}$ | $1\ \underline{\dot{6}}$ $\dot{6}$ |

B轻轻坐在A变的沙发上

口令：摇！

| $\underline{3\ 3}$ $\underline{2\ 1}$ | $\underline{\underline{7}\ \underline{5}}$ $\underline{\underline{5}\ \underline{\underline{5}\ \underline{7}}}$ | $\underline{2\ 2}$ $1\ \underline{7}$ | $1\ \underline{\dot{6}}$ $\dot{6}$ |

A和B同时来回摇晃身体

| $\underline{3\ 3}$ $\underline{2\ 1}$ | $\underline{\underline{7}\ \underline{5}}$ $\underline{\underline{5}\ \underline{\underline{5}\ \underline{7}}}$ | $\underline{2\ 2}$ $1\ \underline{7}$ | $1\ \underline{\dot{6}}$ $\dot{6}$:‖

A和B同时继续来回摇晃身体

1.
口令：换！
2.
$\dot{6}$ X

（音乐重复，A和B的动作互相交换） 大家一起：嘿！

活动目标

（1）初步熟悉音乐，随音乐的节奏和结构做律动游戏。
（2）创编沙发造型及坐沙发的动作；和同伴互相挠痒痒时，即兴决定挠哪个身体部位。
（3）变沙发时，尽量保证沙发的"质量好"（平稳）；坐沙发时尽量"爱护沙发"（轻轻接触，不真的坐上去）；一起摇摆时，能与同伴和谐、融洽、愉悦地互动。

活动准备

（1）物质准备：录音音乐。（前奏加主旋律，重复4遍为一个单位）
（2）经验准备：
  ① 知道沙发是什么样子，有坐沙发的经验。
  ② 具备在自由空间状态下找朋友结伴的经验。
（3）空间准备：幼儿围坐成大的半圆。

活动过程

1. 了解故事情节，创编基础动作模式

（1）了解故事主要情节。

教师：森林里住着一群可爱的小猴子，他们清早起来，伸伸懒腰，洗脸漱口，出门去找好朋友玩，他们东张西望，终于找到了好朋友。现在可以一起玩挠痒痒的游戏啦。挠挠自己，挠挠朋友，我怕痒，物品不怕痒。真好玩！玩累了，想歇歇，可是没有地方坐。猴哥说："我来变个沙发给你坐吧！"（想一想，变沙发，变！）猴妹说："看一看，坐沙发，坐！"（按下按钮，沙发自动摇啊摇，真舒服！）猴妹说："我也来变个沙发给你坐吧！"（想一想，变沙发，变！）猴哥也会说："看一看，坐沙发，坐！"（按下按钮，沙发自动摇啊摇，真舒服！）这一天，真是愉快的一天啊！

（2）创编上肢律动基础动作模式。

教师引导幼儿创编。具体过程参见前例，此处略。

> **注意**：参见乐谱中的动作说明和故事中的情境提示。教师应主要依靠采纳幼儿意见来建构律动模式。但此处有几点需要教师注意：第一，全部要用上肢；第二，挠痒痒只要挠一处身体部位，只能挠自己，而且不要"太煽情"，以免过度刺激幼儿；第三，幼儿对做出变沙发、坐沙发、摇沙发的这些动作可能会有困难，一旦幼儿不知怎样用手来做，教师不要与幼儿纠结这个问题，应立即提供自己的建议。可能的思路是：左手伸出表示沙发，右手搭在左手上表示坐沙发。"沙发"可以是掌或拳，若是掌，可以手心或手背向上；"坐沙发"可以是掌、拳或指，姿态可多样。"摇沙发"应该两手同向左右摇摆。

2. 跟随教师的示范，幼儿随乐记忆律动的动作，感知故事、动作、音乐三者之间的关系

（1）跟随教师模仿、练习基础律动模式，进行2次。（第1、2遍练习）

（2）不断征求幼儿建议，替换挠痒痒的身体部位，进行2—3次。（第3、4、5遍练习）

（3）不断征求幼儿建议，替换"坐沙发"时的双手姿态，进行2次。（第6、7遍练习）

3. 两两结伴，用上肢尝试合作

（1）邻近幼儿两两结伴，取坐姿，在"坐沙发"部分尝试合作。

（2）改成站姿，尝试合作。

（3）加入相互挠痒痒的环节。（部位规定）

4. 尝试用整个身体合作做"变沙发—坐沙发"动作

（1）两位教师合作示范。（T1—T2，即教师—教师）

（2）一位教师与一位幼儿合作示范。（T1—S1，即教师—幼儿）

（3）两位幼儿尝试合作示范。（S1—S2，即幼儿—幼儿）

> 注意1：根据情况可重复几次，注意邀请可能有困难的幼儿来尝试，同时引导所有幼儿发现哪些地方容易有问题。这一点很重要。
>
> 注意2：此时需要教师跟随示范幼儿的速度唱谱或念节奏提示语，不要使用录音音乐。这一点也比较重要。
>
> 注意3：此环节中，教师需引导、鼓励幼儿做出各自不同的沙发和坐沙发的姿势。

（4）全体幼儿两两结伴尝试。

5. 随乐散点移动，找空地方两两结伴完整地进行游戏

（1）完整地进行游戏2次。（第8、9遍游戏）

（2）继续再玩2次游戏。注意提示幼儿，互相挠痒痒时可以随意挠自己喜欢的身体部位。（第10、11遍游戏）

> 注意：此时，教师可以带头"逗逗"幼儿啦！因为已经接近活动结束，大家又可以尽情"嗨"一下了。

温馨提示

（1）"挠痒痒"是需要注意用力分寸的，教师需要关注、提醒幼儿不要过分用力，以免引起对方的不适。

（2）为了自然地保持幼儿在学习时的既冷静认真又愉快活泼的情绪状态，教师通常都应该在空间处理上保持使用"先坐、后站（椅子前原地）、再移动"的流程安排。因为幼儿的年龄小、抑制能力成熟慢，倘若一直站立或移动或者反复"起立—回位"，都非常容易造成幼儿的身心疲劳或过度兴奋，不利于幼儿舒适地学习和游戏。

友情提问

（1）你有没有发现，几乎所有的活动在空间安排上都有类似处理？这是一种怎样的处理？知道原创教师为什么要用这样的空间渐进流程吗？

（2）为什么在基础律动模式中，教师要将活动设计为刚开始只能自己挠自己、挠固定的地方，而且教师示范的情绪要适当控制，不能够表现得太"煽情"，直到最后才能"逗逗"幼儿？

（3）为什么在律动教学的活动通常要遵循先坐、后站、最后才移动的空间安排方式？这种方式为什么对于幼小儿童的律动教学特别重要？

（4）在一次学习活动中，通常都须安排认知—操作—游戏的先后顺序？为什么？

（5）教师的确应该用热情的态度对待幼儿，以便能使幼儿用热情的态度对待学习。但是，为什么还要让教师注意在该要空制的时候，适当控制自己的情绪"不能表现得太煽情"呢？这对于幼儿来说为什么特别重要呢？

提示：答案在本章中找。

案例2　小小特工　　　（南京　言　佳）

使能目标阶梯

挑战4	两位教师各自带领一组幼儿完整随乐游戏……教师退出，在旁提醒，幼儿自主游戏。向幼儿提供即兴"探、过、定"的高级榜样。	创造性应用	分组跟随教师完整游戏，在教师的提示下独立分组游戏。在教师高级榜样的激发、鼓励下即兴表现不同的"探、过、定"。
挑战3	引导幼儿澄清数学游戏、赛跑游戏以及其他相关细节。	分析	在教师的引导下，澄清数学游戏、赛跑游戏以及其他相关细节。
挑战2	两位教师合作示范"过激光阵"（真实地穿越布置好的场地）。	观察	反复观察如何真实地穿越"激光场地"。
挑战1	引导幼儿重点关注澄清"探、过、定"的动作模式。	分析	在教师的引导下，澄清"探、过、定"的动作标准细节。
音乐	带领幼儿以坐姿随乐练习相关动作。	模仿	记忆动作模式，感知音乐的结构，即力量模式特质。
动作	随乐用上肢示范游戏动作模式。	观察	理解预令与动作的表征匹配；初步感受故事、动作与音乐的关系。
故事	简述"特工完成任务"的主要情节。	理解	情境理解，产生兴趣，明确任务。

游戏玩法

（1）在律动表演结束后，进行快速的"分合计算"游戏：所有特工集中到自己一方的黑板前面，通过计算得出正确的数目。

（2）拥有该数字牌号的队员，快速经由规定的"安全通道"跑到"设备存放处"，将号牌，即"开箱密码"贴在箱子上，以此表示完成"夺取装备"的胜利，获得更高级的特工设备（墨镜、帽子、背包）。

【动作建议】（参见乐谱）

电影《007》主题曲（片段）

1—C $\frac{4}{4}$

前奏
动作说明：等待，准备出发，如戴手套、系腰带。

A段
动作说明：攀爬4小节、射击4小节、投弹4小节、集合到位4小节。

X X X　　X X X　　X X X X　　X X X ‖ （重复18遍）

动作：攀爬幕墙、射击、投弹

B段
动作说明："探"测激光线1小节、"跨"越激光线1小节、自我防护的"定"位造型1小节。每小节第一拍做动作，然后静止不动。该模式重复4遍。

1 6 3· 3 — | 1 6 2· 2 — | 1 2 6· 6 — ‖ （重复4遍）

穿越激光线封锁区

尾声
动作说明：两队各自破解密码，即答案序号。队员按指定安全路线跑，先到终点的队伍获得装备。

6 0 6 1 2 6 0 6 5 3 | 6 0 6 1 2 6 0 6 5 3 |

集体"破解密码"

X X X X X X X X X X X X | X X X X X X X X X X X X |

穿越安全通道

6 6 6· 6 | 6 — — — ‖

夺取密件

活动目标

（1）感受音乐节奏与结构，表现特工训练与执行任务的动作。

（2）迁移视频经验，关注口令提示，节奏准确地即兴做出各自不同的攀爬、射击、投弹的动作,以及过激光阵时各自不同的"探、过、定"的动作模式。迁移、应用、巩固数学的分合经验,开动脑筋,获取密码。

(3)面对竞赛情境,努力保持头脑冷静:计算稳定、正确;弄清楚正确的号码再跑;按照安全通道指示跑;到达终点的第一件事情是用号码牌"开启"装备箱。感受关注细节就能胜利的道理。

> 注意:这么细致的要求非常必要!因为在实际教学中,许多幼儿都不够冷静,常会出现:计算错误、因弄不清该谁跑而乱跑、不走安全指示通道、到达终点不贴号码牌等问题,因此,只有游戏要求清晰、严格,才能够更好地培养幼儿的相关素质。

活动准备

(1)物质准备:
　①用系有多个铃铛的线围成有障碍的场地。
　②磁性黑板两块。
　③电影《007》中特工穿越激光阵的视频。
　④电视机或投影设备。
　⑤录音音乐。
　⑥大收纳箱3个,帽子、墨镜、背包(各8个)。
　⑦数学分合计算图片卡2套(每套8张,难度不同)。
　⑧红绿色即时贴号码牌(3至10个,人手一个)。

(2)经验准备:有比赛的经验;了解侦探的故事。

(3)空间准备:
　①16名幼儿根据所佩戴的号码牌的颜色,分成红队和绿队坐成两排。
　②面对视频播放设备。
　③设备与幼儿中间是布置好的"激光阵"(带有铃铛的绳子4条)。
　④"激光"阵两侧是黑板(密码墙),用于出示分合数学题。
　⑤幼儿座位后面是收纳装备的"密码箱"(装备箱)。

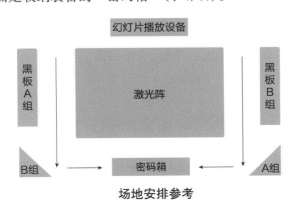

场地安排参考

活动过程

1. 了解特工集训的具体任务流程

教师：我们今天要进行一系列的集训活动。在学会了攀爬、射击、投弹、快跑这些本领以后，我们要迅速跑步集合，准备执行任务。我们要跨过各种激光线，然后动脑筋获取密码，打开装备箱，拿到上级部门给我们准备的神秘装备。

2. 幼儿边听教师预令，边观察教师的示范

（1）A段音乐的动作。

　　教师：小特工们在出发之前都做了哪些准备工作？

　　幼儿提供意见。

　　教师：还有什么动作？

　　教师小结整理A段音乐：理解意义，记忆动作顺序，即攀爬、射击、投弹、跑步集合。

（2）B段音乐的动作。

　　教师：小特工们在完成任务的过程中都做了哪些事情？

　　幼儿提供意见。

　　教师：还有什么动作？

　　教师小结整理B段音乐，重点关注"探、过、定"的动作。

　　教师播放视频。

　　教师：大特工这样做是在干什么？（探、过、定）

3. 教师带领幼儿以坐姿尝试随乐统一做基础律动模式

　　教师：小特工们，我们一起来进行战前训练吧！练习2次。（第1、2遍随乐模仿练习）

4. 幼儿在熟悉动作的基础上探索向不同方位做动作的姿态

（1）师幼站立在椅子前面练习1次。

（2）教师引导幼儿创编和交流不同空间方向的（前、后、左、右）及不同空间水平高度的（站、蹲、伏）射击、投弹姿态。

（3）师幼随乐完整练习1次，鼓励幼儿即兴做自己喜欢的动作，教师只提示结构。（第3、4遍随乐完整练习）

5. 师幼互动，让幼儿学习集训内容以及获得装备的方法

（1）教师出示题卡，帮助全体幼儿回顾原有分合计算的经验。看最终是哪队幼儿先报出正确答案，练习2次。

（2）教师邀请两队中各一位幼儿同时尝试行走赛跑路线，练习1次。

（3）再邀请两队中各一位幼儿同时尝试按照规定路线赛跑，练习1次。

6. 加入所有规则，完整地进行随乐游戏

> 注意：A、B两队幼儿在出发"闯阵"的起点处是面对面的。两队幼儿各自在自己的这一边面对激光阵集合，排成一横排。先做A段音乐的动作，然后在B段音乐"闯激光阵"响起后到达自己小组的黑板前，集体做计算题，最终号码与计算得数一致的幼儿，可沿箭头所指示的"安全路线"前往"密码箱"处。

（1）两位教师示范，练习1次。
（2）两位教师各带领一位幼儿示范，练习1次。
（3）两位教师各带领两位幼儿尝试。（第5、6、7遍完整练习）

> 注意1：教师认真关注活动过程中出现的问题，每次活动后都要进行集中反馈。
> 注意2：教师尽可能提供即兴表演的高级榜样。在集中反馈时，教师也可以引导全体幼儿关注从同伴中涌现出来的高级榜样。

7. 加入不同装备的奖励，激发幼儿的参与兴趣

教师退出，幼儿自主游戏，一共玩3次。每次游戏全部反应正确的为赢家，获得装备箱中的装备武装自己。（第8、9、10遍完整游戏）

温馨提示

（1）数学分合计算图片卡2套，每套8张，难度不同。
　① 数字小，会比较容易。如5以内：5可以分成2和3，也可以分成1和4等。具体形式：上面是5，左下是2，右下是几？
　② 符号一致，会比较容易。三种符号分别为：数字、实心点、武器图形。如5：上面是5个实心圆点，左下是2个实心圆点，右下应是什么？如果换成上面是5个手雷，左下是2个实心圆点，右下又应是什么？这样就会困难一些。
　③ 位置一致，会比较容易。所有符号一直安排在固定的位置会比较容易。如5：数字一直在上面。
　④ 两组幼儿每次面对的数学题目应该是一样的，所以要两套题卡。活动前教师应按照顺序排好。主、配班教师各负责为一组幼儿出题。
（2）教师必须告知幼儿奔跑的"安全"通道，是从哪里经过、在哪里到达终点。如果随便乱跑即为闯入"雷区"，表示"牺牲"。
（3）8位幼儿的号牌分别是1、2、3、4、5、6、7、8，因为最小的分合是3可以分成1和2。8张题卡让所有幼儿都有"抢跑"的机会。

案例3 外星人和地球人 （南京 李 培）

使能目标阶梯

挑战4	加入邀请舞，支持幼儿在自由空间的状态下完整进行游戏。	创造性应用	在教师的引导与组织下，完整地进行随乐游戏。
挑战3	邀请幼儿在自由空间状态下专门练习C段音乐的邀请舞，尝试"邀请—结伴—共舞"的过程。	学习练习	完整跟随C段音乐，尝试跳邀请舞。
挑战2	邀请幼儿站立在椅子前练习。"引导—变异"模仿的动作增加为两种，其他不变。	创造模仿	站立在椅子前面练习。面对"要做出两种不同模仿动作"的挑战。
挑战1	带领幼儿练习和替换A、B段音乐各一种"引导—变异"模仿动作；C段音乐的舞蹈动作保持不变。	创造模仿	在教师提供的公园、体育馆、音乐厅等情境的启发下，创编新动作；迁移邀请舞的经验，共同创编简单的邀请舞基础动作；通过替换模仿动作，反复感知音乐和动作模式。
音乐	带领幼儿随乐练习相关上肢动作。（A、B段音乐仅含一种"引导—变异"模仿动作）	模仿	感知动作要素、顺序及重复规律，理解故事、音乐与动作之间的关系。
动作	以刷牙动作为例，引导幼儿区别连贯和断顿两种力量模式的特质，然后和幼儿一起创编一个简单的邀请舞。（全部都只是基础动作）	观察分析	在教师的引导下，通过特定情境的分析、操作，理解连贯和断顿力量模式的区别。
故事	简述"外星人在地球旅行时模仿地球人做事和与地球人跳舞"的情节。	理解	情境理解，产生兴趣，明确任务。

游戏玩法

这是一个"领袖模仿游戏"的"变异品种":不是"原样模仿",也不是"镜面对称模仿",而是"特定变异模仿"。这个情境中设定的外星人动作类似"机器人",所以游戏设定的特殊标准为:地球人做连贯、流畅力量特质的"引导动作";外星人做断顿、阻滞力量特质的"模仿动作"。

> **注意1**:现有同一个幼儿园的另外一个设计:"猴子学样"故事情境中,小猴子做灵巧、活泼的"逗弄情趣"的引导动作;老爷爷做沉重、笨拙的"无奈、愤怒情绪"的"模仿动作"。
> **注意2**:为什么强调同一个幼儿园,是因为要提示读者:拥有了相关的思路,就有可能反复在同类情境中使用。这也是创造性工作的一种上位思路。

【动作建议】(参见乐谱)

baby

$1=E$ $\frac{2}{4}$

[加拿大]贾斯汀·比博 曲

(0 1 1 2 | 3 2 1 7 | 6 0 | 0 1 1 2 |

动作①:外星人乘飞船降临地球

3 2 1 2 | 6 0 | 0 1 1 2 | 3 2 1 2 |

1 7 6 7 6 5 | 6 — | 6 — ‖

A段

0 1 5 3 | 2 3 | 0 1 5 3 | 2 — |

地球人做某盥洗动作(流畅)

0 1 5 3 | 2 3 | 0 1 5 3 | 2· |

外星人好奇地模仿该动作(阻滞)

0 5 6 3 | 2 1· | 0 5 6 3 | 2 — |

地球人做某盥洗动作(流畅)

0 1 2 3 | 2 3 2 3 | 2 — | 2 |

外星人好奇地模仿该动作(阻滞)

---

① 此处的动作并非具体动作,而仅仅只是动作情境。因为这里强调的是引导创编和"即兴"表演。

B段

| 0 1 5 3 | 2 3 | 0 1 5 3 | 2 1 5 |

地球人做某游戏动作（流畅）

| 2·2 3 | 1 1 1 1 2 | 1. 1 | — |

外星人好奇地模仿该动作（阻滞）

| 0 1 1 2 | 4·4 3 | 3 1 2 | 1 — |

地球人做某游戏动作（流畅）

| 0 1 1 2 | 2 3 | 3 2 2 | 1 — |

外星人好奇地模仿该动作（阻滞）

| 0 1 1 2 |

C段

| 3 2 2 | 3 2 2 | 3 2 2 5 | 5 3 |

外星人和地球人跳邀请舞

| 3 2 2 | 3 2 2 | 3 2 2 6 | 6 3 |

| 3 2 2 | 3 2 2 | 3 2 2 5 | 5 3 |

| 3 2 3 | 3 3 2 3 | 2 — | 1 — ‖

注意： 只有一种模仿动作时，同样的"引导—变异"动作模式重复4次。有两种模仿动作时，同样的"引导—变异"动作模式重复2次。即A、B两段音乐做不同的"引导—变异"动作模式。

活动目标

（1）根据故事情节和音乐旋律，表现地球人和外星人动作的不同力量模式特质。

（2）创编地球人的各种连贯、流畅性质的动作，即兴模仿转换成外星人的断顿、阻滞动作。在教师的引导与组织下，创编简单的邀请结伴舞蹈。

（3）根据自己的意愿结交和交换朋友；尝试更加熟练及有丰富内涵地与同伴进行身体和眼神的互动。体验与同伴合作游戏的乐趣。

活动准备

（1）物质准备：录音音乐。

（2）经验准备：

①拥有盥洗间、公园、体育馆、音乐厅等较丰富的生活经验。

②拥有简单邀请和结伴自由舞蹈的经验。

③拥有机器人行动模式的基本经验。

（3）空间准备：幼儿围坐成大的半圆。

活动过程

1. 了解机器人飞船降落到地球后的"奇遇"

（1）学习机器人的刷牙、洗脸动作。

　　教师：早晨起来地球人会做哪些盥洗的事情？

　　幼儿：刷牙！

　　教师：外星人想模仿地球人刷牙，但他们的动作只能做得像机器人一样。像机器人一样刷牙，你们会不会？

　　幼儿：会。（做相应的动作）

　　教师：机器人刷牙和我们地球人相比，有哪里不一样？

　　幼儿讨论……

　　教师：机器人刷牙是有一个程序的：（教师示范）刷——刷——刷——刷——咔。

　　教师：那机器人洗脸呢？它们的程序是一样的：洗——洗——洗——洗——咔。

（2）教师讲故事。

　　故事梗概：外星人来到地球，对地球人的一切都很好奇，他们模仿地球人做各种事情，最后还和地球人一起跳舞……

2. 引导幼儿学习机器人的动作

（1）教师带领幼儿学做动作。

　　教师：准备起飞，去地球旅行啦。（第1遍随乐练习）

（2）教师再次带领幼儿学做动作。

　　教师：机器人刷牙的程序是什么呀？早上在盥洗间，还会做什么事情呢？

　　幼儿：还洗脸呢！

　　教师：对，洗脸。外星人做动作的"程序"是固定的。（第2遍随乐练习）

> 提示：A、B段音乐用刷牙动作带领幼儿随乐游戏。C段音乐可以做任何的简单动作，如绕线手、翻手腕、拍手等。

3. 幼儿继续创编地球人的动作，外星人用机器人的动作进行模仿

（1）幼儿学习机器人的钓鱼动作。

教师：地球人来到了公园，他先玩了钓鱼游戏。钓鱼的动作应该怎么做？地球人钓鱼，机器人怎样模仿？

（2）幼儿学习机器人划船动作。

教师：地球人是怎么划船的？

（3）学习将两个动作连贯起来。

教师：我们先做什么？然后接着又做什么？

幼儿：先钓鱼，后划船。（第3遍两种模仿动作模式的随乐练习）

（4）教师：我们准备换地方了，去体育馆看一看吧。（教师引导幼儿站到小椅子后面）

教师：你们看到体育馆里有哪些运动项目呀？（第4、5遍两种模仿动作模式的随乐练习）

> 提示：教师邀请幼儿创编两个体育运动的动作，重复1次。

注意：本环节中的活动，每次都是根据幼儿提议的动作，教师当地球人做连贯动作，幼儿当外星人做断顿动作。

4. 两两结伴游戏

（1）完整游戏，教师示范当邀请人，即地球人。请幼儿边游戏边观察思考：

① 地球人邀请了谁做朋友？（教师邀请一位幼儿）

② 找到朋友后，又做了什么？（教师即兴做真正常动作，幼儿用外星人的动作力量模式模仿）

（2）请幼儿做地球人。

教师：这次飞船降落到了音乐厅。谁愿意来做地球人？

教师邀请一位志愿者创编两个音乐表演动作，其他幼儿用机器人动作模仿，重复2次。（仅仅使用A、B段音乐）

教师组织一半幼儿站在圆圈内当邀请者——引领动作的地球人，另外一半幼儿站在圆圈上当模仿者——模仿动作的外星人。前奏结束后，幼儿两两结伴游戏，重复2次。（仅仅使用A、B段音乐）

5. 完整游戏

（1）复习C段音乐的结伴舞蹈基础动作。

（2）鼓励幼儿自由变换自己喜欢的结伴舞蹈动作。

（3）将所有音乐连起来，让幼儿随乐完整地进行游戏，重复2次。（在完整音乐中进行游戏5、6次）

教师：时间差不多了，我们要回自己的星球了，你们在地球玩得开心吗？好，下次我准备带你们去火星玩。一起跟下面的地球人说："地球人，再见！"

温馨提示

（1）教师要求幼儿创编的表演动作要具备两个特征：一是地球人动作连贯、流畅，机器人的动作断顿、阻滞；二是有固定的动作模型。

（2）在本活动中，教师设计了公园、体育馆、音乐厅三个具体的活动场景，以调动幼儿已有的生活经验，让幼儿在创编的过程中有所依据。本活动突出体现了幼儿的创造性表演，即将生活经验加工成新的表演动作。教师还可通过自行创设其他幼儿熟悉且有趣的场景来引导幼儿。有条件的班级，教师也可以请幼儿提出他们自己感兴趣的场景。

（3）在活动的过程中，教师要采用游戏化的口吻进行教学，让幼儿有身临其境的感受。

（4）教师可用"程序"一词来贯穿活动的始终，这既突出了活动的重、难点，又能丰富幼儿认知学习所需的高级概念词语。

案例4　野蜂飞舞　（南京游府西街幼儿园）

使能目标阶梯

挑战 4	组织与指导幼儿用视觉符号表现快速且紧张的力量模式特质。	创造性应用	迁移有关绘画经验和前面环节的听觉与动觉经验，用绘画方式表现自己对音乐力量模式特质的体验。
挑战 3	组织与指导幼儿随乐加入"猜领袖"游戏。	应用	在教师的组织与引导下，学习玩"猜领袖"游戏。
挑战 2	组织幼儿随乐玩有三种以上替换动作的"领袖模仿"游戏。	创造模仿	继续体验动作和音乐的力量模式特质：快速且高度紧张。在教师的组织与引导下，玩升级版的"领袖模仿"游戏。
挑战 1	引导幼儿探索和创编更多不同的飞翔动作：变换方向、变换动作的幅度、变换姿态、利用头发或衣服等辅助动作。	创编分享	在教师的引导下，获得更多创编思路，创编更多不同的飞翔动作。
音乐	由教师开始，然后过渡到幼儿，随乐玩飞翔动作的"领袖模仿"游戏。每人两个动作，中间替换一次。	创造分享	感知动作和音乐的力量模式特质：快速且高度紧张。在教师的组织与引导下玩基础性的"领袖模仿"游戏。
动作	组织幼儿讨论如何用上肢做出各种不同的野蜂飞翔的动作。	创造分享	创编、分享不同的上肢飞翔动作。
故事	简述"野蜂王子惩罚坏王后"的故事。	理解	情境理解，产生兴趣，明确任务。

游戏玩法

这是一种传统的具有"体能与智能"双重挑战的游戏，又叫作"猜领袖"。

（1）围成圆圈，领袖做一种重复性的动作，大家立即重复模仿；中途领袖更换动作，大家也立即更换模仿动作。

（2）猜测者入场，观察场内所有人的行为，在规定的时间内，将带头人，即提供模仿动作的"领袖"找出来。

> 提示：这次仅仅是加了音乐作为游戏的背景。虽然不要求动作跟随音乐的节奏和结构，但这个活动的重点是：感受和表现音乐中紧张激烈的力量模式特质。

【动作建议】

野蜂飞舞

1 = C $\frac{2}{4}$

[俄罗斯]尼古拉·里姆斯基·科萨可夫 曲

3 #2 2 1	2 #1 1 7	1 7 ♭7 6	#5 5 #4 4	3 #2 2 1	2 #1 1 7	1 7 ♭7 6	#5 5 #4 4
3 #2 2 1	2 #1 1 7	3 #2 2 1	2 #1 1 7	3 #2 2 1	♭1 4 3 2	3 #2 2 1	♭1 #1 2 2
3 #2 2 1	♭1 4 3 2	3 #2 2 1	♭1 #1 2 2	3 #2 2 1	2 #1 1 7	1 #1 2 2	3 4 3 2
3 #2 2 1	2 #1 1 7	1 #1 2 2	3 #4 5 #5	6 #5 5 #4	♭4 ♭7 6 #5	6 #5 5 #4	4 #4 5 #5
6 #5 5 #4	♭4 ♭7 6 #5	6 #5 5 #4	4 #4 5 #5	6 #5 5 #4	5 #4 4 3	4 #4 5 #5	6 ♭7 6 #5
6 #5 5 #4	5 #4 4 3	4 #4 5 #5	♭6 7 6 5	6 6 6 6	6 6 6 6	♭7 6 7 6	7 6 7 6
♭6 6 6 6	6 6 6 6	♭7 6 7 6	7 6 7 6	♭6 7 6 #5	♭6 7 6 #5	♭6 7 6 #5	♭6 7 6 #5
6 7 7 i	#i i 7 7	6 7 7 i	#i i 7 7	2̇ 2̇ 2̇ 2̇	2̇ 2̇ 2̇ 2̇	♭3̇ 2̇ 3̇ 2̇	3̇ 2̇ 3̇ 2̇
2̇ 2̇ 2̇ 2̇	2̇ 2̇ 2̇ 2̇	♭3̇ 2̇ 3̇ 2̇	3̇ 2̇ 3̇ 2̇	♭3̇ 2̇ #1̇	3̇ 2̇ #1̇	♭3̇ 2̇ #1̇	♭3̇ 2̇ #1̇
2̇ #2̇ 3̇ 4̇	#4̇ #4̇ #3̇ 2̇	2̇ #2̇ 3̇ 4̇	#4̇ #4̇ #3̇ 2̇	♭2̇ #1̇ 2̇ 7	♭7 3̇ 2̇ #1̇	2̇ #1̇ 1̇ 7	♭7 7 1̇ #1̇

该作品是俄罗斯作曲家尼古拉·里姆斯基·科萨可夫根据传说故事创作的标题音乐。该音乐表现了被遗弃的王子变成野蜂带领蜂群回家报仇的情境。正如音乐的标题是《野蜂飞舞》，领袖在游戏时仅需使用上肢变换各种象征飞翔的动作即可。

活动目标

（1）感受音乐中的快速紧张的力量特质，用快速紧张的飞翔动作与之对应。
（2）在教师的引导下学习使用变换方向、变换动作的幅度、变换双手配合的姿态以及利用头发或衣服等思路，创编出更多的上肢飞翔动作。边玩猜领袖游戏，边总结出"掩护领袖"和"找出领袖"的策略。
（3）积极提供创编建议；积极参与策略的总结与讨论；勇敢地争当猜谜者；努力克制"指明领袖"（"有意出卖"）和"明显盯看领袖"（"无意出卖"）的行为，努力快速、正确地跟随模仿领袖做动作。

活动准备

（1）物质准备：
　　① 纸笔，每人一份。
　　② 黑板。
　　③ 录音音乐。
（2）经验准备：幼儿最好有过画音乐视觉符号的经验。（如：中班活动"小精灵的魔法汤"）
（3）空间准备：幼儿坐成大的半圆。

活动过程

（1）了解故事梗概。（故事可以由教师自己改编）
（2）教师引导幼儿创编少数基础飞翔动作。
（3）教师引导幼儿用基础飞翔动作随乐玩"领袖模仿"游戏，从一个动作转换到两个动作。

> 注意1：音乐结构不是非常清晰可辨，幼儿可在任何时候自由替换。
> 注意2：音乐比较长，教师可以选择几位幼儿志愿者同时面对大家坐，开始前安排好顺序，开始后教师根据情况，提示何时换人。

（4）教师提供思路，引导幼儿创编更多不同的动作，例如：① 变换方向；② 变换动作的幅度；③ 变换双手配合的姿态；④ 利用头发或衣服等。
（5）用三个以上的动作玩升级版"领袖模仿"游戏。
（6）学习玩"猜领袖"游戏。
　　① 教师介绍游戏玩法。
　　② 主班教师和配班教师轮流示范一次玩法。（一人猜测，另外一人组织与指导幼儿玩"猜领袖"游戏）

③幼儿志愿者尝试担任猜测者。(根据情况玩若干次,每次教师都需要根据实际情况帮助幼儿总结"掩护领袖"和"找出领袖"的策略)

(7)绘画音乐。

　　①随乐绘画。

　　②展示分享。

温馨提示

(1)在绘画环节,教师可以鼓励和引导幼儿用故事或情境内容的具体形象进行表达;也可以鼓励和引导幼儿用抽象的线、图形来表达。

(2)幼儿对此游戏比较熟练后,可由半圆改成圆圈,这样会提高猜谜者的观察难度。

友情提问

(1)为什么在这个游戏中要特别强调努力克制指明领袖和明显盯看领袖的行为?

(2)教师在活动目标(3)中特别指出这一点,它与幼儿的哪个方面的发展密切相关?

(3)你以为在音乐的游戏化教学当中,使用多种规则游戏,除了能够增加幼儿投入学习的兴趣以外,还有助于幼儿什么品质的发展?你能够在看到教师的目标设计和活动流程设计时立即明白教师的用意吗?

案例5 彩虹色的花　　（南京　禹欣悦）

使能目标阶梯

阶段	内容	类型	说明
挑战5	鼓励与支持幼儿独立完整地进行随乐即兴表演。	创造性应用	在教师简述故事的支持下,随乐完整地表演故事情节。
挑战4	引导幼儿创编花儿还可以帮助谁,以及做什么事的动作。	创造	在教师的引导下,拓展对故事情节的想象。
挑战3	带领幼儿完整随乐表演基础模型。	模仿	继续感知与理解故事、动作与音乐之间的关系。重点在感知整首音乐和表演动作之间的关系。
挑战2	引导幼儿讨论"花朵枯萎被雪掩埋"的情境,随C段音乐即兴表演。	创造体验	继续感知与理解故事、动作与音乐之间的关系。重点在感知C段音乐的过程中表演动作的情境和情绪。
挑战1	引导幼儿为B段音乐创编划船、扇风的动作,加入表演模式。	创造体验	继续感知、理解故事、动作与音乐之间的关系。重点在感知B段音乐的过程中表演动作的节奏。
动作+音乐	教师继续简述故事,同步播放幻灯片,邀请幼儿参与即兴表现小动物和花儿打招呼的情境。	观察体验	感知、理解故事、动作与音乐之间的关系。重点在感知A段音乐中"你好,你好"的位置。
故事	随乐讲述绘本故事《彩虹色的花》,同步播放绘本故事的幻灯片。	理解	情境理解,产生兴趣,明确任务。

游戏玩法

（1）随A段音乐的表演：

　　春天彩虹花长大，对见到的小动物朋友说"你好，你好"。（做打招呼的动作）

　　① 小蚂蚁把花瓣当作小船，划过小河。（做划船的动作）

　　② 小老鼠把花瓣当作扇子，扇出凉风。（做扇扇子的动作）

（2）随B段音乐的表演：

　　① 小蚂蚁把花瓣当作小船，划过小河。（做划船的动作）

　　② 小老鼠把花瓣当作扇子，扇出凉风。（做扇扇子的动作）

　　③ 春回大地。

（3）随C段音乐的表演：

　　彩虹花渐渐枯萎，慢慢被大雪覆盖。

【动作建议】（参见乐谱）

布谷鸟在歌唱[①]

1=♭E　4/4　　　　　　　　　　　　　　　　　　　　　　佚名　词曲

A段

5 3 5　3 5 3　1 5 1　5 ｜ 5 2 5　2 5 2　7 5 7 5 ｜ 3 1 3　1 3 2　2 — ｜ 2/4 0　0 ｜

口令：在每小节的后一拍说"你好，你好"。

动作：双手握拳放于脸颊两侧，说"你好"时双手手心向外张开

B段

3 5 3　5 3　2 5 ｜ 1 3 1　3 1 2 3 3 3 ｜ 6 1 2 1 1 5 1 2 3 ｜ 5 3 5 3 2 5 2　2 — ‖

在每小节做两下"划船"（遮雨）动作

A段

5 3 5　3 5 3　1 5 1　5 ｜ 5 2 5　2 5 2　7 5 7 5 ｜ 3 1 3　1 3 2　2 — ｜ 2/4 0　0 ｜

在每小节的后一拍说"你好，你好"。

双手握拳放于脸颊两侧，说"你好"时双手手心向外张开

B段

3 5 3　5 3　2 5 ｜ 1 3 1　3 1 2 3 3 3 ｜ 6 1 2 1 1 5 1 2 3 ｜ 5 3 5 3 2 5 2　2 — ‖

在每小节做两下"扇风"（披披风）动作。

A段

5 3 5　3 5 3　1 5 1　5 ｜ 5 2 5　2 5 2　7 5 7 5 ｜ 3 1 3　1 3 2　2 — ｜ 2/4 0　0 ｜

在每小节的后一拍说"你好，你好"。

双手握拳放于脸颊两侧，说"你好"时双手手心向外张开

---

① 鄂托克前旗·艾基木儿童合唱团作品。

C段

$\underline{6\ 3}\ \underline{3\ 2}\ \underline{5\ 3}\ \underline{6\ 5}\ |\ 3\ -\ -\ -\ |\ \underline{6\ 3}\ \underline{2\ 5}\ \underline{3\ 6}\ \underline{5}\ |\ \dot{2}\ -\ -\ -\ |$

（前两小节）秋风带走了最后一片花瓣，（后两小节）彩虹花渐渐地枯萎了。
（前两小节）双手举过头顶，手臂左右摆动；（后两小节）头部每拍一下地逐渐低垂，手臂每拍一下地逐渐回落于身体两侧

1 = F

$\underline{\dot{1}\ \dot{2}}\ \underline{\dot{3}\ 6}\ 6\ -\ |\ \underline{\dot{1}\ \dot{2}}\ \underline{\dot{3}\ 6}\ 6\ -\ |\ \underline{5\ 6}\ \underline{1\ 6}\ \underline{2\ 1}\ \underline{5\ 3}\ |$

$\dot{2}\ -\ {}^{\#}\dot{2}\ -\ |\ \dot{3}\ -\ -\ -\ |\ 0\ \ 0\ \ 0\ \ 0\ ||$

冬天来了，雪花一片片慢慢飘落，彩虹花被大雪覆盖了。
双手模仿雪花飘落的样子一下一下地轻拍在身体上

A段

$\underline{5\ 3\ 5}\ \underline{3\ 5\ 3}\ \underline{\dot{1}\ 5\ \dot{1}}\ 5\ |\ \underline{5\ 2\ 5}\ \underline{2\ 5\ 2}\ \underline{7\ 5\ 7\ 5}\ |\ \underline{3\ 1\ 3}\ \underline{1\ 3\ 2}\ 2\ -\ |\ \frac{2}{4}\ 0\ \ 0\ |$

在每小节的后一拍说"你好，你好"。
双手握拳放于脸颊两侧，说"你好"时双手手心向外张开

B段

$\underline{3\ 5\ 3\ 5\ 3}\ \underline{2\ 5}\ |\ \underline{\dot{1}\ 3\ 1}\ \underline{3\ 1\ 2}\ \underline{3\ 3\ 3}\ |\ \underline{6\ 1\ 2\ 1\ 1}\ \underline{5\ 1\ 2\ 3}\ |\ \underline{5\ 3\ 5\ 3\ 2}\ \underline{5\ 2}\ 2\ -\ ||$

春回大地，彩虹花再一次见到了草原上的朋友们。
双手食指伸出。做小草一下一下交替生长的样子

A段

$\underline{5\ 3\ 5}\ \underline{3\ 5\ 3}\ \underline{\dot{1}\ 5\ \dot{1}}\ 5\ |\ \underline{5\ 2\ 5}\ \underline{2\ 5\ 2}\ \underline{7\ 5\ 7\ 5}\ |\ \underline{3\ 1\ 3}\ \underline{1\ 3\ 2}\ 2\ -\ |\ \frac{2}{4}\ 0\ \ 0\ |$

在每小节的后一拍说"你好，你好"。
双手握拳放于脸颊两侧，说"你好"时双手手心向外张开

活动目标

（1）初步熟悉音乐，欣赏音乐。结合绘本的图文理解乐曲结构。初步合拍地表现相关情节，感受季节变化和音乐力量模式特质变化之间的关系。

（2）迁移故事的人物和情节关系的经验，尝试创编其他小动物利用花瓣帮助自己的情节和相关动作。即兴随乐表现冬天场景中花儿的感受。

（3）重点体验和表现故事、音乐中的情绪变化。体验小动物和花儿之间的深厚感情。

活动准备

（1）物质准备：
　　①绘本幻灯片。（为了贴合音乐的结构，省略故事的情节）
　　②录音音乐。

（2）经验准备：
　　① 最好事先初步阅读过绘本故事。
　　② 有一定的即兴动作表演的经验。
（3）空间准备：幼儿围坐成大的半圆。

活动过程

1. 随乐欣赏幻灯片，了解故事（第1遍倾听音乐）

教师：这里有一段好听的音乐诉说了一个美丽的故事，让我们一起听一听、看一看、猜一猜故事里都说了些什么。

> **注意**：如果幼儿已经阅读过该绘本，此时就是一个回忆的过程；如果没有，可以引导得再细致一些。

2. 欣赏幻灯片，聆听随乐的故事讲述（第2遍倾听音乐）

教师：春天，温暖的阳光洒满大地，一朵美丽的彩虹花绽放在草原上。你好，你好！小蚂蚁把花瓣当作小船，划呀划，划过绿绿的小河。你好，你好！小老鼠把花瓣当作扇子，扇呀扇，扇出了丝丝的凉风。你好，你好！秋风姐姐把花瓣当作风筝，吹呀吹，吹上了高高的天空。在寒冷的秋风中，彩虹花慢慢地枯萎了。冬天到了，满天的雪花飘落下来，彩虹花被厚厚的大雪盖住不见了。你好，你好！彩虹花，你好吗？你好，你好！彩虹花，你好吗？小动物们都来到了彩虹花曾经开放的地方。春天的阳光再次洒满大地，美丽的彩虹花迎着太阳说：你好，你好，大家好！

3. 讨论故事人物的心情

教师：彩虹花为什么要把花瓣送给小蚂蚁、小老鼠？

幼儿：因为它们过不了河；还有天热想要扇扇风。

教师：彩虹花少了花瓣就不漂亮了，它会难过吗？

幼儿：不难过。

教师：为什么不难过呢？

幼儿：它帮助了小蚂蚁、小老鼠。小蚂蚁、小老鼠高兴，彩虹花也高兴。

教师：秋天彩虹花开始枯萎，冬天彩虹花不见了，小动物为什么都来到彩虹花曾经开放的地方呢？小动物们难过吗？

幼儿：难过。

教师：为什么呢？

幼儿：它们喜欢彩虹花；因为彩虹花帮助它们。

教师：说得真好！我们大家都喜欢彩虹花，希望再看见它开放，对吧？

幼儿：对！

> 注意：在此讨论除了能加深幼儿对主题的理解以外，也为其在后面体验和表现故事及音乐的力量模式特质打下了理解的基础。

4. 随乐匹配"你好，你好"和打招呼的动作

教师加入随音乐打招呼的声音和动作。（第3遍倾听音乐，第1遍随乐表演）

5. 创编划船、扇扇子和风筝飞翔的动作

教师加入划船、扇扇子和风筝飞翔的动作。（第4遍倾听音乐，第2遍随乐表演）

6. 创编彩虹花枯萎和被大雪覆盖的动作

教师再加入彩虹花枯萎和被大雪覆盖的动作。（第5遍倾听音乐，第3遍随乐表演）

> 注意：在此过程中，教师需要引导幼儿注意区分和表现出两种不同力量模式特质：轻快的、舒畅的、上扬的和无力的、下沉的。

7. 替换新的故事情节，创编新的表演动作

教师提供绘本中省略的情境：小蜥蜴用花瓣当斗篷，小刺猬用花瓣当雨伞。请幼儿创编新的表演动作。（第6遍倾听音乐，第4遍随乐表演，替换新的情节表演动作）

> 注意：这是教师在再次提供范例。

教师：还有哪些小动物需要彩虹花的帮助呢？可以怎样表演出来呢？

> 注意1：这是教师在引导幼儿在理解前面范例的基础上，激励他们创造性地迁移：还有谁？有何困难？花瓣可以怎样帮助其解决困难？
> 注意2：这也是一种"变式练习"，可以激励幼儿持续保持注意力集中。

8. 创编一个完满的结束造型

教师：春天终于又来到了，温暖的阳光再一次洒满大地，美丽的彩虹花又依次绽放在草原上。让我们大家都变成爱帮助别人的彩虹花，把春天的草原打扮得更美丽吧！

> 注意：教师可以组织与引导幼儿创编一个整体和谐、错落有致的大造型。教师也可用手机给幼儿的造型拍照。有条件的班级，可将照片传到屏幕上给幼儿欣赏，在此过程中播放音乐。

教师：（最后先带领幼儿对着屏幕上的彩虹花说）彩虹花，你好，你好！

教师：（教师再代表彩虹花对着幼儿说）春天你好！太阳你好！小动物们、小朋友们，大家好！

> 注意：教师应算好时间。所有的对话，需要匹配音乐的节奏进行。当音乐结束时，最后的对话正好结束，这便是最佳的匹配效果。

注意：变式练习是指在其他主要教学条件不变的情况下，变化学习模型中某些元素的例证。在教学活动中，教师精心设计的变式练习，对减轻重复练习产生的枯燥感，巩固所学的基本概念或原理，能够产生很好的作用。而且教师最好采用连续呈现多个不同变式的方式，以便学生能更好地掌握所学的概念和原理。

温馨提示

（1）刚开始之所以省略部分故事情节，一是为了贴合音乐的结构，二是为了给幼儿的"变式练习"和创意表演留出更多空间。

（2）此活动对教师讲故事的效果要求比较高。教师一定要轻声地、与音乐相和谐地、口齿清晰准确地、情感内敛地讲述故事，切忌大声、表情夸张。

（3）随着幼儿对故事情节、动作、音乐之间的关系越来越熟悉，教师的语言提示和动作提示应逐渐减少，到最后，最好只剩下"你好，你好"。

（4）所有打招呼的时刻，都需要幼儿在相互找朋友时交换眼神。教师应做好榜样示范。

（5）所有打招呼的声音，都需要轻柔、亲切、愉悦。教师应做好榜样，并在必要时提醒幼儿关注这些标准。

友情提问

（1）你知道什么是"变式练习"吗？

（2）"变式练习"在这个活动的哪个环节被应用了呢？

（3）"变式练习"在这个环节起到什么作用呢？

提示：部分答案在本案例中找。

案例 6　大魔法师 ｜（南京　周宁娜）

使能目标阶梯

挑战 5	加入对即兴改变手的释放姿态的指导。	创造性应用	在教师的引导下，使用更多的思路改变手部的"释放"姿态。
挑战 4	加入对即兴改变上、下肢动作模式的指导。	创造性应用	在教师的引导下，使用更多的思路改变上、下肢的运动模式。
挑战 3	加入对两人交替"互动"模式的指导。	拓展应用	学习按照乐句两人交替互动。
挑战 2	加入对下肢及空间移位的指导。	拓展应用	在教师的引导下，探究上、下肢配合与下肢移位。
挑战 1	带领幼儿随乐练习基础动作模式。	模仿	进一步感知、理解故事、音乐与动作之间的关系。记忆动作的基础模式。
音乐+动作	随乐示范上肢基础动作模式。	观察	感知、理解故事、音乐与动作之间的关系。
故事	简述大魔法师施魔法的流程：收集和释放能量。	了解理解	情境理解，产生兴趣，明确任务。

游戏玩法

（1）具体玩法：① 两人结伴。② 做收集能量和释放能量的动作。③ 一人一句用"对话"的体态和语态。

（2）说明与拓展：这是一种对话式的表达游戏，类似"斗舞"，它可以从"模仿游戏"的一人一句开始。其实歌唱活动也可以进行类似的互动游戏：① 你唱（或做）一句，我模仿一句，称为"回声游戏"。② 你唱（或做）一句，我简单回应一下。比如你说"今天天气真好"，我回应说"对"或"真好"。做动作也是一样的思路。这被称为"回应游戏"。比如领唱"解放区那么"，齐唱"嗬嗨……"，也属于此类。③ 你唱（或做）一句（或一段），我回应相同的句子（或段落），称为"对唱"（"逗舞"或"斗舞"）。

> 提示：幼儿园的此类结伴即兴互动表演，应从前两种比较简单的形式开始。

【动作建议】

可参考《大魔法师》（周杰伦曲），先做"搜集能量"的动作，再做"释放"的动作，跟随音乐依次做以上两种动作。

活动目标

（1）跟随音乐表现"收集"和"释放"能量的魔法动作；按照乐句交替与同伴互动。
（2）在教师的引导下获得更多改变动作模式的思路，并应用各种思路进行即兴动作表演。
（3）在"救灾"的情境中体验责任感；在互动和表演中投入和表现情感。

活动准备

（1）物质准备：
　　① 录音音乐。
　　② 森林火灾、水灾、地震、虫灾等灾害的图片和恢复正常状态的对应图片。
　　③ 各种救灾的专用工具或各种超人英雄形象的图片。
　　④ 满天礼花、遍地鲜花的视频。（应配有状貌音乐和音响）
（2）经验准备：与以上灾害、工具、超人有关的间接经验。
（3）空间准备：幼儿围坐成大的半圆。

活动过程

1. 欢迎来到魔法学校

（1）新生第一课：上肢锻炼。

① 教师导入情境，讲解并示范上肢"收—放"的基础动作模式。

② 带领幼儿模仿练习。

③ 引导幼儿拓展上肢不同方向的空间运行路线，练习3次。

（2）新生第二课：下肢锻炼。

① 教师示范下肢"马步站姿"与上肢基础动作模式的匹配方式。

② 带领幼儿模仿练习。

③ 引导幼儿拓展下肢"进、退、横移、绕"等不同的空间移动路线，练习3次。

（3）新生第三课：双人对练。

① T1—T2（教师1—教师2）示范。

② T1S1—T2S2（教师1与幼儿1—教师2与幼儿2）示范。

③ T1—S1（教师1—幼儿1）、T2—S2（教师2—幼儿2）示范。

④ S1—S2（幼儿1—幼儿2）示范。（大约观察示范共7遍）

⑤ 全体两两结伴尝试体验，练习3次。（大约练习9次）

注意： 教师每次都要随时根据实际情况提供相关概念和规则的讲解。范例中有高级榜样出现，教师要引导全体幼儿关注；如果高级榜样没有出现，教师要自己提供。教师不但自己要描述、讲解，而且也要鼓励与引导幼儿来描述、讲解。让感性的实践体验和理性的方式分析都能相互结合。这既适用于大班幼儿教学，也适用于教师培训。

2. 紧急救援申请（再次练习4遍，共11遍）

（1）火灾救援。

（2）水灾救援。

（3）地震救援。

（4）虫灾救援。

注意： 四个灾害情境教学流程均为：全体面对展示灾害现场的大屏幕，教师唱（做）上句，幼儿唱（做）下句，玩2遍后交换。意思是"用魔法呼唤相应工具"，如救灾直升机、救灾飞船、超人英雄等。具体的内容可由幼儿根据自身经验进行想象，幼儿若有困难，教师再提供自己的预设。灾害被战胜后，场景恢复正常，全体欢庆。具体方式可"现场生成"。

3. 欢庆胜利（总共练习13遍）

（1）漫天礼花。

（2）遍地鲜花。

注意1： 所有灾害都被战胜后，总的欢庆活动教学流程均为：全体两两相对，一人唱（做）上句，一人唱（做）下句，一遍后交换。

注意2： 教师在这期间引导幼儿拓展新的思路："收"时"同时收五指"或"依次收五指"；"放"时用手指的"点"和"弹"；应用手掌的各种变化，以丰富语汇积累，突出个性表达。

温馨提示

（1）这是一种全即兴的律动教学范例。无论是上、下肢动作，还是两人对舞的学习内容，乃至幼儿在开始时进行模仿学习的"榜样模式"，仅仅是"举一反三"的那个"一"。这一点，我们在绝大多数的案例中都是这样展示的。这也是奥尔夫音乐教学模式的重要"精髓"之一。

（2）在这个活动中，"收集"是一种向内收缩的、有韧性的力量模式，而"释放"是一种向外喷射的、爆发性的力量模式。

（3）在最初版本的活动设计中，使用魔法是为了满足个人的物质追求，如玩具、衣饰、食品等。这样的价值导向在目前的教育界相当普遍，且教师都认为"应当如此"。所以，教师重新设计魔法的使用取向，是刻意的觉醒与追求。

（4）不同的灾害场面和救灾成功场面的设计，教师可借鉴电脑游戏"立即反馈"的原则。这样能够有效地重新激励幼儿的学习动机。

（5）不停地加入新的即兴创意思路，也是现代教育心理学的"变式练习—近迁移"这一重要原则的体现，它能够有效地重新激励幼儿的学习动机。

四、适合教师自我培训使用的案例

 案例1-1　山狗和臭鼬　　（南京　陈静奋）

使能目标阶梯

挑战4	组织幼儿玩"三信号"快速反应游戏。	创造性应用	跟随教师移动表演，根据具体情况快速反应。
挑战3	引导幼儿创编故事结尾3的动作，加入快速反应游戏。	应用	跟随教师移动表演，听第三信号假装晕倒。
挑战2	引导幼儿创编故事结尾2的动作，加入快速反应游戏。	应用	跟随教师移动表演，听第二信号造型不动。
挑战1	引导幼儿创编故事结尾1的动作，加入快速反应游戏。	应用	跟随教师移动表演，听第一信号快速上位。
音乐	带领幼儿随乐练习创编的基础动作模型。	模仿	感知、理解故事、音乐与动作之间的关系。
动作	引导幼儿从故事情节中提炼动作。	创编	在教师的引导下，根据故事情节创编基础动作模式。
故事	简述"山狗和臭鼬"的故事。	理解	情境理解，产生兴趣，明确任务。

游戏玩法

这是一种需要对三种不同信号分别做出三种不同反应的快速反应游戏。在本活动的情境中，听到"马蜂来啦"，就要立即快跑上位（躲避危险）；听到"狗熊来啦"，就要立即摆造型不动（躲避危险）；听到"臭鼬大王来啦"，就要立即倒地假装"被熏死"（躲避危险）。

【动作建议】（参见乐谱）

在山魔王的宫殿里

1 = C 2/4

[挪威]格里格 曲

A段

动作说明：A段音乐的动作共重复12遍：第1遍：小动物睡觉。第2遍：山狗邀请小动物去山上跳舞。第3遍：小动物拒绝。第4遍：山狗邀请小动物去山上寻宝。第5遍：小动物和山狗一起和泥巴。第6遍：小动物和山狗一起用泥巴伪装自己。第7—8遍：动作同第5—6遍。第9遍：小动物跟山狗走在上山的路上。第10遍：动物们不时警惕地东张西望。第11—12遍：动作同第9—10遍。

| 6 7 | 1 2 | 3 1 3 | 2 7 | 2 | 1 6 | 1 |
| 6 7 | 1 2 | 3 1 3 6 | 5 3 | 1 3 | 5 | — ‖

B段：

动作说明：小动物和山狗注意倾听可疑的危险声音。

| 6 6 0 | 6 6 0 | 6712 3136 | 5367 6 0 |
| 6 6 0 | 6 6 0 | 6712 3136 | 5367 6 0 |

C段：

动作说明：小动物感到害怕的表现。

| 6 6 0 | 6 6 0 | 6 6 6 6 | 6 6 6 6 | 6 6 |
| 6 — | 6 — | 6 — | 6 — ‖

活动目标

（1）初步熟悉音乐，合拍地做律动表演。

（2）积极参与创造和即兴创造律动表演动作。

（3）锻炼有意表达、自我克制和快速反应的能力，体验三种能力得到"成功应用"的自豪感。

活动准备

（1）物质准备：录音音乐。

（2）经验准备：

① 初步了解马蜂、狗熊，特别是臭鼬的基本特性。

② 对将要应用的"逃跑上位""木头人""装死"三种快速反应游戏规则具有一定的前期经验。

（3）空间准备：幼儿围坐成大的半圆。

活动过程

1. 进入情境

（1）教师：臭鼬大王和山狗住在高高的大山顶上。有一天，臭鼬大王的肚子饿了，命令山狗到山下的村子里去捉些小动物来吃。山狗来到山下的村子里，欺骗大家说："跟我到山上去参加舞会吧！"可是，小动物们谁都不愿意去。

（2）教师扮演山狗，逐个邀请小动物去跳舞，并指导幼儿用语言或动作表示拒绝，如说"不要""我才不想去呢""NO"等。

（3）教师：看见一计不成，山狗又想出一个新的邀请理由。"山上有许多宝藏，要不要一起去寻宝呀？"小动物们一听，都很好奇，表示愿意与山狗一同前往。山狗又说："宝藏有强盗看守，我们必须用泥巴把自己伪装起来，把自己弄成个泥巴人，才不容易被强盗发现。"

2. 从故事情节中提炼基础动作模式

（1）创编"伪装"动作模式"和泥巴—涂抹自己"。

> 注意：涂抹时，教师每次都需引导幼儿更换涂抹的身体部位。从开始的由幼儿建议，集体统一做动作，逐渐变成各位幼儿自己即兴决定涂抹的部位。

（2）合乐练习创编好的律动模式。

教师播放A段音乐，同时有节奏地随乐用语词提醒幼儿注意动作和节奏。两小节和泥巴，两小节涂抹身体。

> 注意：教师的动作和语音力量特质都要"既要内敛又要夸张"，以表现既谨慎又做作的戏剧张力。山狗说用泥巴涂抹身体是为了不让强盗发现，实际上则是使用了更有诱惑力的方式来欺骗小动物们。

3. 以坐姿整体感知音乐

过程略。

4. 讨论故事结局，创编C段音乐的动作反应，介绍快速反应游戏的玩法

（1）提示前方可能会有马蜂出没，询问幼儿，马蜂会造成怎样的伤害？遇到马蜂可以怎样保护自己？（暗示幼儿跑"回家"——座位处）

（2）邀请两位幼儿跟随自己去"寻宝"，随A段音乐和B段音乐整体表现律动的所有情节。在音乐结束时，停顿4秒钟，大喊"马蜂来啦"，随即提示两位示范者快速上位"躲避危险"。

（3）邀请四位幼儿跟随自己去"寻宝"，随A段音乐和B段音乐整体表现律动的所有情节。在C段音乐第三小节长音出现的同时，大喊"马蜂来啦"，随即暗示四位示范者快速上位"躲避危险"。

（4）全体幼儿参与尝试表演。

5. 改编故事结局，完整随乐游戏

（1）教师将结尾改为"狗熊来啦"，引导幼儿变换游戏反应动作。

①引导幼儿提出"木头人"游戏的规则。（狗熊不吃死掉的食物）

②引导幼儿创编不同形态、不同高低的造型并能坚持造型静止不动。邀请不同的幼儿为大家提供高级榜样。

③完整随乐表演。结束时教师先喊"狗熊来啦"，检查、督促所有幼儿做不同形态、不同高低的造型并坚持造型静止不动；若干秒后，突然再喊"马蜂来啦"，引导幼儿快速上位。

（2）教师将结尾改为"臭鼬大王来啦"，引导幼儿变换游戏反应动作。

①用夸张的动作捂住鼻子、扇风，做出表示恶心、要呕吐等样子的表演动作，引导幼儿猜想这次又会有谁来了。（臭鼬大王）

②引导幼儿讨论，大家被臭鼬的屁熏到后，从闻到臭味到晕倒的这个过程，可以怎样表演。然后邀请幼儿志愿者为大家提供示范。

注意：教师必须提示幼儿，倒地速度要慢、要轻，不能伤到自己，也不能伤到别人。幼儿倒下以后要闭上眼睛，不能动，身体任何部位被教师提拉起来时都不能僵硬。

③全体幼儿尝试表演被熏倒的动作。教师关注榜样臭鼬，做到："检查—反馈—鼓励—赞扬"。

④全体幼儿完整地进行随乐表演游戏。

注意：音乐结束后，教师要先喊"狗熊来啦"，再喊"臭鼬大王来啦"，最后再喊"马蜂来啦"，在幼儿跑上位的同时，教师扮演山狗或臭鼬假装追捉幼儿，营造紧张的游戏气氛。

温馨提示

（1）这个活动对于大班幼儿来说，要做到随乐做动作，以及动作记忆和表现的难度是比较小的。因此学习和锻炼重点有以下三个方面：① 戏剧性的情感体验和表现；② 自我克制；③ 在三种反应信号发出时快速判断、快速反应。

（2）由于动作表演难度较低，教师应用随时提醒、引导、赞扬的方式，鼓励幼儿做出自己的即兴表演，无论是动作还是造型，只要是在表演的情境内容范围内，都应当鼓励幼儿。

（3）但有时候，幼儿也会出现失控的情况：有些幼儿会故意做一些情境以外的动作，干扰他人，甚至"欺凌"他人。教师应高度警惕这些失控行为，做到事先提醒和及时制止。

友情提问

（1）在活动过程2（1）的注意中提到："涂抹时，教师每次都需要引导幼儿更换涂抹的身体部位。从开始的由幼儿建议，集体统一做动作，逐渐变成各位幼儿自己即兴决定涂抹的部位。"为什么要这样提示，这样做的目的是什么？

（2）在活动过程2（2）注意中提到："教师的动作和语言力量特质都要'既要内敛又要夸张'"。除了注意中所说的理由，还有什么作用？

注意1：前面的活动过程中若能从幼儿的表演中获得5—6个涂抹不同身体部位的建议和练习的积累，在后面鼓励幼儿自由即兴涂抹时才能保证每位幼儿都能流畅地随意变化涂抹的部位。

注意2：既能保证幼儿体验和表现出想象情境中的紧张元素，又能让幼儿自然控制好自己的情绪，做到可收可放。

案例1-2 三只小猪 （南京 陈静奋）

使能目标阶梯

挑战4	组织幼儿完整地玩"三只小猪盖房子"的戏剧表演游戏。	创造性应用	站三个单圈，盖三种不同的房子，完整表现"三只小猪"的故事。
挑战3	引导幼儿改编"草房子"的动作。	创造性应用	站单圈队形做基础动作，改编局部动作变成"盖草房子"。
挑战2	引导幼儿改编"盖木头房子"的动作。	创造性应用	站单圈队形做基础动作，改编局部动作变成"盖木头房子"。
挑战1	带领幼儿站立成圆圈"盖砖头房子"，加入"狼来了"的游戏。	应用	站单圈队形做基础动作，合作做出房子造型，共同"抵抗"大灰狼的撞击。
音乐	带领幼儿随乐练习创编出的上肢基础动作模型。	模仿	感知、理解故事、音乐与动作之间的关系。
动作	引导幼儿从故事情节中提炼"盖砖头房子"的动作。	创编	在教师的引导下，根据故事情节创编上肢基础动作模式。
故事	引导幼儿回忆《三只小猪》的故事。	理解	情境理解，产生兴趣，明确任务。

游戏玩法

（1）三个独立的圆圈代表三间独立的房子。如果有30位幼儿参与活动，建议草房子里站5人，木房子里站8人，砖房子里站17人。

（2）狼吹倒草房子，所有人"逃进木房子"；狼吹倒木房子，所有人"逃进砖房子"。

（3）砖房子"结实不倒"，狼离开，所有人轻轻回到座位。

【动作建议】

A段音乐：[①]重复12遍。

第1—2遍：做"打地基"动作。

第3—4遍：做"运材料"动作。

第5遍：双手交替向上叠加，最后做"盖屋顶"动作，同时说："客厅盖好了！"

第6遍：双手交替向上叠加，最后做"盖屋顶"动作，同时说："卧室盖好了！"

第7遍：双手交替向上叠加，最后做"盖屋顶"动作，同时说："厨房盖好了！"

第8遍：双手交替向上叠加，最后做"盖屋顶"动作，同时说："厕所盖好了！"

第9至10遍：集体手拉手相互连接，变成房子造型。

第11遍：造型不动。教师扮演狼，随乐说："来了一只大灰狼，看见草房子，呼……吹倒了！"

第12遍：造型不动。教师扮演狼，随乐说："它又来到木头房子前，它会做什么呢？"

B段音乐：狼按照节奏推倒一个又一个幼儿。没有被推的幼儿保持不动。

C段音乐：在长音处，所有人快速"逃进砖房子"。

活动目标

（1）初步熟悉音乐，随乐按节奏表演盖房准备、房屋建造、大灰狼来啦等主要的故事情节。

（2）能够迁移盖砖房子的动作流程，修改创编盖木房子和盖草房子的动作，并能在狼来了的情境中做出相应的动作反应。

（3）锻炼快速反应和保持造型的能力。

活动准备

（1）物质准备：录音音乐。

（2）经验准备：

① 熟悉《三只小猪》的故事。

② 具备三种游戏反应的经验。

③ 具有快速围成圆圈的经验。

[①] 音乐与案例"山狗和臭鼬"的音乐相同，均为《在山魔王的宫殿里》。

（3）空间准备：

    ① 幼儿围坐成大的半圆。

    ② 座位前方有足够的地方，可围成三个圆圈。

活动过程

（1）故事主要情节回顾。（略）

（2）创编盖砖房子流程的主要基础动作：打地基—运材料—盖房子。

（3）用基础上肢动作完整感知音乐。

（4）方式完善：澄清动作规范以及动作顺序、重复次数等细节。

（5）练习快速围成圆圈并做造型。

> **提示**：教师必须和幼儿一起回顾。

> **注意**：这次造型比较特殊，需要幼儿在手拉手的条件下各自做出身体的造型，并在努力保持静止不动的情况下，抵御大灰狼的各种"破坏"行为。

（6）迁移与改编盖木房子和盖草房子的关键动作。

> **注意**：教师可以引导幼儿，如果盖砖房子是用手掌逐渐向上交替叠加，那么当材料变了时，是否只要改编手形就可以来盖房子了呢？

（7）幼儿围成三圈，完整地进行游戏。

温馨提示

（1）按歌曲曲式来分类，同一简单旋律的多次反复被称为"分节歌"。在语言文学的民间文学与儿童文学中，这种"一而再，再而三"的形式结构，俯拾皆是。它不仅容易让读者立即上口、入心，而且具有韵味回旋的特殊美感。

（2）我们将两个不同情境、相同音乐的活动设计方案（案例1-1、1-2）放在一起，目的就是帮助参与教师培训的老师能够从中提炼出活动设计的规律。这段音乐实际上只有很短小的一个主部，可以根据需要不断重复。所以老师们可以用"先分组后独立"的流程，尝试创编自己的故事情节，特别是那种"一而再，再而三"结构的童话故事、民间故事，是可以好好利用的，如：《狼来了》《寒号鸟》《拔苗助长》《狐假虎威》《龟兔赛跑》《金冠鸡》《勇敢的小乐手》等故事。当然，其他情节结构的故事也是可以尝试的。我们在职前培训的实践中，有三所大专院校的同届在校学生，都用这首音乐，一共创编了200多个不同的随乐情境表演故事。如果大家经常这样做，就会越做越好。

（3）这两个活动，实际上就是同一位老师的两个原创活动，都非常受幼儿欢迎。活动中的《山狗和臭鼬》的故事，来自"世界音乐教育大会"上一位英国音乐教师提供的美洲印第安传统民间故事。而《三只小猪》，则是家喻户晓的童话故事。

（4）这两个活动，可在大班进行，可在亲子活动中进行，还可以在教师培训中进行。

案例2 爱的浪漫曲

使能目标阶梯

挑战4	指导学员两两结伴替换新情境，匹配新动作。	创造性应用	结伴"创编—排练—交流"。
挑战3	指导学员分小组替换新情境，匹配新动作。（上、下肢联合）	应用	分组"创编—排练—交流"。
挑战2	提供两人协作的情境表演范例。	观察理解	了解、理解两人合作。重点是身体的重叠、缠绕。
挑战1	指导学员分小组替换新情境，匹配新动作。（上、下肢联合）	应用	分组"创编—排练—交流"。
音乐	带领学员使用上肢动作模式感知音乐。	模仿	感知、理解故事、音乐与动作之间的关系。
动作	引导学员为故事情境创编动作模式。	创编	为故事情境创编动作模式。
故事	简述一个故事案例作为导引。	理解	范例理解，引发动机，明确任务。

【动作建议】

自选情境，即兴表演。

爱的浪漫曲

1 = D 3/4   西班牙民歌

| 3 3 3 | 3 2 1 | 1 7̣ 6̣ | 6̣ 1 3 |

动作：逐渐上升……

| 6 6 6 | 6 5 4 | 4 3 2 | 2 3 4 |

上升到顶保持……

| 3 4 3 | 6 4 3 | 3 2 1 | 1 7̣ 6̣ |

逐渐下降……

| 7̣ 7̣ 7̣ | 7̣ 1 7̣ | 6̣ 6̣ 6̣ | 6̣ — — ‖

下降到底保持……

━━━━━━━━━━ **活动目标** ━━━━━━━━━━

（1）熟悉音乐，感受、表现慢速度三拍子音乐的力量特质，以及旋律上升、下降的力量特质。

（2）使用在单纯情境下两人结伴相互配合的方式创编表演情境。重点学习新的身体配合思路：重叠和缠绕。

（3）重点体验：相互交流，相互学习，相互尊重，相互欣赏。

━━━━━━━━━━ **活动准备** ━━━━━━━━━━

（1）物质准备：

　　①录音音乐。

　　②手机。（用于随时寻找新的绘本故事情境）

（2）经验准备：无须特别准备。

（3）空间准备：需要比较大的活动空间。

━━━━━━━━━━ **活动过程** ━━━━━━━━━━

1. 通过范例了解、理解工作流程

教师用语言提供范例：月亮与云彩在天空，小鱼与海草在海洋等。

2. 通过倾听音乐，想象并分别表现两个事物的相关动作

（1）教师示范用手臂随乐表现旋律的上升和下降，并提醒学员关注。

（2）全体学员一起即兴随乐表演一个事物，如云彩。

（3）教师反馈学员中的高级榜样和普遍存在的问题。

（4）全体学员再次随乐表现。

3. 分组练习

分组自选主题，进行创作、练习、大组交流，教师反馈。

4. 教师提供两人协作的表演范例

> 注意：有条件的情境，可以请学员中有基础者提供范例。

（1）提供两两协作的范例。

（2）引导学员关注和理解：重叠和缠绕。

（3）全体学员用统一的主题分组进行创作、练习、大组交流，教师反馈。

5. 全体学员两两结伴自选主题

（1）进行创作、练习、大组交流。

（2）教师反馈学员中的高级榜样和普遍存在的问题。

（3）再次进行创作、练习，各自优化。

温馨提示

（1）这个活动中有两个方面的学习重点：一是上升与下降；二是重叠与缠绕。前者是音乐学习的重点；后者是律动学习的重点。

（2）在迁移练习时，之所以总是需要"小组尝试"在先，是为了锻炼团队共建的态度和能力；"个人或结伴尝试"在后，是为了锻炼学员独立思考的能力和同伴协作的能力。

（3）该活动若在大班幼儿中进行，需要教师掌握好难度水平和指导的细致程度。

案例3 逗牛　　　（南京　周瑾）

使能目标阶梯

挑战4	引导幼儿拓展其他"换朋友"的方法。	创造性应用	在教师的引导下，尝试拓展其他在单圈双圆状态下交换朋友的方法。
挑战3	指导幼儿迁移应用"丢手绢"的游戏。	迁移应用	完整跟随音乐，迁移应用"丢手绢"的游戏经验，尝试"同向追跑"的游戏。
挑战2	逐步增加邀请示范者的流程，指导幼儿学习"换朋友"的方法。	观察模仿	站单圈双圆队形，持续观察和尝试擦右肩交换朋友的方法。
挑战1	指导幼儿站成单圈双圆，在两两结伴状态随乐练习基本律动模式。	应用	站单圈双圆队形，在两两结伴状态下继续练习基础律动。
音乐	带领幼儿以坐姿随乐练习上肢基本律动模式。	模仿	按照先坐、再站、后站中央的空间流程，巩固学习动作要领。
动作	引导幼儿迁移、拓展花式拍手游戏的动作，创建基础花式拍手动作模式。	观察	感知动作要素、顺序及重复规律，理解故事、音乐与动作之间的关系。
故事	简述"小牛和牛仔游戏"的主要情境。	理解	情境理解，产生兴趣，明确任务。

游戏玩法

（1）单圈双圆：两两结伴面对面，站成一个大圆圈。一人面对顺时针方向，其同伴必然面对逆时针方向，所以称之为：单圈双圆。小牛站在圆圈上，牛仔在圆圈外逆时针行走，自由舞蹈，与小牛自由地交流。

（2）先面对同伴，玩花式拍手游戏。

（3）再"擦右肩"（方向不换）越过当下的舞伴（形成与先前舞伴背对背的姿势），迎来新的舞伴。

（4）牛仔轻拍一个小牛的肩膀，该小牛追牛仔。输家进入圆圈与全体互动。（另外一种玩法：牛仔将手绢扔在两只小牛中间，两人反向赛跑，输家进入圆圈与全体互动）

（5）音乐重新开始，赢家成为新的牛仔，重新开始游戏。

【动作建议】

（1）A段音乐[①]。

第1、2小节双人花式对拍。开始的基础动作应该简单、种类少、节奏慢。如一个8拍里只有一个自拍动作，2拍拍一次，然后根据实际情况可以逐步增加难度。如一个8拍里有4拍拍手，4拍拍腿，或者4拍自拍，4拍与朋友对拍，两种方式都是1拍拍一次。还可以再加难度，如"自拍—拍腿—对拍拍腿"，每个动作做1次即换，1拍拍一次等。

第3、4小节擦肩换朋友。动作也可以有难度递增。简单动作：两人右手拉右手，握握手，轻轻拉一下对方的手，顺势从各自右肩擦肩而过，即完成交换位置和交换朋友。稍难动作：双手比画成"六"状，低头表示小牛顶角，先四目相对，再右眼相对，向右侧拧身，擦右肩而过，恢复正面，面对新朋友。（重复4遍）

（2）B段音乐。

按节奏自拍等待牛仔拍击肩膀，然后被选中的小牛追牛仔。牛仔跑回刚才选中者的位置，其间没有被追到者为赢，被追到者为输。如果被选中者追到牛仔，则为赢。输家进入圆圈，赢家在圆圈上与落单者重新结伴。

注意： 在做基础动作模式时，教师可以持续拍手，也可以持续做"绕线手"动作，后者的感觉会比前者更为令人紧张、激动。

（3）C段音乐。

输家在圆圈中假装懊恼，大家在圆圈上与输家"逗趣"。

注意： 在做基础动作模式时，教师可以即兴做各种表示懊恼或者逗趣的动作。

---

① 此处音乐请参考周杰伦作曲、黄俊郎作词的《牛仔很忙》。

活动目标

（1）感受、欣赏音乐欢快的情绪和牛仔音乐的风格。能按照音乐的结构和节奏舞蹈和游戏。

（2）学习"逐步邀请示范"的流程，探究新的换舞伴方法。

（3）体验集体舞蹈特别是结伴、换伴的乐趣。了解通过这些方式可以快速增进人与人之间的熟悉感和亲密感。

活动准备

（1）物质准备：
  ① 牛仔大手帕一条。
  ② 录音音乐。

（2）经验准备：成人无须特别准备。幼儿需有以下经验：
  ① 有一定的集体舞蹈经验。
  ② 有一定的换朋友经验。
  ③ 有初步的花式拍手游戏经验。
  ④ 比较熟悉左右的概念。
  ⑤ 有"丢手绢"之类的游戏经验。

（3）空间准备：
  ① 需要比较大的活动空间。
  ② 幼儿围坐成大的半圆，后改成站姿的大单圈双圆。

活动过程

1. 进入情境

教师：在春天的牧场上，刚出生的小牛们来到牧场幼儿园，在牛仔老师的带领下玩起了花式拍手游戏。大家玩得可高兴了，还会顶着同伴的角玩摔跤游戏，最后还一起玩了"丢手绢"游戏，这一天玩得真高兴呀！

2. 参与创编基础花式拍手动作模式

教师：小朋友，你们能跟着音乐拍拍小手吗？你们的小手还可以拍哪里？你会和朋友一起拍吗？可以怎样和朋友对拍？（第1遍练习）

> **注意**：不是一次性地问以上所有的问题。这个环节的主要目的是帮助幼儿回忆原有的相关经验。

3. 以坐姿练习上肢动作，感知音乐

教师将经过讨论决定的拍手动作组织到完整的律动模式之中，带领幼儿随意完整地练习，感知整个作品中故事、动作和音乐之间的关系。（第2—3遍练习）

注意： 千万不要一段一段地练习，否则连续游戏时会产生"记忆断裂的障碍"。

4. 单圈双圆，两两结伴，以站姿练习上肢动作，感知音乐

过程略。（第3—4遍练习）

5. 用"逐步累加示范者"的流程，引导幼儿学习"擦右肩换朋友"的方法。

（1）教师1与教师2示范（右手拉右手模式）。

（2）以擦右肩的方式完成位置交换。两位教师背对背时，各自再邀请一位幼儿与自己面对面（T1—S1；T2—S2）。当交换动作完成后（空—T1；S1—S2；T2—空），两位教师再各邀请一位幼儿与自己面对面（S3—T1；S1—S2；T2—S4）。当交换动作完成后（空—T1；S3—S2；S1—S4；T2—空），两位教师再各邀请一位幼儿S5和S6与自己面对面，继续往复……直到所有幼儿都加入游戏为止。

（3）根据实际情况，如有条件可以改成：以小牛顶角的方法擦右肩而过。

6. 加入"丢手绢"的变式游戏

（1）教师担任牛仔。

（2）教师跟随新牛仔。

（3）新牛仔独立表演。

（4）鼓励幼儿牛仔用各种不同的移动、表演和与小牛互动的方式。

7. 教师学员探究创编新的单圈双圆换朋友的方法

过程略。

温馨提示

（1）这是一个典型的包含交换舞伴环节的集体舞蹈，也是属于律动的一种活动。

（2）本活动的原创教师在最后添加了一个传统的"追跑"或"赛跑"游戏。

（3）单圈双圆的交换舞伴有许多种有趣的方式，本活动仅运用了其中的一种方式。

（4）逐步邀请学习者参与示范的流程，这属于奥尔夫集体舞教学的经典流程。

（5）下面的活动"司马光砸缸"使用了同一种交换方法，但它是一种变异的方式。本活动"逗牛"的方法要领为"擦右肩，向前走，新朋友，见见面"。下一个活动"司马光砸缸"的方法要领为"手拉手，换位置，向后跳转，新朋友"。

（6）本活动可以在幼儿大班中进行，很受幼儿欢迎。

友情提问

（1）传统的圆圈上追跑或赛跑的经典游戏，从"方向不同"角度看主要有哪两种？分别有哪些经典的代表性游戏？

（2）什么是"变式"游戏（或练习）？其主要的作用是什么？

提示：答案在本章中找。

案例4　司马光砸缸　　（南京晨光幼儿园、南京第一幼儿园）

使能目标阶梯

挑战5	提供新的音乐，引导幼儿创编新的含"换朋友"方式的集体舞。	创造性应用	分组用教师提供的新音乐或自己选择的新音乐创编含"换朋友"环节的集体舞。
挑战4	组织与指导幼儿随乐完整地进行游戏，并加入"赛跑"游戏。	迁移应用	完整地跟随音乐，迁移"切西瓜"的游戏。
挑战3	组织幼儿将同时做同样的"砸缸"动作提升为以交替、互动、即兴的方式做"砸缸"动作。	创造新应用	在教师的引导下，将同时做同样的"砸缸"动作提升为以交替、互动、即兴的方式做"砸缸"动作。
挑战2	指导幼儿学习"换朋友"的方法。	迁移应用	站双圈队形，学习新的"换朋友"的方法。
挑战1	指导幼儿以站姿在单圈双圆的队形中结伴随乐练习完整动作。	模仿	以站姿在单圈双圆的队形中练习动作。
动作+音乐	带领幼儿以坐姿随乐用上肢练习基础律动动作模式：砸缸（引子）—换朋友（歌表演）—缸水淌出（绕线手）—砸缸（欢庆）。	模仿	在教师的引导下，学习基础律动动作模式，感知、理解故事、音乐与动作之间的关系。
故事	简述《司马光砸缸》的故事。	理解	情境理解，产生兴趣，明确任务。

游戏玩法

根据歌词做律动表演动作和换朋友。圈外一名幼儿扮演"司马光",圈内两名幼儿扮演"落水儿童"。

(1) 音乐前奏:大家表演"读书"。

(2) 音乐齐唱部分:"司马光"一直在圈外行走。其他人在圈上做两两结伴"砸缸"的逗乐与互动动作。

(3) 独唱部分第一段:大家做歌表演动作(含"换朋友")。独唱部分第二段:其他人动作同第一段,落水儿童表演挣扎呼救的样子。独唱部分第三段:"司马光"用一沙袋投放到自己选中的一对朋友中间(表示砸缸);这对朋友向两侧倒下并让开,缸中的两名幼儿跑出(表示水流出,小孩也随水流出)后进行"反向赛跑",其他人鼓掌(或做"绕线手")。

(4) 赛跑的赢家成为下次游戏的司马光。两侧让开的幼儿开始变为"碎缸片"倒地,下一轮游戏扮为新的"落水儿童"。

注意1: 用石头"砸缸"游戏的"砸",类同于"切西瓜"游戏的"切"。

注意2: 教师在刚开始带领幼儿完整感知故事、动作、音乐的环节,所做的基础律动模式如下:① 齐唱音乐部分,双手握拳左低右高,从上往下,两拍砸一次。② 独唱部分第一、二段,双手握拳,前伸至腹部高度,一拍一次,摇摆四次,点动四次,双手捂脸四拍,双手打开放下四拍。独唱部分第三段做快速的"绕线手"。③ 再现齐唱部分,重复①的动作,最后结束句做表示胜利的动作。

注意3: 这些动作实际上是最终表演动作的上肢简化版,而且也将双人互动部分简化成单人表演,将即兴部分简化成统一动作。这种技术很重要,叫作先简后繁;先独自,后合作;先坐,后站,再移动,小步距层层累加设计。

【动作建议】

司马光砸缸

$1 = E$ $\frac{4}{4}$

宋小明 词
李昕 曲

每分钟87拍

‖: 1 1 1 1 1 1 3 3 3 3 3 3 | 5 1 2 2 3 2. 0 |
(齐)哐 当 哐 当 哐 当!哐 当 哐 当 哐 当! 司 马 光 砸 缸,

1 1 1 1 1 1 3 3 3 3 3 3 | 5 6 1 1 2 1. 0 :‖
哐 当 哐 当 哐 当!哐 当 哐 当 哐 当! 司 马 光 砸 缸,
                                                    fin

```
‖: 3  3 2    1      3  6·     1   | 3· 2   3 3 2   3  6·    1    
  (独)有 几    个    小  朋     友,   围 呀  围 着 那  大  水    缸,
      扑 通    通    一  声     响,   有 人  掉 进 了  大  水    缸,

   3· 2   3 2 5 5   5   | 5  ³5   6· 1 2   —  :‖ 5  1  6· 1  1  —
   大 家   一起捉迷   藏,    调 皮   又 欢 畅。      慌  里  又慌  张。
   大 家   全都吓坏   了,

‖: 6  6 5   4   | 6 2    4    | 6· 5   6 6 5  | 6 2    4
   有 一 个   小朋 友,      名 字   叫 作 那   司 马   光,
   哐 当 当   一声 响,      流 水   哗 啦 啦   往 外   淌,

   3· 2   3· 2    5 5   5   | 6 6 5   6 3   | 5   —    :‖
   搬 起   一 块   大 石  头,  砸 向 那   大 水     缸。
   朋 友   出 了   大 水  缸,

   3 3 2  5 5   | 1   —  ‖  (从头反复齐唱部分)
   大家都齐欢      唱。
                       D.C.
```

（1）前奏部分：站成圆圈，做手捧书卷、摇头晃脑状，口念："人之初，性本善，性相近，习相远。"（读书）

（2）齐唱部分：两人结伴，一人为"缸"，另一人"砸缸"。（即兴配合表演）

（3）独唱部分的第一、二段：歌词内容表演，加"换朋友"。（集体创编）独唱部分的第三段：歌词内容表演，加"切西瓜"。（砸缸）

（4）重复齐唱部分：大家面对圆心做砸缸动作，最后做造型表示欢庆。

活动目标

（1）熟悉、感受、欣赏音乐，能按节奏和结构做律动表演动作。

（2）双人结伴即兴表演"砸缸—被砸"的互动动作；落水儿童即兴表演挣扎、呼救的样子；全体即兴做欢庆造型。

（3）在面对游戏规则层次多、内容复杂的挑战时，能头脑冷静地努力按规则有序地进行游戏。

活动准备

（1）物质准备：

① 录音音乐。（最好有比较长的前奏）

② 大号沙袋。（准备充当"大石头"）

（2）经验准备：
　　①圆圈舞蹈的经验。
　　②圆圈比赛游戏的经验。
（3）空间准备：
　　①大的半圆。（先）
　　②大的单圈双圆。（后）

活动过程

1. 回顾故事主要内容，进入故事情境

过程略。

2. 以坐姿完整地用上肢基础动作感知故事、动作、音乐的关系

教师带领幼儿随乐做自己设计好的基础律动模式。（坐姿；完整练习第1—3遍）

3. 练习完整的律动模式

以站姿、两两结伴面对面地练习完整的律动模式。（站姿；完整练习第4—5遍）

4. 学习换朋友

教师自唱曲调，用"逐步累加参与示范"的方法教幼儿学习"换朋友"的方法：两人面对面，双手拉住同伴的手，左右摇摆；交换位置后放开同伴的手；两手捂住眼睛，180度向后跳转，落地的同时把手松开，看见新朋友。（根据实际需要随乐练习此部分若干遍）

> 注意：累加方法同上例"逗牛"，此处略。

5. 加入即兴结伴，即兴轮流"互砸"

（1）两位教师（或者一位教师与一位幼儿）示范：齐唱两小节一大句，学员A砸学员B，学员B"缩进"被砸部位，对学员A的"砸"做出反应，然后互换，重复一次。

（2）引导与辅导幼儿两两结伴即兴表演。（随乐练习此部分第2—3遍）

（3）将此部分加入整体练习。（整体随乐练习第6—7遍）

6. 加入赛跑游戏

过程略。（整体随乐练习第8—12遍）

7. 教师引导学员分组，学员创编含新的故事情境的集体舞

过程略。

> 注意：可由教师提供新的音乐和新的绘本故事，也可以由学员提供，还可以临时用手机上网自己寻找、选择合适的音乐和故事。

温馨提示

（1）大家到现在应该已经注意到了，律动教学的一个基本流程是"故事—动作—音乐—其他新的挑战"。为什么一定要保持这一基本流程呢？故事是为了吸引幼儿进入情境，这点大家都好理解。但是为什么不把那些更高级的动作模式用所谓"难点前置"的流程安排在前面，而要在后面才慢慢加入呢？这是因为：

① 幼儿需要对故事、动作、音乐的整体匹配形成明确印象。

② 幼儿有了前面形成的简单基础，后面学习的"台阶高度"自然下降。

③ 如果开始就零碎解决比较困难的问题，活动越往后幼儿越疲劳，越难以形成整体流畅的结构感觉。

（2）先用局部专攻再将这些局部的内容拼接成整体的流程，似乎对成人的学习动机、身心劳逸体验等方面的影响不太大。但对比起来，成人和幼儿在感受上还是不同的。对幼儿来说，如果这样学习，负面的影响可能会相当大。

（3）有另外一个相关的工作原则叫作"先整体，后局部；先薄，后厚；层层累加"。这就如同绘画，可以先用铅笔浅浅地画出大致轮廓（整体布局），然后再逐步一点一点地将需要特别突出的细节用更浓重的笔触甚至更厚重的颜料慢慢强调出来。

友情提问

（1）律动教学的基本流程是什么？

（2）律动教学流程的第一环节与"情境化"有什么关系？情境化又与幼儿学习动机激发有什么关系？

（3）为什么不把那些更高级更富有挑战的动作模式，用所谓"难点前置"反复练习的方法安排在最前面，而要在后面再"慢慢加入"呢？

提示：答案在本案例中找。

案例5　神秘花园　　（深圳　周　云、伊丽梅）

使能目标阶梯

阶段	内容	类型	说明
挑战5	指导幼儿玩"纸花传递"游戏。（改换音乐）	迁移应用	使用音乐《茉莉花》迁移前面的经验，玩"纸花传递"游戏。
挑战4	指导幼儿玩"纸鹤传递"游戏。（改换游戏）	迁移应用	迁移前面的经验，完整随乐按乐句呼吸，玩"纸鹤传递"游戏。
挑战3	指导幼儿多人结伴，自由交换朋友随乐互抱。	迁移应用	自由空间状态。多人结伴，自由交换朋友，即兴随乐交替拥抱。
挑战2	指导全体幼儿两两结伴，随乐创造性地即兴拥抱，最后提升到多人结伴。	迁移应用	自由空间状态。在教师的引导与鼓励下，两两结伴，创造性地即兴随乐交替拥抱，最后提升到多人结伴。
挑战1	和一位幼儿尝试结伴进行随乐互抱示范，逐步邀请更多幼儿参与示范。（先用体操圈3—4次，然后改成直接用身体）	观察模仿	学习结伴合作，随乐交替互动。
动作+音乐	随乐示范游戏动作（拥抱—自己抱自己）。	模仿	感知音乐的乐句与其中的呼吸。
故事	简述《神秘花园》的故事。	理解	情境理解，产生兴趣，明确任务。

游戏玩法

1. 套圈游戏

（1）使用体操圈：4小节一个乐句，学员A用体操圈慢慢完成将学员B身体的某一个部分套在圈内的过程。下4小节一个乐句，学员B慢慢完成将身体被套住的部分从体操圈中脱离出来的过程。再下一个8小节，学员A、B两人交换角色。

（2）用身体替代体操圈（学员A双手"环抱"同伴B的躯干、脖颈、手腕、大腿、脚踝等部位；当然也可以用整个身躯、双腿、手指等部位形成环状，去套住对方的某个身体部位），做同样的相互套圈的动作，迁移之前所学动作内容。

2. 传递游戏

（1）"纸鹤传递"游戏：学员在音乐声中学习折叠纸鹤，折叠之后将对同伴的美好祝福写在纸鹤身上，然后围成圆圈，随着音乐的乐句（《莎莉花园》是弱起的乐句）呼吸，逆时针依次向后传递。音乐结束，一位或两位学员志愿者阅读纸鹤上的祝福语，写这个祝福语的人用体态和表情向阅读者致意。（游戏反复进行）

（2）"纸花传递"游戏：学员在音乐声中学习折叠纸花，折叠之后将对同伴的造型要求写在纸花上，然后围成圆圈，随着音乐的乐句呼吸，逆时针依次向后传递。音乐结束，一位或两位学员志愿者阅读纸花上的造型要求，题写这个要求的人到圆圈中间即兴随乐舞蹈4小节（领袖），圆圈上的人模仿圆心中的人的动作4小节。活动最后领袖做出自己题写要求中的造型，静止4秒钟，大声鼓掌表示支持，活动结束。（游戏反复进行）

【动作建议】

即兴表演。

莎莉花园

1 = C　4/4

[英国]威廉·巴特勒·叶芝　词
[爱尔兰]菲尔柯尔特　曲

茉莉花

中国传统民歌

1 = C 4/4

3 3 5 6 1 1 6 | 5 5 6 5 - | 3 3 5 6 1 1 6 | 5 5 6 5 - |

5 5 5 3 5 | 6 6 5 - | 3 2 3 5 3 2 | 1 1 2 1 - |

3 2 1 3 2. 3 | 5 6 1 5. 3 | 2 3 5 2 3 1 6 | 5 - 6 1 |

2. 3 1 2 1 6 | 5 - - - ‖

活动目标

（1）感受音乐的宁静和优美，体验乐句的起伏和呼吸。
（2）探索如何用即兴、缓慢的"套圈"和"出圈"即兴动作与音乐的乐句和呼吸相匹配。
（3）体会与同伴之间的相互信任、相互学习和相互欣赏。

活动准备

（1）物质准备：准备大号体操圈若干。
（2）经验准备：
　　① 成人：无须特别准备。
　　② 幼儿：需要对"圆圈"有初步的认识。
（3）空间准备：应有充足的活动空间。

活动过程

（1）进入故事情境。
　　教师：有一对小兄妹来到女巫家做客，女巫在出门买水果前告诉小兄妹不要去外面的花园玩耍，因为那里有危险。但是，小兄妹实在太好奇，就没有听从女巫的告诫而去了花园，结果都被变成了石像。女巫发现后，拿出一个圈圈，说谁套上这个圈圈，谁就能够获得自由。但是，我只有一个圈圈，由你们自己来决定谁可以变回原来的样子吧！可是小兄妹谁也不愿意抛下自己的亲人，于是，他们就开始你套我，我套你，一直套来套去……
（2）幼儿以坐姿跟随教师整体感知音乐的乐句和呼吸。（自己拥抱自己）（第1—2遍练习）
（3）教师通过逐步邀请参与的方法来示范指导全体幼儿加入。（可能会练习8遍左右）
（4）教师引导并鼓励幼儿相互学习，以拓展出更多不同的套入和钻出的方法。（可能会再练习4遍左右）

（5）活动结束。

教师：女巫看到小兄妹如此友爱，最终帮助他们解除了魔法。不过，女巫还是告诫小兄妹说：在大多数情况下，小朋友还是应该听从大人的警告，有时候太过好奇，是会伤害自己或朋友的。

温馨提示

（1）我们真实地在幼儿园大班实践过这个游戏，很受幼儿的欢迎。我们在参加"国际儿童音乐教育大会"时将该游戏介绍给了外国同行，也得到了非常高的评价。他们说该游戏在他们的国家也很受幼儿的欢迎。

（2）此案例使用了"救人游戏"，这在传统的体育游戏中，通常是依附于具备如下性质的游戏当中的。

① 拥有团队对抗性质的游戏。

② 如果任务失败，将会有禁锢、淘汰等惩罚规则。

③ 如果任务成功，将会获得积分、能量（生命）等奖励。

④ 同一团队的"战友"，可以去拯救陷入困境的战友，也可以用积累的"奖励"去换取战友的"重生"。

范例1："对抗追跑"游戏。A、B两队对抗，被追队相当于是"擂主"，如果队中有人被对方拍到，该人就要立刻"冻住"，冻住的人被自己人拍到，便会立刻"解冻"。当擂主队全部"冻住"时，两队交换场地。

范例2："掷沙包"游戏。A、B两队对抗，被掷队相当于是"擂主"，如果队中有人被掷中，该人就"死"了；如果有人接住沙包，就积累了"一条命"，可拯救一个"死人"。当擂主队全部"牺牲"时，两队交换场地。

（3）该类游戏除了具有游戏的一般价值以外，最重要的价值是"团队精神"和"奉献精神"的养成，即：一个人通过努力获得成功，不光是为了自己；一个人若有失误，也能够相信自己可以依靠团队、依靠战友获得"重生"。

（4）我们在外国老师提供的律动游戏和教育戏剧游戏中，看到对这种游戏的诸多利用。如将"范例2"的类似规则用在"青蛙和公主""阿里巴巴和四十大盗"等游戏当中，都能使戏剧表演的学习内容变得更加有趣。

（5）我们在前面专门提供给教师培训的"纸鹤传递游戏""纸花传递游戏"的内容，这里不再赘述。该游戏也可以在幼儿园大班分几次活动来尝试。对于游戏中所涉及的书写祝福语的内容，如果是有"前书写"课程或相关经验的班级，教师也是可以变通尝试的。

（6）"传递游戏"也是拥有多种不同"亚型"的游戏大家庭，其中"击鼓传花"是大家非常熟悉的一种游戏。但许多教师往往不重视"传递礼仪"的教育，导致幼儿出现争抢、拒绝、随便乱扔"传递物"等不良行为。我国古代人们聚会玩此类游戏时，讲究"好接好递，从容淡定，尊重人，爱惜物"，这些都是人格养成教育的内容。

（7）我们并不反对幼儿在玩游戏时保持热情，并有一定的紧张激动的情绪状态。但这都应该是在一定的范围之内才好。比如"打手传递"游戏，其规则是：全体幼儿围成大的圆圈，面向圆心而立，双手手心向上置于体侧；左手轻轻托着左侧人的右手，右手轻轻置于右侧人的左手手心。在开始唱歌或念儿歌时，从某人作为"上家"开始，用右手击打放在自己左手手心的"下家"的右手；"下家"在自己的右手被击打后，再用自己的右手去击打自己左侧的下一位"下家"的右手。依次顺时针传递，只有到歌曲或儿歌结束的时候，最后一个人才可以在右侧"上家"来打自己的时候抽走右手，形成上家"自己右手击打自己左手"的结果。此活动属于"快速反应游戏"和"传递游戏"的双重规则游戏。因此，幼儿在游戏时是可以保持一定的激动情绪的。但幼儿在游戏中守规则，能适当地克制总是不可或缺的。比如，在没有轮到自己击打时，幼儿必须保持双手的姿态；等轮到击打时，必须克制击打的力度；最后互动的两人，无论是"上家"还是"下家"，都必须准时按照规定的节奏点发动追逃，不能抢追、抢逃。

（8）"传递游戏"也有传递一句话或传递一个（一套）动作的玩法，而且还有"明传"和"暗传"两种不同类型。

① 明传"可以像"领袖模仿"游戏一样，就是要向领袖学习（领袖轮流做）；也可以像"接龙"游戏（类似续编），就是相互补充。

② "暗传"既可以考验、锻炼人模仿的准确性；也可以故意"歪曲"范型，制造幽默的气氛。

（9）教师在学习传统游戏和创造性地使用别人的游戏时，还是需要先认真分析其内在价值，再根据自己需要的价值来设计和组织游戏。

案例6 魔法师的徒弟　　（南京　刘　晶）

使能目标阶梯

挑战4	指导幼儿分组创编包含"换朋友""即兴表演""追跑"三种元素的新舞蹈。	迁移应用	尝试应用"换朋友""即兴表演""追跑游戏"三种元素的新舞蹈。
挑战3	指导幼儿加入"反向赛跑"的"切西瓜"游戏中。	迁移应用	完整跟随音乐，尝试迁移"司马光砸缸"中的"反向赛跑"游戏。
挑战2	累加"换朋友"练习。	迁移应用	站双圈队形，继续练习，尝试迁移"司马光砸缸"中的"换朋友"方法。
挑战1	指导幼儿站在双圈单圆上结伴练习动作，鼓励其变出不同的动物造型	迁移应用	站双圈单圆队形，结伴练习，努力变出不同的动物造型。
音乐	带领幼儿以坐姿练习上肢基础动作模式。	模仿	通过操作，进一步感知、理解故事、音乐与动作之间的关系，记忆动作模式。
动作+音乐	随乐示范律动游戏的上肢基础动作模式。	观察	感知各个动作的内容、意义、顺序及重复规律。
故事	简述"魔法师选徒弟"的主要故事情节。	理解	情境理解，产生兴趣，明确任务。

游戏玩法

（1）跳与歌词情境有关的集体舞。
（2）迁移"切西瓜"游戏的规则，参与竞争当"徒弟"的赛跑。
（3）赢家学习当徒弟（新的魔法师）的技能：给新的魔法师披上斗篷，戴上帽子。

【动作建议】

随乐（参见周杰伦作曲的《魔术先生》）律动游戏的上肢基础动作模式为：拍手—拍胸说"选我，选我"—握手—转手指—敬礼鞠躬—说"你好"（重复4次）—变魔术（抔—放—举—扭着—下降—变出动物的造型）—"绕线手"（表示逃跑和加油）。

> **注意**：一般情况下，坐姿中有未来要转身的动作时，通常用"转动食指"来代替；有未来要奔跑的动作时，通常用"绕线手"来暂时代替，即双手握拳于胸前，双臂快速向外交替连续环绕。

活动目标

（1）熟悉音乐，感受、体验音乐中所蕴含的欢快和幽默的情趣。按照音乐的结构和节奏做律动和玩游戏。
（2）创造性地即兴做出"魔法变出的动物造型"。
（3）热情地用动作、表情和语言进行互动；赛跑时能注意集中、反应迅速、头脑清醒、确保安全。（特别注意"交汇"时相互避让，提早判断对方准备靠内圈还是靠外圈移动）

活动准备

（1）物质准备：
　①魔法师的斗篷。
　②魔法师的帽子。
　③魔法师的手套。
　④相关的图片。
（2）经验准备：最好先前已经玩过"司马光砸缸"或类似的游戏。
（3）空间准备：先围坐成大的半圆，后改变成单圈双圆。

活动过程

（1）进入故事情境。
　　教师：大魔法师年纪大了，想要收几个徒弟来继承自己的魔法秘笈。年轻的魔法师都想要成为他的徒弟，他们一看到大魔法师出现，就大声对他喊："选我，选我。"大魔法师说："想要当我的徒弟，至少要先经过三个考验。第一是要会礼仪，第二是要会戏法，第三是要看谁跑得更快。你们愿意不愿意接受我的考验呢？"

幼儿：愿意。

（2）跟随教师模仿练习上肢律动模式。

① 坐姿。（练习4遍）

② 站成单圈双圆。（练习1遍）

（3）迁移应用——加入"跳转换朋友"。（练习2遍）

注意： 教师引导与鼓励幼儿各自变出不同姿态的动物造型。

（4）迁移应用——加入"切西瓜"的追跑游戏。（玩4遍左右）

注意1： 教师鼓励幼儿结伴做出各种不同但又相互配合的动物造型。
注意2： 赛跑的赢家要穿戴好"行头"后再开始下一次游戏。

（5）利用三种元素创编新的情境表演集体舞。（略）

温馨提示

（1）我们到现在已经获得多个最后包含赛跑游戏的案例啦！读者可以把这些案例汇总起来比较一下，看看它们在情境设计的逻辑方面，有什么相同或不同的特点。自己尝试用新情境、新音乐来设计一下。

（2）开展"司马光砸缸"和"魔法师的徒弟"这两个活动，教师需注意以下几点：

① 由于律动游戏的情境和动作模式的结构都比较复杂，没有适合的空间和时间来组织与引导幼儿参与创编基础动作模式，所以在设计时可以直接采取教师示范的方法。

② 教师在示范的同时，还是给幼儿留出了自由发挥的空间，如前例中的"互砸"即兴动作，以及本例中魔法变出的事物和表现事物的造型动作，这些都是开放给幼儿自由表演的空间。

③ 在整个课程设计中，各种不同类型的活动所包含的锻炼价值是不一样的：有的可能偏重感受和体验；有的可能偏重语汇和思路的积累；有的可能偏重创意表达甚至是即兴的创意表达；有的可能偏重思维技能或社会交往技能的挑战。教师只要注意课程内容上的"营养均衡、适量，配比和谐"即可，切不必机械教条地纠结于使每一个活动都面面俱到。

案例 7-1　狡猾的狐狸在哪里　（南京　成　媛）

使能目标阶梯

挑战 4	累加体育游戏"听信号追逐跑"。	创造性应用	迁移体育游戏"听信号追逐跑"的经验，玩"狐狸捉鸡"的游戏，锻炼快速追逃能力。
挑战 3	辅导幼儿随乐完整演绎内、外圈的空间交换。	应用	完整跟随A、B段音乐，玩"找狐狸"的游戏。
挑战 2	累加内、外圈的空间位移。	应用	站双圈队形，在B段音乐处，尝试内、外圈交换的方法。
挑战 1	累加内圈上的空间位移。	应用	站双圈队形，在A段音乐处，尝试按顺时针方向换朋友的方法。
音乐	带领幼儿随乐练习上肢基础律动模式动作。	模仿	按照先坐、后站、再站中央的空间流程，巩固动作学习的要领。
动作	随乐完整地示范游戏动作。	观察	感知动作要素、顺序及重复规律，理解故事、音乐与动作之间的关系。
故事	简述《鸡找狐狸》的故事。	理解	情境理解，产生兴趣，明确任务。

游戏玩法

（1）双圈双圆玩游戏：同圈同性别幼儿两两结伴，每对幼儿拥有同一个数字符号。假设内圈是女孩当母鸡，外圈便是男孩当公鸡。

（2）一边念白一边做动作。

（3）A、B段音乐结束时，停止律动和念白，教师宣布：伪装的狐狸在X号鸡窝里。内圈的女孩追逐外圈的男孩，跑一圈。男孩若被抓到，就是真狐狸。

> 提示：仍旧是一种变异的"丢手绢"游戏。

【动作建议】（参见乐谱）

瑞典狂想曲

1 = C 2/4

[瑞典]雨果·阿尔芬 曲

| 1 3 | 5. 3 | 1 3 | 5. 3 | 1 3 | 5. 3 |

A段：

‖: 1 3 5 1 3 2 7 | 1 7 4 | 6 5 7 | 6 5 1 |

念白：狡猾的狐狸在哪里？   嗯哼   嗯哼
动作：小跑步（半拍1步）移动   摊手   摊手

1 3 5 1 3 2 7 | 1 7 4 | 6 5 4 7 | 1 — :‖

狡猾的狐狸在哪里？   嗯哼   嗯哼
小跑步（半拍1步）移动   摊手   摊手

B段：

1 1 1 1 | 7 — | 6 6 6 6 | 5 — |

仔细看一看   仔细瞧一瞧
左剪刀手   右剪刀手

5 7 2 6 5 | 7 2 7 2 | 5 1 3 6 5 | 1 3 1 3 |

狡猾的狐狸   狡猾的狐狸   可能   就是   你！
手枪手移动位置

1 1 1 1 | 7 — | 6 6 6 6 | 5 — |

仔细看一看   仔细瞧一瞧
左剪刀手   右剪刀手

| 5̣ 7̣ 2 | 6̣ 5̣ | 7̣ 2 7̣ 2 | 5̣ 7̣ 2 6̣ 5̣ | 1 - |

狡猾的狐狸　　　　　狡猾的狐狸　　可能　　就是　　你！
手枪手移动位置

C段：

| 5̣ 7̣ 2 | 6̣ 5̣ | 1 - | 5̣ 7̣ 2 6̣ 5̣ | 1 5̣ 6̣ 7̣ 1 |

听指令做出反应，被选中的一对朋友赛跑，内圈追，外圈逃……

| 2̇ 7 1 2 | 3̇ 1 2 3 | 4̇ 2 3 4 | 5̇ 3 4 5 | 6̇ 4 5 6 | 7̇ 5 6 7 |

| 1̇ 2 3 4 | 5̇ 6 7 5 | 1̇ | 0 ‖

1. A段音乐

（1）以坐姿练习时，前4拍拍腿。

（2）以站姿练习时，前4拍原地跑步。

（3）移动游戏时，每次逆时针向右移动一人的位置（换了一个朋友）。

2. B段音乐

（1）以坐姿练习时，手随念白节奏点动。

（2）以站姿练习时，原地踏步。

（3）移动游戏层次一时，移动一圈回到原位。

（4）移动游戏层次二时，移动半圈，内、外圈交换位置。

> **注意：**这样处理的好处是：① 因为回到原位能使幼儿比较容易理解和完成游戏动作，所以安排在先；② 因为方便的追跑规则是"内圈追外圈"，且在未来的反复游戏中，处在外圈的幼儿也能够获得追逐他人的机会，所以安排在后。

活动目标

（1）学习跟随A、B段音乐，表现双圈集体舞"狡猾的狐狸在哪里"中的相关游戏动作，明确交换下一个同伴及内外圈交换的规则。

（2）借助标记的提示，了解交换朋友的方向，并能根据教师发出的数字信号，快速做出追逐或逃离的反应。

（3）体验空间变换及听信号快速反应所带来的挑战乐趣。

活动准备

（1）物质准备：

① 录音音乐。

② 男、女孩各10名，右手上都贴有一个标记，作为换朋友的方向提示。

（2）经验准备：幼儿事先玩过"听信号追逐跑"的体育游戏。

（3）空间准备：事先在地面上以逆时针方向贴数字点1—10，将所贴的数字点围成一个大圆圈，数字与数字之间留出约占幼儿两臂距离的间隔。

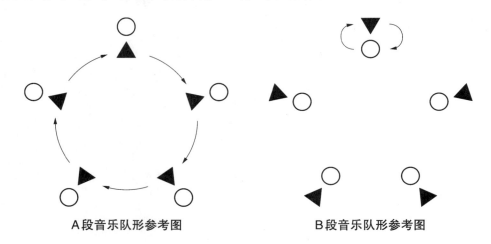

A段音乐队形参考图　　　　　　B段音乐队形参考图

活动过程

1. 欣赏教师讲述故事，了解"狐狸混进养鸡场"的情节

教师：一只狡猾的狐狸装扮成了鸡想混进养鸡场，公鸡、母鸡们知道了，决定找出那只狐狸。它们是怎么找到的呢？我们一起来看一看！

2. 幼儿随乐观察教师的表演

（1）幼儿边听教师念儿歌，边观察教师表演"鸡找狐狸"的游戏动作，进一步感知A、B段音乐的旋律、结构及其游戏动作的顺序。

（2）幼儿边听音乐，边观察教师有节奏地念儿歌与表演"鸡找狐狸"的游戏动作。

A段音乐，教师：狡猾的狐狸在哪里？嗯？嗯？（重复4遍）

B段音乐，教师：仔细看一看，仔细瞧一瞧！狡猾的狐狸，狡猾的狐狸，可能就是你！（重复2遍）

（3）幼儿学习用动作或语言，表述自己所观察的"鸡找狐狸"的动作顺序。

教师：鸡找狐狸时做了哪些动作？谁来做做看？它还做了哪些动作？

教师："狡猾的狐狸在哪里，嗯哼"这一组动作做了几次？（答案为4次）"仔细看一看，仔细瞧一瞧，狡猾的狐狸，狡猾的狐狸，可能就是你"这一组动作做了几次？（答案为2次）

注意：这里强调次数的目的是为了帮助幼儿明确后续换朋友的次数，以及为内外圈交换的时机做好铺垫。

3. 全体随乐跟随教师练习基础律动模式

（1）幼儿跟随儿歌的节奏，坐在座位上练习游戏动作。

　　教师：我们先在自己的窝边找找狐狸。

（2）幼儿跟随完整音乐，坐在座位上练习上肢基础律动模式。

　　教师：我们去养鸡场的附近找找狐狸。

（3）幼儿跟随音乐，在场地中央站散点，练习游戏动作。

　　教师：我们去养鸡场里找找狐狸。

> **注意**：此流程的重点在于，先静后动、循序渐进地帮助幼儿掌握动作和空间的关系，防止因幼儿不能理解、掌握而造成兴奋扩散、学习秩序混乱的情况。

4. 幼儿站成双圈队形，男孩在外圈扮演公鸡的角色，女孩在内圈扮演母鸡的角色，练习在A段音乐处玩"母鸡找狐狸"的游戏

（1）教师站内圈扮演母鸡，示范按逆时针方向找狐狸的动作，引导幼儿观察"母鸡"移动的方向、移动的次数（4次），以及交换四个同伴的次数。

　　教师：这次我扮演母鸡，男孩子们扮演公鸡，看母鸡是按哪只手的方向移动的？又是念到哪句时换朋友的？换了几次朋友？

> **注意**：站双圈队形时，对幼儿空间知觉的挑战较大，尤其要分清左右更是难上加难。为帮助幼儿明确左右方向，教师通常会在幼儿的左手或右手背上贴上标记，这样无论要求幼儿朝哪个方向位移，他们都只要顺着贴标记的手行进即可。这样的处理方式既简洁，又能让每个幼儿快速理解。

（2）教师哼唱旋律，请扮演母鸡的女孩尝试按逆时针方向交换同伴的规则进行游戏。

（3）幼儿集体跟随A段音乐进行游戏。

　　教师：这次母鸡找狐狸时，公鸡要和母鸡做一样的动作哦！

5. 幼儿站双圈队形，男、女孩分别扮演公鸡和母鸡，练习在B段音乐处内、外圈交换位置的方法

（1）教师站内圈扮演母鸡，邀请外圈上的一位扮演公鸡的男孩与自己合作，示范在B段音乐处交换位置的方法。

　　教师：这次，公鸡和母鸡决定交换位置找狐狸，怎么交换呢？仔细看！

　　教师边念"仔细看一看……狡猾的狐狸，可能就是你"，边邀请外圈上的一位男孩与自己示范内、外圈交换的方法。

（2）教师鼓励幼儿表述内、外圈交换位置的方法，并尝试练习内、外圈交换的动作。

（3）幼儿集体跟随B段音乐练习交换规则与游戏动作。

6. 幼儿跟随A、B段音乐，完整地表演"母鸡找狐狸""公鸡母鸡交换位置找狐狸"的游戏情节

教师：这次，我们将母鸡找狐狸，并去公鸡窝里检查的事情连起来做一做。

7. 幼儿跟随C段音乐，听教师发出的数字信号，进行"狐狸捉鸡或鸡儿逃离"的快速反应游戏

> **注意**：该流程通过迁移体育游戏"喊号追逐跑"的规则与经验来巩固幼儿的快速反应能力。因此，开展此活动前，教师应让幼儿熟练掌握"喊号追逐跑"的游戏规则，以防止幼儿因"快速反应"的经验不足而使得有趣的挑战成为其学习的负担，从而降低其活动的兴趣的情况发生。

（1）教师请内、外圈的幼儿先认清自己站的是几号数字点，然后观察教师与一名幼儿的示范：喊到几号，站在（拥有）该号码位置上的一对公鸡和母鸡开始"追逐跑"。

> **注意**：教师可使用情境语言，如"黑猫警长打电话告诉养鸡场的主人，他们现在确定，狐狸现在正隐藏在……×号鸡窝"。

（2）在幼儿明确喊号追逐跑的规则后，教师任意喊一个数字号码，幼儿练习"内圈狐狸追外圈鸡"的快速反应游戏。

（3）跟随音乐A段、B段、C段，完整地玩"狡猾的狐狸在哪里"的听信号快速反应游戏。

温馨提示

（1）教学变式：当幼儿对此游戏熟悉后，教师还可以增加队形变化的挑战，如母鸡可以用绕S形的方式去找狐狸，或者母鸡每次间隔一个数字点找狐狸等，通过空间的变化，不断增强幼儿在集体舞中适应空间变化的能力，提高活动的趣味性。

（2）家园共育：家长与幼儿在家中可以借助"找狐狸"的游戏情境，提供加减算式卡，引导幼儿通过"看算式找得数"的方法，猜测狐狸藏匿的位置。

（3）活动延伸：在体育游戏中，教师可以继续开展"听信号追逐跑"游戏，以巩固幼儿"快速反应"的能力。随着幼儿能力的增强，教师可以将"喊号"的任务交由幼儿。

案例 7-2　狡猾的狐狸在哪里　（南京　禹心悦）

使能目标阶梯

挑战 4	累加"观察寻物"游戏或"听信号快速反应"游戏。	创造性应用	在教师的指导下，累加玩"观察寻物"游戏或"听信号快速反应"游戏。
挑战 3	累加内、外圈反向移动，结伴打招呼。	拓展应用	在教师的指导下，学习内、外圈反向移动，结伴打招呼。
挑战 2	累加站双圈原地小跑和完整表演。	拓展应用	站双圈队形，累加原地小跑和完整表演。
挑战 1	指导幼儿学习在A段音乐互动打招呼和在B段音乐即兴对话和表演。	创造性应用	在教师的指导下，学习在A段音乐互动打招呼和在B段音乐即兴对话和表演。
动作	带领幼儿随乐练习基础上肢律动模式。	模仿	继续感知动作要素、顺序及重复规律，理解故事、音乐与动作之间的关系。
音乐	随乐示范玩"手部"的随乐小游戏。	模仿	感知动作要素、顺序及重复规律，理解故事、音乐与动作之间的关系。
故事	简述《猎人找狐狸》的故事。	理解	情境理解，产生兴趣，明确任务。

游戏玩法

（1）双圈双圆玩游戏：

①A段音乐：两个圆圈反向旋转，重音处为、外圈幼儿相互打招呼说"哈"。

②B段音乐：全体幼儿面向圆心变成一个大圆圈，与圆心中的猎人互动对话。问："狐狸呀狐狸呀，狡猾的狐狸是你吗？"答："不是我，不是我，狡猾的狐狸不是我！"（所有圈上的人需要向猎人摊开自己的双手）

③再现A段音乐：猎人需要在音乐结束之前找出隐藏的狐狸。（幼儿手心或手背某处贴了一个狐狸的小贴画）

（2）手部随乐小游戏：

①教师用手随乐指图（2遍）。

②教师在A段音乐用两手食指随乐屈伸，并同时逐步从与肩同宽的距离向中间靠拢，在重音处随乐拍手2次。

注意：没有重音不能拍，靠拢速度依照乐句的长度而定。

③教师在B段音乐用手掌带动手臂随乐做波浪起伏状。前两个波浪小而低，后一个波浪大而高。

注意：注意：A段音乐处的动作应该既俏皮又幽默，在拍手还是不拍手之间要表现出"逗你玩"的情趣。由于刚开始玩，幼儿总以为要拍，可是音乐有长句、有短句，不是幼儿预想的拍或不拍的规律，所以才特别有趣。如果幼儿拍错了，教师可以用眼神逗他们，表示他们又上当了吧！

【动作建议】

参见"游戏玩法"。

拨　弦

[德国] 德立勃　曲

| 1 5♭7 6 2 6 1♯7 | 3 7 2 7 1 2 3 4 | 5 3 4♯4 5♯5 6 7 | 1̇ 5̇> 1̇ 0 1̇> |

| 7♯4 5 6 7 4 5 6 | 7 5 7 0 3 | 2 6 7 1̇ 2 6 7 1̇ | 2 3 2 6 1̇ 2 1̇ 5 |

| 7 1̇ 7 4 6 7 6ᵛ 3 | 5 2 4 1 3 5 6 1̇ | 7 2> 5 0 6 | 1̇ 5 7 4 6 7 2 4 |

| 3 5 1̇ 0 5 | 1 5♭7 6 2 6 1♯7 | 3 7 2 7 1 2 3 4 | 5 3 4♯4 5♯5 6 7 | 1̇ 5̇> 1̇> 0 ‖

Fin.

B转 1 = ♭A

| 3͜ 3 4 6 7 | 3͜ 3 4 6 7 | 3 4 6 5 7 6 5 3 | 3 4 6 3 2 5 |

| 3͜ 3 4 6 7 | 3͜ 3 4 6 7 | 3 4 6 5 1̇ 5 3 4 | 2 2 3 1 5 |

| 3͜ 3 4 6 7 | 3͜ 3 4 6 7 | 3 4 6 5 7 6 5 3 | 3 4 6 3 2 5 |

| 3͜ 3 4 6 7 | 3͜ 3 4 6 7 | 3 4 6 5 1̇ 5 3 4 | 2 2 3 1̇ 0 ‖

音乐结构性质图

注意1："小三角"意为食指轻巧钩点，"大三角"意为拍手。
注意2：在最后一个波浪，手臂上浮的高度和后展的长度大于前两个波浪。
注意3：这是比较典型的用身体动作反映音乐力度特质的设计。

活动目标

（1）初步熟悉与欣赏音乐，感受两段音乐力量模式特质的对比差异，即情趣。按照音乐的结构、节奏和力度性质做动作、玩游戏。

（2）即兴根据情境做动作。

（3）自然、热情地表现猎人和狐狸相互逗趣的"幽默感"。

活动准备

（1）物质准备：
　　① 录音音乐。
　　② 图谱。
　　③ 狐狸小贴画。
（2）经验准备：
　　① 有双圈双圆舞蹈的基本经验。
　　② 有理解顺、逆时针方向的基本经验。
（3）空间准备：先围坐成大的半圆；后围成双圈双圆。

活动过程

1. 进入故事情境

过程略。

2. 秘笈的学习

（1）看教师随乐指图。

（2）跟随教师玩"手部"随乐小游戏。

3. 迁移到基础律动游戏的上肢动作

（1）A段音乐：双手拍腿，重音说"哈"。

（2）B段音乐：念白加上肢即兴表演。

4. 迁移到基础律动游戏的下肢动作（在椅子前）

（1）A段音乐：原地小跑步，重音说"哈"。

（2）B段音乐：念白加全身性的即兴表演。

5. 迁移到双圈双圆上的游戏

游戏迁移到双圈双圆上，累加"内、外圈反方向移动"；说"哈"时与对面来者结伴交流逗乐的表情和体态，其他不变。

6. 加"观察寻物"游戏或"听信号快速反应"游戏

过程略。

温馨提示

这个活动迁移了传统游戏"老狼几点了"的部分规则。按照传统的"老狼几点了"的规则，游戏可以这样玩，即音乐改成A、B两段各重复一次的结构。

（1）A段音乐：动作与前版本相同，玩过一遍以后，内、外圈交换移动方向。

（2）B段音乐：第1遍的表演与前版本相同；第2遍改成狐狸问猎人："猎人啊，猎人啊，请问现在几点了？"猎人答："不清楚，不清楚，也许现在一点钟。"问答4遍之后，只要猎人说出一个特定（事先商定好的）的钟点数（如"十点半"），猎人立即开始追捉狐狸，狐狸立刻跑上位，被抓住的即为狡猾的狐狸。（如果反应错误，也算"失败"）

> **注意**：自此以后不再提示"完整练习的遍数"，教师应该已经基本掌握以"幼儿实际需要的练习遍数"为标准的基本决策原则。

友情提问

（1）为什么本书一直提示教师示范的遍数和幼儿完整练习的遍数呢？请根据你学习的体会自己尝试解释一下。

（2）你知道什么是"过度练习"吗？"过度练习"的理论与我们一直强调要反复使用"循序渐进"的"变式练习"有什么关系呢？

提示：答案在本案例中找。

> **注意**："过度练习"指练习的次数要超过原先实际掌握某种技能所需要的次数。如100%的实际掌握需要练习100次，过度练习可能需要达到150次。适当的过度练习有助于技能的掌握和保持。为了避免过度练习过程的枯躁感，"变式练习"可以起到不断增添新挑战、新激励的作用。

案例 8　快乐的拉面

（南京　李　培）

使能目标阶梯

挑战 4	组织与引导幼儿完整地进行随乐游戏。	迁移应用	在教师的组织与引导下完整地进行随乐游戏。
挑战 3	引导幼儿尝试根据图片提示做相应动作，玩"你做我猜"游戏。	理解迁移	跟随教师学习玩"你做我猜"的游戏，创编各种相关动作。
挑战 2	带领幼儿站成圆圈并加入"绸带"，随乐练习上肢基础律动模式；保持膝盖屈伸。	拓展应用	站单圈队形，再加入"绸带"操作。
挑战 1	带领幼儿以站姿随乐练习上肢基础律动模式；加入膝盖屈伸动作。	拓展应用	在站姿练习时加入膝盖屈伸动作。
音乐	带领幼儿以坐姿随乐练习上肢基础律动模式。	模仿	感知与理解故事、音乐与动作之间的关系。
动作	引导幼儿根据秘笈创编打面、拉面、甩面、煮面的动作。	创造	在教师的引导下，根据秘笈创编打面、拉面、甩面、煮面的动作。
故事	简述《开面馆》的故事。	理解	情境理解，产生兴趣，明确任务。

游戏玩法

一名幼儿戴上有面条图片的帽子站在圆圈的中心，其他幼儿站在圈上，大家一起做"拉面"的舞蹈动作。在音乐的结尾处，圈上的幼儿根据图片上的内容做动作，中间的幼儿猜测他做的是什么面？如果中间的人猜测有困难，可以请人提示，但提示人不能使用直接重复面条图片上的词汇。

【动作建议】

阿里郎

1 = F 3/4

朝鲜族民歌

(1) 第1小节至第8小节音乐：做打面动作，双手向上扬起再向下。

(2) 重复第1小节至第8小节音乐：做拉面动作，双手前后打开再合上。

(3) 第9小节至第16小节音乐：做甩面动作，单手由下至上，再用力伸向前面。

(4) 重复第9小节至第16小节音乐：双手由下至上，波浪线式波动，再向两边打开。

活动目标

(1) 感受朝鲜族舞的舞曲特点，在《开面馆》的故事情境中学习舞蹈动作。

(2) 借助打面、拉面、甩面、煮面的故事情节来记忆动作顺序。

(3) 通过互译的游戏方式，体验拉面的快乐。

活动准备

(1) 物质准备：

① 录音音乐。

② 盖浇面的各种浇头图片，如牛、羊、猪、鸡腿、熏鱼等。

③ 黑板。(出示图片用)

④ 特殊的厨师帽。(前面装有可以至少插四张图片的"插口")

⑤ 有不易描述的各种盖浇面的浇头图片，如鸡蛋、蔬菜、海鲜、蘑菇等。

⑥ 绸带。（每人两条）

（2）经验准备：无须特别准备。

（3）空间准备：先围坐成大的半圆；后围站成一个大的圆圈。

活动过程

1. 进入故事情境

教师讲述故事：听说这里要开一个拉面馆，我这里有一套拉面秘笈，学会了就能做出世界上最好吃的拉面。这就是我的秘笈（拿出秘笈），请仔细听——打面打面，上下扬；拉面，拉面，长又长；甩面，甩面，甩进锅；煮面，煮面，香又香。

2. 从秘笈中提炼动作元素，教师完整示范动作

（1）教师：听清楚了吗？打面怎么打呢？会是一个什么样的动作？

（2）教师一边念秘笈，一边示范动作；在下一个动作之前，加上预令。

3. 幼儿学习动作，感知舞蹈动作的特点

（1）教师用提问的方式，帮助幼儿感知舞蹈动作的特点，如"打面的动作是慢的还是快的""扬起来的时候有弹性吗"等。

> 提示：在这里要注意帮助幼儿感受三拍子的节奏特点，动作与儿歌要匹配。

（2）教师按照做拉面流程进行提问，帮助幼儿记忆动作的顺序。

教师：打完面之后干什么？怎么拉的？是什么动作？

（3）幼儿依次学习做拉面的四个动作：打面、拉面、甩面、煮面。

4. 加上、下肢动作

教师创设情境：刚刚，我在中间支了一口大锅，我坐着甩面，估计甩不进去，怎么办？那我们轻轻起立，看看这次我们要拉个什么面。

教师出示图片，讲述规则：不能说出面的名字，可以用动作表示。

5. 加道具进行表演

幼儿从小椅子下面拿出两根绸带并分别套在两只手上进行表演。

> 提示：幼儿在表演之前，教师先出示一张面条的图片，让幼儿知道要拉什么面（如：鱼汤面）。在表演结束后，幼儿要做出表示鱼汤面的动作。

6. 加入游戏因素

请一名幼儿站到圆圈的中间，戴上一顶帽子，帽子上插有面条的图片。

> 提示：戴帽子的幼儿不知道图片内容，需要在集体表演结束后，通过圈上幼儿所做的动作来猜测图片是什么面。

在游戏之前,教师需要用情景化的语言与幼儿讨论游戏规则。

教师:刚刚客人给我们送了一顶帽子,这顶帽子上有他们想吃的面条,谁想戴?戴上帽子的小朋友要根据其他的动作猜是什么面哦!

温馨提示

(1)这是我们团队的老师从电视综艺节目中借鉴来的"我做你猜"游戏。在"高瞻课程"的律动教学体系中,这种活动被称为动作与语言的相互翻译练习。在学习心理学的体系中,人们有效从事这种活动的能力,往往是与想象联想、类比思维、符号转换等思维能力的发展水平有关联的。经常进行类似的活动,有助于发展学员思维的敏捷性与灵活性。

(2)在教师培训的活动中,培训者可以组织学员多尝试设计与实践一些类似的活动。

友情提问
(1)你知道什么是"表征"吗?
(2)你知道什么是"动作表征"吗?可以举例说明吗?
(3)你知道教育界公认的"通用教学设计"原则是哪些吗?

提示:答案本案例中找。

注意1:表征是"信息"在头脑中呈现的方式,也是"信息"记载或表达的方式。换句话说:表征是指可以指代某种东西的符号或信号,即某事物缺席时,它代表该事物。

注意2:"通用教学设计"原则包含以下几点:①教育者应该提供多元的方法指导学习者获得知识。②教育者应该采用各种方法吸引学习者。③学习者应该用不同方法表征他们所获得的知识。

案例9　愉快的按摩

（南京　倪　琳）

使能目标阶梯

阶段	内容	目标类型	目标描述
挑战 4	两位教师再次示范，突出顾客表演的高级榜样。	拓展	观察两位教师的高级榜样，了解顾客和按摩师情感互动的方法与乐趣，准备在未来进行迁移与提升。
挑战 3	组织幼儿两两结伴尝试操作，教师利用"镜面提示"示范法给幼儿按摩师以支持。	应用	完整跟随音乐，尝试玩"按摩"的表演游戏。
挑战 2	两对"幼儿组合"一起做，教师利用"镜面提示"示范法给幼儿按摩师以支持。	观察模仿	进一步了解如何在同伴身上按摩。了解如何利用教师的"镜面提示"示范法。
挑战 1	两对"教师与幼儿组合"一起做，教师利用"镜面提示"示范法给幼儿按摩师以支持。	观察	了解如何在同伴身上按摩。
音乐	带领幼儿随乐练习相关动作。（自己做自己的动作）	模仿	通过进一步感知动作要素、顺序及重复规律，理解故事、音乐与动作之间的关系。
动作	两位教师随乐示范按摩的动作。	观察	感知动作要素、顺序及重复规律，理解故事、音乐与动作之间的关系。
故事	简述按摩的服务流程和操作流程。	理解	情境理解，产生兴趣，明确任务。

游戏玩法

这是一个比较单纯的情境表演律动，仅仅只是结伴随乐表现顾客和按摩师之间的亲切互动，最好在幼儿熟练后能够达到随心所欲地随乐即兴游戏的目的。（不再赘述）

【动作建议】（参见乐谱）

动物狂欢节终曲

1 = C 4/4　　　　　　　　　　　　　　　　　　　　[法] 圣-桑　曲

0　0　5　#1 | 2　0　5　#1 | 2　0　5　#1 | 2　0　5　#1 |

动作：按摩师做开始前的准备和询问顾客对轻重手法的要求

2　0　2345　6712 |

A
3　0　3　0　3　0　3　0 |　3　#2　3　6　5　4　3
向上抓拎顾客的头发　　　　　　　五指快速自下而上弹其脸颊

tr
2　0　2　0　2　0　2　0 |　2　#1　2　5　4　3　2
向上抓拎顾客的头发　　　　　　　五指快速自下而上弹其脸颊

1　0　1　0　1　0　1　0 |　1　#7　1　4　3　2　1
向上抓拎顾客的头发　　　　　　　五指快速自下而上弹其脸颊

1.
1̣　7̣　2̣　7̣　7̣　6̣　2̣　6̣ |　6̣　5̣　#4̣　5̣　6̣　7̣　1　2 :||
向上抓拎顾客的头发　　　　　　　五指快速自下而上弹其脸颊

2.
1̣　7̣　2̣　7̣　3̣　2̣　4̣　3 |　5　#4　1　4　5　0　0
向上抓拎顾客的头发　　　　　　　五指快速自下而上弹其脸颊

（中间插入8小节快速上下行音阶，接着又从头反复到结尾结束）
握住顾客的手，上下甩动其手臂

4　4　4　4　4　4　4　4 | 1̇　4　4　4　4　4　4
用空心拳轮流"锤"顾客的肩膀

1̇　4　4　1̇　4　4 | 1̇　#4　4 | 5　5　5　5　5　5　5　5 |

$\dot{2}$　　5 5　　2　　5 5 ｜ 5　　$\dot{1}$ 0　　$\dot{3}$ 0　　$\dot{5}$ 0 ｜

用手掌掌侧轮流"切"顾客的后背

$\dot{7}$ 0　　$\dot{3}$ 0　　$\dot{5}$ 0　　$\dot{7}$ 0 ｜ $\dot{7}$ 0　　$\dot{5}$ 0　　$\dot{3}$ 0　　$\dot{7}$ 0 ｜

（随乐自下而上，再自上而下做动作）

5 0　　3 0　　5 0　　7 0 ｜ 7 0　　5 6 7 $\dot{1}$　　$\dot{2}$ $\dot{1}$ 7 6　　5 6 7 $\dot{1}$ ｜

$\dot{2}$ $\dot{1}$ 7 6　　5 6 7 $\dot{1}$　　$\dot{2}$ $\dot{1}$ 7 6　　5 0 ｜ 0 $\dot{1}$ 3 6　　3 6　　3 6 ｜

用空心拳快速轮流地"锤"顾客的大腿

3 2 1 7　　6 5 4 3　　2 3 4 5　　6 7 $\dot{1}$ $\dot{2}$ ｜ $\dot{3}$ $\dot{1}$ 3 7　　$\dot{3}$ 6　　3 6 ｜

3 2 1 7　　6 5 4 3　　2 3 4 5　　6 7 $\dot{1}$ $\dot{2}$ ｜ $\dot{1}$ 0　　5 0　　♯7　　- ｜

用空心拳同时"锤"顾客的大腿

6 0　　5 0　　7　　- ｜ 5 0 5 0　　6 0　　5 0 ｜

（每小节锤1次）

7 0　　5 0　　7 0　　5 0 ｜ $\dot{1}$ 0 0　　0 7　　$\dot{1}$ 7 ｜

假装用毛巾抽掸顾客的身体

$\dot{1}$ 7　　$\dot{1}$ 7　　$\dot{1}$ 7　　$\dot{1}$ 7 ｜ $\dot{1}$ 0　　3 0 ｜ $\dot{1}$ 0　　0 0 ‖

……

把毛巾挂自己脖子上，鞠躬

活动目标

（1）了解按摩的一些基本手法，如抓、弹、切、锤，理解自上而下的顺序，并能随乐按"预成"方案游戏。

（2）集体创编动作方案。（最好在未来能够逐步完全转化至即兴表现）

（3）双人合作时，能努力进行全面（包括动作、体态、表情、眼神、语言）的交流，并享受其中的乐趣。

活动准备

（1）物质准备：录音音乐。

（2）经验准备：在大课程"为我们服务的人们"的背景下，专门组织幼儿或请家长带领幼儿前往调查、参观按摩服务机构的工作人员、工作流程；或提供相关的视频、图片，组织幼儿进行经验分享。

（3）空间准备：先围坐成大的半圆（观察图片、视频和教师示范比较方便）；后围坐成一个大圆（教师提供"镜面提示"比较方便）。

活动过程

1. 进入情境
了解按摩师工作的基本动作。

2. 观察教师示范
了解律动表演的基础流程。

3. 感知流程，记忆动作
在教师的带领下，通过练习来感知动作的流程与音乐的关系，记忆动作的顺序。

4. 观察两位教师的互动示范
顾客坐着，按摩师站在顾客后面。所有人都面向圆心。从头部按摩、手臂按摩到肩部按摩、背部按摩，都保持此种空间状态。等到了锤击大腿时，按摩师再站在顾客的大腿侧面。

5. 逐步参与尝试两两互动（围坐成一个大圆）
（1）一位教师邀请一位幼儿，教师给幼儿按摩。

（2）一位教师邀请一位幼儿，幼儿给教师按摩。在圆圈的对面，另外一位教师邀请另外一位幼儿，教师给幼儿按摩。（给对面的幼儿按摩师一种"镜面提示"的支持）

（3）两位幼儿结伴尝试。（圆圈的对面保持教师给幼儿按摩的提示）

（4）四位幼儿结伴尝试。（圆圈的对面都能看见教师的提示）

> **注意**：所有其他幼儿都有多次观察教师示范的机会。

6. 所有幼儿两两结伴游戏
先协商分工，再完整做一次游戏，接着交换身份做一次游戏。

> **注意**：两位教师同时在圆圈上结伴表演，及时支持有提示需求的幼儿。

7. 两位教师再次示范

> **注意**：教师在示范前，要引导幼儿关注两人的体态表情和眼神互动；教师在示范后，要引导幼儿分享相关心得，强化相关体验。

温馨提示

（1）这首乐曲是法国作曲家圣-桑的著名钢琴组曲作品《动物狂欢节》的最后一曲《终

曲》。我们团队的老师确实是受到另外一个动画配音作品《红鹤和溜溜球》（一只小红鹤用一个溜溜球逗弄一大群大红鹤的场景，非常热烈且幽默）的影响，最后设计出了这个活动。我们乍一看起来，似乎这三个作品没有什么实际联系。但奥尔夫老师提示我们，在律动教学中要特别关注：故事、动作、音乐之间，在结构和"力量特质"（我们从前喜欢使用更通俗的概念词——情绪性质）方面的联系。这三个作品就是在这样的维度上发生联系的。

（2）在整个律动进行期间，顾客和按摩师既要各自表演享受服务和热情工作的状态，又要不时地相互交流体态和眼神。

（3）在进行按摩之前，按摩师需要征求顾客的意见，如"您需要重些还是需要轻些"或"您是比较怕疼还是比较怕痒？若怕疼我就轻一点，若怕痒我就重一些"或"你如果觉得不舒服，请马上告诉我"。

（4）按摩结束时，顾客需要用自己喜欢的方式向按摩师表示感谢。

（5）无论是幼儿活动还是教师活动，在有条件的情况下，都建议从组织大家创编（预成）开始，等对音乐逐步熟悉后，再鼓励大家转变成即兴的按摩律动表演。如果是教师培训，还可以进一步转变成其他故事情境的表演，比如：传染病流行期间，如何认真洗手等。

> **友情提问**
>
> （1）在进行按摩之前，为什么需要征求顾客意见？教学活动中强调这一点，对幼儿有什么教育价值？
>
> （2）为什么建议在活动的前半部分，要组织学习者一起创编一个动作，集体练习一个动作，多次重复练习，待幼儿对音乐逐步熟悉后，再鼓励大家将集体统一的按摩动作练习转变成各人自创即兴按摩表演动作？

提示：答案在本章中找。

案例10　酸酸的葡萄　　（长沙　张梦翎）

使能目标阶梯

挑战4	累加"领袖模仿"游戏，"幼儿狐狸"尝试用新的"情境舞蹈"动作替换最初创编的动作，组织幼儿集体模仿，完整地进行游戏。	创造性应用	在教师的引导与鼓励下，不断创编新的"情境舞蹈"动作。完整地进行游戏。
挑战3	支持幼儿尝试扮演狐狸完整随乐游戏。	应用	轮流将幼儿"点成狐狸"，完整跟随音乐玩"狐狸"的游戏。
挑战2	累加B段音乐的"点兵点将"，教师自己将自己"点成狐狸"；累加C段音乐的语言和动作的互动。完整随乐游戏。	观察模仿	感知在B段音乐处的对话互动模式，能逐步熟练地进行对话与互动。
挑战1	累加幼儿念、唱前句歌词最后一个词的"回声"。（暂时略去C段音乐）	模仿	感知在A段音乐处的回声模式。练习用唱回声的方式参与歌唱。
音乐	边唱歌边带领幼儿做上肢动作模型。（暂时略去C段音乐）	模仿	感知动作要素、顺序及重复规律，理解故事、音乐与动作之间的关系。
动作	引导幼儿创编新疆舞的简单动作模型。随乐示范游戏动作。（暂时略去C段音乐）	观察创编	在教师的引导下迁移前面学习过的新疆舞动作，参与创编基础舞蹈动作组合。观察教师整体示范上肢基础律动模型。
故事	简述《狐狸和葡萄》的故事	理解	情境理解，产生兴趣，明确任务。

游戏玩法

（1）A段音乐："领袖模仿"游戏与新疆舞组合。
（2）B段音乐："点兵点将"游戏。
（3）C段音乐：集体与"狐狸"对话互动。

【动作建议】

酸葡萄

1=D 4/4

彭野 词曲

A段

| 1 1 2 3 3 0 0 | 4 3 2 4 5 4 3 0 0 | 1 1 2 3 3 0 0 | 4 3 2 4 5 4 3 0 0 3 |
| 有一只 狐狸 | 走过葡萄 园， | 它看见 葡萄 | 大 又 圆。 它 |

| 5 3 6 5 0 0 3 | 3 2 | 4 3 3 0 0 | 1 1 2 3 2 0 0 | 6 2 6 2 1 0 0 3 |
| 心里 发痒， 它 | 嘴里 | 发 酸， | 它多想 摘来 | 解 解 馋。 它 |

| 5 3 6 5 0 0 | 3 2 | 4 3 3 0 0 | 1 1 2 3 2 0 0 | 2 2 1 3 2 3 0 0 3 |
| 跳啊 跳啊， | 跳啊 | 跳 啊， | 跳啊 跳啊， | 怎么也 摘不到。 它 |

| 5 3 6 5 0 0 | 3 2 | 4 3 3 0 0 | 1 1 2 3 2 0 0 | 6 2 6 3 3 1 0 0 |
| 跳啊 跳啊， | 跳啊 | 跳 啊， | 跳啊 跳啊， | 怎么也 够不着。 |

B段

| 1 - 5 1 2 3 | 4. 5 4 4. 0 | 2 - 2 1 2 3 2 1 | 1 - - 0 |
| 它 对着自己 说， | 葡萄 太 | 酸。 |

C段

| XXXXXXXX | XXXXXXXXXXXX | XXXXXXXXXX | XXXXXXXXXX |
| 吃不到葡萄就说葡萄酸，你说应当不应当你说应当不应当，应当不应当应当不应当 应当不应当应当不应当。 |

| XXXXXXXX | XXXXXXXXXXXX | XXXXXXXXXX | XXXXXXXXXX |
| 吃不到葡萄就说葡萄酸，你说应当不应当你说应当不应当，应当不应当应当不应当 应当不应当应当不应当。 |

| X - X - | X - X - ‖ |
| 一 二 三 四！ |

（1）这是一个"领袖模仿"游戏的设计。鉴于音乐是新疆风格的，所以建议教师引导幼儿迁移以往在课程中学习过的简单的新疆舞基本动作，构成两个动作的组合，如拍两下手，做两次手腕转动（一拍做一次，每小节为一个组合的动作单位）等。

（2）鉴于后续的设计是"领袖模仿"游戏的性质，建议教师使用"情境动作"的思路来引导幼儿创编与替换。比如狐狸有以下进入葡萄园时的可能状态：大摇大摆，偷偷摸摸，臭美显摆（趾高气扬，照镜子，画眉、擦粉、涂口红）；用手搭凉篷（嫌太阳刺眼），扇风（嫌天气热）；高兴、沮丧；疲劳、口渴、肚子饿、浑身酸疼等。

（3）重新拼合成新的两个动作的组合，如：拍手两次，扇风两次；转手腕两次，画眉毛两次等。

（4）当然，如果幼儿不能够轻易做到基础动作，可以降低其难度：将两个动作的组合缩减为一个动作，如一直拍手，一直扇风等。

（5）如果教师觉得自己可以控制"个性化"的指导方法，也可以根据"担任狐狸"的幼儿的实际情况，鼓励、支持幼儿自选适合他或她自己能力难度的动作。这样做效果会更好，就是对教师的判断力和指导力会要求更高。

（6）在第一次教学过程中，B段音乐是由教师来执行的，等幼儿熟悉这个游戏后，需要换成幼儿来执行。这时，仍旧需要教师指导其即兴表演。教师进行指导的方法主要有两种：一是教师自己提供榜样；二是教师给予反馈，指出幼儿中的高级榜样。

（7）C段音乐是即兴互动表演的设计。由于表演的是一种"争论对错"（一边说"应当"，一边说"不应当"）的情境，所以教师应该首先尽力帮助幼儿放松，用自然的情绪反应状态来进行互动。

活动目标

（1）初步熟悉歌曲和学会演唱回声部分。按节奏随A段音乐做包含两个动作的新疆舞基本动作组合，再相应地"即兴"创编新动作，替换原创动作。

（2）参与创编新疆舞基本动作组合，即兴表演相关的情境。

> **注意**：虽然这不完全是即兴，但可以算是一种"准即兴"。

（3）勇于面对挑战，勇敢承担"狐狸"的角色，努力放松自然地与大家进行"争辩"式的互动。

活动准备

（1）物质准备：录音音乐。

（2）经验准备：

　　① 各种相关的生活经验。

　　② 单圈双圆集体舞经验。

③ "点兵点将"游戏经验。

④ 新疆舞基本动作经验。

⑤ 关于"回声"的基本经验。

（3）空间准备：幼儿围坐成一个大的圆圈。

活动过程

1. 随故事进入情境

过程略。

2. 创编包含两个动作的新疆舞动作组合

（1）教师：这是一个来自新疆的故事，我们大家都知道新疆是我们国家非常有名的盛产葡萄的地区。下面你们要听到的歌曲，也是一首来自新疆的歌曲。现在，我们要跳着新疆舞来表演这个故事。你们有谁记得，我们以前学过的新疆舞都有哪些动作？（引导幼儿提供建议）

（2）教师：我们就用××和××的意见，先拍两下手，再转两次手腕吧！

> 提示：根据幼儿的建议，教师提取两个简单的上肢动作构成动作模型与动作组合。

3. 随乐熟悉整个律动的上肢动作模式，同时学习演唱"回声"部分

（1）教师示范。（边唱边做，在休止处停止）

（2）教师示范，引导幼儿推理。

> 提示：边唱边做，在休止处念（唱）回声：唱"有一只狐狸"，念"狐狸狐狸"；唱"来到葡萄园"念"葡萄园葡萄园"，一直唱到第三句时停止。

教师：现在如果我唱"它看见葡萄"，你们觉得下面要怎样念回声？

幼儿：葡萄葡萄！

教师：如果现在我唱"大又圆"，你们觉得下面要怎样念回声？

幼儿：又圆又圆！

教师："又圆"不是一个完整的词，记得刚才我唱来到葡萄园的时候，我是怎么念回声的吗？

幼儿：……

幼儿A：老师，请你再唱一遍吧！

教师：真棒，记不住或者没有记清楚，就应该主动请老师再示范一次，这是一种非常好的习惯哟！现在，请大家一起邀请我重新示范，说"请老师再唱一遍"。

幼儿：请老师再唱一遍！

教师：唱"来到葡萄园"，念"葡萄园葡萄园"。

教师：是怎么念的呢？是萄园萄园吗？

幼儿：葡萄园葡萄园！

教师：是几个字呢？

幼儿：三个字！

教师：我现在唱"大又圆"，你们该怎样念？

幼儿：大又圆大又圆。

教师：我现在唱"它跳啊跳啊""怎么也够不着"……

> 注意1：教师在这里要注意，幼儿是否理解规则？如果幼儿知道要念"够不着够不着"，就表示幼儿理解规则，并能够应用了。
>
> 注意2：这个提示非常重要！在"歌唱教学"一章的"春天和我捉迷藏"活动中，到底是"河中央"还是"水中央"？到底最后有几个"哟罗"？类似这些出现"记忆模糊"的地方，教师都不应该直接告知答案，而应该引导与激励幼儿主动要求"重新观察澄清或验证"。

（3）教师将回声部分的念提升为唱。

4. 加入"点兵点将"游戏和"争论表演"游戏

（1）教师扮演狐狸，边唱边做上肢动作，边在圆圈外逆时针方向移动，在B段音乐开始后玩"点兵点将"游戏，在最后一句的最后一个字"酸"上点自己，然后进入圆圈中央。

（2）教师指导幼儿学说：吃不到葡萄就说葡萄酸，吃不到葡萄就说葡萄酸，你说应当不应当，你说应当不应当！

教师回应：应当！指导幼儿再回应：不应当。

（3）专门播放C段音乐，随乐练习。

（4）整体随A、B、C段音乐完整练习。

5. 尝试轮流扮演狐狸

（1）幼儿轮流扮演狐狸进行游戏。

> 提示：参见动作建议，此处不赘述。

（2）教师引导幼儿尝试即兴替换预成动作组合中的一个动作。比如，保留拍手或转手腕的动作，加入一个情境表演动作，以表现狐狸担心的身心状态。

温馨提示

下面的案例中会安排越来越多的即兴或准即兴的环节，请读者特别留意。

案例11　匹诺曹要做真孩子　　（南京　成　媛）

使能目标阶梯

阶段	内容	类型	说明
挑战 4	引导幼儿探索以曲线环绕移动的方式"换朋友"。	探索尝试	在教师的引导与组织下，探索曲线环绕移动"换朋友"的方法，并尝试应用到游戏中。
挑战 3	引导幼儿替换长鼻子、驴耳朵动作。动作从集体统一到各人即兴。	创编即兴	在教师的引导下，运用变化手、臂姿态的思路替换长鼻子、驴耳朵、举火把的原创预成动作。完整随乐游戏。
挑战 2	累加双圈横向移动"换朋友"。	迁移应用	站双圈双圆队形，迁移横向移动换朋友的经验。完整随乐游戏。
挑战 1	将锯木头动作改为双人合作；将最后的结束动作改为"猜拳游戏"，累加结果动作反应。	迁移应用	保持坐姿，在教师的引导下累加"合作拉锯"和"猜拳互动"。
音乐	带领幼儿随乐练习上肢基础律动模式。（包含最后结束的"绕线手"和拍击手掌一次）	观察模仿	感知动作要素、顺序及重复规律，理解故事、音乐与动作之间的关系。
动作	引导幼儿创编长鼻子、驴耳朵、锯木头、举火把四个主要情境的动作。	创编	根据教师提供的情境进行创编。
故事	引导幼儿回顾《木偶奇遇记》的相关主要情节。	理解	情境理解，产生兴趣，明确任务。

游戏玩法

（1）歌曲的A段部分：随乐做律动。
（2）歌曲的B段部分：加身体接触的律动。
（3）歌曲的C段部分：加移动换朋友。
（4）歌曲的D段部分：加"猜拳游戏"和结果反应动作。

【动作建议】（参见乐谱）

匹诺曹要做真孩子

1=F 2/4

法国儿歌
成媛 填词

A段

| 0 1 | 6̣ 0 1 | 6̣ 0 3 | 3 3 2 3 | 4 3 0 1 |
| 哎 | 哎 哎 哎， | 我 要 做 真 的 | 孩 子， 哎 |

动作：拍手（2拍一次）

哎 哎 哎 哎， 我 要 做 真 的 孩 子， 哎
拍手（2拍一次）

| 6̣ 0 1 | 6̣ 0 3 | 3 3 2 3 | 4 3 2 1 | 7̣ 0 2 |
| 哎 哎 哎， 我 | 不 要 长 长 | 鼻 子， 哎 哎 | 哎 哎 |

上肢做长鼻子造型（2拍一次点动）

哎 哎 哎， 我 不 要 长 驴 耳 朵， 哎 哎 哎 哎
上肢做驴耳朵造型（2拍一次点动）

| 7̣ 0 3 | 3 3 2 3 | 4 3 0 2 | 7̣ 0 2 | 7̣ 0 3 |
| 哎 我 要 做 真 的 | 孩 子， 哎 哎 | 哎 哎 我 |

拍手（2拍一次） 　　　　上肢做长鼻子造型（2拍点动）

哎 我 要 做 真 的 孩 子， 哎 哎 哎 哎 我
拍手（2拍一次） 　　　　上肢做驴耳朵造型（2拍点动）

　　　　　　　　　　1　　　　　　　2　　　B段

| 6 3 2 7̣ | 1 6̣ 0 1 :‖ 1 6̣ 0 3 | 4 2 2 2 |
| 不 要 长 长 | 鼻 子。 哎 |

……

不 要 长 驴　　　　　　　　耳 朵。 让 我 们 大 家
……　　　　　　　　　　　　　双手交替拉锯

$\underline{3\ 1}\quad \underline{7\ 1}\ |\ 2\quad 5\ |\ 5\quad \underline{0\ 3}\ |\ \underline{4\ 2}\quad \underline{2\ 2}\ |\ \underline{3\ 1}\quad \underline{7\ \dot{6}}\ |$

一 起 来 跳 个 舞， 让 我 们 大 家 一 起 来

继续拉锯（1拍一次）

C段

$5\quad 5\ |\ \underline{3\ 2}\quad 1\ |\ \underline{3\ 2}\quad 1\ |\ \underline{3\ 2}\quad \underline{1\ 5}\ |\ \underline{5\ 5}\quad \underline{5\ 4}\ |$

跳 个 舞。 咿…… 咿…… 咿……

双手做火把燃烧状（1拍一次）

$\underline{3\ 2}\quad 1\ |\ \underline{3\ 2}\quad 1\ |\ \underline{3\ 2}\quad \underline{1\ 5}\ |\ \underline{5\ 5}\quad \underline{5\ 4}\ |$

咿…… 咿…… 咿…… 咿……

继续做火把燃烧状……

D段：

$\underline{3\ 2}\quad 1\ |\ 2\quad \underline{\dot{7}\ 1}\ |\ \dot{6}\quad \dot{7}\ |\ 3\quad \dot{6}\ |\ \underline{1\ 1}\ |$

咿…… 梦 想 就 要 实 现 了， 让 我

绕线手……

$\underline{2\ \dot{7}}\quad \underline{\dot{7}\ 1}\ |\ \dot{6}\quad \underline{1\ 1}\ |\ \underline{2\ \dot{7}}\quad \underline{\dot{7}\ 1}\ |\ \dot{6}\ ‖$

再 努 力 一 次， 让 我 再 努 力 一 次！！

绕线手…… 猜拳 出拳

活动目标

（1）初步熟悉歌曲，学习演唱最后一句；随乐按节奏做律动。

（2）集体创编律动组合，然后即兴替换局部动作；迁移换朋友的原有经验，探索换朋友的新思路。

（3）和谐地表演双人拉锯动作，努力使用语言、动作、体态、眼神与同伴进行交流和共享。

活动准备

（1）物质准备：录音音乐。

（2）经验准备：

　　①有双圈双圆横移换朋友的经验。

　　②有"猜拳"游戏的经验。

　　③听过《木偶奇遇记》的故事。

　　④有木偶动作特质的相关经验。

（3）空间准备：

　　①幼儿坐成大的半圆。

② 幼儿站成双圈双圆。

活动过程

1. 回忆故事的主要情节

> 注意：主要情节为：撒谎长出长鼻子—又撒谎长出驴耳朵—帮助老爷爷锯木头—点火把救出老奶奶—猜拳竞争变成真孩子的机会。

2. 依据主要情节创编基础律动动作模式

过程略。

3. 反复练习，熟悉上肢基础律动模式

过程略。

4. 累加"合作拉锯"和"猜拳"

过程略。

> 注意：保持坐姿，邻近两人结伴，双手拉起做合作拉锯的动作。

5. 站双圈双圆，累加横向移动"换朋友"的动作

> 注意：根据幼儿的舞蹈基础，教师可当场选择下面任何一种方案进行，以后还可以继续尝试其他方案。

（1）方案一：内圈不动，外圈在"点火把"动作开始的同时，逆时针方向向右移动一个人的位置，这样便换了一个新的舞伴。碰到重复的乐句，再换一次舞伴。先单独练习，再加入整体，完整游戏。

（2）方案二：内圈不动，外圈在"点火把"动作开始的同时，逆时针方向向右移动一个人的位置，这样便换了一个新的舞伴。碰到重复的乐句，外圈与内圈对转一圈，或对转半圈以交换位置。先单独练习，再加入整体，完整游戏。

（3）方案三：内、外圈先对转交换位置。碰到重复的乐句，换到外圈的人横向逆时针向右移动一个人的位置，这样便换了一个新的舞伴。先单独练习，再加入整体，完整游戏。

6. 替换局部基础动作

> 注意：根据幼儿的舞蹈基础，选择下面任何一种方案进行，以后还可以尝试其他方案。

（1）方案一：替换"长鼻子""驴耳朵"的手的姿态。例如，可以用双手手掌、拳、手指的不同搭配来表现，也可以将手放置在身体的不同部位来表现等。

（2）方案二：替换"点火把"手的姿态和运动路线，如曲线运动或环绕运动等；变换双臂相互配合的不同时空性质（同时、交替，同方向、不同方向、反方向等）。

（3）方案三：将拍手的动作变成生活模仿动作，用木偶式的"断顿"力量特质来展现。

7. 探究曲线绕行"换朋友"的动作

> **注意1**：一般幼儿不可能当场做此探索，教师的培训学习是可以的。另外大班幼儿在下学期可以尝试。
>
> **注意2**：绕行换朋友，即外圈不动，内圈的舞伴用S形行走路线，顺时针或逆时针方向移动到下一个新舞伴的对面。绕行时，可以绕行一人，也可以连续绕行多人，但需要按照统一的速度在音乐规定的时间内完成朋友交换。
>
> **注意3**：教授幼儿时，教师可先与幼儿讨论移动到下面第几个人的面前去，即终点是谁。① 如果是横向逆时针方向第一人，教师的口令为："现在朋友的后面，下一位朋友的对面。"② 如果是横向逆时针方向第二人，教师的口令为："下一位朋友的后面，再下位朋友的对面。"幼儿必须按照教师的口令移动。教师必须在看到口令发出，所有幼儿都移动到位后，再喊下一个口令。
>
> **注意4**：教师在学习时，可以分组自己探究设计，画出路线图，制定教学步骤和方法。教师在自己尝试过觉得可行后，再选出代表教授其他同伴，从而验证教法是否简单明确、易教易学。

温馨提示

（1）这个案例目前提供的学习内容一定是"超负荷的"。所以，如果要在幼儿大班执教，第一次活动时一定要减掉最后两个流程。

（2）因为是有关木偶的故事，所以最好还是将动作"变异"为断顿力量特质模式。

　　① 方法建议：可以先用一个幼儿熟悉的小班歌表演活动，引导幼儿将里面所有熟悉的动作改成断顿模式：小木偶在做歌表演。

　　② 模式建议：

　　　　a. 拍手两次不变，将长鼻子、驴耳朵动作改成断顿力量特质。

　　　　b. 将拍手动作换成其他简单生活模仿动作或游戏模仿动作，并使用断顿力量特质去改造长鼻子、驴耳朵动作。

　　　　c. 将拉锯、点火把、绕线手等动作，统统改造成木偶特质动作。

案例12　猫和老鼠　　　（南京　费　颖）

使能目标阶梯

阶段	内容	层级	说明
挑战4	组织与引导幼儿欣赏教师表演的"急性子猫"（高级榜样）。	创造性应用	欣赏教师表演的"急性子猫"（高级榜样），为日后的游戏积累更加丰富、高级的表现手段。
挑战3	教师扮演猫，幼儿扮演猫，完整进行游戏。鼓励幼儿创编其他不同性格的猫的走路动作，进行替换。	应用	从教师扮演猫逐渐过渡到由一位幼儿轮流尝试扮演猫，在教师的鼓励下不断创编新动作来替换原始动作。
挑战2	引导幼儿讨论"猫试老鼠"的"变异木头人"互动模式，并带领幼儿练习。	应用	站散点队形，感知在"尾奏"音乐处，玩"变异木头人"游戏。
挑战1	引导幼儿讨论"老鼠戏猫"的特殊模仿动作，并带领幼儿用"木头人"游戏的方法练习。	应用	保持坐姿，累加"木头人"游戏，继续熟悉动作和音乐。
音乐	带领幼儿随乐练习上肢基础动作模式。	模仿	感知动作要素、顺序及重复规律，理解故事、音乐与动作之间的关系。
动作	引导幼儿创编四种"臭美猫"走路的姿态。	观察	在教师的引导下创编，创编思路可以是：空间方向（前进、后退、左右横移）、空间水平（高、中、低、更低）、独特性格、独特情境（做什么事情）等。
故事	教师简述老鼠逗弄"臭美猫"的故事。	理解	情境理解，产生兴趣，明确任务。

游戏玩法

（1）角色设计：大部分幼儿扮演小老鼠；一名幼儿扮演"爱臭美、喜欢跳舞的猫"。

（2）具体玩法：

A段音乐：小老鼠随乐跟着"爱臭美、喜欢跳舞的猫"出门散步，大猫走一段，小老鼠跟一段。

B段音乐：猫戏老鼠。（大猫用爪子去挠老鼠，老鼠保持造型不动）

尾声：猫大叫一声，老鼠们迅速跑回家。

【动作建议】

香草咪咪

许雅涵 词曲

1 = C　2/4　4/4

前奏：
(0 5 4 | 3 1 | 0 1 6 | 6 6 4 | 4.5 4 2. 7.2 7 5. | 1 1 5 2 | 1 1 5 2) |

A段

1 1 1 2 3 — | 1 1 1 3 6 — | 1 1 1 2 3 5 | 2 2 1 2 2 — |
左 左 右 右 我　　上 上 下 下 你，　星 期 天 的 早 晨　走 在 阳 光 里。

1 1 1 2 3 — | 1 1 1 3 6 — | 1 1 1 2 3 4 | 3 3 2 2 1 — ‖
喵 喵 喵 的 你　　呵 呵 呵 的 我，　星 期 天 的 黄 昏　我 本 不 孤 单。

B段

1 0 0 1 1 1 | 1 1 0 0 7 | 3 2 1 5 6 1 6. | 5 6 0 1.5 6 |
1 2 3 2 1 6 | 3 1 2 | 6 5 3 1 | 2.3 1 2 2 1 6 |
1 7 6.1 2 3 | 6.1 4 3 2 2 | 6 1 3 4 3 3 4 3 | 1 6 0 X ‖
　　　　　　　　　　　　　　　　　　　　　　　　　　　　　　　　喵——

（1）前奏：自由创编"爱臭美、喜欢跳舞的猫"早晨起床、化妆等动作。

（2）A段音乐：

① 第1—2小节：大猫自由地创编一个"有趣的走路姿势"，每小节走两步，共走四步。例如：双手举过头顶，双脚踮起，轮流向前和向后迈步；双手置于身体两侧作"螃蟹状"，分别向身体左、右侧横向走；双手作"猫爪状"，在原地转圈跳，趴在地上，爬着前

进等。小老鼠们伪装成"大猫"定住不动。

　　② 第3—4小节：小老鼠们模仿第1—2小节中大猫的走路动作（动作相同、节奏相同、路线相同）。大猫原地定住不动。

　　③ 第5—6小节同第1—2小节。

　　④ 第7—8小节同第3—4小节。

（3）B段音乐（自由变奏）：所有的小老鼠们原地安静、定住不动。大猫随机去挠小老鼠，挠到哪个部位，哪个部位就往回缩一下。

（4）尾奏：结尾处大猫大叫一声，全体小老鼠快速往家跑。

活动目标

（1）感受乐曲诙谐、欢快、跳跃的风格，理解和表现其所表达的故事情节：一群小老鼠跟着一只"爱臭美、喜欢跳舞的猫"出门散步。

（2）通过手部游戏、动作创编、故事情节累加，进一步感受音乐的节奏和变化。

（3）想象音乐传达的画面和体验大猫与老鼠互动游戏的快乐。

活动准备

（1）物质准备：A段音乐重复两次，加B段音乐，加猫叫的尾声。（A段音乐中，大猫走路的乐句音量升高，小老鼠走路的乐句音量降低）

（2）经验准备：有"木头人"游戏的经验。

（3）空间准备：

　　① 幼儿围坐成大的半圆。

　　② 有比较充裕的活动空间，可进行集体散点移动。

活动过程

1. 了解故事的情境

教师：在小老鼠家的隔壁，住着一个可怕的家伙。它是谁啊？原来是一只爱臭美、喜欢跳舞的猫。大猫有个习惯，每个星期天的早晨都会出门去散步。隔壁的小老鼠们想跟它开玩笑，就伪装成大猫的样子偷偷地跟在它的后面学它走路。

2. 倾听乐曲，区分乐句

教师：大猫和小老鼠是怎么走的呢？我们一起来听听在这段音乐里，哪一句是大猫走？哪一句是小老鼠跟？

3. 用动作整体感知音乐

教师扮演大猫，幼儿扮演老鼠，让小手在身体各个部位"行走"，分角色体验不同乐句。

教师：现在我来当大猫，你们来做什么？

幼儿：我们来当老鼠。

教师：大猫散步的时候，经过了小桥、走过了山坡，我们跟着音乐来试一试。

> 注意：教师随乐用手指表现"大猫"在身体的各个部位"散步"，一个乐句走，一个乐句停。幼儿用手指扮演"老鼠"，模仿"大猫"走路的节奏和散步路线。

4. 创编大猫走路的动作并随乐练习

教师：这是一只爱跳舞的猫，走路的姿势千奇百怪！它可能会怎么走呢？谁来试一试？

> 注意：在引导幼儿创编大猫走路的动作时，教师需用准确精练的语言描述出幼儿的动作特点，如行进的方向、位置的高低、肢体的动作变化等，让幼儿个体的经验在集体中得到共享，也为其他幼儿提供创编动作的线索和元素，拓宽创编的思路。

5. 椅子前站立，累加"变异木头人"游戏

（1）"老鼠戏猫"游戏。

教师：我们选了四个不一样的动作，我们和着音乐来试试看。你们轻轻起立，站在家门口，让大猫先走哦！当猫回头看时，你们谁也不能动。（主班教师扮演大猫，带领幼儿练习，回头看时注意督促、检查）

（2）从"老鼠戏猫"累加"变异木头人"游戏。

教师：如果老鼠模仿猫的时候，是讥笑猫臭美的样子，老鼠应该做什么表情呢？（配班教师扮演大猫，带领幼儿练习；主班教师检查、反馈表情生动的榜样）

6. "猫试老鼠"——共同讨论B段音乐中的动作并随乐练习

（1）教师：尽管小老鼠的动作很轻，大猫还是怀疑身后有人；尽管你们都装扮成了猫的样子，可是大猫还是想用爪子去挠一挠。想一想，你们要怎么做才能不被大猫发现呢？

（2）教师扮演大猫，单独示范"猫试老鼠"的方法。

（3）完整随乐游戏。

7. 完整随乐游戏

（1）教师当大猫，幼儿当老鼠，随乐游戏。

教师：这一次啊，隔壁的大猫真的要出门喽，你们准备好了吗？一定要注意哦，你们千万不能走到大猫的前面！

> 注意：此环节中，幼儿很容易由于控制不住自己而跑到大猫的前面，所以教师要提前提醒幼儿。

（2）替换新的动作。

教师：哎！一只老鼠也没抓着，看来要多锻炼了。对了，下次我要换几个新的动作，看看你们能不能跟得上。

> **注意**：此环节中，教师在替换新的动作时，可以将四个动作设计为高、中、低、更低，以体现空间位置的高低变化。这是教师第二次提供范例，以此拓展幼儿创编的思路。

（3）个别幼儿扮演大猫，带领大家随乐游戏。（可以重复2—3次）

　　教师：这次啊，我要派一只小猫出门。谁愿意啊？

> **注意**：教师此时可以进一步用语言帮助幼儿尝试新的思路。比如：一只很酷帅的公猫会怎样走路？此时教师不必强调一定要有四个不同动作，随便几个都行，哪怕一个也行。

8. 拓展游戏情节

（1）观看配班教师扮演的"急性子猫"，猜测其动作的含义，并和"急性子猫"共同游戏。

　　教师：在我们猫家族，有一只很特别的猫，它的性子特别急，你们知道什么是"急性子"吗？

　　教师：我们话还没说完呢，看"急性子猫"已经来啦！

（2）"急性子猫"快速地化妆，走路飞快，还摔了一跤，只好一瘸一拐地往前走。

> **注意**：这只"急性子猫"是教师预设的，动作节奏加快了一倍，同时每个动作还表达了游戏情节的变化。这样的榜样不仅具有让人容易辨别的喜剧夸张的特质、较高的权威性及吸引力，还能为幼儿再次拓展自己未来的表演提供启示与借鉴。

温馨提示

（1）在前面的范例中，我们曾经特别提到过"领袖模仿"游戏的特例——"变异模仿"。现在又是一个新的例子。老鼠在模仿大猫的时候，是带有一种特别的"心情"的，或是嘲笑，或是崇拜，或是不屑，或是有点怕等。大班幼儿已经能够理解这其中的"幽默"，教师可以做出榜样并加以解释，也可以用相关语词（英俊潇洒、严肃认真、战战兢兢、威武雄壮、自以为是、弱不禁风、没头没脑、凶神恶煞等）启发有意愿和有能力的幼儿，并为其提供榜样。

（2）"变异木头人"游戏是一种从"传统木头人"游戏的规则拓展出来的游戏：

①"传统木头人"游戏，仅仅是监督人看木头人造型是否坚持不动，后来该游戏加进了各种情境和角色，如"熊和小孩"。在"传统木头人"游戏中，增加了监督人挠痒痒、吹眼睛等"企图让假木头人"自我暴露的策略，以提升对木头人自我坚持的挑战水平。

②创新的"变异木头人"游戏又增加了新挑战——"指定塑形"，即叫你用哪里做出反应，你就要用哪里做出反应。如，有个设计叫作"啃苹果"，A扮演苹果，造型不动，B作为嘴巴，每啃一次，被"啃"身体部位就"缩"进去一点，然后仍旧保持造型不动，直到音乐结束被"啃成苹果核"（将身体在地上缩成尽可能小的一团）。还有叫作"捏面人""小铁匠"的设计，只有手艺人塑造了哪个身体部位，那个身体部位才发生变化，直到音

乐结束时被制造成手艺人想要的样子。由此可见，以上设计都是一样的思路。

（3）前面我们也已经多次提到"变异领袖模仿"游戏：一方面，可以改变模仿的速度、力度、风格、力量特质、表情等，变成既相同又不同的"模仿"，如"猴子学样"；另一方面，也可以加点别的游戏规则，如"寻找带头人"，就变成了包含"领袖模仿"的多重游戏，如"野蜂飞舞"等。

注意：游戏规则小小的一点微调，都会带来"创新"的结果。

友情提问
（1）在本书中，你是否发现有许多"变异"的处理？
（2）你理解"游戏变异"与"变式练习"有什么相同的地方？
（3）你可以去查找一下，把"游戏变异"的案例列出一张清单来吗？
（4）你可以举例说明本书中的某个案例所包含的"变式练习"流程吗？

案例13 帽子恰恰恰　　（南京　赵　初）

使能目标阶梯

挑战5	累加乐器、集体造型。	创造性应用	挑战戴着串铃游戏，集体即兴共创表现完美结束的造型。
挑战4	逐步增加帽子的数量。	迁移应用	集体面对逐步增加"帽子"数量的挑战和更多人竞争"首领"的挑战。
挑战3	引导幼儿谈论连续游戏，即传递多顶帽子的游戏玩法（新规则）。	迁移应用	在教师的指导下，学习三重游戏："传递游戏"加"快速反应游戏"加"邀请即兴对舞游戏"。
挑战2	配班教师示范邀请朋友上台共跳"扭扭舞"的过程，幼儿尝试。（通过传递游戏决定谁来当首领）	观察模仿	在教师的指导下，学习二重游戏："传递游戏"加"邀请即兴对舞游戏"。
挑战1	带领幼儿尝试随乐传递一顶帽子。	模仿	在教师的指导下，专门练习随乐按节奏传递一顶帽子。
动作+音乐	带领幼儿学习完整的随乐上肢基础动作模式。	观察	感知动作要素、顺序及重复规律，理解故事、音乐与动作之间的关系。
故事	简述情境，带领幼儿进入"非洲原始部落"。	理解	情境理解，产生兴趣，明确任务。

游戏玩法

（1）传帽子游戏：跳舞、传帽子。
（2）"被帽子选中者"去小舞台即兴舞蹈。

> 提示：传帽子游戏也是一种传统的"传递"游戏，具有杂耍表演的炫技性质。

【动作建议】

恰恰恰

外国舞曲
佚名 曲

1 = F   4/4

(X X X X X | X X X X X | X X X X X | X X X X X)

A段

动作说明：全体跳舞、传帽子。

‖: 1 1 1 1 1 | 1 1 1 1 1 | 1 1 1 1 1 1 | 1 1 1 1 1 1 |
吧 啦 切 丽 恰 恰　吧 啦 切 丽 恰　哒 嗖 切 丽 哒　嗖 恰 恰 吧 啦 切 丽 恰 恰 哒 嗖

1 1 1 1 1 0 | 1 1 1 1 1 0 | 3 3 4 3 2 1 7 2 | 1 - X - :‖
扭 扭 你 的 肩　　扭 扭 你 的 腰　　扭 扭 你 的 小 小 屁 股　哟　　耶！

1.　　　　　　　　　　　　　　　　　　　　　　　　　　2.

B段

动作说明：首领捡帽子，邀请舞伴。两人以上抢帽子的动作为：抢帽子—速冻造型—邀请舞伴。

1 - 0 3 0 3 | 4 3 2 3 0 | 0 0 0 3 0 3 | 4 3 2 7 0 |

0 0 0 2 0 2 | 3 2 1 7 0 | 0 0 0 2 3 4 | 0 3 7 1 6 0 |

C段

动作说明：自由舞蹈。因没有抢到帽子而做速冻造型，然后在圆圈中间自由舞蹈。首领和被邀请者在小舞台上自由对舞。

0 0 0 3 4 4 | 5 5. 5 - - | 0 5 5 5 6 6 6 3 |

6 5. 5 - - | 0 0 1 1 2 2 | 0 3 3 3 4 3 2 1 |

3 - - - | X X X X X 0 0 0 ‖
　　　　　哒 恰 恰 恰 耶！

最后，全体做自由造型。

注意1：在整体感知音乐的时候，全套的上肢舞蹈基础动作为：

① A段音乐：右手指做"捏帽檐状"，低头2拍、抬头2拍；然后将右手向右划一大圈，返回左胸处做行礼状；手指做"剪刀状"，4拍一次，右手从右眼处向右慢慢移出，左手从左眼处向左慢慢移出。

② B段音乐：持续和着节奏拍手，或拍腿，或做"绕线手"，或其他简单且是幼儿熟悉的动作。

③ C段音乐：随意地做上肢和躯干的即兴"扭屁股"舞蹈。

注意2：只要认真尝试一下，教师就能够体验到这套动作可以被顺利"正迁移"到未来的"传帽子"游戏动作中。教师在设计上肢基础律动时，思维方向是相反的，即先设计好最终比较复杂的动作模式，再用"减法"逐渐降低难度，从而完成基础律动动作模式的设计。

活动目标

（1）感受恰恰舞曲热情的风格，并合着音乐的旋律进行传帽子的游戏。

（2）通过选择首领、结伴造型等情节的逐步累加，逐步掌握游戏的玩法和规则。

（3）开心地和同伴合作游戏，愿意接受游戏中的失败。

活动准备

（1）物质准备：帽子10顶。

（2）经验准备：有玩过传递游戏的经验。

（3）空间准备：

① 将椅子排成大的圆圈。

② 圆圈中间摆放小舞台。（一个踏步的高度）

活动过程

1. 完整随乐复习基础律动模式

（1）坐姿，回忆已习得的上肢律动模式。

（2）站姿，注意幼儿在C段音乐进行"扭屁股"即兴舞蹈时的体态和神态。

2. 学习游戏

（1）单次游戏的玩法。

① 出示道具帽子，发现帽子传递的节奏。

教师：今天老师还为小朋友们带来了跳舞的道具——帽子，在跳舞的时候，我们要跟着音乐的节奏传递帽子。请你们仔细看看我是在什么时候传帽子的。

② 幼儿观察老师连续传递2次。

注意：主、配班教师坐在圆圈上并紧靠在一起，主班教师把帽子戴在配班教师头上，配班教师把帽子戴在其右侧的幼儿头上。

③ 引导幼儿思考。

教师：我把原来的什么动作换成了传帽子？（右手向右划大圈，表示行礼的动作）

④ 指导幼儿尝试。

教师：你们听老师的口令来试一试。

教师：抓住（2拍），提起（2拍），传帽子（4拍）。看（2拍），看（2拍），看朋友（4拍）。（反复练习）

（2）听音乐传递。

教师：这次我们一起听着音乐来传帽子，看看帽子最后会传到谁的手里。

（3）学习中间领舞部分。

教师：帽子传到了谁的手里，谁就是我们今天的首领，首领要做三件事：第一，到中间拿帽子；第二，找一个好朋友把帽子送给他；第三，和好朋友站到舞台上一起跳舞。我们一起欢呼，邀请我们的首领和他的朋友……

（4）完成后半部分游戏。

教师：边听老师唱谱，边试着去寻找和邀请朋友，一起上台舞蹈。

教师：引导幼儿思考：首领上台跳舞，旁边的好朋友们应该做什么？（幼儿：和首领一起跳）

（5）听音乐完整游戏一次。

教师帮着幼儿整理思路：首先……（传帽子），接着……（首领站出来找朋友送帽子），最后……（上台一起跳舞）

3. 学习连续游戏

教师引导幼儿思考游戏中的问题。

（1）问题一：

教师：首领在中间跳舞，其他坐在圈上的幼儿做什么？（幼儿：拍手、一起跳）

（2）问题二：

教师：刚才我们玩了一遍，现在要连起来玩两遍，你觉得有什么问题吗？（幼儿：帽子太少，我也想进去跳舞）如果我增加一顶帽子，会发生什么问题呢？（幼儿……）

（3）问题三：

教师：两顶帽子一起传，就会出现几个人到中间？（幼儿：两个），那三顶呢？（幼儿：三个人），可是中间只有一顶帽子，怎么办？（幼儿：看谁更快拿到帽子）

（4）小结新规则。

教师：首领和拿到帽子的朋友一起上舞台跳舞，没拿到的要做被冻住的造型不能动，一直坚持到可以扭屁股跳舞的时候才能被解冻，然后一起跳舞。

> 注意：这是一个非常有意思的环节，幼儿也非常喜欢，教师一定要夸张地渲染出其中紧张克制的奇妙氛围。在大家都知道规则后，便会有求胜的动机，会几个人一起去"抢"教师在特

定音乐处临时扔到圆心小舞台上的帽子，场面非常紧张、热烈。但紧接着的"速冻游戏"马上又会分散幼儿对游戏成败的注意力。幼儿会将身体保持在各种"向前冲"的一刹那的状态，非常炫酷！此时，教师要强调一点：既引导观众欣赏，也引导"速冻者"自我欣赏。只有这样，才能达到预设的效果。再紧接着，这些"速冻者"便可以化冻跳"扭屁股"舞啦！

（5）听教师唱谱，练习抢帽子、做速冻造型和跳舞。

（6）幼儿和教师一同连续游戏。每遍游戏连续增加一顶或两顶帽子，让到中间去"抢帽子—做速冻造型—自由跳舞"的幼儿人数逐渐增加。

（7）尝试加入乐器。

教师：到中间的朋友们跳舞跳得真开心，可坐在圈上的朋友们有点着急了！我也为你们准备了一些福利（串铃），如果你没有拿到帽子，就可以在圆圈上一边奏乐，一边和他们一起跳扭屁股舞！

（8）加入表示完满结束的集体即兴造型。（略）

温馨提示

（1）从本案例开始，以下都是以即兴舞蹈为主要表演方式的案例。

（2）这是一个特殊的范例，但是非常重要。因为对于幼儿园的低龄儿童来说，他们还是非常容易疲劳的，在一次活动中学习负担过重，并不符合教育原则。所以我们看见原创教师把"故事—动作—音乐"的流程，都安排在上一次的活动中。这次活动是从"复习"开始的，后面紧接着就是"新挑战"的流程了。

（3）"传递游戏"还有许多"变异"的种类：

①"点兵点将"游戏，实际上也是一种传递游戏。在"歌唱教学"一章的案例中，被普遍使用。之所以如此，是因为歌唱活动需要幼儿身体和情绪处于更加稳定的状态。

②"击鼓传花"游戏，实际上是一种传递实物的游戏。因为游戏传递的结果，有时是幼儿希望的，有时不是幼儿希望的，所以有可能出现"争抢"或"躲避"的行为，容易造成幼儿"过度兴奋"的混乱场面。所以，这就需要教师随时告知或提醒幼儿注意规则，更需要教师慢慢培养幼儿的良好习惯：认真、从容、按照节奏、尊重他人、负责任地将实物放进"下一个人的手中"，不让幼儿出现争抢或躲避的行为。

③"传递动作"或者"传递语言（声音）"，也是一种传递游戏，其中也有多种不同类型。读者可以自行收集，这里不再赘述。

案例14 小鸡舞　　　　　　　　（南京　耿　涛）

使能目标阶梯

挑战4	示范"斗舞"的新玩法：教师一人与多名幼儿"互动斗舞"。	创造性应用	在教师的组织与引导下迁移前面所学，进一步体验"一对多"的自由"斗舞"。
挑战3	鼓励圈内幼儿用相互模仿的方式互动。	应用拓展	教师重点引导幼儿变化空间方位和空间水平状态，从"回声式"逐渐过渡到"对话式"。
挑战2	鼓励、引导幼儿领袖累加和拓展下肢动作。	应用拓展	在教师的引导与鼓励下，累加和拓展下肢的动作。
挑战1	围站成圆圈，选择幼儿轮流进圈玩"领袖模仿"游戏。	应用	站单圈队形，教师按照8拍一个单位邀请幼儿担任领袖，8拍后休息，以更换领袖的模式组织"领袖模仿"游戏。
音乐	组织幼儿练习其选择的几个上肢基础动作语汇，带领幼儿随乐练习。	模仿练习	按照先坐、再站、后站中央的空间流程，巩固学习动作要领。
动作	组织幼儿交流、分享各自选择的动作，并帮助幼儿分析各动作的趣味性和要点。	交流分享	在教师的引导下，向集体提供各自喜爱的动作。
故事+动作+音乐	提供视频资料供幼儿自行观察、理解，选择自己喜欢的动作。	观察理解	情境理解，引发兴趣，明确任务。

游戏玩法

参见"活动过程"。

小鸡小鸡

局部主旋律谱： 王蓉 曲

$1 = C$ $\dfrac{2}{4}$

A段：

5 6 5 6	5 6 5 6	5 6 5 6	5 6 $\dot{1}$
5 6 5 6	5 6 5 6	5 6 5 6	2 1 $\underset{.}{6}$
5 6 5 6	5 6 5 6	5 6 5 6	5 6 $\dot{1}$
$\underset{.}{3}$ $\underset{.}{3}$ $\underset{.}{3}$ $\underset{.}{3}$	$\underset{.}{3}$ $\underset{.}{3}$ $\underset{.}{3}$ $\underset{.}{3}$	6 6	$\dot{2}$ $\dot{1}$ 6 ‖

B段：

| 6 6 | 6 − | 6 6 6 6 | 6 − |
| 6 6 6 6 | $\dot{2}$ $\dot{1}$ 6 | 6 6 6 6 | 6 − ‖

活动目标

（1）观察样板作品，提取上肢舞蹈动作并随乐舞蹈。
（2）创编新的上肢舞蹈动作，并尝试上、下肢一起舞蹈动作。
（3）敢于大胆面对挑战，合作时与同伴有眼神交流，"斗舞"时能互相展示、互相学习、互相促进，体验和享受即兴的乐趣。

活动准备

（1）物质准备：
　　①录像视频。
　　②录音音乐。
（2）经验准备：无须特别准备。
（3）空间准备：全体幼儿围坐成大半圆。

活动过程

1. 观看样板作品

教师：我最近在学习街舞，找到了一个获得过世界冠军的师傅来教我，你们和我一起来学习吧!

众幼儿:好。

教师:待会儿世界冠军会在视频中跳一段舞,请你们仔细地观察他的上肢动作,每个人至少学会一个上肢动作,如果你能记得更多的动作就更厉害咯。

众幼儿学习舞蹈动作。

教师:你们学会了吗?我们来看一看哟。

幼儿展示学习到的上肢动作,教师进行提炼、整理并让幼儿集体练习。

> **注意:** 在这一环节,教师让幼儿通过观看视频,选择印象最深刻的上肢动作进行模仿,从而使每个幼儿都有分享动作的机会,这样既给予了幼儿进行自我展示的机会,同时也使幼儿获得了一个向他人学习的机会。

2. 分享展示和创编舞蹈动作

教师:接下来让我们围成圆圈,跟着音乐一起分享一下吧!我来做第一个分享的人,当我做动作的时候,你们要跟着我一起做,当我找到一个新的分享者时,我俩交换位置,由新的分享者在圆圈中心带着我们一起做新动作。圆圈上的小朋友要跟着我俩一起来学习哦。(教师边讲解,边示范,边练习)

众幼儿:好。

幼儿与教师随乐游戏。

> **注意1:** 以8拍为一个单位交替进行领袖模仿游戏和休息、换领袖的过渡环节,避免幼儿由于疲劳或过度兴奋而造成情绪与行为的失控。
>
> **注意2:** 幼儿通过观看视频所习得的处于短时记忆的动作经验,将通过教师的提炼、同伴的分享、自己的动作练习而逐步由短时记忆向长时记忆进行转换。在教学过程中,可先由教师主导进行单一上肢动作的分享,然后在领袖模仿游戏中,教师逐步退出,由幼儿来做领袖进行分享。该环节可让幼儿从最简单的单一上肢动作开始,从其原有的知识经验出发,以降低幼儿学习的难度,之后再循序渐进地让其学习更高难度的动作。

3. 上、下肢一起舞蹈的动作

教师:刚才我们学习了上肢动作,这一次我们来加入下肢动作。(迁移幼儿已有的下肢经验,若幼儿不会,教师可提取体育活动中的下肢动作,先集体进行练习)

教师:这次我们要有新的挑战了,如果上、下肢一起做动作,你们可以吗?

幼儿:可以。

教师:我们一起来试一试吧!

> **注意:** 在幼儿已经熟练掌握上肢动作并且通过领袖模仿游戏从他人的动作分享中学习到更多的上肢动作模型后,教师就可以开始加入下肢动作。从幼儿动作水平发展的规律上来看,单一上肢动作最简单,单一下肢动作难于单一上肢动作,上、下肢一起的动作是最难的,因此在加入下肢动作时,我们可以从幼儿在体育活动中的下肢动作经验中来提取,如弓箭步、

蹲、小碎步、跳等，熟练后再叠加脚的方向移动，逐渐增加难度和挑战性，引导幼儿通过自己的努力向更高的目标挑战。

4. 两人合作（同动作不同方向）

教师：这次我们又要有新的挑战了，我想请一位跳舞厉害的老师和我合作跳舞。请你们注意看，我们的动作一样吗？方向有没有变化？（教师进行高级榜样示范，即T—T）

幼儿：方向是相反的。

教师：现在我来请一位小朋友来和我合作。（T—S1）

教师：谁愿意来挑战他？再请一位幼儿。（S1—S2）

注意：这里我们加入了合作的环节。在该环节，依旧是先由教师与配班教师进行合作，即通过两位教师的示范让幼儿发现合作的规则是"同动作，反方向"。在幼儿发现游戏的规律后，教师逐步退出——从教师与一位幼儿的合作游戏到幼儿之间的两两合作。这样幼儿会在新的规则中学会互相合作时支持他人，从而与他人共同合作完成更高要求的挑战。

5. 两两"斗舞"

教师：这一次更难咯，两个人可以做不同的动作，在不同的方向进行"斗舞"，一起来比一比吧。

注意：在幼儿熟练掌握合作游戏规则后，加入两人"斗舞"。所谓"斗舞"，就是两人先后进行动作的分享与比拼。既然有了竞争，就需要幼儿进行动作创编。而在互相先后展示的过程中，幼儿既可以从自己的原有经验中提取动作来重新组合，也可以从他人的动作中汲取经验，进行动作的拆分与重组。

6. 多人对一人"斗舞"

教师：这一次你们所有人来和我一个人"斗舞"哟。我们一起来"斗舞"吧。

注意：在活动进行到最后的时候，我们适时地加入娱乐的气氛，以缓解部分幼儿对于两两"斗舞"这种需要本身具备一定的技能技巧的紧张心理，从而让更多的幼儿可以参与进来。这时，我们不需要强调幼儿动作的创新性，而更多的是让幼儿体会到一种跟大家一起参与游戏的愉悦感。同时，教师可以作为高级榜样，让幼儿在活动过程中发觉还有更高的技能技巧可以进行学习，以此激发幼儿后续进行更高挑战的欲望。

温馨提示

（1）这里有一种新的模式："欣赏—抽取—模仿练习—自由应用—拓展应用"。

（2）在这样的活动中，我们更加偏重幼儿对动作的学习，而对音乐的学习相对偏轻，幼儿只要能够按照节奏做动作即可。其中，幼儿对于乐句乐段的感知，主要靠教师内控。

案例15　海草舞　　　　　　　　　　　　（南京　耿　涛）

使能目标阶梯

挑战4	组织并辅导"以一对多"游戏。	创造性应用	一人担任擂主，多人排队打擂。输者都在打擂者队伍后面排队。可以协商规定连续输或赢几次才算真正的输或赢。
挑战3	组织并辅导三人结伴游戏。	应用	两人游戏，一人担任裁判监督，擂主输了要替换擂主；打擂人输了，替换打擂人。
挑战2	组织并辅导两两结伴游戏。	应用	赢家当擂主，主导"出手"。
挑战2	组织、支持幼儿轮流尝试担任擂主，完整随乐游戏。	应用	教师与幼儿玩"须相同"游戏。
挑战1	引导幼儿创编新的动作，以替换基础上肢动作。随乐带领幼儿练习刚刚现场建构出的新律动。（教师作为擂主）	模仿	在教师的引导下，向集体提供新的动作。跟随教师玩"以一对多"的打擂游戏。
动作+音乐	向幼儿介绍跳舞和打招呼的动作。带领幼儿随乐练习。（边念边做）	模仿	教师向集体提供跳舞和打招呼的动作。感知动作要素、顺序及重复规律，理解故事、音乐与动作之间的关系。
故事	简述游戏流程：跳舞、打招呼、比赛。	理解	情境理解，产生兴趣，明确任务。

游戏玩法

（1）念白部分：前两句做跳舞动作；后两句做打招呼动作。
（2）旋律部分：每个乐句弱起后的第一强拍"出手"。

注意：双手同时上举，然后持续快速地拧动手腕，或前伸、下伸、左伸、右伸。根据所商定的规则进行游戏：要么与擂主相同为正确，要么与擂主不同为正确。

【动作建议】（同游戏玩法）

海草歌

萧 全 词曲

局部念白：

像一棵
海草海草，海草海草，随风飘摇，
海草海草，海草海草，浪花里舞蹈，
海草海草，海草海草，
管他惊涛骇浪，我有我乐逍遥。

局部主旋律：

$1=^{\flat}E$ $\frac{4}{4}$

活动目标

（1）独立随乐做打招呼、跳舞的动作。
（2）创编新的舞蹈动作，并尝试连续做不同的舞蹈动作。
（3）敢于大胆面对挑战，比赛时能积极挑战，失败了不气馁；在三人游戏环节，监督时公平和公正，比赛时全力以赴。

活动准备

（1）物质准备：无。
（2）经验准备：无须特别准备。
（3）空间准备：全体幼儿围坐成一横排。

活动过程

1. 了解故事和相应的动作

教师：我是海草王，你们都是小海草。我们海草见面一定要热情地打招呼，请你们一起来和我学习打招呼的动作（动作：单臂向前伸直，手掌垂直，先手心向内手指向下，再手心向外手指向上，按照节奏反复交替运动），一边打招呼一边说"海草，海草，海草，海草"。

众幼儿：海草，海草，海草，海草。（边说边做动作）

教师：海草王很会跳舞，海草们都爱和海草王一起学跳舞。（教师做动作：双手举高，手心相对，左右摇摆）

众幼儿学习舞蹈动作。

教师：海草们都要来和海草王比赛，待会儿海草王往哪个方向舞动，海草们就要往哪个方向舞动，你们可以吗？

众幼儿：可以。

教师：我们来试一试哟。

幼儿进行挑战。

> **注意**：这一环节主要是进行观察、模仿学习，幼儿通过模仿教师的动作来熟悉故事情境中的打招呼、跳舞以及比一比的动作，并通过动作初步感知音乐的段落结构。三次跳舞选择的是同一个动作，这样做可以降低幼儿学习的难度，即从单一简单动作的重复开始。

2. 创编舞动动作

教师：刚才是我做的一个舞动动作，你们有没有什么舞蹈动作可以分享一下？

幼儿创编舞蹈动作，教师提取一个动作进行随乐游戏。

> **注意**：这里的动作一定要由幼儿提供而非教师提供，在创编动作环节，教师可根据幼儿的水平来进行。如果幼儿有比较充足的动作经验，教师可以直接邀请幼儿来进行展示，甚至直接由一名幼儿带全体幼儿来随乐进行游戏；如果幼儿出现动作经验匮乏的情况，教师可以从动物、动漫人物造型等幼儿熟悉的经验进行导入，再根据幼儿的动作或描述帮助其提炼出舞蹈动作造型。

3. 幼儿独立游戏（挑战连续三个不同的舞蹈动作）

教师：刚才是我当海草王，现在我想邀请你们中的一个人来当海草王。让我们和新的海草王一起来学习舞蹈。

> 注意：当幼儿挑战连续三个不同的造型动作时，不需要强制由一位幼儿独立思考并提供三个动作。在幼儿出现动作造型创编困难时，教师可以让其借鉴其他幼儿的动作造型经验。我们在这个环节中更为重要的是让幼儿在实际问题情境中学会向他人学习，能借鉴他人的动作造型经验——既可以完全借鉴他人的动作经验，也可以将同一个动作做不同方向或者不同空间水平（如站、蹲、爬）的变化，以此帮助幼儿通过借鉴他人的动作经验或在他人的动作经验的基础上来完成新动作的创造。

4. 两两结伴游戏

教师：这次我要有新的挑战了，请你们注意看，我和海草王游戏的时候，方向有没有变化？（两位教师进行高级榜样示范）

幼儿：方向相反。

教师：只有我的方向和海草王的方向不同，我就可以得分，如果方向一样就不得分哦，你们来看看我能得几分呢？（教师与配班教师合作游戏）

教师：现在我来请一个海草来和我玩这个挑战。（T—S1：教师和一名幼儿合作游戏）

教师：谁愿意来挑战这个海草王（S1—S2：两名幼儿合作游戏）

教师：现在找到你的好朋友，和他商量好谁先做海草王，然后一起来比一比吧。

> 注意：这里加入了两人合作游戏的环节，因此教师需要和一位配班教师合作以及进行游戏规则的示范，通过示范可以让幼儿了解合作方式游戏的规则。在教师示范结束后，配班教师退出，由主班教师再邀请一名幼儿来进行合作游戏。通过游戏，教师可以了解幼儿是否了解并能遵守游戏规则。在教师与幼儿合作成功后，教师再退出，由两名幼儿来进行合作游戏。这时教师变身为裁判，观察幼儿在合作游戏时有没有出错方向、后出以及出方向后再改变方向等违反游戏规则的行为。如果出现幼儿犯规的情况，教师作为裁判应及时用语言声明并宣布得分无效，让幼儿学会在公平和公正的环境下进行游戏。当两名幼儿可以合作游戏后，教师再让其他幼儿两两结伴进行合作游戏。

5. 三人结伴游戏

教师：两个人玩虽然好玩，但是为了游戏的公平和公正，还需要一个裁判来监督。我一个人当裁判没法看你们所有人的游戏，所以现在我们能不能三个人来一起玩？其中一个人做裁判监督，我们来试一试哟。

> 注意：这一环节教师完全退出，由三名幼儿按照两人合作、一人做裁判的规则来进行自主随乐游戏。教师可根据幼儿年龄发展的水平与特点来适时进行指导。比如，在大班上学期，教师可在幼儿学会两人合作游戏后，先以裁判身份进行示范，再由幼儿在区域游戏环节进行自主游戏；在大班下学期时，教师可以在示范后，先由一组幼儿进行合作游戏，之后再分组进行自主随乐游戏。

6. 以一对多的游戏

（1）玩法一：自愿参与游戏的幼儿排成一列，面对擂主"海草王"，输家到队伍最后去排队。（擂主也一样）

注意：规则可以与前面的有所不同。前面的规则是一次定输赢，这次可以重新规定：打擂者要三四次都对才能让擂主下台。

（2）玩法二：自愿参与游戏的人排成两列，一队幼儿挑战另外一队。输家淘汰下场，最后看哪一队的幼儿剩下的人多，哪一队获胜。

温馨提示

（1）此活动与猜拳游戏属于同一种"上肢快速反应的对抗竞赛"游戏。

注意：也有教师将其拓展为使用下肢或者上、下肢联合使用的模式。

① "猜拳游戏"，又可称为"循环比大"游戏。通常是两人参加竞赛，石头砸剪刀，剪刀剪布，布包石头。

a. "石头、剪刀、布"是大家最为熟悉的一种游戏。（在本书"歌唱"一章中有个案例"何家公鸡何家猜"，就是流传于广东地区的民间传统游戏）

b. "老虎、杠子、鸡"是成人斗酒中经常使用的一种游戏。老虎吃鸡，鸡啄杠子，杠子打老虎。

c. "光头强、熊二、枪"是从动画片《熊出没》中引申出来的一种游戏。光头强怕熊二，熊二怕枪，枪怕光头。

注意：后面两个游戏，都有幼儿园教师的创造性迁移使用的范例，在本书"奏乐"一章的案例中，就有"老虎、杠子、鸡"游戏的使用。

② "须相同（或）须不同"是另外一种游戏。

a. "手心手背"，又叫作"黑白配"。多人参与，同时出手，比哪一面的手多或少，可协商决定结果用来做什么，是分组、淘汰或其他。

b. "三军总司令"。每个兵种都有一种规定动作；擂主喊"空军啊空军"的同时做空军动作（或者做另一兵种的动作，以此干扰打擂人，使之做出错误反应），打擂的人必须做出相同的空军动作。打擂者做错动作，被淘汰。打擂者做对动作，擂主被淘汰。

c. "海带呀海带"。协商、规定好三种表现海带的动作，擂主边喊边做某种动作，打擂的人一定不能做与擂主相同的动作。打擂者做错动作，被淘汰。打擂者做对动作，擂主被淘汰。

注意1：后两个活动是流行于我国台湾的儿童游戏。本活动中的"海草舞"就是迁移了"海带呀海带"。

注意2：与猜拳游戏一样，比赛双方必须按照音乐的节奏同时出手，任何一方故意稍晚出手便被视为"犯规"；因能力不足而晚出手则被视为"失败"；出手后又临时换手也被视为"犯规"。

（2）读者也可以尝试根据本案例提供的信息，自己来设计一个包含此类游戏的律动教学案例。

案例16　神奇巴士

（南京　王雪婷）

使能目标阶梯

阶段	内容	类型	说明
挑战 4	加入孕妇等需要让座者的角色，引导幼儿改变坐姿、站姿，体验因改变带来的不同乐趣。	创造性应用	用游戏行为体现"爱护老弱病残孕"；改变坐姿，创编站姿，丰富乘车实况的表演，体验不同的趣味。
挑战 3	逐步过渡到由幼儿改变旅行路线，完整随乐游戏。	拓展应用	通过改编路线图的方法，改变律动动作的顺序。完整随乐表演。
挑战 2	加入空间位移，从坐姿变站姿。加入时光隧道的情节，引导幼儿收集线索，进行数字判断反应游戏。	拓展应用	在站立的条件下改变学会的上肢动作，幼儿从中知道：谁的车票和提示一样，谁就可以穿越。
挑战 1	引导幼儿将路线图排序。	分析回忆	尝试使用给路线图排序的方法回忆律动的顺序，锻炼符号转换能力。
音乐	带领幼儿坐在座位上随乐练习上肢动作。	模仿	继续感知动作要素、顺序及重复规律，理解故事、音乐与动作之间的关系。
动作+音乐	随乐示范"神奇巴士"的旅程。	观察	感知动作要素、顺序及重复规律，理解故事、音乐与动作之间的关系。
故事	讲述故事，帮助幼儿理解故事情境。	理解	情境理解，产生兴趣，明确任务。

游戏玩法

（1）幼儿跟随教师学习合乐动作。幼儿可以根据自己对音乐动作的理解，改变即将表演的新动作图谱。加入空间位移，从坐姿变站姿。

（2）在每一次进入时光隧道后，都会穿越到一个地方，找到一个线索（在学习场地比较显眼的地方找到一张小图片，有颜色、形状等特质），在幻灯片上找到和线索同样的图形就会得到通行密码（一张形状不规则的大图片，背面有数字），谁的通行证和通行密码一样，谁就是下一次穿越的人。

（3）幼儿凑齐所有线索后，就能发现一个秘密（将所有的图片组合，可以在黑板上拼出一个地球的形象），完成最后一次穿越。

注意：教师可以请幼儿做导游，然后退位并改变图谱（旅行地图），鼓励幼儿尝试合乐游戏。

【动作建议】（参见乐谱）

Panama

1=C 4/4

[罗马尼亚] 马泰奥 曲

(0 0 0 6 7 | 1 1 1 6 1 1 1 6 | 1 1 1 6 7 0)

A段

3 3 2 3　3 3 2 3　3 3 2 3　6 6 | 3 3 2 3　3 3 2 3　3 3 2 3　3 3 |

动作：1拍一次颤动

3 3 2 3　3 3 2 3　3 3 2 3　6 6 | 3 3 3 3　3 3 3 3　2 2 1　6 6 |

2拍一次颤动

6 3 3　3 3　2 2 1　6 6 | 6 3 3　3 3　2 2 1　3 3 |

1拍一次颤动

3 3 3　3 3 3　5 5 3 3　3 3 | 3 3 3 3　3 3 3 3　3 3 5 5　5 6 |

2拍一次颤动

B段

3　0 3　2　0 1　3　0 | 5 5 5 5　5 6 |

做晕头转向状

| 3 | 0 3 | 2 | 0 1 | 3 | 0 | 0 | 6 7 |

做晕头转向状

| 1 1 | 1 6̣ | 1 1 | 1 6̣ | 1 1 | 1 6̣ | 7̣ | 6̣ 7̣ |

左倾

| 1 1 | 1 6̣ | 1 1 | 1 6̣ | 1 1 | 1 7̣ | 6̣ 7̣ | 1 2 |

右倾后仰

| 3 | 6̣ 2 | 1 | 2 | 3 | 6̣ 2 | 1 | 7̣ |

后仰

| 1 1 | 1 6̣ | 1 1 | 1 6̣ | 1 1 | 1 2 | 7̣ | 6̣ 5̣ |

前伏

| 6̣ | 3 | 2 | 0 2 | 1 | 1 7̣ | 7̣ 6̣ | 6̣ 5̣ |

（驶入隧道）蒙住眼睛

| 6̣ | 3 | 2 | 0 2 | 1 | 1 2 | 2 3 | 4 3 |

| 6̣ | 3 | 2 | 0 2 | 1 | 1 7̣ | 7̣ 6̣ | 6̣ 5̣ |

（驶出隧道）重现光明

| 6̣ | 3 | 2 | 0 1 | 6 | 1 2 | 3 5 | 6 0 ‖

结束语令：到站了！

活动目标

（1）感受音乐节奏，用身体表现乘坐汽车时上下颠簸的动作。

（2）通过练习，整理旅游路线图；根据路线图提示，即兴做出动作，如上下颠簸、左转与右转、上坡与下坡，进隧道与出隧道等的动作表演。

（3）积极观察、思考，以收集相同事物的线索来匹配通行密码；感受穿越的乐趣，体验因牺牲自己的小利益而帮助他人所产生的"价值自我实现"的自豪感。

活动准备

（1）物质准备：

① 路线拼图。

②收集线索的幻灯片。

③时光隧道通行证。（与座位号一致）

④每名幼儿的衣服或者裤子上要有口袋。

⑤磁性黑板一块。

⑥播放幻灯片的设备。

（2）经验准备：大班幼儿无须特别准备。

（3）空间准备：16名幼儿坐成两排，一排8个座位。（模仿公交车的座位）。

活动过程

1. 进入情境，了解故事中"神奇巴士"的旅程奇遇

教师：旅游巴士载着乘客开始旅行，但一路颠簸，颠得乘客头都晕了，车子左转、右转，遇到上坡与下坡，进隧道与出隧道，最后到达终点。现在我是巴士上的乘客，请你仔细看，我都做了什么动作，分别代表什么意思？

> **注意**：教师在讲故事时语速放慢，因为故事内容和顺序就是动作元素，可帮助幼儿很好地记忆。

2. 幼儿边听教师预令，边观察教师表演"在巴士上都遇到了哪些情况"，并能说出来

（1）教师先做示范，然后提问：乘客在巴士上都做了什么动作？

（2）教师引导与鼓励幼儿能够根据观察将所有的动作元素都说完整。

> **注意**：此处不管幼儿能否说完整，教师一定要示范两次，以便让幼儿验证一下自己说得是否正确。

3. 师幼尝试跟随音乐做动作

教师：现在我们都是旅游巴士上的乘客，马上要开始我们的旅程，你们准备好了吗？师幼尝试跟着音乐做一遍动作。

4. 幼儿在熟悉动作的基础上理清动作的顺序，并将地图排列正确

> **注意**：如果幼儿在排图时出现问题，教师应该就某一张图片进行解释，告诉幼儿它代表什么意思。

（1）教师：我们原来是有一张旅游地图的，但是被我弄乱了，谁来帮我重新排序？

（2）教师鼓励幼儿调整地图的排序。

5. 改变空间位移，将坐姿改为站姿，完整随音乐做动作

> **注意**：需引导幼儿如何在站着的时候保持身体平衡。

教师：刚才我们都是坐着乘车，如果是站着乘车，你会吗？请大家抓好扶手注意安全。师幼讨论改为站姿时，应注意哪些问题。

6. 教师调整座位，让幼儿感受神奇巴士的不同，理清游戏规则，开始玩游戏

（1）调整椅子方向，更换音乐，教师作为导游带着幼儿玩游戏。

教师：现在我们坐上真正的旅游巴士，我是导游，我站在前面，乘客应该怎么坐呢？

（2）介绍游戏规则。

① 教师：刚才进隧道的时候，你们有没有听到奇怪的声音？其实这不是普通的隧道，而是一条神奇的时光隧道，进入隧道就可以穿越到另外一个地方。每一次穿越，你都会找到一个线索，只有找到这个线索才能得到通行密码，如果你的通行证和通行密码一样便能穿越，然后你就可以继续寻找下一个线索。我上次就穿越到废弃玩具工厂，这是我找到的线索，你们快帮我在图上找一找，找到了就点开来，这就是我们的通行密码——红色的标记。只要你的通行证上面有红色的标记，你就可以穿越，接着帮我们找下一个线索。

② 教师：（配班教师扮演孕妇角色上场）进入时光隧道，必须换一辆神奇巴士，这辆神奇巴士比我比刚才坐的旅游巴士小，座位也没有刚才多，可能有人站着，也有人坐着，如果是站着，你会怎么做？光站着吗？请抓好扶手，可以穿越的人要注意哦，要在进入隧道完成穿越后，再去找寻线索。

> **注意**：此时撤走两张椅子，让幼儿可以随着游戏情境体验站着和坐着"乘车"的两种感觉。

（3）教师改变动作模型的顺序，引导幼儿玩游戏。

教师：刚才的路线有点绕路，现在我们换一条路，每一条路的路况不一样。让我们一起来试试。

（4）幼儿改变顺序，再次游戏。

教师：请小导游带我们走一条不一样的路……引导幼儿更换图标，完整游戏，并思考：这站有人下车了，会是谁？

（5）调换座位，坐姿变站姿。

① 拓展礼让教育。

教师：这几个人一直站着好累哟，谁可以礼让一下，让他们坐一坐？

② 锻炼快速又准确的注意力教育。

教师：这次有几个人下车了呢？

③ 拼图游戏。

教师：看看反面，我发现我们穿越了这么多地方，终点站是地球。

教师出示所有前期收集的不规则图片，引导幼儿观察并发现：图片如果拼在一起好像是某种熟悉的东西；再引导幼儿到黑板上将这些图片拼起来，发现原来是一幅地球图片。

④结束。

教师：哎，下面有这么多地球人，我们邀请他们一起乘坐神奇巴士好不好？

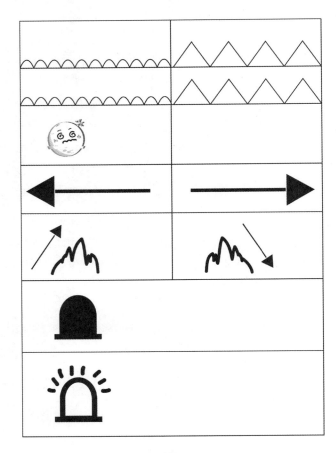

游戏路线图（音乐图谱）

队形参考

温馨提示

（1）幻灯片的具体内容，请参见活动过程。虽然该活动设计所使用的材料，从设计、制作到现场操作都比较复杂，但是由于多媒体设备创造的氛围非常富有想象力，对幼儿积极投入活动并保持热情有很好的激励作用，所以，我们还是在此作为一种范例提供给大家。

（2）在活动现场，我们真正地看到了让座幼儿所表现出的对自己礼让行为的自豪感。他们在站着表演时，甚至表现出了一种"英雄气概"，实在令人感动。在此，我们为设计和执教的教师点赞：教书育人，是教师永远不能忽略的第一职责。

> **友情提问**
> （1）在本活动中，教师综合性地采用了哪些游戏？
> （2）教师抽掉椅子或增加老人、孕妇上车，让一些幼儿必须选择站立"乘车"，对幼儿有什么教育价值？

注意：① 本活动中包含了"智力拼图游戏—空间知觉游戏""快速观察反应游戏""看信号迅速反应游戏""创造性表演游戏"。② 不但让幼儿获得"站立表演"的创意表达机会，自主选择"应对挑战"的机会；还让幼儿通过帮助他人，让他人获得益处，体验到了自身价值。

案例17　萨沙　（奥地利奥尔夫老师提供传统民间舞蹈）

使能目标阶梯

挑战4	累加B段音乐的自由结队即兴"走队形"探索。（成人）	创造性应用	迁移所有队形经验，将B段音乐改成即兴结队"走队形"。
挑战3	迁移累加传统民间舞蹈跳法。（成人）	迁移应用	在教师的引导下，迁移律动游戏的经验，学习跳传统俄罗斯民间舞蹈。
挑战2	累加"顶锅盖"快速反应游戏。	迁移应用	学习累加在最后玩"顶锅盖游戏"。
挑战1	累加在圆圈上双手相连的条件下，探究可运动的身体部位。	探究	在教师的引导下探究"躯干和下肢"的运动思路。
音乐	带领幼儿坐姿随乐练习上肢基础律动模式。	模仿	进一步感知动作要素、顺序及重复规律，理解故事、音乐与动作之间的关系。
动作	随乐示范游戏动作。	观察	感知动作要素、顺序及重复规律，理解故事、音乐与动作之间的关系。
故事	可自编故事介绍流程：打招呼（花式对拍游戏）—跳结伴对舞—玩"顶锅盖"游戏。	理解	情境理解，产生兴趣，明确任务。

【动作建议】（参见乐谱）

萨 沙

俄罗斯民间舞曲

1 = F 2/4

X X 0	X X 0	X X	X —
萨 沙	萨 沙	阿金 德瓦	特例！

A段

```
  3  3   3. 1  | 3  3   3. 1 | 7  7   3. 2 | 1  7   6  |
动作:手 手  手①   腿 腿  腿②    手 手   手     对 对  对③
     手 手  手    腿 腿  腿      手 手   手     腿 腿  腿

  3  3   3. 1  | 3  3   3. 1 | 7  7   3. 2 | 1  7   6  |
     手 手  手    腿 腿  腿      手 手   手     对 对  对
     手 手  手    腿 腿  腿      手 手   手     腿 腿  腿

  4     4  | 3    3  | 3 2   1 7 | 6 7   1 3 |
右臂挽右臂顺时针转，            对视（嗨）
顺时针"绕线手"……              拍手一下（嗨）

  4     4  | 3    3  | 3 2   1 7 | 6   0   0 |
左臂挽左臂逆时针转，            对视（嗨）
逆时针"绕线手"……              拍手一下（嗨）
```

B段

```
  1   3 5 | 1·  7 1 | 2 7   6 5 | 4·   3 |
自由即兴舞蹈找新朋友（或自由结队即兴选择队形移动）
圆圈上所有人的左手掌与左侧同伴的右手指联结在一起，用"领袖模仿"

  2   4 5 | 7·  6 7 | 1 7   6 5 | 3   — |
……
方式，有节奏地运动身体中可以运动的部位

  3   5   | 1·  7 1 | 2 7   6 5 | 4·   3 |
……
也可以按照自上而下的顺序各自即兴运动

  2   4 5 | 7·  6 7 | 1 7   6 7 | 1   0 ‖
……
在结束处相互敬礼、致谢、告别
```

---

① 手手手，指拍手。
② 腿腿腿，指拍腿。
③ 对对对，指与别人一起拍手。

注意：第一行说明是传统舞蹈动作模式；第二行说明是新创的降低了难度的坐姿上肢基础律动游戏模式。

活动目标

（1）初步熟悉音乐，体会音乐的欢快情绪和异域风情；学习全套随乐律动基础模式。
（2）探究躯干运动的不同方式：各种直线运动和环绕运动。
（3）体验通过目光接触、身体接触的情绪渲染方式而带来的快乐。

活动准备

（1）物质准备：录音音乐。
（2）经验准备：
　　①玩过类似"顶锅盖"的游戏。
　　②跳过一些社交舞和集体舞。
（3）空间准备：幼儿围坐成大的圆圈。

活动过程

1. 了解动作的意义和流程

过程略。

2. 随乐模仿、练习上肢基础律动模式

参见乐谱中的第二行动作说明。

3. 累加躯干和下肢运动方式探究

先专门单独学习，然后将其加入整体中。

注意：教师可以在以下几个方面进行引导：一是面部及躯干部位，如眼睛、嘴巴、颈、肩、胸部、腰、臀、膝盖、腿、脚等的动作。二是运动方向，如上下、前后、左右。三是运动路线，如长线、短线、直线、曲线、圆弧线等。四是力量特质，如轻弹、柔韧等。

4. 累加"变异"的"顶锅盖"游戏

先专门单独学习，然后将其加入整体中。
游戏玩法：全体幼儿伸出左手掌，手心向下，同时伸出右手食指，指尖向上。所有人都将自己的右手食指顶在自己右侧同伴的左手手心之下。在全曲结束的最后一个音发动"追捉"：每个人左手捉同伴的右手手指，右手同时要逃离同伴的追捉。

5. 学习俄罗斯传统民间舞蹈

过程略。

注意： 这个舞蹈是一种两两结伴的"对舞"，没有规定的队形，它属于社交舞蹈，但不是集体舞。"自由空间状态"是指找一个空的地方，在不影响他人也不影响自己的情况下自由利用可用空间进行舞蹈。许多幼儿园老师习惯称之为"散点"状态。

6. 探索即兴结队走队形

过程略。

注意： 实际上，在许多真实的情况下，民间广场舞蹈也可以逐渐进入即兴"狂欢"的状态。如在A段音乐处，结伴的两人可以即兴且默契地做各种花式拍击身体的动作；在B段音乐处，由自发产生的领袖发起一种人与人联结的熟悉方式，走出一种熟悉的路线，于是附近的人就会自主选择加入。通常的路线是：圆圈、链状或称蛇行状、涡旋状等。

温馨提示

（1）俄罗斯民间舞蹈，既可以按照特定规范跳，也可以随意地即兴结伴或结对跳。

（2）"萨沙"是对俄国男孩的昵称。"阿金、德瓦、特例"是俄语"一、二、三"的意思，在此是"预备——起"的意思。

（3）教师在新授该游戏时，可以两拍拍一次手，也可以一拍拍一次手，还可以按照"X　X　X"的节奏每小节拍三次手。（具体根据幼儿的能力而定）

（4）在新授、复习或娱乐情境中，教师都可以邀请在场家长或客人老师一起参加学习和游戏。

案例18 特瑞卡 （奥地利奥尔夫老师提供传统民间舞蹈）

使能目标阶梯

挑战4	累加"三圈换朋友"游戏。	创造性应用	在教师的指导下加入"三圈换朋友"环节，完整随乐游戏。
挑战3	组织与支持全体幼儿随乐（三圈）尝试舞蹈。	应用	全体幼儿尝试完整跟随音乐，玩"三圈舞蹈"游戏。
挑战2	在指导两位幼儿做示范的同时，教师再各自邀请两位幼儿参与示范。逐步累加参与人员。	模仿应用	在参与示范者逐渐增多的条件下，反复感知"钻山洞"舞和"绕圈圈"舞中队长引领队员的方法。
挑战1	邀请两位幼儿参与示范。	模仿应用	教师作为队长，引导幼儿特别关注队长如何带领队员跳"钻山洞"舞和"绕圈圈"舞。
音乐	带领幼儿坐姿练习上肢基础律动模式。	模仿	进一步感知动作要素、顺序及重复规律，理解故事、音乐与动作之间的关系。
动作	随乐示范基础上肢律动模式。	观察	感知动作要素、顺序及重复规律，理解故事、音乐与动作之间的关系。
故事	简述开车出门、进出隧道、开错路返回的基本情境流程。	理解	情境引入，引发兴趣，明确任务。

【动作建议】（参见乐谱）

特瑞卡

1 = F 2/4

俄罗斯民间舞曲

A段

0 3 2 | 1 7 | 6 5 | 6 3 |

动作：后踢步（小跑步）向前行进
　　　双手拍击双腿一拍一次

0 3 2 | 1 7 | 6 5 | 6 0 |

后踢步（小跑步）向前行进
双手拍击双腿一拍一次

5 5 4 | 4 3 | 3 3 2 | 2 1 |

队长用右手牵引右侧同伴从自己的左腋下绕行回原位
右手从左腋下经胸前向右慢慢向外打开

1 7 1 2 | 3 3 | 1 7 6 5 | 6 — |

队长用左手牵引左侧同伴从自己的右腋下绕行回原位
左手从右腋下经胸前向左慢慢向外打开

B段

1 1 | 1 7 6 | 7 7 | 7 7 |

队长用右手牵引右侧同伴与自己的左侧同伴牵手
双手胸前向外做"绕线手"……

6 6 | 6 1 7 6 | 3 3 | 3 — |

逆时针圆圈绕行……　　　　左右脚交替跺脚三次
双手胸前向外做"绕线手"……　拍手三次

1 1 | 1 7 1 | 2 2 | 2 1 2 |

顺时针圆圈绕行……
双手于胸前向内做"绕线手"……

3 4 3 2 | 1 2 1 7 | 6 5 | 6 — ‖

顺时针圆圈绕行……　　　　左右脚交替跺脚三次
双手于胸前向内做"绕线手"……　拍手三次

注意： 第一行为传统舞蹈模式；第二行为坐姿上肢基础律动模式。

活动目标

（1）初步熟悉音乐，体验音乐的欢快情绪和异域风情；学习全套舞蹈的动作和队形。

（2）了解掌握"三圈舞蹈"的队形语汇，以及换朋友的新方法。

（3）特别体验与掌握：与舞伴保持目光交流的特殊"躯干语言"互动。（头、颈、肩、腰与目光交流的相互配合）

活动准备

（1）物质准备：录音音乐。

（2）经验准备：无须特别准备。

（3）空间准备：先围坐成大的半圆，后围站成三个同心圆。

活动过程

1. 了解主要的情节

过程略。

2. 学习完整的上肢基础动作模型

过程略。

3. 教师邀请两名幼儿示范

> 注意1：用边示范边讲解边练习的方法。重点强调队长的工作方法、工作流程和责任感，如："对错全靠队长你啦！"
> 注意2：教授幼儿示范者的时候，要多示范几次，不能换人。

4. 分小组尝试

教师指导两名"学过"的幼儿担任队长，再邀请四名幼儿，组成两个三人组进行尝试。（逐步让所有幼儿加入）

5. 在三圈状态下集体随乐舞蹈

> 注意：因录音音乐的速度比较快，教师可以先自己唱旋律为幼儿伴舞，待幼儿逐步熟练后再使用录音。

6. 累加"三圈换朋友"

> 注意：所有队长在每一遍舞蹈开始时，按逆时针方向快速向前移动到前方小组的两名幼儿中间，前方小组的两名幼儿需要回头做出迎接的体态和表情。在这期间，整个三圈队形仍旧保持整体向前移动的状态。

温馨提示

（1）这是一个俄罗斯传统民间舞蹈，既可以按照特定规范跳，也可以随意地即兴结伴或结对跳。

（2）这是一个三个同心圆队形的集体舞蹈。舞蹈时，需要用眼睛随时关注舞伴，与舞伴交流感情。教师需要示范：当注视舞伴时，应该怎样用整个身体去配合自己的目光。

（4）空间移动如下图所示：

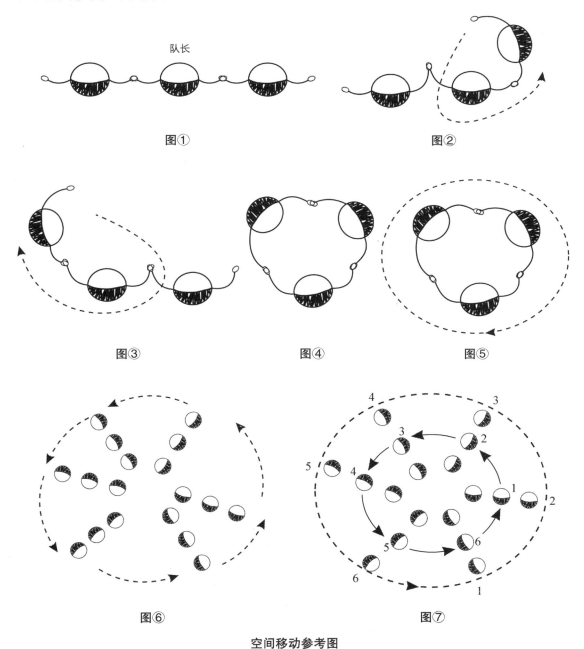

空间移动参考图

专题分析：律动教学的基本流程

游戏化集体教学基础流程

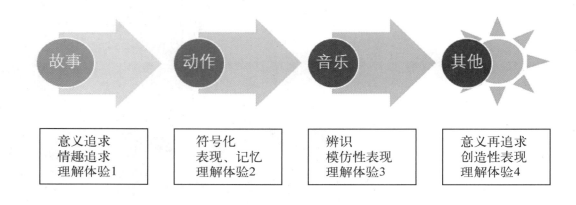

游戏化律动教学基础流程

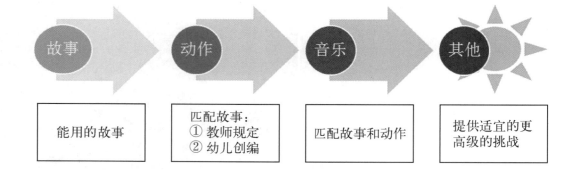

时间的调控原则

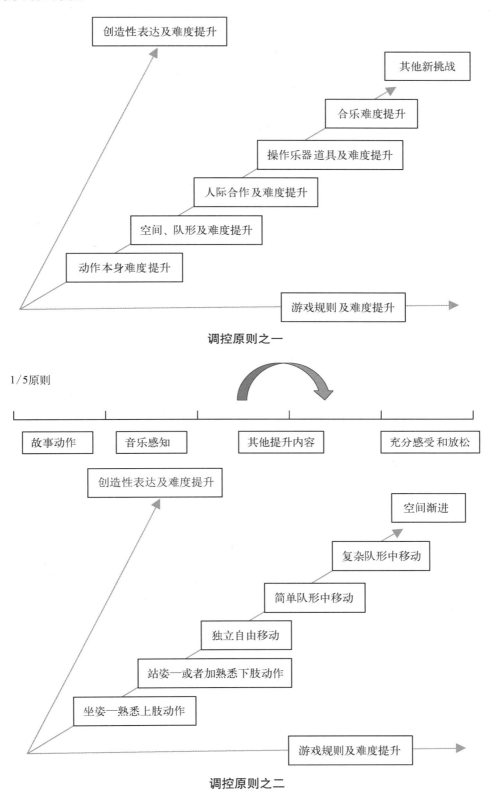

调控原则之一

1/5原则

故事动作 | 音乐感知 | 其他提升内容 | 充分感受和放松

调控原则之二

第六章
奏乐教学

- 歌唱教学
- 律动教学
- 从模仿到创造
- 奥尔夫与中外著名音乐舞蹈教育体系
- 奏乐教学
- 教学法

第一节　奥尔夫课程的基本内容及典型案例

　　奥尔夫乐器演奏教学体系是一个非常独特的体系：主要是由用大肌肉运动方式操作有明确音高和无明确音高的各种所谓的"打击乐器"构成的。20世纪80年代，在我们刚刚接触这个体系时，就被奥尔夫老师告知：之所以如此，是因为奥尔夫音乐教育体系所信奉的哲学是"原本性"，即以"尊重和遵循人类发展的原本性、儿童发展的原本性和人类儿童音乐学习的原本性"为基本出发点。所以，人类音乐舞蹈文化发展早期的"用大肌肉操作奏乐"的特点被吸纳、融合进了奥尔夫的儿童音乐教育体系，形成了今天我们看到的独特样貌。

　　尽管我们还没有专门研究过奥尔夫本人具体是从哪些早期亚文化体系中吸收了这些打击乐器的演奏模式，但今天，我们不仅仍旧可以在非洲、南亚、澳洲和南太平洋岛国直接看到这种起源于"采集、渔猎文化"时期的奏乐文化遗迹，而且也还可以在我国的许多地区的亚文化遗产中寻觅到类似的实例。如我国广西瑶族人用木杵敲击木质的牲畜食槽（为水稻脱粒）；台湾高山族人用木杵敲击中间有凹槽的石板（为黍米脱粒）；广西壮族人用藤勺敲击铁锅，搅拌锅中的茶叶和其他食材（制作独特的茶饮）……这些都是直接借助生产、生活劳动的工具和过程引发的自娱性奏乐活动，而且这些奏乐活动往往还都是伴随歌舞的综合性活动。再如我国佤族的木鼓、壮族的铜鼓、苗族的竖鼓等，这些都是经过漫长发展过程而形成的在祭祀仪式中使用的乐器，而且也都是歌、舞、乐一体，祭祀、群聚、娱乐一体的综合性活动。

　　另外，我们还可以从广泛流传的民间故事中找到先民对器乐演奏发展历史和价值的认知。如我国西南地区的瑶族有这样的民间传说：看护庄稼的老人睡着了，前来偷食的猴子以为老人去世了，便用随手可得的果壳、石块、树枝奏起哀乐"为老人送葬"。而老人呢，则一直装睡，直到他学会这些奏乐的套路，转而又再转授给了其他人。再如，广西壮族的铜鼓舞，实际上早期也是一种祭祀时进行的奏乐活动。起源的传说为：织锦姑娘因为嫌弃青蛙的鸣叫太吵闹而随手将青蛙扔进了火塘，随后天灾——大旱持续不止。"先知"者告知人们：必须向青蛙道歉赔罪！于是才有了人们制造、演奏"表面饰有蛙纹"铜鼓的活动，有了在铜鼓等乐器的伴奏下表演"蚂拐舞"的仪式活动（广西"花山壁画"遗迹上现存大量模仿青蛙姿态的舞蹈形象)。再如,我国中南地区的苗族有这样的民间传说:一个士兵战败逃跑躲进寺庙,当追兵追来时,同样躲在寺庙中的猴子用尾巴敲响庙堂里竖立的大鼓,隆隆的鼓声吓跑了追兵。这位躲祸的士兵就此学会了猴子的击鼓招数,然后再转而传授给了后人。

以上这些民间传说充满了"万物平等共存,需相互尊重、相互学习"的理念。在奥尔夫老师的教学过程中,这些理念也是随时随地都会体现出来的。

我们在此提供以上这些信息,实际上也就是想要证实奥尔夫音乐教育哲学的"原本性",实际强调的是人类原本的文化智慧必须得到尊重、继承和传承!而奥尔夫音乐教育体系亦是追溯、继承人类早期音乐舞蹈文化"原本精华"的"集大成"体系。

一、奏乐的基本知识、技能学习

(一)音条琴

(1)音条琴家族体系知识。(木制和金属制;高音、中音、低音)

(2)音条琴的构造。(可以随意拆装的音条——在入门学习的过程中,不用的音条可以不装;不同硬度的敲棒——当音色变化时可选择)

(3)基本的持握和敲击规范。

(4)左右手配合规律。

(二)竖笛

(1)指法。

(2)气息。

(三)配器知识

(1)基础低音(有音高)。

(2)节奏音型(有音高)。

(3)色彩补丁(有音高)。

(4)无音高乐器补充节奏。

(四)多声部奏乐作品教学法(19个教学步骤)

> **注意:**相关具体内容可参见本书第三章"教学法"的第二节"小步距循序渐进原则",此处不再赘述。

二、奏乐指挥技能学习

除了我们都比较熟悉的常规指挥法以外,在奥尔夫的入门竖笛课程中,教师创造性地使用了科尔文手势来进行具有"即兴创作意味"的指挥游戏。

> **注意:**具体参见本节案例"8月25日奏乐课程(八)"中的流程1:竖笛即兴指挥吹奏(练习吹奏C调五声音阶)。

三、奏乐与其他表演活动

与唱歌、律动教学一样,每一次的竖笛教学和打击乐器演奏教学(在教学法课中),

都是多种活动综合在一起进行的，无一例外。读者可在本书中看到大量范例，此处不再赘述。

四、多声部奏乐技能学习

奥尔夫的教学基本上都是多声部的，而且还都是从单声部语言节奏动机（小种子）开始，最终走向多声部。

（1）比较简单的多声部就是卡农（即轮唱轮奏），无论是念诵、声势还是歌、舞、乐或综合表演，都会反复使用卡农，连律动、舞蹈也不例外。

（2）稍微复杂一点的是复调，即两个形式和意义都完整、独立的声部，叠加在一起平行进行。歌唱活动中的实例是"朋友歌"，各自加了律动舞蹈表演和器乐伴奏，就成了多声部。

（3）多声部配器是每天教学法老师"必教"的内容。其循序渐进的流程是：有音高固定音型——有音高色彩补充——无音高色彩补充（奥尔夫老师一直用时值稳定的有音高或无音高的低音"垫底"作为整个表演的基础框架）。

（4）为了让基础薄弱的学员能够做到以上几点，教授唱歌、律动、竖笛和教学法的老师在第一、第二天的课程中都安排了大量关于拍子、节奏、句子等基本乐感的教学和练习。（不再赘述）

五、奏乐教学的游戏化设计

游戏就一定需要有一种游戏的氛围。对于这一点，所有真正的奥尔夫老师都一定会做得非常好。就拿下例中两次教学的入门环节来说，老师不但用自己的"神表演"有效地吸引和激励了在座的每一位学员，而且也为我们将来如何面对儿童做出了"高级榜样"。

注意：具体参见下例中8月15日和18日两天音条琴和无明确音高乐器的教学过程。

"领袖模仿"游戏是奥尔夫老师经常使用的手段。奥尔夫老师喜欢称之为"回声法"。在使用这种游戏的时候，老师也总是会提供非常细致的流程设计，如：T—S众（教师—众幼儿），两人结伴S1—S2（两位幼儿，轮流），四人结伴S1—S2、S3、S4（一位幼儿与三位幼儿，轮流），S1—S众（一位幼儿与众幼儿，轮流）等。

"情境表演"游戏更是奥尔夫老师强调的面对幼小儿童时的首选方法。如"喷火龙丹丹""汤姆的鬼魂""皮球小姐、巨人和老鼠小精灵""月亮的故事""妈妈你还爱我吗"等。

六、创作技法与即兴奏乐学习

与前面已经介绍过的歌唱和律动一样，在创作和即兴创作的教学中，教师同样也是采用小步距循序渐进的流程，并加上了教师细致入微的充分支持。这种实例无处不在。

注意：读者仍可重点参见下例中8月22日的音条琴教学和8月25日的竖笛教学。

七、奥尔夫老师的原版奏乐课程案例

8月15日奏乐课程（一）

1. 音条琴

（1）认识音条琴（"神表演"）。

① 教师出示音条琴，没有说话，而是手持敲棒做出许多近似"疯狂"的滑稽动作，让学员观赏。

② 学员模仿教师的动作。

注意：内含一些音条琴演奏的真实技巧。

（2）教师的表演风格转为安详宁静，将哑剧表演动作转向一首小歌《雨滴》的歌词内容。歌词大意为：

> 雨滴飘落在绿色的草地上，雨滴飘落在绿色的树木上，
> 雨滴飘落在灰色的屋顶上，却没有飘落在我的身上。

（3）学员猜测教师表演的意思，学员模仿教师的动作。

注意：这也应该是"歌词理解与记忆"的教学策略之一。

（4）教师用"回声法"教学员学习这首小歌。

① 一句——回声。

② 两句——回声。

③ 四句——回声。

（5）分声部模仿徒手演奏动作。

学员采用坐姿，徒手（用手代替敲棒，用两条大腿和大腿之间的空当这三处位置代表"三"和"音条"）——练习以下"锤法"：

① 1 0 0 0 ｜（稳定节奏组1）左手拍左腿。

② 1 0 1 0 ｜（稳定节奏组2）左手拍左腿，右手拍右腿。

③ 1 2 3 2 ｜（旋律组1）左手拍左腿，右手拍空当，左手拍右腿，右手拍空当。

④ 1 6 5 6 1 6 5 6 ｜（旋律组2）右手拍右腿，左手拍空当，右手拍左腿，左手拍空当。

⑤ 3333 2222 1111 2222 ｜（旋律组3，困难组）左手起，每个位置左右共拍击4次，1为左腿，2为空当，3为右腿。

⑥ 从全体一起练习到逐渐分组练习。

（6）教师指挥学员操作乐器给小歌《雨滴》伴奏：五个声部逐渐进入，再逐渐退出。

注意：暗示情境——雨越下越大，然后逐渐越下越小。"渐强渐弱"的概念进入。

（7）更换新儿歌《雨雨快走开》，重复上述流程。

注意：同样都是大调歌曲，所以大调伴奏没有问题。

（8）教师带领学员即兴徒手模仿大雨与小雨。

注意：继续强化渐强渐弱的概念。

① 手指拧指，表现小雨。
② 手掌拍击，表现中雨。
③ 手掌拍击地板，表现大雨。
④ 拍手中雨——拧指小雨——手掌摩擦地板，表现雨渐止。

2. 竖笛（1 do 6 la——低音）

（1）身体控制游戏—呼吸控制游戏。

（2）问好歌。在教学法课上刚学会："哈罗，让我们来相识，哈罗，请说出你的名字。"教师唱歌词，学员用自己的名字即兴回答。教师反复唱歌词，学员依次轮流回答。

注意：类似"回旋曲"——新概念的感性进入。

（3）学员即兴回答名字的同时加声势动作（四种动作——拧指、拍手、拍腿、跺脚，任选其二）。

（4）竖笛两个音的指法和"吹响"练习（1 do 6 la）。

（5）四人一组，一人问，其余三人轮流答（轮流交换角色）。回答名字时加入声势动作（四种动作都要尽量用上）。

（6）改用竖笛（1 do 6 la）吹名字。

（7）即兴用无音高乐器为"问好歌"伴奏，分成两组：一组继续上面"问好歌"的回旋游戏，另外一组为其伴奏（轮流交换角色）。

8月16日奏乐课程（二）

竖笛（复习 1 do 6 la，新授 5 sol 3 mi）

（1）说名字——拍名字（节奏）——吹名字（节奏和音高：复习 1 do 和 6 la）。

（2）教授新指法：5 sol 和 3 mi。

（3）用1、6、5、3四个音进行练习。

①教师即兴吹奏4拍——学员"回声"模仿4拍。

②教师即兴吹奏8拍——学员"回声"模仿8拍。

③教师即兴吹奏4拍——学员前4拍"回声"模仿，后4拍即兴。

④教师即兴吹奏8拍——学员前8拍"回声"模仿，后8拍即兴。

注意：限制性要求是，必须结束在1 do 或者6 la音上。进入大、小调调性概念。

⑤教师即兴吹奏8拍——全体学员各自拍即兴吹奏的8拍。

注意：进入即兴对话阶段。限制性要求是，必须结束在1 do 或者6 la音上。

⑥学员一对三轮流发起对话。

⑦学员一对一轮流发起对话。

注意：流程⑤、⑥、⑦的重要性是在多人同时吹奏的情况下，有人吹漏吹错，都没有关系。所以学员不会因为太过紧张而影响自然的练习进程。等到"一对一"时，学员已经练习过多次，也已不太容易吹漏或吹错了。

（4）小组之间相互检查：视奏（看着规定的乐谱吹奏）。

（5）表情记号与吹奏法的练习。

（6）情境表演游戏"月亮的故事"。

①阅读绘本《月亮的故事》。

②学习歌曲《月亮船》。

③学习吹奏歌曲《月亮船》的曲调。

④集体吹奏歌曲，个别志愿者使用高音钟琴即兴表现星月的闪闪光芒。

注意：到目前为止，各种音条琴在演奏时都是使用五声音阶，不需要使用的音条都是直接抽掉的。这也是奥尔夫教学体系的重要基础观点和为降低学习难度而设的基本教学策略。

⑤集体吹奏歌曲，加入个别志愿者使用高音钟琴即兴表现星月的闪闪光芒，再加入个别志愿者即兴表演"星—月"之舞。

8月17日奏乐课程（三）

1. 竖笛（复习1 do 6 la 5 sol 3 mi，新授2 re 2 re——高音）

（1）学习高音和中音2 re各自的指法。

（2）练习吹奏 **2 2 2**，以及 **2 2 2** 构成的节奏音型。

（3）教师即兴吹奏一个相关曲调，使学员的吹奏变成了伴奏。

（4）教师指导个别学员加入音条琴的固定音型，形成更丰富的音响层次。

（5）学员从静态的坐姿变站姿，再变成行进吹奏。

> **注意：** 一点细微的变化避免了练习的单调和枯燥。

2. 儿歌（综合训练游戏）

（1）学习一个小儿歌：拉锯扯锯，姥姥门前唱大戏，你也去，我也去，就是不让小妞去。

（2）"连环打手"游戏配合儿歌：围成一个大圆圈，每人左手手心向上，右手手心向下轮流交替拍击自己的左手和右侧同伴的左手。当儿歌念到最后一个"去"字时，一方面要让自己的左手躲避左侧同伴的击打，另一方面又要设法击中右侧同伴的左手。

（3）声势游戏：在大圆圈上即兴创编4拍或8拍声势动作，以配合儿歌朗诵，并一个一个往下传。

（4）卡农练习：从两声部开始。

3.《渔歌》（中国台湾民歌）

$1=C$　$\frac{2}{4}$

| 1　3 | 2．3　2 1 | 5　5 | 5　－ | 6　5 | 3．5　3 2 | 1 1 1 | 1　－ |

| 1　i | 6．i　6 5 | 6　5 | 3　－ | 1　5 | 3．2　3 2 | 1 1 1 | 1　－ ‖

（1）练习视唱歌谱的唱名。

（2）加低音音条琴的固定低音和中音音条琴的即兴。

（3）加竖笛吹奏歌曲的旋律。

（4）部分人吹，部分人唱。

（5）加新人用音条琴奏主旋律。

（6）分成两个声部吹奏卡农。

8月18日奏乐课程（四）

1. 认识无明确音高的打击乐器

（1）认识乐器（"神表演"）。

① 教师情绪夸张地"疯玩"手里的乐器，体态夸张地高举和放下。

② 教师徒手夸张地拧动（抖动）手腕，双臂逐渐向上和向下移动。

③ 教师在抖动、移动的过程中，突然将双手"藏"于"颈后""腋下""臀下"。

④ 教师最后夸张地做出"完美结束",即非常自我满足的体态和表情。
⑤ 教师用"散响"乐器重复一遍。
⑥ 教师徒手"指挥"学员用自选乐器"玩"一遍。

作为学员的体会:
- 回忆起教师在第一天教学员认识音条琴时,教师带领学员"玩弄"音条琴敲棒的"神表演"。这一次的流程和方法是"一模一样"的。

注意:这就是教学模式。

- 很明显,教师的目的就是用游戏的方法"暗示"学员学会在"自由探索"的时候随时"控制冲动",使情绪和行为始终保持在真正的探索和创造的状态。
- 教师还明确强调:如若个别年幼儿童不能够接受暗示,继续"我行我素",教师可以直接"没收"其拥有的乐器,等待其明确表示并用行动证实"愿意施行'自我管理'"之后,再将乐器归还于他。

(2)"8拍句长"概念形成与有控制的乐器探索活动。

①《小乐器来演奏》:

$1=C \quad \frac{2}{4}$

```
                              8拍                                                    8拍
5 3 3 | 5 - | x x x x | x - | 5 5 5 6 | 5 5 4 4 | 3 3 2 2 | 1 - ‖
我 唱 首 歌,  我 会 念 儿 歌。 下 面 我 请  小 小 乐 器  来 呀 来 演 奏。
```

② 学员自选乐器,用相互学习和询问老师这两种方法弄清乐器的名称,并自由探索可能的演奏方法。
③ 教师对全体学员,用"回声歌"的方式学习歌曲。

注意:8拍为一个回应单位。

④ 全体学员演唱前一个8拍,边唱边演奏后一个8拍。

注意:进一步体验8拍句长。

⑤ 全体学员演唱前一个8拍,从4人小组边唱边即兴奏乐回应,逐渐过渡到个人依次边唱边即兴演奏回应后一个8拍。
⑥ 教师要求将"小小乐器"替换成具体的乐器名称演唱出来。

注意:基本同流程⑤,但个人回应时需独立唱出自己所用乐器的名称。

作为学员的体会:
- 在学员没有"内化8拍句长"的概念之前,教师一直使用"手指倒数"的姿态作为"支架",以支持学员的探索和体验。

- 教师也反复强调：教师怎样才能了解学生是否"内化"，即掌握了呢？就是让学生独立做"表演"（应用），而且还必须是"即兴表演"（创造性应用）。学生能够独立完成8拍即兴演奏，就说明学生已经将8拍句长概念"内化"了。

2. **竖笛**（1 do 6 la 5 sol 3 mi 2 re 2 re——高音+3——高音）

（1）复习《渔歌》活动。

（2）从《渔歌》到"竹竿舞"。

① 竹竿开合节奏动作准备1：

$$1 \quad 3 \mid \underline{2\ 3}\ \underline{2\ 1} \mid 5 \quad 5 \mid 5 \quad - \mid$$
腿　手　腿　手　　　腿　腿　腿

注意： 以盘腿坐姿或双膝跪坐的姿态，"腿"为拍大腿，意为"竹竿打开"；"手"为拍手，意为"竹竿合拢"。

② 竹竿开合节奏动作准备2：

相同的开合规律，双手用打开与合拢的方式拍击地面。

- 舞步准备：

$$1 \quad 3 \mid \underline{2\ 3}\ \underline{2\ 1} \mid 5 \quad 5 \mid 5 \quad - \mid$$
右脚：点　收　点　　收　　　右进左进　右出左出

- "进阵"：

4人敲竹竿，4人跳舞，全体唱歌，教师用低音音条琴演奏稳定拍支持大家的表演。

- 加入中音音条木琴演奏的节奏：1　－｜5　0　｜
- 加入高音音条木琴演奏的节奏：1　1｜1　1｜
- 加入高音钟琴演奏的节奏：$\underline{1\ 1}\ \underline{5\ 6} \mid \underline{1\ 1}\ \underline{5\ 6} \mid$

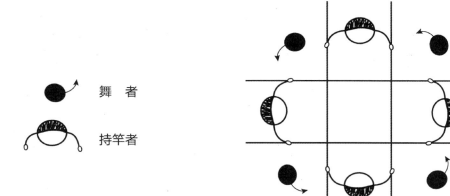

竹竿阵形

（3）新授指法：高音 3 mi。

① 教师示例：用简单节奏基石（如：X X X）练习指法，自由更换基石。

② 集体练习：各人自由重复或更换，尝试用各种基本节奏基石练习同一个高音 3 mi 指法。

注意：可以有效避免单调。

③ 用不同方式：四人组、两人组、一个人独立完成 8 拍展示，逆时针向后传递。

注意：从四人组开始逐步过渡到个人独立，可以有效避免立即让个人独立表演的紧张感。

（4）引导迁移：看谱视奏《斑鸠调》（中国台湾民歌）。

（5）移动换 do，G 大调五声音阶。

（6）《爱斯基摩摇篮曲》（《因纽特人摇篮曲》）和绘本《妈妈你还爱我吗》。

① 介绍相关背景：现在称"因纽特人"而非爱斯基摩人是对他们的尊重。

② 看谱视唱《因纽特人摇篮曲》。

③ 看谱吹奏《因纽特人摇篮曲》。

④ 教师加高音钟琴模拟"风雪"。

⑤ 教师引导学员阅读绘本。

⑥ 教师引导学员在应用伴奏下用形体表演故事。

⑦ 教师引导学员进行人文价值小结。

注意：教师和学员都被故事和自己的表演感动落泪。

（7）"My Dancing Top" 法裔加拿大人的民间舞蹈（加拿大魁北克省）。

① 练习 G 大调的 5 sol 3 mi 两音的吹奏。

② 教师示范民间打击乐器"木勺"的演奏。

‖: xxxx xx | 0 xx xx | xxxx xx | 0 xx x. x :‖

③ 学员在大腿上模仿老师的演奏动作。

注意：作为舞蹈的前奏。

④ 学习舞蹈：了解舞蹈的音乐结构及动作和队形结构。

⑤ 享受舞蹈。

- 舞曲：

A段 1 = F 2/4

5̣ | 1 3 3 2 1 | 2 2 3. 2 | 1 3 3 2 1 | 2 2 1 5̣ |

1 3 3 2 1 | 2 2 3. 2 | 1 3 3 2 1 | 2 2 1 0 |

B段

5. 5 3 3 | 5 5 3 3 | 5 3. 2 | 1 5̣ | （实际上是转折）

1 3 3 2 1 | 2 2 3. 2 | 1 3 3 2 1 | 2 2 1 0 |

- 动作：

舞步、舞伴之间的联结，大圈公转与两人自转的方式等，完全是自由即兴的。

- 队形：

A段音乐处，双圆全体顺时针公转；B段音乐处，逆时针双人结伴自转。

8月19日奏乐课程（五）

1. 音条琴

（1）理论：为什么不是先讲技术规范？

学员可以先做，然后发现"不满"；从自然的实践中产生对"技术规范"的需求。待学员有了"追求"更加完美的动力时，才是讲技术规范的"最佳时机"。

（2）音条琴演奏的基本技术规范教学。

① 教师教学时的动作示范，需用"镜面"示范。

② 学生学习应从倾听教师唱旋律开始。

③ 学生听到音高后在琴上"单手"敲击，找出对应的音条。

注意：这样做是为了不打扰到其他同学。

④ 用锤（敲棒）时先要弄清楚什么琴一般用什么锤。

注意：这样做是为了创造特殊的音色效果。

⑤ 一般情况下左、右手需轮流敲击。

注意：这样做是为了演奏出流畅的效果。

⑥ 五指自然向内弯曲持锤，锤棒应保持"横向"。

> **注意：** 这样做是为了避免锤棒之间"打架"。

⑦ 演奏的速度越快，锤棒需抬得越低。

> **注意：** 这样做是为了演奏出流畅的效果。

⑧ 必须给学生时间独立探索和相互切磋；给学生犯错、反思、调整、完善的时间。

（3）知识：五度音程固定音型。

① 柱式和音： 5　5　5　5
　　　　　　　3　1　1　1

② 移动和音： 1　5　1　5

③ 平行和音： 5　—　5　—
　　　　　　　1　—　1　—

④ 琶音： 1　5　1　5 ； 1 5 1 5 ； 1 5 1 5

2. 竖笛

（1）复习"My Dancing Top"舞蹈（用G、C、F三种调来吹奏），用竖笛、音条琴合作表演。

（2）"小山和僵尸骑手"——"四方"舞。（每跳一遍4个乐句，要在第5句换一个方向）

1 = ♭E　2/4

‖: 5 5　5 6 | 5　3 | 1 1 1 | 1　— :‖

‖: 3　1 | 6̣　5̣ | 1 1 1 | 1　— :‖

　　3　1 | 6̣　5̣ | 1 1 1 | 1　—

（3）中国儿歌《大鼓小鼓》。（自选是吹奏旋律，还是吹奏一个固定音型）

1 = D　2/4

3 3 3 | 1　1 | 5̣ 0 | 5̣ 0　3 3 | 1 1 | 5　5 | 5 0 |

6 5 5 | 3　3 | 5 5 3 | 2 2 5̣ 0 | 5̣ 0 | 1 1 | 1 0 ‖

（4）中国民歌《虹彩妹妹》。（视奏旋律）

1 = C　2/4

6 5 3 | 6　5 3 | 6 6 5 | 6　— | 6 5 3 | 6 5 3 | 2 2 1 | 2　— |

3 3 5 | 6 · 1 6 5 | 3 3 5 | 1　— | 3 3 | 3 3 | 6 6 5 | 6　— ‖

8月22日奏乐课程（六）

1. 音条琴上即兴作曲（1）

（1）学习歌曲《bao ao ao》。

（2）即兴演奏8拍插部。

① 在音条琴上即兴演奏一个8拍的旋律，各人做各人的。

② 教师提出要求：从1 do开始，到1 do结束。

③ 进入"回旋曲模式"：全体演唱歌曲《bao ao ao》，全体在插部部分一起演奏自己的即兴旋律。

④ 继续"回旋曲模式"：全体演唱歌曲《bao ao ao》，四人在插部部分一起演奏各自的即兴旋律，一组演奏一次，后组接力。

⑤ 继续"回旋曲模式"：全体演唱歌曲《bao ao ao》，两人在插部部分一起演奏各自的即兴旋律，一组演奏一次，后组接力。

⑥ 继续"回旋曲模式"：全体演唱歌曲《bao ao ao》，一人在插部部分独立演奏自己的即兴旋律，一人演奏一次，后人接力。

友情提问：如果有人做错了，教师需要指出并纠正吗？

提示：无论学生是否是有意不按照你的要求去做，教师都可以问："你在干什么？你为什么要这样做？"因为教师真正在意的不是对与错，而是学生能否给出自己的理由。

2. 音条琴上即兴作曲（2）

（1）教师以声势8拍问句，全体学员同时以音条琴8拍答句。（1 do起音即可）

（2）教师以声势8拍问句，全体学员以音条琴8拍答句。（1 do起音，1 do结束）

（3）教师以声势8拍问句，全体学员以音条琴8拍答句。（1 do或者5 sol起音，1 do结束）

（4）学员按琴的音色分成两组，A组问B组答，然后交换。（问句从1 do或者5 sol起音，到5 sol必须结束，答句从1 do或者5 sol起音，到1 do必须结束）

（5）两人一组，一问一答，然后交换。

（6）学员一个一个地独立问，教师答。

（7）放弃音条琴，改用声势动作，教师问，全体学员答。

（8）教师问，四人组学员答，余组接力。

（9）教师问，二人组学员答，余组接力。

（10）教师问，学员独立答，依次接力。

3. 课外作业：为我国新疆民歌《沙里洪巴》配伴奏

（1）教师布置作业内容。

（2）教师示例。

（3）教师提出注意事项：

① 内容必须是从所配的歌曲作品中来。

② 节奏必须"词语化"在先，如：哪里来、来干啥、巴沙客等。

③ 节奏基石不能两拍以上与歌曲节奏平行。

8月24日奏乐课程（七）

综合打击乐器演奏——创意绘本表演游戏"喷火龙丹丹"。（具体参见第一章相关内容，此处略）

8月25日奏乐课程（八）

1. 竖笛即兴指挥吹奏（练习吹奏C调五声音阶）

（1）教师先提供范例，用柯达伊体系中的"科尔文音高手势"即兴指挥大家吹奏竖笛，然后让学员分组练习：两人一组，一人即兴指挥，另一人吹奏，交换；四人一组，一人指挥三人，轮流；大组，一人指挥全体，轮流。

> 注意：双手相同，摆出一个姿态，可以停留一下，因为吹奏的都是"全音符"，所以并不是太困难。

（2）教师引导学员用视谱法学习歌曲《砍树歌》，然后转换到竖笛上吹奏。

（3）全体演唱歌曲（作为主部），用do、la（小调）两个音即兴吹奏一个"两个8拍"（两句）的插部。

（4）全体吹奏主部，插部以四人为一组，每人轮流即兴吹奏8拍（四句）。

2. 竖笛编曲吹奏（练习指法和气息控制）

（1）教师给音名素材，如：A是"do re mi sol"；B是"la sol mi re"；C是"sol mi re do"；D是"mi re do la"。全体用竖笛即兴吹奏。（随便排序）

> 注意：教师提供了语汇和思路。

（2）教师给调式规则：第四句结束音必须是do（大调）或la（小调）。（现在就只有C、D可以排最后了）

（3）教师给卡片，分小组排卡片"编曲"，进行练习。

① 第一小组选择排序A→B→C→D，即"do re mi sol""la sol mi re""sol mi re do""mi re do la"，就是一个小调旋律。

② 第二小组选择排序D→B→A→C，即"mi re do la""la sol mi re""do re mi sol""sol mi re do"，就是一个大调旋律。

（4）大组展示，其他小组需用耳朵听出演奏小组的排序。教师对各组进行评价。

> **注意：** 在这里还是教师给了节奏基石、语词和语义等创编素材，给了组织的框架，给了创编的示例，给了分组创编、展示、同学间相互学习与相互支持的机会和教师的评价指导，以及给了细致入微、层层递进的教学组织模式。这也就是创作教学入门的模式，有模式支持就特别适合低起点者进入专业领域进行学习。

3. 竖笛即兴"问—答"吹奏

（1）两人一组合作创作一首8拍的"问句"，并慢慢地吹熟。（预成）

（2）大组展示，两人吹自己创作并练熟的问句，集体即兴吹奏（生成）一个答句。

> **注意：** 这个即兴教学还是"预成加生成"创作表达的经典教学模式。个人在集体中即兴创作会感觉相对安全，吹错了也不会太有压力。

4. 竖笛即兴插部吹奏《我的小小歌》

$1 = D \quad \frac{2}{4}$

| 1 1 | 1 2 | 3 5 | 5 | 3 5 | 5 | 3 5 | 5 |
| 我 来 | 奏 只 | 好 听 | 歌 | 好 听 | 歌 | 好 听 | 歌， |

| 1 1 | 1 2 | 3 5 | 5 | 3 5 | 2 5 | 1 | — ‖ |
| 我 来 | 奏 只 | 好 听 | 歌 | 一 只 | 好 听 | 歌。 | |

（1）学会演唱与演奏主部。

（2）四人一组创作插部，一人一句练熟。（教师用持续低音伴奏）

（3）加入学员志愿者的音条琴和打击乐的8拍即兴插部。

（4）主部集体唱、奏（教师伴奏）；回旋插部由不同的四人小组轮流担任。

5. 综合表演《银岸之地》（唱、竖笛、音条琴、舞蹈）

$1 = F \quad \frac{2}{4}$

| 6̣ | 6̣ 6̣ | 3 3 | 3 | 6̣ | 6̣ 6̣ | 3 3 | |

| 6 | 5 6 | 5 3 | 1 | 2 1 2 | 3 — | |

（1）教师介绍歌曲是一首描述海滩美丽风光的作品。
（2）全体学员视唱乐谱。
（3）全体学员视奏竖笛。
（4）教师引导全体学员用音条琴和打击乐配器，为竖笛演奏伴奏。
（5）学员分工唱歌、吹竖笛、伴奏、即兴舞蹈。

6. 布置作业

（1）结伴玩"按照手势指挥即兴吹奏竖笛"的游戏。
（2）结伴玩即兴问答游戏。
（3）吹熟教师规定的"考试"曲目。

> **注意：** 我们在此提供的是加拿大皇家音乐学院的最初级的奥尔夫课程内容，而且不是全部。这里提供给读者仅仅是作为说明某些理论问题的例子，因此需要特别说明一下。

第二节 迁移应用案例

本节介绍的案例都是我们研究团队这些年在幼儿园实践的过程中研发且被验证过的，而且也已经反复在大学本、专科学前教育专业课程，以及在职教师的在岗培训课程中使用。因此，它们不但适合在职教师和师范学院的学生用来了解、理解奥尔夫教学法的理念、技巧和工作模式，而且也可以直接应用到幼儿园的集体音乐教学的实际工作中。

我们研发这些案例，并非严格照搬奥尔夫老师的"教师培训课程内容和方法"，而是努力在每个案例中综合性地体现奥尔夫音乐教育体系最根本性的工作原则：创造性（含"学以致用"）、渐进性（含"站上巨人肩膀""借用"）、游戏性、审美性和综合性。

一、适合小班幼儿使用的案例

 案例1　这是小兵

使能目标阶梯

挑战4	累加大鼓和吊钹，以丰富演奏效果。组织幼儿收拾场地和乐器。	拓展应用	继续尝试轮流担任指挥，轮流尝试演奏大鼓和吊钹。收拾场地和乐器。
挑战3	辅导幼儿轮流尝试即兴创作，指挥幼儿用乐器分声部合作演奏。	拓展应用	在教师的辅导下，轮流尝试担任指挥。拓展为：即兴更换不同乐器进出的顺序。
挑战2	指挥幼儿用乐器分声部合作演奏。	拓展应用	在前面的基础上，拓展为：看指挥分声部合作演奏。
挑战1	指挥幼儿分组合作做"徒手"奏乐模仿动作。	拓展应用	在教师的带领下，边演唱歌曲，边分声部合作做模拟奏乐动作。
音乐	带领幼儿随乐练习"动作总谱"。反复练习时，引导幼儿不断用新的歌词表现动作来替换模仿动作，保持练习的趣味性。	模仿	跟随教师用基础动作模型感知模型的重复变化规律。
动作	引导幼儿创编表现歌词内容的上肢基础律动模式，即"动作总谱"。	创造	在教师演唱歌词的引导下，创编表现歌词内容的动作，现场建构出"ABAB"结构的"动作总谱"。
故事	简述小兵操练的基本动作，教幼儿学习新歌。	理解	情境理解，产生兴趣，学习新歌。（应在前一次活动完成）

> **注意1**：从本章第一个原创案例开始，统一将"上肢基础律动动作模式"改称为"动作总谱"。如果含有语言的声音，便称为"动作和语音总谱"。
>
> **注意2**：在本章的奏乐教学体系中，"徒手"奏乐模仿动作是一个非常重要的教学流程。

【动作建议】（参见乐谱）

这是小兵（片段）

1=E 2/3　　　　　　　　　　　　　　　　佚名 词曲

```
1·3  5 5 5 | 3  1 | 5·1  5·1 | 3  - |
这是 小兵的   喇 叭   哒哒 哒哒   嘀，
动作：拍手（2拍一次）      开枪（2拍一次）
语音：              啪        啪

1·3  5 5 5 | 3  1 | 5·5  5·5 | 1  - |
这是 小兵的   铜 鼓   咚咚 咚咚   咚。
   拍手（2拍一次）      开枪（2拍一次）
                    啪        啪

1·3  5 5 5 | 3  1 | 5·1  5·1 | 3  - |
这是 小兵的   手 枪   啪啪 啪啪   啪，
   拍手（2拍一次）      开枪（2拍一次）
                    啪        啪

1·3  5 5 5 | 3  1 | 5·5  5·5 | 1  - |
这是 小兵的   大 炮   轰轰 轰轰   轰。
   拍手（2拍一次）      开枪（2拍一次）
                    啪        啪
```

── **活动目标** ──

（1）初步学习使用二分音符的均匀节奏跟随音乐演奏碰铃、铃鼓和圆弧响板；初步尝试演奏大鼓和吊钹；初步学习看指挥演奏和指挥演奏。

（2）迁移歌唱和律动的经验，学习按照乐句转换声部。

（3）学习使用正确的动作持握和操作乐器，努力在速度和力度上与集体保持一致。

── **活动准备** ──

（1）物质准备：

① 碰铃、圆弧响板和铃鼓，每种乐器的数量为总人数的三分之一。（按照参与总人数准备）

② 大鼓一面，配一个（"包头"）鼓槌；吊钹一只（有支架），配一个（"包头"）敲棒。

> 注意："包头"是指用织物和专业的方式包住锤棒的头部，避免其因为材质过硬而敲击出刺耳的音色。

（2）经验准备：
① 基本会演唱歌曲。
② 基本会做上肢基础律动。
③ 初步认识和演奏过这三种乐器。

> 注意：对于3岁的幼儿来说，这些基础经验很重要。

（3）空间准备：
① 幼儿围坐成大半圆。
② 将三种乐器放置在椅子下面（每把椅子下放一个），并将放有同种乐器的椅子安排在一起。

活动过程

1. 进入小兵操练的情境

过程略。

2. 复习巩固上肢律动模式——"动作和语音总谱"

（1）基础模式：A拍手，B开枪，四句相同。

（2）替换模式：在征求幼儿建议后，替换成开炮或其他形式，保持"ABAB"模式，四句重复到底。

3. 迁移到"徒手奏乐模仿动作"

（1）基础模式：拍手2次加碰铃演奏模仿动作。

（2）替换模式：在征求幼儿建议后，替换成铃鼓或响板，保持"ABAB"模式，四句重复到底。

4. 迁移到乐器的实际操作

（1）基础模式：教师拍手加幼儿演奏碰铃。

（2）替换模式：征求幼儿建议，替换成铃鼓或响板，保持"ABAB"模式，四句重复到底。

> 注意：拥有该乐器的幼儿操作，其他幼儿旁观学习。

5. 看指挥轮流演奏

（1）教师提供指挥榜样：前半句用一种乐器演奏，后半句全体一起演奏。

（2）教师邀请一位幼儿跟随自己一起指挥大家演奏。

> 注意：不断换幼儿，重复若干次。

6. 累加大鼓和吊钹

（1）配班教师加入大鼓演奏（作为榜样），演奏每个乐句的后半句。主班教师指挥。

（2）配班教师辅导一位幼儿演奏大鼓。主班教师指挥。

（3）配班教师加入吊钹演奏（作为榜样），同时关照一位幼儿演奏大鼓，主要演奏每个乐句的后半句。主班教师指挥。

（4）配班教师同时辅导两位幼儿分别演奏大鼓和吊钹，演奏每个乐句的后半句。主班教师辅导一位幼儿指挥。

（5）两位幼儿分别演奏大鼓和吊钹，演奏每个乐句的后半句。一位幼儿指挥。

> **注意：** 实际上教师提供的最终基础演奏配器方案是：
> 第一乐句：2拍一次，碰铃演奏2次，全体加大鼓和吊钹演奏2次。
> 第二乐句：2拍一次，响板演奏2次，全体加大鼓和吊钹演奏2次。
> 第三乐句：2拍一次，铃鼓演奏2次，全体加大鼓和吊钹演奏2次。
> 第四乐句：2拍一次，三种小乐器演奏2次，大鼓和吊钹加入演奏2次。

温馨提示

（1）活动中用到的大鼓可以是中国鼓，也可以是其他品种的鼓，但鼓面直径至少要达到50厘米以上。

（2）吊钹的直径应该达到30厘米以上。

（3）碰铃应该装有握柄，方便幼儿持握。

（4）3岁幼儿所使用的铃鼓，最好是皮制的鼓面，如果没有也不要选用塑料或铁皮制的铃鼓；鼓面直径应该是10厘米，如果过大幼儿不易持握和操作。4—6岁幼儿所使用的铃鼓，鼓面直径可以增加到15厘米（下图中最小的一种）。

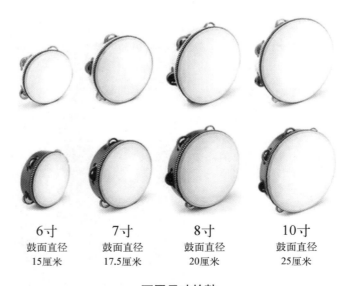

6寸
鼓面直径
15厘米

7寸
鼓面直径
17.5厘米

8寸
鼓面直径
20厘米

10寸
鼓面直径
25厘米

不同尺寸的鼓

（5）下图所展示的是帮助幼儿认识结构中重复变化规律的认知游戏"这是小兵"。它可以在课堂中由教师带领全体幼儿玩，也可以在家庭中由家长和幼儿一起玩，还可以改造成"操作游戏材料"，放置在区角供幼儿独立操作。

认知游戏"这是小兵"

案例2　耗子大爷在家吗　（长沙师范学院一附幼）

使能目标阶梯

挑战4	组织与引导幼儿探索小鼓和小钹的演奏方法，指挥幼儿用五种乐器一起随乐演奏。组织幼儿收拾场地和乐器。	创造性应用	探索小鼓和小钹的演奏方法，尝试指挥和看指挥，使用五种乐器一起随乐演奏。收拾场地和乐器。
挑战3	组织与引导幼儿探索响板的演奏方法，指挥幼儿随乐演奏。	探究应用	探索响板的演奏方法，尝试指挥和看指挥随乐演奏。
挑战2	组织与引导幼儿探索铃鼓的演奏方法，随乐演奏。	探究应用	探索铃鼓的演奏方法，跟随教师指挥随乐演奏。
挑战1	组织与引导幼儿探索碰铃的演奏方法，指挥幼儿随乐演奏。	探究应用	探索碰铃的演奏方法，跟随教师指挥随乐演奏。
音乐	带领幼儿随前两个乐句练习基础动作，不断替换新的相关动作；随后两个乐句学说念白。	模仿	感知动作要素、顺序及重复规律，理解故事、音乐、动作语言之间的对应关系。
动作	引导幼儿创编"吸引耗子大爷出来玩"的相关动作。	创编	在教师提供的情境和问题的引导下，创编可能会吸引耗子大爷的相关动作。
故事	简述"小耗子邀请耗子大爷出来做游戏"的情境。	理解	情境引入，引发兴趣，明确任务。

【动作建议】(参见乐谱)

《西游记》主题曲之一（片段）

1 = F 4/4

许镜清 曲

$\underline{6}$ $\underline{3 \cdot 5}$ $\underline{3 5 \dot{6}}$ 1 | $\underline{6 1 6 1}$ 3 $\underline{3 2 3 1}$ $\underline{6}$ |

动作：拍手，2拍一次（替换成自创的能吸引耗子大爷的动作）

$\underline{3 \cdot 5}$ 6 6 $\underline{6 3}$ 5 | $\underline{3 5 3 5}$ $\underline{6 6 6 3}$ 5 |

拍手，2拍一次（替换成自创的能吸引耗子大爷的动作）

$\underline{5 \dot{6}}$ $\underline{5 \dot{6}}$ $\underline{3 3}$ 1 | 2 2 $\underline{3 \cdot 2}$ $\underline{3 5}$ |

耗 子 大 爷 在 家 吗？ 耗 子 大 爷 在 家 吗？

（把双手放嘴边假装喇叭做喊话状）

6 0 $\dot{3}$ $\underline{3 2 3 5}$ | 6 0 6 0 ‖

在 家 请你 出 来 玩，出 来 玩！

（把双手放嘴边假装喇叭做喊话状）

活动目标

（1）初步熟悉音乐，体验乐器轻松幽默的情调。学习使用二分音符、四分音符、八分音符跟随音乐演奏。

（2）在教师的组织与引导下探究、分享、总结碰铃、铃鼓、响板、小鼓、小钹等乐器的合适的演奏方法。

（3）学习看指挥和指挥他人演奏乐器。通过和耗子大爷的互动，初步理解什么是整齐的节奏、合适的音量和好听的声音。

活动准备

（1）物质准备：

① 碰铃、铃鼓、响板。（数量与所有参与活动幼儿的人数相等，18人参与活动比较合适）

② 中国小鼓一面，小钹一对。

③ 录音音乐。

（2）经验准备：接触过一些常见乐器，具备一定的自我冲动管理能力。

（3）空间准备：幼儿围坐成大的半圆。

活动过程

1. 进入情境

教师：村庄里面最会带小耗子们玩好玩游戏的是耗子大爷，但是今天小耗子们已经在耗子大爷家门口等了好半天了，可是耗子大爷一直就是不出来玩。小耗子们！

幼儿：唉！

教师：想不想请耗子大爷出来带我们玩好玩的游戏呀？

幼儿：想！

教师：我来替你们去问问，看看耗子大爷为什么不肯出来玩好吗？

幼儿：好！

教师：（用嘴轻轻对着窗户）耗子大爷，你为什么不出来玩呀？（将耳朵贴着窗户，然后面对幼儿）耗子大爷说了，听说你们会做有趣的事情，他想先看看大家做的事情好不好玩，如果他觉得好玩了，就会出来玩！

2. 创编动作

教师带领幼儿创编动作。

> 注意：无论幼儿做什么动作，教师都要接纳，并要真诚认可，如"这的确是好玩的动作！"

3. 随乐练习上肢基础律动模式——"动作和语音总谱"

教师带领幼儿完整随乐练习上肢基础律动模式。

> 注意：因为耗子大爷没有出来，所以教师就可以说："也许耗子大爷觉得不好玩，因此我们需要再换一个更好玩的动作。"教师鼓励幼儿继续创编，替换掉前两句的动作，继续练习，反复3—4次。

4. 先一一探究三种基本乐器，再随乐演奏

教师：耗子大爷说了，听说幼儿园来了许多新乐器，他想先听听大家演奏好听的音乐，如果他觉得满意了，才会出来玩呢！

（1）全体幼儿探索碰铃，教师小结最方便的持握和演奏方法，幼儿随乐演奏。

（2）全体幼儿探索铃鼓，教师小结最方便的持握和演奏方法，幼儿随乐演奏。

（3）全体幼儿探索响板，教师小结最方便的持握和演奏方法，幼儿随乐演奏。

> 注意：教师小结，幼儿探索、练习的时间不能太长，否则容易让幼儿产生疲劳或注意力涣散；演奏2遍即可。教师一直以耗子大爷的身份对幼儿说话，可以先认可，再提出新"希望"。

5. 探究小鼓、小钹，然后五种乐器一起随乐演奏

教师：耗子大爷说我们演奏得真不错，所以赠送给我们两件新乐器，谁愿意来试试，怎样才能让新乐器发出好听的声音呢?

教师出示小鼓和小钹。

（1）个别幼儿探索小鼓。

（2）个别幼儿探索小钹。

（3）将全体幼儿分成三种音色的三个声部，加上两位幼儿分别演奏小鼓和小钹，教师指挥五种乐器一起演奏。（大约2—3遍）

6. 耗子大爷出来跳舞，幼儿奏乐伴奏

注意：耗子大爷出来后，一定要大大地赞扬幼儿付出的努力和获得的成就。

温馨提示

（1）情境创设在此教案中没有特别规定，建议情境中的耗子大爷既可以由配班教师扮演，又可以是主班教师操作手偶扮演，也可以使用动态的幻灯片形象。

（2）如果是前两种情况，教师可以将黑板装饰成耗子大爷家，最后由教师扮演的大爷从黑板后面出场。

（3）如果是第三种情况，教师可以用幻灯片直接做成动画形象和动态场景。

友情提问

（1）这是一个小班幼儿的奏乐活动，你能说一说：有这个"耗子大爷不出来"的情境和没有这个情境，幼儿参与的积极性会有什么不同吗？为什么？

（2）教师在活动中还需要使用什么策略"利用耗子大爷"来激励幼儿探索、创造和练习呢？

案例3　勇斗蛀牙虫　　（南京　耿　涛）

使能目标阶梯

挑战 5	组织幼儿学习如何收拾场地和乐器。	创造性应用	学习如何收拾场地和乐器。
挑战 4	随机带入护牙教育。	应用	幼儿独自完整地随乐演奏乐器并进行互动游戏，交流保护牙齿的心得。
挑战 3	增加小队长的角色。	应用	勇于面对担任小队长的挑战，带领大家用乐器随乐演奏，以消灭牙细菌。
挑战 2	利用幻灯片画面中牙细菌逐步减少的画面，激励幼儿反复练习，以熟练地掌握演奏技能。	迁移应用	在"消灭牙细菌"的游戏中，尝试用乐器随乐演奏。
挑战 1	教师逐步退出，鼓励幼儿独立随乐做动作。利用幻灯片画面中牙卫士逐渐清醒的表情和能量格逐渐充满的画面，激励幼儿反复练习，以熟练地掌握演奏技能。	练习	在帮助牙卫士苏醒的情境中练习动作，尝试在没有教师的提示下独立随乐做动作。
动作+音乐	教师随乐带领幼儿练习基础律动模式——"动作总谱"。	观察模仿	通过动作练习，初步感知动作要素、顺序及重复规律，理解故事、音乐与动作之间的关系。
故事	简述故事情境与基本动作。	理解	情境理解，产生兴趣，明确任务。

【动作建议】（参见乐谱）

瑞典狂想曲（片段）

1 = C 2/4

[瑞典]雨果·阿尔芬 曲

（ 1 3　　 5̣ 3　｜ 1 3　　 5̣ 3　｜ 1 3　　 5̣ 3　｜ 1 3　　 5̣ 3 ）｜

A段

‖: 1 3 5　 1̇ 3̇ 2̇ 7　｜ 1̇ 7　 4　｜ 6 5　 7̣　｜ 6 5　 1　｜

动作：走路4步（一拍一步）　　　　　　　　双手捂脸（表示躲藏）

1 3 5　 1̇ 3̇ 2̇ 7　｜ 1̇ 7　 4　｜ 6 5　 4 7̣　｜ 1　 —　:‖

走路4步（一拍一步）　　　　　　　　　　双手捂脸（表示躲藏）

B段

1̇ 1̇　 1̇ 1̇　｜ 7　 —　｜ 6 6　 6 6　｜ 5　 —　｜

观察敌情……

5̣ 7̣ 2　 6 5　｜ 7̣ 2　 7̣ 2　｜ 5̣ 1 3 6 5　｜ 1 3　 1 3　｜

水枪攻击……

1̇ 1̇　 1̇ 1̇　｜ 7　 —　｜ 6 6　 6 6　｜ 5　 —　｜

观察敌情……

5̣ 7̣ 2　 6 5　｜ 7̣ 2　 7̣ 2　｜ 5̣ 7̣ 2 6 5　｜ 1　 —　｜

水枪攻击……

A段

1 3 5　 1̇ 3̇ 2̇ 7　｜ 1̇ 7　 4　｜ 6 5　 7̣　｜ 6 5　 1　｜

走路4步（一拍一步）　　　　　　　　　　双手捂脸（表示躲藏）

1 3 5　 1̇ 3̇ 2̇ 7　｜ 1̇ 7　 4　｜ 6 5　 4 7̣　｜ 1　 —　｜

走路4步（一拍一步）　　　　　　　　　　双手捂脸（表示躲藏）

C段

| 6 5 　　 4 7̇ | 1 　 - | 6 5 　　 4 7̇ | 1 　 5 6 7 1 |

动作：做想办法状（怎样才能彻底消灭）

| 2 7 1 2 　 3 1 2 3 | 4 2 3 4 　 5 3 4 5 | 6 4 5 6 　 7 5 6 7 |

"绕线手"（聚集能量）……

| 1̇ 2 3 4 　 5 6 7 5 | 1̇ 　 0 ||

水炮发射！

预令：超级攻击，全体，嘿！

活动目标

（1）感知和表现乐曲的"ABAC"结构；从容合拍地做律动动作、玩"消灭牙细菌"的游戏和使用沙锤合乐演奏。

（2）根据歌曲的旋律和结构，迁移已有动作经验，尝试用两只沙锤匹配游戏动作进行乐器演奏，做出断奏、连奏和休止。

（3）认真参与演奏；在需要小队长领袖时愿意大胆尝试；体验消灭牙细菌的不容易，养成保护牙齿的好习惯。

活动准备

（1）物质准备：

① 乐器准备：沙锤。

② 牙细菌开始很多，后逐渐减少的系列幻灯片。

（2）经验准备：拥有一定的护牙知识。

（3）空间准备：全体幼儿坐成一排。

幻灯片参考图样：

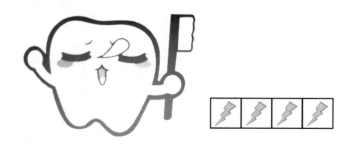

牙齿小卫士在睡觉，缺乏能量

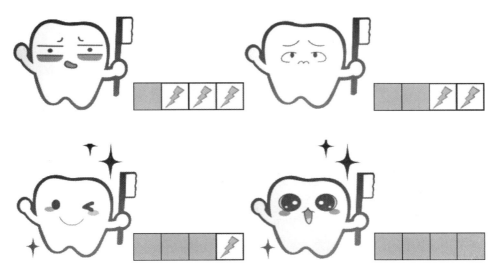

牙齿小卫士在练习本领,不断补充能量

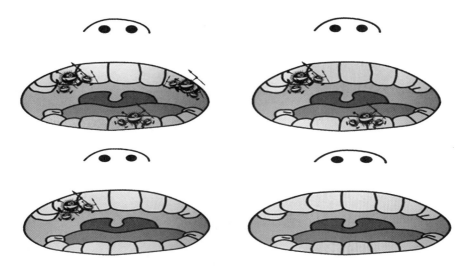

牙齿小卫士不断努力战斗,终于消灭了所有的牙细菌

活动过程

1. 故事导入,感知"动作总谱"

教师:(出示许多牙细菌正在伤害牙齿的幻灯片)看!牙细菌正在伤害牙齿,我们作为牙卫士必须去消灭细菌。小卫士们,快来跟我学好本领,保护牙齿。

幼儿:好!

教师:我们要走,走,走,走得靠近牙细菌(教师用手做走路的动作),细菌好像在看我们,我们不能被它们发现,快躲避(教师做双手遮面动作);靠近细菌啦,要仔细观察,看一看(教师做双手指尖相对平行于眉毛的动作),开始清洗(教师做双手伸直抖手腕的动作）；太远了，够不着，我们再走近一点，走，走，走，走得靠近牙细菌（教师用手做走路的动作），细菌在看我们，快躲避（教师做双手遮面动作）；靠近细菌啦，用什么武器呢？想一想，用大炮（教师做食指对太阳穴转动的动作），"聚集能量，超级攻击，我们一起消灭它，嘿！"（教师做双手握拳绕圈的动作，在最后说"嘿"的时候，双手向前伸直不动）

> **注意**：教师通过讲故事给幼儿听，让幼儿进入自己创编的牙卫士要去保护牙齿、大战牙细菌的情境。教师可在讲故事的同时做动作，带领幼儿通过动作来初步感知故事情境。对于小班幼儿来说，这样做可以让幼儿多一次熟悉和感知动作的机会。

2. 幼儿反复练习"动作总谱"——"牙卫士苏醒"（人机互动游戏）

教师：牙卫士被细菌施了魔法睡着了，让我们把它唤醒，让能量槽充满电，一起去消灭牙细菌，好不好？

幼儿：好。

> **注意**：教师带领幼儿随乐做动作。在每一次动作结束后，幻灯片中牙卫士的能量槽就会增加，直至能量充满。在此过程中，教师要注意引导幼儿记忆动作的顺序，并且注意在重复性动作的部分，应从每一句都要说动作提示语逐步退位，逐渐给予幼儿自主记忆动作并用动作感知音乐的机会。

3. 游戏"消灭牙细菌"

教师：哎呀，牙齿里到处都是牙细菌，牙卫士一个人是打败不了牙细菌的，让我们一起来帮帮它。

幼儿：好。

教师：牙卫士给我们准备了武器，我们可以从椅子下面拿出它。但要注意，这个武器在不用的时候不能发出响声，不然威力就不够消灭那么多的牙细菌了。

> **注意**：因幼儿年纪小，拿到乐器后会喜欢探索乐器发出的声音，所以在这里，教师要通过武器发出声音后就会威力不够，不能消灭牙细菌的情境来引导幼儿努力控制好不让乐器在不演奏的时候发出声音，这也是对幼儿使用乐器规则的培养。教师带幼儿随乐演奏，结束后幼儿会发现：图片中的牙细菌在减少。

教师：这一次我们需要选一个小队长来带领我们和牙卫士一起消灭牙细菌，谁能来当这个小队长？小队长自己一定要能使用好武器，给大家做榜样哦。

> **注意**：在这里，教师用情境激励一位幼儿做领头人，带着大家一起演奏。这样既是对幼儿胆量与责任感的培养，也是教师进行逐步退位的一个过程。

教师：我现在没有能量了，需要休息，可是牙细菌还没有消灭完，你们可以自己去消灭牙细菌吗？

幼儿：可以。

教师：那就靠你们啦！

注意：教师尝试退出，让幼儿挑战自主独立地完成演奏。

教师：你们真棒，牙细菌都被你们消灭啦，祝贺你们。但是牙细菌虽然被消灭了，可是如果我们吃很多糖，还不刷牙，它就又会跑出来的，那我们应该怎么办呢？
幼儿：少吃糖，多刷牙。
教师：一定要记得哟。

注意：在这里随机融入了少吃糖、多刷牙等护牙知识和态度提示，对小班幼儿来说是非常必要的。

温馨提示

（1）在活动中，教师应更关注如何引导幼儿使用乐器，在活动开始前、结束后控制好乐器不发出声音，在活动中跟着教师或小队长的指令来使用乐器演奏。
（2）教师可以在后续的集体活动中或区域活动中，用图片、讨论的方式启发幼儿创编清洗、敲击的动作，同时尝试用新的乐器来进行替换。
（3）在多次反复练习的过程中，教师使用了利用幻灯片与幼儿"人机互动"的技巧：幼儿每努力练习一次或两次，幻灯片上的图样就会"进步"，让幼儿明确体会到这是自己努力的结果！这也是电脑游戏设计的经典技巧。
（4）教师通过提示语逐步退出，是支持幼儿体验"自己逐步独立"的另外一项重要技巧。下图是该技巧的抽象阶梯图示（自下而上阅读）。

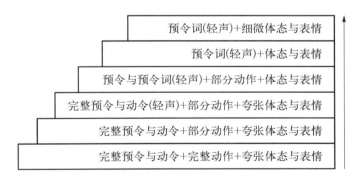

教师退位（语言+动作+体态与表情）梯级图

① 开始阶段：完整语令句（预令+动令）。

　　准备出发，
　　走，走，细菌来了，躲起来！
　　不能动，不能动，细菌走了继续走。
　　走，走，细菌来了，躲起来！

不能动，不能动，准备观察。

　　看一看，看一看，拿起水枪攻击！

　　看一看，看一看，攻击，准备敲击。

　　敲一敲，敲一敲，看一看，想办法。

　　想一想，想一想，超级攻击！

　　聚集能量，超级攻击，我们一起消灭它，嘿！

② 中间阶段：部分语令词。

　　准备出发，

　　走，走（不说），细菌来了，躲起来！

　　不能动，不能动（不说），细菌走了继续走。

　　走，走（不说），细菌来了，躲起来！

　　不能动，不能动（不说），准备观察。

　　看一看，看一看（不说），拿起水枪攻击！

　　看一看，看一看（不说），攻击，准备敲击。

　　敲一敲，敲一敲（不说），看一看，想办法。

　　想一想，想一想（不说），超级攻击！

　　聚集能量，超级攻击，我们一起消灭它，嘿！

③ 结束阶段：只剩转换预令词。

　　准备出发，

　　走（不说），走（不说），细菌来了，躲起来！

　　不能动（不说），不能动（不说），细菌走了继续走。

　　走（不说），走（不说），细菌来了，躲起来！

　　不能动（不说），不能动（不说），准备观察。

　　看一看（不说），看一看（不说），拿起水枪攻击！

　　看一看（不说），看一看（不说），攻击，准备敲击。

　　敲一敲（不说），敲一敲（不说），看一看，想办法。

　　想一想（不说），想一想（不说），超级攻击！

　　聚集能量，超级攻击，我们一起消灭它，嘿！

注意：斜体部分，为教师"退位"省略掉的提示语。

案例4　小小魔法师　　（南京　周　瑾）

扫码看活动视频

使能目标阶梯

阶段	教师活动	能力类型	幼儿目标
挑战4	教师尝试退出，幼儿尝试独立游戏。组织幼儿收拾乐器和场地。	创造性应用	在教师的支持下，尝试独立演奏和玩"魔法箱"的游戏。在教师的指导下收拾场地和乐器，锻炼责任意识，学习收拾场地、物品的工作流程，锻炼实际操作能力。
挑战3	提供"魔法箱"，正式导入"魔法游戏"。	拓展应用	完整跟音乐演奏，学习玩"魔法箱"的游戏。
挑战2	提供乐器，引导幼儿尝试使用乐器演奏。	拓展应用	在教师的支持下，尝试迁移律动的相关动作和魔法咒语，完整随乐演奏。
挑战1	带领幼儿随乐完整练习相关动作和魔法咒语——"动作和语音总谱"。	模仿	在教师的带领下，随乐完整练习相关动作和魔法咒语。
音乐	引导幼儿分享、分析、理解、记忆动作和语音。	理解记忆	在教师的引导下，进一步感知动作、语音要素、顺序及重复规律，理解故事、音乐与动作之间的关系。
动作	随乐示范上肢基础律动动作模式、游戏动作和魔法咒语——"动作和语音总谱"。	观察	初步感知动作要素、顺序及重复规律，理解故事、音乐与动作之间的关系。
故事	简述与未来动作表演相关的"魔法情节"。	理解	情境理解，产生兴趣，明确任务。

游戏玩法

（1）准备一个放有各种幼儿喜欢的物品的盒子，并对盒子外面进行装饰，让幼儿感觉很神奇。在盒子上开一个小窗口，从外面看不到盒子里面，但是手能伸到盒子里取东西。

（2）在"小小魔法师跟魔法教师学习变魔法"的故事情境引领下，学习变魔法的律动。在每一次的律动结束后，教师都能从魔法盒里变出有趣的东西。

（3）幼儿将串铃棒或沙锤当作魔法棒，按照魔法咒语"呜啦啦啦，呜啦啦啦，变变变"的节奏演奏"X — X — ｜ X X X - ｜"的节奏型，在律动结束后，再从魔法盒里变出各种东西。

【动作建议】（参见乐谱）

森林狂想曲（片段）

1 = G 4/4

吴金黛 曲

A段

| 6 1 3 5 3 3 2 | 3 3 2 3 6 7 | 1 3 2 1 6 5 | 3 — — — |

| X X X X | X X X X | X X X X | X X X X |

口令：走
动作：双手交替在腿上做走的动作

| 6 1 3 5 3 3 2 | 3 3 2 3 6 7 | 1 3 2 1 6 5 | 6 — — 6 1 |

| X — — — | X — — — | X — — — | X — — — |

东张张
右手放到额头向右看

西望望
左手放到额头向左看

| 1 2 3 4 5 4 3 | 2 2 3 2 2 0 | 6 7 1 2 3 7 6 | 7 — — 6 7 |

| X 0 X 0 | X 0 X 0 | X 0 X 0 | X 0 X 0 |

发现神奇的魔法盒
双手伸出食指，一下一下地指魔法盒

想想能变出什么？
双手伸出食指，在头两侧画圈

```
| 1 2 3 4 5 4 3 | 2 2 3 2 6̣ 7̣ | 1 3 2 1 6̣ 5̣ | 6̣ - - 3 |
|               |              | X  0  X  0   | X  0  0  0 |
```

拿出小小魔法棒　　　　　　　　　　　　　　准　备　变！
两腿分开，弯腰，用双手从自己的椅子底下拿东西　　两腿并拢，右手伸出食指，食指向上，左手握住右手
拿椅子下面的乐器　　　　　　　　　　　　　　两只手握住乐器

B段

```
| 6 - 5 3 5 | 6 - 5 3 2 | 1 6̣ 1 2 3 3 2 | 3 - - 3 |
| X⋰ - - 0  | X⋰ - - 0  | X 0 X 0       | X 0 0 0 |
```

呜　啦　啦啦，　呜　啦　啦啦，　变　　变　　变！
右手伸出食指，食指向上，左手握住右手摇动　　指盒子　敲腿　敲腿　敲腿
摇　　　　　　　摇

```
| 6 - 5 3 5 | 6 - 5 3 2 | 1 6̣ 1 2 3 6̣ 5̣ | 6̣ - - 3 |
| X⋰ - - 0  | X⋰ - - 0  | X 0 X 0       | X 0 0 0 |
```

呜　啦　啦啦，　呜　啦　啦啦，　变　　变　　变！
（同前）
（同前）

```
| 6 - 5 3 5 | 6 - 5 3 2 | 1 6̣ 1 2 3 3 2 | 3 - - 3 |
| X⋰ - - 0  | X⋰ - - 0  | X 0 X 0       | X 0 0 0 |
```

呜　啦　啦啦，　呜　啦　啦啦，　变　　变　　变！
（同前）
（同前）

```
| 6 - 5 3 5 | 6 - 5 3 2 | 1 6̣ 1 2 3 6̣ 5̣ | 6̣ - - 0 ‖
| X⋰ - - 0  | X⋰ - - 0  | X 0 X 0       | X 0 0 0 ‖
```

呜　啦　啦啦，　呜　啦　啦啦，　变　　变　　变！
（同前）
（同前）

（蛙叫、虫鸣，省略了32小节）

活动目标

（1）在故事的帮助下，熟悉乐曲的节奏和结构，学用串铃棒或沙锤参与B段音乐变魔法的演奏。

（2）在魔法语言"呜啦啦啦，呜啦啦啦，变变变"的帮助下，学习用串铃棒或沙锤演奏"X — X — | X X X - |"的节奏。
　　　　　　　　　　　　　　　　　呜啦啦啦 呜啦啦啦　变变变

（3）知道轻拿轻放乐器，愿意和大家一起用乐器变魔法。

活动准备

（1）物质准备：
　① 剪辑过的录音音乐。
　② 串铃棒16个、沙锤16个。
　③ 魔法帽一顶。
　④ 装有各种幼儿喜欢的物品的魔法盒一个（魔法盒可以用废旧的纸箱制作，也可以用束口的布口袋代替）。

（2）经验准备：接触过"摸袋"或"摸箱"游戏。

（3）空间准备：幼儿围坐成大的半圆。

活动过程

1. 教师用故事引出活动情境，初步引导幼儿感知音乐的结构

（1）教师配合音乐讲述故事情境。（音乐当伴奏，音量调小）

　　教师：小小魔法师跟着魔法老师走进了神秘的魔法森林，他们东瞧瞧、西看看，发现了一个魔法盒，魔法盒里会变出什么呢？让我想一想，赶快拿出魔法棒来变一变：呜啦啦啦，呜啦啦啦，变变变！会变出什么呢？

（2）幼儿倾听教师的故事，看教师配合故事内容演示"动作和语音总谱"。

2. 教师完整示范动作和导入游戏

（1）教师完整示范动作，在乐曲最后背对着幼儿从魔法盒里取出一件物品。

　　教师：你想变什么？我就是魔法老师，你们仔细看一看我是怎么变的，说了什么咒语。

（2）幼儿观察教师的动作，并在教师示范结束后用语言或动作表述自己听到的和看到的。

3. 教师引导幼儿用动作和魔法语言感知"X — X — | X X X - |"的节奏
　　　　　　　　　　　　　　　　　　　　　　　　呜啦啦啦 呜啦啦啦　变变变

（1）教师再次示范，引导幼儿学习变魔法的节奏型。

　　教师：魔法师是怎么变魔法的？说了什么咒语？对吗？我再变一次，这次仔细看一看变得对不对。

（2）幼儿再次观察教师的动作，并在教师示范后对魔法语言"呜啦啦啦，呜啦啦啦，变变变"进行反馈。

4. 教师引导幼儿学习语音节奏型和动作

（1）教师：我们一起来学一学这个魔法咒语和动作。

（2）幼儿学习魔法咒语和动作两遍。

（3）教师引导幼儿完整合乐练习"动作和语音总谱"。

教师：小魔法师们，你们准备好了吗？让我们一起走进神秘的魔法森林。你们要记住！我们一定要一起念魔法咒语、做动作，并指着魔法盒变哦！

（4）幼儿和教师一起完整地做表演动作，这次教师在乐曲最后没有从魔法盒里取出物品。

5. 尝试使用乐器，准备进入"魔法游戏"

（1）教师出示乐器，引导幼儿认识并使用乐器。

教师：你们变出来了吗？为什么没有变出来？我想可能是你们的魔力不够，我带来了几种有魔力的魔法棒，来帮助你们变魔法。这些魔法棒是有魔力的，它们特别听会轻轻拿、轻轻放的小魔法师的话，你们愿意和它们做朋友吗？

（2）幼儿选取自己喜欢的乐器。

（3）教师引导幼儿尝试用乐器演奏节奏型。

教师：每个小朋友都拿到自己喜欢的魔法棒了吗？我们一起试试用魔法棒来变。

（4）幼儿在教师的带领下练习将乐器放置在椅子底下，再从椅子下迅速拿出，用乐器演奏"x — x — | x x x - |"的节奏。
呜啦啦啦 呜啦啦啦　变变变

6. 教师引导幼儿完整合乐演奏，进入"魔法游戏"

教师：魔法棒是不是成为你们的好朋友啦？我们来试一试，看看能不能变出来。

（1）幼儿与教师一同完整演奏，教师在乐曲最后拿着魔法盒走到一个幼儿面前，请该幼儿从魔法盒里取出一件物品。

（2）教师引导幼儿独立完整地合乐演奏。

教师：小小魔法师们，你们能自己变吗？

（3）幼儿独立完整地演奏，教师在乐曲最后拿着魔法盒走到几个幼儿面前，请幼儿将魔法盒中的所有物品拿出。

温馨提示

（1）本活动的乐器预定的是串铃棒和沙锤，教师可以根据本园的实际情况改变乐器，只要是有握柄的，可以发出散响和单响，适合小班幼儿操作的乐器都可以使用。另外，乐器的数量也不一定是平均分配的，只要大于幼儿总人数即可。

（2）通过情境隐性地控制幼儿的游戏规则、动作行为语言，比教师提出生硬直接的要求，更利于激发幼儿参与活动的兴趣，以及更为长久地保持注意力、专注力。

案例5　老鼠三明治　　（南京　方　芳）

使能目标阶梯

挑战4	主班教师带领全体幼儿与配班教师共同合作游戏。组织、辅导幼儿收拾场地和乐器。	创造性应用	逐步达到能够独立地与教师合作完成游戏的目标。在教师的支持下，能基本独立地收拾场地和乐器。
挑战3	主班教师邀请一名幼儿共同和配班教师合作游戏。	应用	通过反复观察和操作逐步熟悉游戏规则。
挑战2	两位教师表演，帮助幼儿了解游戏规则。	观察	通过观察教师的示范，了解游戏规则。
挑战1	辅导幼儿学习自己戴手腕铃。	探索	努力探索如何自己戴上手腕铃。
音乐	跟随音乐，带领幼儿完整地练习律动游戏动作——"动作总谱"。	模仿	通过实际操作，进一步感知动作要素、顺序及重复规律，理解故事、音乐与动作之间的关系。
动作	带领幼儿跟随音乐感知走、看、拿面包等动作。（教师完整示范动作，帮助幼儿梳理出"动作总谱"）	观察	初步感知动作要素、顺序及重复规律，理解故事、音乐与动作之间的关系。
故事	简述故事内容：老鼠去拿老猫的面包，老猫想把老鼠做成老鼠三明治。	理解	情境理解，产生兴趣，明确任务。

游戏玩法

教师担任老猫,手拿一片假的玩具面包:在幼儿做"伸手拿面包"动作的同时,将双手手心相对,上下纵向打开;在幼儿做"把双手藏起来"动作的同时,假装去"追夹"幼儿的手。

【动作建议】(参见乐谱)

水果沙拉

1 = G 4/4

[日本]小野丽莎 曲

(0 3 4 5 5 1 2 3 | 4 4 3 5 4 3 |

3 3 2 4 3 2 | 0 2 1· 4 2 | 1 0 0 0) 0 5 |

A段

1 7 1 2 3 2 1 7 | 6 0 0 2 1 7 6 |

动作:走一走(2拍一次)

5 0 0 7 6 5 4 | 3 0 0 0 0 5 |

看一看(2拍一次)

1 7 1 2 3 2 1 7 | 6 0 0 2 1 2 4 |

走一走(2拍一次)

3 0 6 3 2 1 7 2 | 1 0 0 0 0 5 |

看一看(2拍一次)

B段

1· 2 3 5 0 1 5 6 | 3 0 5 2 0 0 5 |

伸手去拿面包

2 2 2 7 0 0 5 | 3 3 3 1 0 0 5 |

把手藏起来

```
1 2  3 5  0 1  5 6 | 3 0  5 2  0  0 5 |
```
伸手去拿面包

```
2 2  2 5  2 2  2 5 | 3 3  3 2  1 0  0 ‖
```
把手藏起来

活动目标

（1）感知音乐的"AB"结构，学习用边拍腿边有节奏地震动，以及手腕连续地转动（摇动）的方式，使手腕铃发出声音，以此表现老鼠走、看、拿、逃等故事内容。

（2）在教师的引导下，探索戴手腕铃的方法。借助教师的表演，理解老猫夹、老鼠藏的游戏动作关系。

（3）在游戏情境的提醒下，能在做"藏起来"的游戏动作时控制乐器的演奏，使其不发出声音。

活动准备

（1）物质准备：

　　① 手腕铃。（幼儿每人一对）

　　② 电子图片：三明治和老鼠三明治。

　　③ 玩具切片面包，两片。

　　④ 猫的头饰一个。

　　⑤ 录音音乐：《水果沙拉》（小野丽莎）；音箱。

（2）经验准备：具备相关的生活经验。

（3）空间准备：幼儿围坐成一个大的半圆。

活动过程

1. 教师边讲述故事边用动作表演，以引起幼儿对歌曲的兴趣

（1）教师：邻居老猫在做三明治（出示三明治图片），其散发出的香气引来了老鼠，老鼠伸出爪子，想要拿面包的时候，发生了什么事呢？（出示老鼠三明治图片）老猫好想把它做成老鼠三明治。

（2）教师：看！小老鼠出门找面包了。（教师的预令：准备出门）

2. 教师跟随音乐完整编演故事

教师演示"动作总谱"，帮助幼儿完整感知音乐，了解故事情节和动作的关系。

（1）教师完整表演一遍。

注意： 教师边表演边用儿歌提示动作，即走走走，找面包，看一看、瞧一瞧，面包在哪里？

（2）帮助幼儿梳理动作。

注意： 教师提问幼儿歌词里有哪些动作，表示什么意思，然后再重点练习说出来的动作。

  ① 教师：老鼠出门做了哪些动作？（幼儿说不出时，教师做动作问幼儿："这个动作在干什么？"）
  ② 练习幼儿讲述的动作。
  ③ 再次观看表演。在观看之前提问："还有哪些动作？"
  ④ 帮助幼儿梳理动作：走一走，看一看，拿面包，不想被老猫发现还把手藏起来了！
  ⑤ 带领幼儿完整地进行游戏，重点练习"拿面包""藏起来"的游戏动作。

3. 出示手腕铃，和教师共同游戏（2—3遍）

（1）提出问题，引起幼儿探索的兴趣。
  教师：老鼠妈妈给你们找来了一对魔法铃，这个铃发出的声音会让老猫晕头转向而发现不了我们。每个手腕上都要戴上，你会戴吗？（如果幼儿说不会，教师提问："怎么办呢？可以请旁边的小朋友帮帮你！"或者"需要我帮忙吗？"）

（2）运用手腕铃跟随音乐表演故事。（2—3遍）
  ① 戴着乐器念儿歌并练习动作：老猫听到我们整齐的步伐，才会被弄得头昏眼花呢！

注意： 必须提醒幼儿在藏的时候，魔法铃不能发出声音，不然会被老猫发现。

  ② 继续练习。
  教师：听说老猫做好了一块更大的面包，我们再去瞧瞧。

注意： 必须提醒幼儿，有的小老鼠没敢伸出手，面包没拿到哟，要把手伸得再长些。

4. 教师扮演老猫的角色，和幼儿共同游戏

（1）配班教师出现，出示玩具面包。每个幼儿试一试拿面包并藏起来的动作。
  ① 教师：看，谁来了！
  ② 配班教师：我的面包做好了！小老鼠想吃吗？（让每个幼儿把手放在面包上试一试）
  ③ 教师点头：想吃！让老鼠妈妈先来尝尝。
（2）和配班教师配合表演一遍。
（3）邀请一名幼儿和教师共同与配班教师配合表演。

注意： 可能需要多重复几次。

（4）教师带领幼儿和配班教师配合表演。

注意： 这里是指在幼儿尚不能够完全独立表演的时候，要有一位教师用"带领——提示——暗示"的逐步退出的流程，支持幼儿的表演和演奏。

温馨提示

（1）这是一种教师一人同时面对全体幼儿的互动表演游戏。这种游戏比较适合在小班进行。如果要在中班或大班玩该游戏，中班通常可以改成幼儿轮流担任独自一人的角色；大班通常可以改成三至四人结伴，一人对两人或三人，或者两两结伴，一人对一人。

（2）鼓励家长和幼儿在家中玩亲子律动游戏。（教师最好为音乐填写有趣的歌词，更方便家长和孩子一起边唱边玩）

友情提问
（1）为什么在小班阶段，要强调更适宜采用教师一人扮猫与全体幼儿互动呢？
（2）教师在扮演猫与幼儿互动的时候，应该选用什么样的表情？是真的抓老鼠，还是逗逗幼儿？
（3）教师在与幼儿互动的时候，应该是很快很准确地抓住幼儿的手吗？如果"是"，为什么？如果"不是"，为什么？如果有时可以"是"，为什么？

案例6　大象和小蚊子

使能目标阶梯

阶段	内容	类别	目标
挑战4	指导个别幼儿扮演大象和尝试演奏大鼓、洗衣板。	创造性应用	尝试更加独立地完整跟随故事演奏和表演。
挑战3	指导幼儿加入飞出飞回的移动表演和假装昏倒的表演。	拓展应用	在教师的指导下，加入飞出飞回的移动表演和假装昏倒的表演。
挑战2	指导幼儿戴上手腕铃，完整表演故事。	迁移应用	在教师的指导下，幼儿戴着手腕铃完整表演故事。
挑战1	指导幼儿探索如何自己戴上手腕铃，同时鼓励幼儿互相帮助。	探索	在教师的鼓励与指导下，探索自己戴上手腕铃的方法，同时也尝试互相帮助。
动作2	从头开始讲故事，加入配班教师扮演的"大象"并与幼儿互动。	模仿	与配班教师扮演的大象互动，理解、记忆故事（前部、中部）与动作的关系。
动作1	边讲故事边带领幼儿徒手表演小蚊子飞出去吸血的一段故事情境——"动作和语音总谱"。	模仿	感知动作要素、顺序及重复规律，理解、记忆故事（中部）与动作的关系。
故事	简述"大象和小蚊子"的故事。	理解	情境理解，产生兴趣，明确任务。

游戏玩法

（1）配班教师扮演大象，用沉重的步伐慢慢走出。与此同时，主班教师慢慢地一下一下敲击大鼓，以表示大象慢慢地散步走进树林。

（2）大象停下，做睡觉状。

（3）幼儿扮演小蚊子，先飞翔，同时快速震动手腕铃，以表示小蚊子飞向大象。

（4）小蚊子远远地用手假装"刺"进大象身体（不能够真的碰到"大象"），然后咂嘴假装吸血。

（5）大象感到痒痒的，开始甩动尾巴。主班教师同时用乐器的敲棒（也可以是类似音色的乐器）来回"刮奏"洗衣板。

> 注意：这里建议刮奏洗衣板，是因为除了可以拓展奏乐的"眼光"以外，刮奏出来的声音会比较响。

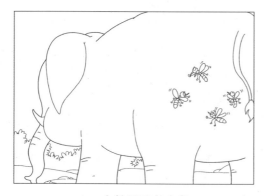

小蚊子飞向大象

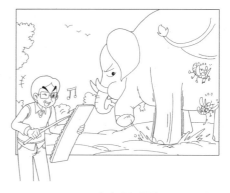

大象甩动尾巴

（6）小蚊子抖动着翅膀飞回家（座位）。

（7）大象跺脚表示生气，同时主班教师重重地敲击一下大鼓。

（8）所有小蚊子就地躺倒，表示被震昏了。

> 提示：以上环节（1）—（5）可以反复多次。

> 注意：如果班级的幼儿自控能力和表演能力都不太强，该环节可改为：教师先组织幼儿快速"飞"回座位，然后再指导幼儿在座位上假装昏倒。这种比较从容的流程，可以避免幼儿过度兴奋，既不容易发生碰撞，也可以让幼儿好好体验先"假装害怕"再"假装昏倒"的过程。

【动作建议】

（1）飞翔的动作：打开双臂（不必伸太直，向身体两侧自然打开即可），自然地上下震动手腕铃。

> 注意：使用手腕铃，可方便幼儿直接戴在手腕上。此外，选择此种乐器，既不影响幼儿"震动"手臂、手腕的动作，又可以避免幼儿因抓不住乐器而使乐器掉在地上。

（2）"刺"的动作可用单手食指或双手食指合并向前伸直。

（3）"逃跑"的时候和昏倒之前可以边飞边"转圈"，以表示头昏。

乐谱说明：这是即兴奏乐表现情境的案例，所以只有情境，无需乐谱。

活动目标

（1）在即兴表演情境的过程中进一步体验手腕铃的美好音色，并进一步了解大鼓的表现力。
（2）在教师的引导与支持下，尝试敲奏大鼓和刮奏洗衣板。
（3）锻炼幼儿根据情境进行演奏的"自我克制"能力。

活动准备

（1）物质准备：
　　① 手腕铃若干对（与参与活动的幼儿人数相同）。
　　② 大鼓一面（配有鼓架和鼓槌）。
　　③ 洗衣板一块（配有木制的乐器敲棒）。
（2）经验准备：
　　① 大部分幼儿基本能够自己戴上手腕铃。
　　② 对大鼓的演奏和音色有一定的经验。
（3）空间准备：全体幼儿围坐成大的半圆。

活动过程

1. 倾听故事，进入情境

（1）教师：一头大象慢慢地走进树林。它"咚咚咚咚"地一步一步慢慢往前走。天气真好，不冷也不热，大象走着走着，就困了。于是它停了下来，一会儿就睡着了。"呼呼呼"，大象睡得真香啊。一群小蚊子看见了，高兴地飞呀飞呀，飞呀飞呀，飞到了大象的身上，哧——小蚊子把尖尖的嘴巴刺进了大象的身体，"滋滋滋"地真好吃。大象觉得身上很痒很痒，它在睡梦中甩起了大尾巴，"咻咻咻咻"地甩来甩去，小蚊子们只好快快飞回了家。

> **注意**：重复表演时，可以重复这一段。

（2）教师：大象被小蚊子们叮得实在太痒了，它非常生气地使劲跺了一下脚。"咚——"这个声音太大啦！"嗡——"小蚊子们一下子都被震昏过去了！

> **注意**：在以后的环节中，除非教师刻意要结束表演，让幼儿在座位上坐好，否则不要讲这最后一段。

2. 跟随故事徒手编演，创编"动作和语音总谱"

（1）教师讲述故事，带领幼儿"徒手"专门表演蚊子飞翔和吸血的一段故事。（重复几次）
（2）主班教师从头开始讲述故事，配班教师扮演大象，跟随故事的发展与幼儿互动表演。

3. 跟随故事，以坐姿实际操作手腕铃来表演故事

（1）主、配班教师支持并指导幼儿戴手腕铃。（小蚊子的秘密武器）

（2）主班教师从头开始讲述故事，配班教师扮演大象，跟随故事的发展与幼儿互动表演。
（连续重复2—3遍后，加故事结尾：小蚊子就地昏倒或者回家昏倒）

（3）主班教师从头开始讲述故事，同时用大鼓和洗衣板给配班教师扮演的大象伴奏，幼儿跟随故事与配班教师进行互动表演。（连续重复2—3遍后，加故事结尾）

4. 加入站姿和移动表演故事

（1）在小蚊子的表演中加入以下动作：起立——用飞翔动作靠近大象——吸血——回家。
（连续重复2—3遍后，加故事结尾）

（2）配班教师带领两位幼儿扮演大象；主班教师指导两位幼儿，一位尝试敲奏大鼓，一位尝试刮奏洗衣板。（连续重复2—3遍后，加故事结尾）

温馨提示

（1）这是一种没有音乐背景框架的范例。在前面的理论中曾经说过，幼小儿童如果没有背景框架支持就非常容易陷入混乱。这个理论没有错，这个范例也没有错。关键的机制在于：这个范例是使用故事情节作为背景框架的。

（2）在外国奥尔夫老师提供的范例中，也有大量类似的例子。

① 活动"喷火龙丹丹"，既有故事又有音乐，这二者相互匹配成一个整体的背景框架。

② 在活动"雾""彩色的小蛇"中，教师是用别人创作的现成的诗歌和故事的情境变换来作为整体背景框架的。

③ 活动"秋叶""雨"，是教师即兴用指挥动作和口语语言提示情境以及变换情境来作为整体背景框架的。

④ 活动"海里的鱼""航归"，是教师提供主题，引导学员从创编相关节奏语词开始，逐步在共同创编出律动表演的背景框架基础之上再累加乐器表演的范例。

⑤ 在本书提供的国内团队案例中，活动"大象和小蚊子"是绘本提供的故事框架；活动"吹气球"是教师提供的主题框架；活动"苗鼓"是教师提供的苗族鼓乐音响背景框架。

注意："背景框架"意为：并不需要演奏者便可以感知、表现背景音乐的各种具体要素。与"鼓圈"的操作原则类似，只要在整体背景中即兴演奏，不会破坏整体效果即可。在"苗鼓"活动中，教师还采取了更"巧妙"的措施：所有幼儿所持的"鼓棒"均为"纸卷"，并不会发出刺耳的噪音，它可以随便"击打"任何物体，也不会对物品造成损伤，这大大地拓展了幼儿自由探索和表达的空间。

二、适合中班幼儿使用的案例

案例1　藏起淘气蛋去舞会　（南京　郑姗姗）

扫码看活动视频

使能目标阶梯

阶段	内容	类别	说明
挑战2	提供两个沙蛋，组织幼儿进行藏东西的游戏。	创造性应用	探索隐藏两个沙蛋的方法，加入演奏和游戏。
挑战1	提供一个沙蛋，组织幼儿进行藏东西的游戏。	创造性应用	探索隐藏一个沙蛋的方法，加入演奏和游戏。
音乐2	引导幼儿反思困难和问题。	反思	在教师的引导下完善动作。
音乐1	带领幼儿反复练习"动作总谱"。	模仿	感知动作要素、顺序及重复规律，理解故事、音乐与动作之间的关系。
动作2	引导幼儿回忆动作。	分析	在教师的引导下理解记忆。
动作1	随乐演示游戏动作——"动作总谱"。	观察	观察教师的示范。
故事	简述"蝴蝶帮助淘气蛋"的故事。	理解	情境理解，引发兴趣，明确任务。

游戏玩法

这实际上也是一种情境化的"木头人"游戏，只不过是在音乐即将结束的时候才以"藏好淘气蛋"为理由，做一个类似"不动声色"的表演。

【动作建议】（参见乐谱）

藏好淘气蛋去舞会
（选自《摩登天使》）

刘思汛 词
周以力 曲

$1 = {}^\flat E$ $\frac{6}{4}$

(5 - 3 4 5 - 3 4 | 5 i 3 5 - - | 4 - 2 3 4 - 2 3 | 4 6 2 3 - -

5 - 3 4 5 - 3 4 | 5 i 3 5 - - | 6 5 4 3 4 5 | 1 - - - - -)

前奏预令：（一起来跳舞吧！）

A段

3 3 3 3 4 5 | 2 2 2 2 3 4 | 1 1 1 1 2 3 | 7̣ - - 7̣ 6̣ 5̣

动作：（双手停在头顶上方飞，从头顶上方飞到胸前停住）重复4组，每两小节一组

6̣ 6̣ 6̣ 6̣ 7̣ 1 | 5̣ 5̣ 5̣ 5̣ 7̣ 2 | 4 4 4 4 3 1 | 2 2 2 2 1 7̣

2 2 3 2 - - | 3 3 3 3 4 5 | 2 2 2 2 3 4 | 1 1 1 1 2 3

停住不动　　　　　（双手伸向左前方飞，收到胸前停住）重复4组，每两小节一组

7̣ - - 7̣ 6̣ 5̣ | 6̣ 6̣ 6̣ 6̣ 7̣ 1 | 5̣ 5̣ 5̣ 5̣ 7̣ 2 | 4 4 4 4 3 1

B段

2 2 2 2 1 7̣ | 1 - - - - - | 5 - ♯4 5 - ♯4 | 5 - ♯4 5 i 3

双手转圈飞

5 - ♯4 5 - ♯4 | 5 - - - - - | 3 - ♯2 3 - ♯2 | 3 - ♯2 3 5 1

在胸前停下飞　　　　　　　　　　双手转圈飞

| 3 - #2 3 - #4 | 3 - - - - - | 6 5 6 4 - - | 5 #4 5 3 - - |
在胸前停下飞　　　　　　　　　　　　　　　双手飞向左前方　　双手飞向右前方

| 4 4 4 5 7̣ 2 | 1 - - - - - | 4 4 4 5 7̣ 2 | 1 - - - - - ||
双手收回到胸前握紧（藏好淘气蛋）

> **注意：** 设计的动作是蝴蝶仙子的飞翔舞蹈。

活动目标

（1）尝试在不同的乐句做出相应的游戏动作，并随乐进行互动游戏。
（2）探索用自己的身体掩护"小淘气"参加舞会的方法。
（3）共享参与游戏的快乐，知道在游戏情境中要为同伴保守秘密。

活动准备

（1）物质准备：
　　① 录音音乐《摩登天使》。
　　② 乐器"沙蛋"。（每人两个）
　　③ 盛放沙蛋的小筐。（事先安置在幼儿的座椅下面，以防止沙蛋滚动）
（2）经验准备：无须特别准备。
（3）空间准备：幼儿围坐成大的半圆。

活动过程

1. 情境表演导入

教师：森林里的女巫要在自己的城堡里举行一个盛大的舞会，邀请所有的朋友们去参加。可是她一想到上次舞会发生的事情就特别生气……那天女巫正在自己的化妆间里美美地化妆来为晚上的舞会做准备，一群淘气的小精灵悄悄地来到她的化妆间……（小淘气上场，从女巫身后吓唬她，女巫吓了一跳，把口红画到了脸上）

> **注意：** 这里两位教师的配合方案是，主班教师先讲故事，配班教师扮演女巫在"化妆"，然后主班教师扮演小淘气，边讲故事边配合配班教师表演。

女巫：这群小淘气以后再也不许走进我的城堡！永远也不许来我的舞会！
小淘气：亲爱的、可爱的、美丽的女巫，我们真的不是故意的，请你原谅我们吧！
女巫：不！绝不！
教师：可是女巫的朋友们并不这么想，他们很喜欢和小淘气一起玩，因为小淘气是天生的音乐家，到哪里都能带给人们快乐！小朋友们，你们愿意带小淘气去参加女巫的舞会吗？

> **注意：** 现在，主班教师变回教师身份和幼儿对话。

2. 教师带领幼儿徒手操作"身体动作总谱"，感知乐曲的乐句、节奏和动作模型
（1）引导幼儿观察教师做了哪些动作。

  教师：有段音乐说的是小淘气在蝴蝶仙子的帮助下去参加舞会的故事，我们一起听一听、看一看，看完以后请你们告诉老师，蝴蝶仙子在玩游戏的时候对小淘气说了一句什么话。

  教师：蝴蝶仙子对小淘气说了什么话呀？

  幼儿回答。

  教师：蝴蝶仙子说："小淘气要乖乖地藏好……"我们一起来学着说一说。

（2）组织幼儿从各自椅子下面的小筐里拿出一个沙蛋。

（3）跟随音乐初步学习与小淘气交流的方法。

  教师：我的手心里有个小淘气，你们的手心里也有一个小淘气，请你们一边做蝴蝶仙子的舞蹈动作，一边用小嘴巴把蝴蝶仙子告诉小淘气的话说清楚。

3. 幼儿操作"淘气蛋"乐器，进一步理解游戏情节与游戏规则
（1）教师："淘气蛋"都藏好了吗？
（2）教师：藏在哪里？女巫来的时候怎样保护好淘气蛋？
（3）教师：把自己手上的"淘气蛋"藏起来，别让女巫发现！

> **注意：** 幼儿可能把沙蛋藏在衣服或裤子的口袋，藏在腋下或坐在屁股下面，教师扮演女巫来找沙蛋的环节可以增加游戏的紧张气氛。但教师终究还是要假装找不到，以免幼儿太过紧张。

（4）师幼随乐在座位上完整地进行游戏。

  教师：你们真能干，都会把"淘气蛋"保护得好好的，现在我们跟着音乐把游戏连起来玩一玩。

4. 加入第二个"淘气蛋"进行完整游戏
（1）集体讨论两个"淘气蛋"可以怎么藏。

> **注意：** 实际上还是有幼儿会选择只帮助一个"淘气蛋"，教师应该尊重幼儿的选择，不必勉强所有幼儿都帮助两个"淘气蛋"。

  教师：刚才我们都用各种各样的好办法帮助小淘气去参加舞会，女巫都没有发现，如果有两个"淘气蛋"需要你保护，你还能把它们藏好吗？

（2）幼儿尝试用不同的方式藏两个"淘气蛋"。

  教师：还可以把"淘气蛋"藏在哪里呢？你们要不要来试试看？

注意： 教师反馈幼儿创编出的收藏方式，并迁移到游戏当中。

（3）让幼儿自主选择是否同时藏两个"淘气蛋"。

教师：再玩游戏时，你可以选择只用一个"淘气蛋"，也可以选择帮助两个"淘气蛋"一起参加舞会。

（4）全体幼儿尝试用两个"淘气蛋"完整地进行游戏。

教师：原来有许多好方法可以同时把两个"淘气蛋"都藏好，刚才没有尝试用两个"淘气蛋"进行游戏的小朋友，你们愿意再帮助一个"淘气蛋"参加舞会吗？

（5）幼儿尝试自主选择，再一次完整地进行游戏。

教师：你们玩得太棒了，女巫都不知道小淘气来过呢！小淘气也很开心，它说："谢谢大家！有你们这些朋友真是太好了！"请你们听着音乐把"淘气蛋"轻轻地送回家。

温馨提示

（1）游戏化打击乐活动"藏起淘气蛋去舞会"是从绘本故事《三个小淘气》中衍生出来的游戏化音乐活动之一，绘本中的故事情节"小淘气吓唬女巫，结果女巫的口红画到了脸上"，在整个音乐活动中贯穿始终，成为主要的矛盾冲突。小淘气在"蝴蝶仙子"的掩护下愉快地参加了舞会，并且知道以后不能再吓唬朋友的道理，也成为活动的主要教育价值之一。

（2）"沙蛋"作为该活动的主要演奏乐器，在游戏化的情境中被理解成为"淘气蛋"，它可以在幼儿随乐表达相应的身体动作的过程中发出自然的散响、单响、停顿等演奏效果。在活动中，教师不需要去强调该乐器的使用技巧，只需在相应的乐句引导幼儿做出相应的身体动作便可以完成该乐器的演奏。

（3）教师在引导幼儿藏好"淘气蛋"的过程中，可由幼儿选择藏在哪里、怎样藏、可以同时藏几个，并且努力学会用自己的方法保护好乐器，学会和乐器朋友交流……对于中班上学期的幼儿来说，在情感交流和规则意识，以及自我评价能力等方面，教师都提出了需要更多自我挑战的要求。

（4）教师也可以选择故事导入的方式：森林里的女巫要在自己的城堡里举行一个盛大的舞会，邀请所有的朋友们去参加。可是她一想到上次舞会发生的事情就特别生气……那天女巫正在自己的化妆间里美美地化妆来为晚上的舞会做准备，一群淘气的小精灵悄悄地来到她的化妆间，"哇"的一声，女巫吓了一跳，把口红画到了脸上。女巫发誓以后再也不许这群小淘气走进她的城堡！永远也不许来她的舞会！女巫的朋友们可不这么想，他们很喜欢和小淘气一起玩，因为小淘气是天生的音乐家，无论到哪里都能带给人们快乐！小朋友们，你们愿意带小淘气去参加女巫的舞会吗？

案例2　蜜蜂斗强哥　　（威海　薛超飞）

使能目标阶梯

阶段	内容	能力层级	说明
挑战 4	提议增加空间移动和队形的策略。	创造性应用	在教师的组织与引导下，尝试使用空间移动和队形包围等策略赶走"光头强"。
挑战 3	指导个别幼儿轮流尝试扮演光头强演奏大鼓，其他幼儿改站姿对付"光头强"。	应用	个别幼儿轮流探索演奏大鼓和扮演"光头强"。全体正迁移之前采用坐姿演奏和造型的动作。
挑战 2	提供手腕铃给幼儿探索。配班教师扮演"光头强"的角色并演奏大鼓与幼儿互动。	迁移应用	探索如何将乐器演奏动作与徒手律动动作相匹配。感知大鼓的演奏方法。应用即兴的木头人造型与配班教师扮演的"光头强"互动。
挑战 1	主班教师引导幼儿创编各种木头人造型。	应用	创编各种"躲"的定格造型。
音乐	带领幼儿以坐姿"徒手"完整地随乐练习"身体动作总谱"。	模仿	感知动作要素、顺序及重复规律，理解故事、音乐与动作之间的关系。
动作	引导幼儿创编"飞"和"蛰"的动作。	观察	根据故事内容提取创编动作。
故事	简述"蜜蜂勇斗光头强"的故事。	理解	情境理解，产生兴趣，明确任务。

游戏玩法

（1）A段音乐：幼儿跟着节奏一下一下地演奏串铃，代表蜜蜂飞。
（2）B段音乐：幼儿先连续不断地晃串铃，当"光头强"回头时，幼儿要变成木头人。
（3）为了游戏能够反复进行，每次游戏结束后，教师都要用放录音的形式（或配班老师）呈现"光头强"的反应，直到最后一次游戏后，"光头强"被打败，他再也不砍树了。

【动作建议】（参见乐谱）

紫色激情

[保加利亚]迪雅娜·波切娃

1 = F 4/4

♩ = 76 A段

动作：（向上抬小臂） 小臂做"飞"的动作，重音向下，一小节2次，共8次
配器：   双手握手腕铃，发出一下一下的声音

同上
同上

B段
同上 向目标做连续"戳"的动作后定格造型，共4次
同上 连续震动手腕铃   定格造型   连续震动手腕铃

同上
定格造型   连续震动手腕铃   定格造型   连续震动手腕铃

同上   保持造型不动
定格造型   定格造型

【配器建议】（参见乐谱）

活动目标

（1）根据"飞"和"蜇"的动作情境，感受乐曲A、B段不同的风格，重点掌握B段演奏时"X - - ︱0 0 0 0︱"的节奏型。

（2）迁移身体动作，探索手腕铃不同的演奏方式，用一下一下有节奏地演奏手腕铃来表现A段音乐，用连续让手腕铃发出声音来表现B段音乐。

（3）努力控制自己在"光头强"回头后变成"木头人"不发出声音，体验游戏的乐趣，感受赶走"光头强"的喜悦感。

活动准备

（1）物质准备：
　　① 每张椅子下放置一对手腕铃。
　　② 正前方放置一面大鼓。（有鼓架和一对鼓槌）
（2）经验准备：
　　① 幼儿有"木头人"游戏的经验。
　　② 有观看动画片《熊出没》[1]的经验。
（3）空间准备：全体幼儿围坐成大的半圆。

活动过程

1. 故事导入

教师：森林里的小蜜蜂听说光头强又要去砍树了，心里都很气愤。它们准备飞去给光头强一点教训，用屁股后面的刺去蜇光头强，看他以后还敢不敢再破坏森林了。

2. 提取故事中的动作

教师：小蜜蜂扇着翅膀飞去找光头强，我们可以怎么做？

幼儿做出双手在身旁两侧扇翅膀的动作。

教师：那么我们可以将食指当作蜜蜂的刺，我们要去蜇光头强，可以怎么做呢？

幼儿做出食指向前快速点的动作。

教师：如果光头强发现我们了，我们可以躲起来不动（教师示范定格造型）。

教师：好，我们一起来练习一下，飞一飞去蜇光头强，然后定住不动。（集体练习）

3. 逐渐熟悉音乐，匹配故事情节和动作

（1）集体坐在座位上初步感知音乐结构，熟悉动作与故事的匹配方式。

　　教师：光头强就在远处，我们先去找一找他，再练习一下蜇他和躲起来的动作。（第1遍随乐练习）

（2）进一步完整感知音乐，创编"躲"的动作示范。

　　① 集体合乐律动，教师改编"躲"的造型动作，引起幼儿有意注意和模仿。

　　教师：刚才我们在"蜇"的时候，我听到一些小蜜蜂的声音，这样很容易暴露自己，在进攻的时候，我们能不能发出声音？

---

[1] 该动画片主要讲述了森林保护者熊兄弟与破坏森林、采伐原木、占领土地开发创业实验田的光头强之间上演的一幕幕搞笑对决的故事。

众幼儿：不能！这样会被发现的！

教师：是的，这样去进攻太危险了，要不，我们再练习一次吧！（第2遍随乐练习，之后不再提示练习遍数）

> 注意：教师替换"躲"的动作，用语言提示幼儿关注教师动作的变化，允许幼儿保持前一个"躲"的动作或是模仿新的"躲"的动作。此环节的设计目的有两个：一是帮助幼儿积累"躲"的动作语汇，二是隐性告知幼儿此动作在后期可以进行创编。

②引导幼儿创编"躲"的造型动作，集体合乐律动。

教师：刚才有没有小蜜蜂发现我做的"躲"的动作？

幼儿A：和第一次（做的动作）不一样！

教师：在蜇完光头强后，我们可以用不同的动作躲起来，一动不动地躲在树丛后面，这样光头强就找不到我们了。我们来试试看，不同的动作可以怎么做呢？你们想一想，我们先蜇……（动作），然后不动……好，先放松一下，你们要记住了，在"躲"起来的时候，我们可以做不同的动作哦。（专门集体练习此部分）

> 注意：教师检查幼儿是否保持不动，对不同的动作造型给予语言说明和动作模仿，给其他幼儿以思维拓展及动作积累的机会。

4. 故事发展，加入光头强角色（由配班教师扮演），**增加各类挑战**

（1）故事发展：光头强出现，开始砍树。

教师：光头强就在附近（配班老师出现，走到鼓面前，背对着幼儿），嘘！不要被发现哦！可以在草丛里做不同定格哦！（音乐结束后，光头强寻找蜇他的蜜蜂，寻找未果后，离场去拿秘密武器）

（2）光头强戴"工作眼镜"，小蜜蜂拿"攻击武器"，增加空间方位。

①增加乐器，幼儿探索奏乐动作。

教师：光头强说他要去拿什么？

幼儿B：秘密武器。

教师：那我们有秘密武器吗？

众幼儿：有！（拿起椅子下的手腕铃）

教师：那刚才我们飞的动作，拿着秘密武器可以怎么做呢？

众幼儿探索、分享、练习。

教师：那蜇的动作呢？

众幼儿探索、分享、练习。

教师：嘘！光头强来了！（配班教师出现）不要被发现哦！（音乐结束后，光头强离开）

> 注意：光头强离开的理由可以根据随乐的情况而定，如：幼儿在定格时发出乐器声音，光头强可以说："听到草丛里有动静，换一副眼镜来看看。"若幼儿控制得很好，光头强可以说："锯子不够锋利换一把。"……

② 增加空间，教师尝试退位。

教师：我这只大蜜蜂有点累了，如果这次光头强来了，你们可不可以独自行动？

众幼儿：行！

教师：这次，我们可以飞得高一些，看得更清楚，但别被发现哦！拿好武器，轻轻起立！嘘！光头强来了！（配班教师出现）

③ 增加队形。

教师：赶不走光头强的原因可能是我们只站在了他的背后，没有包围他，要不这次我们换个队形，包围他试试看？一定要小心哦！一开始别被发现了，我们先定住不动。嘘！他来了。（配班教师出现）

教师：看来我们刚才的包围队形很有效，我们这次换个位置再包围他一次，相信这次一定会成功，一定能赶走他！（配班教师出现）

④ 活动结束，收放乐器。

教师：光头强被我们赶走啦！我们再去别的地方看看有没有人在砍树！在去别的地方前，我们先把武器轻轻放回武器库去吧。

温馨提示

（1）本活动中的乐器可替换成任意散响类摇奏乐器。

（2）本活动适合中班幼儿，若面对的是大班上学期幼儿，教师可以将小蜜蜂出门采蜜变成故事1：A段音乐飞、B段音乐采蜜。随后在幼儿熟悉了基本动作后，将发现光头强变成故事2：随机将A段音乐替换成"惊吓"、将B段音乐替换成"攻击"。乐器也可进行替换，不一定是单一摇奏，可选择刮奏等方式。

（3）特别注意：在这个活动中，"身体动作总谱"是教师和幼儿一步一步地慢慢建构出来的。

（4）如果是在中班下学期或大班上学期，教师可以邀请个别幼儿在配班教师的帮助下单独扮演光头强尝试敲击大鼓。（两根鼓槌，配班教师一根，幼儿一根，两人一起敲。如果幼儿能够独立演奏，则教师不敲）

（5）但是，在实际的活动中，幼儿有时候会觉得光头强是坏人，不愿意扮演这个角色。这是好事。因为幼儿已经有了是非观念。教师不要勉强幼儿。如果有幼儿愿意尝试，教师也只能肯定其不怕困难的方面；如果幼儿表现得非常有戏剧性，教师也只能说角色的形象性问题，如使用贬义词说他很猖狂、很狼狈……而不要说他很好、很棒之类的话。教师要特别注意，不要过分渲染说："这是一件有趣的事情。"

> **友情提问**
>
> 大家有没有发现，此音乐在上一章"律动"的中班案例的不同故事情境中被重复使用？在不同情境中，动作表现的力度特质有没有变化？是什么样的变化？你觉得自己可以再创造一个或几个不同的故事情境和游戏活动来使用这段音乐吗？你愿意试一试吗？
>
> 提示：请到"律动教学"一章中把音乐相同的活动找出来，对比一下。这可是自我训练的作业哟！

案例3　水果摇摇杯　　（石家庄　谢　彦）

扫码看活动视频

使能目标阶梯

挑战4	领导幼儿整体随乐边演奏边游戏。	创造性应用	在教师的领导下，整体随乐边演奏边游戏。
挑战3	帮助幼儿理解"缺位—补位"的操作模式。	理解练习	了解与理解"缺位—补位"的操作模式。
挑战2	帮助幼儿理解选择"放咖喱者"的游戏规则。	观察	了解与理解选择"放咖喱者"的游戏规则。
挑战1	担任第二角色，随乐操作，形成两声部互动。	观察	通过观察，了解与体验第二声部的进入方式。
动作加音乐2	带领幼儿整体随乐操作，重点关注投放"水果"的时间。	观察模仿	通过操作，进一步熟悉"动作总谱"；特别澄清投放"水果"的时间。
动作加音乐1	带领幼儿整体随乐操作，重点关注投放"水果"的颜色和顺序。	观察模仿	感知动作要素、顺序及重复规律，理解故事、音乐与动作之间的关系，在教师的引导下，特别澄清投放"水果"的颜色和顺序。
故事	直接给出制作果茶的情境。	理解	情境理解，产生兴趣，明确任务。

第六章　奏乐教学 | 279

游戏玩法

游戏玩法列表

音 乐	小 节 数	动 作	口 令
前奏	1—6	双手放腿上等待音乐	——
	7—8	拿起杯子	拿起杯子，准备调制
主部	9—10	用食指指秘方中的红色	第一种是红色
	11—12	右手两指捏红色石子，放到杯子里	拿、放
	13—24（同9—12）	用手指分别指秘方中的黄、蓝、绿色，并重复11—12小节的动作	第二种是黄色，拿、放；第三种是蓝色，拿、放；第四种是绿色，拿、放
	25—26	双手拿杯子，伸出	加咖喱
	27—28	单手拿杯子在耳边摇	摇
	29—39	同25—28小节的动作	加咖喱，摇
	40	双手放下杯子	放进冰箱，准备数数
尾奏（前奏音乐）	41—47	拍手	数14下
	48	拿起杯子并举起	做好了

【动作建议】（同游戏玩法）

咖喱咖喱
电视连续剧《欢乐颂2》片头曲

陈　曦　词
董冬冬　曲

1 = F　4/4

泰国、新加坡、印度尼西亚，　咖喱、肉骨茶、印尼九层塔，
做Spa、放烟花、蒸桑拿，　Co co、Pineapple、Mango mango!

5 5 3 4 5	6 5 6 1̇ 1̇ 5.	5 5 5 3 5	4 3 2 3 2 —
沙 巴、芭 堤 雅，	阳 光 热 辣 辣，	香 瓜、啤 酒 花，	风 景 美 如 画，

5 5 5 3 4 5	6 1̇ 2̇ . 0	3̇ 3̇ 0 5 5 0	1̇ 1̇ 1̇ 1̇ 2̇ 0
夜 市 下、海 鲜 架、	泳 池 趴，	嘟 嘟， 嘟 嘟，	干 吗 干 吗 呀？

3̇ 3̇ 0 2̇ 1̇ 1̇ 0	5 5 5 5 0	3̇ 3̇ 0 2̇ 1̇ 3̇	3̇ — — —
咖 喱！ 咖 喱！	轻 轻 一 加，	咖 喱！ 咖 喱	辣！

3̇ 3̇ 0 2̇ 1̇ 1̇ 0	5 5 5 5 0	2̇ 2̇ 2̇ 1̇ 6 3̇	2̇ — — —
咖 喱！ 咖 喱！	香 蕉 木 瓜，	榴 莲 臭 臭 配 香 茶。	

3̇ 3̇ 0 2̇ 1̇ 1̇ 0	5 5 5 5 0	3̇ 3̇ 0 2̇ 1̇ 3̇	3̇ — — —
咖 喱！ 咖 喱！	摩 托 皮 卡，	咖 喱！ 咖 喱 呀！	

3̇ 3̇ 0 2̇ 1̇ 1̇ 0	5 5 5 5 0	2̇ 2̇ 2̇ 1̇ 6 7	1̇ — — — ‖
咖 喱！ 咖 喱！	夜 市 酒 吧，	热 情 奔 放 火 辣 辣！	

活动目标

（1）在熟悉音乐的基础上，能随乐完成制作摇摇杯的完整动作模型，用石子与玻璃杯撞击发出的声音及串铃棒来表现音乐情境。

（2）在制作咖喱摇摇杯的情境中，准确把握投放"水果"的顺序和时间，在明确听到"放"字之后，才能把水果投到杯中，并按逆时针依次补位，选出加咖喱的人进行循环游戏。

> **注意：** 教师需要特别注意引导幼儿倾听"水果"（小石子撞击杯壁）发出的声音。所以，教师在说"放"时的声音要"高"而"轻"，与石子撞击杯壁的音色尽量接近，以保持和谐。

（3）体验大家在一起制作摇摇杯的乐趣。

活动准备

（1）物质准备：

① 16个垫子。

② 16个玻璃杯。

③ 16个案板。

④ 彩色石子16份。

⑤ 小碟子16个。

⑥ 串铃棒1个。

⑦ PPT幻灯片。

⑧ 录音音乐。

（2）经验准备：

① 了解咖喱是什么。

② 拥有传递物品、逆时针补位的经验。

③ 熟悉调制饮品是怎么回事。

（3）空间准备：

① 全体幼儿围坐成大的圆形。

② 垫子与案板之间留有空隙，方便幼儿走动。

垫子

玻璃杯、案板、彩色石子、小碟子

活动过程

1. 故事加动作

教师：小冷饮师们，还记得怎样调制摇摇杯吗？我们一起来试试吧！（第1遍随乐练习）

2. 加入"水果"，准确把握投放"水果"的顺序和时间

教师：快看！我们的水果送到了，我们用传递的方法把水果发给每一位小冷饮师。

教师：我们的水果有什么颜色的？正好是秘方中的颜色哟！那我们怎么投放水果呢？

> **注意：** 教师带幼儿边说口令边练习投放一次水果。教师应专门澄清与明确投放水果的颜色顺序——红、黄、蓝、绿。

教师：水果有了，我们快来调制吧！（第2遍随乐练习）

3. 准确把握投放水果的时间

教师：你们水果拿得很准确哟，可是我发现小冷饮师们在放水果时，有的放得早，有的放得晚，当听到口令中哪个字的时候才可以放呢？口令是什么？当听到口令中"放"字的时候才能放手，这样才能保证我们投放水果的时间一样。我们快来试试吧！（第3遍随乐练习）

> **注意**：幼儿是在教师的口令的提示和支持下，做两拍拿、连拍放的动作。

教师：你们投放水果的时间掌握得很好！那你们想不想知道秘方中的水果到底是什么？（分别出示草莓、芒果、蓝莓、青苹果）

教师：你们可不可以直接看着水果来调制呢？我们的口令是什么？可以换成什么？取什么颜色的呢？（第4遍随乐练习）

4. 加入"咖喱"，双角色的配合

（1）明确加咖喱的时间。

教师：这个摇摇杯还有一种调料没有加入，这次我要给你们加咖喱，请看看我是在你们做什么动作的时候加的咖喱。（第5遍随乐练习）

教师：味道非常好。你们在做什么动作的时候，我给你们加的咖喱？（你们双手举起瓶子的时候）举着杯子能动吗？为什么？你们观察得很仔细，我们来练一练，先从加咖喱开始。（单独放第二段音乐）

（2）选出加咖喱的人。

教师：下一个给我们加咖喱的人是谁呢？其实在你们的座位中有一个专属的加咖喱的座位，谁坐在那个座位上，谁就是下一个加咖喱的人。你们快看看自己的座位吧！

教师：（把专属座位的幼儿选出来加咖喱）你知道是在什么时候给我们加咖喱吗？你有问题吗？我有个问题，如果专属座位上空了，下一个加咖喱的人是谁呢？我们应该怎么办？

教师：我们所有的小冷饮师，逆时针依次移动一个座位，进行补位，这样专属座位有人了吗？谁是下一个加咖喱的人？

教师：开始调制哟！（第6遍随乐练习）

教师：下一个加咖喱的人上场，逆时针移动座位补位，继续调制。（第7遍随乐练习）

教师：现在我们带着调好的摇摇杯送给客人去尝一尝吧！

温馨提示

（1）特别注意：这个活动比较特殊，它是在情境和材料的游戏当中逐步累加相关内容的，不能按照一般流程来分析。

（2）本活动对于中班幼儿来说，他们最大的困难在于：既要听音乐、听指令，又要辨别颜色，还要运用小肌肉的精细动作操作（将小石子拿起，再放入小杯子）。所以，这既需要教师步骤从容、清晰，指导明确，又需要幼儿具备良好的认知能力、操作能力和自我控制能力。

案例 4　勇敢的小鸟　　（南京　张　玭）

使能目标阶梯

挑战 4	指导幼儿在演奏结束后累加"投掷"游戏。	创造性应用	累加"投掷"游戏，努力"击中"城堡，救回鸟蛋。
挑战 3	带领幼儿累加隐蔽前进"靠近城堡"的空间移动。	拓展应用	尝试位移演奏，累加"点兵点将"游戏：明确担任拯救任务的小士兵。
挑战 2	主班教师示范如何隐蔽前进"靠近城堡"，与配班教师扮演的"猪卫兵"互动。（手持乐器）	观察	观察两位教师的互动，理解移动和角色互动的新游戏规则。
挑战 1	从探索乐器到完整随乐演奏。	拓展应用	探索乐器的演奏方法，并将其迁移到按照"动作和语音总谱"进行随乐演奏的过程中。
音乐	带领幼儿完整随乐练习上肢基础律动模式——"动作和语音总谱"。	模仿	感知动作要素、顺序及重复规律，理解故事、音乐与动作之间的关系。
动作	引导幼儿创编飞行、隐蔽前进和"吓唬"等游戏情节的表演动作，创编"动作和语音总谱"。	创编	在教师的引导下，集体讨论，并创编飞行、隐蔽前进和"吓唬"等游戏情节的表演动作。
故事	简述"勇敢的小鸟拯救鸟蛋"的主要情节。	理解	情境理解，产生兴趣，明确任务。

游戏玩法

（1）乐曲A段：坐在椅子上随乐演奏乐器。

（2）乐曲B段：离开椅子向"城堡"边演奏乐器边"隐蔽行进"——"变异木头人"游戏。

（3）乐曲C段：主班教师与配班教师互动玩"吓唬"游戏，将"卫兵"吓走。

（4）乐曲D段即尾声时，幼儿快速回到自己的座位上，由教师点兵点将选出一名幼儿作为勇敢的小士兵，单独前往"城堡"投掷"炸弹"。若将城堡击中，即可救回一枚"鸟蛋"。

【动作建议】（参见乐谱）

勇敢的小鸟

1 = G 2/4

佚名 曲

A段

```
0 067 | i 6 0 i̇ | 3 6  0 3 4 | 5 4 5 4 | 5 #6 5 4 | 3 0
```
口令：　　　飞　　　　　　　　　　　　　　　　　　　停
动作：　　　双手在身体两边做连续飞翔动作　　　　　　收回
配器：　　　双手在身体两边连续抖动沙锤　　　　　　　收回

```
0 067 | i 6 0 i̇ | 3 6  0 3 4 | 5 4 5 4 | 5 #6 5 4 | 3 0
```
　　　　　　飞　　　　　　　　　　　　　　　　　　　停
　　　　　　双手在身体两边做连续飞翔动作　　　　　　收回
　　　　　　双手在身体两边连续抖动沙锤　　　　　　　收回

```
0 0 3 4 | 5 5  5 5 | 5 6 5 4  5 0 | 5. 5 | #4 4 2 | 6 -
```
　　　　　　飞　　　　　　　　　　　　　　　　　　　停
　　　　　　双手在身体两边做连续飞翔动作　　　　　　收回
　　　　　　双手在身体两边连续抖动沙锤　　　　　　　收回

```
0 0 3 4 | 5 5  5 5 | 5 6 5 4  5 0 | 5. 5 | #4 4 2 | 6 -
```
　　　　　　飞　　　　　　　　　　　　　　　　　　　停
　　　　　　双手在身体两边做连续飞翔动作　　　　　　收回
　　　　　　双手在身体两边连续抖动沙锤　　　　　　　收回

B段

```
6. 5 6 7 | 1. 7 1 2 | #2 2 2 | 3 3 3 |
```
　　走　　　　　　走　　　　　走　　　走
　　双手同时拍腿，两拍一下
　　双手同时用沙锤敲腿，两拍一下

$\underline{6 \cdot \underline{5}}\ \underline{6\ 7}\ |\ \underline{1 \cdot \underline{7}}\ 1\ 2\ |\ \underline{3\ 3\ 3}\ \underline{2\ 2\ 2}\ |\ 5\ 5\ 5\ |$

躲
双手捂住脸，保持不动
双手握沙锤捂住脸，保持不动

$\underline{3 \cdot \underline{3}}\ \underline{3\ 2}\ |\ \underline{3 \cdot \underline{3}}\ 3\ |\ {}^{\#}\underline{2\ 2}\ 2\ |\ {}^{\#}\underline{2\ 2}\ 2\ |$

走　　　　　走　　　　走　　　　走
双手同时拍腿，两拍一下
双手同时用沙锤敲腿，两拍一下

$\underline{3 \cdot {}^{\#}\underline{2}}\ \underline{3\ 4}\ |\ \underline{3 \cdot \underline{3}}\ 3\ |\ {}^{\#}\underline{2\ 2}\ 2\ |\ \underline{1\ 1}\ 1\ |$

躲
双手捂住脸，保持不动
双手握沙锤捂住脸，保持不动

C段

$\underline{\dot{6}\ \dot{7}}\ |\ \dot{1}\ -\ |\ \underline{\dot{6}\ \dot{7}}\ \dot{6}\ -\ |\ \underline{\dot{6}\ \dot{7}}\ |\ \dot{1}\ -\ |\ \underline{\dot{6}\ \dot{7}}\ \dot{6}\ -\ |$

嘭　　　　　　看 一 看　　　嘭　　　　　　看 一 看
双臂伸直做　　双手放在眉　　双臂伸直做　　双手放在眉
拍手动作定　　毛处做看的　　拍手动作定　　毛处做看的
住不动　　　　动作　　　　　住不动　　　　动作
手拿沙锤，双　手拿沙锤做　　手拿沙锤，双　手拿沙锤做
臂伸直对敲一　看的动作　　　臂伸直对敲一　看的动作
下定住不动　　　　　　　　　下定住不动

$\underline{\dot{6}\ \dot{7}}\ |\ \dot{1}\ -\ |\ \underline{\dot{6}\ \dot{7}}\ \dot{6}\ -\ |\ \underline{\dot{6}\ \dot{7}}\ |\ \dot{1}\ -\ |\ \underline{\dot{6}\ \dot{7}}\ \dot{6}\ -\ \|$

嘭　　　　　　看 一 看　　　嘭　　　　　　看 一 看
双臂伸直做　　双手放在眉　　双臂伸直做　　双手放在眉
拍手动作定　　毛处做看的　　拍手动作定　　毛处做看的
住不动　　　　动作　　　　　住不动　　　　动作
手拿沙锤，双　手拿沙锤做　　手拿沙锤，双　手拿沙锤做
臂伸直对敲一　看的动作　　　臂伸直对敲一　看的动作
下定住不动　　　　　　　　　下定住不动

D段

$\underline{3\ 3\ 3\ 3}\ |\ 3\ 0\ |\ \underline{3\ 4\ 3\ 2}\ \underline{1\ 2\ 1\ \underline{7}}\ |\ \underline{6}\ 0\ |\ \underline{3\ 3\ 3\ 3}\ |\ 3\ 0\ |\ \underline{3\ 4\ 3\ 2}\ \underline{1\ 2\ 1\ \underline{7}}\ |\ \underline{6}\ 0\ \|$

勇敢的　小鸟　是　谁　　　　呀，勇敢的 小 鸟　就　是　　　它！
做绕线手
沙锤一直摇动

【配器建议】（参见乐谱）

活动目标

（1）在"飞往城堡，靠近城堡，吓唬猪卫兵"情境的帮助下，感受乐曲"ABC"结构，尝试随乐做身体动作和演奏乐器。

（2）借助"飞、停""走、躲"的身体动作经验，探索与沙锤匹配的演奏方法。在观察教师示范及语令的帮助下，尝试共享空间、快速飞回自己的椅子。

（3）在"躲猫猫"游戏中，尝试努力控制好自己的乐器不发出声响并站立在警戒线后；在最后"丢炸弹"时，体验"成功拯救"的愉快。

活动准备

（1）物质准备：

① 沙锤。（每位幼儿两只）

② 纸箱、塑料瓶。（用来搭建绿猪的城堡，作为投掷的目标）

③ 一个大的纸球——投掷物。（作为"炸弹"）

（2）经验准备：

① 有"躲猫猫"游戏的经验。

② 初步尝试玩过沙锤。

（3）空间准备：

① 幼儿围坐成一个大的半圆。

② 散点前进，靠近绿猪的城堡。

活动过程

1. 故事引导，进入情境

教师：在小鸟王国，昨天发生了一件大事，可恶的绿猪偷走了我们的鸟蛋，今天我们要一起前往绿猪的城堡，救回我们的鸟蛋宝宝！

2. 尝试合乐独立做"身体动作总谱"

（1）回顾交流。（第1遍随乐复习）

教师：小鸟先做了什么？然后又做了什么呢？

众幼儿：先飞后走。

> **注意**：教师需澄清是飞、停，走、躲。

教师：接着呢？

众幼儿：躲、吓唬。

> **注意**：教师需澄清是吓唬、看。

（2）验证、澄清、纠正幼儿答案，师幼共同做动作。（第2—3遍随乐练习）

> 注意：此环节主要是帮助幼儿建构动作模型，如果在一开始提问的时候幼儿不能准确说出动作的顺序，教师可引导幼儿再次观察教师的完整动作。

3. 累加乐器

教师：小鸟们为了确保行动成功，特意带上了武器。（教师组织幼儿拿出沙锤）

教师：小鸟在飞的时候可以怎样使用武器？走的时候呢？小鸟怎么躲呢？

> 注意：此处是让幼儿探索演奏方式，由于有了前面一个环节的身体动作学习，幼儿可以将动作经验正迁移到演奏方式上，感受出"飞"时的散响和"走"时一下一下的敲击声。

（1）幼儿尝试实际操作乐器演奏。
（2）教师引导幼儿反思：在使用乐器的时候，有什么困难？怎样在"躲"的时候保持乐器不发出声音？
（3）幼儿再次合乐演奏。

> 注意：此为反思环节，教师预设的反思点落在"如何控制乐器在躲的时候不发出声响"，教师要多用情景性的语言引导幼儿。但是在现场教学中，教师还要根据幼儿提出的具体问题或幼儿实际演奏的情况进行反思，以解决问题，如怎样才能将4次"吓唬"敲击的节奏敲准。

4. 累加"巡逻卫兵"和下位移动

教师：我们已经练好了本领，真的要出发了，请你们仔细看，鸟妈妈是在说哪一句话的时候离开椅子去城堡的，又是在说哪一句话的时候回家的？

幼儿A：说"走"的时候离开椅子的。

幼儿B：说"快快飞回家"的时候往家里飞的。

> 注意：在游戏时，城堡周围要放置一排"栅栏"，作为城堡的围墙。在介绍游戏规则时，教师可引导幼儿观察"走到城堡的围墙前停住"，可以隐性限制幼儿不拥挤在城堡周围，这样既可以空出距离与"卫兵"互动，使空间感更舒适，也能为后面的投掷游戏做好起点线。

5. 累加游戏"攻击城堡，救出鸟蛋"

幼儿完整游戏，教师在音乐的最后一句"点兵点将"，选出一名幼儿，用纸球将城堡击垮，救出鸟蛋。

> 注意：幼儿必须在"围墙外"（规定的投掷线后）进行投掷，因此教师在搭建城堡时，可放置一些倒立的瓶子。这样当幼儿投掷时，只要将城堡上的物品碰倒，就可以获得拯救鸟蛋的机会，这样能大大地增强幼儿的满足感。

温馨提示

（1）进行"投掷游戏"时，教师需提示幼儿，只要击中城堡的任何一个位置便表示成功，即可救回鸟蛋，这样做可避免幼儿因为要投准"绿猪"而负担过重，从而失去游戏的愉悦感和成就感。

（2）如果此活动放在中班上学期进行，教师可适当降低难度，如：在"飞行"时，可停留在自己的椅子前原地飞；等到"走"的时候，再离开位子往"城堡"方向前进。

（3）由于投掷游戏比较好玩，中班幼儿通常会因"克制不住"而蜂拥上前，甚至扔出乐器。所以，教师需要在第一次导入投掷游戏时，就特别澄清是大家一起扔，还是勇敢的小士兵一个人扔。同时，主班、配班教师还需要特别关注和控制"平时自我克制困难"的幼儿，防止出现"一人影响，全班失控"的情况。

（4）特别注意：实际上，本教学方案是从回忆和复习前次活动所创编和练习过的"动作总谱"开始的，所以这是第二层次的教学活动方案。

友情提问

（1）你是否还记得集体音乐教学的空间安排流程是怎样的？你能说出"先——再——最后"的顺序吗？你能说出为什么要这样吗？

（2）在活动过程3的环节（2）中，教师引导幼儿做了"反思"，为什么要反思？对幼儿发展有什么益处？

（3）为什么要在"城堡"前面设置"栅栏"，这对幼儿发展有什么益处？

案例5　老鼠娶亲　　（南京　罗　敏）

使能目标阶梯

挑战4	出示教具，加入"快速反应"游戏。	创造性应用	面对"快速反应"游戏的挑战：发现不同的新娘，快速做出不同的反应。
挑战3	提议加入空间位移。	应用	按照"坐—站—移动"的空间流程，完整地进行游戏。
挑战2	提供乐器，引导幼儿加入乐器并按照节奏边演奏边说儿歌。	迁移应用	自选乐器，在教师的组织与引导下，完整地跟随音乐操作"动作和语音总谱"。
挑战1	用"点兵点将"的游戏决定"揭秘"的新郎。	迁移应用	用"点兵点将"的游戏，明确在乐曲最后"啊"的时候，教师的手停在谁的头上，谁就是幸运的新郎。
音乐	带领幼儿随乐练习基础律动身体动作模式——"动作和语音总谱"。	模仿	巩固学习"动作和语音总谱"。
动作	引导幼儿创编相关律动动作——"动作和语音总谱"。	创编	感知动作要素、顺序及重复规律，理解故事、音乐与动作之间的关系。
故事	简述"老鼠娶新娘"的故事。	理解	情境理解，产生兴趣，明确任务。

游戏玩法

（1）全体幼儿边念儿歌，边演奏，边行进（前往新娘家"迎亲"）；一直演奏到目的地，全体停下，原地不动，边念"伸出你的……"边演奏，边与"新娘"互动。演奏结束前，教师用"点兵点将"的游戏从幼儿中选出"新郎"。

（2）新郎独自去"轿子"处，移去号码挡板和红色纱巾，根据实际看到的玩具做出表演反应。（看到老鼠，新郎抱"回家"；看到猫，全体"逃跑"上位；看到大笑佛，全体大笑一会儿）

> 注意：另外一种玩法是，由幼儿扮演新娘，新娘若是猫，猫大叫一声开始追捉，所有人立即跑回座位。

【动作建议】

瑞典狂想曲（片段）

1 = C 2/4

[瑞典] 雨果·阿尔芬 曲
罗敏 填词

（念白）今 天 我 要 结 婚 了， 新 娘 去 哪 不 知 道！ 东 找 找， 西 找 找， 新 娘 新 娘 找 到 了！ 伸 出 你 的

（乐谱部分）

（1）可以在前一次集体教学时，由教师组织与引导幼儿集体创编。

（2）在创编时，如同歌曲表演一样：一句一句地根据儿歌词意进行创编即可。

活动目标

（1）初步感受音乐旋律，学习随乐边行进，边用断响和连续两种动作及声效为乐曲伴奏。

（2）在"老鼠娶亲"游戏情境的累加过程中，迁移情境及儿歌经验，用声音或生活中的物品进行演奏。

（3）在"找新娘、娶亲掀盖头"的游戏中，体验因寻找新娘时结果的不确定性所带来的期待和惊喜。

活动准备

（1）物质准备：录音音乐《瑞典狂想曲》。

　　① 生活化的打击乐器：薯片筒、鹅卵石、积木、小木棍、搓衣板若干。

　　② 将三个篮子（或纸箱）竖起来固定在小椅子上，每一个篮子里放一个盖着红纱巾的毛绒玩具，第一个是老鼠，第二个是猫，第三个是大笑佛，每个篮子外用一张标有数字1、2、3的板子遮挡住。

（2）经验准备：第一课时已经初步熟悉了故事、儿歌及表演动作。

> **注意**：最好如此安排，即前面三个步骤已经在上一次的集体教学中基本完成。

（3）空间准备：幼儿围坐成大的半圆形。

"老鼠娶亲"图谱参考

活动过程

1. **欣赏教师讲述故事，了解"老鼠结婚了，但不知道新娘是谁"的故事情节**

教师：老鼠要结婚了，可是新娘是谁却不知道，它看看看，找找找，究竟找到了没有呢？我们一起去看一看。

2. **师幼共同创编**

师幼随乐练习"动作和语音总谱"。

3. **师幼共同创编A段音乐的动作，并随乐完整进行表演**

> **注意**：此环节的重点在于，帮助幼儿建立新的动作模型。

（1）幼儿扮演老鼠新郎。

　　教师：老鼠新郎高兴时会用什么动作来表现？

（2）创编A段音乐的动作，提取其中一个动作。

　　幼儿1：跺脚的动作。

（3）师幼共同随乐边念儿歌边完整做动作。

（4）师幼边复习儿歌边做B段音乐和尾声的动作；进一步感知B段音乐的旋律、结构及其动作的顺序。

注意：此环节可以作为备选，重点在于B段音乐的动作变化比较多，如果幼儿对动作不是很熟悉，需要单独练习。

　　教师：老鼠找新娘的时候做了哪些动作？谁来做做看？它还做了哪些动作？

　　幼儿2：伸出爪子抖动的动作，看一看的动作。

　　幼儿3：害怕的动作。

　　幼儿4：挥手的动作，拍手的动作。

　　教师：老鼠请新娘先伸出什么来摸一摸，后伸出了什么摸一摸？

　　众幼儿：爪子，尾巴。

　　教师：老鼠请新娘先伸出爪子摸一摸，后伸出尾巴摸一摸。

4. 玩"点兵点将"游戏，明确谁来揭开纱巾

（1）观察道具，感受游戏情境。

　　教师：这里有三座房子，分别是哪几号房？房子里会有盖着盖头的新娘吗？

（2）了解游戏规则，明确在乐曲结束唱到"啊"的时候，教师的手停在谁的头上，谁就去揭开纱巾。

　　教师：我是在说到哪个字的时候手停下来的？停在谁的头上？谁来揭开纱巾？

注意："点兵点将"游戏，对幼儿自我控制力的挑战较大，因为幼儿先要分清谁是那位"幸运的新郎"，接下来再考虑还要做什么事情。

　　幼儿5：在说到"啊"的时候手停下来的。

　　幼儿6：停在××的头上。

　　幼儿7：××来揭纱巾。

（3）师幼共同听音乐进行表演，依次揭开红纱巾。

5. 出示乐器，对乐器断顿和连续这两种不同演奏声响所对应的不同的演奏方式进行探索

（1）教师出示乐器，引入情境。

　　教师：我们要敲敲打打接新娘了，敲敲打打需要什么？

　　幼儿8：喇叭。

幼儿9：鼓。

幼儿10：锣。

（2）认识生活中的乐器。

（3）自选一种乐器，拿相同乐器的同伴坐在一起，进行演奏探索。

教师：你们可以试试用这些材料，怎样才能让它们发出一下一下断顿的声音和连续的声音。

（4）教师小结：一下一下敲击或一下一下刮就能发出断顿的声音，摩擦、快速敲击、快速刮就能发出连续响的声音。

6. 带上乐器，加入空间位移进行演奏

（1）师幼共同解决什么时候走，什么时候停的问题。

教师：仔细听、仔细看哦，我们在说到哪句儿歌后停下来，看看看、找找找的哦。

> **注意：** 循序渐进地做好空间流程，即先坐再行进的方式，并明确在什么地方走、在什么时候停。遵循先静后动的原则，有助于教师有序组织，防止幼儿兴奋扩散。

众幼儿：在说到"看看看"的时候停下来的。

（2）师幼共同边随乐演奏乐器，边按逆时针方向向前行走。

7. 加入快速反应游戏，在看见新娘是谁后，能快速地进行判断

> **注意：** 该环节通过迁移经验，知道老鼠看到狐狸、蛇等动物时是要躲的，以挑战幼儿的快速反应能力。因此，开展此活动前，教师应让幼儿熟练掌握"哪些动物怕什么"这样的常识性内容。

（1）在尾声处用"点兵点将"的方法，请一位幼儿将1号房里新娘的红盖头揭开，看看新娘是谁。

教师：红盖头里是谁呢？揭盖头的人要注意哦，如果不是新娘，而是我们害怕的人，我们可以怎么做？

幼儿11：如果是老猫，我们要赶紧跑回家躲起来。

幼儿12：如果是大熊，我们就装死。

（2）第一次完整地进行游戏，请幸运的新郎掀开1号房里新娘的盖头，其余幼儿快速带着乐器跑回到自己的座位上。

教师：红盖头里的是谁呀？它是我们的好朋友吗？所以看到它时，我们要赶紧……

众幼儿：老猫来了，我们赶紧躲回家。

（3）第二次游戏同前，新郎掀开2号房里新娘的盖头。

众幼儿：……

教师：这里面是一个哈哈大笑的"大笑佛"，我们和他一起大笑一下吧！（大家一起大笑）

（4）第三次游戏同前，教师引导幼儿猜测，3号房子里的新娘是谁。

教师：3号房里的新娘是谁？是我们要找的新娘吗？

众幼儿：是！

教师：那我们把新娘接回家吧。（边随乐演奏，边带着乐器离开教室。返回教室后，引导幼儿收拾场地和乐器）

温馨提示

（1）教学变式：当孩子们对于这个游戏的规则已经熟悉并基本掌握且能做出快速反应时，教师便可以增加游戏的难度，如加入加法或者减法的算式，然后根据算式结果找出匹配的幸运新郎。另外，在游戏场景的设置中，教师也可以增加一些意想不到的小动物，如小猫、猫头鹰等，增加所有幼儿参与快速反应的机会。

（2）家园共育：家长与幼儿在家中，可以借助"老鼠娶亲"的音乐游戏卡，带着幼儿再一起玩一玩、说一说这个活动。

（3）活动延伸：在幼儿已经熟悉乐曲的基础上，"点兵点将"游戏的执行人可以由教师转为幼儿，把这个选择权交给幼儿进行。

（4）如果要将该活动移到大班或在教师培训中使用，教师可以将新娘转换成由人来扮演。所有新娘头戴盖头，新娘的角色只有猫和老鼠两种，在盖头被新郎揭开的一刻，看新娘是说"吱吱"还是说"喵——"，以此判断其身份。这样做，游戏的气氛会更加紧张、有趣。

案例6 梦中的烤牛排 ｜（南京　张媛媛）

使能目标阶梯

挑战4	组织幼儿交换乐器演奏。	创造性应用	在教师的支持下，自由交换乐器演奏，体验尝试不同乐器演奏的乐趣。
挑战3	指挥幼儿完整地跟随音乐演奏。	应用	在教师的指挥下，幼儿完整地跟随音乐演奏。
挑战2	提供替代乐器给幼儿探索。	应用	探索如何用手中的乐器发出"单响"或"散响"，了解两种以上不同音色乐器一起演奏的音响叫作"混响"。
挑战1	将幼儿分成两组"徒手练习"，分工合作表演。	应用	在图谱的帮助下理解"合作、轮流"的表演方式。
音乐	带领幼儿随乐练习"身体动作总谱"。	模仿	进一步熟悉故事、动作、音乐、图形四者之间的关系。
动作	随乐演示"身体动作总谱"。	观察	感知动作与"图形总谱"的匹配方式及语令提示要求。
故事	简述"狐狸为小猪做牛排"的故事情境。	理解	情境理解，产生兴趣，明确任务。

第六章　奏乐教学 ｜ 297

【动作建议】（参见乐谱）

Fantastic Baby

1 = C 4/4

[韩国]冰邦 曲

```
0 6 6 6 6 | 0 6 6 6 6 | 0 6 6 6 6 | 1 6 1 2 3 2 |
```
口令：戴上帽子，
动作：　　　　　戴帽子

```
0 6 6 6 6 | 0 6 6 6 6 | 0 6 6 6 6 | 1 6 1 2 3 5 |
```
　　系好围裙，　　　　　　　　　　　准备　洗手!
　　　　　　系围裙

A段

```
0 3 3 3 3 2 1 | 3 2 1 1 3 2 | 0 2 2 2 2 1 2 3 | 0 3 — 2 1 |
```
一边做洗手动作，一边将双臂从左移动到右，再返回到左

```
0 3 3 3 3 2 1 | 3 2 1 1 3 2 | 0 2 3 2 0 2 5 3 | 0 3 0 3 0 3. |
```
一边做洗手动作，一边将双臂从左移动到右，再返回到左

```
3　 2 1　 3　 6 | 3　 2 1　 3　 6 | 0　 0　 0　 0 |
```
　　　　　　　　　拿　好　工　具，准　备　开　工。
拿出替代乐器

B段

```
6 6 6 5 6 | 6 6 6 5 6 | 3 1 2 3 1. | 6 — — — |
```
做砸松牛肉的动作，2拍一次
单响乐器演奏

```
6 6 6 5 6 | 6 6 6 5 6 | 3 1 2 3 1. | 6 — — — |
```
做砸松牛肉的动作，2拍一次
单响乐器演奏

```
6 6 6 6. | 6 6 6 6. | 6 6 6 6. | 3 1 2 3 1. |
```
做撒调料的动作，4拍一次
散响乐器演奏

```
6 6 6 6. | 6 6 6 6. | 6 6 6 6. | 3 1 2 — |
```
做撒调料的动作，4拍一次
散响乐器演奏

C段

```
6 6 7 #1 6 | 0 6 6 6 | 6 6 7 #1 6 | 0 #1 1 1 |
```
做加油干动作，2拍一次
单响与散响乐器两种音色混响

```
6 6 7 #1 6 | 0 6 6 6 | 6 6 7 #1 6 | 0 1 1 1 ‖
```
　　　　　　　　　端出成品动作　　　表示成功动作

【配器建议】（参见乐谱）

活动目标

（1）感受音乐的旋律，学习将煎锅、漏勺、调味罐等生活物品作为乐器使用，尝试使用不同的方法随乐演奏敲打牛排、撒调味料的情境。

（2）借助故事情节、图谱、教师提问与引导等方式，去探索用生活物品敲击出单响、散响两种不同音效的方法，并能用语言表达自己对配器的设想。

（3）愿意接纳同伴不同的意见，享受合作演奏的快乐。

活动准备

（1）物质准备：

① 牛排制作步骤图（穿戴服饰、洗手、敲牛排、撒调味料、加油鼓劲、牛排成品）。

② "乐器"：迷你煎锅、木质锅铲、漏勺（上面拴上小铃）、铁质调味罐（内装红、绿豆或黄豆并封外口）、擀面杖（2根为一套）。

③ 录音音乐。

（2）经验准备：

① 幼儿需要有玩以上"乐器"的经验。

② 了解乐器的名称、音响效果及乐器使用常规。

（3）空间准备：

① 幼儿坐成半圆形。

② 椅子下面有可放置"乐器"的托盘或篓子。

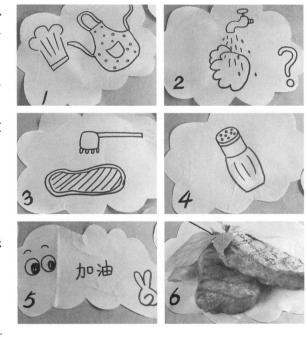

图谱参考

活动过程

1. 欣赏教师讲述故事，了解"狐狸为小猪做牛排"的情节

教师：一只小猪误闯进狐狸家，正饿肚子的狐狸准备把小猪当晚餐。小猪向狐狸介绍说自己太瘦不好吃，但如果能先吃上一顿牛排，自己胖一点的话肉会更好吃。于是狐狸翻开美食秘方，准备制作牛排把小猪喂胖一点。

2. 幼儿边看"图形总谱"边观察教师演示"做牛排"的"动作总谱"，感知音乐的旋律、结构及游戏动作的顺序

（1）幼儿边听音乐边观察教师表演一遍"做牛排"的游戏动作。

　　教师：我来跟着秘方做一份牛排，看看牛排是怎么做出来的。

（2）幼儿尝试用动作或语言表述自己所观察到的"做牛排"动作顺序。

　　教师：在做牛排前需要有哪些准备？谁来做做看？除了做好准备工作，牛排怎么做才更好吃？

（3）根据图谱，师幼共同讨论在制作牛排的过程中相对应的身体动作及动作顺序。

> **注意**：此环节的重点在于借助图谱理清动作线索、顺序。

　　教师：秘方告诉我们制作美味牛排前要做好准备，当我说"戴上帽子、系上围裙"时，你们需要做什么？你们准备好后首先是"洗手"，再"思考做的方法"，怎样把牛排敲松软、撒调味料呢？最后，你们看着牛排给自己加油。

3. **集体随乐学习"做牛排"的"动作总谱"**

> **注意**：此环节的重点在于，循序渐进地做好空间流程，以先坐后站再分组的方式，有助于幼儿对于身体动作的学习。

（1）师幼跟随音乐，坐在座位上学习身体动作。

　　教师：我们一起来试试，看着秘方做牛排。

（2）师幼跟随音乐，坐在座位上练习身体动作。

　　教师：按照秘方步骤一定会做出美味的牛排。

（3）师幼跟随音乐，站在座位前练习身体动作。

　　教师：再做点美味牛排，把小猪喂胖一点。

4. **幼儿分组，尝试随乐分组轮流表演身体动作**

> **注意**：此环节的重点在于，帮助幼儿理解合作表演、轮流表演的方式。在幼儿分组后，教师可以问问幼儿自己所在的组是表演秘方中的什么动作，秘方中的哪些动作是两组一起做的。因为前面的身体动作的学习都是全体做同样的动作模型，而现在需要打破原有的动力定型，通过合作、轮流的方式进行动作表演，因此除了用语言澄清动作的表演方式外，在表演的过程中，教师还需要及时用语令及身体体态、眼神交流等方式提示幼儿注意合作、轮流的不同表演方式。

　　教师：对于秘方中一下一下捶牛排的动作和撒调味料的连续动作，我们来分成两组分别表演，秘方中的其他动作大家来一起做。

5. **加入乐器，师幼探索、分享乐器的使用方法及音效**

（1）教师讲述故事情境，引出配器要求。

教师：狐狸一边做着大厨，一边想着马上要吃到烤猪肉了，它非常得意，它还挥舞起厨房里的烹饪工具为自己伴奏。

（2）出示乐器，幼儿选择、探索敲击的方法。

教师：现在有这么多的工具，请每位狐狸选择一种工具，回到座位后试试怎样才能让工具发出好听的声音。你们要听听看，工具发出的声音是一下一下的还是连续的。

注意：此环节的重点在于，通过幼儿的自由探索、个别幼儿的演示来拓展不同演奏方式的思路。

（3）尝试根据工具所发音效分组演奏乐曲。

注意：此环节的重点是，要帮助幼儿理清徒手准备、拿乐器分组演奏、合奏的地方。在徒手准备时，将乐器放在座位下面的工具筐里作准备。工具筐应放在脚尖前，以方便取用。

教师：请你们中拿着能发出一下一下声音的工具的人到1组，能发出连续声音的工具的人到2组，然后我们试试跟着音乐合作做牛排。

6. 尝试交换乐器并有表情地演奏乐曲

（1）重新选择乐器，检查分组情况。

教师：每个人拿到了新的烹饪工具，看看是不是手拿能发出一下一下声音的工具的人在1组，手拿能发出连续声音的工具的人在2组。

（2）讨论演奏时加入情绪。

注意：此环节的重点在于，幼儿交换乐器分组后，教师要帮助幼儿明确新小组随乐一起表演、轮奏的表演方式。

教师：狐狸准备这份牛排大餐时心里美滋滋的，你们知道这是为什么吗？原来是因为它想到自己就快要吃到嫩嫩的小猪肉了，心里甭提有多高兴了。心里美滋滋的时候会是什么表情？那我们就美滋滋地通过合作再做一份牛排吧！

温馨提示

（1）教学变式：

① 本活动的内容较多，教师可以根据本班幼儿的情况，分成两个活动层次进行：在"活动层次一"中先学习律动，再在"活动层次二"中进行奏乐教学。

② 当幼儿熟悉合作、轮奏的演奏方式后，教师可以请幼儿探索如何用同种烹饪工具发出单响、散响两种不同的音效，比如可通过摩擦、敲击把手来提高演奏的趣味性。

（2）家园共育：在家长的带领下，在生活中寻找、认识各式各样的烹饪工具，如中餐、西餐及传统工艺的烹饪工具。

（3）活动延伸：在活动区域中，教师可以提供不同的工具材料，鼓励幼儿去尝试探索用材料发出单响、散响等不同音效的方法。

三、适合大班幼儿使用的案例

 案例 1-1　雷神　　（南京军区司令部幼儿园）

使能目标阶梯

挑战 4	指挥幼儿使用乐器分声部合作演奏。提供大鼓和吊钹。	拓展应用	看教师指挥，随乐使用乐器分声部合作演奏。幼儿志愿者加入大鼓和吊钹。
挑战 3	指挥幼儿将徒手整体乐器演奏动作迁移至分声部乐器合作演奏动作中。	迁移应用	在教师的指挥和引导下，随乐将徒手整体乐器演奏动作迁移至分声部乐器合作演奏动作中。
挑战 2	指导幼儿将律动动作迁移到徒手乐器演奏动作中。	迁移应用	在教师的指导下，随乐将律动动作迁移到徒手乐器演奏动作中。
挑战 1	逐步退出，检验幼儿是否能够基本独立地随乐操作。	应用	逐步练习至能够熟练地独立随乐操作。
动作+音乐 2	带领幼儿随乐练习"动作和语音总谱"。	模仿	通过操作感知动作要素、顺序及重复规律，理解故事、音乐与动作之间的关系。
动作+音乐 1	随乐演示"动作和语音总谱"，一边自念儿歌一边示范上肢基础律动模式。	观察	感知动作要素、顺序及重复规律，理解故事、音乐与动作之间的关系。
故事	简述打雷下雨的情境。	理解	情境理解，产生兴趣，明确任务。

【动作建议】（参见乐谱）

雷 神
（选自《雄壮进行曲》）

[美国]苏萨 曲

$1=F$ $\frac{2}{4}$

朝气勃勃地

B段   转A调

回原F调

拉宽

C段

【配器建议】

（1）A段音乐。① 摇手——铃鼓。② 拍腿——响板。③ 拍肩——碰铃。④ 拍手——所有乐曲一起演奏。

（2）B段音乐。① 说"唰"时铃鼓摇奏。② 说"轰"时加拍手——全体乐器一起演奏，并加大鼓和吊钹。

（3）C段音乐。① 拍腿——铃鼓、响板。② 拍肩——铃鼓、碰铃。③ 拍手——铃鼓、碰

铃、响板、大鼓。（吊钹最后一拍演奏一下）

活动目标

（1）初步熟悉音乐，能跟随音乐按照配器方案比较熟练地分声部演奏。

（2）在教师的引导下，将基础律动动作逐步迁移到乐器操作动作中。

（3）认真看指挥的指示，注意倾听其他声部的演奏，努力保持与集体的演奏和谐一致。演奏时投入注意力和情感，体验和表现音乐中的三种主要力量特质和变化规律：A是热情，B是舒畅，C是激烈，再现B的舒畅，结束句又回到A的热情。

活动准备

（1）物质准备：

　① 录音音乐。

　② 三种基础乐器：碰铃、铃鼓、响板。（数量各为参与学习幼儿人数的三分之一）

　③ 大鼓和吊钹。

（2）经验准备：

　① 拥有比较丰富的集体奏乐学习经验。

　② 拥有看指挥演奏和指挥演奏的经验。

　③ 能比较熟练地演奏基础乐器——大鼓和吊钹。

（3）空间准备：幼儿围坐成双马蹄形。

> **注意：** 实际上就是三个声部用三个空间：铃鼓组安排在正中间，大鼓和吊钹安排在铃鼓组的背后。

活动过程

1. 聆听讲解，进入情境

教师以"外出郊游——中途遇雨——冒雨前进——最终迎来云散日出"的情境导入活动。

2. 观察教师随乐演示"动作和语音总谱"

> **注意：** 在第五章"律动教学"中，这个一直被称为基础律动模型。然而在本章中，因为最终的目的已经拓展为"奏乐"，所以可以同样被视为一种表征配器方案的总乐谱。具体的理论说明参见本章的"专题分析"。

3. 跟随教师随乐练习"动作和语音总谱"

> **注意：** 这里使用语音是一种必要技巧，它与最后部分提供的图谱"工农兵联合起来"类似，这首乐曲的第一部分，是一种包含了长句和短句的特殊结构。如果仅仅只是使用动作符号，幼儿在最初学习的时候，往往容易因知觉"惯性"而产生错误的"动力定型"——因为容易判断为相同句长而总是产生认知困扰。而图示和有意义的语音，却更容易被感知、理解和记忆。

4. 逐渐独立完整地随乐徒手表演

过程略。

5. 分声部合作完整地随乐徒手表演

（1）将幼儿分成碰铃、铃鼓、响板三个基础声部。

（2）告知幼儿相应的动作：

① A段音乐：铃鼓组只做摇手的动作；响板组只做拍腿的动作；碰铃组只做拍肩的动作；拍手的动作大家一起做。

② B段音乐：说"唰"的时候，只有铃鼓组做摇手动作；说"轰"的时候全体一起拍手。

③ C段音乐：铃鼓组和响板组一起拍腿；铃鼓组和碰铃组一起拍肩；说"多么开心"加拍手的时候，三个小组一起说一起做。

> 提示：教师会用指挥手势随时提醒大家，教师的手势、身体、眼睛朝向谁，谁才做动作。

（3）教师指挥幼儿随乐练习2—3遍。

6. 迁移到徒手乐器演奏模仿动作中，分声部随乐合作练习

除了动作被改造成乐器演奏模仿动作以外，分工和结构不变，此处不再赘述。

7. 教师指挥，幼儿实操乐器

同上环节，不再赘述。

8. 幼儿自由交换乐器，教师指挥演奏

过程略。

9. 加入大鼓和吊钹（幼儿志愿者），**教师指挥演奏**

> 注意：本活动的流程是典型的奏乐教学流程。

温馨提示

（1）这是一个教师相对"高控"的范例。

> 注意：对参与学习的幼儿来说，配器方案的难度越高，教师对学习过程的控制水平就会越高，即幼儿便需要教师更多的直接指导，因为幼儿缺乏相应的经验和能力。

（2）一般情况下，这个方案需要组织两次集体教学活动才能完成。

　　第一次活动：完成前四个流程。

　　第二次活动：可能完成后五个流程。

（3）大班阶段，在一般的完整流程中的最后面几个环节分别为：

　　① 自由交换乐器演奏。

　　② 加入新的特殊音色乐器。

③ 轮流担任指挥。

④ 对配器方案进行改编。

⑤ 担任指挥者，即兴对配器方案进行微调。

⑥ 如果是"层层累加"的方案，便是如②，但是区别为：②只累加一两种特殊乐器，且演奏方法简单；"层层累加"是指一旦"基础方案"被幼儿掌握，便可慢慢地通过多次的新音色累加，逐步达到丰满的效果。但需要注意的是：通常"层层累加方案"的"基础方案"是由一种"主奏乐器"与一种"主要节奏型"所构成的，其相对简单，且一般不再有不同音色与不同节奏的交替。

> **注意：**本教案仅仅提供基础流程，其他流程一般也不会安排在一次集体教学中完成。

（4）这是一个典型"打击乐整体教学模式"的案例。该模式起源于20世纪末的第一次奏乐改革运动，它将"分声部入手"的教学模式改造成了"从整体配器符号表征律动入手"的教学模式。从1988年开始，经历了大团队协同作战两年多的幼儿园现场教学"行动研究"（含反复提炼总结），之后在《中国音乐教育》1990年3月刊上正式发表了论文《打击乐器演奏整体教学的理论与实践》。这个改造，除了建立在对"土耳其进行曲""狮王进行曲""雾""彩色的小蛇""小虱子和小跳蚤"等奥尔夫老师的经典案例的模仿学习和反思借鉴的基础上以外，还吸收了格式塔心理学的"完形理论"、学习心理学的"正迁移"学习理论和皮亚杰的"符号表征"理论。本书将在随后提供的案例中特意安排相同模式的教学方案，以便读者能够发现和理解这一模型。

（5）下面的案例1-2"师兄不好啦"，使用了同样的音乐，但教学流程不同，这是我们团队在2008年开始研发的一种"变异模型"。这种模型在总体思路上，仍旧坚持了"从整体的配器符号表征律动入手"的基本原则。而其中的两个重要微调是"一升一降"：

① 一升：提升了对游戏化和情境化的原则的强调力度。

> **注意：**2008年正式提出幼儿园音乐教学游戏化的课改目标，距离1988年，正好过去了20年。

② 一降：降低了理性分析学习和技能学习的要求。

（6）希望有深入学习愿望和学习兴趣的读者，可以将本书所提供的所有奏乐案例做一个大致的分类。如，可将30年前的原本模式作为A模式，30年后的变异模式作为B模式，仔细对比分析和实践体验。这样做了一定会对你的执教和设计能力大有裨益。而对于在校学习的"准教师"，可以由任课教师带领学生，在职学习的教师可以由教研团队"首席"带领大家一起钻研，这样的学习效果会更好。

案例1-2　师兄不好啦　　（南京　尤金莲）

使能目标阶梯

阶段	内容	目标类型	说明
挑战4	提供"人机互动"游戏，激励幼儿反复练习完善。	迁移应用	在"人机互动"游戏的激励下反复练习，完善演奏水平。
挑战3	引导幼儿尝试将儿歌动作总谱迁移至实际的随乐演奏。	迁移应用	在教师的指导下，尝试将儿歌动作总谱迁移至实际的随乐演奏。
挑战2	教师提供乐器，让幼儿选择和探索交流。	探索	小组间协商乐器分工，小组内探索乐器奏法，小组间交流探索成果。
挑战1	教师逐步退出，检验幼儿是否能够基本独立地随乐操作。	应用	逐步练习至能够熟练、独立地随乐操作。
动作加音乐2	带领幼儿反复随乐练习"动作和语音总谱"。	模仿	通过操作，进一步感知动作要素、顺序及重复规律，理解故事、音乐与动作之间的关系。
动作加音乐1	随乐演示"动作和语音总谱"。	观察	感知动作要素、顺序及重复规律，理解故事、音乐与动作之间的关系。
故事	简述"三徒弟救师傅"的故事。	理解	情境理解，产生兴趣，明确任务。

【动作建议】（参见乐谱）

雷 神
（选自《雄壮进行曲》）

1 = F 2/4

[美国] 苏萨 曲

(5. 6	7. i	2 3 4#4	5 0)
	不好	啦！（预令）	

A段

5. #4 5	3 0 2 0	i 0 6 0	5 —	4. 3 4	2 0 2 0	3. #2 3	i 0 i 0
1. 二 师兄	不 好	啦！师傅被	妖怪	抓走	啦！		
2. 大 师兄	不 好	啦！师傅被	妖怪	抓走	啦！		

动作：摇 手 　拍 腿 　拍 腿 摇 手 　　拍 腿 　拍 腿

5. #4 5	3 0 2 0	i 0 6 0	5 —	4. 3 4	3 0 2 0	5 0	0 0 ‖
1. 二 师兄	不 好	啦！师傅被	妖怪	抓走	啦！		
2. 大 师兄	不 好	啦！师傅被	妖怪	抓走	啦！		

摇 手 　拍 腿 　拍 腿 摇 手 　　拍 腿 　拍 腿

B段

3 —	5 5	3 —	3 3 3 3	3 i i i	i 3	5 —	5 ᵛ5
看俺	老 猪	的！	不行，	俺	害 怕。	看	

双手握拳　双手握拳　双手握拳　　双手交叉抱臂

3 —	5 5	3 —	3 3 3 3	3 5 5 5	5 5	i —	i 5
俺	老 猪	的！	不行，	俺	害 怕。	看	

双手握拳　双手握拳　双手握拳　　双手交叉抱臂

3 —	5 5	3 —	3 3 3 3	3 i i i	i 3	5 —	5 ᵛ5
俺	老 猪	的！	不行，	俺	害 怕。	看	

双手握拳　双手握拳　双手握拳　　双手交叉抱臂

3 —	5 5	3 —	3 3 3 3	3 5 5 5	5 5	i —	i 5
俺	老 猪	的！	不行，	俺	害 怕。		

双手握拳　双手握拳　双手握拳　　双手交叉抱臂

过渡　　　　　　　　　　　　　　　　　　　　转A调

1 1 1 1 1	1 1 2 3 3 4	5 3 4 5 6 7	i 0	1 1 1 1 1	1 1 2 3 3 4
吃 俺 老 孙	一 棒		哈！	吃 俺 老 孙	

双手握拳放左肩上　　　　　　　　　打　　双手握拳放左肩上

第六章　奏乐教学

```
                              回原F调
| 5 3 4  5 6 7 | 1̇  0 | 1 1 1 1 | 1 1  0 | 1 1 1 1 1 1 | 1 1  0 |
  一  棒      哈!         打            哈  打         哈!
  双手握拳放肩上 打                     打                      打

                 拉宽
| 1 1 1  1 1 | 1 2  3 4 | 5 4  3 2 |
               妖  怪   别  跑!
               (无动作)
```

| 3̇ - | 4̇ 5̇ | 3̇ - | 3̇.5̇ 1̇.3̇ | 6̇ 6̇ 2̇.4̇ | 7̇ 7̇ 2̇ 5̇ | 3̇ - | 3̇ 5̇ |

师　　傅　　别　　怕!　　　师　　傅　　别　　怕!
拍手　拍手　拍手　拍手　　拍手　拍手　拍手　拍手　拍手

| 3̇ - | 4̇ 5̇ | 3̇ - | 3̇.5̇ 1̇.3̇ | 6̇ 6̇ 2̇.4̇ | 7̇ 7̇ 2̇ 5̇ | 1̇ - | 1̇ 1̇ |

我　们　一　起　　来　　救　　你　啦!
拍手　拍手　拍手　拍手　拍手　拍手　拍手　拍手　拍手

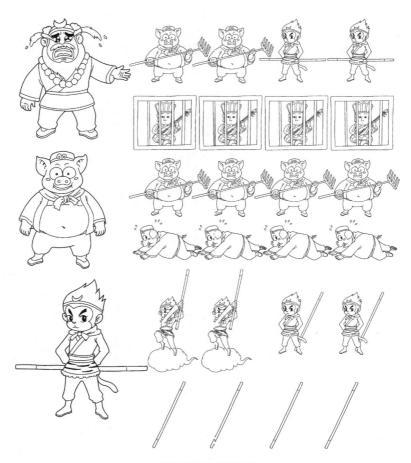

儿歌动作图谱参考

"人机互动"图参考(局部)

活动目标

（1）根据故事情境创编身体动作并能合乐合拍地进行身体律动。

（2）在幻灯片的提示下，感知乐曲结构并创编身体动作，尝试用打击乐器进行演奏。

（3）在演奏中，能够结合角色和情节的发展，控制好自己的乐器。

活动准备

（1）物质准备：

　　① 录音音乐。

　　② 铃鼓、沙锤、三角铁。

　　③ 教学幻灯片。

（2）经验准备：

　　① 熟悉要使用的乐器。

　　② 有分声部合作演奏的经验。

　　③ 熟悉《西游记》的人物和主要的故事内容。

（3）空间准备：幼儿围坐成双马蹄形。

活动过程

1. 故事导入

幼儿初步了解故事内容。

2. 理解情境，创编"动作和语音总谱"，分段匹配合乐

（1）教师跟着音乐有节奏地说故事，幼儿完整倾听、感知音乐，初步了解故事情节的发展。

（2）A段音乐的动作创编——合乐说故事片段的沙和尚部分，并随乐做动作。

　　教师：故事中，沙和尚先喊谁来帮忙？喊了几次？接着又喊了谁？喊了几次呢？你们说得对吗？我们来听一听。

（3）B段音乐的动作创编——合乐说故事片段的猪八戒部分，并随乐做动作。

　　教师：故事中，猪八戒来了之后，一开始他觉得自己很厉害，对妖怪说了什么？（看俺老猪的）可是他又说"不行俺害怕"。谁来学一学，猪八戒一开始很勇敢后来又害怕妖怪的样子呢？

（4）C段音乐的动作创编——合乐说故事片段的孙悟空部分，并随乐做动作。

　　教师：故事中，谁勇敢地出来打妖怪了？（孙悟空）他是怎么说的？（吃俺老孙一棒，哈！）只说了这一句吗？请你们再仔细地听一听，他到底是怎么说的？

（5）完整随乐做"徒手操作动作"。

　　教师：这一次我们完整地跟着音乐一边做动作，一边说一说这个故事吧。

3. 出示乐器，使用乐器分角色演奏

（1）分角色做身体动作。

教师：故事里一共有几个角色呀？现在你们变成沙和尚、猪八戒、孙悟空，师傅被抓走了，你们赶紧去救师傅吧！

（2）出示乐器，探索乐器的演奏方法。

> **注意**：与30年前不同的是，面对有一定集体奏乐经验的幼儿，教师都会直接让幼儿自选乐器。幼儿小组之间有共同意向的可以先协商，然后再让幼儿自己探索乐器的演奏方法，组内协商统一，组间分享交流，最后确定演奏方案。

教师：你们快快商量好，选哪一种法宝。商量好了吗？快把法宝拿走吧！试一试怎样才能发出有节奏的声音，赶走妖怪？

（3）分组请幼儿示范自己角色的乐器演奏方式。

（4）加入乐器演奏。

① 加入乐器演奏。

教师：法宝的使用方法你们会用了吗？我们赶紧去救师傅吧！

② 加入乐器演奏，引导幼儿反思乐器演奏时出现的问题。

教师：哎呀，怎么回事？是不是哪里出现了问题？

> **注意**：这里也有一种新技术，可称为"人机互动"技术，即为了让幼儿有意愿反复练习，幻灯片中表现的"主题任务"便一直不能达到圆满完成的结果。如本例，师傅一直不能够从妖怪的牢笼中解脱出来。前面小班的"勇斗蛀牙虫"活动也使用了这种设计思路。

4. 结束活动

教师：太好了，终于把师傅救回来了。哎呀，天色已晚，我们赶紧找一处地方休息一下，明早再继续出发吧！

案例2　三打白骨精　　（南京　周宁娜）

使能目标阶梯

挑战4	拓展指镲的演奏方式，继续提升游戏难度。	创造性应用	同时面对多种挑战：拓展指镲的合作演奏方法，妖婆变化出更多不同的事物，增加两个卧底的孙悟空等。
挑战3	提供指镲，拓展游戏。	拓展应用	探索指镲的演奏方法，并迁移到随乐表演中。
挑战2	提供木鱼演奏示范，导入"含卧底元素的同向追捉快速反应"游戏。	拓展应用	研究、学习游戏玩法。观察木鱼的演示范奏，想象并表现妖婆会变成什么模样。
挑战1	教师逐步退出，检验幼儿是否能够基本独立地随乐操作。	应用	逐步练习至能够熟练、独立地随乐操作。
动作加音乐2	带领幼儿随乐练习"动作和语音总谱"。	模仿	通过操作，感知动作要素、顺序及重复规律，理解故事、音乐与动作之间的关系。
动作加音乐1	随乐演示"动作和语音总谱"。	观察	感知动作要素、顺序及重复规律，理解故事、音乐与动作之间的关系。
故事	简述故事的主要情节。	理解	情境理解，产生兴趣，明确任务。

游戏玩法

（1）全体幼儿围坐成一个大圆圈，象征孙悟空在地上画出的保护圈。扮演唐僧者坐在圆圈中间，敲击木鱼。

（2）全体幼儿围坐成圆圈，边念儿歌，边演奏指镲，边做相应的表演动作。卧底孙悟空亦与大家一起念儿歌、演奏指镲和做动作。

（3）老妖婆在圆圈外边行走边表演其所变成的某种角色。听到知了的叫声时，开始东张西望，寻找卧底孙悟空。

（4）知了叫声一结束，卧底孙悟空便跳起来追逐老妖婆。

（5）听到敲锣的同时，大家一起喊："定！"不管老妖婆有没有被抓住，都要即刻定住造型。（最好做出突然定住的"狼狈"造型）

（6）听到大家一起说"定"字时，全体幼儿和孙悟空做出金箍棒砸老妖婆的"假动作"，老妖婆做出被打死的假动作。静止4秒钟，大家一起在教师的带领下喊："耶！"

（7）老妖婆爬起来假装偷偷地说："我一定会回来的！"

【动作建议】（参见乐谱后）

百鸟朝凤（片段）

任同祥 曲

$1 = B$ $\frac{4}{4}$

（乐谱）

```
                                                                    快板
| 7 2 5 6 7 6 7 5 6 5 6 2 2 2 7 | 6 7 6 5   #4. 6  5 - | 散板 鸟鸣 | 5. 3  2 2  6  1 2 |
| 6. 1   2 2   6. 3   2 | 6. 3   2   6 3   6 3 | 6. 3   2   1 1 2  3 2 |
| 1 3   2 5   3 2   1 | 3 2   1   6 5   1 | 6 5   1   6 5   1 |
| 6 5   1   5 1 6 5 | 3 5   1   6 5   1 | 1 6   5   6 5   1 |
| 1 6   5   0   0 | 5. 6   7 2   6 5   2 #4 | 5   -   0   0 ||
```

孙悟空打妖怪

传统儿歌

第一部分：

唐僧骑马咚那个咚，后面跟着个孙悟空。（1个8拍做孙悟空的动作）

孙悟空跑得快，后面跟着个猪八戒。（1个8拍做猪八戒的动作）

猪八戒鼻子长，后面跟着个沙和尚。（1个8拍做挑担的动作）

沙和尚挑着箩，后面跟着个老妖婆。（1个8拍做老妖婆的动作，1个8拍做老妖婆走路的手部动作）

第二部分：

接着做：看一看、看一看、瞧一瞧、瞧一瞧的动作。

> **注意**：游戏时，音乐中响起"知了的叫声"，扮演老妖婆者开始表现寻找"卧底—隐藏"的孙悟空。

第三部分：

接着做：跑的动作。

> **注意**：游戏时，"知了的叫声"结束后，扮演孙悟空者接着表现立刻"现身"并开始追击老妖婆的扮演者。在以坐姿练习时，幼儿可做"绕线手"。

结束部分：

教师说："定！"

> **注意**：游戏时，扮演老妖婆者定住不动，以此表现被孙悟空的"定身法"控制住不能移动的情节。在以坐姿练习时，全体幼儿定住不动。

全体一起说："要把鬼怪消灭。"（全体双手做举起金箍棒的动作）

全体一起说:"定!"（做用金箍棒打妖怪的动作）

> **注意**：游戏时，扮演老妖婆者表演"倒地身亡"。

特殊角色选择：
（1）唐僧：教师公开从幼儿志愿者中选择。
（2）老妖婆：教师公开从幼儿志愿者中选择。
（3）卧底孙悟空：主班教师在老妖婆被配班教师捂住眼睛的时候，不发出声音地用手指定一位幼儿志愿者扮演，使扮演老妖婆的幼儿不知道谁是卧底孙悟空。

活动目标

（1）在熟悉儿歌的基础上，学玩游戏"孙悟空打妖怪"。
（2）通过儿歌、动作表演、乐器演奏等提示方法，逐渐丰富游戏玩法。
（3）愿意大胆地在集体面前表演并感受追捉游戏所带来的快乐。

活动准备

（1）物质准备：
　　① 录音音乐。
　　② 木鱼（含敲棒）一个。
　　③ 大锣一面。
　　④ 指镲（每人一对）。
（2）经验准备：
　　① 幼儿已经学会念儿歌《孙悟空打妖怪》。
　　② 幼儿有"丢手绢"之类圆圈同方向追跑的游戏经验。
（3）空间准备：20位以内的幼儿围坐成一个大的圆圈。（直接坐在地上或坐在坐垫上）

活动过程

1. 教师引导幼儿复习《孙悟空打妖怪》的"动作和语音总谱"

师幼尝试随音乐边念儿歌边拍节奏，初次将儿歌与音乐匹配。

> **注意**：幼儿前期有念儿歌的经验，但没有合乐的经验。儿歌中不仅有语言、配合音乐的节律，还匹配了相应的动作，让幼儿在念儿歌的时候更能感受到情趣性和节律性。

2. 探索游戏的玩法
（1）明确游戏中各个角色的不同任务，初次尝试游戏。
　　① 教师扮演唐僧，出示一个木鱼。

教师：我带来一个宝贝，这是儿歌里的谁会用到的？谁会一边敲一边念经？等会儿他要坐在魔法保护圈的中间一边敲一边念经。

② 教师扮演老妖婆。

教师：在魔法保护圈的外面有一个边走边打唐僧坏主意的老妖婆，谁学学老妖婆是怎么走路的？

③ 教师扮演孙悟空。

教师：在我们中间还隐藏了一个专门捉妖怪的孙悟空，可是老妖婆不知道谁是孙悟空，孙悟空会出其不意地出来捉老妖婆，你们要看仔细了。

> **注意**：第一次的游戏，孙悟空其实是由教师担任的，原因是：一方面，幼儿可以通过教师的高级榜样示范，了解孙悟空什么时候出来、老妖婆什么时候逃跑；另一方面，在游戏最后打妖怪的时候，教师与当老妖婆的幼儿可以进行互动表演，帮助其他幼儿熟悉完整的游戏规则与情节。

（2）幼儿游戏，教师根据幼儿游戏的情况及时反馈游戏的规则和玩法。

① 理清孙悟空与老妖婆的追捉关系。

教师：什么时候老妖婆要赶紧逃跑？

教师：老妖婆在逃跑之前要做什么事情？为什么要和大家一起仔细地看？

② 引导幼儿在游戏中自由、创造性地表现自己的角色。

教师扮演唐僧：边敲木鱼边念经。

教师扮演老妖婆：我老妖婆的法术可以变出各种不同的东西，这次我会变出什么呢？

（引导幼儿尝试变出动物、植物、人物、事物等的不同造型）

教师扮演孙悟空：孙悟空什么时候出来捉老妖婆？（引导幼儿发现是在听到知了叫声的时候）

③ 体验完整游戏带来的快乐。

> **注意**：第二次游戏前，教师要帮助幼儿反馈他们刚才观察到的"孙悟空何时追、妖怪何时跑"的具体性规则，为第二次幼儿独立游戏做好准备。在幼儿大致知道游戏的玩法后，于第三次游戏前，教师可以先针对上一次游戏中的问题进行及时的反馈，再对幼儿表演的情况进行进一步的指导。

3. 尝试加入乐器游戏

教师引导幼儿讨论加入乐器后应该如何继续游戏。

（1）加入指镲，尝试边演奏乐器边做游戏动作。

教师：我这里有个可以增加保护圈法力的道具——指镲，带上指镲你们还会做动作吗？

> **注意**：第一次加入乐器指镲演奏，让幼儿知道指镲的打击方式并尝试演奏。

（2）变换指镲的打击位置，尝试边演奏乐器边做游戏动作。

教师：除了拍自己的腿以外，你们还可以拍身体的什么部位？

① 增加摩擦指镲的演奏方式。

注意：第二次演奏提升了演奏方法的难度——摩擦指镲，当然这个有难度的环节可以根据不同班级幼儿的实际情况增加或取消。

教师：在孙悟空追老妖婆的时候，我们可以用我们的道具为他增加法力，一起来试试！

② 变换指镲的打击方式，尝试边演奏乐器边做游戏动作。

教师：这样拍还是会使保护圈有漏洞，那么怎样拍才可以把我们的保护圈暂时封闭起来？

注意：第三次演奏及后续的演奏，因为幼儿是围坐成圆圈的，所以我们尝试让幼儿探索在圈上可以和同伴一起合作打击指镲的方法，这样每位幼儿两臂打开、伸直就可以和旁边的伙伴进行打击奏乐了，而且能丰富幼儿对打击乐器不同演奏方法的认知。

4. **起立并完整地进行游戏**

尝试加入2个孙悟空的角色进行游戏。

温馨提示

（1）这个方案需要两次集体教学才能完成：

① 第一次集体教学：完成前三个流程。

② 第二次集体教学：可能完成全部流程。

（2）幼儿如果能在平时经常反复地玩此游戏，可以不断增进其表演能力。特别是那个变化多端的老妖婆角色，有很大的表演拓展空间。

案例3　苗鼓　　　（长沙　吕　亦）

使能目标阶梯

挑战4	提供高级榜样和拓展思路。	观察拓展	在教师的榜样和思路的启发下，为未来的表演建立新的设想。
挑战3	组织幼儿再次自由探索和表现。	创造性应用	在教师的鼓励下，再次自由探索和表现。
挑战2	组织全体幼儿用"纸卷鼓棒"探索，并在观察后反馈成就与问题。	探索反思	迁移前面积累的经验，探索舞蹈和演奏的方法，在教师的引导下反思成就与问题。
挑战1	邀请个别幼儿展示在鼓上的操作。（实操）	交流模仿	个别幼儿实操，其他幼儿观摩。
动作	组织全体幼儿相互交流学习自己喜欢的相关动作。（徒手）	交流模仿	选择自己喜欢的动作，相互交流和学习。
动作加音乐	随乐示范基础演奏动作。（实操）	观察	感知动作要素以及音乐与动作之间的关系。
故事	简述"人类向猴子学习苗鼓"的故事。	理解	情境理解，产生兴趣，明确任务。

【动作建议】

注意1：此处无法提供乐谱。使用此案例的读者应自行寻找和选择鼓乐作品，以给幼儿作为即兴演奏的背景使用。

注意2：此处亦无法提供动作建议。使用此案例的读者请自行寻找鼓乐演奏的视频，自己先从视频中提取一些幼儿可能有兴趣与有能力模仿的动作，也可以直接提供视频供幼儿自行选择。如，本书第五章"律动教学"中的活动"海草舞""小鸡小鸡"，以及本章中的"神勇小镖师"等活动，都使用了类似的设计技巧。

活动目标

（1）通过更大程度的自主选择学习，尝试自由地使用"纸卷鼓棒"随乐演奏和舞蹈。

（2）能在教师示范的启示、鼓乐音响的支持和学习场地中各种"可能被敲击"的事物的激发下，自由地即兴演奏和舞蹈。

（3）自由地展现自己的心情，亲切热情地相互交流。在空间自由移动时，既注意不影响他人的操作，也不让他人影响自己的操作。

活动准备

（1）物质准备：

① 鼓乐的录音音频。

② 一面大鼓（含鼓架和鼓槌）。

③ 若干对纸卷鼓棒（最好是由比较有韧性的杂志封面纸卷成的）。

注意：A4纸规格，一张即可。最好由教师指导大班幼儿自己来制作。这样做出来的鼓棒软硬适中，既不会敲击出太大的声音，也不会损害被敲击的物体。

（2）经验准备：无须特别准备。

（3）空间准备：

① 全体幼儿围坐成大的半圆。

② 椅子下面由幼儿自己摆放好自己制作的纸卷鼓棒。

③ 半圆座椅前面需要有比较大的活动空间。

④ 场地四周拥有各种日常的教室家具即可，最好能够有两块以上的黑板。

活动过程

1. 故事导入

（1）教师简单介绍大鼓和关于人类向猴子学习苗鼓的故事。

注意：本章中某处已经提供相关民间传说，有心的读者自己去把相关故事找出来吧！

（2）教师随乐展示自己的基础技能。（或提供高手视频片段供幼儿欣赏）

注意：可根据幼儿需要重复几次。

2. 探索动作

（1）鼓励幼儿从中选择自己喜欢的动作。
（2）邀请有意愿的幼儿在集体中模仿展示自己喜欢的动作。
（3）请幼儿提出自己愿意学习，但不是一时就能够学会的动作。
（4）教师选择大家意见比较一致的动作并带领幼儿学习。

注意：以上（1）—（4）环节全部采用徒手操作。

（5）教师邀请一位志愿者使用鼓槌在鼓面上展示自己喜欢的动作。

注意：每次都要鼓励幼儿做不同的动作并反馈其不同在哪些地方。每次一位幼儿，多重复几次。

（6）全体幼儿各自拿出自己的纸卷鼓棒，在场地中寻找可以敲击的物体，自己尝试随乐演奏和舞蹈。教师观察幼儿的探索。

3. 反馈并提供榜样支持

（1）教师反馈幼儿的成就和问题。选出值得大家学习与欣赏的范例，邀请相关幼儿轮流或一起随乐表演。
（2）教师提供高级榜样和拓展思路。

注意1：教师再次随乐展演，主要展演的思路为"传统民间苗鼓舞蹈"的生活和生产劳动模仿动作，如梳头、照镜、绣花、锄地、割稻等，鼓励幼儿将自己的相关经验创编到自己未来的表演中。

注意2：动作结构的思路：可以是模仿动作和敲击动作作为一个整体；也可以做一个模仿动作，再做敲击动作；可以敲击鼓面或鼓身、敲击物体的不同部位，以发出不同的声音；可以两个或多个人合作，同时或错时敲击和舞蹈等。

注意3：以上这些不是在一次活动中都可以要求幼儿做到的，需要持续地锻炼、探索和积累。

温馨提示

（1）特别注意：这也是一个类似"鼓圈"的即兴奏乐游戏。它不是前述的典型奏乐流程，而是另外一种模式，即观察—积累—即兴表演。
（2）"鼓圈"是一种同时具有社交、娱乐、疗愈性质的音乐教学活动模式，通常在专业的社会教育机构进行。由于参与者的音乐学习背景与音乐操作水平各不相同，一般会在活动场地为参与者准备大量各种样式、形制、音色的鼓和其他乐器。由于主要的乐器是鼓，且参与者是围成圆圈进行演奏活动的，所以被称为"鼓圈"。活动中的主导者即兴指挥全体参与人员进行合作演奏。

（3）我们认为：对于生手、新手，特别是幼儿来说，最为重要的是，由于指导者和熟手共同为演奏制造了一个稳定的"音响框架"（或可称"音响背景"），即物理环境；同时还营造了一个亲切温馨的、被人接纳的氛围，即心理环境。所以，幼儿在参与演奏的时候，一般不会产生不必要的身心困扰和压力，能够相对自然舒适地、慢慢地渐入佳境。

（4）在这种活动中，教师的态度非常重要。教师既要随时用自己的热情去感染与调动幼儿的情绪，又要随时用自己的冷静去安抚与控制幼儿的情绪。特别注意：教师不能用要求、命令、奖励、惩罚等手段来控制幼儿的行为。

> **友情提问**
>
> （1）你知道什么是"鼓圈"吗？（如果不知道或不太了解，建议你上网去查找一下）
> （2）为什么教师要采用杂志或画报纸卷成的"鼓棒"？这对幼儿的"演奏"有什么好处？
> （3）为什么教师要提供一个"苗族鼓乐"作为幼儿演奏的背景？这对幼儿的"演奏"有什么好处？

案例4　嘻哈农场　　（南京　陈　雪）

使能目标阶梯

挑战4	指挥全体完整随乐演奏和游戏。	创造性应用	在教师的指挥下，全体完整随乐演奏、表演和游戏。
挑战3	发放乐器，供幼儿协商分配，并组织幼儿探索乐器演奏的方法。	应用	在教师的引导与组织下，协商乐器分配和探索乐器演奏的方法。
挑战2	逐步邀请更多幼儿学习农场主的"动作和语音总谱"，形成双角色互动的模式。	应用	通过操作，进一步感知双声部表演的音响效果，以及双声部合作表演的人机互动效果。
挑战1	在幼儿比较熟悉奶牛的"动作和语音总谱"后，教师加入农场主的声部，形成"双声部总谱"表演模式。	应用	在操作中逐步感知第二声部（农场主声部）进入后的双声部音响效果。
动作加音乐2	带领幼儿随乐练习奶牛的"动作和语音总谱"。	模仿	通过操作，进一步感知第一声部（奶牛声部）的动作要素、顺序及重复规律，理解故事、音乐与动作之间的关系。
动作加音乐1	随乐示范奶牛的"动作和语音总谱"。	观察	感知第一声部的动作要素、顺序及重复规律，理解故事、音乐与动作之间的关系。
故事	简述"奶牛与农场主斗争"的故事。	理解	情境理解，产生兴趣，明确任务。

游戏玩法

（1）A段音乐：

① 第一遍（奶牛吃草）：双手手心对自己，在嘴前一拍一下做吃草状。

② 第二遍（农场主来了）：双手同时在腿上一拍一下地走。

（2）B段音乐：

奶牛说：天哪（双手手臂向上伸直），好冷呀（手臂屈肘，双手握拳放胸前不动，做"喊冷"状）。

（3）C段音乐：

① 1—8小节。奶牛说毛毯；农场主说牛奶（一个字一拍，同时说8次）；奶牛与农场主同时（手臂向胸前伸直，双手做握拳、放开的动作，一拍一下）做要东西状。

② 9—12小节。两个角色同时说：不给、不给、不给（双手放在胸前，手心向外，左右晃动三次）。嗯……哼（"石头剪刀布"的动作）。如果农场主赢了，奶牛就把牛奶罐里的牛奶倒给农场主；如果奶牛赢了，农场主就将整个身体变成一张毛毯，拥抱奶牛；如果农场主和奶牛出的一样（平局），就相互击掌。

【动作建议】（同游戏玩法）

歌剧2

[俄罗斯] 维塔斯 曲

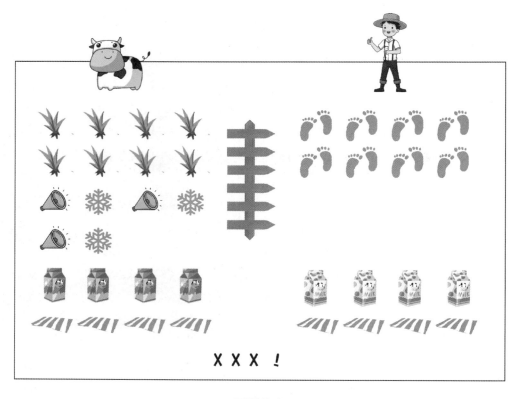

图谱参考

（图左是奶牛，图中是栏杆，图右是农场主）

【配器建议】

（1）A段音乐。

第一遍（奶牛）：一拍一下敲击铃鼓。第二遍（农场主）：一拍一下敲击奶粉罐。

（2）B段音乐。奶牛手上举摇铃，两拍后放胸前定住不动。

（3）C段音乐。双角色同时。

（奶牛）一拍一下敲击铃鼓。（农场主）一拍一下敲击奶粉罐。

活动目标

（1）在熟悉乐曲旋律、感受相应故事之后，分角色用动作和乐器按照一拍一下的节奏表现奶牛吃草和农场主散步的动作，并用一定的语音与动作、器乐节奏表现音乐中的争执与幽默。

（2）通过观察图谱，在与教师合作游戏的过程中，明确两个角色的不同语令及身体、乐器的动作，迁移生活经验，用"石头剪刀布"的游戏表现争执的情节。

（3）努力在游戏情境中与团队商量并执行决定，感受团队游戏的乐趣。

活动准备

（1）物质准备：
  ① 与音乐、儿歌相匹配的图谱一张。
  ② 骰子一个。
  ③ 铃鼓、奶粉罐若干。（数量各为幼儿人数的一半）
（2）经验准备：已经初步熟悉了音乐、故事、儿歌及角色"奶牛"的表演动作。
（3）空间准备：幼儿分成两组，围坐成半圆。在两组幼儿之间空出稍大一些的距离，以表示不同的"角色阵营"。

活动过程

1. 幼儿倾听教师简单讲述故事，感受两种角色之间的争斗

教师：寒冷的冬天，一群奶牛正在吃草，它们吃呀、吃呀、吃呀、吃呀，这时农场主抱着奶罐走来了，走呀、走呀、走呀、走呀。一阵风吹来，奶牛会对农场主提出什么要求，又会发生什么事情呢？

2. 教师和幼儿共同分角色感受音乐及角色之间的矛盾

（1）教师和幼儿共同随乐做农场主的动作，幼儿了解奶牛的要求。
  教师：奶牛说天气怎么啦？奶牛提出要什么东西？
（2）幼儿做奶牛，教师做农场主，分角色游戏。
  教师：奶牛提出了这么多的要求，那么农场主会提出什么要求呢？你们做奶牛，我做农场主，我们一起听听、看看、做做。

> 注意1：教师关注幼儿是否能准确合乐做奶牛的动作，同时引导幼儿关注农场主的动作和语令。
> 注意2：当有幼儿不清楚节奏和动作时，教师可以提醒幼儿关注图谱。

3. 幼儿逐步加入农场主的角色，形成小组分角色随乐游戏

（1）教师投掷骰子，逐步邀请幼儿担任农场主的角色，与同伴互动，感受音乐。
  教师：我一个农场主势单力薄，现在邀请了一些其他的农场主和我一起游戏。
  在随乐动作结束后，教师"投掷骰子"，骰子数字是几，就邀请几位小朋友成为农场主和同伴互动。

> 注意：教师这里使用了类似点兵点将的"随机游戏"，来决定如何逐渐增加参与练习农场主的人数。

（2）教师根据幼儿人数情况投掷骰子，直至农场主和奶牛角色的人数基本相等。

第六章 奏乐教学 | 327

4. 出示奶粉罐和铃鼓，分配乐器并探索使用方法

（1）幼儿根据角色需要分配乐器。

　　教师：农场主想要什么？哦，那他们就用奶粉罐。奶牛就用剩下的什么乐器？

（2）幼儿探索乐器的使用方法。

　　教师：农场主一下一下地奏乐，奶牛一下一下地吃草，这可以怎么演奏呢？大家试试看。

　　教师：天啊，好冷啊，奶牛应该怎样用铃鼓呢？大家试试。

（3）在尝试结束后，教师引导与组织幼儿分享自己的发现。

5. 幼儿看教师指挥，用乐器演奏

过程略。

6. 累加"剪刀石头布"的游戏

（1）教师示范游戏玩法。

（2）幼儿相互做胜、负和平的动作。师幼共同随乐一对多地进行游戏。

（3）分组游戏。分胜负的方式，主要是看领头幼儿的胜负情况。

> 注意：如果幼儿游戏的情况和小组合作的经验较好，也可以小组商量：在"剪刀石头布"环节，大家统一出什么？在合作随乐玩游戏时，幼儿按照输赢的结果，做相应的动作。

温馨提示

（1）特别注意：本活动使用的是"在主要声部之上层层累加"的模式。

> 注意：理论说明参见本章"专题分析"。

（2）区域延伸：在后续的区域游戏中，幼儿可以面对面地站成两列，在移动行进的过程中演奏，并进行"剪刀石头布"的游戏。教师也可以让幼儿选择自己喜欢的队形，组织游戏。

（3）特别注意：在拥有两个角色互动的设计中，通常需要设计一个主导的角色（动作一贯到底），一个配合的角色（动作与主导的角色有时是相同的，有时为简单的对应）。

　　① 在学习流程中，先学习主导角色，等主导角色熟悉了，再加一边做主导角色一边感知教师操作的配合角色。

　　② 全体学习配合角色。

　　③ 全体操作配合角色，同时感知教师操作的主导角色。

　　④ 幼儿分成两组，两种角色配合操作。

　　⑤ 幼儿两两结伴，分角色配合操作。

> 注意：在必要时，流程还可以分得更加细致，教师还可给予更多支持。

案例5-1　赛马1

> 提示：以下是第一课时律动的教学方案。

使能目标阶梯

挑战4	即兴指挥幼儿完整随乐表演，基本完成"动作和语音总谱"的建构。	创造性应用	在教师的即兴动作指挥下，完整随乐进行表演游戏，基本完成"动作和语音总谱"的建构。
挑战3	带领幼儿练习扬鞭催马和立马扬鞭的部分。	观察练习	在教师所演唱的A、E部分音乐的伴随下，跟随教师练习扬鞭催马和立马扬鞭。
挑战2	引导与分享如何休息并尝试完整地随乐即兴表演。	即兴创编表演	为D场景（休息）准备相关即兴表演内容并尝试随乐即兴表演。
挑战1	引导幼儿分享如何看风景并尝试完整地随乐即兴表演。	即兴创编表演	为B场景（看风景）准备相关的即兴表演的内容并尝试随乐即兴表演。
音乐	带领幼儿随乐练习C段音乐的"动作和语音总谱"。	练习	在教师的支持下，幼儿领袖带领全体随乐（"如歌行板"）练习创编出的三套动作。
动作	引导幼儿创编C段音乐"如歌行板"部分"欢乐草原生活"的动作。（"AABB"或"ABAB"结构）	引导创编	为C段音乐"如歌行板"部分的三个不同场景各创编两个表演动作。
故事	简述情境表演的流程。	理解	情境导入，引发兴趣，明确活动表现的情境。

【动作建议】

前奏：等待。
A段音乐：扬鞭催马。
B段音乐：看风景。
C段音乐：欢乐的草原生活。
D段音乐：休息。
E段音乐：扬鞭立马。

提示：音乐请见案例5-2中的《赛马》（片段）。

活动目标

（1）学习跟随音乐，表现骑马、看风景、劳动娱乐、休息和回家等系列场景。
（2）借助教师的提示，创编各种劳动娱乐的表演动作，即兴表演看风景和休息的情境。
（3）借助教师的指挥，合作随乐完整表演，体验热烈的音乐和激情的表演所带来的乐趣。

活动准备

（1）物质准备：我国蒙古族人民在草原上生活的相关场景图片或幻灯片。
（2）经验准备：幼儿事先有了解过我国蒙古族人民在草原上生活的相关经验。
（3）场地准备：幼儿围成一个大半圆。

活动过程

1. 欣赏教师提供的图片，谈论并分享相关经验

教师：我们今天有幸来到了美丽的内蒙古大草原。我们可以骑着马去看看风景，再去看一看那里的人们都在做些什么事情，热情的蒙古族叔叔阿姨还为我们准备了丰盛的食物和快乐的游戏，最后我们还可以体验骑着马儿站立起来欢呼时的那种非常激动的感觉！

2. 教师引导幼儿为C段音乐创编三个不同劳动场景的表演动作

（1）教师提供草原生活场景的图片。

　　教师：现在请看我国蒙古族人民的幸福生活，如骑马、跳舞、砍柴、挤奶、剪羊毛、射箭、摔跤、喝酒、跳舞、拉马头琴等。

　　教师：我们可以用怎样的动作来表现这些场景呢？

注意：幼儿可能对草原生活的相关经验比较缺乏，即便有一点经验，也是既不清晰又不稳定，非常难于提取，更难于进行表征的。所以教师必须给他们提供草原生活的图片、视频，帮助有经验的幼儿回忆，帮助无相关经验的幼儿了解。

骑马

跳舞

游戏中的蒙古族儿童

砍柴的蒙古族老人

草原风光

蒙古包

（2）幼儿用动作和语言表达他们的想法，教师将事先准备好的小图片放在磁性黑板上。

① 教师：我们可以选择六张图片（骑马、跳舞、拉马头琴、摔跤、剪羊毛、射箭），并把它们分成三组，谁愿意上来为第一组选择两张图片？

② 教师：（面对第一位幼儿志愿者）你能够告诉大家怎样用动作来表现这两张图片上的事情吗？

③ 教师：哦，你想先骑马，然后再剪羊毛对吗？好，现在我来唱旋律给你伴奏，你来给大家表演一下。（同样的流程重复3次）

（3）集体练习C段音乐中三种场景的动作表演。

> **注意1**：此环节的重点在于，三位幼儿志愿者轮流担任领袖，带领全体幼儿随乐练习创编出来的动作。教师必须随时根据领袖幼儿的情况给予帮助，使幼儿形成乐句的感觉。每遍音乐四个乐句，必须一个乐句或两个乐句换一次动作（ABAB或AABB）。
>
> **注意2**：一般来说，教师提出任务时，不适合用语言间接表述的方法，而应该用图示直接展示的方法。奥尔夫教师在教师培训中经常使用节奏卡片、结构卡片和语词卡片，如"渔夫"活动中的配器图谱都是使用此种技术的优秀范例。

ABAB 结构

AABB 结构

A（ab）A（ab）B（cd）B（cd）结构

（4）三位幼儿领袖从一至三报数，按照顺序带领全体幼儿连贯练习三个场景的表演动作。

（5）教师随机用动作邀请幼儿领袖。（幼儿领袖需要快速反应，随时准备开始自己的表演动作——带领工作）

3. **教师引导幼儿即兴创编看风景的动作并尝试随乐即兴表演**

（1）教师提供图片引发或补充幼儿的相关经验。

教师：我们来看看，图片上都有哪些美丽的风景？你们是怎样来看风景的呢？

（2）幼儿自由用动作表现，教师给予反馈并总结。

（3）教师哼唱B段音乐的乐谱，为幼儿的表演伴奏。

> 提示：在这里，引导幼儿表现有两种思路：一是用怎样的姿态来看。比如站、蹲、跪、坐、卧、躺，还是和他人一起？二是看见了什么云？是山、水、草、花、鱼或鸟？

4. **教师引导幼儿即兴创编休息场景的动作并尝试随乐即兴表演**

流程转为D段音乐的休息场景，即兴表演重复一次。内容为：餐饮、游戏、闭目养神、说悄悄话等。

5. **教师带领幼儿练习A、E段音乐的扬鞭催马和扬鞭立马的动作表演和嗓音表演**

幼儿练习喊"驾"和学习模仿马嘶声。

（1）A段音乐：每个乐句的第一拍做挥鞭动作，同时喊"驾"。

（2）E段音乐相同，在最后结束的长音时模仿马嘶声并做立马姿态，然后做挥鞭动作，同时喊最后一声"驾"。

> 提示：该环节的关键不在于幼儿而在于教师。当教师能高度熟练地用动作指挥幼儿进行表演的内容转化时，幼儿便能够享受活动的自由和流畅。

6. 幼儿跟随音乐，听教师发出的动作和嗓音信号，进行完整随乐表演游戏

温馨提示

（1）教学变式：当幼儿对此游戏熟练后，教师还可以增加打击乐器的演奏，如部分幼儿奏乐，部分幼儿舞蹈。

（2）活动延伸：该活动也可以作为家长开放日或节日的演出节目。

案例 5-2　赛马 2

> 提示：以下是第二课时律动的教学方案。

使能目标阶梯

挑战 5	组织少数幼儿志愿者在乐器的伴奏下随乐表演舞蹈。	创造性应用	少数幼儿志愿者在大家演奏的乐器伴奏下随乐表演舞蹈。
挑战 4	组织创编扬鞭骑马的基本动作。	拓展应用	在教师的组织与引导下，创编扬鞭骑马的基本动作。全体练习将此动作融入完整律动。
挑战 3	指挥幼儿用乐器随乐完整地演奏。	应用	在教师的指挥下，用乐器随乐完整地演奏。
挑战 2	组织大组交流，反馈最终的演奏方案。	创造	在教师的组织与指导下，大组交流与协商最终的演奏方案。
挑战 1	组织与指导幼儿分组协调乐器分配，探索乐器演奏的方法。	探索	在教师的组织与指导下，分组协调乐器分配，探索乐器演奏的方法。
音乐加动作	带领幼儿复习"动作与语音总谱"，即上一课时律动表演的最终完整模式。	练习	在教师的带领下，复习"动作与语音总谱"。
故事	引导幼儿回顾主要表现情节。	理解	情境理解，产生兴趣，明确任务。

【配器建议】

赛马（片段）

1 = F   2/4

黄海怀 曲

奔放、热烈地

(Sheet music for 赛马 ensemble arrangement)

（1）A段音乐：所有乐器演奏者在说"驾"的同时齐奏一次。
（2）B段音乐：所有能够奏出散响效果的乐器持续演奏。

注意：乐句之间需要停下呼吸。

（3）C段音乐：（相当于"如歌的行板"重复了三次）分成三组，每组负责演奏一遍。

注意：教师可以提供常规乐器，如碰铃、响板、铃鼓，也可以提供其他的乐器。节奏可以按照乐谱提示，也可以另设其他。

（4）D段音乐：全体休止。
（5）E段音乐：所有乐器演奏者在说"驾"的时候齐奏一次。

另外，教师可以在自己的双手上戴手腕铃，同时此双响筒在A、E两段音乐持续演奏八分音符，以象征骏马奔驰。

活动目标

（1）重点尝试如何将律动表演转换成奏乐表演。
（2）在教师的辅导下为C段音乐配器，并将图标器填入图谱。
（3）重点学习如何在小组内协商配器方案。

活动准备

（1）物质准备：
　①录音音乐。
　②各种乐器。（数量应超过幼儿的总人数）
　③配器图谱框架和充足的乐器小图标。

配器图谱框架示意图：
（1）每个小组一张图。
（2）一共四张图，由幼儿小组自己选择。
　①配器图谱1表示：4个乐句音色节奏相同。
　②配器图谱2、3表示：第一、三乐句相同，第二、四乐句相同。
　③配器图谱4表示：第一、二乐句相同，第三、四乐句相同。

提示：序号表示第几乐句，颜色表示重复或变化。幼儿设计时，只需要将乐器的图标粘贴在相应的矩形中即可。

配器图谱1

配器图谱2

配器图谱3

配器图谱4

④ 在同一条矩形中，如果放一种乐器的图标，表示一种乐器演奏。

⑤ 在同一条矩形中，如果放多种乐器的图标，表示多种乐器一起演奏。

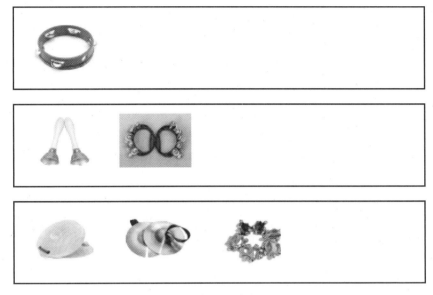

乐器小图标

（2）经验准备：

① 熟练掌握第一课时的律动表演游戏。

② 有分小组自主协商合作学习的经验。

③ 有在教师的组织与引导下参与建构配器方案的经验。

（3）空间准备：

① 幼儿围坐成大的半圆。

② 将座椅分成三组，摆成"品"字形。

活动过程

1. 复习"动作和语音总谱"

过程略。

2. 分组，选择乐器和选择结构框架图

（1）教师轮组辅导幼儿协商配器方案。

（2）教师轮组辅导幼儿练习演奏方案。

（3）三个小组轮流展示，其他组提出建议。

（4）再次分组修改，完善练习方案。

3. 教师指挥完整随乐演奏

过程略。

4. 再次复习律动表演

5. 组织幼儿随乐演奏

(1) 组织幼儿重新将椅子摆放成"品"字队形。

(2) 集体随乐演奏乐器,少数志愿者表演律动,合作表演。

> **注意:** 这其中最为困难的部分在第2个环节。一般可能需要主班、配班教师和参与观摩的某位内行教师共同辅导,但又不是代替幼儿思考和决定。

温馨提示

(1) 这是应用了大量"休止"的配器案例。(之后将在"送我一朵玫瑰花"的案例中,再次应用到这一配器技巧)

(2) 从理论上说,并不是说奏乐的配器方案与所用音乐作品完全一致,就是好的配器方案。在奥尔夫老师提供的配器原则中,与主旋律节奏完全一致的配器编排,反而是不允许的。一般有以下方案:

① "相辅相成"方案。使用明确的、能强调出原有节奏特点的"补充与丰富"思路。

② "相反相成"方案。使用"你紧我松"的反向配合思路。

③ "留白"方案。适当地使用休止,突出需要强调部分的特别效果。

(3) 在这个案例中,原创教师所做的特别设计为:先请各小组的幼儿自己选择想要演奏的乐器;自己在小组内部协商配器方案,在教师提供的图谱框架中填入最终确定的配器方案的图标;自己多次练习达到熟练;最后再将自己的演奏融入整体演奏当中去。这是一种高度自主的教学方案。但若幼儿没有经长期锻炼而获得的自主学习基础,教师没有高超的现场教学把握能力,便是不能够完成的。

案例6　大中国　　　（南京　方　芳）

使能目标阶梯

阶段	内容	类型	说明
挑战4	挑战幼儿作为领袖即兴示范两个动作（AABB或ABAB结构）的"动作组合"，提取使用"库存语汇"。	创造性应用	为了面对即兴随A段音乐做两个（AABB或ABAB结构）"动作组合"的挑战而现场提取使用"库存语汇"。
挑战3	辅导幼儿整体随乐表演的同时加入"变异抢椅子"游戏和"领袖模仿"游戏。	拓展应用	完整跟随音乐，玩"变异抢椅子"游戏加"领袖模仿"游戏。
挑战2	演示并辅导幼儿带头人独立在A段音乐即兴做一个示范动作。	迁移应用	迁移原有游戏经验，抽取现场新建"动作语汇库"中的动作语汇，结合新音乐练习"领袖模仿"游戏的玩法。
挑战1	累加"变异抢椅子"游戏，选择"领袖模仿"游戏的带头人。	迁移应用	迁移原有经验，结合新音乐练习"变异抢椅子"游戏的玩法。
动作加音乐2	反复引导幼儿为具体的美丽风光创编动作，然后用"加入—替换"的方式帮助幼儿进行"现场建库"。	创编模仿	不断创编关于美丽风光的动作，相互学习，现场建构相关的"动作语汇库"。
动作加音乐1	引导幼儿创编加油动作，然后加入整体随乐练习，同时进一步感知歌曲中关于美丽风光的歌词。	感知理解	进一步感知歌曲，创编加油动作，重点了解关于美丽风光的歌词的内容，准备"现场建库"。
故事	引导幼儿用随乐踏步的方式，初步了解歌曲的歌词大意。	感知理解	情境引入，引发兴趣，明确任务，感知歌词大意，准备"现场建库"。

游戏玩法

（1）这不是一个典型的情境表演游戏，却一直有一个任务情境贯穿始终，那就是帮助住在海外的中国小朋友创编一套介绍中国美丽风光的演说词。教师仍旧需要很认真地来将这一逻辑"天衣无缝"地一以贯之。

（2）这是一个包含了"传递"游戏和"领袖模方"游戏规则在内的游戏。每位领袖需要独立选择刚刚建构出的"动作语汇库"中的动作元素，即兴带领大家做游戏。这非常具有挑战性。

（3）在这个活动中，"变异抢椅子"特指：教师在一张椅子后面插了一面导游小助手使用的小国旗，谁在行走音乐结束后正好走到该位置并坐下，谁便是下一次活动的导游小助手。

（4）与"赛马"活动相类似，这也是一个要从律动模型迁移到奏乐模型的、需要至少两个课时来完成的系列教案。

【动作建议】

大中国

1 = G 4/4

热烈 奔放

高枫 曲

（1）在A段音乐处做"领袖模仿"游戏，领袖即兴做表现中国美丽风光的造型动作。（每个乐句做一次）

（2）在B段音乐处做"加油动作"。

（3）在C段音乐处做"传递"游戏，传递导游旗帜，得旗帜者为新领袖。

（4）特别注意：表现"祖国美丽风光"的动作来源可参考以下几点。

　　① 根据歌词内容创编。

　　② 集体共同反复建构出"动作语汇库"。

　　③ 领袖在即兴表现时可以自由取用"库"中的动作语汇。

歌词：高枫　词

A段：

我们都有一个家，名字叫中国。

兄弟姐妹都很多，景色也不错。

家里盘着两条龙是长江与黄河呀。

还有珠穆朗玛峰儿是最高山坡。

我们都有一个家，名字叫中国。

兄弟姐妹都很多，景色也不错。

看那一条长城万里在云中穿梭呀，

看那青藏高原比那天空还辽阔。

B段：

我们的大中国呀，好大的一个家。

经过那个多少那个风吹和雨打。

我们的大中国呀，好大的一个家。

永远，那个永远，那个我要伴随她。

C段：

中国祝福你！你永远在我心里！

中国祝福你！不用千言和万语！

活动目标

（1）感知音乐的"ABC"结构，尝试跟随音乐进行表演、游戏。

（2）借助图片提示，为A段音乐创编"AB"结构的动作组合。根据"合乐""上下肢联合动作""别人能否看懂"三个标准,尝试自评、互评,进行自我完善。

(3)愿意尝试独立在集体面前当领头人,带领大家表演。

活动准备

(1)物质准备:

① 与歌词内容相对应的图片。

家里盘着两条龙是长江与黄河

看那青藏高原

看那一条长城万里在云中穿梭

景色也不错

还有珠穆朗玛峰

② 结构总谱。

我们都有一个家　　　　　　名字叫中国　　　　　　兄弟姐妹都很多

景色也不错　　　　　　家里盘着两条龙是长江与黄河

还有珠穆朗玛峰　　　看那一条长城万里在云中穿梭　　　看那青藏高原

③ 录音音乐《大中国》。

（2）经验准备：无须特别准备。

（3）空间准备：坐椅子上并排成圆形。

活动过程

1. 教师讲述故事，引起幼儿对歌曲的兴趣

教师：茜茜从加拿大打来电话，她要用一首名为《大中国》的歌向她的加拿大小伙伴介绍我们中国。她准备先介绍中国的风景名胜，再为中国加油，最后学解放军走路，展示中国解放军的雄姿。你们觉得为中国加油可以做什么动作呢？

2. 幼儿完整倾听音乐，跟随教师做"加油"和"解放军走路"的动作，感知音乐结构

（1）运用幼儿创编的加油动作，完整欣赏一遍歌曲。

　　教师：我们一起来听一听这首《大中国》，歌里介绍了中国的哪些风景名胜，然后，我们再一起为中国加油。（末尾处齐声说"中国，我爱你！"）

（2）再创编一个加油的动作，进一步熟悉歌曲。

　　教师：歌里介绍了中国的哪些风景名胜？

教师：在歌曲的最后，我说了一句什么话？（集体练习）等一下再听听，我在什么时候说的这句话？（之后集体练习2遍）

教师：你们还可以做什么动作为中国加油？

3. 鼓励幼儿倾听A段音乐歌词，为A段音乐创编表演动作

（1）倾听歌词，创编A段音乐的两个表演动作。

教师：这首歌还介绍了哪些中国的风景名胜？刚刚你们说了这么多风景名胜，可是外国人听不懂中文，怎么办呢？

> 提示：用动作告诉外国人。幼儿说出一个，教师出示一张图片，并介绍该风景的著名之处在哪里。

（2）教师用"啦——"哼唱旋律，练习使用创编的动作两遍。

（3）用刚刚创编的两个动作，听音乐完整表演。

（4）再次听音乐，听出其他歌词，并创编两个动作。集体跟随音乐表演。

教师：还听到什么风景名胜？用什么动作来介绍这处风景呢？

（5）鼓励幼儿创编下肢动作。

① 教师：刚刚都用手臂做动作，你的脚会跳什么舞步呢？

②（幼儿站起来练习）教师：请站在"家门口"做动作！

③ 再次创编上、下肢联合动作，完整地进行游戏。

（6）邀请"小助手"（领头人）带领大家一起表演。

教师：谁愿意当小助手？刚刚我们创编了那么多的动作，你可以从刚刚创编的动作里挑选两套动作，也可以自己再创编两套动作向外国人介绍中国，你准备做哪两套动作？

教师：你需要我们和你一起先练习吗？（如幼儿说不需要练习，教师清唱为他伴唱）

> 注意：这些提醒非常重要！

教师引导反思评价：你觉得他创编的动作怎么样？合乐吗？能看出来他介绍的是哪两处风景吗？手上和脚上都有动作吗？

> 注意：这些提问非常重要！

4. 通过"玩抢椅子"游戏，找出下一位"小助手"，鼓励幼儿大胆地创编A段音乐的动作

（1）介绍游戏玩法，在音乐C段处沿着椅子外围学解放军踏步走，在倒数到"1"时抢椅子，坐到贴有国旗椅子的幼儿成为下一轮的"小助手"，带领大家继续游戏。

（2）教师清唱C段音乐，帮助幼儿明确游戏玩法。教师引导幼儿围着椅子学解放军走路、抢椅子，找出下一轮的"小助手"。

教师：我们来试一试，先站在椅背前，逆时针学解放军走路。起步——走。看看谁的椅背上有国旗？

教师：你准备做哪个动作？想一想手上做什么动作，脚上做什么动作，你需要先练习一下吗？

（3）评价"小助手"的动作。

教师：你觉得他这个"小助手"做得如何？（重复2—3次游戏）

（4）回归故事主题，教师代表茜茜小朋友感谢幼儿对她的帮助。（略）

温馨提示

（1）《3—6岁儿童学习与发展指南》中的艺术领域提出，5—6岁的幼儿"能用律动或简单的舞蹈动作表现自己的情绪或自然界的情景"，因此本活动设计了一节根据歌词创编动作的律动活动，并鼓励幼儿在集体中将自己的创编进行表演。我们先集体讨论、共同创编，现场建立"动作语汇资源库"，让幼儿积累大量创编动作的经验。之后，幼儿运用"动作语汇资源库"中的创编动作在集体中表现，这降低了创编的难度，提高了幼儿独自表演时的自信。同时，在活动过程中，幼儿通过与同伴共同自评、互评，可不断自我完善创编的动作。

（2）这是一个在基础律动结构框架上层层累加的教学流程模式范例：

① 完整随乐模仿"解放军走路"；初步感知整体结构和气质。（模糊）

② 随乐加入创编出的"加油动作"；澄清A段音乐中关于"祖国美丽风光"的歌词内容。

③ 反复创编不同的表现"祖国美丽风光"的动作，建立"动作语汇库"；同时反复替换A段音乐的动作，反复随乐进一步练习。

④ 迁移"传递"游戏的经验，加入C段音乐，整体练习。

⑤ 迁移"领袖模仿"游戏的经验，加入A段音乐，整体练习。

注意：领袖仅需要重复使用"一个动作语汇"。

⑥ 挑战领袖：反复使用"两个动作语汇的交替"。

（3）"现场建库"在这里是一个新的非常重要的概念，特指在集体教学过程中，教师根据具体的学习任务，指导幼儿现场收集、创编、练习、积累各种表现语汇（语词与动作、结构与概念等），为当场或日后从"库"中调取使用而进行储备的教学模式。

（4）请注意："现场建库"的教学技巧，来自"为幼儿的创造性表达补充、拓展必要的语汇和策略"的思考。它与"从模仿到创造"的奥尔夫音乐教学理念是完全相互匹配的。前面"赛马"活动的第一课时律动教学范例中，使用了大量我国内蒙人民的生活场景图和结构框架图，是一种"现场建库"的操作；前面律动活动案例"小鸡舞"通过观察视频学习与模仿，相互交流心得，这里的动作模仿也是一种现场建库的典型操作。

（5）特别任务：请读者衔接并迁移已经初步与大班幼儿共建出的基础动作模式——"动作总谱"，设计一个第二课时的打击乐器演奏教学方案。

① 先设计一个演奏"配器方案"。

　　a. 在结构的哪些部位（前奏、间奏、尾奏，A段、B段、C段）；

　　b. 使用什么样的重复变化规律；

　　c. 使用哪些乐器的音色；

　　d. 使用什么样的节奏型。

② 将配器方案转换成：动作、语音、图形"总谱"（可以是其中一种，也可以是两种或三种的结合）。

③ 规划并填写：一份"使能目标阶梯"。（左栏写教师行为，右栏写幼儿行为）

④ 将"使能目标阶梯"拓展并细化成完整教学方案文本：目标、准备、过程和特别提示（或说明）等。

> **友情提问**
> （1）你知道"现场建库"是什么意思吗？
> （2）"现场建库"的教学流程是怎样的？
> （3）教师在指导"现场建库"时要坚持什么"工作原则"呢？

提示："现场建库"的基本原则如下：① 幼儿中有一个建议可以使用立刻采纳，不要再追问"还有什么不同意见"；② 采纳后立即带领全体幼儿随乐练习；③ 达到一定的积累量时，要进行回顾和小结；④ 最后还要选择合适的时机鼓励与引导幼儿随机自由选用"建库"所得"识记"进行即兴表达。

四、适合教师自我培训使用的案例

 案例1　狮王进行曲　　（中国台湾奥尔夫老师提供）

使能目标阶梯

挑战4	指挥幼儿使用乐器分声部完整地随乐演奏。	创造性应用	看教师的指挥,使用乐器进行分声部完整随乐演奏。
挑战3	指挥幼儿将分声部徒手练习的"动作和语音总谱"模式迁移到"徒手乐器模仿动作"模式中。	迁移应用	完整随乐徒手进行"乐器模仿动作"模式的练习。
挑战2	指挥幼儿分声部徒手练习"动作和语音总谱"模式。	迁移应用	完整随乐分声部徒手练习"动作和语音总谱"模式。
挑战1	带领幼儿随乐按照"动作和语音总谱"模式进行练习。	模仿	通过操作,进一步感知动作要素、顺序及重复规律,理解故事、音乐与动作之间的关系。
动作配音乐	引导幼儿创编相关动作和语音。	创编	在教师的指导下,参与"动作和语音总谱"的创编。
音乐配图谱	教师随乐"指图谱"。	观察	感知动作要素、顺序及重复规律,理解故事、音乐与动作之间的关系。
故事	简述"狮王和狐狸"的故事。	理解	情境理解,产生兴趣,明确任务。

第六章　奏乐教学 | 349

【配器建议】(参见乐谱)①

狮王进行曲

1 = C 2/4

[法国] 圣-桑 曲

① 乐谱中的符号释义： ——大鼓、大镲(或吊钹)   ——大鼓   ——圆舞板、碰铃
——编制上的全部乐器   ——编制上的摇响乐器

活动目标

（1）初步熟悉音乐，欣赏音乐的气质和趣味；了解、理解音乐的结构，比较准确、自然和有表现力地随录音音乐演奏。

（2）根据故事和图谱的提示，参与创编"动作和语音总谱"。

（3）学习看指挥演奏和指挥他人演奏；努力协调自己与集体在速度、力度、节奏等方面的关系，感受相互配合创造美好演奏效果的乐趣。

活动准备

（1）物质准备：
　　①录音音乐。
　　②图形总谱。
　　③基本乐器：铃鼓、碰铃、响板。（每种数量为幼儿总人数的三分之一）
　　④大鼓和吊钹（或大镲）。

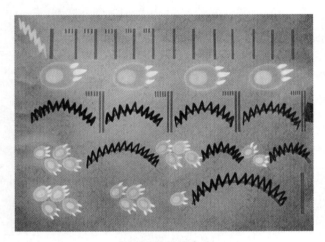

感知图谱总谱参考

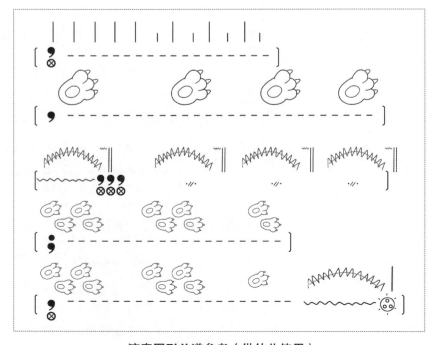

演奏图形总谱参考（供幼儿使用）

（2）经验准备：

①具有集体奏乐经验，以及对基本乐器的演奏经验。

②利用变通的"图形总谱"进行学习的经验。

③参与创编"变通总谱"的经验。

（3）空间准备：幼儿围坐成双马蹄形。

注意： "变通总谱"是相对"通用总谱"，也就是常用的简谱和五线谱来讲的一种特殊乐谱。由于"通用总谱"的认知方式和认知过程都比较复杂，它不但不能对幼儿整体感知音乐的过程有所帮助，反而会人为地增加幼儿的认知负担，减少幼儿参与音乐学习的乐趣。但是，若不用总谱，幼儿学习中的感知、理解、记忆负担又太重。"变通总谱"正是为了解决上述矛盾而被创造出来的。目前在幼儿园经常被使用的"变通总谱"主要有三种，即"图形总谱""动作总谱""语音总谱"。但在实际使用时，通常是用它们的混合模式。而且，任何一种模式最终都会过渡到动作模式。因为奏乐是必定要用动作来操作乐器的。奥尔夫音乐教学的经典"声势表演"模式，实际上就是一种动作和语言混合的模式。而"图形总谱"对于幼儿学习者的认知、理解和记忆会有非常重要的帮助。

活动过程

1. 欣赏音乐戏剧性的气质，熟悉音乐的结构

（1）用讲故事的方法帮助幼儿了解音乐中的五种形象：吹号、狮王走路、狮王吼叫、其他动物走路、发生严重事情。

（2）倾听配乐故事，引导幼儿将故事中的形象与音乐中的形象一一匹配。

2. 创造"变通总谱"

（1）教师邀请幼儿将故事中的形象与音乐中的形象一一匹配，引导幼儿创造相应的"图形总谱"。

（2）教师邀请幼儿将图谱中的形象、音乐中的形象与身体的表演动作一一匹配，引导幼儿创造相应的"动作和语音总谱"。

3. 进一步感知和理解音乐的气质和结构

（1）教师使用"随乐指图"的方法，帮助幼儿进一步感知和理解音乐的气质和结构。

（2）教师辅导个别幼儿轮流指图，其他幼儿做完整随乐"动作和语音总谱"模式练习。

4. 逐步过渡到乐器实操演奏

（1）教师出示"演奏图形总谱"，与幼儿讨论其中符号的含义。

（2）教师指图，全体幼儿随乐分声部徒手练习乐器模仿动作。

（3）个别幼儿轮流指图，其他幼儿随乐分声部徒手练习乐器模仿动作。

（4）脱离图谱，看教师或幼儿指挥，分声部徒手随乐练习乐器模仿动作。

（5）看指挥随乐实操乐器演奏。

（6）加入大鼓和吊钹，完整随乐演奏。

5. 整理场地和乐器

过程略。

温馨提示

（1）这是比较经典的教学方案。

（2）这是用画图的方式感知与表现音乐的气质和结构的活动，可以安排在集体教学前或集体教学后。

　　① 如果安排在集体教学前，可让幼儿提前熟悉音乐。

　　② 如果安排在集体教学后，既可以让教师了解幼儿学习的质量，又可以进一步提升幼儿掌握的水平，拓展幼儿图形符号的表征经验。

注意：图形总谱使用的思路是由我国台湾奥尔夫教师陈惠玲老师提供的，具体教案是由南京教师团队自己设计的。

友情提问

（1）"变通总谱"是什么"乐谱"？

（2）"变通总谱"有几种主要类型？

（3）"图形总谱"主要由什么构成？

（4）"图形总谱"在幼儿的音乐学习中主要有什么作用？

（5）凡是音乐活动都必须要使用"图形总谱"吗？

提示：答案本案例中找。

注意：无论什么乐谱，都不是必须的，在适当的时机给适用的人群使用才是正确的立场。

案例2　土耳其进行曲　　（奥地利奥尔夫老师提供）

使能目标阶梯

挑战4	指导个别幼儿轮流指挥，其他幼儿使用乐器分声部完整随乐演奏。加入大鼓和吊钹。	创造性应用	看教师指挥，个别幼儿轮流指挥，使用乐器进行分声部完整随乐演奏。加入大鼓和吊钹。
挑战3	指挥全体幼儿使用乐器分声部完整随乐演奏。	迁移应用	完整随乐徒手进行"乐器模仿动作"模式的练习。
挑战2	指挥幼儿分声部徒手练习"动作和语音总谱"模式。	迁移应用	完整随乐分声部徒手练习"动作和语音总谱"模式。
挑战1	指图随乐带领幼儿练习乐器模仿"动作和语音总谱"——教师用动作和语音带领幼儿练习。	模仿	通过操作，进一步感知动作要素、顺序及重复规律，理解故事、音乐与动作之间的关系。
图谱配音乐	随乐指图，让幼儿感知"图形总谱"的结构。	创编	感知动作要素、顺序及重复规律，理解故事、音乐与动作之间的关系。
乐器音色配图谱	出示单件乐器，邀请幼儿匹配单张"图谱"。	观察匹配	教师引导幼儿将单件乐器一一匹配单张乐器"图谱"。
故事	简述"外国士兵检阅操练"的情境。	理解	情境理解，产生兴趣，明确任务。

【配器建议】（参见乐谱）

土耳其进行曲

1 = C 2/4

[德国]贝多芬 曲

轻快的行进风格

转 1 = G

转 1 = C

Fine

D.C.

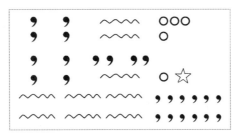

图形总谱参考

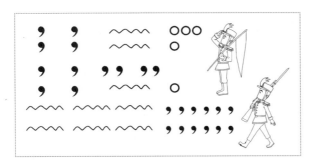

图形谱参考(供幼儿使用)

说明:♪——碰铃(或三角铁)、大鼓、吊钹　○——圆舞板(或木鱼、摇响板)

　　　〜——铃鼓(或串铃、沙球摇奏)

单张图片和单件乐器图参考

> 提示:教师出示卡片和乐器,要求幼儿根据教师演奏乐器时发出的不同声音将乐器与图形一一相配。

活动目标

(1)初步熟悉音乐,欣赏音乐轻松、诙谐的气质和趣味;了解、理解音乐的结构,比较准确、自然和有表现力地随录音音乐演奏。

(2)将图形符号与乐器音色相匹配,根据"图形总谱"的提示,尝试独立诵读"语音总谱",并最终独立将其转换成"乐器模仿动作总谱"。

(3)学习看指挥演奏和指挥他人演奏;努力协调自己与集体在速度、力度、节奏等方面的关系,感受相互配合创造美好演奏效果的乐趣。

活动准备

(1)物质准备:

① 常规乐器：碰铃、铃鼓、响板。（每种数量为参与学习幼儿的三分之一）
② 大鼓、吊钹。（各一）
③ 录音音乐。
④ 图形总谱。
⑤ 碰铃、铃鼓、响板三种乐器的音色形象图各一张。

（2）经验准备：拥有所有相关乐器的演奏经验。

（3）空间准备：

① 幼儿围坐成双马蹄形。
② 将铃鼓安排在中间，碰铃、响板安排在左右。

活动过程

1. 进入任务情境

（1）进入土耳其的军队阅兵操练的情境。（可以另外提供卡通风格的图片）

> **注意**：铃鼓一定要使用摇奏的方法，让其发出带有毛糙感的散响音色；碰铃一定要在轻击后，让其音尽量延长，教师还须带头做出努力倾听延长音的姿态，并引导幼儿注意音的延长性质是越来越弱的。

（2）教师出示图形卡片和乐器，邀请幼儿一一演奏乐器，并根据乐器的音色将乐器和图形一一匹配。

2. 为乐器创造"模仿性"的语音

（1）教师邀请幼儿一一演奏乐器，并用嘴巴创造出"模仿性"的语音，与乐器的音色一一匹配，如：碰铃——叮，响板——嗒，铃鼓——哗啦啦啦啦啦。

（2）教师邀请幼儿根据其出示的不同卡片，快速使用已经选定的模仿性语音做出反应。

3. 认读图形总谱

（1）教师出示图形总谱，一句一句地引导幼儿尝试独立认读。

（2）教师一边手指图谱，一边带领幼儿按照规定的节奏，完整随乐练习朗读。

> **注意**：播放音乐的音量不要太响，以免刺激幼儿喊叫；朗读的音量也不能太响，以能够听见音乐又能够听见自己朗读的声音为宜；朗读的音色应尽量接近乐器的音色；千万注意避免跟随录音音乐的旋律音高"唱"语音。

4. 看指挥分声部练习

（1）幼儿分成三个声部（碰铃、响板、铃鼓）。

（2）看教师指图，合作朗读"图形总谱"。

（3）看教师"用乐器模仿动作"来指挥幼儿，完整随乐边朗读"图形总谱"边做乐器模仿动作。

（4）教师邀请掌握比较快的幼儿志愿者逐渐地完全代替教师指挥。

> 注意：是逐渐进行！如：第一个担任指挥的幼儿指挥时，教师可能要站在他旁边，即便他出现问题，也不至于影响全体的演奏；渐渐地，教师可以退到指挥者的对面，即站到铃鼓组幼儿的后面提示他……

5. 乐器实操练习和发展的练习

（1）教师"用乐器模仿动作"来指挥幼儿，完整随乐用乐器演奏。

（2）教师出示大鼓和吊钹，让幼儿倾听、辨别它们发出的声音，从长音和短音两个方面，邀请幼儿与碰铃和响板一一匹配。（将乐器安排在该组的同一空间位置）

（3）将两种特殊音色的乐器加入整体演奏，教师用乐器模仿动作指挥。

（4）教师以用手击打节奏的方式指挥演奏。

（5）教师带领全体幼儿随乐练习"用手击打节奏"的指挥方式。

（6）幼儿志愿者以"用手击打节奏"的方式指挥全体幼儿完整随乐演奏。

温馨提示

（1）教师用乐器模仿动作指挥：碰铃组演奏时，教师的身体要转向碰铃组，眼睛要看向碰铃组，手里要做碰铃演奏的模仿动作。指挥其他组演奏时也是一样。

> 注意：不是用指挥常用的划拍子手势指！更重要的是：幼儿演奏什么节奏，教师的动作就要打出什么节奏。否则会对幼儿的演奏产生干扰，这是我们团队研究出来的重要规律。

（2）该活动可能需要两个课时才能完成。

> 注意："图形总谱"使用的思路是由奥地利奥尔夫学院的彼得·库巴什老师提供的，具体教案是由南京教师团队自己设计的。

案例 3-1　担鲜藕　　（南京商业幼儿园　魏思敏）

使能目标阶梯

挑战 4	指导个别幼儿轮流指挥其他幼儿使用乐器分声部完整随乐演奏。	创造性应用	看教师指挥、个别幼儿轮流指挥，使用乐器进行分声部完整随乐演奏。
挑战 3	指挥全体幼儿使用乐器分声部完整随乐演奏。	迁移应用	完整随乐徒手进行"乐器模仿动作"模式的练习。
挑战 2	指挥幼儿分声部合作练习"身体动作总谱"模式。转换成徒手乐器演奏模仿动作。	迁移应用	完整随乐分声部徒手练习"身体动作总谱"模式。
挑战 1	随乐带领幼儿反复练习"身体动作总谱"。	模仿	通过操作，进一步感知动作要素、顺序及重复规律，理解故事、音乐与动作之间的关系。
音乐	随乐完整演示"身体动作总谱"。	观察	感知动作要素、顺序及重复规律，理解故事、音乐与动作之间的关系。
动作	引导幼儿提取其中的主要节奏动作：X-跺脚，X X-拍手。	观察匹配	在教师的引导下，幼儿提取其中的主要节奏动作：X-跺脚，X X-拍手。
故事	邀请幼儿观看舞蹈《担鲜藕》的视频。	理解	情境理解，产生兴趣，明确任务。

【动作建议】（参见图谱）

拔根芦柴花

1 = C 2/4

江苏民歌

活泼 欢快　　　A段

1 3 2 1 6	1 3 2 1 6	5 5 3 5.6	1 2 2 1 6	1 1 2 2 1 6 5	5 3 3 2 1
X XX	X XX	X XX	X XX	X XX	X XX
动作：跺脚 拍手	跺脚 拍手	跺脚 拍手	跺脚 拍手	跺脚 拍手	跺脚 拍手

B段

5 5 3 5.6	1 3 2 1	6 1 3 5 6 5 1 6	5. 6 5	3 5 3 5 0 6 1	5 3 3 5 0 6 5
X XX	X XX	X X	X XX	X XX	X XX
跺脚 拍手	跺脚 拍手	跺脚 拍手	跺脚 拍手	拍 腿	拍 腿

3 5 3 5 0 6 1	5 3 3 5 0 6 5	3 5 3 5 6 5 6 1	1 3 2	1 5 6 1 3 5 2 3
X X XX	X X XX	X X X X	X X X X	X X X
拍 肩	拍 肩	拍 头	拍 头	跺脚 拍 手

C段

1 —	3 3 2 1 2 3	2 1 6	1 1 6 5 6 1 2	6 6 1 3 2 3	5.1 6 5 3 2	1 —
X XX	X —	X —	X —	X —	X X	X X
跺脚拍手	跺脚 拍手 右手上举颤摇手腕		跺脚 拍手 右手上举颤摇手腕		跺脚 拍手	跺脚 拍手

【配器建议】

（1）跺脚：铃鼓（大鼓）。

（2）拍手：铃鼓、响板（小镲）。

（3）拍腿：响板。

（4）拍肩：碰铃。

（5）拍头：铃鼓。

（6）跺脚与拍手同时：上述所有乐器。

（7）右手上举颤摇手腕：铃鼓边摇奏手臂边向前、向外侧方向画大圈。

第一层次活动

活动目标

（1）通过观看舞蹈来熟悉乐曲旋律，感受乐器活泼欢快的情绪。

（2）在熟悉乐器旋律与节奏的基础上，学习"身体动作总谱"。

（3）认真注意教师的指挥手势，迅速、正确地做出动作反应。

活动准备

（1）物质准备：

① 录音音乐。

② 舞蹈视频或教师准备好舞蹈表演。

（2）经验准备：具备分组配合表演的经验。

（3）空间准备：幼儿围坐成单马蹄形。

活动过程

1. 观看舞蹈，倾听音乐

过程略。

2. 跟随音乐的节拍拍手

过程略。

3. 跟随教师模仿练习"身体动作总谱"

（1）观看教师随乐示范。

（2）跟随教师反复练习。（达到基本熟练的程度）

4. 分声部练习"身体动作总谱"

（1）教师使用乐器演奏的模仿动作指挥幼儿，整体随乐分三组做乐器模仿动作。

（2）教师使用通用的指挥动作指挥幼儿，整体随乐做分声部的乐器模仿动作。

（3）教师带领全体幼儿，整体随乐学习指挥动作。

（4）教师邀请个别掌握良好的幼儿来尝试指挥其他幼儿，整体随乐做分声部乐器模仿动作。

第二层次活动

活动目标

（1）迁移"乐器模仿动作总谱"来学习演奏。
（2）在教师的辅导下，尝试在担任指挥时即兴调换B段音乐配器方案中三音色出现的顺序。
（3）在教师的提醒下，能关注乐器的音色、音量、速度与乐曲情绪和集体演奏保持和谐一致。

活动准备

（1）物质准备：
　① 录音音乐。
　② 常规乐器：铃鼓、碰铃、响板。（每种数量为参与学习的幼儿人数的三分之一）

> **注意**：小班使用的铃鼓直径为10厘米，中、大班使用的铃鼓直径为15厘米。所有碰铃必须有握柄。

（2）经验准备：
　① 已经会看指挥，能比较熟练地做分声部"乐器模仿动作总谱"动作模式。
　② 部分幼儿已经能比较熟练地指挥并即兴调换C段音乐三音色的出现顺序。
（3）空间准备：幼儿围坐成双马蹄形。

活动过程

1. 整体随乐复习
整体随乐跟随教师复习"乐器模仿身体动作总谱"动作模式。
2. 分声部合作
看教师指挥，整体随乐分声部合作"乐器模仿身体动作总谱"动作模式。
3. 在教师的组织下，以迁移的方式学习乐器实操演奏
（1）看教师指挥，整体随乐分声部进行乐器合作演奏。
（2）教师支持幼儿轮流尝试指挥，整体随乐分声部进行乐器合作演奏。
（3）教师指导"指挥幼儿"尝试调换B段音乐三种音色出现的顺序。

> **注意**：此时，教师应在演奏之前，让指挥和演奏的幼儿都明了将要进行演奏的顺序，以后慢慢地才可能即兴。

（4）教师即兴指挥调换B段音乐三种音色出现的顺序。

注意： 这里仅仅是挑战演奏幼儿的集体快速反应能力，教师需要在给予新挑战时使用语音和情绪来激励幼儿面对挑战。

第三层次活动

活动目标

（1）加入大鼓和小镲，让演奏更加丰富；加入力度对比，即A段音乐欢快、B段音乐轻巧、C段音乐热情。

（2）探索B段音乐使用混合音色的各种可能性，并应用于即兴指挥。

（3）能有序地自由交换乐器，轻拿轻放，不让乐器掉在地上；能积极要求担任指挥和演奏大鼓、小镲。

注意： A段音乐中的"X XX"节奏型，大鼓第一拍，小镲第二拍。C段音乐，大鼓和小镲四拍齐奏一次，齐奏两次后再一拍一次，连续演奏四次。

活动准备

（1）物质准备：常规乐器，如铃鼓、碰铃、响板，再增加大鼓和小镲（最好是直径10厘米的）。

（2）经验准备：准备迁移三次活动的经验。

（3）空间准备：幼儿围坐成双马蹄形。

活动过程

1. 复习随乐整体演奏，看教师指挥

2. 复习随乐整体演奏，看幼儿指挥

3. 讨论在B段音乐使用更多音色的方案

4. 幼儿指挥在B段音乐调换音色方案

5. 教师引导讨论：如何加入大鼓和小镲

6. 加入大鼓和小镲，看幼儿指挥演奏

注意： 全部演奏都是整体随乐。

温馨提示

（1）此活动至少需要三个课时才能完成。教师可以参考此例的模式撰写多层次的教学方案。

注意："多层次、小步距"，也是奥尔夫音乐教学的重要原则。

（2）"预令提示语"与歌唱、律动活动一样，在初学过程中是支持幼儿舒适、流畅地参与表演的重要手段。因此教师需要反复练习、掌握。

① 在所有动作变化之前的最后一拍或两拍，教师按照（卡准）节奏喊语令。

② 教师喊语令时，身体和手都要保留在前一个正在演奏的声部，但是头和目光要随语令提前转向下一个将要演奏的声部。

③ 需要部分声部演奏时，教师可以稍稍向前移动或身体前倾于那些声部；需要全体齐奏的时候，教师可以稍稍向后移动，身体和目光朝向全体演奏人员。

友情提问

（1）"预令提示语"的作用有哪些？
（2）"预令提示语"需要一直使用吗？
（3）教师在使用"预令提示语"的时候需要掌握哪些基本技能？
（4）奥尔夫音乐教学中循序渐进的原则可以用另外一种方式来表达，即XX层次XX步距。

提示：答案在本案例中找。

案例3-2　拔根芦柴花 ｜（南京　欧阳砚冰）

使能目标阶梯

挑战4	累加大鼓与小镲，辅导个别幼儿指挥，即兴调换中部三音色出现的顺序。	创造性应用	个别幼儿尝试指挥，学习如何在中部即兴调换三音色出现的顺序。
挑战3	指挥幼儿使用乐器整体随乐演奏。反复用"治愈效果"的情境激励幼儿主动投入练习。	拓展应用	在教师的指挥下，使用乐器整体随乐演奏。在"治愈效果"情境的激励下主动投入练习。
挑战2	指挥幼儿分声部徒手随乐整体练习"乐器模仿动作"模式。	拓展应用	看教师指挥，分声部徒手随乐整体练习"乐器模仿动作"模式。
挑战1	引导幼儿迁移原有经验，创编配器方案。	迁移应用	在教师的引导下，迁移原有经验，协商建构配器方案。
音乐	使用"人机互动"的游戏，激励幼儿反复练习"身体动作总谱"至熟练。	模仿	记忆动作要素、顺序及重复规律；感知、理解故事、音乐与动作之间的关系。
动作	引导幼儿为主要情节创编表演动作，共同建构"身体动作总谱"。	创编	在教师的引导下为主要情节创编表演动作，共同建构"身体动作总谱"。
故事	简述"帮助小明治愈口腔溃疡"的情境和流程。	理解	情境理解，产生兴趣，明确任务。

【动作建议】（参见乐谱）

拔根芦柴花

江苏民歌

1 = C 2/4

（ $\dot{3}$ $\dot{3}\dot{2}$ | $\dot{1}$ $\dot{3}$ | $\dot{2}$. $\dot{3}\dot{2}$ | $\dot{1}$ 6 | $\dot{1}$ $\dot{1}$6 | 5 $\dot{1}$ |

6 6$\dot{1}$ | 3 23 | 5. $\dot{1}$ | 65 32 | 1 - ）|

A段

$\dot{1}$ $\dot{3}$ | 2 $\dot{1}$6 | $\dot{1}$ $\dot{3}$ | 2 $\dot{1}$6 | 5 53 | 5. 6

动作：拔（一次）　　　　　　右手擦汗 左手擦汗　　　　拔（一次）

X 0 | 0 0 | X 0 | X 0 | X 0 | 0 0

$\dot{1}$ $\dot{2}$ | $\dot{2}$ $\dot{1}$ 6 | $\dot{1}$ $\dot{1}$$\dot{2}$ | $\dot{2}$ $\dot{1}$ 65 | 53 32 | 1 -

右手擦汗 左手擦汗　　　拔（一次）　　　　　　　　　右手擦汗 左手擦汗

X 0 | X 0 | X 0 | 0 0 | X 0 | X 0

5 53 | 5. 6 | $\dot{1}$ $\dot{3}$ | 2 $\dot{1}$ | 6$\dot{1}$ 35 | 65 $\dot{1}$6

拔（一次）　　　　　右手擦汗 左手擦汗　　　　拔（一次）

X 0 | 0 0 | X 0 | X 0 | X 0 | 0 0

B段

5 - | 5 65 | 35 35 | 0 6$\dot{1}$ | 53 35 | 0 65

右手擦汗 左手擦汗　　放药　　　　　放药　　　　放药　　　　放药

X 0 | X 0 | X X | X X | X X | X X

35 35 | 0 6$\dot{1}$ | 53 35 | 0 65 | 35 35 | 65 6$\dot{1}$

烧火　　　　烧火　　　　烧火　　　　烧火　　　药沸　　　药沸

X X | X X | X X | X X | X X | X X

```
| i 3 | 2. 3 | i 5 6 i | 3 5 2 3 | 1 — | 1 — |
    药沸      药沸     打开锅盖闻一闻表示满意
| x x | x x |（自由节奏……）
```

C段
```
| 3 3 2 | i 3 | 3. 3 2 | i 6 | i i 6 5 | i |
  做请的动作       做喝的动作        做请的动作
  请              喝              请
| x — | x — | x — | x — | x — | x — |

| 6 6 i | 3 2 3 | 5. i | 6 5 3 2 | 1 — | 1 — ‖
  做喝的动作      做表示身体健康的动作
  喝，           身   体   健   康！
| x — | x — | x — | x — | x — | x — ‖
```

说明：第一行文字说明为情境表演动作，第二行文字说明为念白语言，最后一行文字说明为节奏建议。

【配器建议】

（1）A段音乐：比前例的节奏型慢了一倍，更适合做表演动作，同时也方便幼儿从容演奏。"拔"用一种音色；"擦汗"换另一种音色。建议大鼓演奏"X 0 ｜ 0 0 ｜"，小镲演奏"X X ｜ X X ｜"。

（2）B段音乐：也比前例的节奏型慢了一倍。相同的动作重复了三次，建议使用三种不同的音色：

① 单纯音色，如：碰铃—响板—铃鼓。

② 混合音色，如：碰铃—碰铃、响板—碰铃、响板、铃鼓，此为渐强模式；碰铃、响板、铃鼓—碰铃、响板—碰铃，此为渐弱模式。

③ 根据幼儿自己的意见随机使用各种音色模式。

（3）C段音乐：性质热烈起来。建议如下：

① 在说"请喝"时加入大鼓和小镲，每两小节奏一次。碰铃和响板也是两小节奏一次；铃鼓先拍击一下，然后连续摇奏满四拍。

② 最后四小节是结束句。建议每小节演奏一次，含大鼓和小镲。

活动目标

（1）熟悉音乐，欣赏音乐欢快、热情的气质，尝试随乐演奏。
（2）在故事情境和图谱的提示下，明确自己的演奏分工。在熟悉音乐旋律、会做身体动作的基础上，探索配器方案。
（3）努力控制自己的演奏行为，尽力与同伴保持和谐，争取更好的整体演奏效果。

活动准备

（1）物质准备：
　　① 教学幻灯片。
　　② 录音音乐。
　　③ 基本乐器：铃鼓、圆舞板、小铃（每种乐器的数量是参与学习幼儿的三分之一）。
　　④ 大鼓一面。
（2）经验准备：幼儿会随乐做身体动作。
（3）空间准备：全体幼儿围坐成马蹄形。

参考图谱

参考图片

活动过程

1. 故事导入，引出游戏情境

教师：小明最近上火了，头晕、眼花，还长了口腔溃疡。有一种植物的根，制成中药可以清火解毒，你们知道是什么植物吗？让我们一起来帮帮小明吧。

2. 幼儿随乐复习身体律动

（1）幼儿根据图谱，回忆身体动作内容。

（2）幼儿全体随乐复习身体动作。

3. 教师引导幼儿分声部练习身体动作总谱

（1）教师放慢速度演唱旋律，引导幼儿看指挥明确做出各个小组相对应的动作。

　　教师：小明的病好了一些啦，下面我们要分工合作。

（2）教师做身体动作指挥，幼儿随乐分声部练习动作总谱。

4. 探索配器方案，加入找花游戏，幼儿分声部做乐器模仿动作

教师：芦柴花用完了，谁来找一找哪块地里还有芦柴花？

教师：你会把小手变成工具吗？让我们跟着音乐分工合作试试吧！

5. 幼儿分声部进行乐器演奏

（1）教师做指挥动作，幼儿分声部练习乐器演奏。

（2）在幼儿熟悉节奏型的基础上，引导幼儿交换乐器演奏，加入大鼓。

温馨提示

（1）此活动大约需要3—4次集体教学来完成。

（2）对比案例3-1"担鲜藕"可以看出：这是"情境化改造"比较成功的一个案例。

> 注意：评价案例成功的标准是：① 情境贯穿始终；② 情境能传递能量；③ 情境能吸引并激励幼儿参与学习和练习。

案例4　送我一朵玫瑰花　　（南京　李漫）

使能目标阶梯

挑战4	辅导幼儿学习、尝试指挥；累加大鼓和吊钹；为B段音乐创编新的含休止的节奏型。	创造性应用	在教师的辅导下，幼儿学习、尝试指挥；累加大鼓和吊钹；为B段音乐创编新的含休止的节奏型。
挑战3	指挥幼儿分声部合作完整随乐演奏乐器。	迁移应用	看教师指挥，分声部完整随乐演奏乐器。
挑战2	指挥幼儿分声部合作表演"身体动作总谱"。	迁移应用	在教师的指挥下，分声部合作表演"身体动作总谱"。
挑战1	引导幼儿将舞蹈动作转换成更容易迁移到乐器演奏动作中的"身体动作总谱"。	迁移应用	在教师的引导下，将舞蹈动作转换成更容易迁移到乐器演奏动作中的"身体动作总谱"。
音乐	带领幼儿随乐练习新编的新疆舞。	模仿	通过操作，进一步感知动作要素、顺序及重复规律，理解故事、音乐与动作之间的关系。
动作	引导幼儿根据音乐的结构和节奏创编简单的新疆舞。	观察	感知动作要素、顺序及重复规律，理解故事、音乐与动作之间的关系。
故事	简述"去新疆旅游并学跳新疆舞"的情境。	理解	情境理解，产生兴趣，明确任务。

【动作建议】（参见乐谱）

送我一枝玫瑰花

新疆民歌

1 = ♭E 4/4
热情的小快板　　A段

动作说明：维吾尔族姐姐跳舞。

动作：拍手　　连续颤摇手腕　　拍手　　连续颤摇手腕　　拍腿

拍肩　　拍头　　连续颤摇手腕　　拍腿　　拍肩

B段　　动作说明：维吾尔族哥哥跳舞。

拍头　　连续颤摇手腕　　拍手　　拍手

Fine

拍手　　连续颤摇手腕　　拍手　　连续颤摇手腕

拍手　　连续颤摇手腕　　拍手　　拍手　　拍手

D.C.

尾奏：
动作说明：维吾尔族哥哥、姐姐一起跳舞。

注意1：原创设计的意图是教师引导幼儿创编动作，所以幼儿应该有一些相关语汇的积累。如果幼儿从来没有接触过新疆舞，教师可以播放相关舞蹈视频，帮助幼儿"抽取——练习——积累"。

注意2：由于这样的内容需要学习的东西比较多，所以也是需要教师将其分成多个层次慢慢完成的。

【配器建议】

（1）拍手：编制上的全部乐器加大鼓。（B段音乐加吊钹）

（2）连续颤摇手腕：边摇铃鼓边慢慢将鼓举到头顶上方。（A段音乐加吊钹）

（3）拍头：碰铃。

（4）拍肩：响板。

（5）拍腿：铃鼓。

第一层次活动

活动目标

（1）初步熟悉乐器，欣赏新疆民歌欢快热情的风格，感知"ABA"的曲式结构，初步学会随乐曲有节奏地舞蹈。

（2）能在教师的组织与引导下，创编具有新疆维吾尔族动作风格的舞蹈。

（3）能愉快地投入活动，积极地与集体分享自己的建议。

活动准备

（1）物质准备：

　① 录音音乐。

　② 最好有相关的舞蹈视频或教师自己准备的舞蹈表演。

（2）经验准备：最好之前有学习过含新疆舞蹈基本动作的律动。

（3）空间准备：幼儿围坐成大的半圆。

活动过程

1. 幼儿观看舞蹈表演

过程略。

2. 幼儿随音乐自由做自己会的动作，仅仅拍手也可以

教师出示图谱：女孩跳舞，男孩跳舞，女孩跳舞，两人一起跳舞，帮助幼儿认识"ABA加尾奏"的曲式结构。

3. **教师引导与组织幼儿创编符合乐曲曲式结构和情绪气质的新疆舞**

> 注意：因为需要让舞蹈更加符合奏乐的基本要求，教师可以引导、暗示幼儿，甚至可以直接提议各种细节。

4. **在教师带领下，幼儿反复练习直至相对熟练流畅**

> 注意：在整个活动中，教师必须情绪饱满，随时提醒幼儿体验作品欢快热烈的情绪。

第二层次活动

活动目标

（1）尝试使用乐器随完整音乐演奏。
（2）迁移前次活动创编的舞蹈经验，将舞蹈动作转换成"身体动作总谱"。
（3）集中注意看指挥，努力保持与指挥、同伴在演奏上的和谐一致。

活动准备

（1）物质准备：
　　① 录音音乐。
　　② 常规乐器，如碰铃、响板、铃鼓。（每种乐器的数量为参与学习幼儿人数的三分之一）
（2）经验准备：能熟练表演前次活动中创编的舞蹈。
（3）空间准备：幼儿围坐成双马蹄形。

活动过程

1. **复习舞蹈**

全体幼儿复习在"第一层次活动"中创编的舞蹈。

2. **观看舞蹈**

幼儿观看教师表演的舞蹈，用拍手的方式抽取节奏型。

3. **转换成"身体动作总谱"**

幼儿在教师的帮助下转换成"身体动作总谱"，不断练习，以达到初步熟练的目标。

4. **幼儿看教师指挥，分声部徒手合作随乐练习"动作总谱"**

（1）教师"唱谱"，面对不同声部做该声部的"乐器模仿动作"，指挥幼儿进行练习。

> 注意："唱谱"是指教师用唱名演唱旋律，也是一种非常重要的教学技能。在初学阶段，幼儿还没有形成流畅的识记和回忆线索，需要更多做出"行动反应的时间"，所以教师唱谱时可快可慢、可动可止，及时引导和跟随幼儿的反应速度，这样会使幼儿的学习过程更加舒适流畅。

（2）教师指挥，幼儿完整随乐分声部练习。

（3）教师辅导幼儿学习随乐指挥动作。

（4）幼儿轮流尝试随乐指挥。

5. 幼儿分声部完整随乐演奏

（1）教师指挥，幼儿分声部完整随乐演奏。

（2）幼儿指挥，幼儿分声部完整随乐演奏。

第三层次活动

活动目标

（1）尝试加入大鼓和吊钹，以丰富演奏效果；进一步理解休止在音乐中的特殊作用。

（2）尝试将B段音乐的前8小节替换成其他包含休止的节奏型。

（3）在教师的引导下，重点注意体验指挥者和演奏者因目光交流、情绪互相感染而产生的乐趣。

活动准备

（1）物质准备：

　①录音音乐。

　②常规乐器，如碰铃、响板、铃鼓。

　③大鼓和吊钹。

（2）经验准备：前一层次活动的经验。

（3）空间准备：幼儿围坐成双马蹄形。

活动过程

1. 复习分声部整体随乐演奏

（1）教师指挥，幼儿随乐演奏。

（2）幼儿指挥，幼儿随乐演奏。

2. 累加大鼓和吊钹

过程略。

3. 进一步拓展练习

（1）替换B段音乐的前8小节的节奏型。

　①教师提供节奏型卡片。

　②幼儿指挥选择。

③ 教师唱谱，幼儿集体单独拍手练习此8小节。

④ 幼儿指挥，完整随乐演奏。（可根据实际情况重复，每次更换指挥，选择新的节奏卡片）

（2）幼儿自由交换乐器演奏。

注意：每次演奏，新指挥都需要自选新的节奏型。

温馨提示

（1）这个教案同样需要3—4次集体教学来完成。

（2）这也是一个比较经典的大量使用"休止"的配器案例。

（3）在第三层次的B段音乐前16拍节奏型创编活动中，由于幼儿缺乏积累，教师可以提供卡片给幼儿选择（学习的原始节奏型是每8拍仅在第一拍演奏一次：X O O O ｜ O O O O ｜）。可选卡片如下：

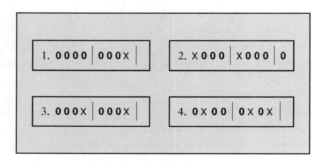

可选卡片参考

案例5　卡门序曲

―― **使能目标阶梯** ――

挑战4	组织幼儿轮流尝试指挥和改变B段音乐演奏的节奏型。	创造性应用	轮流尝试指挥，在教师的指导下制作节奏卡片，在演奏中不断改变B段音乐演奏的节奏型。
挑战3	提供大鼓和吊钹，指挥幼儿分声部完整随乐演奏。	拓展应用	轮流尝试演奏大鼓和吊钹，看教师指挥完整随乐演奏。
挑战2	专门请幼儿学习和练习大鼓和吊钹演奏的节奏。（徒手）	拓展应用	专门学习和练习，掌握大鼓和吊钹的演奏方法。（徒手）
挑战1	引导幼儿转换乐器演奏模仿动作总谱，指挥幼儿分声部完整随乐演奏。	拓展应用	将动作总谱转换成乐器演奏模仿动作总谱，看教师指挥演奏。
音乐+动作	带领幼儿完整随乐练习"身体动作总谱"。	模仿	感知动作要素、顺序及重复规律，理解故事、音乐与动作之间的关系。
音乐	引导幼儿分段熟悉音乐和创编表演动作。	创编	根据教师提供的情景创编欢迎、欢呼动作和斗牛造型。
故事	引导幼儿观赏斗牛视频和手势舞蹈。	理解	情境理解，产生兴趣，丰富经验，明确任务。

卡门序曲

[法国] 比才

（乐谱部分）

（1）A段音乐和再现A段音乐，尽量参照乐谱下方的动作提示引导幼儿创编欢迎斗牛士入场和对斗牛士欢呼的动作。

（2）B段音乐由于要体验休止节奏型的效果，教师需要引导幼儿创编各种斗牛士的或者牛的"帅酷造型"（4拍一次或者8拍一次，在第一个强拍上做动作）。

（3）最后结束部分，教师可以不再引导幼儿创编，而是直接提供乐谱中的动作即可。

注意：如果所有的动作都引导幼儿创编，教师就需要花费大量时间，而且也容易引起幼儿的疲累和烦躁。

【配器建议】

（1）拍手：全部小型乐器。

（2）双手高举拍手：编制上的全部乐器加大鼓和吊钹。

注意1：吊钹最好改成大镲，最好由教师来演奏。

注意2：在此乐器配器方案中，大鼓和吊钹出现的位置比较特殊。在具体教学中，教师要注意首先需要清晰的教学，其次需要充分的练习，最后还是需要图形总谱的提示。

（3）做欢呼状并颤摇手腕：铃鼓（或全体可奏散响音色的乐器）。

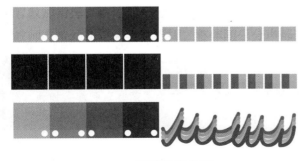

图形总谱参考

注意：图中的小圆点为大鼓和吊钹演奏的位置，即前一乐句最后一拍和后一乐句第一拍。在演奏前的感知和分析时，再贴上去。

活动目标

（1）熟悉乐曲的结构，欣赏并理解乐曲热情豪放的气势，更热情、准确、流畅地演奏。
（2）利用图形总谱理解乐曲的结构和性质，学习等待前奏和间奏，学习看指挥即兴演奏。
（3）在演奏中注意力集中，动作反应迅速，情绪热烈而又有所控制。

活动准备

（1）物质准备：
　　① 录音音乐。
　　② 斗牛的图片和视频。
　　③ 图形总谱。
　　④ 常规乐器和大鼓、吊镲。
　　⑤ 红布或红皱纸。
（2）经验准备：具备一些斗牛的间接经验。
（3）空间准备：幼儿围坐成双马蹄形。

活动过程

1. 观赏视频，进入情境

过程略。

2. 观察教师的手势舞蹈

教师一手拿红布，一手做牛角状，随乐曲的B段音乐按乐句和节奏舞蹈。

3. 幼儿向教师学习

幼儿用"啦啦啦"的语音模仿演唱B段音乐的旋律。

4. 教师引导幼儿为A段音乐创编欢迎欢呼的动作

过程略。

5. 巩固乐曲位置

观看教师完整随乐指图，发现欢迎、欢呼和斗牛的位置以及乐曲"ABA"的结构，发现间奏的位置。

6. 在教师的带领下，完整随乐练习"身体动作总谱"

> **注意1**：反复练习的时候，在B段音乐处，教师应该每次更换幼儿创编的不同"帅酷造型"，这样既可以给创编幼儿展示才能的机会，又可以避免反复练习的枯燥感。
>
> **注意2**：为什么此处是"帅酷造型"，而不是"帅酷动作"呢？因为这里的创编要求是能够表现"休止"，即"静止无声"的节奏。

7. 转换成"徒手模仿动作总谱",看教师指挥分声部完整随乐合作练习

(1) 教师将舞蹈表演性的"身体动作总谱"动作转换成更接近乐器演奏动作的"徒手乐器演奏模仿动作总谱"。

(2) 幼儿看教师指挥,分声部完整随乐合作练习"徒手乐器演奏模仿动作总谱"。

8. 看教师指挥,幼儿使用乐器完整随乐演奏

(1) 教师指挥演奏。

(2) 教师辅导个别掌握较快的幼儿志愿者尝试指挥演奏。

9. 全体幼儿用"拍手"的方式,专门练习A段音乐中大鼓和吊镲的特殊演奏节奏

> 注意:教师需要先"唱谱"伴随练习,待幼儿比较适应后,再播放单独的A段录音音乐伴随练习。

10. 加入大鼓和吊镲的实操,幼儿完整随乐练习

过程略。

11. 幼儿尝试指挥完整随乐练习

过程略。

12. 自由交换乐器,幼儿完整随乐演奏

过程略。

13. 教师引导幼儿探讨为B段音乐演奏的节奏型

迁移"送我一朵玫瑰花"活动的含休止节奏的学习经验,在教师的引导下幼儿自己尝试制作节奏卡片。

> 注意:此处的节奏卡片,可参见前例"送我一朵玫瑰花"。

14. 幼儿指挥在B段音乐加入即兴更换节奏型

挑战层级如下:

(1) 幼儿指挥选择卡片,全体幼儿单独练习所选节奏型,加入整体演奏。

(2) 幼儿指挥选择卡片,全体幼儿观看、了解所选节奏型,加入整体练习。

(3) 所有卡片同时展示在黑板上,幼儿指挥在内心选择卡片,仅告诉教师,全体幼儿即兴看指挥进行演奏。

> 注意:所有节奏型都还应该可以被看见。

(4) 所有卡片取消展示,幼儿指挥在内心选择卡片,仅告诉教师,全体幼儿即兴看指挥进行演奏。

(5) 幼儿指挥在内心选择节奏,全体幼儿即兴看指挥进行演奏。演奏结束后,指挥或其他幼儿从所有卡片中找出刚才演奏的节奏卡片。

温馨提示

（1）我们将"送我一朵玫瑰花"和"卡门序曲"两个案例安排在一起，就是希望让学习者能够通过重复来强化关于"使用休止"的经验。

（2）使用"指图""唱谱"等教学技巧可指导幼儿学习指挥和即兴指挥。读者也应该通过重复使用来使自己不但能获得深刻印象，而且能够熟练应用和真正掌握。

（3）这个方案也是需要4个以上的课时来完成的。具体建议如下：

① 活动过程1—6为第一课时：重点通过参编舞蹈来熟悉、理解乐器的性质和结构，并初步熟悉"身体动作总谱"的操作。

② 活动过程7—8为第二课时：从复习并进一步熟练"身体动作总谱"开始，重点是在能够初步熟练地看教师指挥实操乐器来进行分声部整体随乐合练。

③ 活动过程9—12为第三课时：从复习并进一步熟练看教师指挥实操乐器来进行分声部整体随乐合练开始，重点是在累加大鼓、吊钹，以及幼儿尝试指挥。

④ 活动过程13—14为第四课时：重点是在幼儿学习如何即兴替换B段音乐演奏的节奏型。

注意：只有这样，学习的进度才能够从容而享受，并且也能够保障学习者掌握的质量。

友情提问

（1）你尝试过《送我一朵玫瑰花》和《卡门序曲》了吗？你在其中体会到"休止"的独特审美魅力了吗？

（2）你尝试过在教学中使用"指图"和"唱谱"的教学技术吗？你了解为什么要使用这两种技术吗？你在练习和使用时发现了什么问题吗？

提示：答案本案例中找。

注意：教师在指图时不能用身体遮挡将要指点的图形符号；指图时不能一直用眼睛盯着图，要经常与幼儿交流眼神；需要用图时才用图。

案例6　年的故事　　（南京　李　培）

使能目标阶梯

挑战4	指挥幼儿在B段音乐中即兴看指挥演奏。	拓展应用	即兴看教师指挥演奏，随时准备进入和退出演奏。
挑战3	组织幼儿交换乐器，练习完整随乐演奏。	拓展应用	自由选择并尝试使用之前没用过的乐器进行演奏。
挑战2	在B段音乐中配班教师扮演"年兽"与幼儿互动。	拓展应用	感知并逐步掌握B段音乐的对话结构，比较熟练地与"年兽"进行对话互动。
挑战1	组织幼儿分组合作完整随乐表演A段音乐，然后再转换成乐器演奏A段音乐。	拓展应用	协商分组、对乐器进行分类和分配，随乐表演和演奏。
音乐	带领幼儿完整随乐练习A段音乐中的四种"忙年"动作。	模仿	感知故事、音乐与动作之间的关系。
动作	使用四幅包含过年活动内容的图片，引导幼儿创编"身体动作总谱"（A段音乐）。	创编	借助四幅包含过年活动内容的图片，创编A段音乐的"身体动作总谱"。
故事	简要导入"中国人过传统新年"的情境。	理解	情境理解，产生兴趣，明确任务。

【动作建议】

金蛇狂舞（片段）

聂耳 编曲

1=D 2/4

（乐谱略）

A段

B段

（1）A段音乐：重复四遍。每遍做一种表现过年情境的模仿动作，分别是：打年糕、忙年饭、打腰鼓、叠元宵。

（2）B段音乐：只做一遍。用对话方式表现村民与年兽的"对抗"情景。

> 提示：这种结构叫作"螺丝结顶"，对话的句子越来越短，表现对话的情绪越来越激动。

【配器建议】

（1）A段音乐：重复四遍。每遍做一种表现过年情境的模仿动作。分别由各声部演奏，具体建议如下：

① 打年糕（木制乐器）。

② 忙年饭（金属乐器）。

③ 打腰鼓（皮膜乐器）。

④ 叠元宵（散响乐器）。

（2）B段音乐：只做一遍。用对话方式表现村民与年兽的"对抗"情景。

① 年兽使用镲独奏。（开始用指镲，然后使用小镲、中镲、大镲）

② 村民使用所有乐器进行齐奏。

打年糕

忙年饭

打腰鼓

叠元宵

参考图片

活动目标

（1）根据音乐的"AB"结构拍出节奏型，感受过年时的喜庆氛围。

（2）尝试使用不同工具的敲击方法，学习与年兽互相接拍的方式。

（3）与同伴合作，齐心协力共同击退年兽。

活动准备

（1）物质准备：

① 录音音乐。单独A段音乐连续4遍，单独B段音乐，完整A4B1（4遍A段音乐，1遍B段音乐），版本各一。

② 替代乐器：擀面杖、平底锅、勺子、筛子。

③ 常规乐器：碰铃、快板、木鱼、腰鼓、小鼓、小锣、响棒。

④ 指镲、小镲、中镲、大镲（各一）。

（2）经验准备：

① 具有一定的奏乐经验。

② 具有过年的各种经验。

③ 了解有关年兽的故事。

（3）空间准备：

① 幼儿围坐成大半圆形。

② 分成四个声部，幼儿自己排成"品"字形。（中间两个声部，教师可事先在地上贴好空间分配标示）

③ 提供桌子、椅子，在牌子上写上张家、李家、王家、赵家等，供幼儿自己布置。

④ 将各种乐器不分类地装在几个周转箱里，放置在教室方便取放的位置。（教师称之为"工具仓库"）

活动过程

1. 感知乐器

教师：春节是我们中国最隆重的节日，下面我们就一起听着过年的音乐来跳个舞吧！

（1）幼儿自由舞蹈：感受音乐的"AB"结构。

（2）幼儿坐姿拍腿：抽取A段音乐的基本节奏，初步感知B段音乐的乐句由长渐短。

2. 观察图片，创编生活动作

（1）出示四幅参考图片。

教师：过年除了跳舞，还会做哪些事呢？

教师逐一出示四幅图片并创编四种动作（打年糕、忙年饭、打腰鼓、叠元宵）。

（2）教师播放A段音乐，幼儿根据音乐的节奏做出创编的动作。

（3）教师组织幼儿选择合适的动作。

（4）教师带领全体幼儿随A段音乐做这四种动作。（每段仅重复做一种动作，一拍做一次）

（5）教师组织幼儿分组（每组人数大致均等），各组间协商做哪一种"忙年"动作。

（6）教师（自称"村长"）指挥幼儿分组连续地表演"忙年"动作。

3. 将生活动作迁移到A段音乐的随乐演奏中

（1）教师组织幼儿分工布置场地。

（2）教师指导幼儿对乐器进行分类、分配。

（3）教师指挥幼儿分组随乐连续地演奏。

4. 加入年兽角色，在B段音乐练习"对话"

（1）配班教师扮演年兽，与主班教师展示对话模式。

（2）教师引导幼儿理解任务。

教师：刚刚，我作为村长和年兽做了什么事情呀？

幼儿：吵架。

幼儿：你说一句，它说一句。

教师：它要来破坏，我让它离开，它不肯。怎么办？你们知道年兽怕什么吗？

幼儿：怕红，怕火，怕大声音……

教师：我们一起用"忙年"的工具发出大声音来吓跑它好不好？

幼儿：好！

教师：我们先来准备一下，我先假装是年兽，我拍手，你们拍腿。

（3）教师带领幼儿随B段音乐练习对话结构。（根据实际情况决定练习的次数）

5. 完整随乐演奏

（1）教师指挥，幼儿完整演奏。

主班教师：幸福村过年啦，村民们请准备好，村长来指挥大家"忙年"！

配班教师扮演"年兽"，在B段音乐时出现，使用指镲与幼儿对话，最后假装被"吓跑"。

配班教师：我回家换一个更厉害的武器，我会再回来的！

主班教师：刚刚年兽被你们吓跑了吗？

幼儿：是！

（2）交换乐器演奏。

主班教师：村民们，我们一起出去串个门吧。

幼儿自由选择"别人家"，即选择新的"乐器"。

配班教师扮演"年兽"，在B段音乐时出现，使用"小镲"与幼儿对话，最后假装被"吓跑"。

配班教师：我回家换一个更厉害的武器，我会再回来的！

（3）教师即兴变换指挥顺序。

教师：我现在是村支书，走到哪家，哪家就要忙活起来欢迎我。（重复2遍）

> 注意：教师刚开始指挥幼儿演奏时，各组的顺序是固定的，从现在开始，每次都将会有变化，幼儿要随时做好演奏准备。

配班教师第一次使用"中镲"与幼儿对话，第二次则使用"大镲"与幼儿对话。每次在最后假装被"吓跑"时都要重复说一句话："我回家换一个更厉害的武器，我会再回来的！"

温馨提示

（1）这是一种有些许微型戏剧表演性质的奏乐活动。

（2）对于大班幼儿来说，掌握A段音乐中持续稳定的一拍一次的节奏的难度并不大。但是他们对于B段音乐的"螺丝结顶"的对话结构和最终结束音的掌握，还是很有挑战性的。

（3）配班教师扮演的"年兽"也是激发幼儿"战斗情绪"的重要因素，教师需要认真表演出对抗的情绪状态。

案例 7　母鸡萝丝去散步　　（南京　周宁娜）

使能目标阶梯

挑战 4	组织幼儿玩"整理乐器"的游戏。	创造性应用	努力完成自己的游戏任务，有条件的可争当志愿者来帮助别人。
挑战 3	组织幼儿继续转换成边演奏边游戏。	应用	完整跟随音乐，边演奏边玩"母鸡戏狐狸"的游戏。
挑战 2	引导幼儿转换成演奏配器，指挥幼儿完整随乐演奏。	拓展应用	参与集体配器研讨，看教师指挥，完整随乐演奏。
挑战 1	累加母鸡角色，最后让幼儿达到两两结伴互动的游戏水平。	拓展应用	从观察示范开始，逐步过渡到两两结伴互动游戏。
音乐	带领幼儿完整随乐反复练习"身体动作总谱"。	模仿	感知动作要素、顺序及重复规律，理解故事、音乐与动作之间的关系。
动作	使用图片引导幼儿创编能表现狐狸遭遇的"身体动作总谱"。	创编	根据图片和教师的语言提示创编能表现狐狸遭遇的"身体动作总谱"。
故事	使用图片引导幼儿回忆"母鸡萝丝与狐狸"的故事。	理解	情境理解，产生兴趣，明确任务。

【动作建议】

在山魔王的宫殿里

1 = C 2/4

[挪威]爱德华·格里格 曲

A段(重复4遍)

| 6̣ 7̣ 1 2 | 3 1 3 | 2 7̣ 2 | 1 6̣ 1 |

动作：行走

| 6̣ 7̣ 1 2 | 3 1 3 6 | 5 3 1 3 | 5 — ‖

造型

B段

| 6 6 0 | 6 6 0 | 6̣ 7̣ 1 2 3 1 3 6 | 5 3 6 7 6 0 |

关门
敲门

| X X 0 | X X 0 | X — | X — |

| 6 6 0 | 6 6 0 | 6̣ 7̣ 1 2 3 1 3 6 | 5 3 6 7 6 0 |

关窗
敲窗

| X X 0 | X X 0 | X — | X — |

| 6 6 0 | 6 6 0 | 6 6 6 6 | 6 6 6 6 |

嘲笑狐狸
累得喘气

| X X 0 | X X 0 | X — | X — |

p （渐强记号）   *ff*

| 6 — | 6 — | 6 — | 6 — ‖

笑倒
累倒

| X — | X — | X — | X 0 ‖

（1）角色：1名幼儿扮演母鸡，其他幼儿扮演狐狸。

（2）动作：

① 母鸡角色：

　　a. A段音乐：每个乐句前4小节随乐合拍地走路，做散步的样子，每个乐句后4小节做回头看的造型——看看有没有发现身后的狐狸。

　　b. 尾声音乐：做关门、关窗和嘲笑狐狸进不来的动作。

② 狐狸角色：

　　a. A段音乐：每个乐句前4小节随乐合拍地走路，悄悄地跟在母鸡身后；每个乐句后4小节当母鸡回头的时候，做与图片顺序相同的动作，如：被钉耙打到头、掉进池塘里等动作造型。

　　b. 尾声音乐：做敲门、敲窗和累倒的动作。

附文学作品：

> **倒霉的狐狸**[①]
>
> 　　有一只狐狸守在母鸡家门口，准备捉一只母鸡吃。母鸡出门后，狐狸便悄悄地跟在母鸡的后面，走啊走，一不小心，狐狸被地上的钉耙打到了头。狐狸不敢动也不敢发出声音，因为他怕被母鸡发现。狐狸又继续跟着母鸡走，母鸡走过池塘，狐狸一不小心，掉进了池塘里。狐狸不敢动也不敢发出声音，继续跟着母鸡走。走啊走，母鸡走过草堆，狐狸一不小心又掉进了草堆里。狐狸不敢动也不敢发出声音，继续跟着母鸡走。母鸡走过磨坊，狐狸一不小心又被从天上掉下的面粉给埋了。狐狸还是不敢动也不敢发出声音，继续跟在母鸡后面走。母鸡正要钻篱笆，狐狸再也忍不住了，猛地向母鸡扑了过去，就在这个时候，母鸡发现了狐狸。母鸡快速地钻过篱笆，狐狸也跟着钻过篱笆；母鸡游过池塘，狐狸也跟着游过池塘；母鸡赶紧跑回家，狐狸在后面使劲地追。母鸡关上家门，狐狸使劲地敲门，手都敲疼了，都没有敲开。母鸡关上窗户，狐狸使劲地敲窗户，手都敲疼了，都没有敲开。狐狸生气地继续敲，怎么都敲不开，累得一点力气都没有了。狐狸心想：唉！只好等下次的机会了。

[①] 根据绘本《母鸡萝丝去散步》改编。文字讲述的是母鸡萝丝去散步的平淡无奇的故事，而图画则讲述了狐狸追逐猎物却屡屡受挫的故事。

第一层次活动

活动目标

（1）熟悉和欣赏乐曲，感受和表现乐曲的乐段、节奏、速度。
（2）通过故事线索、教师示范、动作提示，理解并即兴表达自己对音乐的感受。
（3）体验与同伴合作游戏时，因挑战所带来的快乐。

活动准备

（1）物质准备：
　　① 录音音乐。
　　② 故事图片。
（2）经验准备：比较熟悉《母鸡萝丝去散步》的故事。
（3）空间准备：幼儿围坐成大的半圆。

活动过程

1. 通过故事线索匹配音乐，引导幼儿创编部分动作
（1）教师根据幼儿回忆的故事线索，出示相应的图片。
（2）教师随乐边讲故事边指图片，幼儿初步感受音乐。
（3）教师引导幼儿根据图片创编部分动作。
　　分别创编以下动作：钉耙打到头、掉进池塘、掉进草堆、被面粉埋、扑向"母鸡"、钻过篱笆、游过池塘、追"母鸡"。

> **注意**：前面特别提示过，当有两个角色存在时，需要区分角色表演的复杂程度。在这个活动中，狐狸才是较复杂的角色，所以幼儿需要首先学习狐狸的动作。

2. 幼儿集体随音乐表演"狐狸"的动作
（1）教师带领幼儿随乐表演"狐狸"的动作。
（2）教师指图，幼儿看图片表演"狐狸"的动作。
（3）尝试让"母鸡"与"狐狸"合作表演。

3. **教师扮演"母鸡"，幼儿扮演"狐狸"，进行合作表演**
教师要求"母鸡"在每个乐段的结束处（倒数第2拍）回头看"狐狸"；"狐狸"在相同的时值以不同的动作保持造型不动。
（1）教师扮演"母鸡"，请一位幼儿扮演"狐狸"合作表演，其他幼儿欣赏表演。
（2）幼儿两两结伴，分别轮流扮演"母鸡"和"狐狸"的角色。
（3）幼儿两两合作表演。

第二层次活动

【配器建议】

（1）A段音乐：
　　① 第一遍：大串铃棒加响板。（至少四个）
　　② 第二遍：大串铃棒加铃鼓。（至少两个）
　　③ 第三遍：大串铃棒加碰铃。（至少四个）
　　④ 第四遍：大串铃棒加中镲。（一对）
　　⑤ 狐狸声部一直演奏小鼓。（一套）
　　⑥ 律动造型静止处，所有乐器休止。

（2）B段音乐（加大鼓和吊钹，各一套）：
　　① 用编制上的所有乐器按照乐谱中的节奏演奏。
　　② 长音部分，全体幼儿能够进行散响音色乐器演奏。

（3）在最后的结束音，全体演奏一下。

活动目标

（1）分声部整体看指挥，随乐即兴演奏；认识并演奏出"渐强"的效果。

（2）集体协商配器方案；轮流尝试指挥乐队即兴演奏。

（3）在整理乐器游戏中，实践和体验"自我克制"的乐趣。

活动准备

（1）物质准备：
　　① 录音音乐。
　　② 乐器：常规乐器，大鼓和吊钹，大号串铃棒。

（2）经验准备：比较熟练地随乐做"母鸡与狐狸"的游戏。

（3）空间准备：幼儿围坐成双马蹄形。

活动过程

1. 复习律动游戏的坐姿动作（身体动作总谱）

过程略。

2. 在教师的引导下集体讨论配器方案

其实就是常规乐器参与演奏的顺序，它不是该活动的重点。

3. 看教师指挥，分声部整体随乐练习徒手乐器模仿动作

过程略。

4. 加入乐器，进行整体随乐演奏

可以是教师即兴指挥，也可以是幼儿即兴指挥。

5. 学习玩情景表演游戏

（1）所有幼儿手持大号串铃棒扮演母鸡，教师身背小鼓扮演狐狸，边演奏边表演边游戏。

（2）手持大号串铃棒的幼儿扮演母鸡，手持其他乐器的幼儿扮演狐狸，两两结伴，边演奏边表演边游戏。

6. "整理乐器"游戏

教师提供乐器分类周转箱（箱子上贴好乐器收纳的标签）。全体幼儿有序地一一从自己的座位走到周转箱前，把乐器整齐地摆放到箱内，其间乐器不能发出任何声音。

> 提示：这个要求也包括教师自己。全体幼儿一起监督，如有犯规者便是"重伤"，需要志愿者"拯救"——帮助他重新放一次，成功便得救；不成功，该志愿者也"重伤"，需要再下一位志愿者来"拯救"。

注意：大号串铃棒是最不容易控制的，教师自己要拿一个大号串铃棒，表示自己愿意承担最困难的挑战，以此给幼儿做出榜样示范。

温馨提示

（1）挪威作曲家爱德华·格里格的音乐作品《在山魔王的宫殿里》，是由两个乐句短曲连续重复18次，在速度上越来越快、音量上越来越强，最后再加上一个情绪更强烈的尾声构成的作品。其结构中旋律重复所造成的幽默趣味，和绘本《母鸡萝丝去散步》在故事情节、画面的重复等方面有着异曲同工之妙。因此，我们尝试将音乐活动与语言活动相整合，从绘本中的另一个角色——"狐狸"的视角出发，通过跟随音乐的合作动作表演，生动幽默地再现《母鸡萝丝去散步》的故事情节，再次给予了幼儿使用语言、绘本、动作、音乐等艺术手段来整体地进行艺术理解、艺术感受与艺术表达的机会。

（2）该活动在幼儿园大班进行前，教师最好先进行相关的绘本阅读活动，以丰富幼儿对不同角色内心世界的了解与体验。

（3）在本活动第一层次的"教师随乐边讲故事边指图片"环节，教师可提供指图动作的提示，即走路时的节拍、每个乐段结束处（倒数第2拍）的停顿，以帮助幼儿重点感受。这可为后面幼儿动作的表演、两两合作表演起到提示的作用。

（4）在游戏的最后，教师可以根据幼儿游戏的时间、具体情况，请客人老师上来扮演母鸡，其他幼儿分组跟随不同的母鸡去散步，发挥教师的后示范教育作用，为幼儿树立表演的高级榜样。

案例8　海盗与船长　　（南京　万宗珺、汤 卫）

使能目标阶梯

阶段	活动内容	层级	目标描述
挑战4	提供大鼓和吊钹。	创造性应用	幼儿志愿者将大鼓和吊钹加入演奏。
挑战3	引导幼儿研讨配器方案，组织幼儿重新摆放椅子，指挥幼儿完整随乐演奏。	应用	参与研讨配器方案，按教师指示重新摆放椅子，看教师指挥完整随乐演奏。
挑战2	组织幼儿分组、分角色，分工合作完整随乐做动作。	拓展应用	在教师的组织与指导下分组、分角色，分工合作完整随乐做动作。
挑战1	出示图谱，引导幼儿边看教师指图，边做动作。	模仿	发现故事中角色的武器与颜色之间的关系（海盗穿黑色衣服，武器是黑色的；船长穿红色衣服，武器是红色的）。
动作加音乐2	带领幼儿完整随乐反复练习"身体动作总谱"。	模仿	通过操作，进一步感知动作要素、顺序及重复规律，理解故事、音乐与动作之间的关系。
动作加音乐1	随乐展示"身体动作总谱"。	观察	感知动作要素、顺序及重复规律，理解故事、音乐与动作之间的关系。
故事加音乐	播放音乐的同时简述"海盗与船长"的故事。	理解	欣赏音乐，初步感受音乐的曲风；初步认识故事中的两个角色（猴子海盗与熊猫船长）。

【动作建议】

爆炸波尔卡（片段）

[奥地利] 约翰·施特劳斯 曲

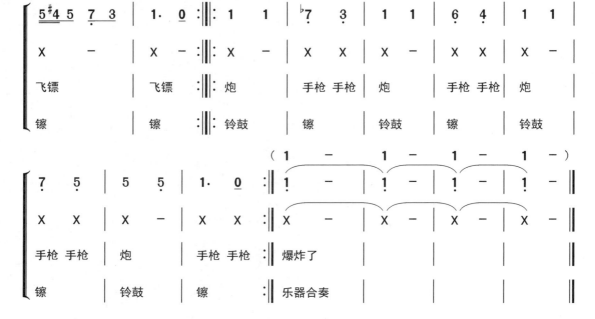

（1）A段音乐：海盗做动作（2拍一次）；船长做单手从胸前向外划水的动作（2小节一次）。（以上模式重复8次）

（2）B段音乐：海盗向船长发射飞镖（2拍一次）。

（3）C段音乐：船长向海盗开炮（2拍一次），海盗向船长开枪（1拍一次）。（以上模式重复4次）

（4）C段音乐结束音（38—41小节）：做能表现海盗船爆炸的动作。

【配器建议】（参见乐谱）

（1）乐器分配：
　　①船长：大鼓和铃鼓。
　　②海盗：指镲。

（2）演奏方法：
　　①船长划水：将铃鼓在胸前摇奏，然后向外划出，表现破浪前进的情节。
　　②海盗看：指镲举在眼前敲击，表现瞭望。
　　③船长开炮：在用铃鼓击奏的同时，双手向前伸出，表现开炮。
　　④海盗发射飞镖和开枪：在用指镲擦奏的同时，右手向前擦出，表现发射飞镖和开枪。
　　⑤船长开枪：加入大鼓演奏。
　　⑥海盗船爆炸：全体齐奏，加入大鼓和吊钹。

注意：在用吊钹击奏后，应该让其余音一直延续到自然消失。演奏者也应该一边倾听余音减弱，一边表现出似乎看见海盗船慢慢沉入大海的情景。

活动目标

（1）欣赏并感知乐曲欢快、激烈的曲风，学习船长与海盗交战的韵律动作并探索使用合适的乐器进行奏乐游戏。

（2）通过观察图谱猜测、推理不同角色所使用的武器名称，并能随乐做动作；在故事情境和动作口令的帮助下，能根据身体动作的暗示，分别探索铃鼓和指镲的两种不同（散响——连贯毛糙、单响——短促干脆）的敲击方法，感受不同的音响效果。

（3）在与同伴扮演对立角色玩对战游戏的同时，体验与同伴合作演奏所带来的紧张感与刺激感。

活动准备

（1）物质准备：

① 图谱。

② 录音音乐。

③ 铃鼓10个，指镲10副。

④ 大鼓、吊钹（各一）。

（2）经验准备：掌握相关乐器（铃鼓、指镲）的基本使用方法。

（3）空间准备：

① 呈四路纵队（16个人），幼儿面向前方，坐在椅子上。

② 两组幼儿将座椅调整为面对面。

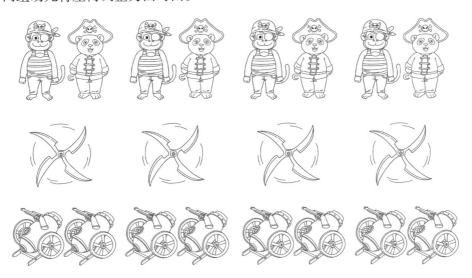

图谱参考

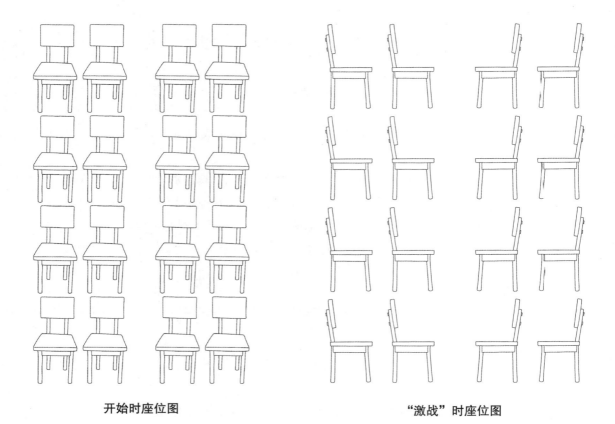

开始时座位图　　　　　　　　　　"激战"时座位图

活动过程

1. 欣赏音乐，感知音乐欢快、激烈的曲风

教师：在你听到这首音乐后，有什么样的感觉？在音乐中你听到了什么特别的声音？你觉得这个声音像什么呢？

2. 认识故事中的主角（熊猫船长和猴子海盗），初步了解故事的人物、情境，通过身体动作解开图谱

（1）认识猴子海盗、熊猫船长的图谱，了解故事的人物、背景。

猴子海盗　　　　熊猫船长

教师：小朋友，你们知道吗？其实最后那个特别的响声就是爆炸声。这个故事发生在海面上，它们是谁呢？猴子海盗想要偷取宝藏，就东看看、西看看，正在这时熊猫船

长发现了它，并紧紧地跟随着它。于是它们就开战了。

（2）再次欣赏音乐，教师随乐示范游戏动作。

教师随乐做动作，重点突出猴子海盗"东看看、西看看"和熊猫船长"哗啦啦"紧紧跟随的动作。

> 注意：通过身体动作，帮助幼儿充分了解故事人物的角色特点和所发生的故事背景。

教师：那它们在交战的过程中使用了哪些武器呢？请你们再仔细地听一听、看一看。

> 注意：帮助幼儿理清角色对应的动作，为后面匹配乐器做好铺垫。

教师（根据幼儿回答，出示图谱）：你听到或看到它们用了哪些武器吗？请你来说一说，做一做。（飞镖、大炮、手枪）

教师：在它们开战之前，熊猫船长和猴子海盗还分别做了什么动作？（看、"哗啦啦"紧紧跟随）你觉得"看"是谁的动作？"哗啦啦"紧紧跟随又是谁的动作呢？你是怎么知道的？（猴子海盗想偷宝藏，鬼鬼祟祟地东看看、西看看，熊猫船长发现了它，偷偷地开船，"哗啦啦"跟随它）

（3）观察图谱，寻找人物衣服与武器在颜色上是同色的关联关系。

教师：在图中，有一个小秘密，请你们仔细看一看、找一找，你觉得海盗使用了什么武器？船长使用了什么武器？为什么？（请幼儿说一说，并说出理由）

教师：太棒了，你们这么快就发现了这个秘密。海盗们穿着黑色衣服，它们的武器是黑色的；船长穿着红色衣服，它的武器是红色的。

> 注意：引导幼儿发现角色与颜色的对应关系，以及所使用武器的颜色与角色之间的关联。

（4）教师完整讲述故事。

故事发生在海面上，一群猴子海盗想要偷宝藏，它们鬼鬼祟祟地东看看、西看看，熊猫船长发现了它们，便偷偷地跟在后面——"哗啦啦"，猴子海盗向船长发射了飞镖，熊猫船长拉来了大炮——"轰"，海盗用手枪——"啪啪"，它们就这样开战了，最后船就爆炸了。

3. 跟随音乐进行完整动作练习并加入"躲"的情境游戏

（1）听音乐，尝试进行完整的动作练习。

> 注意：在尝试完整动作练习的过程中，鼓励幼儿主动提出问题、发现问题以及解决问题，为后面的乐器合奏做好铺垫。

教师：音乐有点快，看看你们能不能跟得上哦。

教师：你们觉得哪里有点困难呢？

（2）根据不同角色的任务与心理状态，运用不同的体态再次表现。

> **注意**：提醒幼儿注意海盗是偷偷摸摸的，而船长是紧紧地、悄悄地跟随在身后，这两种不同的心理状态需要表现出来。为了不让对方发现自己，教师应提醒幼儿加入"躲"这个动作，并在表演时表现出来。

教师：海盗在"东看看、西看看"的时候希望被看见吗？那我们要怎么做？船长又应该怎么表现呢？

4. 分角色表现音乐

（1）幼幼分角色扮演：一队扮演海盗，一队扮演船长。

（2）师幼分角色扮演：教师扮演船长，幼儿扮演海盗并加入"躲"的动作。

教师：刚刚你们有没有发现，我当船长时还多做了什么动作？那我是怎么样躲的？是轻松地一下就躲过去，还是像胆小鬼一样躲到船底下？

> **注意**：此环节请幼儿思考，他们是勇敢、机智、灵敏地"躲"，还是像胆小鬼一般地"躲"。

（3）师幼交换角色，加入"躲"的动作，幼儿扮演船长，教师扮演海盗。

5. 随乐进行"海盗与船长"的律动游戏，复习律动情节和动作

幼儿各自找一块空地，散点站立，将律动游戏中的身体动作至少复习一遍。

6. 看图谱分角色，再次随乐完整表演游戏情节

（1）教师引导幼儿分配角色，先由幼儿自愿选择角色，然后教师再根据人数均衡情况引导幼儿自行调整。（一组扮演海盗，另一组扮演船长）

（2）全体看教师指图谱，分角色合作游戏。

（3）引导幼儿在自己的声部休止处加入创造性的"躲避—自护"造型。

（4）在整体随乐表演中加入各自的即兴"躲避—自护"造型。

7. 根据身体动作是"细碎、毛躁、连贯"还是"一下一下很干脆"来对乐器进行匹配。

（1）幼儿听音乐，用乐器探索不同的演奏方法，匹配人物角色及不同的动作。

（2）分别解析海盗和船长的动作，是连贯的，还是断顿的。

> **注意**：幼儿听音乐自由尝试配器。教师利用角色和动作之间的关系引导幼儿，建议用"铃鼓"作为船长的武器，使用连贯地摇奏和一下一下地敲奏的方式进行演奏。

（3）幼儿听音乐探索与尝试。

教师：你觉得你的乐器适合船长还是海盗？为什么？你是怎么做的？最后的声音是你想要的吗？

> **注意**：必须要做到三点：①请幼儿说出他的乐器适合哪个角色；②请幼儿说出原因；③请幼儿用乐器试试用不同的动作演奏后的实际效果是否真如自己所愿。这三点非常重要！加拿大的奥尔夫老师将此原则写在纸上并贴在黑板上，保留了15天，天天提醒受训学员：重要的不是选择，而是知道自己选择的理由是为了争取更好的结果！

（4）听音乐，看指挥，尝试用乐器表现。

（5）"出海对战"游戏正式开始。

> **注意：** 此环节要鼓舞幼儿的士气，激发幼儿更大的兴趣，将整节活动推向高潮，让幼儿在最后的环节中体验与享受成功。

教师：这次我们真的要出海了！请你们将小椅子当作船，人转过去骑在上面和海盗面对面。请拿起武器（乐器）准备！

8. 累加超级重炮和炸弹——大鼓和吊钹

（1）累加大鼓。

教师：猴子海盗的威力很大，我们熊猫船长也不甘示弱。为了增加我们的威力，必须增加有力的武器，那就是超级重炮！你们觉得可以用什么乐器来表现超级重炮呢？

幼儿：大鼓。

教师：你们觉得大鼓可以加在什么地方呢？

幼儿：和铃鼓一起！

教师请一名幼儿当鼓手，将大鼓加入熊猫船长开炮以及最后船爆炸的地方，体会不同的音响效果。

> **注意：** 加入大鼓，让两个角色的对战变得更有趣，能充分激发幼儿的兴趣。加入大鼓后，当幼儿用乐器演奏时教师需及时用眼神、肢体动作帮助当鼓手的幼儿。

（2）累加吊钹。

教师：最后船被炸沉了，需要更大的声音来表现，还可以加……

幼儿：吊钹。

教师：非常好！你们听。（演奏吊钹，并用身体姿态和表情来引导幼儿倾听吊钹演奏后的余音渐弱效果）

教师：这个声音怎么样？

幼儿：好！

教师：为什么好？有什么特别的地方吗？

幼儿：敲那一下的时候很响，就像爆炸一样，后来还有声音，就是越来越小的样子。

教师：非常棒，就好像海盗船的火开始很大，后来就越来越小，而且海盗船慢慢沉到海里去，最后不见了，对吗？

幼儿：对！

教师：我们演奏完最后一个音之后，也要一直看，一直看到海盗船沉下去，最后才欢呼。好不好？

注意： 这里是在引导幼儿关注吊钹所具有的延音的性质，以及延音特殊表现力的性质。

幼儿：好！（组织分配大鼓和吊钹，让相关幼儿尝试几次）

教师：拿起武器，准备海战。（可以尝试2—3次）

9. 结束活动

教师：狡猾的海盗没有被消灭干净，它们重新建造了海盗船，准备和船长改日再次一决高下，现在我们先回去修整、练兵和补充弹药吧！

温馨提示

（1）以上流程至少需要两个课时来完成。第二课时可从复习"身体动作总谱"开始。

（2）教学变式：教师可根据活动的进展在指挥方面逐步退出，放手给幼儿指挥；幼儿之间可交换乐器进行演奏。

（3）家园共育：鼓励家长带孩子进行有挑战的活动，磨炼其意志。

（4）活动延伸：在音乐角投放相关的音乐、图谱和乐器，鼓励幼儿尝试自由合作演奏，鼓励幼儿尝试指挥。

友情提问

（1）在活动过程7的环节（3）的注意中强调了哪三项奥尔夫老师提供的重要教学原则？

（2）在活动过程8的环节（2）的注意中强调了什么？流程中教师为什么要与幼儿有一系列对话？这些对话的价值除了音乐方面的，还有什么？

提示：答案本案例中找。

注意： 除了音乐方面的，对吊钹音色和沉船关系的审美理解、体验之外，还有"有始有终，关注细节"的品质培养。

案例9　拉德斯基进行曲

使能目标阶梯

层级	内容	类型	目标
挑战4	辅导幼儿指挥，引导幼儿设计、尝试各种新的即兴演奏方案。	创造性应用	在教师的支持下，尝试使用各种新的即兴演奏方案来指挥同伴完整随乐合作演奏。
挑战3	指挥幼儿完整随乐分声部演奏——加入吊镲。	拓展应用	跟随教师指挥，完整随乐分声部演奏——加入吊镲。
挑战2	带领幼儿完整随乐练熟分声部合作练习。	拓展应用	跟随教师逐步达成能完整随乐分声部合作表演的目标。
挑战1	引导幼儿创编"身体动作总谱"。	创编	通过创造性表征活动，进一步感知动作要素、顺序及重复规律，理解故事、音乐与动作之间的关系。
音乐	鼓励幼儿自由完整随乐做简单动作。	感知	感知动作要素、顺序及重复规律，理解故事、音乐与动作之间的关系。
动作	邀请幼儿观看图谱并参与讨论乐曲的结构和节奏。	观察	借助图谱认识音乐的结构和节奏。
故事	简述"进行阅兵"的情境。	理解	情境理解，产生兴趣，明确任务。

【动作建议】（参见乐谱）

拉德斯基进行曲

[奥地利] 约翰·施特劳斯

$$\begin{Bmatrix} f & & & & & & mp \\ \underline{3}\,(\,\underline{3}\,\underline{3} & \underline{3}\,\underline{3}\,\underline{3} \mid \underline{3}\,\underline{3}\,\underline{3} & \underline{3}\,\underline{3}\,\underline{3} \mid \underline{3}\,\underline{3}\,2 & \underline{3}\,\underline{3}\,2 \mid \underline{3}\,\underline{3}\,{}^{\sharp}2 & \underline{3}\,\underline{3}\,2\,) \\ \text{X} & & & & & & \\ \text{拍手} & & & & & & \end{Bmatrix}$$

【配器建议】

（1）方案一：

　　① 拍腿：两种音色的乐器一起演奏。（表现中强音量）

　　② 拍手：三种音色的乐器一起演奏。（表现强音量）

　　③ 拍肩：一种乐器演奏。（表现弱音量）

　　④ 拍一下手，晃右臂向外画圈：铃鼓演奏。

（2）方案二：

　　① 将主要节奏型"x　x ｜ x　x　x ｜"分解成两种音色。

　　　两种音色：x　x ｜（一种音色），x　x　x ｜（一种音色）。

　　② 将主要节奏型"x　x ｜ x　x　x ｜"分解成三种或四种音色。

　　　三种音色：x（一种音色）x（一种音色）｜ x　x　x ｜（一种音色）。

　　　四种音色：x（一种音色）x（一种音色）｜ x　x（一种音色）x（一种音色）｜。

第一层次活动

活动目标

（1）熟悉并欣赏乐器的结构，体验乐曲轻快诙谐的情绪，发现强弱变化以及主要节奏型"x　x ｜ x　x　x ｜"的特殊情趣。

（2）利用图谱理解乐曲的结构和节奏，在教师的支持下集体创编"身体动作总谱"。

（3）能注意看指挥合作演奏；积极为创编"身体动作总谱"提供建议，也愿意倾听并吸收他人的建议。

活动准备

（1）物质准备：

　　① 录音音乐。

② 图形总谱。

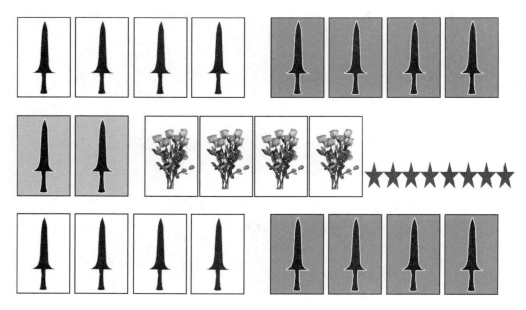

图谱参考

（2）经验准备：拥有比较多的在集体中探索、分享、创编的经验。

（3）空间准备：幼儿围坐成大的半圆。（这样更方便幼儿观察图谱，以及创编动作和练习）

活动过程

1. 进入情境
2. 观察教师随乐指图，倾听录音音乐
3. 边看教师指图，边听音乐，边自由随乐做简单的节奏动作
4. 参与建构"身体动作总谱"的讨论
5. 在教师或幼儿志愿者的带领下整体随乐练习"身体动作总谱"
6. 在教师或幼儿志愿者的指挥下分组合作练习"身体动作总谱"

第二层次活动

活动目标

（1）通过乐曲演奏，体验使用同一节奏型表现不同音色的变化，以及对比强弱变化的特殊趣味。

（2）练习指挥演奏和即兴指挥演奏。

（3）能注意力集中地看指挥，尽力演奏出乐器的"弹性"音色和强弱变化。

活动准备

（1）物质准备：
　　① 录音音乐。
　　② 图形总谱。
　　③ 常规乐器：铃鼓、碰铃、响板。
　　④ 特殊乐器：吊钹（一套）。
（2）经验准备：
　　① 已经使用过常规乐器和吊钹。
　　② 已经拥有指挥和即兴指挥的经验。
（3）空间准备：幼儿围坐成双马蹄形。（这样更方便幼儿观察指挥动作和使用乐器进行演奏的练习）

活动过程

1. 教师指挥幼儿复习
（1）教师指挥，复习分声部合作"身体动作总谱"。
（2）教师指挥，复习分声部合作"乐器演奏模仿动作总谱"。

2. 实操乐器演奏
（1）看教师指挥演奏。
（2）幼儿交换乐器演奏。
（3）在教师的支持下，看幼儿志愿者指挥演奏。
（4）在乐谱B2段累加吊钹的演奏。

3. 重新设计配器方案
（1）利用图谱集体讨论新的配器方案。（参见"配器建议"方案二的音色变化思路）
（2）制作提示卡片。（参见前面案例中的制作节奏提示卡片的方法）
（3）幼儿指挥利用提示卡片来变换演奏方案，让其他幼儿进行演奏。（幼儿指挥和演奏员先预知、明确将要演奏的方案）
（4）幼儿即兴指挥。（指挥在心里先决定演奏的方案，但不公布）

> **注意：**不可能要求幼儿在一次活动中达成目标。

温馨提示

这个活动在原创期间，已经过南京军区司令部幼儿园与河海大学幼儿园的多位教师尝试。因时间久远，难查姓名。在此一并致敬和致谢。

案例10　划龙船　　　（南京　赵　初）

使能目标阶梯

阶段	内容	类型	说明
挑战4	提供高级的"领队"榜样：重点展示夸张的体态和表情，引导幼儿进一步深入体验比赛和演奏的激情。	创造性应用	观看教师领队的高级榜样，拓展表演经验，进一步深入体验比赛和演奏的激情。
挑战3	累加"幼儿领队"和特殊乐器，带领幼儿进入比赛表演游戏的情境，分声部合作演奏。	应用	累加领队，在教师的提示与支持下，进入比赛表演游戏的情境，分声部合作演奏。
挑战2	指挥幼儿分声部合作练习"身体动作总谱"。	应用	看教师指挥，分声部合作练习"身体动作总谱"。
挑战1	累加儿歌，提升比赛气氛。	拓展应用	学习累加的儿歌，体验比赛的气氛。
图谱加动作加音乐	带领幼儿完整随乐练习"身体动作总谱"。	模仿	感知动作要素、顺序及重复规律，理解故事、音乐与动作之间的关系。
图谱加动作	通过随乐指图，引导幼儿特别关注"螺丝结顶"的结构。	观察分析	利用图谱感知与理解"螺丝结顶"的结构。
故事	通过实景图和引导幼儿分享经验来导入情境。	理解	情境理解，产生兴趣，明确任务。

【配器建议】

金蛇狂舞

1 = D（筒音作 5）

聂耳 编曲

热烈、欢快地

水龙队：领队——镲；队员——小钹、响板。

火龙队：领队——鼓；队员——串铃棒。

（1）前奏：

第1—8小节。

（2）齐奏：

第9—14小节：每一拍敲击1下，每小节敲击2下。

第15—16小节：第一拍敲击1下，后面不敲击。

第17—22小节：每一拍敲击1下，每小节敲击2下。

第23小节：敲击3下。

（3）分声部演奏：

第24—25小节：每一拍敲击1下，每小节敲击2下。（水龙）

第26—27小节：每一拍敲击1下，每小节敲击2下。（火龙）

第28—31小节：重复第24—27小节。

第32小节：每一拍敲击1下，每小节敲击3下。（水龙）

第33小节：每一拍敲击1下，每小节敲击3下。（火龙）

第34小节：每一拍敲击1下，每小节敲击3下。（水龙）

第35小节：每一拍敲击1下，每小节敲击2下。（火龙）

第36小节：每一拍敲击1下，每小节敲击2下。（水龙）

第37小节：每一拍敲击1下，每小节敲击2下。（火龙）

第38—45小节：不演奏。

（4）齐奏：

第46—61小节：重复第9—23小节。

活动目标

（1）在熟悉乐曲的基础上配器演奏，进一步感受乐曲浓郁的民族风格。

（2）通过划龙舟比赛的游戏，感受B段音乐中的对话特点，并尝试用乐器表现对话应答的结构。

（3）在演奏时能够努力做到与指挥、竞争对手进行目光交流。

活动准备

（1）物质准备：

① 录音音乐。

② 黑板、图谱。

③ 龙头2个。

④ 乐器：大鼓2个、鼓槌2对。

⑤ 串铃棒10个、小钹5个、响板5个。

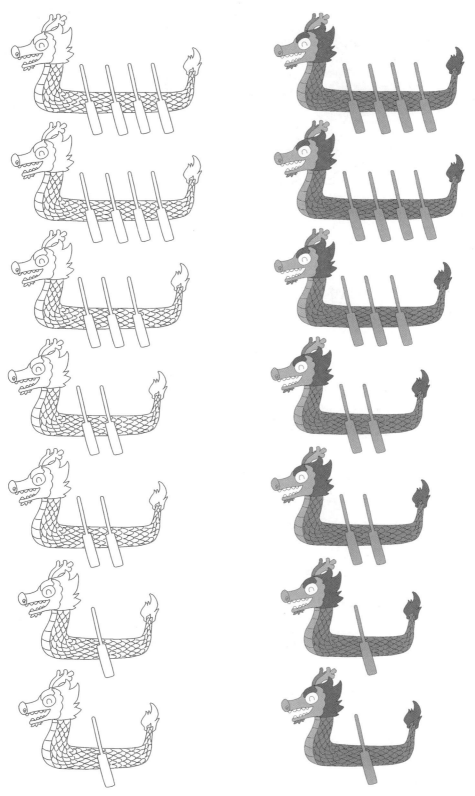

图谱参考

第六章 奏乐教学 | 411

赛龙舟图片参考

（2）经验准备：

①幼儿有关于端午节赛龙舟的经验。

②初步熟悉乐曲，并能够随乐做身体动作。

（3）空间准备：

①幼儿分成两组。

②各组将椅子排成两列纵队。

③在队伍的最前面各自安放两把椅子，将龙头固定在椅背上。

活动过程

1. 随乐齐奏，回忆已有经验

幼儿分左右两边坐，回忆并模仿赛龙舟的身体动作。注意提示幼儿，通过看教师指挥的手势，在停顿处迅速停止不发出声音。

2. 讨论分角色演奏的方法

（1）提出赛龙舟的话题，引起幼儿的兴趣和关注。和两队幼儿分别讨论，为自己的龙舟队起一个名字。

（2）引导幼儿观察B段音乐的图谱，发现其中的规律。例如：一先一后，两队交替；两队先后念的其实是在重复；念得越来越短等。

（3）在幼儿发现规律的基础上，教师指图进行梳理，并教幼儿用儿歌澄清结构，以提升气势。

　　A队：水龙水龙划得快。

　　B队：火龙火龙划得快。

　　A队：水龙划得快。

　　B队：火龙划得快。

　　A队：划得快。

　　B队：划得快。

A队：快。

B队：快……

（4）带领幼儿根据儿歌的提示，练习在B段音乐的对话部分，分声部徒手做动作。

3. 引导幼儿有表情地进行演奏

教师迁移幼儿已有关于赛龙舟的经验，引导幼儿关注对手之间都想获胜的心理，从而讨论除了语言之外还可以运用什么方式向对手挑战，并尝试用具有"挑战"意味的眼神和前倾的身体动作进行表现。

4. 幼儿完整进行演奏

（1）在齐奏的部分，教师引导幼儿看指挥进行，在轮奏的部分将身体转向：左队幼儿向右看，右队幼儿向左看。

教师提醒幼儿：每人找到一个对方朋友的眼睛，注视眼睛进行"挑战"并演奏。

（2）幼儿在开始演奏之前，既要考虑节奏又要考虑动作眼神，可能会有一些不熟练，所以需要单独练习几次。

5. 加入领队，感受不同乐器带来的不同音效

（1）当幼儿开始慢慢熟悉后，教师作为指挥开始退出，由幼儿做龙舟队的领队（指挥）完整演奏乐曲。由于领队需要会使用不同的乐器，教师可请两名幼儿领队先熟悉一下自己的乐器（大鼓或钹）并尝试演奏，在找到舒适方便的演奏方法后再开始和大家一起演奏游戏。

（2）当幼儿比较熟练地掌握后，可以请两名教师再次做领队，由他们引导幼儿进行演奏。这次教师主要强调用夸张的眼神和体态与竞争对手交流，为幼儿日后更好地担任领队做出高级榜样。

> 提示：本活动方案至少需要两次集体教学才能完成。

温馨提示

（1）本乐曲是"中华人民共和国国歌"的曲作者聂耳为祝福新中国蒸蒸日上而作的，所以从作品中可以明显感受到金龙腾飞的欣欣向荣的气势。

（2）本乐曲是一种具有特殊"对话"结构——"螺丝结顶"（对话的句子越来越短，感觉越说越热烈）的作品。本活动的设计者巧妙地选用类似的情境，表现赛龙舟时你追我赶、力争上游的精神面貌。其中自然包含了竞争对手"互不相让"的对话情境。

（3）无独有偶，除了前面已经提供的"年兽和村民"的对话情境之外，另外两个包含对话的音乐作品也被设计成了类同的对话情境，非常和谐、非常有趣。两个作品如下：

① "老鼠娶亲"：由传统民间故事改编成"老猫和老鼠"的对话——《红绸舞》（中国风格著名舞蹈音乐）。

②《一园青菜成了精》：由优秀绘本故事改编为不同战队"斗舞"时的对话——《快乐的啰嗦》（中国著名民间舞蹈音乐）。

红绸舞

1 = C 2/4

| 5· 6 1 1 | 1 6 1 5 | 3 5 5 3 2 | 3 5 6 1 |

A说

| 5· 6 1 1 | 1 6 1 5 | 3 5 5 3 2 | 3 5 6 1 |

B说

| 5 6 1 6 1 | 3 6 1 | 5 6 1 6 1 | 3 6 1 |

A说　　　　　　　　　　　　　　B说

| 3 5 5 3 2 | 1 2 3 5 2 | 6 2 1 6 | 5 3 5 |

A、B一起说

| 5· 5 5 5 | 0 5 5 | 0 5 0 5 | 5 — ‖

A、B一起说

快乐的啰嗦

1 = ♭E 2/4

| 5 5 3 | 5 5 3 | 3 5 5 1 | 3 3 3· 2 |

A、B一起说

| 1 3 3 2 | 1 2 6 | 6 2 1 6 | 1 1 6 :‖

A、B一起说

| 5 — | 5 — | 3· 5 5 5 | 3 1 1 5 |

A说

| 5 — | 5 — | 3· 5 5 5 | 3 1 1 5 |

B说

| 1 — | 1 — | 6· 1 1 1 | 6 4 4 1 |

A说

| 1 — | 1 — | 6· 1 1 1 | 6 4 4 1 |

B说

| 5 5 3 | 5 5 3 | 3 5 5 1 | 3 3 3· 2 |

A、B一起说

| 1 3 3 2 | 1 2 6 | 6 2 1 6 | 1 1 6 :‖

A、B一起说

案例 11　神勇小镖师　　（南京　耿　涛）

使能目标阶梯

阶段	描述	类型	说明
挑战 4	提供专业的筷子舞视频，提供榜样，帮助幼儿拓展动作语汇和思路：手臂加舞蹈移动，下肢加旋转，跪姿敲击，敲击地面和敲击"空气"……	创造性应用	观看视频，拓展思路，充盈"动作语汇库存"。
挑战 3	组织幼儿两两结伴斗舞比输赢。	应用	两两结伴随乐"斗舞"。
挑战 2	使用由教师开始的"渐进示范流程"，累加"斗舞"游戏。	观察模仿	多次观看教师、同伴先行者的示范，学习"斗舞"。
挑战 1	累加"循环比大"游戏（专门澄清——熟练游戏玩法）。	学习	迁移原有相关经验，学习新的"循环比大"游戏——"老虎棒子鸡"。
动作加音乐 2	在反复完整的随乐练习中，鼓励幼儿不断拍击身体的不同部位。	拓展理解	进一步感知音乐与动作之间的关系，获得抽象模式——拍击身体时，可以是身体的各个不同的部位。
动作加音乐 1	教师随乐示范基础动作——拍击手臂。	观察	感知音乐与动作之间的关系，获得范例动作——拍击手臂。
故事	利用图片带领幼儿了解、理解镖师和押镖的情境含义。	理解	情境理解，产生兴趣，明确任务。

天王盖地虎

1=F 2/4

王茜 词
马博 曲

A段

6 6 5 | 6 3 3 | 2. 2 5 1 | 1 6. |
天 上 有 座 山， 山 里 有 座 庙，

6. 1 3 5 | 1 1 1 | 6 5 2 | 5 3. |
庙里有个 天 王他 对着 虎 笑。

6 6 5 | 6 3 3 | 2. 2 5 1 | 6 — |
天 上 有 座 山， 山 里 有 座 庙，

6. 1 3 5 | 1 3 3 | 1 6 1 | 1 — |
庙里有个 宝 塔它 镇着 河 妖。

B段

3 2 3 3 3 | 6 1 | 0 1 6 | 6 3 2 |
天王 盖地 虎，   宝塔 镇河妖，

0 3 6 1 | 3 3 5 | 5 3 2 7 | 6 1 6 |
 天 王他 盖的是 哪嘎子的 虎。

3 2 3 3 2 3 | 3 3 6 1 | 1 6 1 1 6 1 | 6 3 3 2 |
天王 天王 盖地 虎， 宝塔 宝塔 镇河妖，

0 3 6 1 | 3 3 5 | 5 3 2 7 | 6 — |
宝塔它 镇的是 哪嘎子的 妖。

尾奏

5 — | 5 3. 5 | i — | i 6 i 3 |

2 2 | 2 3 2 i 6 | i — | i — ‖

【游戏玩法】（参见游戏图示）

"老虎棒子鸡"游戏图示

活动目标

（1）熟悉音乐，体验歌曲的幽默感，能按节奏拍击身体的不同位置。
（2）根据图谱练习节奏并累加创编的新动作。
（3）敢于大胆面对挑战，努力学习不同的节奏型，"斗舞"时能互相展示、互相学习，体验、享受游戏和创编的乐趣。

活动准备

（1）物质准备：与"镖师"相关的图片。
（2）经验准备：无须特别准备。
（3）空间准备：全体幼儿坐成一横排。

古代镖师

现代"镖师"

活动过程

1. 情境导入

教师：请你们看一看，这是谁？（教师出示武装押运员的图片）

幼儿：警察。

教师：他们不是警察，而是银行的武装押运员，专门负责保护和运输银行里的钱。在我国古代也有这样负责保护和运输货物的人，他们叫镖师。

幼儿：镖师。

教师：镖师都会武功，特别厉害，还很聪明。你们想做厉害又聪明的小镖师吗？

幼儿：想。

教师：我来考考你们，聪明的镖师学会了强盗的暗语，这个暗语是"天王盖地虎，宝塔镇河妖"。

幼儿：天王盖地虎，宝塔镇河妖。

教师：不错，接下来我就要来教你们厉害的功夫了。

教师随乐示范按节奏拍打手臂，引导幼儿模仿学习并集体练习。

> **注意：** 教师通过图片的导入，来让幼儿理解镖师练武的情境。在教师示范的环节，只有一个随乐按节奏拍打手臂的动作。这种从重复单一动作进入的方式，既能够让幼儿容易参与，又能让他们敢于参与、乐于参与。

2. 分享、创编新的拍打部位（累加乐器）

教师：刚才我们将拍打手臂的动作练习得很好了，你们觉得还可以拍打身体的什么部位？

幼儿：肩膀，肚子，头……（教师选取幼儿提出的一个身体部位，带幼儿集体练习）

教师：现在我们跟着武功秘籍一起来练习吧，我还给你们准备了一个武器（教师出示"乐器"——两根筷子并展示如何用它来拍打身体发出声音），你们也来和我一起试一试吧。

> **注意：** 在幼儿掌握了拍打手臂这一单一动作并能随乐练习之后，教师通过提问，让幼儿自己说出还可以拍击的身体部位，并让幼儿来进行展示，把动作创编的机会交给幼儿。在随乐拍击的过程中，教师通过观察幼儿的动作可以从单手拍击身体部位到双手拍击，再到轮流、交替等逐步进行能力的提升。教师首先观察是否有幼儿能够做出更高级的拍击方式，如果没有的话，教师就可以通过介入来教幼儿学习更高的技能技巧，让幼儿通过练习来逐渐掌握新的技能技巧。教师要在幼儿将动作练习得熟悉后再累加乐器，让幼儿练习随乐演奏。

3. 一起比一比

教师：这次我要有新的挑战了，怎么才能知道谁更厉害呢？（结束时，教师在说"老虎棒子鸡"的同时做老虎的动作）

幼儿练习结束时，也要说"老虎棒子鸡"并做老虎的动作。

教师：现在我们来比一比。（教师在结束时说"老虎棒子鸡"的同时做棒子的动作，告知幼儿游戏规则，棒子比老虎厉害）

教师：谁愿意来挑战我（T—S1，教师—幼儿）？（教师在结束时说老虎棒子鸡的同时做鸡的动作，告知幼儿游戏规则，鸡比棒子厉害，因为鸡会啄断棒子）

> **注意：** "老虎棒子鸡"游戏实际上就是我们都会玩的"石头剪刀布"游戏的一个升级版，但是因为加入了新的名称和动作，教师在与幼儿游戏时一定要边讲解边示范边游戏。这一类型的输赢竞争游戏，最容易出现的破坏规则的行为就是慢出或者出了再变。教师需要特别注意，如果教师与幼儿或者幼儿与幼儿游戏时出现了违反规则的行为，教师要及时地介入并让幼儿学会遵守游戏规则。

4. 两两"斗舞"，看谁厉害

教师：这一次我要请两个小镖师来过招，比一比看谁拍击身体的部位更多。除了可以拍击身体外，你们认为还有什么地方可以拍击呢？筷子和筷子可以拍击吗？（S1—S2，幼儿1—幼儿2）

> **注意：** 两两"斗舞"环节，教师通过疑问的表述来吸引幼儿探索，除了身体部位的拍击，还可以拍击其他的地方，如板凳。教师引导幼儿思考：地面是否可以发出声音，拍击出节奏；筷子与筷子之间的拍击能否发出声音，拍击出节奏。以上这些并不是教师主导的教，而是教师引发的幼儿的探索。幼儿在探索后进行两两"斗舞"时，在中间斗舞的幼儿可以相互学习，旁边看的幼儿也会进行探索与借鉴。

5. "高级榜样"激发创新

（1）教师：我还为你们请来了一位大师，待会儿你们看一看大师的视频，看看大师还用了什么新的招式。（教师在幼儿观看视频后，提取视频中的两个片段：筷子敲击加抖肩、筷子敲击加抖肩加转圈动作，激发幼儿向高级榜样学习的兴趣）

（2）幼儿随乐练习。（鼓励幼儿自己创编）

（3）教师根据游戏结果和创编结果进行反馈评价。

> **注意：** 通过视频里的高级榜样的作用，让幼儿根据视频学会新的技能，并且在游戏中练习和运用相关的技能以达到熟练掌握的目的。在游戏结果的"倒"的动作上，教师引导幼儿根据原有的经验创编各种倒下的方法，如果幼儿缺乏相关经验，教师可以结合动漫、电影中的情节激发幼儿的相关经验。

温馨提示

请回忆前例"大中国"，这里又是一个突出自主学习的范例。重要的概念再强调一下：利用高级榜样，引导幼儿学会主动"建设自己的语汇和思路的库存"。

案例12　欢乐的鼓　　（南京　禹心悦、吴　艳）

使能目标阶梯

挑战4	累加小鼓角色即兴造型变化和鼓槌的即兴配合演奏。	创造性应用	在教师的鼓励与引导下，累加小鼓角色即兴造型变化和鼓槌的即兴配合演奏。
挑战3	累加铃鼓演奏和内外圈交换位置。	应用	完整跟随音乐累加铃鼓合作演奏。
挑战2	累加"内圈自由移动"找朋友。	应用	继续累加练习徒手"内圈自由移动"找朋友。
挑战1	累加"外圈移动一人位置"找朋友。	挑战应用	站双圈，累加徒手练习"外圈移动一人位置"找朋友。
音乐	带领幼儿练习总谱。	模仿	通过操作，进一步感知动作要素、顺序及重复规律，理解故事、音乐与动作之间的关系。
动作	随乐示范游戏动作（即总谱）。	观察	感知动作要素、顺序及重复规律，理解故事、音乐与动作之间的关系。
故事	简述"小鼓和鼓槌结伴"的游戏情境。	理解	情境理解，产生兴趣，明确任务。

游戏玩法

（1）A段音乐（前两遍）：
　　① 内圈不动，外圈逆时针方向行走换朋友，1拍一步。
　　② 内、外圈新朋友打招呼：4拍之内自由节奏。

（2）A段音乐（第三遍）：
　　外圈人转身背对圆心，蒙眼。内圈人在圈内自由寻找新朋友，在指定"拍背"的时候，轻轻拍击任何一位外圈人的背。外圈人不能偷看。

（3）B段音乐：
　　① "小鼓"在前两小节的第一拍转身面对圆心，变"小鼓"造型坚持3拍不动。
　　② "鼓槌"在后两小节按"X X | X 0 |"的节奏轻轻敲击"小鼓"的身体。
　　③ 以上模式重复三遍。到最后一句时，全体把手先藏在背后，再拿出来与同伴按"X X | X 0 |"的节奏击掌三次。

【动作建议】（参见乐谱）

欢 沁

1 = C　2/4　　　　　　　　　　　　　　　　　林海　曲

(5 05 | 5 05 | 4 04 | 4 04 | 5 05 | 6 03 | 55 60) |)

A段

6 06 | 3 03 | 72 17 | 6 0 | 66 11 | 7 5 | 6 03 | 55 60 |
动作：行走　　　　　　　　　　打招呼

6 06 | 3 03 | 12 35 | 3 0 | 66 11 | 7 5 | 6 03 | 55 60 :|
行走　　　　　　　　　　　　打招呼

6 06 | 3 03 | 72 17 | 6 0 | 66 11 | 7 5 | 6 03 | 55 60 |
行走　　　　　　　　　　拍击同伴的肩

6 06 | 3 03 | 12 35 | 3 0 | 66 11 | 7 5 | 6 03 | 55 60 |
行走　　　　　　　　　　拍击同伴的肩

B段

| 1 0̲5̲ | 5. 6̲ | 3 — 3 — | 1 0̲5̲ 5 6̲7̲ | 3 — 3 — |

造型　　　　　敲鼓三下　　　　造型　　　　　　敲鼓三下

| 4̲4̲ 4̲1̲ | 7̲ 6̲ | 3̲3̲ 3̲7̲ | 6̲ 3̲ | 3̲5̲ 6̲1̲ | 3̲1̲ 7̲6̲ | 7̲ 3̲ | 3 0 |

造型　　　敲鼓三下　　　　　手藏背后　　　　　拍手三下

A段

| 6̲ 0̲6̲ | 3̲ 0̲3̲ | 7̲2̲ 1̲7̲ | 6̲ 0 | 6̲6̲ 1̲1̲ | 7̲ 5̲ | 6̲ 0̲3̲ | 5̲5̲ 6̲0̲ |

行走　　　　　　　　　　打招呼

| 6̲ 0̲6̲ | 3̲ 0̲3̲ | 1̲2̲ 3̲5̲ | 3 0 | 6̲6̲ 1̲1̲ | 7̲ 5̲ | 6̲ 0̲3̲ | 5̲5̲ 6̲0̲ |

行走　　　　　　　　　　打招呼

尾奏：

| 6̲7̲ 1̲2̲ | 7̲1̲7̲ 6̲5̲ | 6̲ — 6̲ — | 6̲7̲ 1̲2̲ | 7̲1̲7̲ 6̲5̲ | 6̲7̲ 1̲3̲ | 6̲ 0 ‖

同伴拥抱，交换位置和角色　　　　　"大家 一起 真　开　心， 真开心！"

【配器建议】

（1）游戏角色的配器：

　　① 小鼓角色：铃鼓。

　　② 鼓槌角色：双手作为鼓槌。

（2）使用乐器游戏时的配器建议：

　　① A段音乐（前两遍）："小鼓"在外圈跟随音乐边走边拍击铃鼓；"鼓槌"边原地踏步边拍手；每个乐句移动一个人的位置，和新朋友相互打招呼时，"小鼓"摇奏铃鼓。

　　② A段音乐（第三遍）："小鼓"在外圈拍击铃鼓，"鼓槌"在内圈找新朋友，从背后轻轻拍击新朋友的肩膀。

　　③ B段音乐（前三句）："小鼓"面对圆心即兴造型，将鼓面以方便对方演奏的状态递给"鼓槌"拍击。

　　④ B段音乐（第四句）：自然迁移徒手动作。

　　⑤ 尾奏音乐：内外圈交换位置和角色，当内圈人拿到铃鼓后，可以连续玩游戏。

活动目标

（1）初步熟悉乐曲，体验欢愉且从容的风格，跟随音乐的结构和节奏演奏和舞蹈。

（2）"小鼓"扮演者即兴创编各种不同空间方位、不同空间水平的持鼓造型；"鼓槌"扮演者根据鼓面的状态即兴创编敲鼓的动作。

（3）互动时，"小鼓"和"鼓槌"不仅努力进行动作的配合，而且也注意进行姿态与眼神的配合。体验和表现"假装躲藏"的幽默感和交换朋友的惊喜心情。

活动准备

（1）物质准备：
　　① 录音音乐。
　　② 铃鼓（数量为幼儿人数的一半）。
（2）经验准备：
　　① 拥有即兴造型的经验。
　　② 拥有在圆圈中换朋友的经验。
（3）空间准备：
　　① 幼儿围坐成大的半圆。
　　② 站成同心双圆内、外圈，舞伴面对面。

活动过程

1. **教师讲述游戏故事，带领幼儿集体学习律动"小鼓的舞"**

（1）教师讲述森林里举行音乐舞会的故事，创设游戏情境，请幼儿变成小鼓去参加舞会。
（2）幼儿观察教师的随乐示范。
（3）在教师的带领下，幼儿随乐学习和练习。

2. **跟随音乐，复习基本律动**（即"身体动作总谱"）

过程略。

3. **渐进流程示范**

（1）两位教师示范双人合作律动。（播放音乐）
（2）一名教师与一名幼儿示范。（教师唱谱）
　　① 幼儿当小鼓，教师当鼓槌。
　　② 教师当小鼓，幼儿当鼓槌。

4. **了解、明确两两结伴游戏的玩法，练习徒手随乐完整游戏**

> **注意**：在小鼓做3次点头动作时，鼓槌要敲击鼓面3次。

（1）组织幼儿先两两结伴，再协商角色，最后自然站成双圆内、外圈。
（2）听教师唱谱，幼儿完整随乐合作表演。
（3）交换角色，听教师唱谱，幼儿完整随乐合作表演。

5. 幼儿尝试累加铃鼓玩合作游戏

过程略。

6. 学习交换舞伴，即学习两种不同"换朋友"的移动方式

（1）前两遍重复A段音乐：累加"小鼓"在圈外移动"换朋友"。

（2）第三遍A段音乐：累加"鼓槌"在圈内移动"换朋友"。

　　① 教师组织幼儿讨论：在躲猫猫游戏中，怎样用铃鼓蒙住眼睛才能使别人看不见自己，自己也不能偷看到别人？

注意： 这是将常规乐器游戏化地运用到活动中。

　　② 接着请4名幼儿榜样当"小鼓"，站成一圈，教师边唱谱边在圈内移动，找到朋友后从背后拍其肩膀。教师用手作"鼓槌"，随乐完整示范一次，引导幼儿观察"鼓槌"在游戏中的行为。（在"小鼓"蒙眼睛时，"鼓槌"在圈内小跑步寻找新朋友，为后面交换朋友做好准备）

　　③ 请一对幼儿分角色当榜样"鼓槌"（前4名幼儿可以不用换人），和教师一起尝试找朋友拍肩。

　　④ 教师进行集体评价，评价幼儿的模仿是否正确。

　　⑤ 全体幼儿两两结伴面对面，尝试用铃鼓表演第三遍A段音乐和B段音乐的连贯部分内容。（教师唱谱）

　　⑥ 全体幼儿两两结伴，尝试用铃鼓完整随乐表演。

7. 在教师的启发下，幼儿利用空间方位变化"小鼓"的造型

（1）迁移幼儿创编造型的经验，启发幼儿用身体去创编各种"小鼓"造型，然后随乐完整表演。

（2）引导幼儿反思交流：创编出的"小鼓"造型是否便于"鼓槌"的演奏，以体会合作演奏的重要性。

温馨提示

（1）本次活动的音乐选自中国当代作曲家林海的琵琶曲作品《欢沁》。

（2）所选乐曲的曲风轻快、动感，乐曲结构清晰、重复明显。教师可引导幼儿了解到乐曲里的"小鼓"和"鼓槌"是要去参加森林舞会。

（3）在活动中，设有"小鼓"和"鼓槌"两个角色。扮演"小鼓"的幼儿通过变化鼓面方向去创编小鼓的造型，扮演"鼓槌"的幼儿需要做出及时的应变反应才能准确地敲击鼓面。这对幼儿来说，很有挑战性。

（4）幼儿可在"小鼓"和"鼓槌"玩躲猫猫的游戏中，体验与不同朋友合作玩乐器而带来的快乐。

（5）此教案为第二层次的活动。

案例13　吹气球　　　（南京　周　洁）

使能目标阶梯

挑战4	提供幼儿收集的废旧材料，现场进行装配"乐器"，组织幼儿两两结伴进行表演游戏。	创造性应用	使用自己收集的废旧材料，现场进行装配"乐器"，两两结伴进行表演游戏。
挑战3	通过不同任务引导幼儿注意"指挥和配合"的关系。	了解应用	认识"指挥和配合"的不同关系，先练习"看乐器指挥"，再练习"看动作指挥"。
挑战2	在渐进示范流程中加入乐器表演。	观察模仿	逐步了解和尝试使用乐器进行双人合作表演。
挑战1	邀请幼儿尝试双人合作表演。随机指导幼儿出现的问题。	模仿	轮流尝试双人合作表演。
动作2	两位教师带头展示双角色合作表演：一人表演气球，一人表演吹气和放气。	观察	观察如何进行双人合作表演。
动作1	主班教师带头展示使用身体表征"吹气球—气球变大—快速或慢速放气"的现象。不断邀请幼儿展示：先一人，再两人同时，再三人同时。	观察模仿	练习用动作表征"吹气球—气球变大—快速或慢速放气"的现象。
故事	现场吹气球，并使用快速和慢速两种方法放气，引导幼儿反复观察并练习使用语言进行表征。	理解	情境理解，产生兴趣，明确任务。

游戏玩法

（1）这是一种可以被称为"引领与追随"的即兴合作表演游戏。
（2）该游戏可以很好地锻炼、提高幼儿的引领与追随这两种重要的社会意识和技能。
（3）吹气球者和气球双方都可以担任引领者和追随者。

活动目标

（1）学习用一拍一下和连续这两种节奏的身体动作和乐器，表现气球充气、放气的方式和音响效果。
（2）通过观察气球充气、放气的方式，感受其不同的节奏；在尝试用动作节奏匹配音乐的基础上，用乐器表现断顿和连续的节奏。
（3）感受气球变化和与同伴相互引导、追随的别样快乐。

活动准备

（1）物质准备：
　　① 常规乐器：铃鼓、碰铃、单响筒等。
　　② 各种生活中的物品：塑料瓶、塑料勺、塑料小球，石头，铅笔，金属勺、金属盒及其他一些幼儿搜集的生活物品。
（2）经验准备：幼儿在日常生活中有观察一些物品变化的经验。
（3）空间准备：幼儿围坐成大半圆。

活动过程

1. 幼儿观察教师在吹气球和放气时气球的状态，并试着模仿

（1）幼儿观看气球的变化，感受节奏的断顿（一下一下吹气后，气球一点一点慢慢变大）和连续（被扔出后快速旋转落地，慢慢变瘪留在手上）。

　　① 教师出示一只气球：今天我们玩一个吹气球的游戏，请大家仔细观察气球变大的过程和放气后气球的状态。

　　② 教师操作，幼儿描述。

　　③ 教师小结：气球是一下一下变大的，快速放气后，气球在天上飞舞，最后没气了就掉下来了；慢慢放气时，气球会慢慢变瘪。

（2）幼儿尝试用上肢身体动作表现气球变大和两种不同的放气方式所导致的不同的运动状态。

　　教师：现在大家试着用双手来表现气球一下下变大。

注意：教师此时要用吹气球的方式指挥幼儿做动作。

教师：现在要放气了哦，你们双手变成的大气球要变小了，当气球停下时，大家的动作也要停下哦。

注意1：教师每次吹气后，要轮流使用两种放气方式，鼓励幼儿用上肢表现气球放气的不同状态。
注意2：教师要特别注意观察，当气球完全放气后，幼儿的动作是否静止，并用眼神和体态做相应的提醒。

2. 幼儿跟随教师现场操作吹气球和放气的过程，做表征动作

注意：教师可真正地运用现场吹气球和放气的操作来指挥幼儿用动作表现。

3. 观察主、配班教师两人合作表演
（1）一人表演吹气球，一人表演气球。
（2）部分幼儿轮流尝试两人合作表演。

4. 使用乐器合作表演
（1）观察主、配班教师使用常规乐器进行表演。

注意：事先要让幼儿明确："吹气球的人"通过演奏乐器来指挥"气球"表演充气和放气。

（2）教师出示常规乐器。幼儿自由选择并尝试结伴合作表演。
① 幼儿选择乐器，看教师指挥，尝试演奏吹气，体会快放气、慢放气当中不同的节奏。
教师：这里有很多的东西，每人选择一种自己喜欢的，试着演奏出气球一下下变大和两种不同的放气节奏。
② 组织幼儿分享不同的方法。

注意：教师应注意引导幼儿归纳使用乐器方法的名称。

教师：谁愿意来分享一下刚刚自己使用的方法？
③ 幼儿尝试使用乐器模仿，看教师模仿气球动作的指挥来表演充气和放气。
教师：请看着我"用模仿气球动作"的指挥来自己演奏一下吧！注意，当气球的气完全放光了，大家的动作就要……（静止）
④ 少数幼儿轮流展示：看"气球"，即做表演动作的人指挥演奏。

注意：第一次到大家面前和教师共同做动作的幼儿，要相对较大方些，便于在后面的环节中，大家都愿意积极参与动作表现。

教师：现在，谁愿意和我一起来模仿气球？（邀请2—3名幼儿站在大家的中间，看教师的动作指挥来演奏乐器）

教师：请想想看，除了用手表现气球一下下变大，还可以用身体的什么部位来表现？

> **注意：** 教师这时需用除了手以外的身体部位表现气球的状态，如可以用双腿表现，从而为后期幼儿的创意做高级榜样。

5. "吹气球的人"——演奏乐器者指挥同伴做动作表演

（1）教师用乐器指挥全体幼儿用动作表演。

（2）个别幼儿用乐器指挥全体幼儿用动作表演。

（3）少数幼儿轮流展示两两合作，一人用乐器指挥，另一人用动作表演。

> **注意：** 不能全体一起演奏，因为没有统一的时间框架，容易造成混乱。

6. 现场使用废旧材料装配乐器，结伴合作演奏

（1）现场自选废旧材料装配乐器。

（2）展示交流乐器和尝试演奏新乐器。

（3）幼儿两两合作做动作并演奏。

教师：请大家和旁边的朋友商量，谁做动作，谁演奏乐器，你们合作试试看，请特别注意当音乐停下时，动作与乐器都要停下哦！

> **注意：** 教师此时必须给予同一时间框架，可以使用语言提示：充气、放气。有条件的教师还可以使用钢琴即兴伴奏：充气用"柱式和声"一下一下慢慢演奏均匀节奏；放气用上下行音阶或刮奏。或者教师可通过大鼓和吊镲的即兴演奏来作为时间框架的信号。

（4）幼儿发现合作演奏中的困难，并解决困难。

① 如果幼儿说自己没有困难，教师可以把自己的发现与幼儿进行交流。

② 幼儿尝试解决其中的问题，如果幼儿没有好的方法，教师可以提供一些方法与幼儿交流。

7. 在移动空间中，两两合作做动作并演奏乐器

（1）散点站立，尝试两两合作。

教师：现在，请大家和好朋友手拉手找一个空地方，一个人表演吹气球，用乐器演奏；一个表演"气球"，做身体动作。扮演"气球"的小朋友再试试看，还可以用身体的什么部位来表现气球？

（2）幼儿交换角色，再次两两合作表演和演奏。

温馨提示

（1）教学变式：如果班级中的幼儿日常使用乐器的机会不是特别多，教师就可以使用常规

乐器来进行本活动。例如：可以使用铃鼓、碰铃、螺纹单响筒等乐器。

（2）家园共育：教师可建议父母在家里邀请孩子共同敲击、摆弄一些日常生活用品，使其随乐发出声效，让孩子发现生活中的音乐美。同时，通过这样的方式，能不断增强亲子游戏时的温馨与快乐的氛围。

（3）其实类似的活动都可以看作是：由即兴指挥带动的团体即兴表演。无论是单纯的歌唱、奏乐或律动还是综合性的活动，无论是只有两个人还是几十个人，都可以这样做。既有主导，也有跟随与配合。当两个人配合时，主导可随时交替，若有好主意就说出来，另外的人应给予支持与配合，当然支持与配合也可有创意行动和统一行动。多人合作时也是一样，有新的好主意就说出来，只要大家认可，就自然成为新领袖。好的社会协作都应如此做！

（4）补充：经典奥尔夫案例——雾

① 散文诗的内容：

雾，渐渐升起来了。盖住了小河、盖住了小桥，盖住了大树、盖住了塔尖。夜很静很静，什么声音都没有，什么都看不见了……

太阳升起来，升起来，雾渐渐地散去了。露出了小河，露出了小桥，露出了大树，露出了塔尖。什么都看见了，多么美好！

② 教学流程：

    a. 研讨怎样用身体塑造城镇的景象。（实操造型，建构一个城镇；城镇里还有许多其他事物，参与者自己补充现场）

    b. 研讨怎样使用纱巾表现雾慢慢降落，盖住……（实操）

    c. 研讨怎样使用乐器表现雾慢慢降落，盖住……（实操）

    d. 分成三组，合作进行实操表演。（协商确定乐器、表演城镇景象以及指挥）

专题分析 1：幼儿园奏乐教学法 30 年发展简述

一、第一阶段（1988 年之前）：使用"传统教学法"阶段

流程：分声部节奏型教学→迁移到乐器操作→迁移到分声部合乐→迁移到整体合乐合奏。

特点：一个声部一个声部地进行教学；合奏时强调各声部各自独立。

二、第二阶段（1988 年之后）：强调使用"整体教学法"阶段

（一）前两个阶段打击乐教学目标的比较

"传统教学法"	"整体教学法"
目标 A	**目标 B**
• 发展节奏感、音色感	• 发展感受音乐的能力
• 了解一定的乐器知识，学会简单的演奏技能	• 发展用打击乐创造性地表现音乐的能力
• 发展对奏乐活动的兴趣	• 享受奏乐活动的快乐
• 学会演奏一定数量的作品	• 积累一定的音乐语汇
	• 发展智力、情感、个性、社会性方面的优良素质

（二）前两个阶段打击乐教学程序与方法的比较

"传统教学法"	"整体教学法"
程序 A	**程序 B**
分—整	整—分—整
方法 A	**方法 B**
• 各声部相互不倾听	• 各声部相互倾听
• 示范模仿	• 模仿、创造简单而多重复的变通总谱
• 划拍子式指挥法	• 含提前预示的指挥法

（三）变通总谱

1. 变通总谱的含义

变通总谱是针对通用的"标准总谱"，也就是我们通常使用的简谱和五线谱来讲的。由于通用的"标准总谱"的认知方式和过程都比较复杂，所以使用"标准总谱"不但不能

对幼儿整体感知配器方案的过程有所帮助，反而会人为地增加幼儿的认知负担，减少幼儿感知音乐的乐趣。若不用总谱，幼儿在学习中记忆的负担又会太重。"变通总谱"正是为了解决上述矛盾而被创造出来的。目前，在幼儿园已经普遍使用的"变通总谱"主要有以下三类：动作总谱、图形总谱和语音总谱。

标准总谱：

	1 2	3 4	5	3 1	i	6 4	5 5	3
碰铃	0 0	0 0	0	0	X	0	X	0
铃鼓	X	—	X	—	X	—	X	—
响板	0 0	0 0	0	0	0	X	0	X

变通总谱：

	1 2	3 4	5	3 1	i	6 4	5 5	3
节奏	X	—	X	—	X	X	X	X
动作	拍手	—	拍手	—	拍头	拍肩	拍头	拍肩
图形	¤	—	¤	—	，	●	，	●
语音	走	—	走	—	的	笃	的	笃

2. 变通总谱的设计

变通总谱的类型

	动作总谱	图形总谱	语音总谱
总谱工具	表现节奏、音色、速度		
配器工具	身体动作	形状和色彩	嗓音
配器材料	节奏动作、模仿动作、舞蹈动作、滑稽动作等	几何图形、乐器音色的象征性图形、乐器形象的简化图形等	有意义的字、词、句子、象声词、歌词的衬词和无意义音节等
注意事项	不宜用较难的身体动作表现比较密集的节奏	避免复杂化、细致化的设计倾向	注意使创造出的语音有趣、易记、易上口

范例1：《工农兵联合起来》

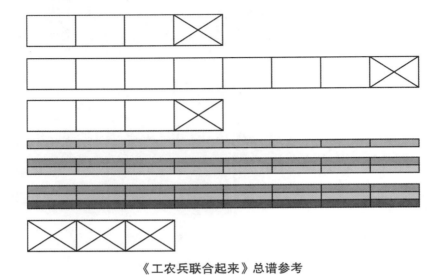

《工农兵联合起来》总谱参考

注意：此例可以直接看出"长短句"和声部的"逐渐累加"。

范例2：《啤酒桶波尔卡》

《啤酒桶波尔卡》总谱参考

范例3-1:"勇敢的小乐手"

"勇敢的小乐手"参考图

范例3-2:"聪明孩子笨老狼"

"聪明孩子笨老狼"参考图

范例3-3：《拨弦》

《拨弦》总谱参考

范例4：《单簧管波尔卡》

《单簧管波尔卡》总谱参考

（四）打击乐器演奏整体教学法

打击乐器演奏整体教学法，就是要竭尽一切可能让幼儿了解并把握所有声部合在一起演奏时的整体音响效果，要求幼儿在倾听音乐旋律、完成自己的打击任务的同时，也要注意倾听其他声部的演奏，在知你、知我、知他的基础上达到协调一致，使教学过程变得轻松愉快和富于审美情趣。

1. 打击乐教学的一般性程序和方法

程序：
- 导入，引起兴趣
- 熟悉音乐
- 掌握或创作变通总谱
- 分声部合练 ┌ 徒手
            └ 用乐器
- 发展的练习

方法：
- 讲解示范法、引导探索法
- 多通道参与法
- 总谱法 ┌ 动作总谱
        ├ 图形总谱
        └ 语音总谱
- 指挥法
- 累加法

2. 打击乐器演奏的"累加"式教学程序和方法

程序：
- 导入，引起兴趣
- 熟悉音乐
- 掌握最具有特色、最复杂、最具有独立性的声部
- 将其他具有伴奏性质的声部一一加入
- 发展的练习

方法：
- 讲解示范法、引导探索法
- 多通道参与法
- 模仿或创作法
- 累加法、指挥法

三、第三阶段（2008年开始—2018年拓展）：强调使用"游戏化理念"，特别是"情境表演"设计技巧的阶段

1. 内容设计思路

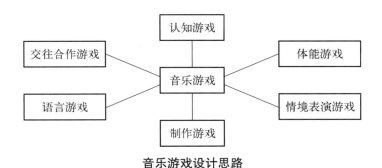

音乐游戏设计思路

2. 规则游戏基本类型

（体能—智能；模仿—创新；竞争—合作）
- 情境表演游戏（含局部运动的表演，如手指游戏）
- 领袖模仿游戏（镜像、跟随、后象/递增再现）
- 输赢竞争游戏（追捉、争物/友、占位、比大、对攻）

- 控制游戏（造型、默唱、休止）
- 传递游戏（传物、传话、传位）
- 身体接触游戏（拍花掌）
- 队形变换游戏（换位、穿插、跳转）
- 猜谜游戏（猜谜对歌、猜领袖、猜音源、猜缺失人物/人）
- 玩影子、玩东西游戏（乐器、道具……）

3. 团体奏乐游戏的基础流程

团体奏乐游戏的基础流程是：故事→动作→音乐→乐器演奏。

（1）（够用的）故事。

（2）为故事匹配（够用的）相应动作。

① 采用教师规定的动作。

② 采用幼儿创造的相应动作。

③ 用动作去感知音乐。（一般需要2—3遍后再添加其他内容）

④ 增添其他"味精"——更高级的适宜挑战，如人际合作、友善竞争、创造性表达、队形变换、乐器、道具等。

> **注意1**：故事、动作必须是从音乐的框架及幼儿的生活经验中来的！
>
> **注意2**：从国外奥尔夫老师的教学案例中，我们可以清晰地看到规律相同的模式和技巧。
>
> （1）"土耳其进行曲"活动和"狮王进行曲"活动就是典型的使用"图形总谱"的实例。
>
> （2）"节奏语言"先导的原则，就是使用"语音总谱"的实例。
>
> （3）几乎所有的奏乐都需要从身体的"声势动作"导入，就是使用"动作总谱"的实例。
>
> （4）"喷火龙丹丹"和其他故事或情境导入的奏乐，就是使用"游戏化—情境化"原则的实例。
>
> （5）几乎所有唱歌、律动活动，最终都将导入乐器演奏，就是使用"整体音乐框架"支撑"生手"和幼儿参与的实例。无论是教师给出一个基础低音，让学员在上面进行不同乐器音色的不断"涂层"，还是当下时尚的"鼓圈"活动，"新手"加入到其中"即兴"，还是我们团队设计执教的"苗鼓"和"吹气球"等即兴奏乐范例，无非都是在专家、教师或"熟手"制造的大音乐背景框架的支持下，才有了新手、生手、幼儿自由进入即兴"嬉戏"的卓越的安全支持。

专题分析 2：奏乐教学空间安排参考

一、打击乐器演奏的空间

常规性的打击乐器演奏活动应该有："碎响音色"组，"圆润音色"组，"脆响音乐"组和"混响音色"组。其他非常规性乐器，使用时按常规乐器的音色性质分组。同音色组的乐器，在空间处理时应集中安排在一起。

二、半圆形（适合小班）

半圆形

> 注意：小班幼儿需要随时得到教师的目光注视，因此不易将其安排在有重叠、遮挡的空间。

三、马蹄形

（1）马蹄形之一：单马蹄形（适合小班）。

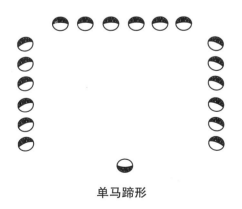

单马蹄形

（2）马蹄形之二：双马蹄形。

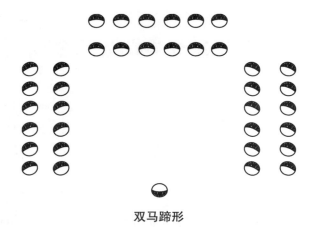

双马蹄形

（3）马蹄形之三：教师面朝左面，表示仅此一组演奏。

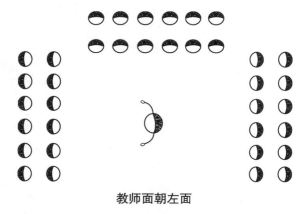

教师面朝左面

（4）马蹄形之四：教师面朝左面、后面，表示两组演奏。三组合奏时，教师应退到马蹄形口的外面。

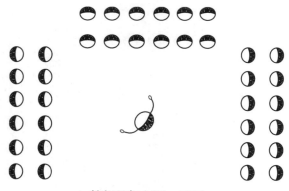

教师面朝左面、后面

四、品字形

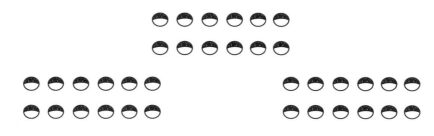

品字形

五、斜品字形（该队形适合舞台上的表演和公开课）

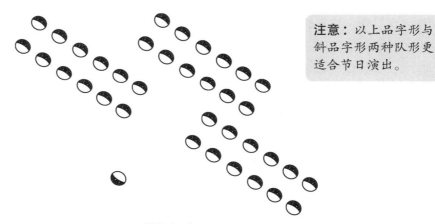

斜品字形

注意：以上品字形与斜品字形两种队形更适合节日演出。

六、满天星形（一般适合于中、大班）

满天星形

注意：此队形严重妨碍师幼的目光交流，需要慎重采用。

结　语
——海纳百川，兼收并蓄

"奥尔夫音乐教育体系是追溯、继承人类早期奏乐文化乃至整个音乐舞蹈文化精华的集大成者。"

通过进一步分析我们可以看出，奥尔夫音乐教育体系的上层理论中有达尔克罗兹的动作教育哲学、拉班的动作发展体系分类学、布鲁姆的教育目标层级分类学。中层的工艺学方面，有柯达伊体系中的"柯尔文音高手势"，达尔克罗兹的"借助动作认识音乐概念"的技术，有民间传统游戏中"借助语言发展音乐节奏感"的技术，有近代教学心理学的"任务分析工艺技术"等。在奥尔夫音乐教育体系的具体内容方面，有民间故事、儿歌童谣、民间游戏、民歌和民间舞蹈等。

所以，我们要学习的是奥尔夫音乐教育体系中的精华，不必拘泥它在形式上"一定应该是怎样怎样的"，而是应该像奥尔夫先生一样：将其中最有用的、最好用的内容吸收进来，继承发展成更适合自己文化、更适合自己时代的东西。正如奥尔夫先生所说："你若和我一样，你便不是奥尔夫！"

奥尔夫音乐教育体系从不避讳承认：我们的什么理论、什么技术是从什么体系与什么人那里借鉴来的。奥尔夫音乐教育体系也从不避讳承认：我们不是一个完美完善的、应该封存起来不允许变化的体系。所以对于奥尔夫先生所说的"你若和我一样，你便不是奥尔夫"，我个人理解为：奥尔夫对于学习借鉴者来说，最精华的理念应是一种"海纳百川，兼收并蓄，不断学习，不断成长"的理念。它不仅对教学法的学习研究者是如此，而且对在使用这些教学法进行教和学的活动的教师和学生来说也是如此。

因此，我们希望大家在读了这本书之后，还能够收获除了儿童音乐教学法以外更多的关于个人学习和成长的有用理念和行动方式。

2021年4月　南京
南京师范大学　许卓娅

附 录
——奥尔夫音乐常用乐器

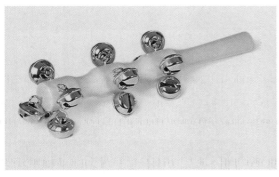

串铃棒

手腕铃

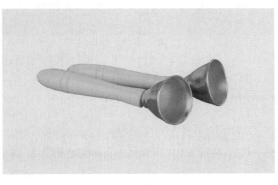

碰铃

铃鼓

木鱼

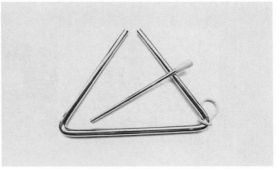

三角铁

沙锤　　　　　　　　　　　　　　沙蛋

吊钹　　　　　　　　　　　　　　响棒

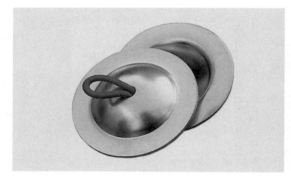

指镲　　　　　　　　　　　　　　小锣

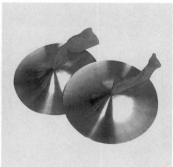

腰鼓　　　　　　　小钹　　　　　圆弧响板

鸣 谢

衷心感谢廖乃雄先生将奥尔夫音乐教育体系引入中国。

衷心感谢奥地利奥尔夫学院的各位专家,自这个音乐教育体系传入中国以来对中国教师以及我本人的启发和帮助。

衷心感谢美国奥尔夫学会的年度大会,为我本人和我们的团队提供了学习交流的机会。

作者参加奥尔夫培训

衷心感谢世界各地的奥尔夫音乐教育的研究者、实践者,为中国同行提供了丰富的研究、实践思路。

衷心感谢加拿大皇家音乐学院在2016年暑假专门为10位中国教师提供的奥尔夫初级课程。感谢授课教师们的悉心教导和严格训练。

衷心感谢中国早期儿童音乐舞蹈发展与教育研究中心团队所有的教师们和高级人才分级培训课程所有的学员们。感谢大家热情严谨的实践努力和所提供的优质的实践案例。

衷心感谢中国音协奥尔夫专业委员会的创建人李妲娜老师,是她在鼓励、激励、教导、支持我们幼儿音乐教育工作者努力学习、努力工作,30多年一直保持初心,从来未曾有过丝毫懈怠。

衷心感谢我的导师汪爱丽老师,是她牵着我的手,让我有机会走进儿童音乐教育研究的大门。

30年后,谨以这本学习心得奉献给中国的奥尔夫音乐教育研究爱好者。希望能够给大家的进一步研究提供一点点思路。

2021年3月15日 于南京